이렇게 기막힌 적중률

ITQ OA Master

한글 ver.2020

올인원

All in One

영진정보연구소 저

25
· 2025년 수험서 ·

수험서 30,000원
13000

9 788931 476330
ISBN 978-89-314-7633-0

한 번에 합격
자격증은 이기적

1 이기적
스터디 카페

2 자동 채점
서비스

3 100%
무료 강의

4 기출+모의
30회 수록

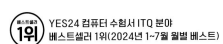
1판 1쇄 발행 2024년 9월 4일
1판 2쇄 발행 2024년 10월 25일

저자 영진정보연구소
발행인 김길수   **발행처** (주)영진닷컴
등록 2007. 4. 27 제 16-4189호   **총괄** 이혜영
기획 장지호   **영업** 박준용, 임용수, 김도현, 이윤철
디자인 김효정, 강민정   **내지 편집** 황유림
제작 황장협   **인쇄** 예림
주소 (우)08512 서울특별시 금천구 디지털로9길 32 갑을그레이트밸리 B동 10층 (주)영진닷컴
ISBN 978-89-314-7633-0   **가격** 30,000원

한 번에 합격,
자격증은 이기적

이렇게 기막힌 적중률

자격증 독학, 어렵지 않다!
수험생 합격 전담마크

이기적 스터디 카페

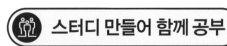
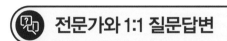
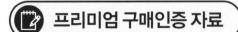
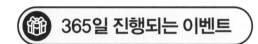

인증만 하면, 고퀄리티 강의가 무료!
100% 무료 강의

영진닷컴 이기적 🔍

1년 365일 이기적이 쏜다!

365일 진행되는 이벤트에 참여하고 다양한 혜택을 누리세요.

EVENT ❶
기출문제 복원

- 이기적 독자 수험생 대상
- 응시일로부터 7일 이내 시험만 가능
- 스터디 카페의 링크 클릭하여 제보

이벤트 자세히 보기 ▶

EVENT ❷
합격 후기 작성

- 이기적 스터디 카페의 가이드 준수
- 네이버 카페 또는 개인 SNS에 등록 후
  이기적 스터디 카페에 인증

이벤트 자세히 보기 ▶

EVENT ❸
온라인 서점 리뷰

- 온라인 서점 구매자 대상
- 한줄평 또는 텍스트 & 포토리뷰 작성 후
  이기적 스터디 카페에 인증

이벤트 자세히 보기 ▶

EVENT ❹
정오표 제보

- 이름, 연락처 필수 기재
- 도서명, 페이지, 수정사항 작성
- book2@youngjin.com으로 제보

이벤트 자세히 보기 ▶

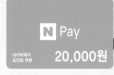

N Pay
네이버페이
포인트 쿠폰
20,000원

영진닷컴 쇼핑몰
30,000원

- N페이 포인트 5,000~20,000원 지급
- 영진닷컴 쇼핑몰 30,000원 적립
- 30,000원 미만의 영진닷컴 도서 증정

※ 이벤트별 혜택은 변경될 수 있으므로 자세한 내용은 해당 QR을 참고하세요.

이기적 크루를 찾습니다!

WANTED

저자 · 강사 · 감수자 · 베타테스터 상시 모집

저자 · 강사

- **분야** 수험서 전 분야
  수험서 집필 혹은 동영상 강의 촬영
- **요건** 관련 강사, 유튜버, 블로거 우대
- **혜택** 이기적 수험서 저자 · 강사 자격
  집필 경력 증명서 발급

감수자

- **분야** 수험서 전 분야
- **요건** 관련 전문 지식 보유자
- **혜택** 소정의 감수료
  도서 내 감수자 이름 기재
  저자 모집 시 우대(우수 감수자)

베타테스터

- **분야** 수험서 전 분야
- **요건** 관련 수험생, 전공자, 교사/강사
- **혜택** 활동 인증서 & 참여 도서 1권
  영진닷컴 쇼핑몰 30,000원 적립
  스타벅스 기프티콘(우수 활동자)
  백화점 상품권 100,000원(우수 테스터)

◀ 모집 공고 자세히 보기

이메일 문의하기 ✉ book2@youngjin.com

누구나 작성만 하면 100% 포인트 지급
합격 후기 EVENT

이기적과 함께 합격했다면,
합격썰 풀고 네이버페이 포인트 받아가자!

합격 후기
작성 시
100%
지급

네이버페이
포인트 쿠폰
25,000원

 카페 합격 후기 이벤트
이기적 스터디 카페에
합격 후기 작성하고 5,000원 받기!

5,000원
네이버 포인트 지급

▲ 자세히 보기

 블로그 합격 후기 이벤트
개인 블로그에
합격 후기 작성하고 20,000원 받기!

20,000원
네이버 포인트 지급

▲ 자세히 보기

- 자세한 참여 방법은 QR코드 또는 이기적 스터디 카페 '합격 후기 이벤트' 게시판을 확인해 주세요.
- 이벤트에 참여한 후기는 추후 마케팅 용도로 활용될 수 있습니다.
- 이벤트 혜택은 추후 변동될 수 있습니다.

이기적 스터디 카페 🔍

이기적이
다 드립니다

여러분은 합격만 하세요! 이기적 합격 성공세트 BIG 4

이론부터 문제까지, 무료 동영상 강의

ITQ 기능 이론, 따라하기, 기출문제, 모의고사까지!
무료 강의로 선생님과 함께 한 번에 합격해 보세요.

설치 없이 빠르게, 자동 채점 서비스

문제 풀이 후 채점이 막막하다면? 이기적이 도와드릴게요.
itq.youngjin.com에서 자동 채점을 이용해 보세요.

시험장 그대로, 답안 전송 프로그램

ITQ 답안 전송도 미리 연습해볼 수 있도록,
시험장 그대로의 답안 전송 프로그램이 준비되어 있어요.

무엇이든 물어보세요. 1:1 질문답변

ITQ 시험에 대한 궁금증, 전문 선생님이 풀어드려요.
이기적 스터디 카페에서 어떤 질문이든 들려주세요.

※ 〈2025 이기적 ITQ OA Master〉을 구매하고 인증한 회원에게만 드리는 자료입니다.
※ 부가 서비스로 제공되는 부분이며, 혜택 및 내용은 변경 · 중단될 수 있습니다.

설치 없이 쉽고 빠르게 채점하는
ITQ 자동 채점 서비스

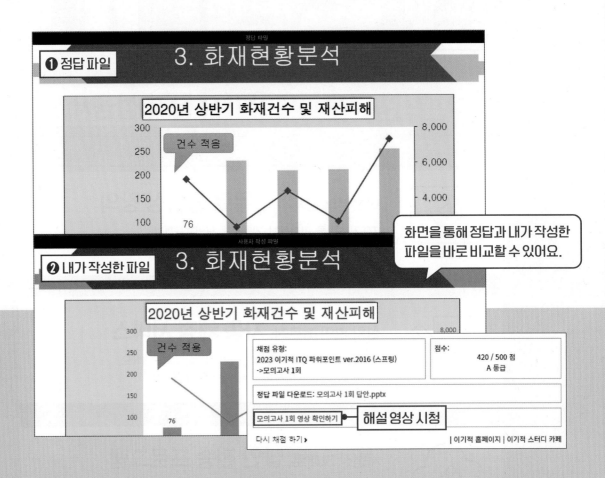

화면을 통해 정답과 내가 작성한 파일을 바로 비교할 수 있어요.

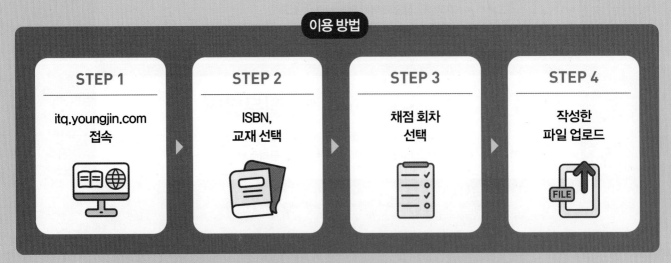

이용 방법

STEP 1	STEP 2	STEP 3	STEP 4
itq.youngjin.com 접속	ISBN, 교재 선택	채점 회차 선택	작성한 파일 업로드

- 인터넷이 연결되어 있지 않을 시 사용할 수 없으며 개인 인터넷 속도, 접속자 수에 따라 채점 속도가 다를 수 있습니다.
- 운영체제, 프로그램 정품 여부에 상관없이 채점이 가능합니다.
- 부가 서비스로 제공되는 부분이며, 업체 등의 변경으로 제공이 중단 또는 제한될 수 있습니다.

01 문서 환경 설정

파일 저장	내 PC₩문서₩ITQ₩수험번호-성명.hwpx
글꼴	함초롬바탕, 10pt, 검정, 줄간격 160%, 양쪽정렬
용지 여백	왼쪽 · 오른쪽 11mm, 위쪽 · 아래쪽 · 머리말 · 꼬리말 10mm, 제본 0mm

02 스타일

스타일	F6	[서식]-[스타일]
스타일 해제	바탕글 ▾ , Ctrl + 1	
한/영 전환	한/영 왼쪽 Shift + Space Bar	
문단 모양	Alt + T	[서식]-[문단 모양]
글자 모양	Alt + L	[서식]-[글자 모양]

03 표 만들기

표	Ctrl + N , T	[입력]-[표]
블록 설정	F5	
셀 합치기	블록 설정 후 M	[표]-[셀 합치기]
셀 나누기	블록 설정 후 S	[표]-[셀 나누기]
선 모양	블록 설정 후 L	[표]-[셀 테두리/배경]
캡션	Ctrl + N , C	[입력]-[캡션 넣기]
블록 합계	Ctrl + Shift + S	[표]-[블록 계산식]-[블록 합계]
블록 평균	Ctrl + Shift + A	[표]-[블록 계산식]-[블록 평균]
블록 곱	Ctrl + Shift + P	[표]-[블록 계산식]-[블록 곱]

04 차트 및 수식

차트 만들기		[표]-[차트 만들기]
수식 만들기	√x , Ctrl + N , M	[입력]-[수식]

05 그리기 도구 작업

그리기 도구		[입력]–[도형]
도형 여러 개 선택	Shift + 클릭	
글상자	, Ctrl + N , B	[입력]–[글상자]
도형 회전		
도형 면 색 지정	도형 채우기	
도형 복사	Ctrl + 드래그	
그림 삽입	, Ctrl + N , I	[입력]–[그림]–[그림]
글맵시		[입력]–[개체]–[글맵시]
하이퍼링크	, Ctrl + K , H	[입력]–[하이퍼링크]

06 문서작성 능력평가

덧말 넣기		[입력]–[덧말 넣기]
머리말/꼬리말	, Ctrl + N , H	[쪽]–[머리말/꼬리말]
책갈피	, Ctrl + K , B	[입력]–[책갈피]
문단 첫 글자 장식		[서식]–[문단 첫 글자 장식]
그림 삽입	, Ctrl + N , I	[입력]–[그림]
한자 입력	, 한자 또는 F9	[입력]–[한자 입력]–[한자로 바꾸기]
각주	, Ctrl + N , N	[입력]–[주석]–[각주]
문자표	, Ctrl + F10	[입력]–[문자표]
문단 번호	, Ctrl + K , N	[서식]–[문단 번호 모양]
문단 모양	, Alt + T	[서식]–[문단 모양]
글자 모양	, Alt + L	[서식]–[글자 모양]
표 만들기	, Ctrl + N , T	[입력]–[표]
표 그러데이션		[표]–[셀 테두리/배경]
쪽 번호 매기기	, Ctrl + N , P	[쪽]–[쪽 번호 매기기]
새 번호로 시작		[쪽]–[새 번호로 시작]

이렇게
기막힌
적중률

ITQ OA Master
한글+엑셀+파워포인트 올인원
1권 · 한글 ver.2020

"이" 한 권으로 합격의 "기적"을 경험하세요!

YoungJin.com Y.
영진닷컴

차례

난이도에 따라 분류하였습니다.
- 상 : 반드시 반복 연습해야 하는 기능
- 중 : 여러 차례 풀어보아야 하는 기능
- 하 : 수월하게 익힐 수 있는 기능

▶ 표시된 부분은 동영상 강의가 제공됩니다.
이기적 홈페이지(license.youngjin.com)에 접속하여 시청하세요.

▶ 제공하는 동영상과 PDF 자료는 1판 1쇄 기준 2년간 유효합니다.
  단, 출제기준안에 따라 동영상 내용은 변경될 수 있습니다.

ITQ 부록 자료

ITQ 실습용
압축 파일

※ **부록 자료 다운로드 방법**
이기적 홈페이지(license.youngjin.com) 접속 → [자료실]–[ITQ] 클릭 → 도서 이름으로 게시물 찾기 → 첨부파일 다운로드 후 압축 해제

실습 파일 사용법

ITQ 합격에 필요한 자료를 모두 모았습니다.

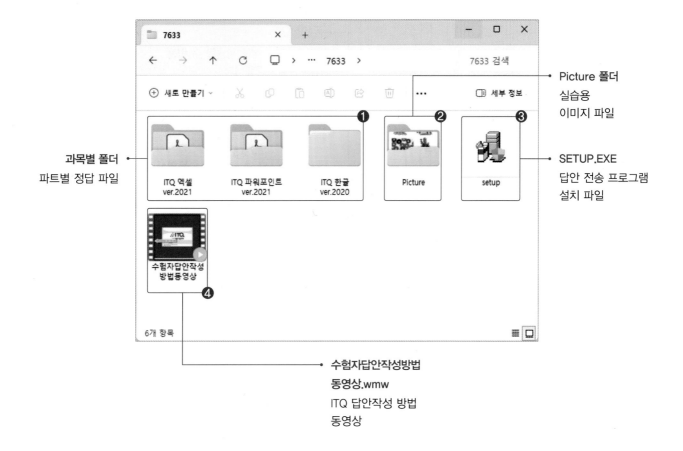

과목별 폴더
파트별 정답 파일

Picture 폴더
실습용
이미지 파일

SETUP.EXE
답안 전송 프로그램
설치 파일

**수험자답안작성방법
동영상.wmw**
ITQ 답안작성 방법
동영상

다운로드 방법

① 이기적 영진닷컴(license.youngjin.com)에 접속한다.
② 상단 메인 메뉴에서 [자료실] – [ITQ]를 클릭한다.
③ '[2025] 이기적 ITQ 올인원 OA Master ver.2020+2021 부록 자료' 게시글을 클릭하여 첨부파일을 다운로드한다.

사용 방법

① 다운로드한 '7633.zip' 압축 파일에서 마우스 오른쪽 버튼을 눌러 압축을 해제한다.
② 압축이 풀린 후 '7633' 폴더를 더블 클릭하여 모든 파일이 들어 있는지 확인한다.

※ ITQ 시험은 빈 문서에서 내용을 입력하는 것부터 시험 시작입니다. 처음 시험 공부를 하실 때에는 빈 문서에서 차근차근 연습해 주세요.

STEP 01 시험 유형 따라하기로 유형 학습하기

난이도
챕터별 난이도를 상중하로 나누어
난이도별 집중 학습이 가능합니다.

정답파일
문제 풀이와 채점에 활용할 수 있는
정답파일을 제공합니다.

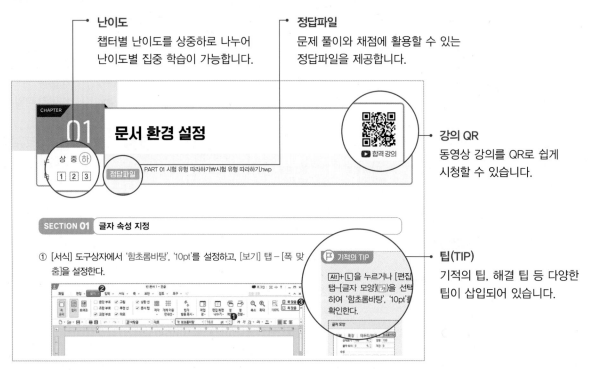

강의 QR
동영상 강의를 QR로 쉽게
시청할 수 있습니다.

팁(TIP)
기적의 팁, 해결 팁 등 다양한
팁이 삽입되어 있습니다.

 STEP 02 대표 기출 따라하기로 실제 시험 정복

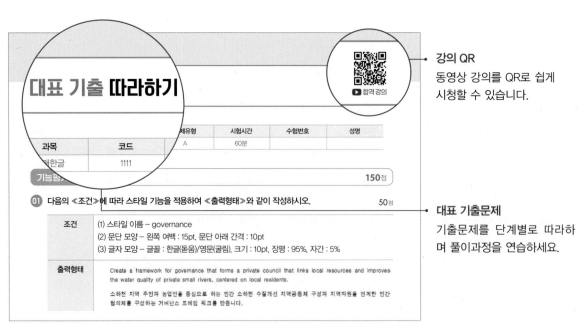

강의 QR
동영상 강의를 QR로 쉽게
시청할 수 있습니다.

대표 기출문제
기출문제를 단계별로 따라하
며 풀이과정을 연습하세요.

STEP 03 최신 기출문제, 실전 모의고사로 마무리 학습

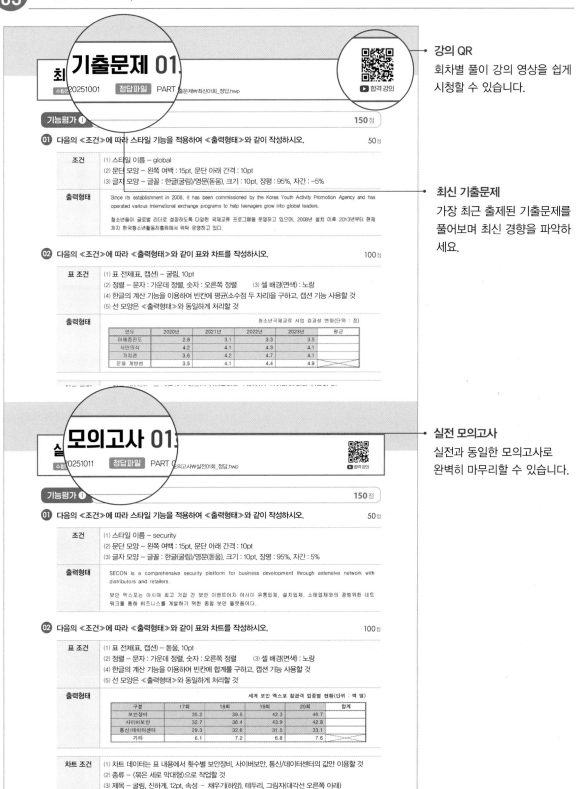

강의 QR
회차별 풀이 강의 영상을 쉽게 시청할 수 있습니다.

최신 기출문제
가장 최근 출제된 기출문제를 풀어보며 최신 경향을 파악하세요.

실전 모의고사
실전과 동일한 모의고사로 완벽히 마무리할 수 있습니다.

기출문제 01

최 기출문제 01

수험번호 20251001 정답파일 PART 출문제₩최신01회_정답.hwp ▶합격 강의

기능평가 ❶ | 150 점

01 다음의 ≪조건≫에 따라 스타일 기능을 적용하여 ≪출력형태≫와 같이 작성하시오. 50점

조건	(1) 스타일 이름 – global
	(2) 문단 모양 – 왼쪽 여백 : 15pt, 문단 아래 간격 : 10pt
	(3) 글자 모양 – 글꼴 : 한글(굴림)/영문(돋움), 크기 : 10pt, 장평 : 95%, 자간 : –5%

| 출력형태 | Since its establishment in 2008, it has been commissioned by the Korea Youth Activity Promotion Agency and has operated various international exchange programs to help teenagers grow into global leaders. |
| | 청소년들이 글로벌 리더로 성장하도록 다양한 국제교류 프로그램을 운영하고 있으며, 2008년 설치 이후 2013년부터 현재까지 한국청소년활동진흥원에서 위탁 운영하고 있다. |

02 다음의 ≪조건≫에 따라 ≪출력형태≫와 같이 표와 차트를 작성하시오. 100점

표 조건	(1) 표 전체(표, 캡션) – 굴림, 10pt
	(2) 정렬 – 문자 : 가운데 정렬, 숫자 : 오른쪽 정렬 (3) 셀 배경(면색) : 노랑
	(4) 한글의 계산 기능을 이용하여 빈칸에 평균(소수점 두 자리)을 구하고, 캡션 기능 사용할 것
	(5) 선 모양은 ≪출력형태≫와 동일하게 처리할 것

출력형태

청소년국제교류 사업 효과성 변화(단위 : 점)

연도	2020년	2021년	2022년	2023년	평균
이해증진도	2.8	3.1	3.3	3.5	
시민의식	4.2	4.1	4.3	4.1	
가치관	3.6	4.2	4.7	4.1	
문화 개방성	3.5	4.1	4.4	4.9	

모의고사 01

실 모의고사 01

수험번호 20251011 정답파일 PART 모의고사₩실전01회_정답.hwp ▶합격 강의

기능평가 ❶ | 150 점

01 다음의 ≪조건≫에 따라 스타일 기능을 적용하여 ≪출력형태≫와 같이 작성하시오. 50점

조건	(1) 스타일 이름 – security
	(2) 문단 모양 – 왼쪽 여백 : 15pt, 문단 아래 간격 : 10pt
	(3) 글자 모양 – 글꼴 : 한글(굴림)/영문(돋움), 크기 : 10pt, 장평 : 95%, 자간 : 5%

| 출력형태 | SECON is a comprehensive security platform for business development through extensive network with distributors and retailers. |
| | 보안 엑스포는 아시아 최고 기업 간 보안 이벤트이자 아시아 유통업체, 설치업체, 소매업체와의 광범위한 네트워크를 통해 비즈니스를 개발하기 위한 종합 보안 플랫폼이다. |

02 다음의 ≪조건≫에 따라 ≪출력형태≫와 같이 표와 차트를 작성하시오. 100점

표 조건	(1) 표 전체(표, 캡션) – 돋움, 10pt
	(2) 정렬 – 문자 : 가운데 정렬, 숫자 : 오른쪽 정렬 (3) 셀 배경(면색) : 노랑
	(4) 한글의 계산 기능을 이용하여 빈칸에 합계를 구하고, 캡션 기능 사용할 것
	(5) 선 모양은 ≪출력형태≫와 동일하게 처리할 것

출력형태

세계 보안 엑스포 참관객 업종별 현황(단위 : 백 명)

구분	17회	18회	19회	20회	합계
보안장비	35.2	39.5	42.3	46.7	
사이버보안	32.7	36.4	43.9	42.8	
통신/데이터센터	29.3	32.6	31.5	33.1	
기타	6.1	7.2	6.8	7.6	

차트 조건	(1) 차트 데이터는 표 내용에서 횟수별 보안장비, 사이버보안, 통신/데이터센터의 값만 이용할 것
	(2) 종류 – 〈묶은 세로 막대형〉으로 작업할 것
	(3) 제목 – 굴림, 진하게, 12pt, 속성 – 채우기(하양), 테두리, 그림자(대각선 오른쪽 아래)

STEP 01 ITQ 응시 자격 조건

제한 없음

 STEP 02 원서 접수하기

- https://license.kpc.or.kr 인터넷 접수
- 직접 선택한 고사장, 날짜, 시험 시간 확인(방문 접수 가능)
- 응시료
  1과목 : 22,000원 | 2과목 : 42,000원 | 3과목 : 60,000원

 STEP 03 시험 응시

- 60분 안에 답안 파일 작성
- 네트워크로 연결된 감독위원 PC로 답안 전송

 STEP 04 합격자 발표

https://license.kpc.or.kr에서 성적 확인 후 자격증 발급 신청

01 ITQ 시험 과목

자격 종목	시험 과목	S/W Version	접수 방법	시험 방식
정보기술자격 (ITQ)	아래한글	한컴오피스 2022/2020 선택	온라인/방문	PBT
	한글엑셀 한글파워포인트 한글액세스	MS Office 2021/2016 선택		
	인터넷	익스플러러 8.0 이상		

- 정보기술자격(ITQ) 시험은 정보기술 실무능력을 평가하는 시험으로 국민 누구나 응시가 가능한 시험이다.
- 동일 회차에 최대 3과목까지 신청자가 선택하여 응시할 수 있다.
- 아래한글 과목은 2025년 1월부터 2022/2020 선택 응시로 진행된다.

02 시험 배점 및 시험 시간

시험 배점	시험 방법	시험 시간
과목당 500점	실무작업형 실기시험	과목당 60분

03 시험 검정 기준

ITQ 시험은 500점 만점을 기준으로 200점 이상 취득자에 한해서 C등급부터 A등급까지 등급별 자격을 부여하며, 낮은 등급을 받은 수험생이 차기 시험에 재응시하여 높은 등급을 받으면 등급을 업그레이드 할 수 있다.

A등급	B등급	C등급
500 ~ 400점	399 ~ 300점	299 ~ 200점

※ 200점 미만은 불합격 처리

04 등급 기준

A등급	주어진 과제의 100~80%를 정확히 해결할 수 있는 능력 수준
B등급	주어진 과제의 79~60%를 정확히 해결할 수 있는 능력 수준
C등급	주어진 과제의 59~40%를 정확히 해결할 수 있는 능력 수준

ITQ 한글은 워드프로세서인 아래한글을 이용한 문서작성 능력을 평가하는 시험입니다. 60분 동안 3장의 페이지에 3가지 평가기능과 5가지 하위문제를 작업해야 합니다. 아래한글은 일상에서 자주 사용하는 프로그램이지만 막상 그 기능들을 완전히 활용하고 있지 않은 경우가 많습니다. 본 시험을 통해 기존보다 더욱 질 높은 문서를 작성하는 능력을 기를 수 있습니다.

문제	기능	배점
기능평가 I	스타일	50
	표	50
	차트	50
기능평가 II	수식 작성	40
	그리기 작업(도형, 글맵시, 그림 삽입, 하이퍼링크)	110
문서작성 능력평가	문서 입력, 들여쓰기, 머리말/꼬리말, 덧말 넣기, 책갈피, 문단 첫글자 장식, 그림 삽입, 각주, 문단 번호 기능, 표, 쪽 번호, 서식 지정	200
	합계	500

기능평가 I ———————————————————————————————— 배점 150점

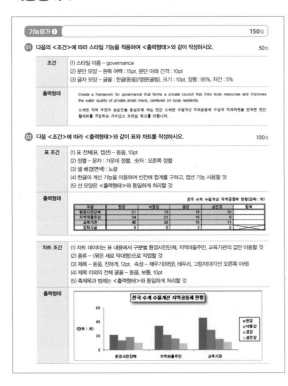

✅ **체크포인트**

- 스타일
  - 한글/영문 두 문단으로 출제
  - '문단 모양'과 '글자 모양' 지정
- 표
  - 내용 작성 및 글꼴
  - 정렬
  - 셀 테두리
  - 셀 배경색 지정
  - 블록 계산 및 캡션 설정
- 차트
  - 작성된 표의 일부 데이터 사용
  - 차트 요소의 서식 지정

기능평가 II
배점 150점

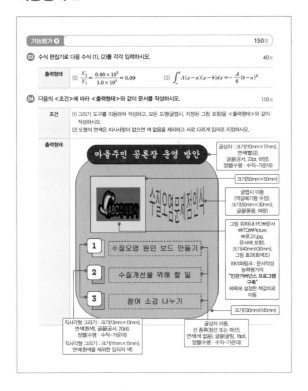

✔ 체크포인트
- 수식 작성
  - [수식 편집기] 이용
  - '수식 기호'와 '확장 연산자'로 작성
- 그리기 도구 작업
  - 도형 및 글상자
  - 글맵시 및 하이퍼링크 설정
  - 그림 삽입
  - 지시사항 설정

문서작성 능력평가
배점 200점

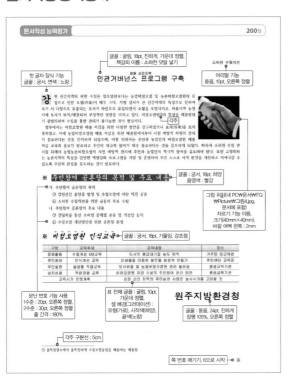

✔ 체크포인트
- 머리말, 쪽 번호
- 제목 설정, 문단 첫 글자 장식, 각주, 그림 삽입
- 문단 번호
- 표 작성 및 설정

답안 전송 프로그램 설치법

답안 전송 프로그램이란?

ITQ 시험은 답안 작성을 마친 후 저장한 답안 파일을 감독위원 PC로 전송하여 제출해야 합니다. 시험장에서 당황하는 일이 없도록, 답안 전송 프로그램으로 미리 연습해 보세요.

다운로드 및 설치법

01 이기적 홈페이지(license.youngjin.com)에 접속한 후 상단에 있는 [자료실]-[ITQ]를 클릭한다. '[2025] 이기적 ITQ 올인원 OA Master ver.2020+2021'를 클릭하고 첨부 파일을 다운로드 받아 압축을 해제한다.

02 다음과 같은 폴더가 열리면 'SETUP.EXE'를 더블클릭하여 프로그램을 실행시킨다.

※ 운영체제가 Windows 7 이상인 경우는 마우스 오른쪽 버튼을 클릭해 '관리자 권한으로 실행'을 선택하여 실행시킨다.

03 다음과 같이 설치 화면이 나오면 [다음]을 클릭하고 설치를 진행한다.

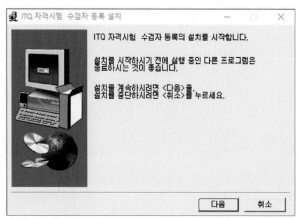

04 설치 진행이 완료되면 'ITQ 수험자용' 아이콘을 더블클릭하여 프로그램을 실행한다.

※ 여러 과목의 ITQ 시험을 함께 준비하는 수험생은 기존 과목의 프로그램을 삭제하지 마시고 그대로 사용하세요.

답안 전송 프로그램 사용법

시험 진행 순서

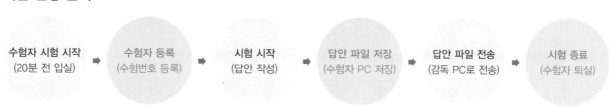

수험자 시험 시작 (20분 전 입실) ▶ 수험자 등록 (수험번호 등록) ▶ 시험 시작 (답안 작성) ▶ 답안 파일 저장 (수험자 PC 저장) ▶ 답안 파일 전송 (감독 PC로 전송) ▶ 시험 종료 (수험자 퇴실)

01 수험자 수험번호 등록

① 바탕화면에서 'ITQ 수험자용' 아이콘을 실행한다. [수험자 등록] 화면에 수험번호를 입력한 후 [확인]을 클릭한다.

② 수험번호가 화면과 같으면 [예]를 클릭한다. 다음 화면에서 수험번호, 성명, 수험과목, 좌석번호를 확인한다.

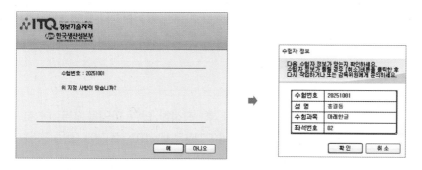

③ 다음과 같은 출력화면 확인 후 감독위원의 지시를 기다린다.

02 시험 시작(답안 파일 작성)

① 과목에 맞는 수검 프로그램(아래한글, MS오피스) 실행 후 답안 파일을 작성한다.

② 이미지 파일은 '내 PC₩문서₩ITQ₩Picture' 폴더 내의 파일을 참조한다.

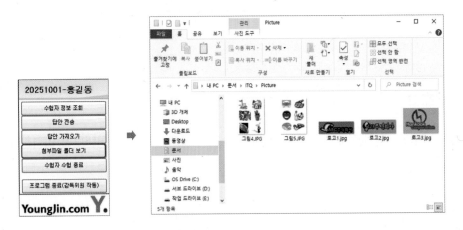

03 답안 파일 저장(수험자 PC 저장)

① 답안 파일은 '내 PC₩문서₩ITQ' 폴더에 저장한다.

② 답안 파일명은 '수험번호–성명'으로 저장해야 한다.
(단, 인터넷 과목은 '내 PC₩문서₩ITQ'의 '답안 파일–인터넷.hwp' 파일을 불러온 후 '수험번호–성명–인터넷.hwp'로 저장)

04 답안 파일 전송(감독 PC로 전송)

① 바탕화면의 실행 화면에서 [답안 전송]을 클릭한 후, 작성한 답안 파일을 감독 PC로 전송한다. 화면에서 작성한 답안 파일의 존재 유무(파일이 '내 PC₩문서₩ITQ' 폴더에 있을 경우 '있음'으로 표시됨)를 확인 후 [답안 전송]을 클릭한다.

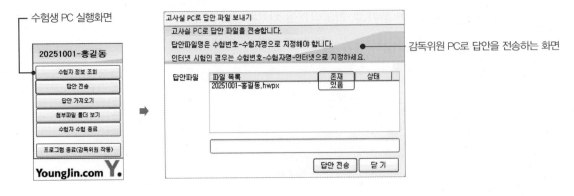

② 전송이 성공적으로 끝나면 상태 부분에 '성공'이라 표시된다.

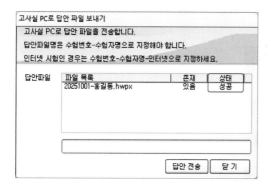

05 시험 종료

① 수험자 PC화면에서 [수험자 수험 종료]를 클릭한 후 감독위원의 지시를 기다린다.

② 감독위원의 퇴실 지시에 따라 퇴실한다.

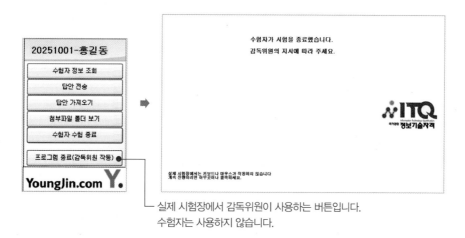

실제 시험장에서 감독위원이 사용하는 버튼입니다.
수험자는 사용하지 않습니다.

답안 전송 프로그램 안내

• **프로그램을 설치했는데 '339 런타임 오류가 발생하였습니다'라는 오류 메시지가 나타나는 경우**
  프로그램 설치 시 마우스 오른쪽 버튼을 클릭하여 '관리자 권한으로 실행'을 선택하여 설치하고, 설치 후 실행 시에도 '관리자 권한으로 실행'을 선택해주세요.

• **프로그램을 실행하는데 'vb6ko.dll' 파일 오류가 나타나는 경우**
  이기적 홈페이지의 ITQ 자료실 공지사항을 확인해주시고, 첨부 파일을 다운로드 받아 해당 폴더에 넣어주세요.
  – 윈도우 XP : C:\Windows\System
  – 윈도우 7/10 32bit : C:\Windows\System32
  – 윈도우 7/10 64bit : C:\Windows\System32와 C:\Windows\Syswow64

01 채점 서비스(itq.youngjin.com)에 접속한 후 ISBN 5자리 번호(도서 표지에서 확인)를 입력하고 [체크]를 클릭한다. 체크가 완료되면 [확인]을 클릭한다.

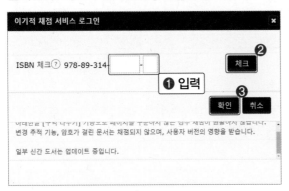

02 [작성한 파일 선택] 버튼을 클릭한다. 직접 작성하여 저장한 파일을 선택하고 '열기'를 클릭한다. 화면에 보이는 보안문자를 똑같이 입력하고 [실행]을 클릭한다.

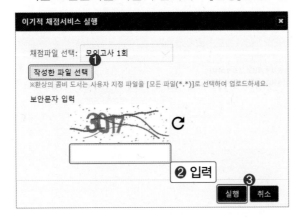

03 채점 결과를 확인한다(왼쪽 상단이 정답 파일, 하단이 사용자 작성 파일).

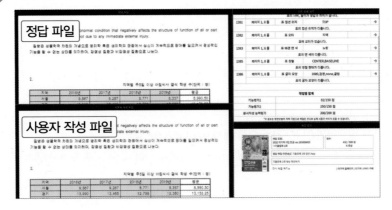

※ 현재 시범 서비스 중으로 답안의 일부 요소는 정확한 인식이 되지 않을 수 있습니다.

※ 본 서비스는 영진닷컴이 직접 설정한 기준에 의해 채점되므로 참고용으로만 활용 바랍니다.

Q&A

Q ITQ는 어떤 시험인가요?

A ITQ는 실기 시험으로만 자격을 평가하는 시험으로 아래한글(MS워드), 엑셀, 파워포인트, 액세스, 인터넷 등의 과목으로 이루어져 있습니다. 이 중 한 가지만 자격을 취득하여도 국가공인 자격으로 인정됩니다.

Q 언제, 어디서 시험이 시행되나요?

A 정기 시험은 매월 둘째 주 토요일에, 특별 시험은 2, 5, 8, 11월 넷째 주 일요일에 시행됩니다. 지역센터에서 시험을 응시할 수 있습니다.

※ 시험 시행일은 시행처 사정에 따라 변경될 수 있으므로, 응시 전 꼭 시행처에 확인하세요.

Q OA MASTER 자격 취득은 어떻게 하는 건가요?

A OA MASTER는 ITQ 시험에 응시하여 3과목 이상 A등급을 받으면 취득할 수 있습니다. 자격은 온라인으로 신청 가능하며 발급 비용 및 수수료는 별도로 부과됩니다.

Q 작성한 답안과 정답 파일의 작성 방법이 달라요.

A ITQ는 실무형 시험으로 작성 방법은 채점하지 않습니다. 정답 파일은 모범답안이며 꼭 똑같이 작성하지 않아도 됩니다. 문제의 지시사항대로 출력형태를 참고하여 작성하면 됩니다.

Q 채점기준 및 부분점수 기준은 어떻게 되나요?

A 주어진 지시사항에 따라 출력형태가 동일하게 작성된 경우 감점되지 않습니다. 또한 ITQ 인터넷을 제외한 모든 과목은 부분채점이 이루어지며 부분점수는 공개되지 않습니다.

Q MS오피스, 아래한글 버전별로 문제지가 다른가요?

A ITQ 시험은 과목별로 아래한글 2022/2020, MS오피스 2021/2016의 두 개 버전 중 선택 응시가 가능합니다. 각 과목의 문제지는 동일하며, 버전별로 조건이 다른 부분은 문제지에 표시되어 있습니다.

※ 소프트웨어 버전은 변경될 수 있으므로, 응시 전 꼭 시행처에 확인하세요.

Q 취득 시 어떻게 활용할 수 있나요?

A 공기업/공단과 사기업에서 입사 시 우대 및 승진 가점을 획득할 수 있으며, 대학교 학점인정을 받을 수 있습니다. 정부부처/지자체에서도 의무취득 및 채용 가점, 승진 가점이 주어집니다.

PART

01

시험 유형 따라하기

문서 환경 설정

정보기술자격(ITQ) 시험

한컴오피스

과목	코드	문제유형	시험시간	수험번호	성명
아래한글	1111	A	60분		

※ 최신 기출문제 01~10회 학습 시 답안 작성요령을 동일하게 적용하세요.

수험자 유의사항

- 수험자는 문제지를 받는 즉시 문제지와 **수험표상의 시험과목(프로그램)이 동일한지** 반드시 확인하여야 합니다.
- 파일명은 본인의 **"수험번호-성명"**으로 입력하여 답안폴더(내 PC₩문서₩ITQ)에 하나의 파일로 저장해야 하며, 답안문서 파일명이 **"수험번호-성명"**과 일치하지 않거나 답안파일을 전송하지 않아 미제출로 처리될 경우 실격 처리합니다(예:12345678-홍길동.hwp).
- 답안 작성을 마치면 파일을 저장하고, '답안 전송' 버튼을 선택하여 감독위원 PC로 답안을 전송하십시오. 수험생 정보와 저장한 파일명이 다를 경우 전송되지 않으므로 주의하시기 바랍니다.
- 답안 작성 중에도 **주기적으로 저장하고, '답안 전송'**하여야 문제 발생을 줄일 수 있습니다. 작업한 내용을 저장하지 않고 전송할 경우 이전에 저장된 내용이 전송되니 이점 유의하시기 바랍니다.
- 답안문서는 지정된 경로 외의 다른 보조기억장치에 저장하는 경우, 지정된 시험 시간 외에 작성된 파일을 활용할 경우, 기타 통신수단(이메일, 메신저, 네트워크 등)을 이용하여 타인에게 전달 또는 외부 반출하는 경우는 부정 처리합니다.
- 시험 중 부주의 또는 고의로 시스템을 파손한 경우는 수험자가 변상해야 하며, (수험자 유의사항)에 기재된 방법대로 이행하지 않아 생기는 불이익은 수험생 당사자의 책임임을 알려 드립니다.
- 문제의 조건은 한컴오피스 2020 버전으로 설정되어 있으며 한글오피스 NEO는 【 】에 표기되어 있습니다. 이와 관련하여 작성된 답안의 출력형태가 문제지와 다를 수 있습니다.
- 시험을 완료한 수험자는 답안파일이 전송되었는지 확인한 후 감독위원의 지시에 따라 문제지를 제출하고 퇴실합니다.

답안 작성요령

- **온라인 답안 작성 절차**
  수험자 등록 → 시험 시작 → 답안파일 저장 → 답안 전송 → 시험 종료
- **공통 부문**
  - 글꼴에 대한 기본설정은 함초롬바탕, 10포인트, 검정, 줄간격 160%, 양쪽정렬로 합니다.
  - 색상은 조건의 색을 적용하고 색의 구분이 안 될 경우에는 RGB 값을 적용하십시오.
    (빨강 255,0,0 / 파랑 0,0,255 / 노랑 255,255,0).
  - 각 문항에 주어진 <조건>에 따라 작성하고 언급하지 않은 조건은 <출력형태>와 같이 작성합니다.
  - 용지여백은 왼쪽·오른쪽 11㎜, 위쪽·아래쪽·머리말·꼬리말 10㎜, 제본 0㎜로 합니다.
  - 그림 삽입 문제의 경우 '내 PC₩문서₩ITQ₩Picture', 폴더에서 지정된 파일을 선택하여 삽입하십시오.
  - 삽입한 그림은 반드시 문서에 포함하여 저장해야 합니다(미포함 시 감점 처리).
  - 각 항목은 지정된 페이지에 출력형태와 같이 정확히 작성하기 바라며, 그렇지 않을 경우에 해당 항목은 0점 처리됩니다.
    ※ 페이지구분 : 1페이지 - 기능평가 Ⅰ (문제번호 표시 : 1, 2),
    2페이지 - 기능평가 Ⅱ (문제번호 표시 : 3, 4),
    3페이지 - 문서작성 능력평가
- **기능평가**
  - 문제와 <조건>은 입력하지 않으며 문제번호와 답(<출력형태>)만 작성합니다.
  - A면 문제는 뭐가를 핸들 경우 0점 처리합니다.
- **문서작성 능력평가**
  - A4 용지(210㎜×297㎜) 1매 크기, 세로 서식 문서로 작성합니다.
  - □□ 표시는 문서작성에 대한 지시사항이므로 작성하지 않습니다.

CHAPTER 01 문서 환경 설정

출제포인트

글자 속성 지정 · 편집 용지 설정 · 페이지 구분 · 파일 저장

A등급 TIP

문서 환경 설정은 배점은 따로 없으나 앞으로 작성할 모든 문서의 틀이 되는 부분이므로 실수 없이 꼼꼼히 작업하도록 합니다. 답안 작성요령에서 지시하는 대로 글꼴에 대한 설정과 용지 여백, 페이지 구분 등을 정확하게 지정해야 합니다.

01

문서 환경 설정

▶ 합격 강의

난이도 상 중 (하)
반복학습 1 2 3

정답파일 PART 01 시험 유형 따라하기₩시험 유형 따라하기.hwpx

답안 작성요령	• 파일명은 본인의 "수험번호–성명"으로 입력하여 답안폴더(내 PC₩문서₩ITQ)에 하나의 파일로 저장해야 하며, 답안문서 파일명이 "수험번호–성명"과 일치하지 않거나, 답안파일을 전송하지 않아 미제출로 처리될 경우 실격 처리합니다.(예 12345678–홍길동.hwpx) • 글꼴에 대한 기본설정은 함초롬바탕, 10포인트, 검정, 줄간격 160%, 양쪽정렬로 합니다. • 색상은 조건의 색을 적용하고 색의 구분이 안 될 경우에는 RGB 값을 적용하십시오. (빨강 255,0,0 / 파랑 0,0,255 / 노랑 255,255,0) • 용지여백은 왼쪽·오른쪽 11mm, 위쪽·아래쪽·머리말·꼬리말 10mm, 제본 0mm로 합니다. • 페이지구분 : 1페이지 – 기능평가 I (문제번호 표시 : 1. 2.), 2페이지 – 기능평가 II (문제번호 표시 : 3. 4.), 3페이지 – 문서작성 능력평가
작업과정	글자 속성 지정 → 편집 용지 설정 → 페이지 구분 → 파일 저장

SECTION 01 **글자 속성 지정**

① [서식] 도구상자에서 '함초롬바탕', '10pt'를 설정하고, [보기] 탭 – [폭 맞춤]을 설정한다.

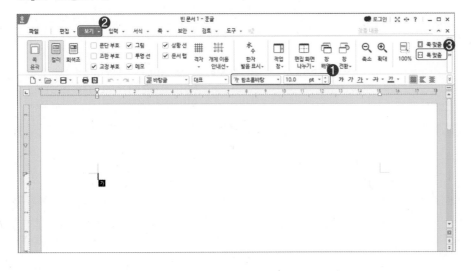

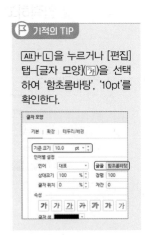

🅑 기적의 TIP

Alt+L을 누르거나 [편집]
탭–[글자 모양](꺄)을 선택
하여 '함초롬바탕', '10pt'를
확인한다.

🅑 기적의 TIP

[도구] 탭–[환경 설정]–기
타–입력기 언어 표시
꺄: 한글 입력 상태
A: 영문 입력 상태

① F7을 누르거나 [파일] 탭 – [편집 용지]를 선택하여, 왼쪽 · 오른쪽 '11mm', 위쪽 · 아래쪽 · 머리말 · 꼬리말 '10mm', 제본 '0mm'로 설정한다.

🅱 기적의 TIP

용지 여백 설정은 문제를 풀기 전에 지정한다.

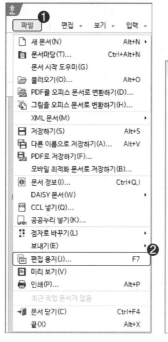

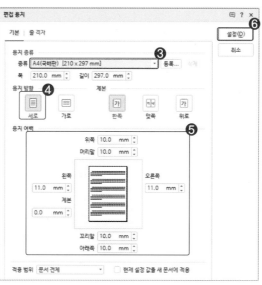

① 문제 번호 「1.」을 입력하고 Enter 를 세 번 누른다.
→ 「2.」를 입력하고 Enter 를 한 번 누른다.

② [쪽] 탭 – [구역 나누기](🖺)(Alt + Shift + Enter)를 클릭하여 페이지를 구분한다.

🅱 기적의 TIP

1~4번까지의 문제 번호를 적지 않고 작성하는 경우 해당 문제에 배당된 점수를 받지 못한다. 그러므로 각 문제의 번호를 꼭 입력하도록 한다.

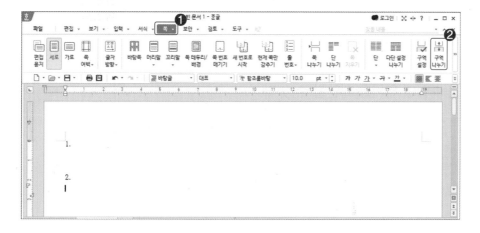

③ 두 번째 페이지로 커서가 이동되면 문제 번호 「3.」, 「4.」를 첫 번째 페이지와 같이 입력한 후 [구역 나누기](📑)를 한 번 더 클릭한다.

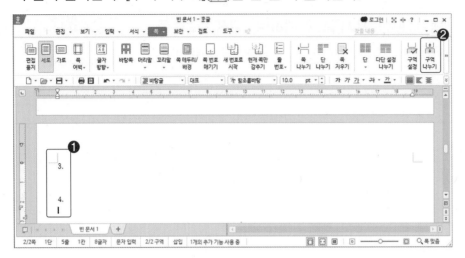

SECTION 04 파일 저장

① Alt + S 를 누르거나 [파일] 탭 – [저장하기](💾)를 선택하고, '내 PC₩문서₩ITQ₩' 폴더로 이동한다.

② 파일 이름을 '수험번호-이름.hwpx'로 저장한다.

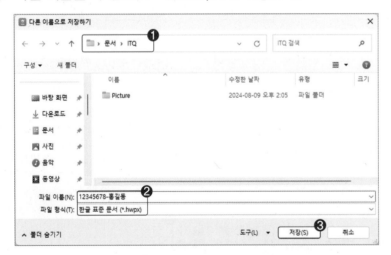

> 🅱 **기적의 TIP**
>
> 25년 1월 시험부터 hwp가 아닌 hwpx로 저장하도록 변경되었다.

> 🅱 **기적의 TIP**
>
> 답안 작성 중에도 수시로 저장하여 시험 중 불의의 피해를 보지 않도록 한다.

③ 제목 표시줄에서 파일명과 파일의 위치를 확인할 수 있다.

기능평가 I

배점 **150점** | A등급 목표점수 **130점**

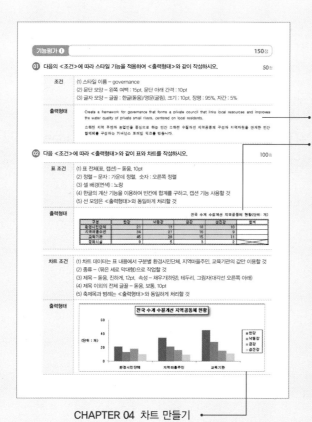

CHAPTER 02 스타일

CHAPTER 03 표 만들기

출제포인트

스타일 지정 · 한글과 영문 텍스트 작성 · 표 작성 및 정렬 · 표/셀 속성 · 캡션 기능 · 계산 기능 · 차트 작성 · 차트 제목 설정 · 축 제목 및 범례

출제기준

① 한글과 영문 텍스트 작성능력 및 스타일 기능 사용능력, ② 표와 차트의 작성능력을 평가합니다.

A등급 TIP

기능평가 I 에는 ① 스타일, ② 표와 차트의 두 문제가 출제됩니다. 한글과 영문 텍스트를 정확하게 입력하고, 표를 기반으로 차트를 만든 뒤 조건대로 서식을 지정하는 것이 중요합니다.

CHAPTER 04 차트 만들기

[기능평가 I]
스타일

▶ 합격 강의

정답파일 PART 01 시험 유형 따라하기₩시험 유형 따라하기.hwpx

문제보기	
	조건 (1) 스타일 이름 – autonomous (2) 문단 모양 – 첫 줄 들여쓰기 : 10pt, 문단 아래 간격 : 10pt (3) 글자 모양 – 글꼴 : 한글(굴림)/영문(돋움), 크기 : 10pt, 장평 : 105%, 자간 : − 5% **출력형태** Autonomous cars have control systems that are capable of analyzing sensory data to distinguish between different cars on the road, which is very useful in planning a path to the desired destination. 이미 실용화되고 있는 무인자동차로는 이스라엘 군에서 운용되는 미리 설정된 경로를 순찰하는 무인차량과 해외 광산, 건설 현장 등에서 운용되고 있는 덤프트럭 등의 무인운행 시스템 등이 있다.

핵심기능	

기능	바로 가기	메뉴
스타일	🗛, F6	[서식]–[스타일]
스타일 해제	≣ 바탕글 ▾, Ctrl + 1	
한/영 전환	한/영, 왼쪽 Shift + Space Bar	
문단 모양	📝, Alt + T	[서식]–[문단 모양]
글자 모양	🗛, Alt + L	[서식]–[글자 모양]

작업과정	
	글자 입력 → 스타일 지정 → 스타일 편집(문단 모양, 글자 모양)

① 문제 번호 「1.」 다음 줄에 [한/영](또는 왼쪽 [Shift]+[Space Bar])을 눌러 영문으로 변환 후 영문을 입력한다.

→ 다시 [한/영]을 눌러 한글로 변환 후 한글을 입력한다.

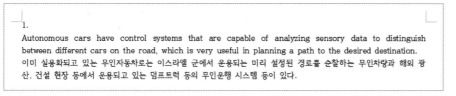

① 입력한 내용을 블록 설정한 후 [F6]을 눌러 [스타일] 대화상자에서 [스타일 추가하기](➕)를 클릭한다.

② [스타일 추가하기] 대화상자의 스타일 이름에 「autonomous」를 입력하고 [추가]를 클릭하여 스타일을 추가한다.

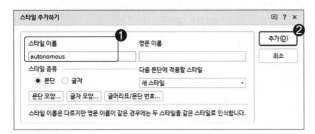

① [스타일] 대화상자의 스타일 목록에서 'autonomous'를 선택하고 [스타일 편집하기](✏️)를 클릭한다.

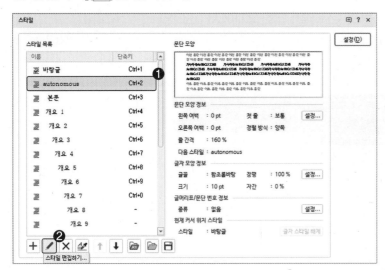

기적의 TIP

[스타일 편집하기] 대화상자에서는 스타일의 문단 모양, 글자 모양, 문단 번호/글머리표를 편집할 수 있다.

② [스타일 편집하기] 대화상자에서 [문단 모양]을 클릭한 후 [문단 모양] 대화상자에서 지시사항대로 첫 줄 들여쓰기 '10pt', 문단 아래 간격 '10pt'를 설정한다.

기적의 TIP

[문단 모양]에서는 정렬, 여백, 간격을 조절한다. 주로 왼쪽 여백, 첫 줄 들여쓰기, 문단 아래 간격 조절이 출제된다.

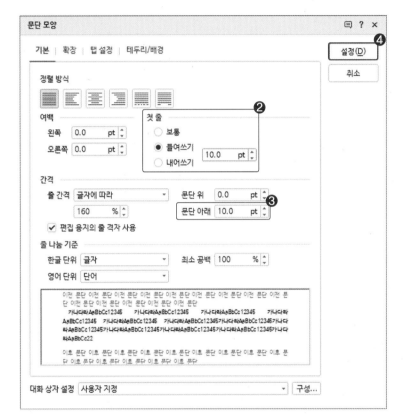

③ [스타일 편집하기] 대화상자에서 [글자 모양]을 클릭한다.
→ [글자 모양] 대화상자에서 지시사항대로 '10pt', 장평 '105%', 자간 '−5%'를 설정하고, 한글 글꼴을 지정하기 위해 언어 '한글', 글꼴 '굴림'을 선택한다.

기적의 TIP

[글자 모양]에서는 글자 크기, 글꼴, 장평, 자간 등의 속성을 설정한다.

기적의 TIP

한글 글꼴 지정 후, 영문 글꼴을 지정해야 하므로 한글 글꼴 지정 후 바로 설정을 누르지 않는다.

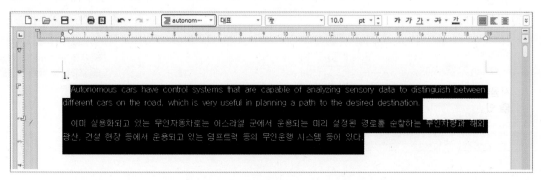

해결 TIP

작업 결과가 출력형태와 달라요!

우선 편집용지 설정이 제대로 되었는지 확인한다. 또한 줄 끝에서 `Enter`를 누르지 말고, 문단이 바뀔 때만 `Enter`를 입력했는지 확인한다.

④ 영문 글꼴을 지정하기 위해 언어 '영문', 글꼴 '돋움'을 설정한다.

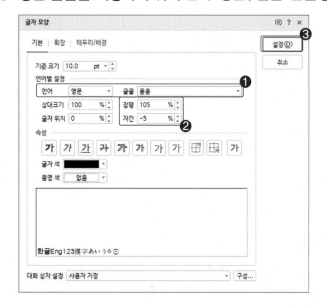

⑤ [스타일 편집하기] 대화상자에서 [설정]을 클릭하고, [스타일] 대화상자에서 [설정]을 클릭하여 대화상자를 닫는다.

⑥ 블록으로 지정된 내용에 스타일이 적용된 것을 확인한다.

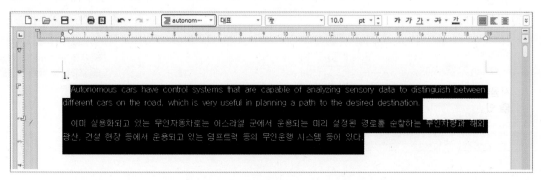

문제유형 ❶-1

정답파일 PART 01 시험 유형 따라하기\유형1-1번_정답.hwpx

조건	(1) 스타일 이름 – water (2) 문단 모양 – 첫 줄 들여쓰기 : 10pt, 문단 아래 간격 : 5pt (3) 글자 모양 – 글꼴 : 한글(돋움)/영문(굴림), 크기 : 10pt, 장평 : 105%, 자간 : –5%
출력형태	Water is a common chemical substance that is essential to all known forms of life. About 70% of the fat free mass of the human body is made of water. 물은 알려진 모든 생명체에 필수적인 화학물질입니다. 인체의 질량의 약 70%가 물로 구성되어 있습니다.

문제유형 ❶-2

정답파일 PART 01 시험 유형 따라하기\유형1-2번_정답.hwpx

조건	(1) 스타일 이름 – robot (2) 문단 모양 – 왼쪽 여백 : 10pt, 문단 아래 간격 : 10pt (3) 글자 모양 – 글꼴 : 한글(궁서)/영문(돋움), 크기 : 10pt, 장평 : 110%, 자간 : –5%
출력형태	Japan Robot Association(JARA)'s have biennially organized international Robot Exhibition (IREX) since 1974 for the purpose of contribution further progress of world's robot industry. 일본 로봇 협회는 1974년부터 세계 로봇 산업의 발전을 위해 국제 로봇 전시회를 2년마다 개최했습니다.

문제유형 ❶-3

정답파일 PART 01 시험 유형 따라하기\유형1-3번_정답.hwpx

조건	(1) 스타일 이름 – ncsi (2) 문단 모양 – 왼쪽 여백 : 15pt, 문단 아래 간격 : 5pt (3) 글자 모양 – 글꼴 : 한글(바탕)/영문(굴림), 크기 : 10pt, 장평 : 105%, 자간 : –5%
출력형태	The NCSI is an index model based on the modeling of the degree of satisfaction of the final consumers, who have used the product or services provided by domestic and foreign companies. 시뮬레이션 소프트웨어는 고객 만족도의 변화를 고객 유지 비율로 표현하며, 수익성에 영향을 미치는지 분석할 수 있습니다.

[기능평가 I]

표 만들기

▶ 합격 강의

정답파일 PART 01 시험 유형 따라하기₩시험 유형 따라하기.hwpx

문제보기

표 조건

(1) 표 전체(표, 캡션) – 돋움, 10pt
(2) 정렬 – 문자 : 가운데 정렬, 숫자 : 오른쪽 정렬
(3) 셀 배경(면색) : 노랑
(4) 한글의 계산 기능을 이용하여 빈칸에 평균(소수 두 자리)을 구하고, 캡션 기능 사용할 것
(5) 선 모양은 ≪출력형태≫와 동일하게 처리할 것

출력형태

무인자동차 관련 상장사(단위 : 억 원, %)

종목	매출액	영업이익	순이익	주가수익비율	주가순자산비율
테크닉스	2,024	308	300	16.8	2.3
셀프드라이빙	1,967	232	234	8.9	2.1
일렉트로	2,208	229	126	15.3	1.2
평균					

핵심기능

기능	바로 가기	메뉴
표	⊞, Ctrl + N , T	[입력]–[표]
블록 설정	F5	
셀 합치기	⊞, 블록 설정 후 M	[표]–[셀 합치기]
셀 나누기	⊞, 블록 설정 후 S	[표]–[셀 나누기]
선 모양	블록 설정 후 L	[표]–[셀 테두리/배경]
캡션 달기	🖾, Ctrl + N , C	[입력]–[캡션 넣기]
블록 합계	🖩, Ctrl + Shift + S	[표]–[블록 계산식]–[블록 합계]
블록 평균	🖩, Ctrl + Shift + A	[표]–[블록 계산식]–[블록 평균]
블록 곱	🖩, Ctrl + Shift + P	[표]–[블록 계산식]–[블록 곱]

작업과정

표 만들기 → 셀 합치기 → 표 데이터 입력 → 표 글자 속성 지정 → 정렬 지정 → 셀 테두리 지정
→ 셀 배경색 지정 → 블록 계산식 → 캡션 달기 → 표 크기 조절

SECTION 01 　표 만들기

① 문제 번호 「2.」 다음 줄에 커서를 위치시킨다.

② 표를 만들기 위해 [입력] 탭 – [표](▦)를 클릭한다.

③ [표 만들기] 대화상자에서 줄 수 '5', 칸 수 '6'를 설정한 후 '글자처럼 취급'에 체크한다.

SECTION 02 　표 데이터 입력, 글자 속성 지정

① 표에 내용을 입력한다.

종목	매출액	영업이익	순이익	주가수익비율	주가순자산비율
테크닉스	2024	308	300	16.8	2.3
셀프드라이빙	1967	232	234	8.9	2.1
일렉트로	2208	229	126	15.3	1.2
평균					

② 표 전체를 블록 설정(F5 세 번)한 후, 글꼴 '돋움', '10pt'를 설정한다.

해결 TIP

돋움 폰트가 안 보여요!
폰트를 선택할 때, 왼쪽 분류에 '모든 글꼴'을 선택해야 한다.

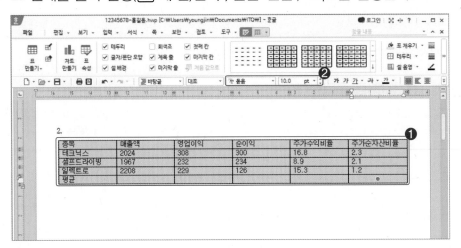

기적의 TIP

블록 설정
- F5 한 번 : 현재 커서 위치의 셀을 블록 설정
- F5 두 번 : 현재 커서 위치를 포함해서 방향키로 블록 설정
- F5 세 번 : 전체 셀을 블록 설정

기적의 TIP

셀 블록 설정 후 단축 메뉴(마우스 오른쪽 클릭)

① 글자 모양 : 표의 글꼴 등 글자 모양을 변경
② 셀 테두리/배경 : 셀의 테두리, 대각선이나 배경색을 지정
③ 셀 합치기 : 블록 설정한 셀 모두 합치기
④ 셀 나누기 : 지정한 셀의 줄, 칸을 나누기
⑤ 블록 계산식 : 블록 설정한 셀의 블록 합계, 블록 곱, 블록 평균을 구하기

① Ctrl+마우스 드래그로 문자 부분을 블록 설정하고 [가운데 정렬](☰)을 설정한다.

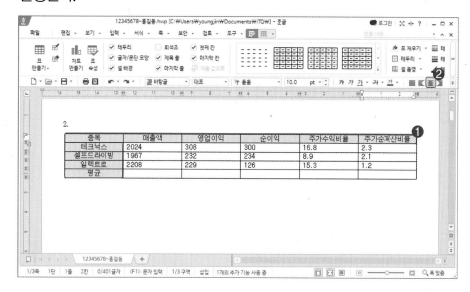

기적의 TIP

셀 블록 설정
• Shift+클릭 : 연속된 셀을 블록 설정
• Ctrl+클릭 : 비연속된 셀을 블록 설정

② 숫자 부분을 블록 설정한 후 [오른쪽 정렬](☰)을 설정한다.
→ [표 레이아웃] 탭 – [1,000 단위 구분 쉼표](☑) – [자릿점 넣기]를 선택한다.

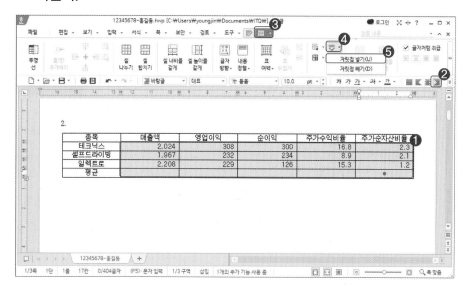

기적의 TIP

정렬
• 가운데 정렬 :
 Ctrl + Shift + C
• 오른쪽 정렬 :
 Ctrl + Shift + R
• 왼쪽 정렬 :
 Ctrl + Shift + L

① 표 전체를 블록 설정(F5 세 번)한다.

→ L을 누르거나 마우스 오른쪽 클릭하여 [셀 테두리/배경] – [각 셀마다 적용]을 선택한다.

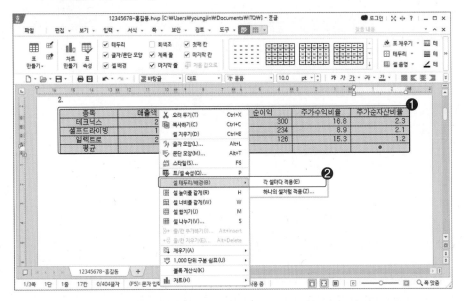

② [셀 테두리/배경] 대화상자의 [테두리] 탭에서 '이중 실선'을 선택하고, '바깥쪽'에 설정한다.

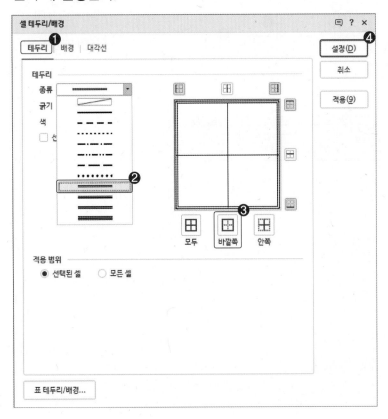

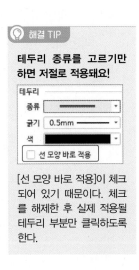

💡 해결 TIP

테두리 종류를 고르기만 하면 저절로 적용돼요!

[선 모양 바로 적용]이 체크되어 있기 때문이다. 체크를 해제한 후 실제 적용될 테두리 부분만 클릭하도록 한다.

③ 다시 첫째 줄을 블록 설정하고 마우스 오른쪽 클릭하여 [셀 테두리/배경] – [각 셀마다 적용]을 클릭한다.

종목	매출액	영업이익	순이익	주가수익비율	주가순자산비율
테크닉스	2,024	308	300	16.8	2.3
셀프드라이빙	1,967	232	234	8.9	2.1
일렉트로	2,208	229	126	15.3	1.2
평균					

④ [테두리] 탭에서 '이중 실선'을 '아래쪽 테두리'에 설정한다.

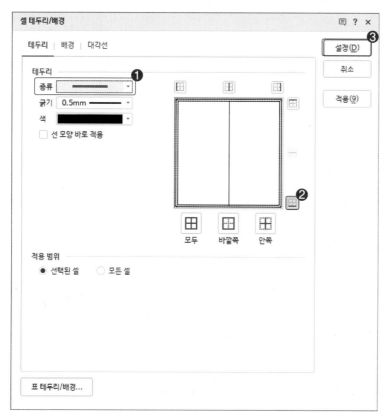

🎬 기적의 TIP

선 모양을 바꿀 범위가 같아도 적용되는 선 모양이 다르다면 모양에 따라 각각 지정해야 한다.

⑤ 같은 방법으로 첫째 칸을 모두 블록 설정하여 '이중 실선'을 '오른쪽 테두리'에 설정한다.

종목	매출액	영업이익	순이익	주가수익비율	주가순자산비율
테크닉스	2,024	308	300	16.8	2.3
셀프드라이빙	1,967	232	234	8.9	2.1
일렉트로	2,208	229	126	15.3	1.2
평균					

🎬 기적의 TIP

되돌리기
단축키 Ctrl + Z

⑥ 대각선이 들어가는 셀에 마우스 오른쪽 클릭하여 [셀 테두리/배경] – [각 셀마다 적용]을 클릭한다.

종목	매출액	영업이익	순이익	주가수익비율	주가순자산비율
테크닉스	2,024	308	300	16.8	2.3
셀프드라이빙	1,967	232	234	8.9	2.1
일렉트로	2,208	229	126	15.3	1.2
평균					

⑦ [대각선] 탭을 선택하고 ◩과 ◪를 클릭하여 설정한다.

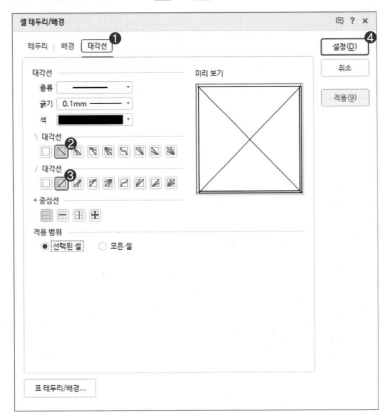

기적의 TIP

[표 디자인] 탭의 리본메뉴에서도 간단히 적용할 수 있다.

SECTION 05 셀 배경색 지정

① 배경색을 지정할 부분을 블록 설정한 후 ⒞를 누른다.

종목	매출액	영업이익	순이익	주가수익비율	주가순자산비율
테크닉스	2,024	308	300	16.8	2.3
셀프드라이빙	1,967	232	234	8.9	2.1
일렉트로	2,208	229	● 126	15.3	1.2
평균					

기적의 TIP

선택해야 할 셀의 영역이 떨어져 있을 때 Ctrl 을 누른 채 클릭하면 한 번에 블록 설정할 수 있다.

② [셀 테두리/배경] 대화상자의 [배경] 탭에서 '색'을 선택한다.

→ 면 색에서 [테마 색상표](▶)를 클릭하여 '오피스' 테마를 클릭하고 '노랑'으로 설정한다.

🅱 기적의 TIP

[적용 범위]를 '선택된 셀'에 놓고 변경해야 범위를 설정한 셀에만 적용된다.

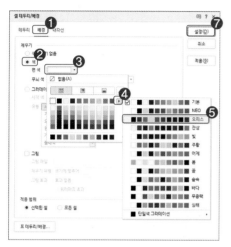

🅱 기적의 TIP

RGB값 입력

• [셀 테두리/배경] 대화 상자의 [배경] 탭에서 [면 색]–[스펙트럼]을 선택하면 빨강(R), 녹색(G), 파랑(B)의 값을 직접 입력할 수 있다.

• [표 디자인] 탭(▦)에서 [표 채우기]의 드롭다운 단추를 클릭하여 셀 배경색을 설정할 수도 있다.

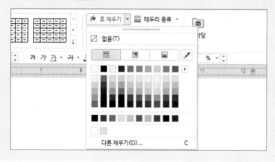

① 계산식이 이루어지는 부분을 블록 설정한 후 [표 레이아웃] 탭(▦)에서
[계산식](▦) – [블록 평균](▦)을 선택한다.

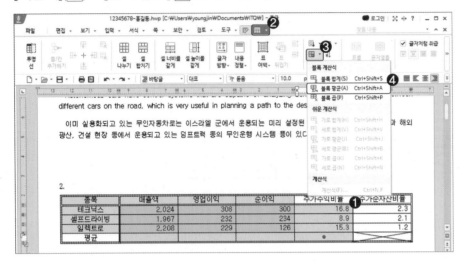

🅕 기적의 TIP

마우스 오른쪽 클릭하여
[블록 계산식]을 선택하는
방법도 있다.

🅕 기적의 TIP

정렬
• 블록 합계 :
  Ctrl + Shift + S
• 블록 평균 :
  Ctrl + Shift + A
• 블록 곱 :
  Ctrl + Shift + P

① 표를 선택하거나 표 안에 커서를 위치시키고 [표 레이아웃] 탭 – [캡션]
(▦)의 드롭다운 단추(▼)를 클릭한 후 '위'를 선택한다.

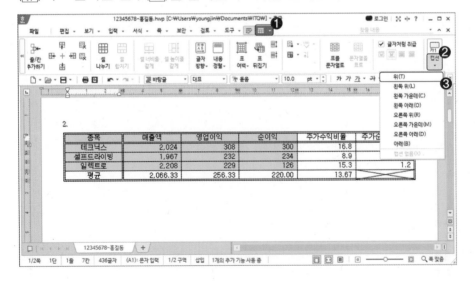

🅕 기적의 TIP

캡션
• Ctrl + N, C :
  표 안에 커서를 위치시
  킨 상태에서 누름
• 단축 메뉴를 이용 :
  표의 테두리를 선택하여
  조절점이 나타나면 마우
  스 오른쪽 클릭→[캡션 넣
  기]
• [표 레이아웃] 탭→[캡션]
  : 표 안에 커서를 위치시
  킨 상태에서 선택

② 캡션 번호 '표1'이 자동으로 만들어지면 지우고 「무인자동차 관련 상장사(단위 : 억 원, %)」를 입력한다.

무인자동차 관련 상장사(단위 : 억 원, %)

종목	매출액	영업이익	순이익	주가수익비율	주가순자산비율
테크닉스	2,024	308	300	16.8	2.3
셀프드라이빙	1,967	232	234	8.9	2.1
일렉트로	2,208	229	126	15.3	1.2
평균	2,066.33	256.33	220.00	13.67	

③ 캡션 내용을 블록 설정하고 글꼴 '돋움', '10pt', [오른쪽 정렬](▤)을 설정한다.

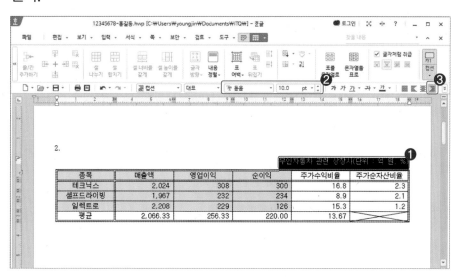

SECTION 08 셀 간격 조절

---

① 줄, 칸 너비와 높이 조절이 필요한 부분은 블록 설정한 후, [Ctrl]을 누른 채 방향키(←, →, ↑, ↓)를 눌러 셀 간격을 조절한다.

무인자동차 관련 상장사(단위 : 억 원, %)

종목	매출액	영업이익	순이익	주가수익비율	주가순자산비율
테크닉스	2,024	308	300	16.8	2.3
셀프드라이빙	1,967	232	234	8.9	2.1
일렉트로	2,208	229	126	15.3	1.2
평균	2,066.33	256.33	220.00	13.67	

[기능평가 I]

차트 만들기

▶ 합격 강의

정답파일 PART 01 시험 유형 따라하기\시험 유형 따라하기.hwpx

문제보기

차트 조건

(1) 차트 데이터는 표 내용에서 종목별 매출액, 영업이익, 순이익의 값만 이용할 것
(2) 종류 – 〈묶은 가로 막대형〉으로 작업할 것
(3) 제목 – 굴림, 진하게, 12pt, 속성 – 채우기(하양), 테두리, 그림자(대각선 오른쪽 아래)
(4) 제목 이외의 전체 글꼴 – 굴림, 보통, 10pt
(5) 축 제목과 범례는 ≪출력형태≫와 동일하게 처리할 것

출력형태

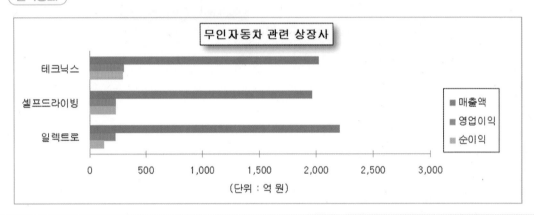

작업과정

차트 만들기 → 차트 종류 선택 → 제목 설정 → 축 설정 → 범례 설정

차트의 명칭

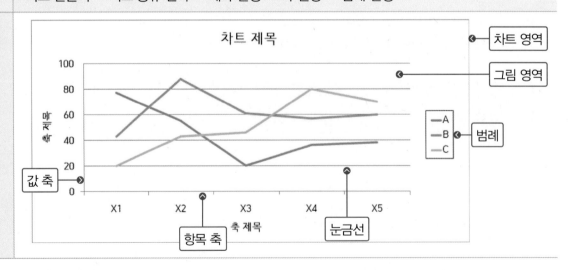

---

① 작성한 표에서 차트에 반영되는 영역을 블록 설정한다.
  → [표 디자인] 탭 – [차트 만들기](⏹)를 클릭한다.

🎬 기적의 TIP

블록 설정한 후 마우스 오른쪽 클릭하여 차트를 만들 수도 있다.

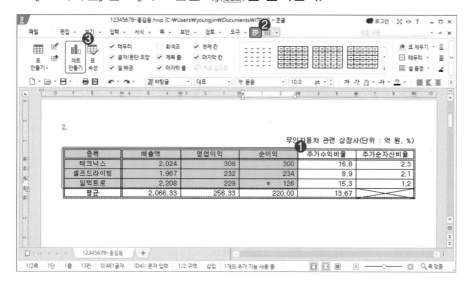

② [차트 데이터 편집] 대화상자가 나타나면 닫는다.

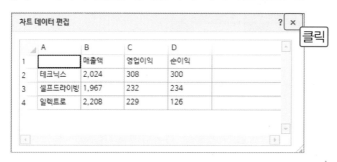

③ 차트를 선택하고 마우스 드래그하여 표 아래로 이동한다.

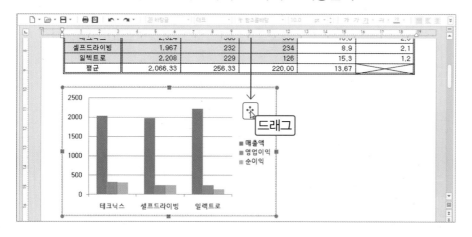

④ 차트의 크기 조절점을 드래그하여 표의 너비와 비슷하게 조절한다.

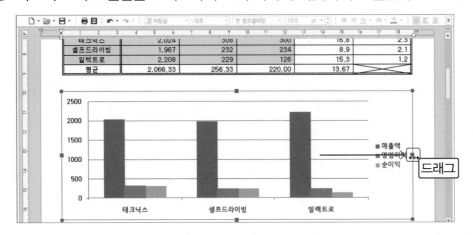

불연속 데이터로 차트 만들기

방법 ① 차트에 반영될 만큼의 영역만 Ctrl 을 누른 채 블록 설정하여 [차트 만들기]를 한다.

종목	매출액	영업이익	순이익	주가수익비율	주가순자산비율
테크닉스	2,024	308	300	16.8	2.3
셀프드라이빙	1,967	232	234	8.9	2.1
일렉트로	2,208	229	126	● 15.3	1.2
평균	2,066.33	256.33	220.00	13.67	

방법 ② 영역을 넓게 블록 설정하여 [차트 만들기]를 하고 [차트 데이터 편집] 대화상자에서 불필요한 행과 열을 지운다.

종목	매출액	영업이익	순이익	주가수익비율	주가순자산비율
테크닉스	2,024	308	300	16.8	2.3
셀프드라이빙	1,967	232	234	8.9	2.1
일렉트로	2,208	229	126	● 15.3	1.2
평균	2,066.33	256.33	220.00	13.67	

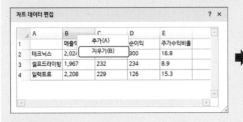 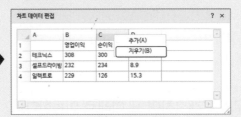

≪출력형태≫
두 방법의 결과는 동일하다.

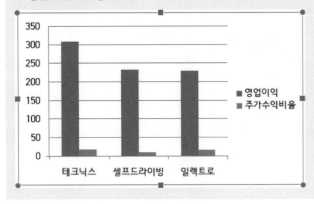

① 차트가 선택된 상태에서 [차트 디자인] 탭(📊) – [차트 종류 변경](📊)을 클릭한다.
→ '묶은 가로 막대형'을 선택한다.

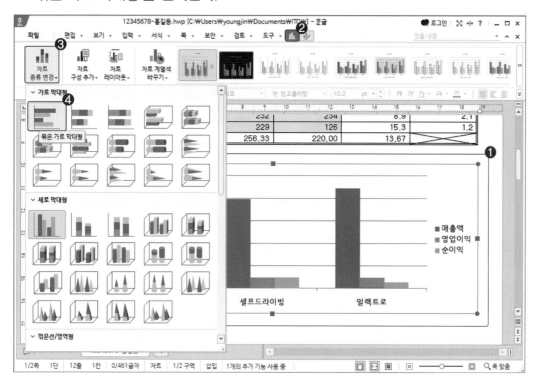

② 차트가 선택된 상태에서 항목 축을 클릭하여 선택한다.
→ 마우스 오른쪽 클릭한 후 [축 속성]을 클릭한다.

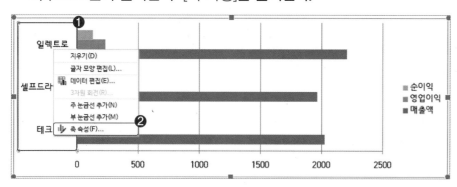

③ [축 종류]–[텍스트 축], [축 위치]–[눈금 사이], [축 교차]–[최대 항목]
을 선택하고 [항목을 거꾸로]에 체크하여 ≪출력형태≫처럼 항목 순서를
맞춘다.

기적의 TIP

축 교차
가로축과 세로축이 어느 위
치에서 서로 교차할지 지정
할 수 있다.

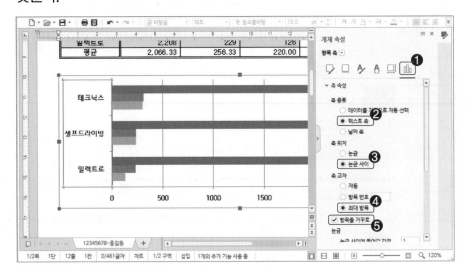

④ [눈금]–[주 눈금]과 [보조 눈금]을 '없음'으로 지정한다.

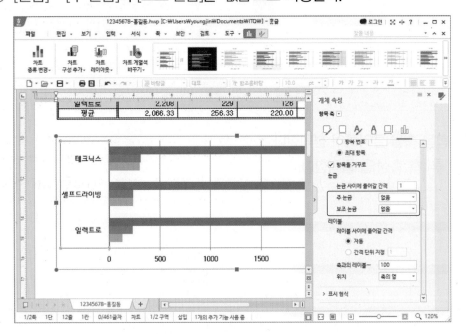

⑤ 차트에서 '값 축'의 영역을 클릭하거나 [개체 속성] 작업 창에서 [값 축]을
직접 선택한다.
→ [경계] – [최솟값]에 「0」, [최댓값]에 「3000」, [단위] – [주]에 「500」을
입력한다.

🅱 기적의 TIP

[단위] 값을 직접 입력하지
않으면 차트의 높이나 너비
에 따라 바뀔 수 있음에 유
의한다.

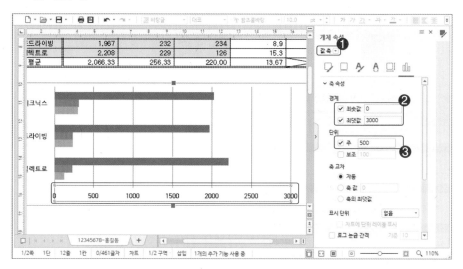

⑥ [눈금] – [주 눈금]을 '교차'로 지정한다.
→ [표시 형식] – [범주]에서 '숫자'를 선택하고 [1000단위 구분기호(,) 사
용]에 체크하고 작업 창을 닫는다.

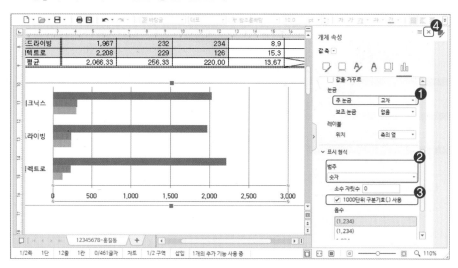

⑦ 눈금선을 클릭하여 선택하고 Delete 를 눌러 삭제한다.

🅱 기적의 TIP

눈금선은 하나만 클릭해도
모두 선택된다.

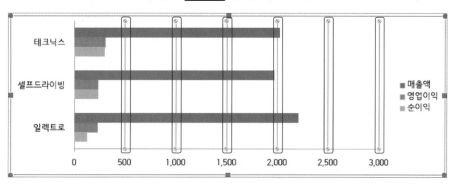

① [차트 디자인] 탭(📊)에서 [차트 구성 추가](📊) – [차트 제목] – [위쪽]을 선택한다.

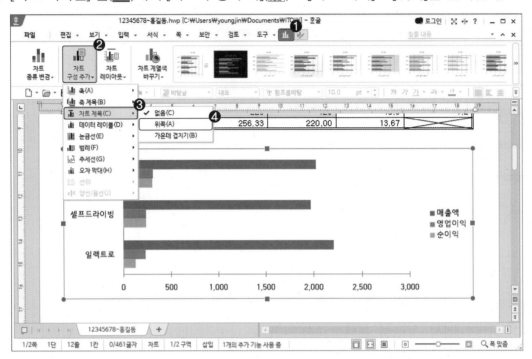

② '차트 제목'을 클릭하여 선택한 뒤 마우스 오른쪽 클릭하여 [제목 편집]을 클릭한다.

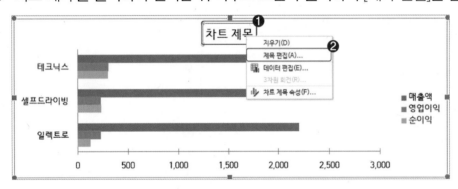

③ [차트 글자 모양] 대화상자가 나타나면 [글자 내용]에 「무인자동차 관련 상장사」를 입력한다.
→ [한글 글꼴], [영어 글꼴]에 '굴림', [속성]에서 '진하게', 크기 '12pt'를 설정한다.

④ 다시 '차트 제목'에서 마우스 오른쪽 클릭하여 [차트 제목 속성]을 클릭한다.

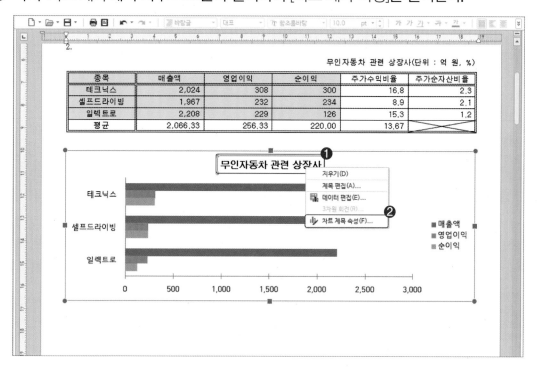

⑤ [개체 속성] 작업 창이 열리면 [그리기 속성](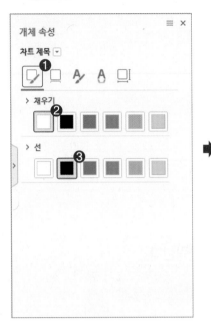)에서 [채우기]는 '밝은 색', [선]은 '어두운 색'을 지정한다.

→ [효과](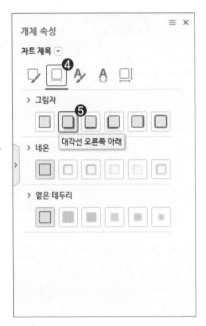)에서 [그림자]를 '대각선 오른쪽 아래'로 설정하고 작업 창을 닫는다.

🔵 해결 TIP

그림자가 선이 아닌 글자에 지정돼요.
상자에 채우기를 하지 않은 상태에서는 글자에 그림자가 생기므로, 채우기 색을 먼저 지정하고 그림자를 설정한다.

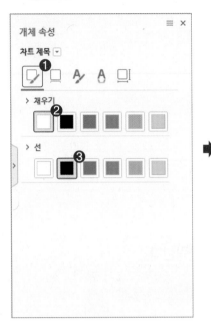

SECTION 04 | 축 제목 추가

① [차트 디자인] 탭(📊)에서 [차트 구성 추가](📊) – [축 제목] – [기본 가로]를 선택한다.

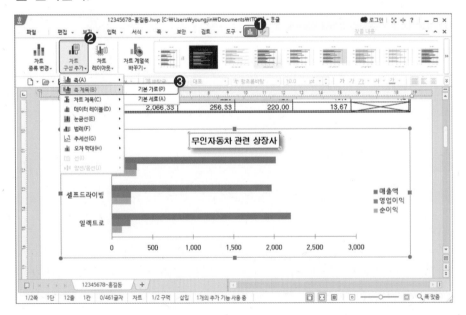

② '축 제목'을 클릭하여 선택한다.

→ 마우스 오른쪽 클릭하여 [제목 편집]을 클릭한다.

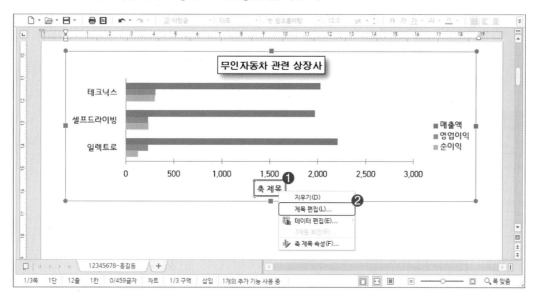

③ [차트 글자 모양] 대화상자가 나타나면 [글자 내용]에 「(단위 : 억 원)」을 입력한다.

→ [한글 글꼴], [영어 글꼴]에 '굴림', [속성]에서 크기 '10pt'를 설정한다.

🅑 기적의 TIP

차트 문제에서는 제목과 제목 이외의 전체 글꼴이 다르게 제시된다. 한 번에 바꾸는 기능이 없으므로 각 요소들의 글꼴을 일일이 변경해야 한다.

① 차트의 항목 축을 클릭하여 선택한다.
   → 마우스 오른쪽 클릭한 후 [글자 모양 편집]을 클릭한다.

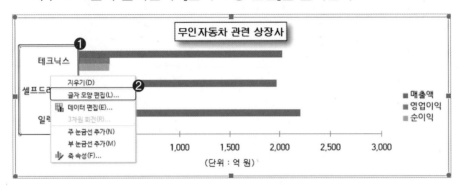

② [차트 글자 모양] 대화상자가 나타나면 [한글 글꼴], [영어 글꼴]에 '굴림', [속성]에서 크기 '10pt'를 설정한다.

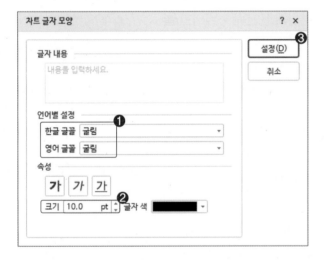

③ 같은 방법으로 값 축과 범례도 [글자 모양 편집]을 이용하여 '굴림', '10pt'를 설정한다.

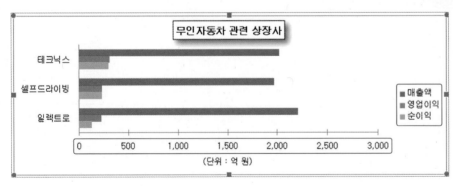

① '범례'를 더블 클릭하거나 마우스 오른쪽 클릭하여 [범례 속성]을 클릭한다.

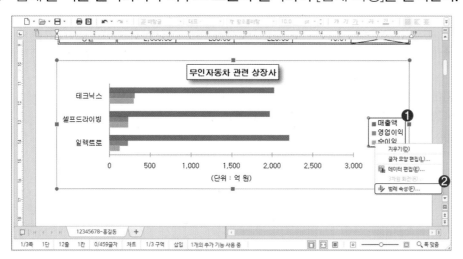

② [개체 속성] 작업 창이 열리면 [그리기 속성](□)에서 [선]에 '어두운 색'을 지정하고 작업 창을 닫는다.

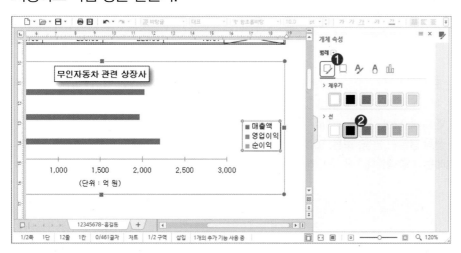

③ 조절점을 마우스 드래그하여 범례의 크기와 위치를 조절한다.

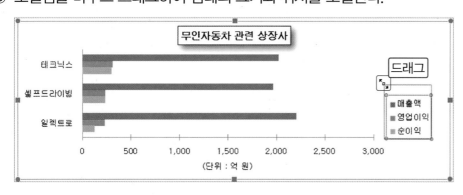

> **🅱 기적의 TIP**
>
> **차트의 글자처럼 취급**
> [차트 서식] 탭(☑)에서 [글자처럼 취급]에 체크한 상태에서는 차트 요소들의 크기와 위치 조절이 어려우니 체크 해제 후 조절한다.

유형을 확인하는 기출문제

문제유형 ❷-1

정답파일 PART 01 시험 유형 따라하기₩유형2-1번_정답.hwpx

표 조건	(1) 표 전체(표, 캡션) – 굴림, 10pt (2) 정렬 – 문자 : 가운데 정렬, 숫자 : 오른쪽 정렬 (3) 셀 배경(면색) : 노랑 (4) 한글의 계산 기능을 이용하여 빈칸에 합계를 구하고, 캡션 기능 사용할 것 (5) 선 모양은 ≪출력형태≫와 동일하게 처리할 것

출력형태

개최 연도별 전시장 참관(단위 : 명)

전시 영역	2015년	2016년	2017년	2018년	2019년
산업용	27,476	31,575	32,191	31,524	34,514
모의실험용	32,741	34,874	37,447	41,782	43,527
홈오토	22,659	24,487	27,185	26,171	29,948
초미립자	19,431	21,311	24,943	23,004	24,256
디바이스	12,397	14,589	13,826	17,383	18,359
합 계					

차트 조건	(1) 차트 데이터는 표 내용에서 산업용, 홈오토, 초미립자, 디바이스의 2015년, 2017년, 2019년 값만 이용할 것 (2) 종류 – 〈묶은 세로 막대형〉으로 작업할 것 (3) 제목 – 돋움, 진하게, 12pt, 속성 – 채우기(하양), 테두리, 그림자(대각선 오른쪽 아래) (4) 제목 이외의 전체 글꼴 – 돋움, 보통, 10pt (5) 축 제목과 범례는 ≪출력형태≫와 동일하게 처리할 것

출력형태

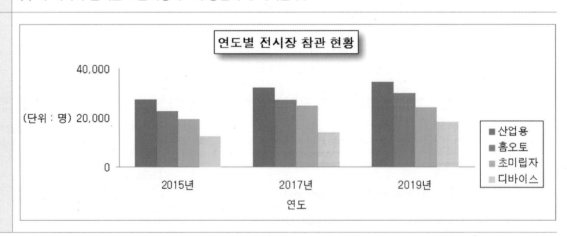

표 조건

(1) 표 전체(표, 캡션) – 돋움, 10pt
(2) 정렬 – 문자 : 가운데 정렬, 숫자 : 오른쪽 정렬
(3) 셀 배경(면색) : 노랑
(4) 한글의 계산 기능을 이용하여 빈칸에 평균(소수 두 자리)을 구하고, 캡션 기능 사용할 것
(5) 선 모양은 ≪출력형태≫와 동일하게 처리할 것

출력형태

공기업 대상 NCSI 추이

연도별 국가고객만족도 지수					증감률(%)
기관명	2017년	2018년	2019년	2020년	기준년도대비
농수산식품유통공사	77	86	83	86	34.3
한국관광공사	72	78	82	85	27.1
한국광물자원공사	77	81	82	82	22.4
한국석유공사	78	83	79	83	36.6
대한석탄공사	71	78	83	81	25.7
평균					

차트 조건

(1) 차트 데이터는 표 내용에서 연도별 한국관광공사, 한국석유공사 값만 이용할 것
(2) 종류 – 〈묶은 가로 막대형〉으로 작업할 것
(3) 제목 – 궁서, 진하게, 12pt, 속성 – 채우기(하양), 테두리, 그림자(아래쪽)
(4) 제목 이외의 전체 글꼴 – 궁서, 보통, 10pt
(5) 축 제목과 범례는 ≪출력형태≫와 동일하게 처리할 것

출력형태

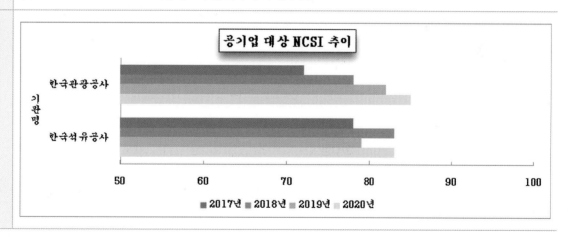

표 조건	(1) 표 전체(표, 캡션) – 돋움, 10pt (2) 정렬 – 문자 : 가운데 정렬, 숫자 : 오른쪽 정렬 (3) 셀 배경(면색) : 노랑 (4) 한글의 계산 기능을 이용하여 빈칸에 합계를 구하고, 캡션 기능 사용할 것 (5) 선 모양은 ≪출력형태≫와 동일하게 처리할 것

표 조건 출력형태

연도별 전시회 관심분야 참관 현황(단위 : 명)

관심분야	2017년	2018년	2019년	2020년
가공식품	3,978	3,916	4,781	5,958
농수축산물	2,973	3,709	2,616	4,958
제과제빵	2,961	4,352	2,253	3,056
커피류	2,612	1,621	4,303	2,347
합계				

차트 조건	(1) 차트 데이터는 표 내용에서 관심분야별 2017년, 2018년, 2019년 값만 이용할 것 (2) 종류 – 〈꺾은선형〉으로 작업할 것 (3) 제목 – 굴림, 진하게, 12pt, 속성 – 채우기(하양), 테두리, 그림자(대각선 오른쪽 아래) (4) 제목 이외의 전체 글꼴 – 굴림, 보통, 10pt (5) 축 제목과 범례는 ≪출력형태≫와 동일하게 처리할 것

출력형태

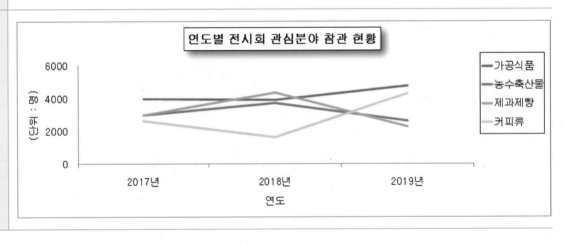

기능평가 II

배점 **150점** │ A등급 목표점수 **130점**

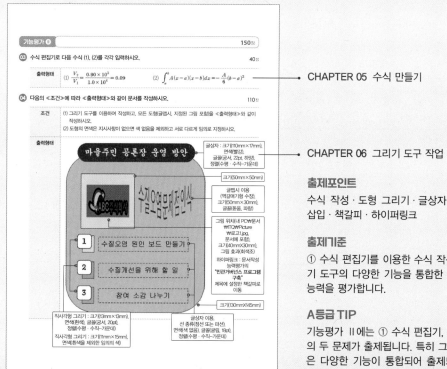

CHAPTER 05 수식 만들기

CHAPTER 06 그리기 도구 작업

출제포인트

수식 작성 · 도형 그리기 · 글상자 · 글맵시 · 그림 삽입 · 책갈피 · 하이퍼링크

출제기준

① 수식 편집기를 이용한 수식 작성능력, ② 그리기 도구의 다양한 기능을 통합한 문서 작성 응용능력을 평가합니다.

A등급 TIP

기능평가 II에는 ① 수식 편집기, ② 그림 그리기의 두 문제가 출제됩니다. 특히 그리기 도구 작업은 다양한 기능이 통합되어 출제되므로 모든 기능을 익힐 수 있도록 반복 학습을 해 보세요.

수식 만들기

난 이 도   상 중 하

반복학습 1 2 3

정답파일 PART 01 시험 유형 따라하기\시험 유형 따라하기.hwpx

문제보기	출력형태

$$(1) \quad K_f(1+r)^n = \frac{a(\sqrt{1+r}-b)}{r} \qquad (2) \quad (a\ b\ c)\begin{pmatrix} x \\ y \\ z \end{pmatrix} = (ax+by+cz)$$

핵심기능	기능	바로 가기	메뉴
	수식 만들기	$\sqrt{x}$, Ctrl + N , M	[입력]-[수식]

작업과정	왼쪽부터 순서대로 수식 입력

🅑 기적의 TIP

[수식 편집기] 화면

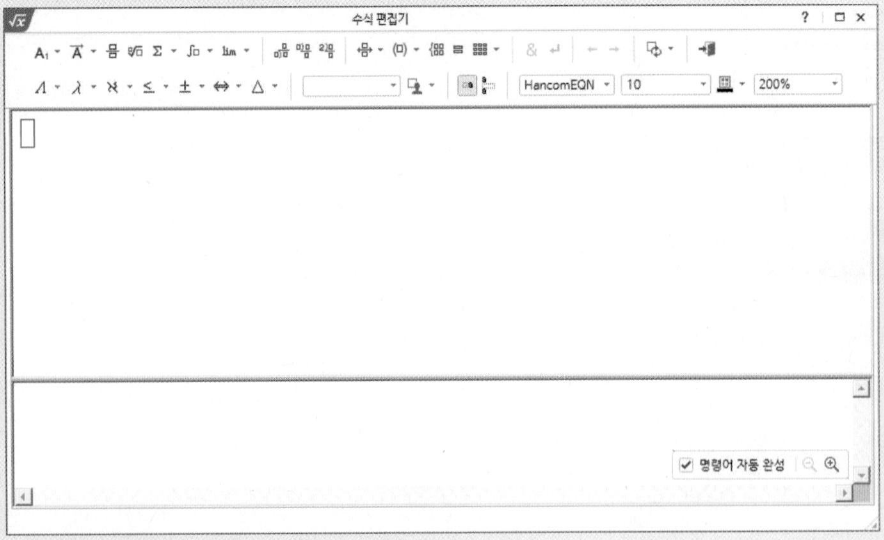

[수식 편집기] 기능 자세히 보기

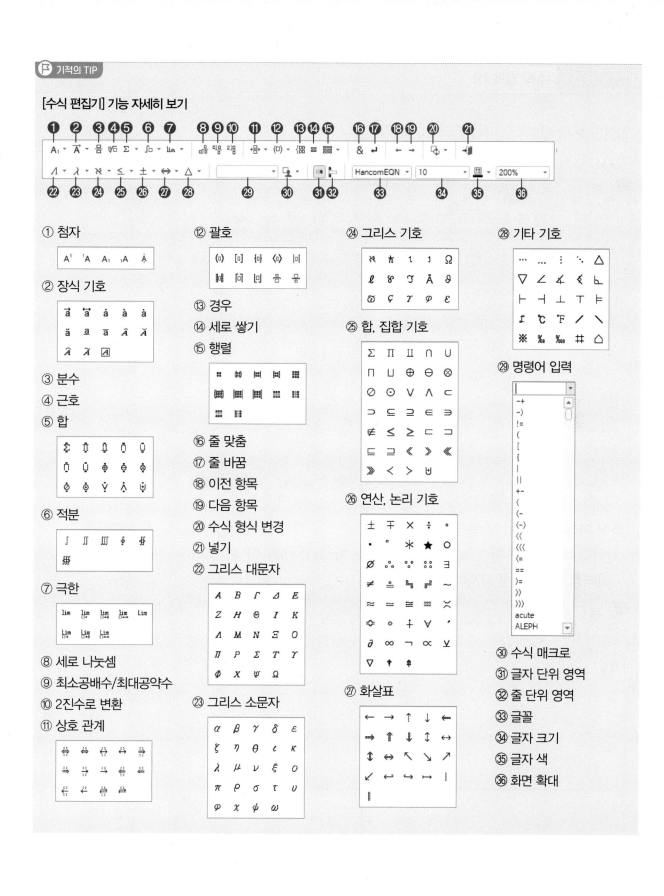

① 첨자

② 장식 기호

③ 분수

④ 근호

⑤ 합

⑥ 적분

⑦ 극한

⑧ 세로 나눗셈

⑨ 최소공배수/최대공약수

⑩ 2진수로 변환

⑪ 상호 관계

⑫ 괄호

⑬ 경우

⑭ 세로 쌓기

⑮ 행렬

⑯ 줄 맞춤

⑰ 줄 바꿈

⑱ 이전 항목

⑲ 다음 항목

⑳ 수식 형식 변경

㉑ 넣기

㉒ 그리스 대문자

㉓ 그리스 소문자

㉔ 그리스 기호

㉕ 합, 집합 기호

㉖ 연산, 논리 기호

㉗ 화살표

㉘ 기타 기호

㉙ 명령어 입력

㉚ 수식 매크로

㉛ 글자 단위 영역

㉜ 줄 단위 영역

㉝ 글꼴

㉞ 글자 크기

㉟ 글자 색

㊱ 화면 확대

① 입력한 문제 번호 「3.」 다음 줄에 「(1)」을 입력한다.

→ [입력] 탭 – [수식]($\sqrt{x}$)을 선택한다.

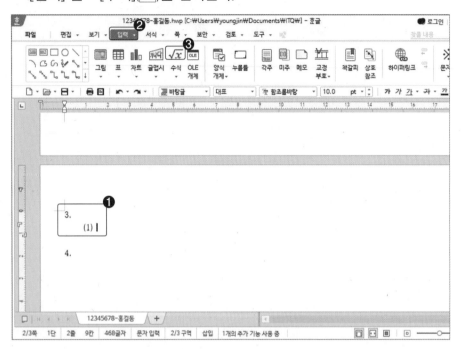

🅑 기적의 TIP

수식 문제의 채점 기준
수식 문제는 한 글자라도
오타가 있을 경우 0점 처리
된다.

② [수식 편집기] 창에서 「K」를 입력한다.

→ [아래첨자](A_1)를 클릭하여 「f」를 입력하고 방향키($\rightarrow$)를 한 번 눌러
아래첨자 구역에서 빠져나온다.

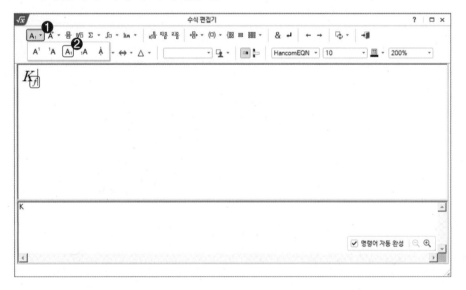

🅑 기적의 TIP

방향키 또는 [다음 항목]
(⊡)을 눌러 커서를 이동시
킬수 있다.

③ 이어서 「(1+r)」을 입력한 뒤 [위첨자](A¹)를 클릭하여 「n」을 입력하고 방향키(→)를 한 번 누른다.

④ 「=」를 입력한 후 [분수](뭄)를 클릭한다.
　　→ 분자에 「a(」를 입력하고 [근호](√□)를 클릭한다.

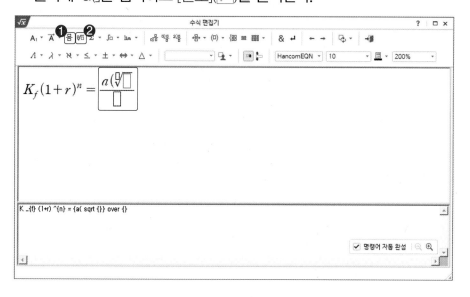

⑤ 근호 안에 「1+r」을 입력하고 방향키(→)를 한 번 누른다.

　→「－b)」를 이어서 입력한다.

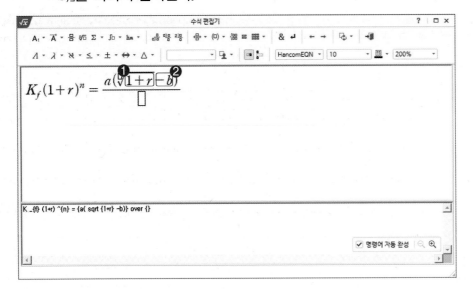

⑥ 분모에 「r」을 입력한다.

　→ [넣기](→▦)를 클릭하여 수식을 완성한다.

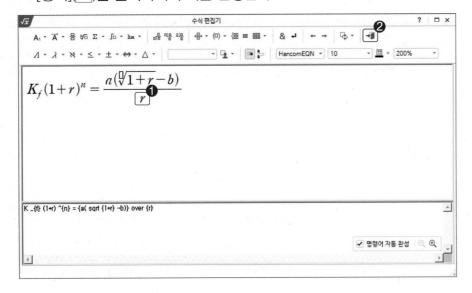

기적의 TIP

입력한 수식 수정
입력 완료한 수식을 더블 클릭하면 [수식 편집기] 창이 나타나며 수정할 수 있다.

① 완성한 (1) 수식 옆에 [Space Bar]를 이용해 적당한 공백을 삽입한다.

→ 「(2)」를 입력하고 [입력] 탭 – [수식]($\sqrt{x}$)을 선택한다.

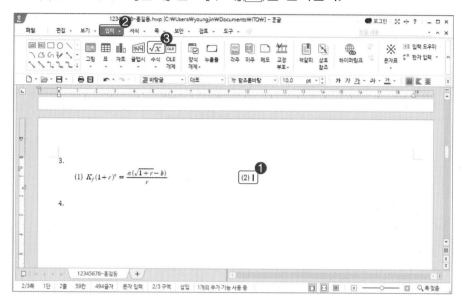

② [수식 편집기] 창에서 괄호가 있는 3×3 행렬(▦)을 클릭한다.

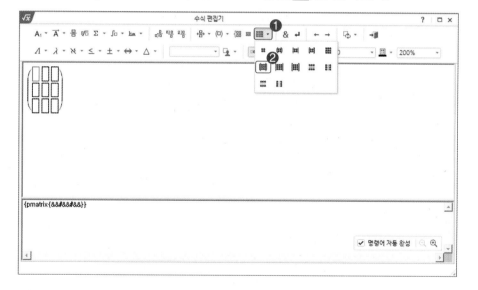

③ [행 삭제](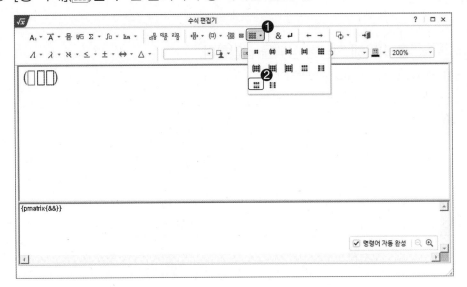)를 두 번 클릭하여 행 하나만 남긴다.

④ 각 칸에 「a b c」를 입력한다.

→ 이어서 괄호가 있는 3×3 행렬(▦)을 다시 만든다.

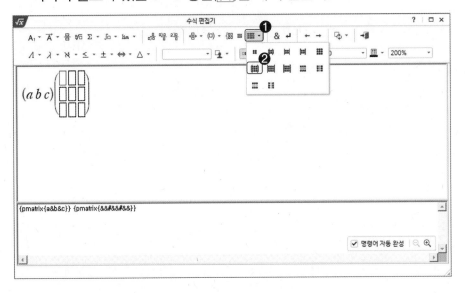

⑤ [열 삭제](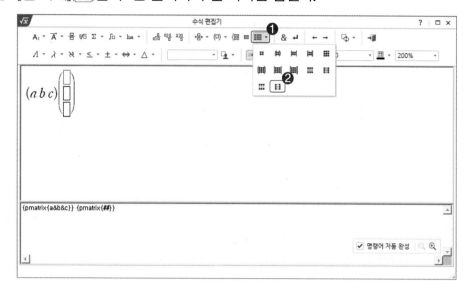)를 두 번 클릭하여 열 하나만 남긴다.

⑥ 각 칸에 「x y z」를 입력하고, 방향키(→)를 눌러 커서를 끝에 위치시킨다.

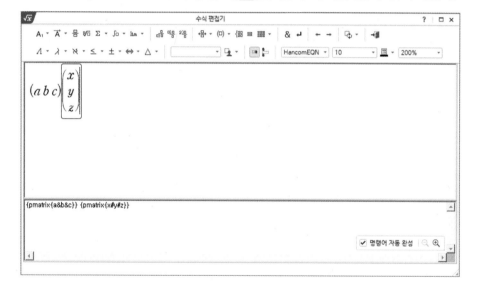

⑦ 「=(ax+by+cz)」를 입력한다.

→ [넣기]()를 클릭하여 수식을 완성한다.

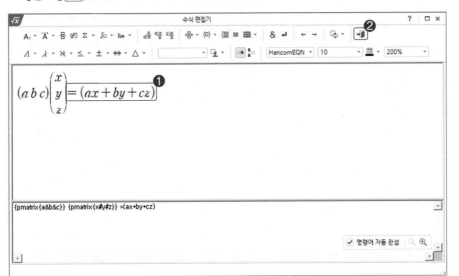

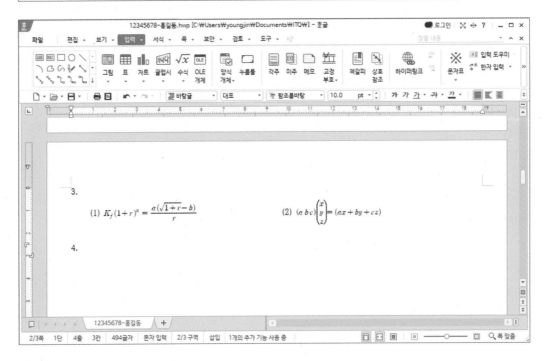

정답파일 PART 01 시험 유형 따라하기₩유형3번_정답.hwpx

문제유형 ❸-1

$$\sqrt{a^2} = |a| = \begin{cases} a & (a \geq 0) \\ -a & (a < 0) \end{cases}$$

문제유형 ❸-2

$$\frac{c}{\sqrt[3]{a} \pm \sqrt[3]{b}} = \frac{c(\sqrt[3]{a^2} \mp \sqrt[3]{ab} + \sqrt[3]{b^2})}{a \pm b}$$

문제유형 ❸-3

$$\overline{AB} = \sqrt{(x_2 - x_1)^2 + (y_2 - y_1)^2}$$

문제유형 ❸-4

$$\tan A = \frac{1}{\tan(90° - A)} = \frac{1}{\tan\theta}$$

문제유형 ❸-5

$$\sum_{k=1}^{n} k^2 = 1^2 + 2^2 + 3^2 + \cdots + n^2 = \frac{1}{6}n(n+1)(2n+1)$$

문제유형 ❸-6

$$f'(x) = \lim_{\Delta x \to 0} \frac{\Delta y}{\Delta x} = \lim_{\Delta x \to 0} \frac{f(x + \Delta x) + f(x)}{\Delta x}$$

[기능평가 II]

그리기 도구 작업

▶ 합격 강의

정답파일 PART 01 시험 유형 따라하기\시험 유형 따라하기.hwpx

문제보기

조건

(1) 그리기 도구를 이용하여 작성하고, 모든 도형(글맵시, 지정된 그림 포함)을 ≪출력형태≫와 같이 작성하시오.

(2) 도형의 면색은 지시사항이 없으면 색 없음을 제외하고 서로 다르게 임의로 지정하시오.

출력형태

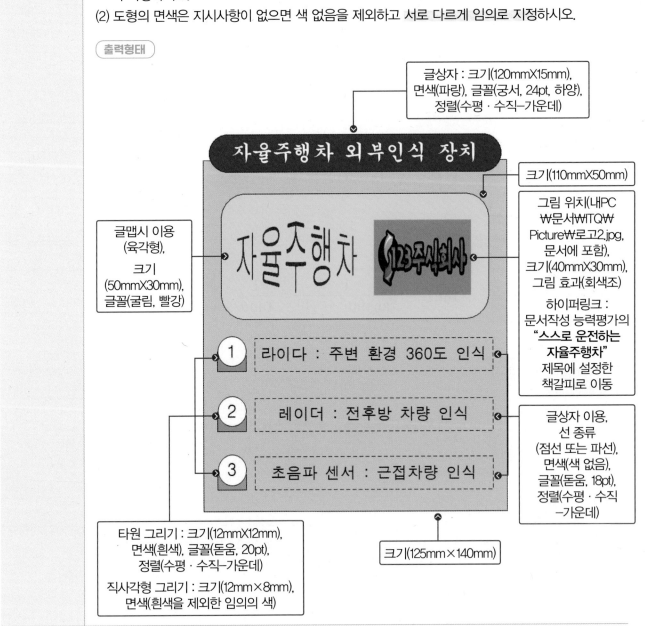

글상자 : 크기(120mmX15mm), 면색(파랑), 글꼴(궁서, 24pt, 하양), 정렬(수평·수직-가운데)

크기(110mmX50mm)

그림 위치(내PC\문서\ITQ\Picture\로고2.jpg, 문서에 포함), 크기(40mmX30mm), 그림 효과(회색조)

하이퍼링크 : 문서작성 능력평가의 **"스스로 운전하는 자율주행차"** 제목에 설정한 책갈피로 이동

글맵시 이용 (육각형), 크기 (50mmX30mm), 글꼴(굴림, 빨강)

글상자 이용, 선 종류 (점선 또는 파선), 면색(색 없음), 글꼴(돋움, 18pt), 정렬(수평·수직-가운데)

타원 그리기 : 크기(12mmX12mm), 면색(흰색), 글꼴(돋움, 20pt), 정렬(수평·수직-가운데)

직사각형 그리기 : 크기(12mm×8mm), 면색(흰색을 제외한 임의의 색)

크기(125mm×140mm)

핵심기능	기능	바로 가기	메뉴
	그리기 도구		[입력]-[도형]
	도형 여러 개 선택	Shift +클릭	
	글상자	🔲, Ctrl + N , B	[입력]-[글상자]
	도형 회전		
	도형 면 색 지정		
	도형 복사	Ctrl +드래그	
	그림 삽입	🖼, Ctrl + N , I	[입력]-[그림]-[그림]
	글맵시	개내	[입력]-[개체]-[글맵시]
	하이퍼링크	🌐, Ctrl + K , H	[입력]-[하이퍼링크]
	책갈피	📖, Ctrl + K , B	[입력]-[책갈피]
작업과정	바탕 도형 그리기 → 제목 글상자 → 글맵시 → 그림 삽입 → 책갈피/하이퍼링크 → 도형 그리기 → 도형 복사		

① 문제 번호 「4.」 다음 줄에 커서를 위치시킨다.

② [입력] 탭에서 [직사각형](▢)을 클릭하여 사각형을 임의의 크기로 그린다.
→ 사각형을 더블 클릭하거나 마우스 오른쪽 클릭하여 [개체 속성]을 클릭한다.

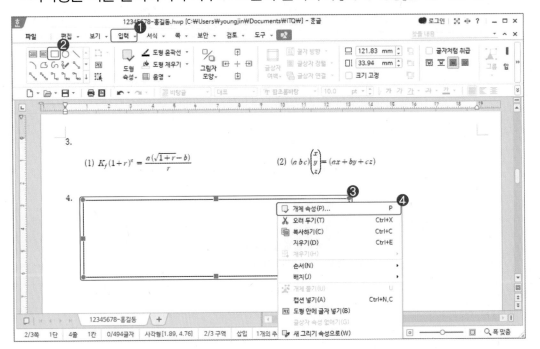

③ [개체 속성] 대화상자의 [기본] 탭 – [크기]에서 너비 「125mm」, 높이 「140mm」로 입력하고, '크기 고정'에 체크한다.

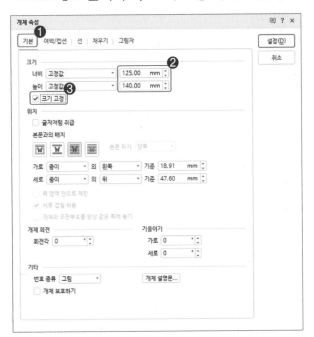

🅑 **기적의 TIP**

도형이나 그림 작성 시 '크기 고정'에 체크하면 문서 작성 과정에서 개체의 크기가 변경되는 것을 막을 수 있다.

④ [선] 탭에서 선 모양을 설정한다.
  → [채우기] 탭에서 면 색을 임의로 설정한다.

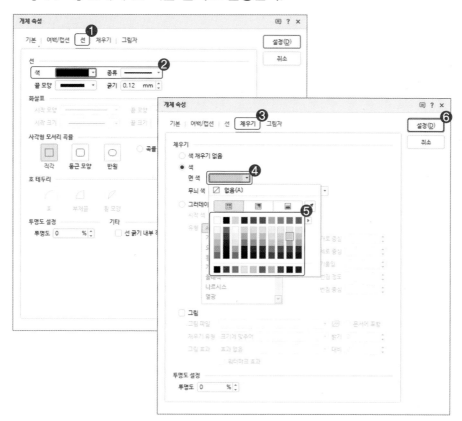

🅑 기적의 TIP

도형의 면 색 지정
지시되지 않은 색은 겹쳐
있는 도형과 구별될 수 있
는 임의의 색을 직접 지정
하면 된다.

🅑 기적의 TIP

도형의 순서
그려야 하는 도형들이 층층
이 겹친 형태일 때, 가장 바
닥에 있는 도형부터 그리면
더 쉽다.

⑤ 다시 [입력] 탭에서 [직사각형](▢)을 클릭하여 사각형을 그린다.
  → 마우스 오른쪽 클릭하여 [개체 속성]을 클릭한다.

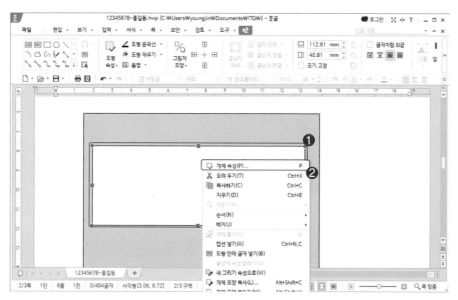

⑥ [개체 속성] 대화상자의 [기본] 탭 – [크기]에서 너비 「110mm」, 높이 「50mm」로 입력하고, '크기 고정'에 체크한다.

⑦ [선] 탭 – [사각형 모서리 곡률]에서 '둥근 모양'을 선택한다.
  → [채우기] 탭에서 면 색을 임의로 설정한다.

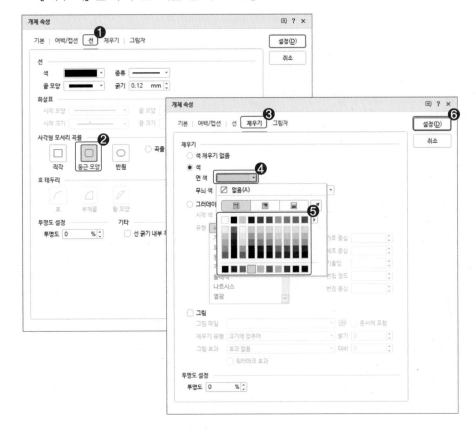

기적의 TIP

다양한 모양의 도형 그리기

그리기 개체

연결선

다른 그리기 조각(V)...

새 그리기 속성(P)...

그리기마당 대화상자를 이용해 쉽게 여러 모양의 도형을 선택하여 그릴 수 있다.

⑧ ≪출력형태≫를 참고하여 도형의 위치를 조절한다.

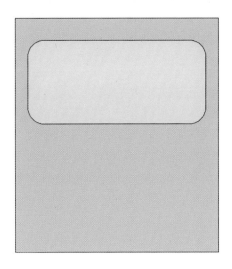

SECTION 02 제목 글상자

① [입력] 탭에서 [가로 글상자](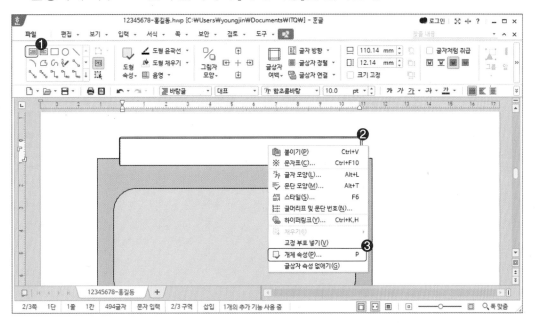)를 클릭하여 임의의 크기로 그린다.
  → 글상자에 마우스 오른쪽 클릭하여 [개체 속성]을 클릭한다.

② [개체 속성] 대화상자의 [기본] 탭 – [크기]에서 너비 「120mm」, 높이
「15mm」로 입력하고, '크기 고정'에 체크한다.

③ [선] 탭 – [사각형 모서리 곡률]에서 '반원'을 선택한다.
→ [채우기] 탭에서 면 색 '파랑'을 설정한다.

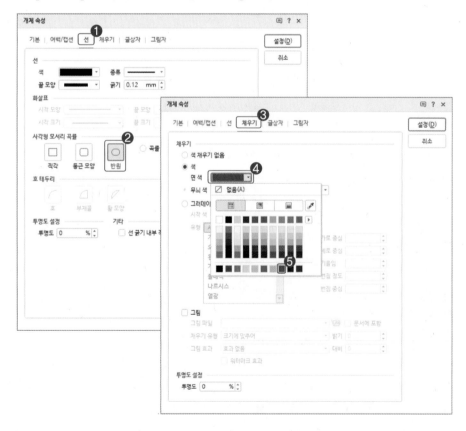

🅱 기적의 TIP

노랑, 파랑 등의 색상은 [테마 색상표](▸)를 클릭하여 '오피스' 테마를 선택하면 쉽게 찾을 수 있다.

④ 글상자에 「자율주행차 외부인식 장치」를 입력한다.

⑤ 입력한 글을 블록 설정하고, 글꼴 '궁서', '24pt', 글자색 '하양', [가운데 정
  렬](≣)을 설정한다.

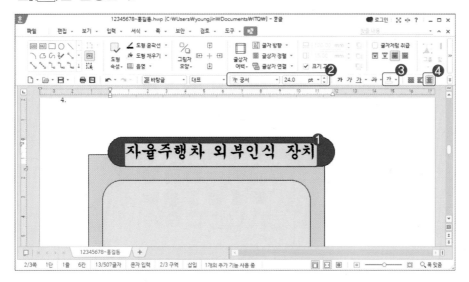

⑥ ≪출력형태≫를 참고하여 도형의 위치를 조절한다.

SECTION 03 글맵시

① [입력] 탭 – [글맵시](⽔⽔)를 클릭한다.

② [글맵시 만들기] 대화상자의 [내용]에 「자율주행차」를 입력한다.
  → 글꼴 '굴림', 글맵시 모양 '육각형'(⬡)을 설정한다.

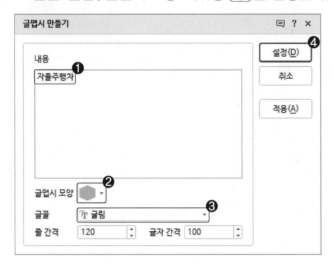 

③ [글맵시] 탭(🅰)에서 [글맵시 채우기]를 클릭하여 '빨강'으로 설정한다.
  → 너비 「50mm」, 높이 「30mm」로 입력하고 '크기 고정'에 체크한다.

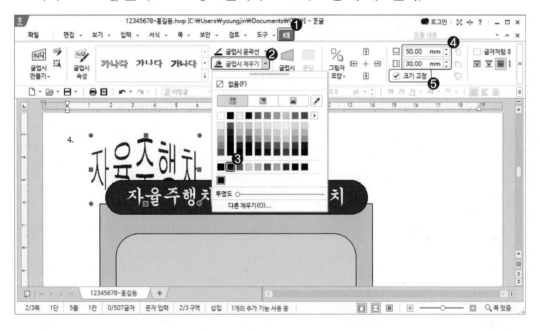

④ 입력한 글맵시에 마우스 오른쪽 클릭하여 [배치] – [글 앞으로](▤)를 선
택한 후, ≪출력형태≫를 참고하여 글맵시의 위치를 조절한다.

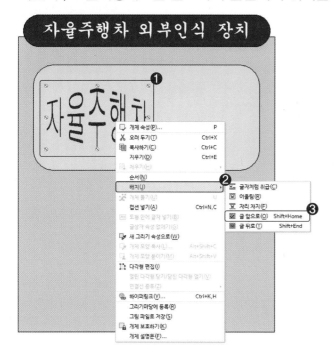

SECTION 04 그림 삽입

① [입력] 탭 – [그림](▦)을 클릭한다.

② '내 PC₩문서₩ITQ₩Picture' 폴더에서 '로고2.jpg'를 선택한 뒤 '문서에
포함'에 체크하고 [열기]를 클릭한다.
→ 마우스로 여백에 드래그하면 그림이 삽입된다.

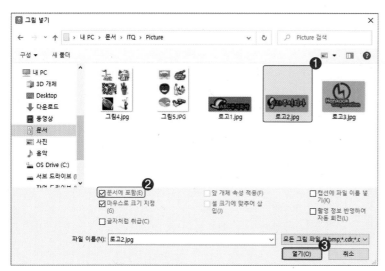

💡 해결 TIP

**삽입된 그림이 □로 나와
요!**
그림 보기가 설정되지 않았
기 때문이다. [보기] 탭–[그
림]을 체크하도록 한다.

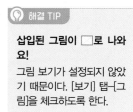

③ 삽입된 그림에 마우스 오른쪽 클릭하여 [개체 속성]을 클릭한다.

→ [개체 속성] 대화상자의 [기본] 탭 - [크기]에서 너비 「40mm」, 높이 「30mm」로 입력한다.

→ '크기 고정'에 체크하고 [본문과의 배치]는 '글 앞으로'를 설정한다.

④ [그림] 탭(　) - [색조 조정] - [회색조](　)를 클릭한다.

→ ≪출력형태≫를 참고하여 그림의 위치를 조절한다.

① 3페이지의 첫 줄에 「스스로 운전하는 자율주행차」를 입력한다.

→ 커서를 맨 앞에 위치시키고 [입력] 탭 – [책갈피](📖)를 클릭한다.

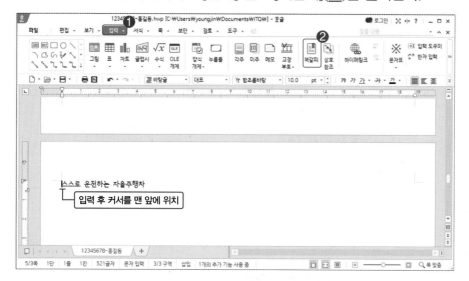

② [책갈피] 대화상자에서 [책갈피 이름]에 「자율주행」을 입력하고 [넣기]를 클릭한다.

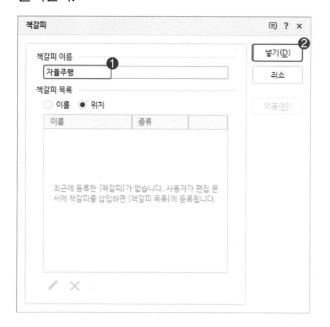

③ 하이퍼링크를 설정할 그림을 클릭하고 [입력] 탭 – [하이퍼링크](🌐)를 클릭한다.

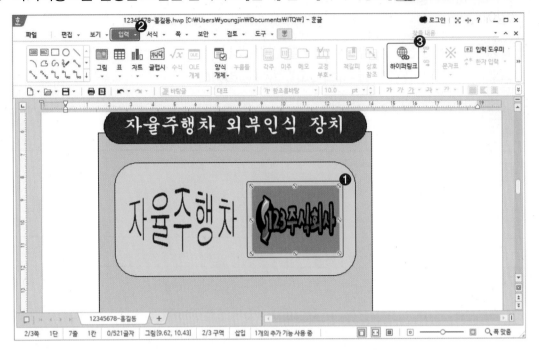

④ [하이퍼링크] 대화상자에서 [연결 대상] – [흔글 문서]를 클릭한다.
　　→ '자율주행'을 선택하고 [넣기]를 클릭한다.

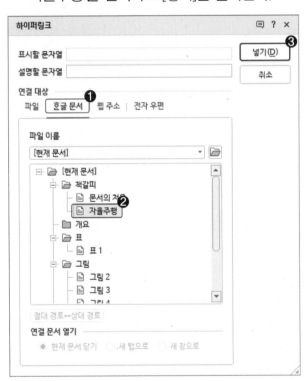

⑤ 그림 선택을 해제한다. 다시 그림에 Ctrl 을 누른 상태로 마우스 포인터를 가져다 놓으면 포인터의 모양이 손 모양으로 바뀌는 것을 확인할 수 있다.

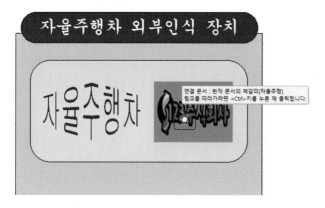

① [입력] 탭에서 [직사각형](□)을 클릭하여 임의의 크기로 그린 뒤, 마우스 오른쪽 클릭하여 [개체 속성]을 클릭한다.

② [개체 속성] 대화상자의 [기본] 탭 – [크기]에서 너비 「12mm」, 높이 「8mm」로 입력한다.
   → '크기 고정'에 체크하고 [본문과의 배치]는 '글 앞으로'를 지정한다.
   → [채우기] 탭에서 면 색을 임의로 설정한다.

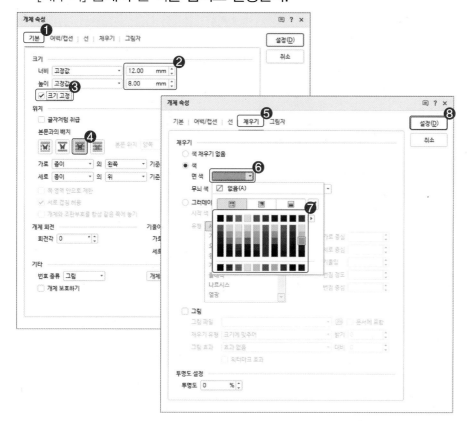

③ [입력] 탭에서 [타원](◯)을 클릭하여 임의의 크기로 그린 뒤, 마우스 오른쪽 클릭하여 [개체 속성]을 클릭한다.

④ [개체 속성] 대화상자의 [기본] 탭 – [크기]에서 너비 「12mm」, 높이 「12mm」로 입력한다.
→ '크기 고정'에 체크하고 [본문과의 배치]는 '글 앞으로'를 지정한다.
→ [채우기] 탭에서 면 색을 '하양'으로 설정한다.

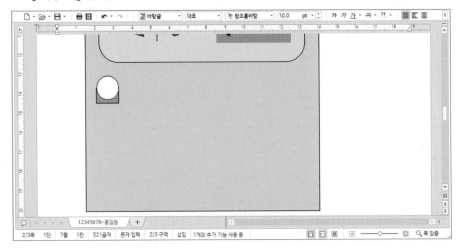

⑤ 타원 도형이 선택된 상태에서 [도형] 탭 – [글자 넣기](꺼)를 클릭하고 「1」을 입력한다.

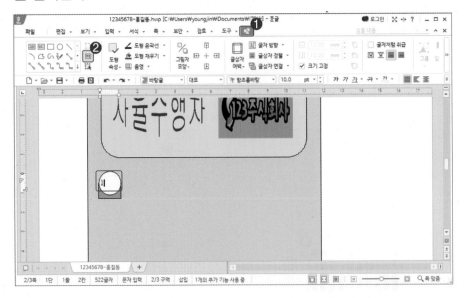

⑥ 입력한 글자를 블록 설정하고 글꼴 '돋움', '20pt', [가운데 정렬](臺)을 설정한다.

기적의 TIP

글상자의 세로 정렬
[개체 속성] 대화상자의 [글상자] 탭에서 설정할 수 있다. 주로 [가운데 정렬]이 많이 사용된다.

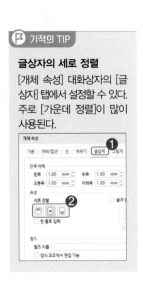

⑦ [입력] 탭 – [가로 글상자](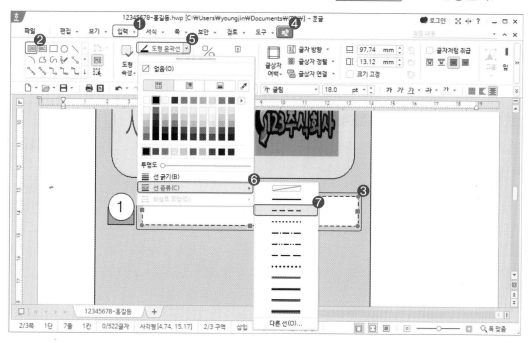를 클릭하고 ≪출력형태≫를 참고하여 적당한 크기의 글
상자를 그린다.

→ [도형] 탭(▣) – [도형 윤곽선] – [선 종류] – [파선](━ ━ ━ ━)으로 설정한다.

⑧ 글상자에 내용을 입력하고 글꼴 '돋움', '18pt', [가운데 정렬](≣)을 설정한다.

→ [도형] 탭(▣) – [도형 채우기]에서 '없음'으로 설정한다.

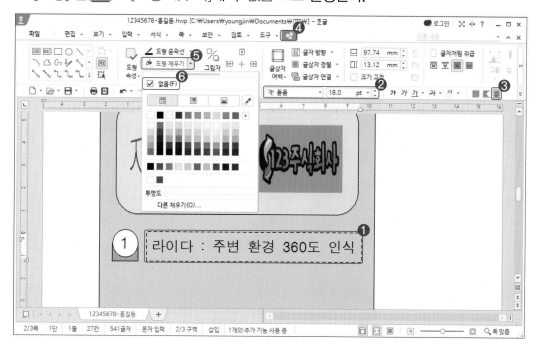

① 작성된 도형들과 글상자를 Shift를 누른 채 클릭하여 모두 선택한다.

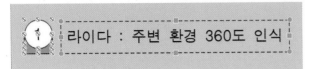

② Ctrl+Shift를 누른 채 아래로 드래그하여 복사한다.

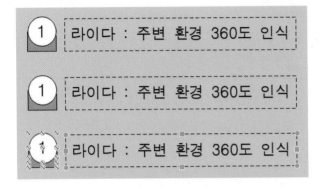

기적의 TIP

· Ctrl+드래그 : 복사
· Shift+드래그 : 수직·수평 이동
· Ctrl+Shift+드래그 : 수직·수평으로 복사

③ 복사된 개체의 색, 내용을 ≪출력형태≫를 참고하여 수정한다.

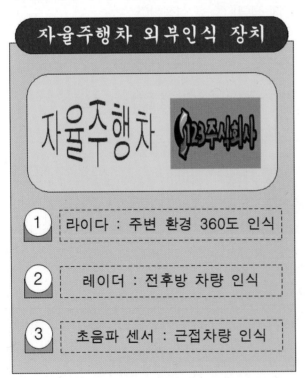

기적의 TIP

도형의 면 색
지시되지 않은 면 색은 서로 다르게 임의로 지정하면 된다.

문제유형 **4-1**

정답파일 PART 01 시험 유형 따라하기₩유형4-1번_정답.hwpx

조건	(1) 그리기 도구를 이용하여 작성하고, 모든 도형(글맵시, 지정된 그림 포함)을 ≪출력형태≫와 같이 작성하시오.
	(2) 도형의 면색은 지시사항이 없으면 색 없음을 제외하고 서로 다르게 임의로 지정하시오.

출력형태

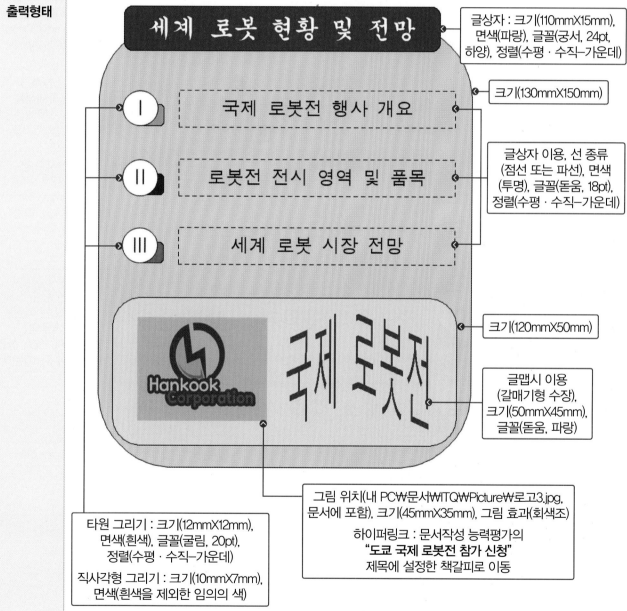

글상자 : 크기(110mmX15mm), 면색(파랑), 글꼴(궁서, 24pt, 하양), 정렬(수평 · 수직–가운데)

크기(130mmX150mm)

글상자 이용, 선 종류 (점선 또는 파선), 면색 (투명), 글꼴(돋움, 18pt), 정렬(수평 · 수직–가운데)

크기(120mmX50mm)

글맵시 이용 (갈매기형 수장), 크기(50mmX45mm), 글꼴(돋움, 파랑)

그림 위치(내 PC₩문서₩ITQ₩Picture₩로고3.jpg, 문서에 포함), 크기(45mmX35mm), 그림 효과(회색조)

하이퍼링크 : 문서작성 능력평가의 **"도쿄 국제 로봇전 참가 신청"** 제목에 설정한 책갈피로 이동

타원 그리기 : 크기(12mmX12mm), 면색(흰색), 글꼴(굴림, 20pt), 정렬(수평 · 수직–가운데)
직사각형 그리기 : 크기(10mmX7mm), 면색(흰색을 제외한 임의의 색)

조건	(1) 그리기 도구를 이용하여 작성하고, 모든 도형(글맵시, 지정된 그림 포함)을 ≪출력형태≫와 같이 작성하시오. (2) 도형의 면색은 지시사항이 없으면 색 없음을 제외하고 서로 다르게 임의로 지정하시오.
출력형태	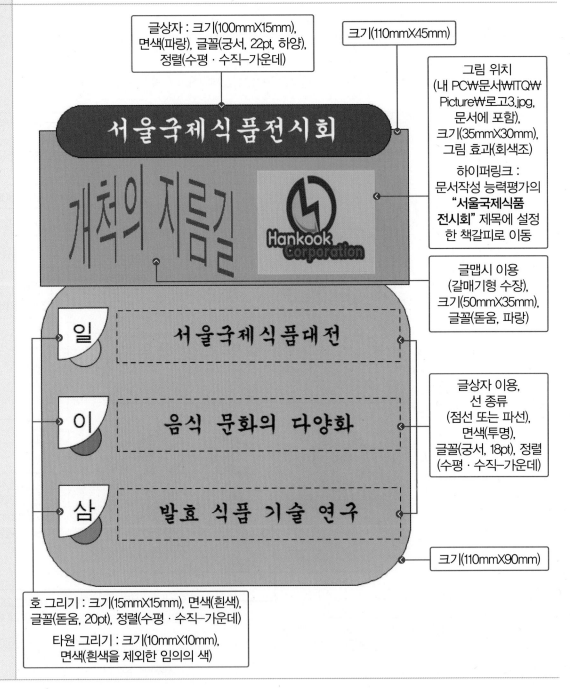

글상자 : 크기(100mmX15mm),
면색(파랑), 글꼴(궁서, 22pt, 하양),
정렬(수평 · 수직-가운데)

크기(110mmX45mm)

그림 위치
(내 PC\문서\ITQ\
Picture\로고3.jpg,
문서에 포함),
크기(35mmX30mm),
그림 효과(회색조)

하이퍼링크 :
문서작성 능력평가의
**"서울국제식품
전시회"** 제목에 설정
한 책갈피로 이동

글맵시 이용
(갈매기형 수장),
크기(50mmX35mm),
글꼴(돋움, 파랑)

글상자 이용,
선 종류
(점선 또는 파선),
면색(투명),
글꼴(궁서, 18pt), 정렬
(수평 · 수직-가운데)

크기(110mmX90mm)

호 그리기 : 크기(15mmX15mm), 면색(흰색),
글꼴(돋움, 20pt), 정렬(수평 · 수직-가운데)

타원 그리기 : 크기(10mmX10mm),
면색(흰색을 제외한 임의의 색)

문서작성 능력평가

배점 **200점** | A등급 목표점수 **170점**

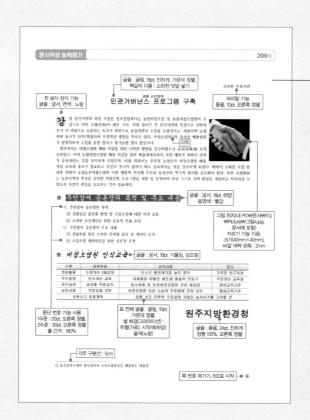

CHAPTER 07 문서 작성

출제포인트

데이터 입력 및 편집 · 머리말 · 덧말 · 제목 · 첫 글자 장식 · 각주 · 들여쓰기 · 그림 삽입 · 문단 번호 · 쪽 번호

출제기준

문서 작성에 필요한 여러 가지 능력을 평가하는 문항입니다.

A등급 TIP

가장 배점이 높은 문항으로 한글 문서 작성에 필요한 다양한 기능의 활용능력을 요구합니다. 여러 기능을 차근차근 따라 하며 익히고, 문서 내용도 정확하게 입력할 수 있도록 집중해서 작성해 보세요.

문서 작성

난 이 도 ⓢ 중 하
반복학습 ① ② ③

▶ 합격 강의

정답파일 PART 01 시험 유형 따라하기\시험 유형 따라하기.hwpx

문제보기 | 출력형태

글꼴 : 궁서, 18pt, 진하게, 가운데 정렬,
책갈피 이름 : 자율주행   덧말 넣기

자율주행

머리말 기능
굴림, 10pt, 오른쪽 정렬

문단 첫 글자 장식 기능
글꼴 : 돋움, 면색 : 노랑

도로위의 혁신
스스로 운전하는 자율주행차

자율주행 자동차란 운전자의 개입 없이 주변 환경을 인식하고, 주행 상황을 판단하여 차량을 제어(制御)함으로써 스스로 주어진 목적지까지 주행하는 자동차를 말한다. 최근에는 이러한 자율주행 자동차가 교통사고를 줄이고, 교통 효율성을 높이며, 연료를 절감하고, 운전을 대신 해줌으로써 편의를 증대시킬 수 있는 미래의 개인 교통수단으로 주목(注目)받고 있다.

각주

자율주행 자동차 기술로는 운전자 보조 기술, 자동주행 기술, 무인자동차 또는 자율주행 기술이 있다. 운전자 보조 기술은 종방향 또는 횡방향 중 한 가지에 대해서 운전자에게 경고하거나 제어를 도와주는 기술을 말한다. 자동주행 기술은 종횡 방향 모두에 대해 제어를 도와주는 기술을 말한다. 단, 항상 운전자가 주변 상황을 계속 모니터링하고 있다가 언제든지 개입할 수 있다는 가정을 가지고 있다. 자동주행과 자율주행의 차이는 운전자가 항상 개입을 할 수 있도록 준비해야 하는지 아닌지에 따라 구별한다. 자율주행 차량의 경우 운전자가 신문을 보거나 잠을 자도 상관없이 차량이 자율로 주행하는 개념이다.

★ 자율주행 프로세스

글꼴 : 굴림, 18pt, 하양,
음영 색 : 파랑

그림위치(내 PC\문서\ITQ
\Picture\그림4.jpg,
문서에 포함),
자르기 기능 이용,
크기(40mm×35mm),
바깥 여백 왼쪽 : 2mm

　A. 인지
　　ⓐ 각종 센서를 이용하여 차선 및 차량에 관한 정보 인지
　　ⓑ 경로 선택, 차량 간 통신을 통해 주변 도로 및 상황 정보 획득
　B. 판단 및 제어
　　ⓐ 주행상황 판단 및 주행전략 결정, 주행경로 생성
　　ⓑ 목표 조향각/토크, 목표 가감속

★ *자율주행 진행 단계*

글꼴 : 굴림, 18pt, 기울임,
강조점

단계	특징	내용	모니터링
1단계	운전자 지원	조향 또는 가속 및 감속 중 하나를 수행	운전자
2단계	부분 자동화	조향 또는 가속 및 감속 모두 수행하는 주행보조 기술	
3단계	조건부 자동화	차량 제어와 주행환경을 인식하지만 운전자가 적절하게 제어	자율주행 시스템
4단계	고도 자동화	모든 측면을 시스템이 수행하지만 전적으로 제어하는 것은 아님	

문단 번호 기능 사용
1수준 : 20pt, 오른쪽 정렬,
2수준 : 30pt, 오른쪽 정렬
줄 간격 : 180%

글꼴 : 굴림, 24pt, 진하게,
장평 95%, 오른쪽 정렬

한국전자통신연구원

표 전체 글꼴 : 돋움, 10pt, 가운데 정렬,
셀 배경(그러데이션) : 유형(왼쪽 대각선),
시작색(하양), 끝색(노랑)

각주 구분선 : 5cm

ⓐ 94%에 이르는 대부분의 교통사고는 운전자의 부주의로 인해 발생

쪽 번호 매기기, 5로 시작 ▶ E

핵심기능	기능	바로 가기	메뉴
	덧말 넣기	덧말가나	[입력]-[덧말 넣기]
	머리말/꼬리말	▢, Ctrl+N, H	[쪽]-[머리말/꼬리말]
	책갈피	▤, Ctrl+K, B	[입력]-[책갈피]
	문단 첫 글자 장식	가름	[서식]-[문단 첫 글자 장식]
	그림 삽입	▣, Ctrl+N, I	[입력]-[그림]
	한자 입력	⇄, 한자 또는 F9	[입력]-[한자 입력]-[한자로 바꾸기]
	각주	▤, Ctrl+N, N	[입력]-[주석]-[각주]
	문자표	※, Ctrl+F10	[입력]-[문자표]
	문단 번호	▤, Ctrl+K, N	[서식]-[문단 번호 모양]
	문단 모양	▤, Alt+T	[서식]-[문단 모양]
	글자 모양	가, Alt+L	[서식]-[글자 모양]
	표	▦, Ctrl+N, T	[입력]-[표]
	쪽 번호 매기기	▣, Ctrl+N, P	[쪽]-[쪽 번호 매기기]
	새 번호로 시작	▣	[쪽]-[새 번호로 시작]
작업과정	문서 입력 → 머리말 → 제목 → 문단 첫 글자 장식 → 각주 → 한자 → 들여쓰기 → 그림 삽입 → 중간 제목 1 → 문단 번호 → 중간 제목 2 → 표 작성 → 기관명 → 쪽 번호 매기기 → 파일 저장		

자율주행

① 3페이지 첫 줄에 입력되어 있는 제목 아래에 본문의 내용을 오타에 주의
하여 입력한다.

② [쪽] 탭 – [머리말](▤) – [위쪽] – [양쪽] – [모양 없음]을 클릭한다.

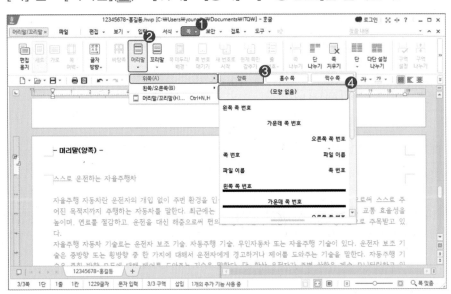

③ 머리말 영역이 표시되면 「자율주행」을 입력한다.
→ 텍스트를 블록 설정하여 글꼴 '굴림', '10pt', [오른쪽 정렬](▤)을 설정
하고, [머리말/꼬리말] 탭 – [닫기](⬅)를 클릭한다.

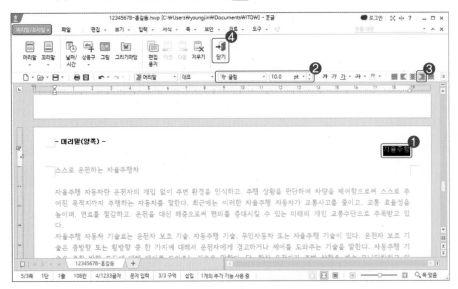

도로위의 혁신
스스로 운전하는 자율주행차

① 제목을 블록 설정하고 글꼴 '궁서', '18pt', '진하게', [가운데 정렬](≡)을
지정한다.

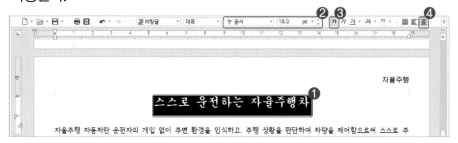

② [입력] 메뉴 – [덧말 넣기](덧말가나)를 클릭한다.

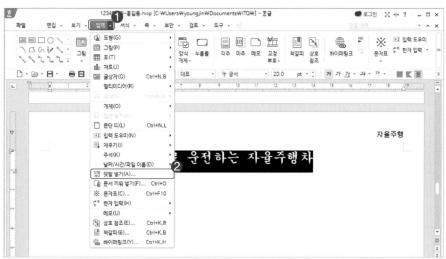

B 기적의 TIP

덧말은 본말의 글자 속성에
따라 글꼴, 크기, 색 등이
자동으로 변경되며 본말의
가운데로 정렬된다.

③ [덧말 넣기] 대화상자의 [덧말]에 「도로위의 혁신」을 입력하고 [덧말 위치]
를 '위'로 설정한다.

B 기적의 TIP

덧말의 수정
덧말을 더블 클릭하거나
[편집] 메뉴-[고치기]를 클
릭한다.

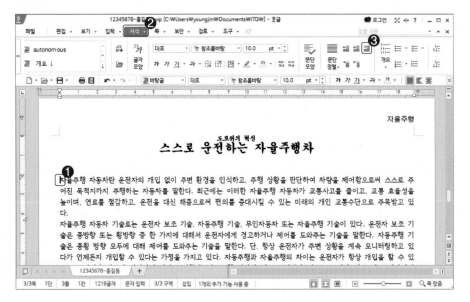

① 첫 번째 문단에 커서를 놓고 [서식] 탭 – [문단 첫 글자 장식](갈▤)을 클릭한다.

② [문단 첫 글자 장식] 대화상자에서 [모양] '2줄', 글꼴 '돋움', 면 색 '노랑'을 설정한다.

🔎 해결 TIP

문단 첫 글자 장식을 지우고 싶어요!
문단에 커서를 놓고 [문단 첫 글자 장식] 대화상자를 열어 [모양]에서 '없음'을 설정한다.

주행 자동차가 교통사고ⓐ를 줄이고,

ⓐ 94%에 이르는 대부분의 교통사고는 운전자의 부주의로 인해 발생

① 각주를 표시할 단어 뒤에 커서를 놓고, [입력] 탭 – [각주](🗐)를 클릭한다.

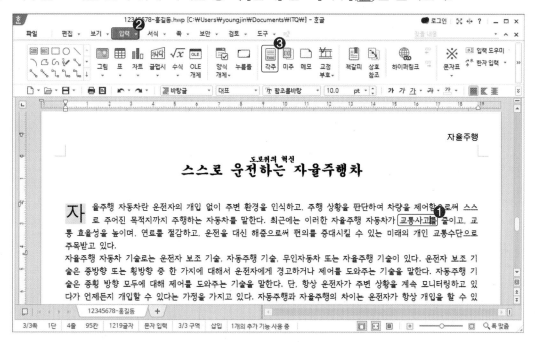

② 각주 입력 화면이 나타나면 [주석] 탭 – [각주/미주 모양](✏️)을 클릭한다.

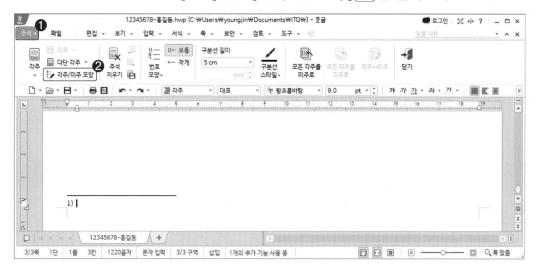

③ [주석 모양] 대화상자에서 번호 모양 'Ⓐ, Ⓑ, Ⓒ'를 선택한다.

→ 구분선 넣기를 체크하고 길이 '5cm'로 설정한다.

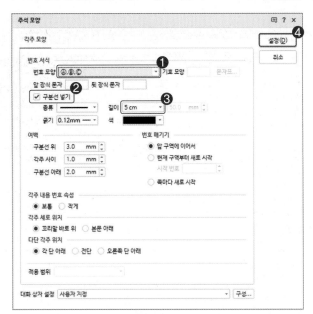

④ 각주 내용을 입력하고, [주석] 탭 – [닫기](↵)를 클릭한다.

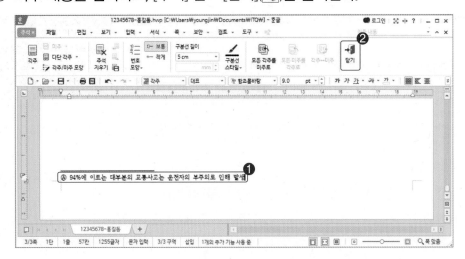

🅑 기적의 TIP

각주의 글꼴
각주는 별도의 지시사항이 없는 경우 프로그램의 기본값인 '함초롬바탕', '9pt'로 작성한다.

① 한자로 변환할 단어 뒤에 커서를 놓고 [입력] 탭 – [한자 입력]()을 클릭하거나 한자 또는 F9를 누른다.

② [한자로 바꾸기] 대화상자의 한자 목록에서 변경할 한자를 선택한다.
→ 입력 형식을 '한글(漢字)'로 선택하고 [바꾸기]를 클릭한다.

> **기적의 TIP**
> 문서작성 능력평가에서 한자는 두 개 단어가 출제되고 있다.

> **기적의 TIP**
> [입력 형식]에 따른 한자 표현이 다양하므로 적절한 것을 선택한다.

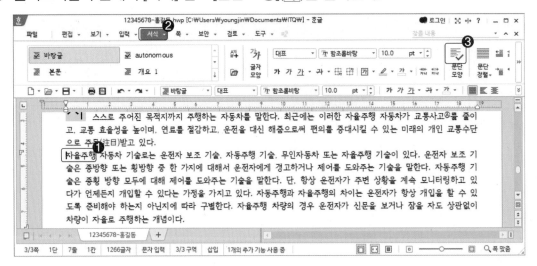

① 들여쓰기할 부분에서 [서식] 탭 – [문단 모양](▤)을 클릭한다.

② [기본] 탭에서 [첫 줄] 들여쓰기를 '10pt'로 설정한다.

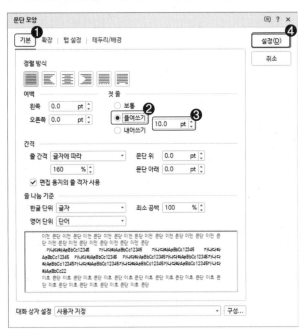

① [입력 탭] – [그림](▣)을 클릭한다.

② '내 PC₩문서₩ITQ₩Picture' 폴더에서 '그림4.jpg'를 선택한 뒤, '문서에 포함'에 체크하고 [열기]를 클릭한다.

→ 마우스로 여백에 클릭하면 그림이 삽입된다.

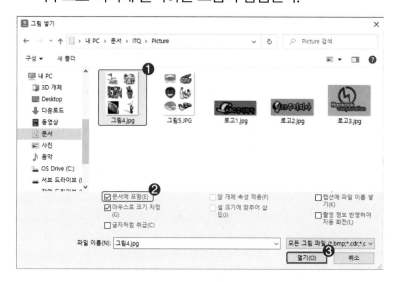

③ 그림을 삽입하고 [그림] 탭 – [자르기](⌸)를 클릭한다.

→ 마우스로 조절점을 드래그하여 그림을 자른다.

🅑 기적의 TIP

[자르기](⌸) 대신 [Shift]를 누른 상태에서 마우스로 조절점을 드래그해도 바로 그림을 자를 수 있다.

④ 삽입된 그림에 마우스 오른쪽 클릭하여 [개체 속성]을 클릭한다.

  → [개체 속성] 대화상자의 [기본] 탭 – [크기]에서 너비 「40mm」, 높이
    「35mm」로 입력한다.

  → '크기 고정'에 체크하고 [본문과의 배치]는 '어울림'을 클릭한다.

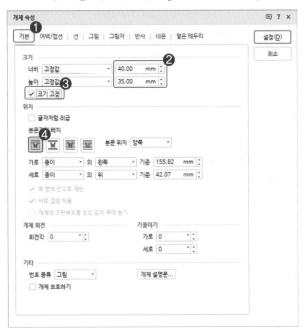

⑤ [여백/캡션] 탭에서 [바깥 여백] 왼쪽 '2mm'를 설정한다.

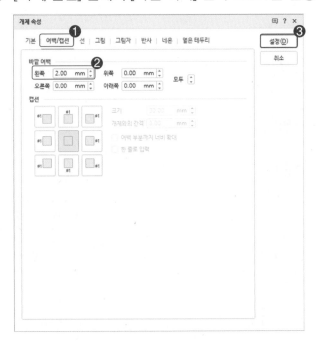

⑥ ≪출력형태≫를 참고하여 그림의 위치를 조절한다.

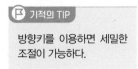

기적의 TIP

방향키를 이용하면 세밀한
조절이 가능하다.

★ 자율주행 프로세스

① 문자표가 필요한 위치에 커서를 놓고 [입력] 탭 – [문자표](※)를 클릭한다.

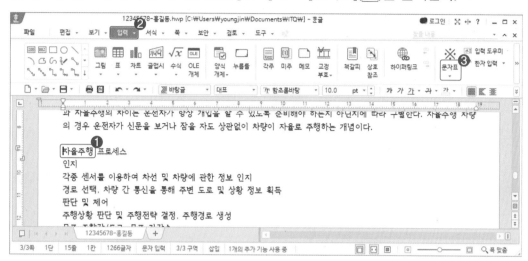

② [문자표] 대화상자에서 '★'를 선택하여 넣는다.

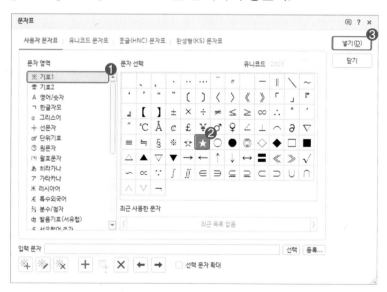

③ 문자표를 포함해서 제목에 블록 설정한다.
→ 글꼴 '굴림', '18pt'를 설정한다.

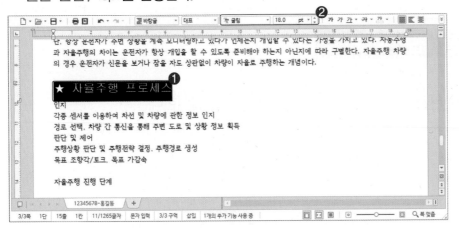

④ 문자표를 제외하고 제목에 블록 설정한다.
→ [서식] 탭 – [글자 모양]([가])을 클릭한다.
→ 글자 색 '하양', 음영 색 '파랑'을 설정한다.

🅑 기적의 TiP

문자표는 색을 지정하지 않고 글꼴과 크기만 설정한다.

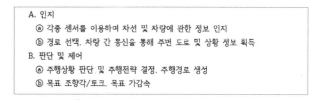

① 문단 번호를 지정할 부분을 블록 설정한다.
→ [서식] 탭 – [문단 번호]의 드롭다운 단추를 클릭하고 [문단 번호 모양]
을 클릭한다.

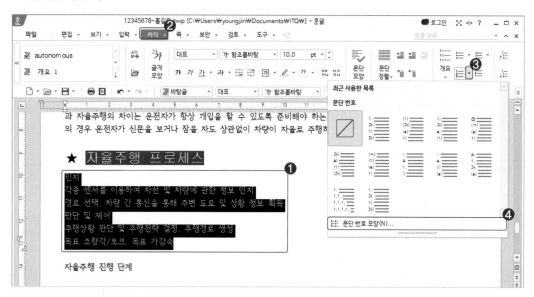

② [글머리표 및 문단 번호] 대화상자의 [문단 번호 모양]에서 'A.'가 첫 줄에
있는 모양을 선택하고 [사용자 정의]를 클릭한다.

해결 TIP

**문제에 맞는 문단 번호가
없어요.**
문단 번호 모양 목록에서
가장 비슷한 모양을 선택
한 후 [사용자 정의] 단추를
클릭하여 수준별 번호 서식
모양을 변경한다.

③ 1 수준에서 번호 서식 「^1.」, 너비 조정 '20pt', 정렬 '오른쪽'을 선택한다.
   → 2 수준을 클릭하고 번호 서식 「^2」, 번호 모양 '@,ⓑ,ⓒ', 너비 조정
   '30pt', 정렬 '오른쪽'을 설정한다.

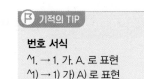

기적의 TIP

번호 서식
^1. → 1. 가. A. 로 표현
^1) → 1) 가) A) 로 표현

기적의 TIP

[번호 위치]의 정렬은 '오른
쪽'으로 출제되고 있다.

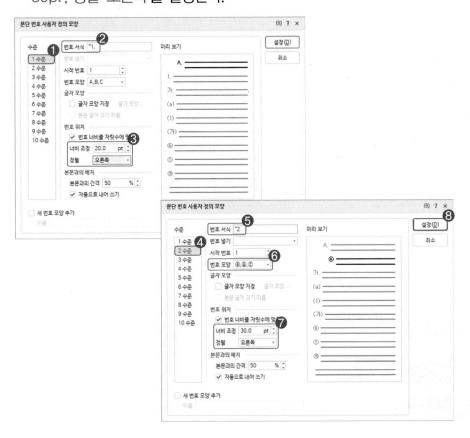

④ [글머리표 및 문단 번호] 대화상자에서 [문단 번호 모양]이 '사용자 정의'
   로 선택되어 있는 것을 확인하고 [설정]을 클릭한다.

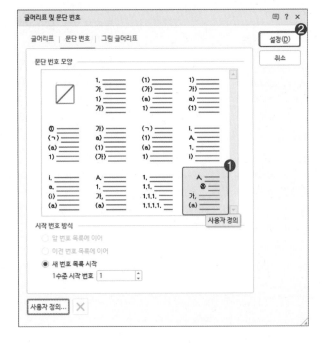

⑤ 2 수준이 적용될 부분을 블록 설정한다.

→ [서식] 탭 – [한 수준 감소](📋)를 클릭한다.

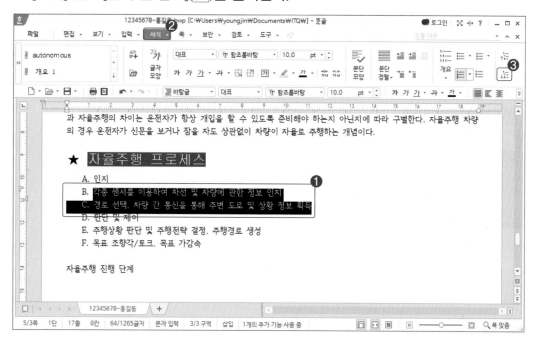

⑥ 나머지 2 수준이 적용될 부분을 블록 설정한다.

→ [서식] 탭 – [한 수준 감소](📋)를 클릭한다.

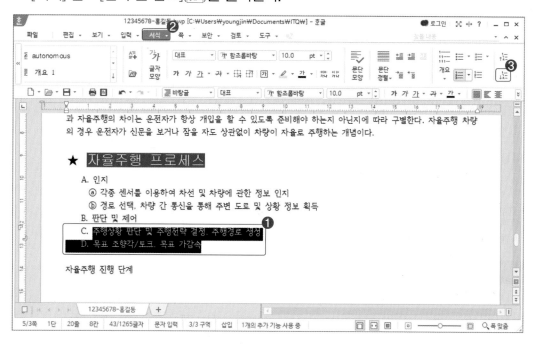

⑦ 문단 번호를 지정한 부분을 모두 블록 설정한다.
→ 줄 간격 '180%'를 설정한다.

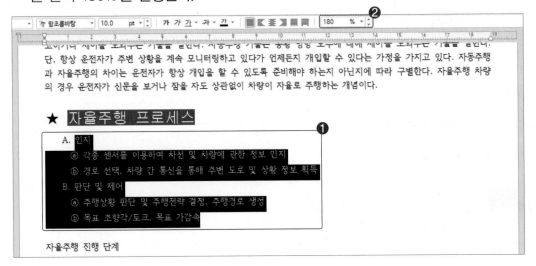

자율주행 진행 단계

SECTION 10 중간 제목 2

★ 자율주행 진행 단계

① 앞서 작업한 중간 제목 1과 같이 [입력] 탭 – [문자표](※)에서 '★'를 선택하여 넣는다.

② 문자표를 포함해서 제목에 블록 설정한다.
→ 글꼴 '굴림', '18pt'를 설정한다.
→ 문자표를 제외하고 다시 블록 설정하여 [기울임](가)을 설정한다.

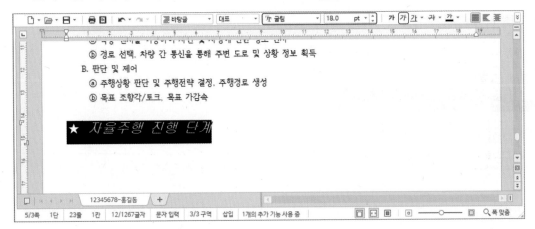

③ '자율주행'을 블록 설정한다.
→ [서식] 탭 – [글자 모양](가)을 클릭하고, [확장] 탭에서 강조점 '⋮'을 설정한다.

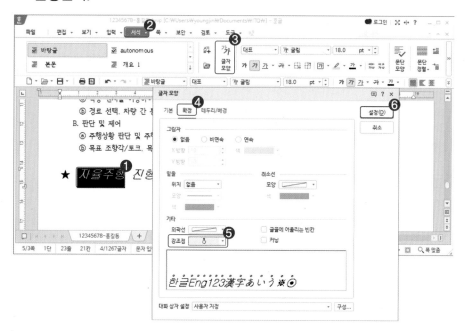

④ 같은 방법으로 '단계'를 블록 설정하여 강조점 '⋮'을 설정한다.

SECTION 11 표

단계	특징	내용	모니터링
1단계	운전자 지원	조향 또는 가속 및 감속 중 하나를 수행	운전자
2단계	부분 자동화	조향 또는 가속 및 감속 모두 수행하는 주행보조 기술	
3단계	조건부 자동화	차량 제어와 주행환경을 인식하지만 운전자가 적절하게 제어	자율주행 시스템
4단계	고도 자동화	모든 측면을 시스템이 수행하지만 전적으로 제어하는 것은 아님	

① [입력] 탭 – 표(▦)를 클릭한 뒤, [표 만들기] 대화상자에서 줄 개수 '5', 칸 개수 '4', 글자처럼 취급에 체크하고 [만들기]를 클릭한다.

🅑 기적의 TIP

표
┌──→ 칸 개수
│
줄 개수

② 표 앞에 커서를 놓고 [가운데 정렬](≡)을 설정한다.

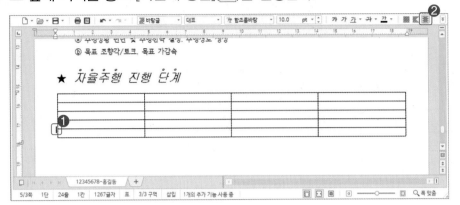

③ 4번째 칸에서 2, 3번째 줄을 블록 설정한다.
→ [표 레이아웃] 탭 – [셀 합치기](⊞)를 클릭한다.

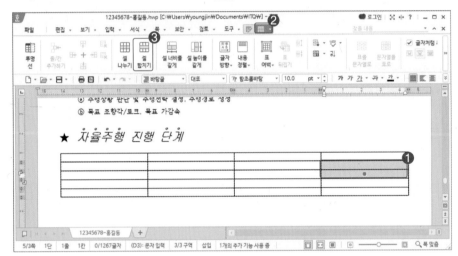

④ 4번째 칸의 4, 5번째 줄도 블록 설정하여 셀을 합친다.

⑤ 표에 내용을 입력하고, 셀 경계선 부분을 드래그하여 너비를 조절한다.

단계	특징	내용	모니터링
1단계	운전자 지원	조향 또는 가속 및 감속 중 하나를 수행	운전자
2단계	부분 자동화	조향 또는 가속 및 감속 모두 수행하는 주행보조 기술	
3단계	조건부 자동화	차량 제어와 주행환경을 인식하지만 운전자가 적절하게 제어	자율주행 시스템
4단계	고도 자동화	모든 측면을 시스템이 수행하지만 전적으로 제어하는 것은 아님	

⑥ 표 전체를 블록 설정(F5 세 번)하고 글꼴 '돋움', '10pt', [가운데 정렬](≣)을 설정한다.

→ 블록 설정된 상태에서 Ctrl을 누른 채 ↓ 방향키를 눌러 높이를 조절한다.

🅑 기적의 TIP

Ctrl+방향키로 블록 설정한 부분의 높이와 너비를 조절할 수 있다.

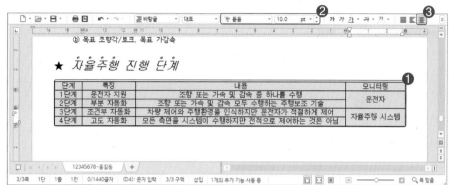

⑦ 첫째 줄을 블록 설정하고, 마우스 오른쪽 클릭하여 [셀 테두리/배경] – [각 셀마다 적용]을 클릭하여 [셀 테두리/배경] 대화상자를 연다.

🅑 기적의 TIP

셀 테두리/배경 대화상자
블록 설정 후 단축키 L

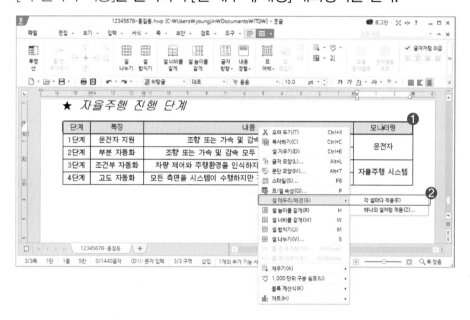

⑧ [테두리] 탭에서 종류 '이중 실선'으로 지정하고 '위쪽 테두리', '아래쪽 테두리'를 클릭한다.

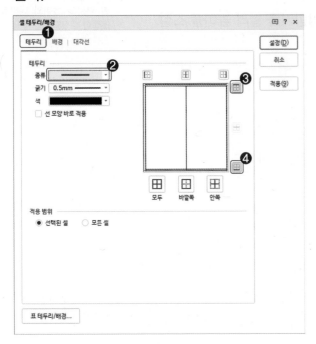

⑨ [배경] 탭에서 그러데이션을 클릭한다.
　→ 시작 색 '하양', 끝 색 '노랑', 유형 '왼쪽 대각선'으로 설정한다.

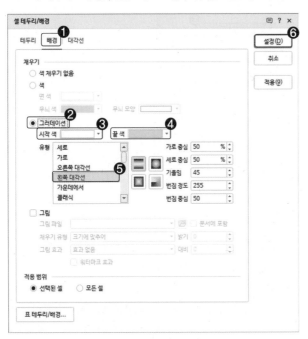

⑩ 가장 아랫줄을 블록 설정하고 [셀 테두리/배경] 대화상자를 열어 '이중 실선'을 '아래쪽 테두리'에 설정한다.

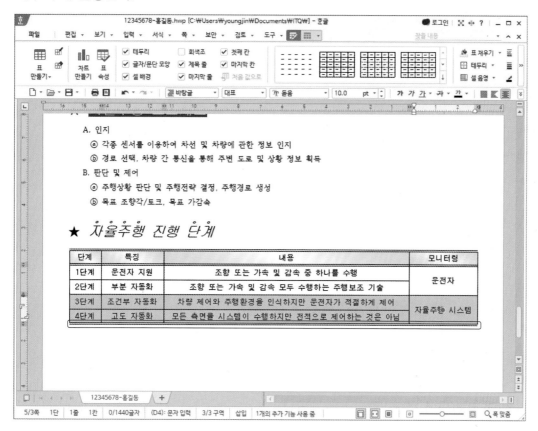

⑪ 표 전체를 블록 설정하고 [셀 테두리/배경] 대화상자를 연다.
→ [테두리] 탭에서 '선 없음'을 '왼쪽 테두리', '오른쪽 테두리'에 설정한다.

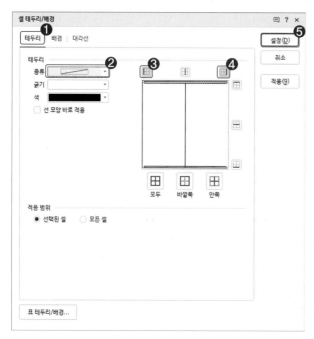

① 「한국전자통신연구원」을 입력 후 블록 설정하여 [편집] 탭 – [글자 모양](가)을 클릭한다.
  → [기본] 탭에서 기준 크기 '24pt', 글꼴 '굴림', 장평 '95%', '진하게'를 설정한다.

② 입력한 텍스트에 [오른쪽 정렬](≣)을 설정한다.

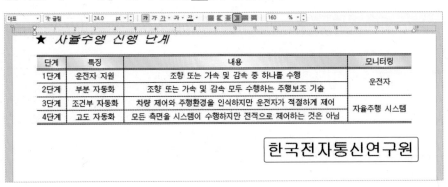

① [쪽] 탭 – [쪽 번호 매기기](█-1-█)를 클릭한다.

② [쪽 번호 매기기] 대화상자에서 번호 위치 '오른쪽 아래', 번호 모양 'A,B,C', 줄표 넣기를 체크 해제, 시작 번호 '5'를 설정하여 [넣기]를 클릭한다.

기적의 TIP

쪽 번호의 글꼴, 크기는 채점 대상이 아니므로 기본값을 유지한다.

기적의 TIP

현재 쪽만 감추기
[쪽] 탭–[현재 쪽만 감추기](█)에서 머리말, 쪽 번호 등의 요소를 선택하여 감출수 있다.

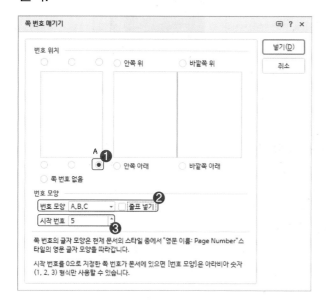

① [파일] 탭 – [저장하기](█)를 클릭하여 완성된 문서를 저장한다.

② 저장 경로(내 PC₩문서₩ITQ)와 파일명(수험번호 – 성명)이 맞게 되어 있는지 확인한다.

글꼴 : 굴림, 18pt, 진하게, 가운데 정렬
책갈피 이름 : 환경   덧말 넣기

그린패키징 전략◀

머리말 기능
돋움, 10pt, 오른쪽 정렬

문단 첫 글자 장식 기능
글꼴 : 궁서, 면색 : 노랑

환경연구소
그린패키징 디자인 전략과 시사점

각주

그린패키징은 생분해성의 식물 유래 플라스틱이나 재생재료, 사용된 비닐봉지 등 지속 가능한 재료를 사용하는 환경친화ⓐ적인 포장방식을 의미하며 기존 포장에 비해 이산화탄소 배출량과 제조 공정에서 발생하는 폐기물량이 적다는 장점이 있다. 환경부(2009)에 의하면 친환경포장을 감량, 재사용, 재활용, 열회수, 폐기처리 등에 주안점을 두어 설계(設計)하도록 선언하고 있다.

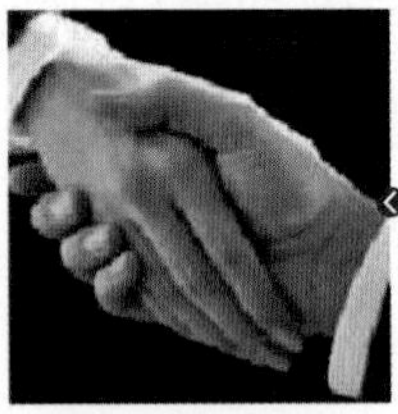

포장재료를 기준으로 그린패키징의 유형을 구분한다. 재활용 포장재는 화학적으로 재가공하는 재료를 사용하는 방법으로서 종이, 비닐 등 재료에 의한 포장을 포함한다. 재사용 포장재는 재료를 세척(洗滌)하여 새 라벨 부착 등으로 다시 사용하는 방법으로서 섬유봉투, 유리병 등 포장재를 포함한다. 비재생 자원 제조의 플라스틱 포장재는 석유 등 비재생자원으로부터 제조한 포장재로서 사용 후 생분해 가능한 바이오 플라스틱 포장재이다. 바이오메탄 제조의 플라스틱 포장재는 신재생자원인 바이오메탄으로 제조하였으며 사용 후 생분해 불가능한 포장재이다. 바이오메탄 이외 신재생자원으로 제조한 생분해성 플라스틱 포장재는 콩단백질 등으로부터 제조하며, 사용 후 생분해 가능한 포장재이다.

그림위치(내 PC\문서\ITQ\Picture\그림4.jpg, 문서에 포함), 자르기 기능 이용, 크기(40mmX40mm), 바깥 여백 왼쪽 : 2mm

♣ 그린패키징 설계 기준◀

글꼴 : 궁서, 18pt, 하양
음영색 : 파랑

가. 포장 재료의 감량
　㉠ 불필요한 두께, 무게가 감량되도록 설계
　㉡ 재활용, 열 회수, 폐기처리 저해 소재 배제
나. 포장 재료의 재활용
　㉠ 금속, 유리, 플라스틱 등 재활용 가능한 단일 포장 재료 설계
　㉡ 라벨을 부착할 경우 포장재와 동일한 재질 선택

♣ 지속가능 패키징 디자인 전략◀

글꼴 : 궁서, 18pt, 기울임, 강조점

구분	목표	주요 전략 사례
전통적 정의	기술적	전체 패키징 시스템 고려, 새로운 기술 연구
	규제 준수	규제 준수를 위한 디자인, 제품표시 요건 준수
확장된 정의	자원 최적화	원자재 절감 실천, 재활용 원자재 사용
	공정 조달	환경 모범사례 및 신재생 원자재에 의한 디자인
원자재 건강성		패키징 라이프사이클 전주기에 걸친 잠재적인 건강, 환경 영향 숙지

표 전체 글꼴 : 굴림, 10pt, 가운데 정렬,
셀 배경(그러데이션) : 유형(가로),
시작색(하양), 끝색(노랑)

그린패키징연구소◀

글꼴 : 돋움, 24pt, 진하게
장평 105%, 오른쪽 정렬

문단 번호 기능 사용,
1수준 : 20pt, 오른쪽 정렬,
2수준 : 30pt, 오른쪽 정렬
줄 간격 : 180%

ⓐ 자연환경을 오염하지 않고 자연 그대로의 환경과 잘 어울리는 것

각주 구분선 : 5cm

쪽 번호 매기기, 5로 시작 ▶ ⑤

글꼴 : 궁서, 18pt, 진하게, 가운데 정렬
책갈피 이름 : 국기   덧말 넣기

대한민국의 상징

머리말 기능
돋움, 10pt, 오른쪽 정렬

문단 첫 글자 장식 기능
글꼴 : 굴림, 면색 : 노랑

각주

태극기
국민통합과 자긍심의 상징

우리나라의 국기⑦ 제정은 1882년(고종 19년) 5월 22일 체결된 조미수호통상조약 조인식이 직접적인 계기가 되었다고 한다. 하지만 아쉽게도 당시 조인식 때 게양된 국기의 형태에 대해서는 현재 정확한 기록이 남아 있지 않다. 태극기(太極旗)는 흰색 바탕에 가운데 태극 문양과 네 모서리의 건곤감리 그리고 4괘로 구성되어 있다. 태극기의 흰 바탕은 밝음과 순수, 그리고 전통적으로 평화를 사랑하는 우리의 민족성을 나타내고 있다. 가운데의 태극 문양은 음(파란색)과 양(빨간색)의 조화를 상징하는 것으로 우주 만물이 음양의 상호 작용에 의해 생성되고 발전한다는 대자연의 진리를 형상화한 것이다. 네 모서리의 4괘는 음과 양이 서로 변화하고 발전하는 모습을 효의 조합을 통해 구체적으로 나타낸 것이다. 우주 만물 중에서 건괘는 하늘을, 곤괘는 땅을, 감괘는 물을, 이괘는 불을 상징한다.

예로부터 우리 선조들이 생활 속에서 즐겨 사용하던 태극 문양을 중심으로 만들어진 태극기는 우주와 더불어 끝없이 창조와 번영을 희구하는 한민족(韓民族)의 이상을 담고 있다. 따라서 우리는 태극기에 담긴 이러한 정신과 뜻을 이어받아 민족의 화합과 통일을 이룩하고, 인류의 행복과 평화에 이바지해야 할 것이다.

그림위치(내 PC₩문서₩ITQ
₩Picture₩그림4.jpg,
문서에 포함),
자르기 기능 이용,
크기(40mm×30mm),
바깥 여백 왼쪽 : 2mm

♠ **국기 게양 방법**

글꼴 : 굴림, 18pt, 하양,
음영색 : 빨강

가) 국기 다는 시간
　　a) 매일 24시간 달 수 있으나 야간에는 적절한 조명을 해야 한다.
　　b) 학교나 군부대는 낮에만 단다.
나) 국기를 매일 게양 및 강하하는 경우
　　a) 다는 시각 : 오전 7시
　　b) 내리는 시각 : 3월-10월(오후 6시), 11월-2월(오후 5시)

♠ *국기를 게양하는 날*

글꼴 : 굴림, 18pt, 기울임, 강조점

구분	다는 날	날짜	다는 방법	조기 게양
5대 국경일	3.1절	3월 1일	깃봉과 깃면의 사이를 떼지 않고 닮	현충일(6월 6일) 국장기간 국민장 정부지정일
	제헌절	7월 17일		
	광복절	8월 15일		
	개천절	10월 3일		
	한글날	10월 9일		
기념일	국군의 날	10월 1일		

문단 번호 기능 사용,
1수준 : 20pt, 오른쪽 정렬,
2수준 : 30pt, 오른쪽 정렬
줄 간격 : 180%

표 전체 글꼴 : 돋움, 10pt,
가운데 정렬
셀 배경(그러데이션) : 유형(세로),
시작색(하양), 끝색(노랑)

행정안전부

글꼴 : 궁서, 24pt, 진하게
장평 110%, 오른쪽 정렬

⑦ 국가의 전통과 이상을 특정한 빛깔과 모양으로 나타낸 기

각주 구분선 : 5cm

쪽 번호 매기기, 4로 시작 ▶ iv

글꼴 : 궁서, 18pt, 진하게, 가운데 정렬
책갈피 이름 : 저작권 덧말 넣기

저작권 보호

올바른 문화 향유와 저작권

문단 첫 글자 장식 기능
글꼴 : 돋움, 면색 : 노랑

머리말 기능
굴림, 10pt 오른쪽 정렬

인 터넷의 기능과 정보 사회의 발전(發展)을 보장하기 위해서 다양한 정보를 연결해 주는 링크는 자유롭게 설정될 수 있어야 한다. 링크의 자유는 특히 표현의 자유나 정보의 자유와 같은 헌법상 기본권을 보장하는 데 중요한 역할을 하고 있기 때문이다. 하지만 타인의 권리, 특히 타인의 저작권을 침해하면서까지 링크의 자유가 무한정 보장될 수는 없을 것이다. 저작권이란 소설이나 시, 음악, 미술 등과 같은 저작물을 창작한 사람이 자신의 창작물을 복제, 공연, 전시, 방송 또는 전송하는 등 법이 정하고 있는 일정한 방식으로 스스로 이용하거나 다른 사람이 그러한 방식으로 이용하는 것을 허락할 수 있는 권리를 말한다. 저작권은 저작자가 경제적 부담 없이 창작 활동에 전념할 수 있도록 동기를 부여함으로써 결과적으로 우리나라의 문화와 관련 산업의 발전을 도모하며 나아가 인류 문화유산의 축적에 기여할 수 있다.

각주

문화의 발전을 위해서는 다양한 문학과 예술 작품이 창작(創作)되고 사회 일반에 의해 폭넓게 재창작되어야 한다. 이를 위해 문화체육관광부는 저작권에 대한 국민적 인식을 정립하고 저작권 침해를 방지하고자 매월 26일을 저작권 보호의 날로 지정하여 홍보와 계도를 계속하고 있다.

그림위치(내 PC₩문서₩ITQ ₩Picture₩그림5.jpg, 문서에 포함), 자르기 기능 이용, 크기(40mmX30mm), 바깥 여백 왼쪽 : 2mm

♥ 저작권의 종류와 개념

글꼴 : 궁서, 18pt, 하양
음영색 : 파랑

A. 저작인격권
   1. 공표권 : 자신의 저작물을 공중에게 공표 여부를 결정할 권리
   2. 성명표시권 : 저작물에 자신의 이름을 표시할 권리
  B. 저작재산권
   1. 복제권 : 사진, 복사 등의 방법으로 고정 또는 유형물로 다시 제작
   2. 공중송신 : 전송, 방송, 디지털음성송신 등

♥ *지식재산권 보호 관련 업무* ◄ 글꼴 : 궁서, 18pt, 기울임, 강조점

권리	소관부처	주요 업무	세부 추진사항
산업재산권	특허청	특허, 상표 및 디자인 등 국내외 보호활동	특허심판 및 위조 상품 단속
저작권	문화체육관광부	국내외 저작권 보호활동	저작권 침해 단속, ICOP 운영
단속 및	검찰청, 경찰청	지식재산권 침해물의 불법복제 및 유통 단속	수사 인력의 전문성 강화
수사 집행	무역위원회	지식재산권 침해 등 불공정무역행위 조사	원산지표시 위반 등 조사

문단 번호 기능 사용,
1수준 : 20pt, 오른쪽 정렬,
2수준 : 30pt, 오른쪽 정렬
줄 간격 : 180%

표 전체 글꼴 : 돋움, 10pt,
가운데 정렬
셀 배경(그러데이션) : 유형(왼쪽 대각선),
시작색(하양), 끝색(노랑)

한국저작권위원회

글꼴 : 굴림, 24pt, 진하게
장평 105%, 오른쪽 정렬

Ⓐ 생각이나 감정을 창작적인 것으로 표현한 저작물을 만든 사람

각주 구분선 : 5cm

쪽 번호 매기기, 5로 시작 ► 마

PART

02

대표 기출 따라하기

대표 기출 따라하기

▶ 합격강의

과목	코드	문제유형	시험시간	수험번호	성명
아래한글	1111	A	60분		

수험자 유의사항

- 수험자는 문제지를 받는 즉시 문제지와 **수험표상의 시험과목(프로그램)이 동일한지 반드시 확인**하여야 합니다.
- 파일명은 본인의 "수험번호−성명"으로 입력하여 답안폴더(내 PC\문서\ITQ)에 하나의 파일로 저장해야 하며, 답안문서 파일명이 "수험번호−성명"과 일치하지 않거나, 답안파일을 전송하지 않아 미제출로 처리될 경우 실격 처리합니다(예:12345678−홍길동.hwpx).
- 답안 작성을 마치면 파일을 저장하고, '답안 전송' 버튼을 선택하여 감독위원 PC로 답안을 전송하십시오. 수험생 정보와 저장한 파일명이 다를 경우 전송되지 않으므로 주의하시기 바랍니다.
- 답안 작성 중에도 **주기적으로 저장하고, '답안 전송'**하여야 문제 발생을 줄일 수 있습니다. 작업한 내용을 저장하지 않고 전송할 경우 이전에 저장된 내용이 전송되니 이점 유의하시기 바랍니다.
- 답안문서는 지정된 경로 외의 다른 보조기억장치에 저장하는 경우, 지정된 시험 시간 외에 작성된 파일을 활용할 경우, 기타 통신수단(이메일, 메신저, 네트워크 등)을 이용하여 타인에게 전달 또는 외부 반출하는 경우는 부정 처리합니다.
- 시험 중 부주의 또는 고의로 시스템을 파손한 경우는 수험자가 변상해야 하며, 〈수험자 유의사항〉에 기재된 방법대로 이행하지 않아 생기는 불이익은 수험생 당사자의 책임임을 알려 드립니다.
- 문제의 조건은 한컴오피스 2020 버전으로 설정되어 있으니 유의하시기 바랍니다.
- 시험을 완료한 수험자는 답안파일이 전송되었는지 확인한 후 감독위원의 지시에 따라 문제지를 제출하고 퇴실합니다.

답안 작성요령

- 온라인 답안 작성 절차
    수험자 등록 ⇒ 시험 시작 ⇒ 답안파일 저장 ⇒ 답안 전송 ⇒ 시험 종료
- 공통 부문
    − 글꼴에 대한 기본설정은 함초롬바탕, 10포인트, 검정, 줄간격 160%, 양쪽정렬로 합니다.
    − 색상은 조건의 색을 적용하고 색의 구분이 안 될 경우에는 RGB 값을 적용하십시오.
      (빨강 255,0,0 / 파랑 0,0,255 / 노랑 255,255,0).
    − 각 문항에 주어진 《조건》에 따라 작성하고 언급하지 않은 조건은 《출력형태》와 같이 작성합니다.
    − 용지여백은 왼쪽·오른쪽 11mm, 위쪽·아래쪽·머리말·꼬리말 10mm, 제본 0mm로 합니다.
    − 그림 삽입 문제의 경우 「내 PC\문서\ITQ\Picture」 폴더에서 지정된 파일을 선택하여 삽입하십시오.
    − 삽입한 그림은 반드시 문서에 포함하여 저장해야 합니다(미포함 시 감점 처리).
    − 각 항목은 지정된 페이지에 출력형태와 같이 정확히 작성하시기 바라며, 그렇지 않을 경우에 해당 항목은 0점 처리됩니다.
      ※ 페이지구분 : 1페이지 − 기능평가 I (문제번호 표시 : 1. 2.),
                      2페이지 − 기능평가 II (문제번호 표시 : 3. 4.),
                      3페이지 − 문서작성 능력평가
- 기능평가
    − 문제와 《조건》은 입력하지 않으며 문제번호와 답(《출력형태》)만 작성합니다.
    − 4번 문제는 묶기를 했을 경우 0점 처리됩니다.
- 문서작성 능력평가
    − A4 용지(210mm×297mm) 1매 크기, 세로 서식 문서로 작성합니다.
    − □ 표시는 문서작성에 대한 지시사항이므로 작성하지 않습니다.

01 다음의 ≪조건≫에 따라 스타일 기능을 적용하여 ≪출력형태≫와 같이 작성하시오. 50점

조건	(1) 스타일 이름 – governance
	(2) 문단 모양 – 왼쪽 여백 : 15pt, 문단 아래 간격 : 10pt
	(3) 글자 모양 – 글꼴 : 한글(돋움)/영문(굴림), 크기 : 10pt, 장평 : 95%, 자간 : 5%
출력형태	Create a framework for governance that forms a private council that links local resources and improves the water quality of private small rivers, centered on local residents. 소하천 지역 주민과 농업인율 중심으로 하는 민간 소하천 수질개선 지역공동체 구성과 지역자원율 연계한 민간 협의체를 구성하는 거버넌스 프레임 워크를 만듭니다.

02 다음 ≪조건≫에 따라 ≪출력형태≫와 같이 표와 차트를 작성하시오. 100점

표 조건	(1) 표 전체(표, 캡션) – 돋움, 10pt
	(2) 정렬 – 문자 : 가운데 정렬, 숫자 : 오른쪽 정렬
	(3) 셀 배경(면색) : 노랑
	(4) 한글의 계산 기능을 이용하여 빈칸에 합계를 구하고, 캡션 기능 사용할 것
	(5) 선 모양은 ≪출력형태≫와 동일하게 처리할 것

출력형태

전국 수계 수질개선 지역공동체 현황(단위 : 개)

구분	한강	낙동강	금강	섬진강	합계
환경시민단체	21	13	18	10	
지역마을주민	34	21	16	9	
교육기관	45	28	15	11	
정화시설	9	5	3	2	

차트 조건	(1) 차트 데이터는 표 내용에서 구분별 환경시민단체, 지역마을주민, 교육기관의 값만 이용할 것
	(2) 종류 – 〈묶은 세로 막대형〉으로 작업할 것
	(3) 제목 – 돋움, 진하게, 12pt, 속성 – 채우기(하양), 테두리, 그림자(대각선 오른쪽 아래)
	(4) 제목 이외의 전체 글꼴 – 돋움, 보통, 10pt
	(5) 축제목과 범례는 ≪출력형태≫와 동일하게 처리할 것

출력형태

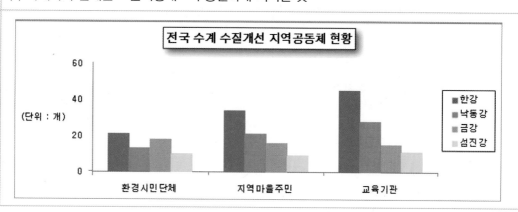

03 수식 편집기로 다음 수식 (1), (2)를 각각 입력하시오.   40점

출력형태	$(1)\ \dfrac{V_2}{V_1}=\dfrac{0.90\times10^3}{1.0\times10^4}=0.09$ $(2)\ \displaystyle\int_a^b A(x-a)(x-b)\,dx=-\dfrac{A}{6}(b-a)^3$

04 다음의 ≪조건≫에 따라 ≪출력형태≫와 같이 문서를 작성하시오.   110점

조건	(1) 그리기 도구를 이용하여 작성하고, 모든 도형(글맵시, 지정된 그림 포함)을 ≪출력형태≫와 같이 작성하시오. (2) 도형의 면색은 지시사항이 없으면 색 없음을 제외하고 서로 다르게 임의로 지정하시오.

출력형태

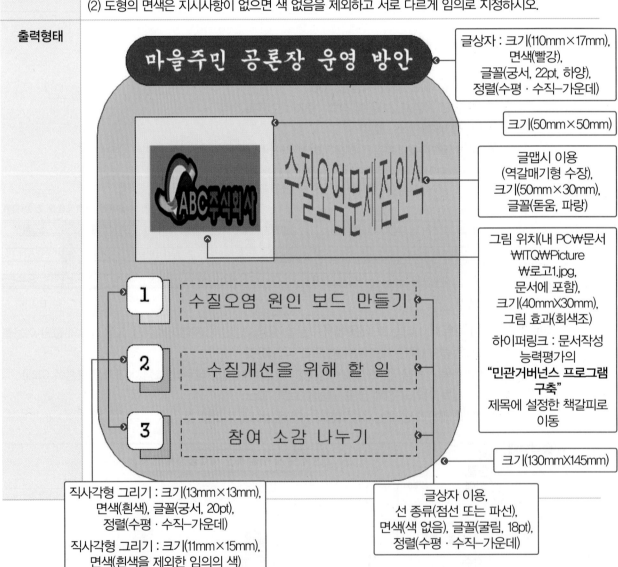

글상자 : 크기(110mm×17mm), 면색(빨강), 글꼴(궁서, 22pt, 하양), 정렬(수평·수직-가운데)

크기(50mm×50mm)

글맵시 이용 (역갈매기형 수장), 크기(50mm×30mm), 글꼴(돋움, 파랑)

그림 위치(내 PC₩문서 ₩ITQ₩Picture ₩로고1.jpg, 문서에 포함), 크기(40mm×30mm), 그림 효과(회색조)

하이퍼링크 : 문서작성 능력평가의 **"민관거버넌스 프로그램 구축"** 제목에 설정한 책갈피로 이동

크기(130mm×145mm)

직사각형 그리기 : 크기(13mm×13mm), 면색(흰색), 글꼴(궁서, 20pt), 정렬(수평·수직-가운데)

직사각형 그리기 : 크기(11mm×15mm), 면색(흰색을 제외한 임의의 색)

글상자 이용, 선 종류(점선 또는 파선), 면색(색 없음), 글꼴(굴림, 18pt), 정렬(수평·수직-가운데)

글꼴 : 굴림, 18pt, 진하게, 가운데 정렬,
책갈피 이름 : 소하천　덧말 넣기

소하천 수질개선

첫 글자 장식 기능
글꼴 : 궁서, 면색 : 노랑

강원 산간지역
민관거버넌스 프로그램 구축

머리말 기능
돋움, 10pt, 오른쪽 정렬

강원 산간지역의 하천 수질은 점오염원보다는 농업비점오염 및 농촌비점오염원의 유입으로 인한 오염(汚染)이 매우 크다. 지형 경사가 큰 산간지역의 특성으로 인하여 우기 시 다량으로 유출되는 토사가 하천으로 유입되면서 수질을 오염시키고, 하류지역 농경지에 토사가 퇴적/매몰되어 부정적인 영향을 미치고 있다. 비점오염원ⓐ의 특성상 배출범위가 광범위하여 수집을 통한 관리가 불가능한 것이 현실이다.

각주

　정부에서는 비점오염원 배출 저감을 위한 다양한 방안을 강구하였으나 효과(效果)를 보지 못하였고, 이에 농업비점오염원 배출 저감을 위한 배출원에서부터 사전 예방적 차원의 관리가 중요하다는 것을 인지하게 되었으며, 이를 위해서는 주민과 농업인의 비점오염원 배출 저감 교육과 홍보가 필요하고 주민의 적극적 참여가 매우 중요하다는 것을 강조하게 되었다. 따라서 소하천 수질 관리를 위해서 농업농촌비점오염의 사전 예방적 관리에 주민과 농업인의 적극적 참여를 유도해야 한다. 또한 고령화되는 농촌지역의 특성을 감안한 역량강화 프로그램을 개발 및 운영하여 주민 스스로 지역 환경을 개선하고 지켜나갈 수 있도록 주민의 관심을 유도하는 것이 필요하다.

※ **주민참여 공론장의 목적 및 주요 내용**

글꼴 : 궁서, 18pt, 하양
음영색 : 빨강

　가. 주민참여 공론장의 목적
　　　㉠ 강원산간 흙탕물 발생 및 수질오염에 대한 의견 공유
　　　㉡ 소하천 수질개선을 위한 공동의 목표 수립
　나. 주민참여 공론장의 주요 내용
　　　㉠ 간담회를 통한 소하천 문제점 공유 및 개선안 논의
　　　㉡ 수질오염 개선방안을 위한 공론장 운영

그림 위치(내 PC₩문서₩ITQ
₩Picture₩그림4.jpg,
문서에 포함)
자르기 기능 이용,
크기(40mm×40mm),
바깥 여백 왼쪽 : 2mm

※ *비점오염원 인식교육*

글꼴 : 궁서, 18pt, 기울임, 강조점

구분	교육주제	교육내용	장소
정화활동	수질개선 EM교육	도시의 평균대기질 농도 파악	거주민 인근하천
주민참여	인식개선 교육	미생물을 이용한 쌀뜨물 발효액 만들기	주민센터 교육장
주민실천	실생활 적용교육	토사유출 및 농업비점오염원 관리 필요성	평생교육기관
실천심화	역량강화 교육	비점오염원 저감 시설의 주민참여 관리 방안	평생교육기관
교육시기 운영계획		강원 산간 지역의 주민실천 사업은 농사시기를 고려할 것	

문단 번호 기능 사용
1수준 : 20pt, 오른쪽 정렬,
2수준 : 30pt, 오른쪽 정렬
줄 간격 : 180%

표 전체 글꼴 : 굴림, 10pt,
가운데 정렬,
셀 배경(그러데이션) :
유형(가로), 시작색(하양),
끝색(노랑)

원주지방환경청

글꼴 : 돋움, 24pt, 진하게
장평 105%, 오른쪽 정렬

각주 구분선 : 5cm

ⓐ 불특정장소에서 불특정하게 수질오염물질을 배출하는 배출원

쪽 번호 매기기, 6으로 시작　⑥

정답파일 PART 02 대표 기출 따라하기₩대표기출_정답.hwpx

답안 작성요령	• 파일명은 본인의 "수험번호-성명"으로 입력하여 답안폴더(내 PC₩문서₩ITQ)에 하나의 파일로 저장해야 하며, 답안문서 파일명이 "수험번호-성명"과 일치하지 않거나, 답안파일을 전송하지 않아 미제출로 처리될 경우 실격 처리합니다.(예 12345678-홍길동.hwpx)
	• 글꼴에 대한 기본설정은 함초롬바탕, 10포인트, 검정, 줄간격 160%, 양쪽정렬로 합니다.
	• 색상은 조건의 색을 적용하고 색의 구분이 안 될 경우에는 RGB 값을 적용하십시오. (빨강 255,0,0 / 파랑 0,0,255 / 노랑 255,255,0)
	• 용지여백은 왼쪽 · 오른쪽 11㎜, 위쪽 · 아래쪽 · 머리말 · 꼬리말 10㎜, 제본 0㎜로 합니다.

	• 페이지구분 : 1페이지 – 기능평가Ⅰ(문제번호 표시 : 1. 2.),
	                  2페이지 – 기능평가Ⅱ(문제번호 표시 : 3. 4.),
	                  3페이지 – 문서작성 능력평가

SECTION 01　환경 설정

① 글꼴 '함초롬바탕', '10pt'를 설정하고, [폭 맞춤]을 설정한다.

기적의 TIP

배율은 각자 편한 수치로 설정한다.

② [파일] 메뉴 – [편집 용지]를 클릭한다.
→ [용지 종류] A4를 확인하고 왼쪽 · 오른쪽 '11mm', 위쪽 · 아래쪽 · 머리말 · 꼬리말 '10mm', 제본 '0mm'를 설정한다.

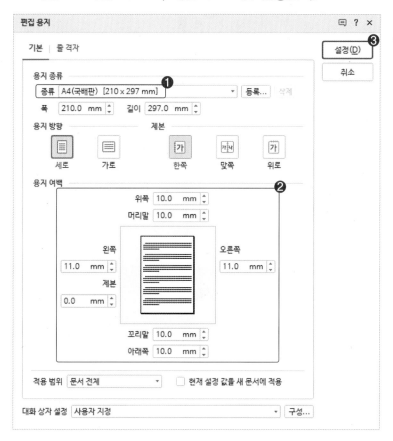

③ 문제 번호 「1.」을 입력하고 [Enter]를 세 번, 「2.」를 입력하고 [Enter]를 한 번 누른다.

④ [쪽] 탭 – [구역 나누기]([🗎])를 클릭하여 페이지를 구분한다.

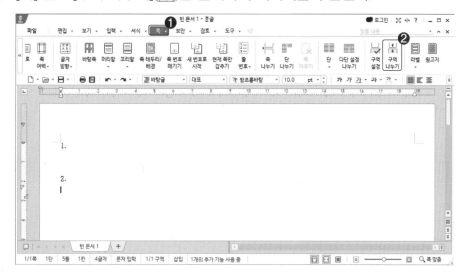

🎬 기적의 TIP

편집 용지
단축키 [F7]

구역 나누기
단축키 [Alt]+[Shift]+[Enter]

⑤ 두 번째 페이지로 이동되면 문제 번호 「3.」, 「4.」를 앞 페이지처럼 입력한
후 [구역 나누기](🔳)를 클릭한다.

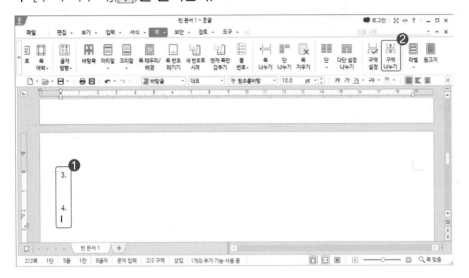

⑥ [파일] 메뉴 – [저장하기](💾)를 클릭한다.
→ '내 PC₩문서₩ITQ' 폴더로 이동하여 파일 이름 '수험번호 – 이름.hwpx'
로 저장한다.

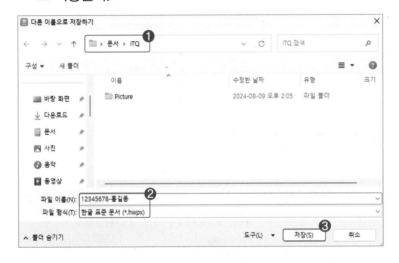

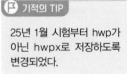 기적의 TIP

저장하기
단축키 Alt + S
자주 저장하며 진행하는 것
이 안전하다.

기적의 TIP

25년 1월 시험부터 hwp가
아닌 hwpx로 저장하도록
변경되었다.

기능평가 I의 문제 1번은 영문과 한글에 '스타일' 기능을 적용하는 문제이며 영문/한글 두 문단이 출제된다. 오타 없이 내용을 입력한 후 '문단 모양'과 '글자 모양'을 '스타일'로 지정하여 적용한다.

조건	(1) 스타일 이름 – governance (2) 문단 모양 – 왼쪽 여백 : 15pt, 문단 아래 간격 : 10pt (3) 글자 모양 – 글꼴 : 한글(돋움)/영문(굴림), 크기 : 10pt, 장평 : 95%, 자간 : 5%
출력형태	Create a framework for governance that forms a private council that links local resources and improves the water quality of private small rivers, centered on local residents. 소하천 지역 주민과 농업인을 중심으로 하는 민간 소하천 수질개선 지역공동체 구성과 지역자원을 연계한 민간 협의체를 구성하는 거버넌스 프레임 워크를 만듭니다.

SECTION 01   글자 입력 및 스타일 지정

① 문제 번호 다음 줄에 내용을 입력한다.

> 1.
> Create a framework for governance that forms a private council that links local resources and improves the water quality of private small rivers, centered on local residents.
> 소하천 지역 주민과 농업인을 중심으로 하는 민간 소하천 수질개선 지역공동체 구성과 지역자원을 연계한 민간 협의체를 구성하는 거버넌스 프레임 워크를 만듭니다.

🅱 기적의 TIP

영문/한글 입력 전환
[한/영]을 누르거나 왼쪽 [Shift] + [Space Bar]를 누른다.

② [서식] 탭 – [스타일 추가하기](🔳)를 클릭한다.
    → [스타일 이름]에 「governance」를 입력하고 [문단 모양]을 클릭한다.

③ [문단 모양] 대화상자에서 지시사항대로 왼쪽 여백 '15pt', 문단 아래 간격 '10pt'를 설정한다.

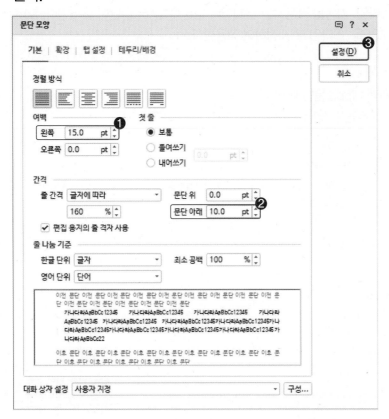

④ [스타일 추가하기] 대화상자에서 [글자 모양]을 클릭한다.

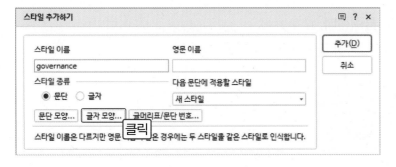

⑤ [글자 모양] 대화상자에서 지시사항대로 기준 크기 '10pt', 언어 '한글', 글꼴 '돋움', 장평 '95%', 자간 '5%'를 지정한다.

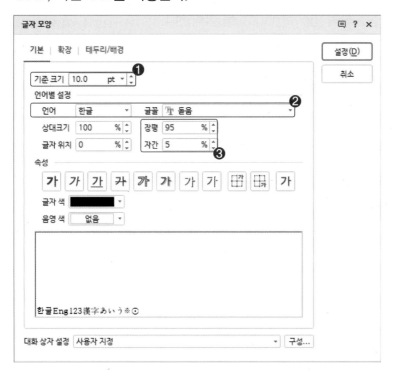

⑥ 언어를 '영문'으로 지정하고, 글꼴 '굴림', 장평 '95%', 자간 '5%'를 설정한다.
→ 다시 [스타일 추가하기] 대화상자가 나타나면 [추가]를 클릭한다.

⑦ [서식] 탭에서 'governance'로 정의된 스타일이 추가되어 있는 것을 확인할 수 있다.

→ 스타일을 적용하려는 부분에 블록 설정하여 [governance]를 클릭한다.

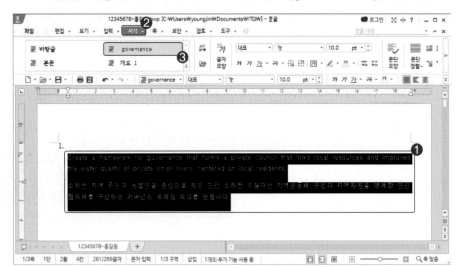

기능평가 ❶ 표 작성하기   50점

기능평가 I의 문제 2번 표 작성은 일반적으로 5~6개 줄/칸의 형태로 출제된다. 표를 만들어 내용을 입력하고 글꼴, 정렬, 배경색 등의 조건을 설정한 후 블록 계산과 캡션 기능을 사용하도록 한다.

표 조건	(1) 표 전체(표, 캡션) – 돋움, 10pt (2) 정렬 – 문자 : 가운데 정렬, 숫자 : 오른쪽 정렬 (3) 셀 배경(면색) : 노랑 (4) 한글의 계산 기능을 이용하여 빈칸에 합계를 구하고, 캡션 기능 사용할 것 (5) 선 모양은 ≪출력형태≫와 동일하게 처리할 것

출력형태

전국 수계 수질개선 지역공동체 현황(단위: 개)

구분	한강	낙동강	금강	섬진강	합계
환경시민단체	21	13	18	10	
지역마을주민	34	21	16	9	
교육기관	45	28	15	11	
정화시설	9	5	3	2	

① 문제 번호 「2.」 다음 줄에 커서를 위치시키고 [입력] 탭 – 표(▦)를 클릭한다.
→ [표 만들기] 대화상자에서 줄 개수 '5', 칸 개수 '6', 글자처럼 취급에 체크하고 [만들기]를 클릭한다.

② 표에 내용을 입력한다.

구분	한강	낙동강	금강	섬진강	합계
환경시민단체	21	13	18	10	
지역마을주민	34	21	16	9	
교육기관	45	28	15	11	
정화시설	9	5	3	2	

③ 표 전체를 블록 설정(F5 세 번)하고 글꼴 '돋움', '10pt', [가운데 정렬](▤)을 설정한다.

④ 숫자 부분을 블록 설정하고 [오른쪽 정렬](▤)을 지정한다.

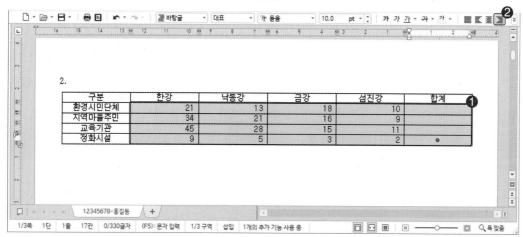

① 표 전체를 블록 설정([F5] 세 번)한다.
  → 마우스 오른쪽 클릭하여 [셀 테두리/배경] – [각 셀마다 적용]을 클릭한다.

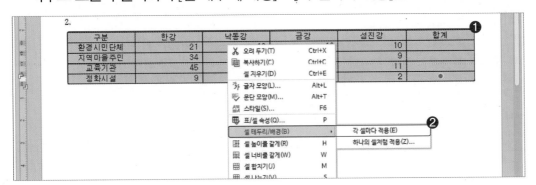

② [테두리] 탭에서 '이중 실선'을 '바깥쪽'에 설정한다.

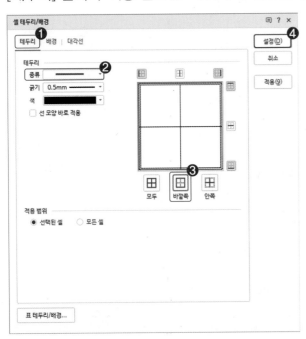

③ 같은 방법으로 첫째 줄과 첫째 칸을 차례로 블록 설정하며 '이중 실선'을 '바깥쪽'에 설정
  한다.

구분	한강	낙동강	금강	섬진강	합계
환경시민단체	21	13	18	10	
지역마을주민	34	21	16	9	
교육기관	45	28	15	11	
정화시설	9	5	3	2	

↓

구분	한강	낙동강	금강	섬진강	합계
환경시민단체	21	13	18	10	
지역마을주민	34	21	16	9	
교육기관	45	28	15	11	
정화시설	9	5	3	2	

④ 대각선이 들어가는 셀에 마우스 오른쪽 클릭하여 [셀 테두리/배경] – [각 셀마다 적용]
을 클릭한다.

⑤ [대각선] 탭을 선택하고 ▨과 ▨를 클릭하여 설정한다.

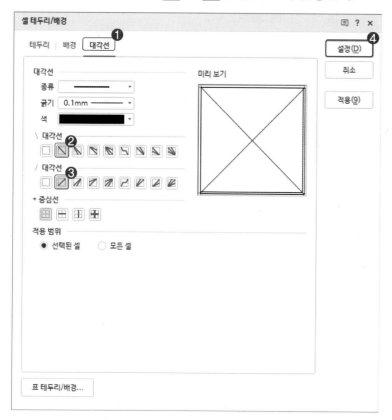

⑥ 배경색을 지정할 부분을 블록 설정한다.
→ [표 디자인] 탭 – [표 채우기]의 드롭다운 단추를 클릭하여 '노랑'을 선택한다.

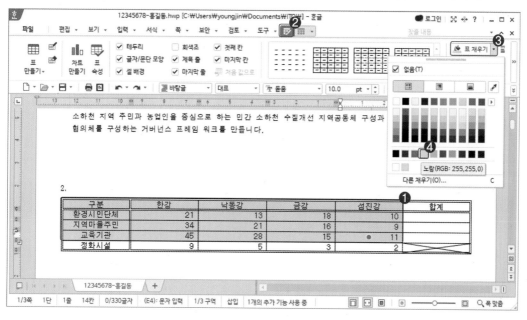

① 계산식이 이루어지는 부분을 블록 설정한다.
→ [표 레이아웃] 탭 – [계산식](🧮) – [블록 합계](📊)를 클릭한다.

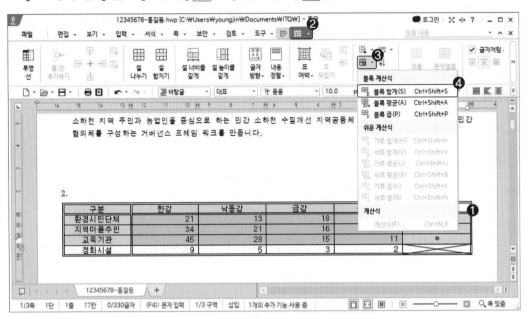

② 캡션을 달기 위해 먼저 표를 선택하거나 표 안에 커서를 위치시킨다.
→ [표 레이아웃] 탭 – [캡션](🔖)의 드롭다운 단추를 클릭한 후 [위]를 선택한다.

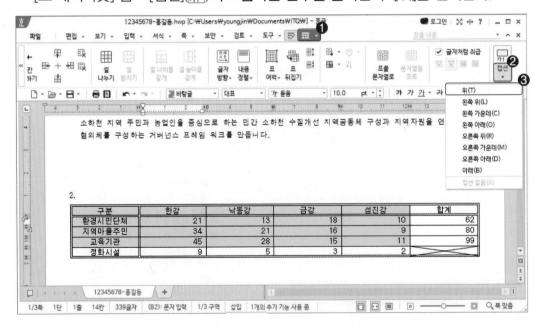

③ 캡션 '표 1'이 만들어지면 지우고 「전국 수계 수질개선 지역공동체 현황
(단위: 개)」를 입력한다.

표 1

구분	한강	낙동강	금강	섬진강	합계
환경시민단체	21	13	18	10	62
지역마을주민	34	21	16	9	80
교육기관	45	28	15	11	99
정화시설	9	5	3	2	

⬇

전국 수계 수질개선 지역공동체 현황(단위: 개)

구분	한강	낙동강	금강	섬진강	합계
환경시민단체	21	13	18	10	62
지역마을주민	34	21	16	9	80
교육기관	45	28	15	11	99
정화시설	9	5	3	2	

④ 캡션 부분을 블록 설정하고 글꼴 '돋움', '10pt', [오른쪽 정렬](▤)을 설정
한다.

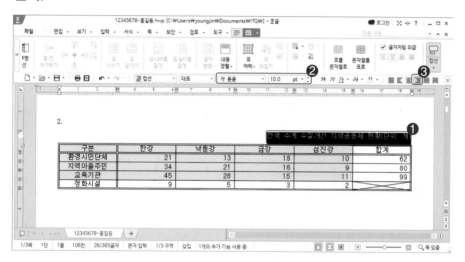

⑤ 줄, 칸 너비 조절이 필요한지 확인한다. 셀을 블록 설정한 상태에서 Ctrl
+방향키로 조절할 수 있다.

전국 수계 수질개선 지역공동체 현황(단위: 개)

구분	한강	낙동강	금강	섬진강	합계
환경시민단체	21	13	18	10	62
지역마을주민	34	21	16	9	80
교육기관	45	28	15	11	99
정화시설	9	5	3	2	

🅑 기적의 TIP

셀 너비, 높이 조절
블록 설정 후
Ctrl + ← → ↑ ↓

기능평가 I의 문제 2번 차트 작성은 앞서 작성한 표의 일부 데이터를 이용하는 형태로, 일반적으로 표에서 셀 배경 색을 지정한 부분을 데이터로 사용한다. 차트 각 요소들의 글꼴 설정에 주의하도록 한다.

차트 조건	(1) 차트 데이터는 표 내용에서 구분별 환경시민단체, 지역마을주민, 교육기관의 값만 이용할 것 (2) 종류 – 〈묶은 세로 막대형〉으로 작업할 것 (3) 제목 – 돋움, 진하게, 12pt, 속성 – 채우기(하양), 테두리, 그림자(대각선 오른쪽 아래) (4) 제목 이외의 전체 글꼴 – 돋움, 보통, 10pt (5) 축제목과 범례는 ≪출력형태≫와 동일하게 처리할 것
출력형태	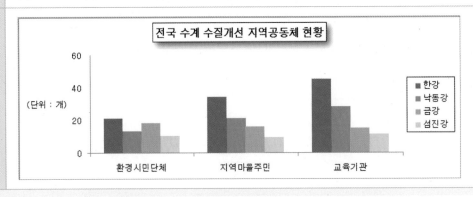

SECTION 01 차트 만들기

① 표에서 차트에 반영되는 영역만 블록 설정한다.

→ [입력] 탭 – [차트](📊)를 클릭하고 '묶은 세로 막대형'을 선택한다.

기적의 TIP

셀 배경(면색)을 설정한 부분으로 차트를 만드는 유형이 주로 출제된다.

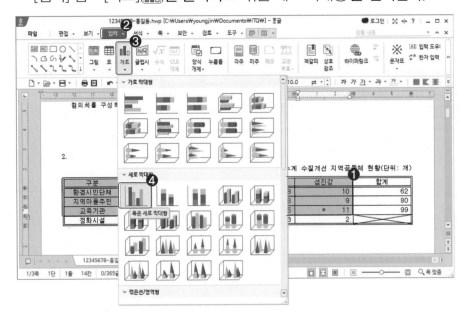

② [차트 데이터 편집] 대화상자가 나타나면 닫는다.

③ 차트를 선택하고 마우스 드래그하여 표 아래로 이동한다.

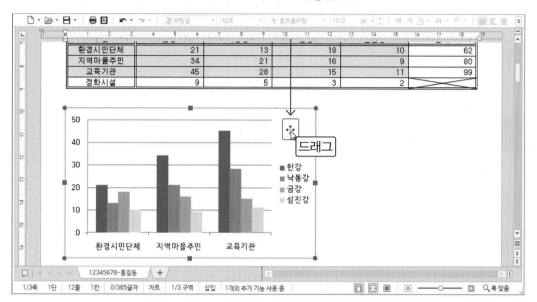

④ 차트의 크기 조절점을 드래그하여 표의 너비와 비슷하게 조절한다.

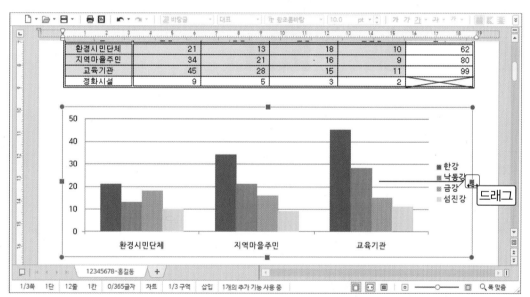

⑤ 차트의 값 축을 클릭하여 선택하고, 마우스 오른쪽 클릭한 후 [축 속성]을 클릭한다.

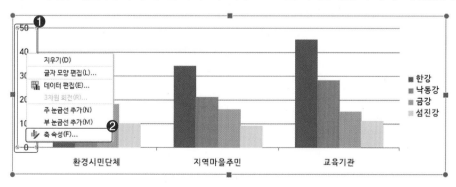

⑥ [경계] – [최솟값]에 「0」, [최댓값]에 「60」, [단위] – [주]에 「20」을 입력하
고 작업 창을 닫는다.

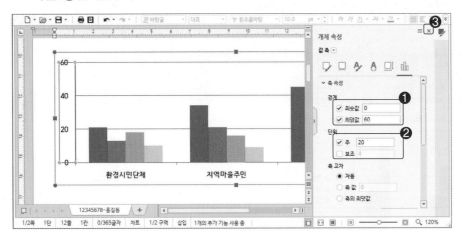

🅕 기적의 TIP

주 눈금은 바깥쪽으로 기본
설정된다.

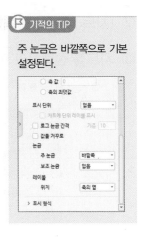

⑦ 차트의 눈금선을 클릭하여 선택하고, Delete 를 눌러 삭제한다.

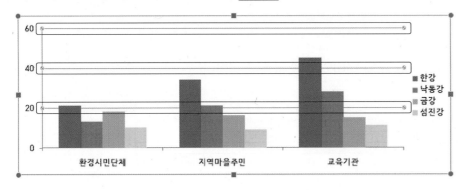

<hr>

SECTION 02 | **차트 제목 작성**

① [차트 디자인] 탭(📊)에서 [차트 구성 추가](📊) – [차트 제목] – [위쪽]을
선택한다.

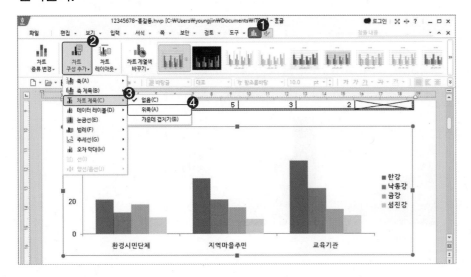

② '차트 제목'을 클릭하여 선택한 뒤 마우스 오른쪽 클릭하여 [제목 편집]을 클릭한다.

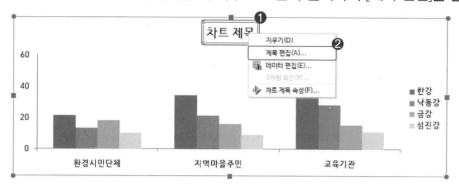

③ [차트 글자 모양] 대화상자가 나타나면 [글자 내용]에 「전국 수계 수질개선 지역공동체 현황」을 입력한다.
→ 글꼴 '돋움', '진하게', '12pt'를 설정한다.

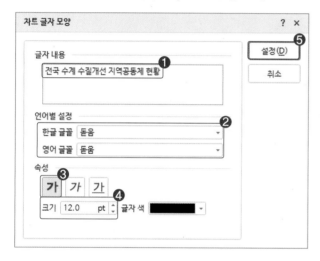

④ 다시 '차트 제목'에서 마우스 오른쪽 클릭하여 [차트 제목 속성]을 클릭한다.

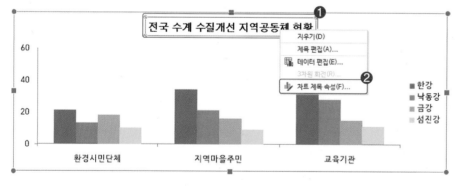

⑤ [개체 속성] 작업 창이 열리면 [그리기 속성](🖊)에서 [채우기]는 '밝은 색', [선]은 '어두운 색'을 지정한다.

　　→ [효과](🖼)에서 [그림자]를 '대각선 오른쪽 아래'로 설정하고 작업 창을 닫는다.

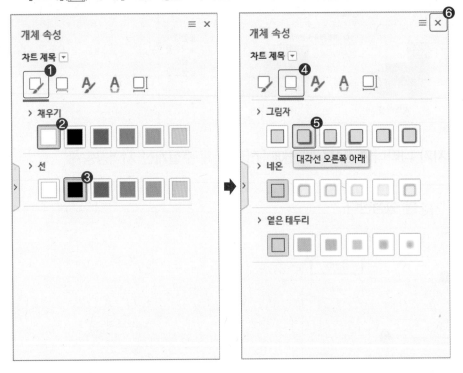

SECTION 03 축 제목 추가

---

① [차트 디자인] 탭(📊)에서 [차트 구성 추가](📊) – [축 제목] – [기본 세로]를 선택한다.

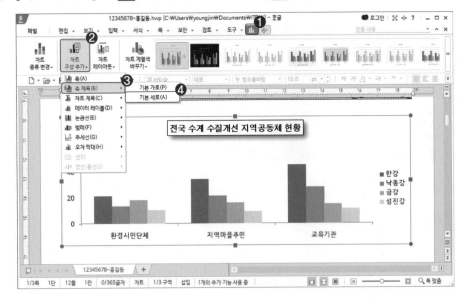

② '축 제목'을 클릭하여 선택한다.

→ 마우스 오른쪽 클릭하여 [제목 편집]을 클릭한다.

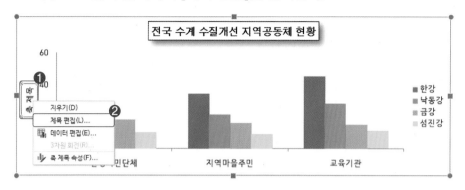

③ [차트 글자 모양] 대화상자가 나타나면 [글자 내용]에 「(단위 : 개)」를 입력하고, 글꼴 '돋움', '10pt'를 설정한다.

🅱 기적의 TIP

괄호, 콜론 등의 특수문자는 영어 글꼴로 인식하는 것에 유의한다.

④ 다시 '축 제목'에서 마우스 오른쪽 클릭하여 [축 제목 속성]을 클릭한다.

⑤ [개체 속성] 작업 창이 열리면 [크기 및 속성](🗔)에서 [글상자] – [글자 방향]을 '가로'로 설정하고 작업 창을 닫는다.

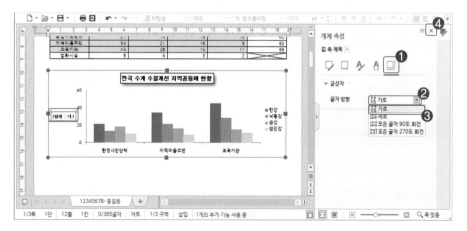

① 차트의 값 축을 클릭하여 선택한다.

→ 마우스 오른쪽 클릭한 후 [글자 모양 편집]을 클릭한다.

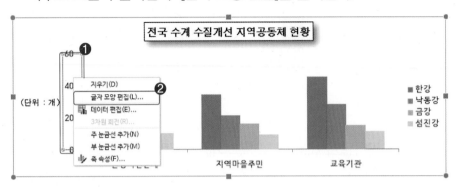

② [차트 글자 모양] 대화상자가 나타나면 글꼴 '돋움', 크기 '10pt'를 설정한다.

③ 같은 방법으로 항목 축과 범례도 [글자 모양 편집]을 이용하여 '돋움', '10pt'를 설정한다.

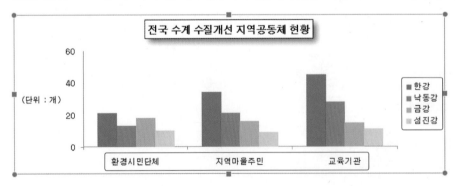

① '범례'를 더블 클릭하거나 마우스 오른쪽 클릭하여 [범례 속성]을 클릭한다.

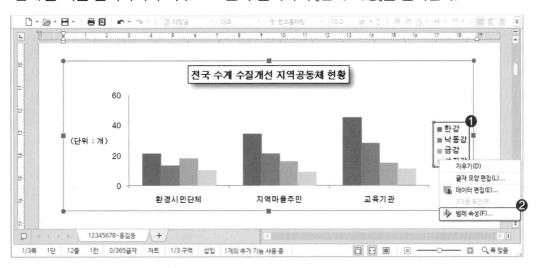

② [개체 속성] 작업 창이 열리면 [그리기 속성](□)에서 [선]에 '어두운 색'을 지정하고 작업 창을 닫는다.

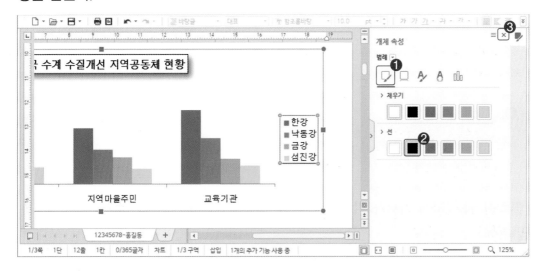

③ 조절점을 마우스 드래그하여 범례의 크기와 위치를 조절한다.

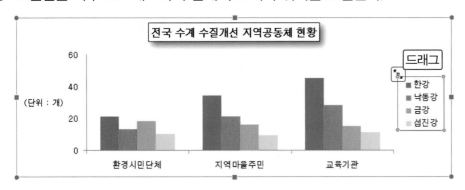

기능평가 Ⅱ의 문제 3번은 수식 편집기를 이용하여 수식을 작성해야 한다. 수식을 입력할 때는 커서의 위치를 잘 확인하며 진행하고, 자주 출제되는 기호와 연산자를 익혀두는 것이 중요하다.

출력형태	
(1) $\dfrac{V_2}{V_1} = \dfrac{0.90 \times 10^3}{1.0 \times 10^4} = 0.09$	(2) $\displaystyle\int_a^b A(x-a)(x-b)dx = -\dfrac{A}{6}(b-a)^3$

SECTION 01 수식 입력 (1)

① 입력한 문제 번호 3. 다음 줄에 「(1)」을 입력하고, [입력] 탭 – [수식]($\sqrt{x}$)을 선택한다.

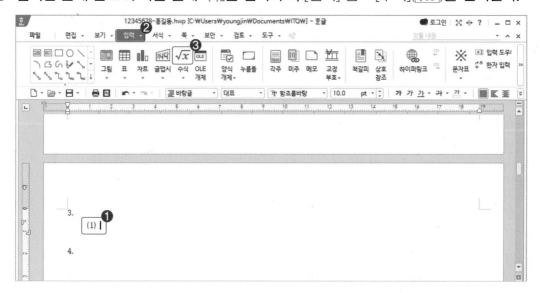

② [분수]($\boxed{몲}$)를 클릭한 뒤 분자에 커서가 위치하면 「V」를 입력하고 [아래첨자]($\boxed{A_1}$)를 클릭한 후 「2」를 입력한다.

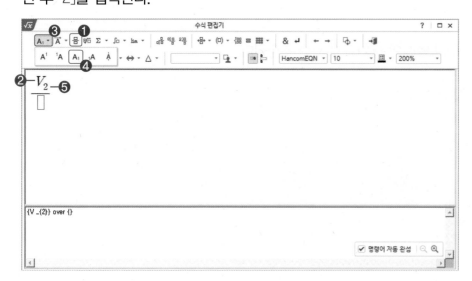

③ 분모에 커서를 위치시키고 같은 방법으로 「V₁」을 입력한다.

④ 입력한 분수 다음에 커서를 위치시키고 「=」를 입력한 뒤 [분수](믐)를 클릭한다.

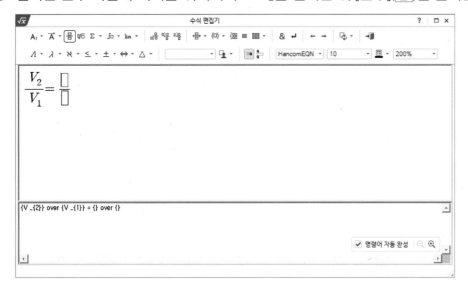

⑤ 분자에 「0.90」을 입력하고 [연산, 논리 기호](±)를 클릭하여 곱셈 기호(X)를 삽입한다.

⑥ 이어서 「10」을 입력하고 [위첨자](A¹)를 클릭한 후 「3」을 입력한다.

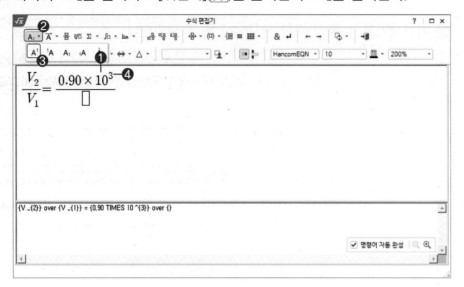

⑦ 분자와 같은 방법으로 분모를 입력하고 나머지 부분 「=0.09」를 입력한 후 [넣기](⊞)를 클릭한다.

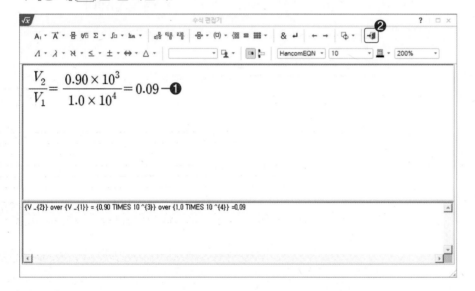

기적의 TIP

입력한 수식 수정
입력 완료한 수식을 더블 클릭하면 [수식 편집기] 창이 나타나며 수정할 수 있다

① 완성한 (1) 수식 옆에 Space Bar 를 이용해 적당한 공백을 삽입한다.

→ 「(2)」를 입력하고 [입력] 탭 – [수식]($\sqrt{x}$)을 선택한다.

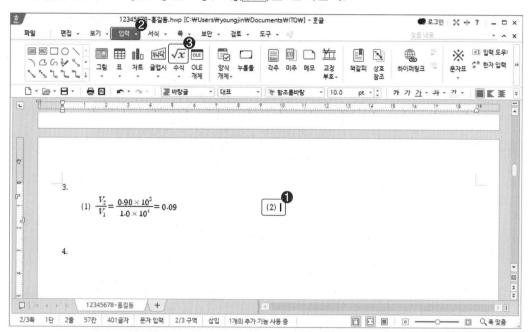

② [적분]($\int_\square$)을 클릭하여 기호를 삽입하고 「a」, 「b」를 각 위치에 입력한다.

③ ≪출력형태≫를 참고하여 입력하고 [분수](몸)와 [위첨자](A¹)를 이용하여 완성한 다음 [넣기](◀◀)를 클릭한다.

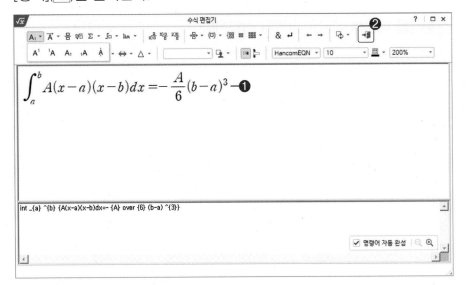

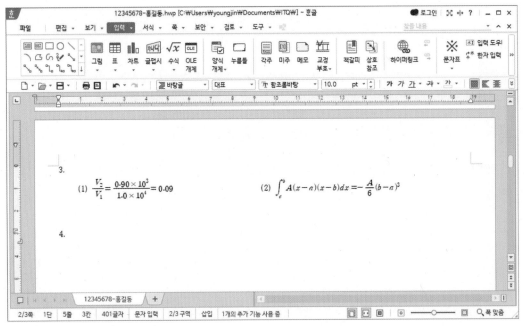

기능평가 Ⅱ의 문제 4번은 그리기 도구를 이용하여 주어진 조건대로 작성해야 한다. 도형 및 글상자, 글맵시, 하이퍼링크 설정 등을 연습하여 대비하도록 한다.

조건	(1) 그리기 도구를 이용하여 작성하고, 모든 도형(글맵시, 지정된 그림 포함)을 ≪출력형태≫와 같이 작성하시오. (2) 도형의 면색은 지시사항이 없으면 색 없음을 제외하고 서로 다르게 임의로 지정하시오.
출력형태	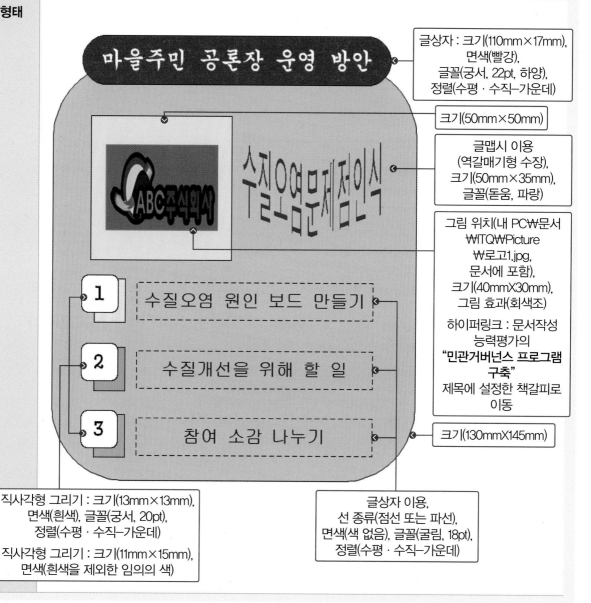

글상자 : 크기(110mm×17mm), 면색(빨강), 글꼴(궁서, 22pt, 하양), 정렬(수평 · 수직-가운데)

크기(50mm×50mm)

글맵시 이용
(역갈매기형 수장),
크기(50mm×35mm),
글꼴(돋움, 파랑)

그림 위치(내 PC₩문서 ₩ITQ₩Picture ₩로고1.jpg, 문서에 포함), 크기(40mm×30mm), 그림 효과(회색조)

하이퍼링크 : 문서작성 능력평가의 **"민관거버넌스 프로그램 구축"** 제목에 설정한 책갈피로 이동

크기(130mm×145mm)

직사각형 그리기 : 크기(13mm×13mm), 면색(흰색), 글꼴(궁서, 20pt), 정렬(수평 · 수직-가운데)
직사각형 그리기 : 크기(11mm×15mm), 면색(흰색을 제외한 임의의 색)

글상자 이용, 선 종류(점선 또는 파선), 면색(색 없음), 글꼴(굴림, 18pt), 정렬(수평 · 수직-가운데)

① 문제 번호「4.」다음 줄에 커서를 위치시킨다.

② [입력] 탭에서 [직사각형](▭)을 클릭하여 사각형을 임의의 크기로 그린다.
   → 사각형을 더블 클릭하거나 마우스 오른쪽 클릭하여 [개체 속성]을 클릭한다.

③ [개체 속성] 대화상자의 [기본] 탭 – [크기]에서 너비「130mm」, 높이「145mm」로 입력하고, '크기 고정'에 체크한다.

④ [선] 탭 – [사각형 모서리 곡률]에서 '둥근 모양'을 선택한다.
　→ [채우기] 탭에서 면 색을 임의로 설정한다.

기적의 TIP

도형의 면 색 지정
면 색이 제시되지 않으면 다른 도형과 구별될 수 있는 임의의 색을 직접 지정한다.

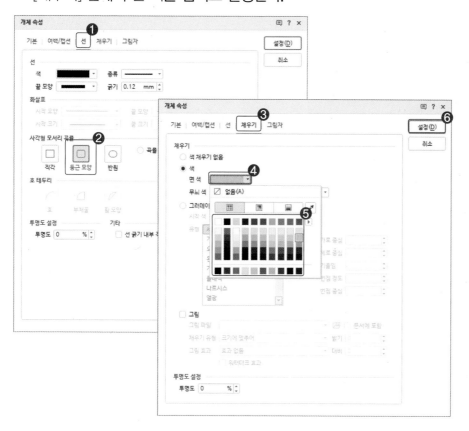

⑤ 다시 [입력] 탭에서 [직사각형](□)을 클릭하여 사각형을 그린다.
　→ [도형] 탭(🗔)에서 너비 「50mm」, 높이 「50mm」로 입력하고 '크기 고정'에 체크한다.
　→ [도형 채우기]에서 면 색을 임의로 설정한다.

기적의 TIP

마우스 오른쪽 클릭하여 [개체 속성] 대화상자에서 설정하는 것과 같으므로 각자 편한 방법을 사용한다.

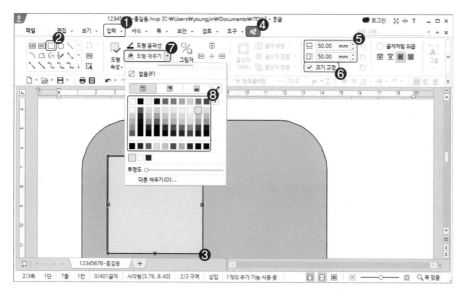

⑥ ≪출력형태≫를 참고하여 도형의 위치를 조절한다.

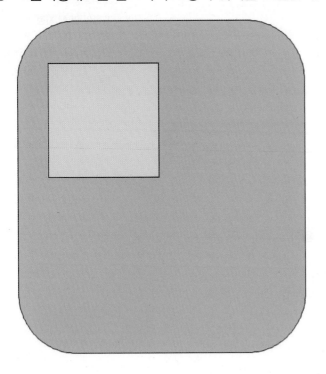

SECTION 02 | 제목 글상자

① [입력] 탭에서 [가로 글상자](▤)를 클릭하여 임의의 크기로 그린다.
   → [도형] 탭(▨)에서 너비 「110mm」, 높이 「17mm」로 입력하고 '크기 고정'에 체크한다.
   → [도형 채우기]에서 면 색을 '빨강'으로 설정한다.

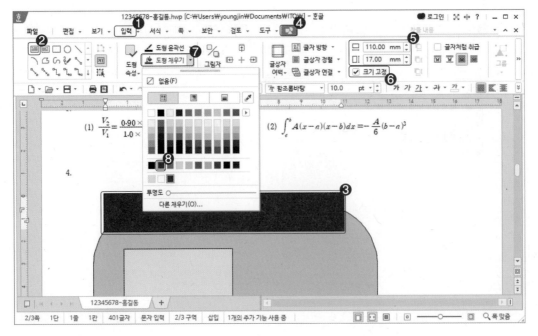

② 마우스 오른쪽 클릭하여 [개체 속성]을 클릭한다.

　→ [선] 탭 – [사각형 모서리 곡률]에서 '반원'을 설정한다.

③ 글상자에 「마을주민 공론장 운영 방안」을 입력한다.

　→ 글꼴 '궁서', '22pt', 글자색 '하양', [가운데 정렬](≣)을 설정한다.

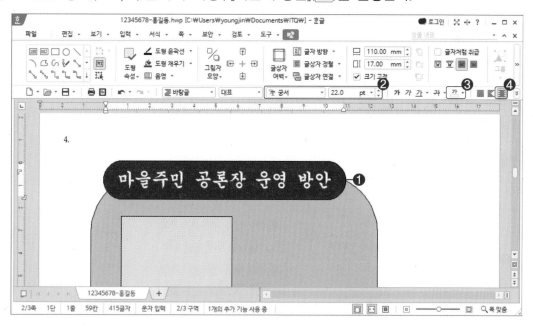

④ 《출력형태》를 참고하여 도형의 위치를 조절한다.

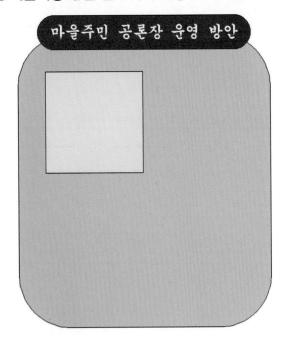

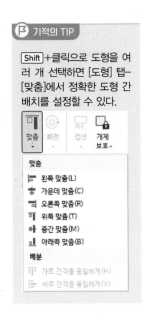

SECTION 03 | 글맵시

① [입력] 탭 – [글맵시]()를 클릭한다.

② [글맵시 만들기] 대화상자의 [내용]에 「수질오염문제점인식」을 입력한다.
→ 글맵시 모양 '역갈매기형 수장'(), 글꼴 '돋움'을 설정한다.

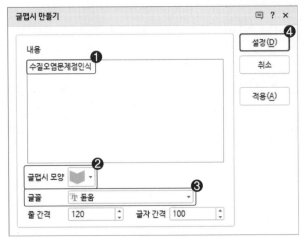

③ [글맵시] 탭(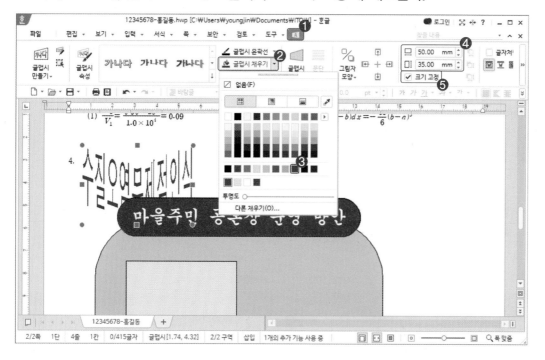)에서 [글맵시 채우기]를 클릭하여 '파랑'으로 설정한다.

　→ 너비 「50mm」, 높이 「35mm」로 입력하고 '크기 고정'에 체크한다.

④ 입력한 글맵시에 마우스 오른쪽 클릭하여 [배치] – [글 앞으로](▧)를 선택한다.

　→ ≪출력형태≫를 참고하여 글맵시의 위치를 조절한다.

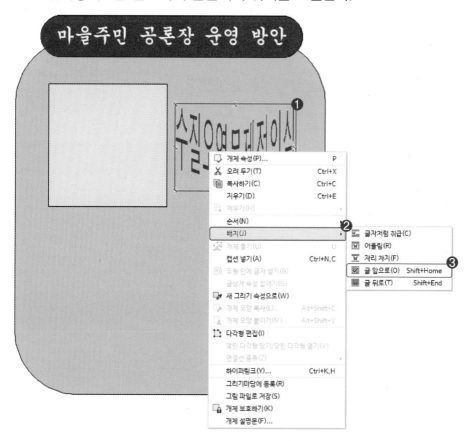

① [입력] 탭 – [그림](▦)을 클릭한다.

② '내 PC₩문서₩ITQ₩Picture' 폴더에서 '로고1.jpg'를 선택한 뒤 '문서에 포함'에 체크하고 [열기]를 클릭한다.

→ 마우스로 여백에 드래그하면 그림이 삽입된다.

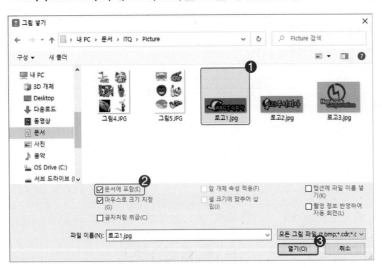

③ 삽입된 그림에 마우스 오른쪽 클릭하여 [개체 속성]을 클릭한다.

→ [개체 속성] 대화상자의 [기본] 탭 – [크기]에서 너비 「40mm」, 높이 「30mm」로 입력한다.

→ '크기 고정'에 체크하고 [본문과의 배치]는 '글 앞으로'를 설정한다.

🅑 기적의 TIP

그림 삽입

- 그림 삽입 시 반드시 문제에서 제시한 파일명의 그림을 선택한다.
- 본문과의 배치는 '글 앞으로'를 설정한다.

④ [그림] 탭(🖼️) – [색조 조정] – [회색조](🖼️)를 클릭한다.
→ ≪출력형태≫를 참고하여 그림의 위치를 조절한다.

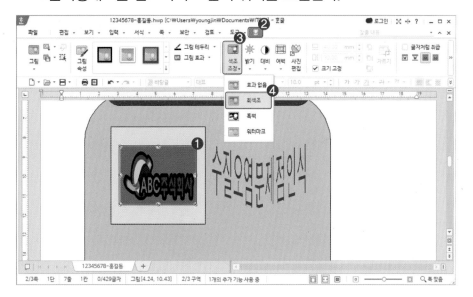

SECTION 05 책갈피, 하이퍼링크

① 3페이지의 첫 줄에 「민관거버넌스 프로그램 구축」을 입력한다.
→ 커서를 맨 앞에 위치시키고 [입력] 탭 – [책갈피](📑)를 클릭한다.

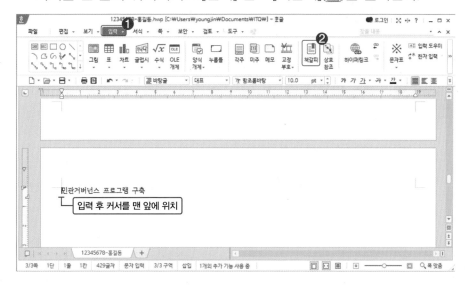

🅱️ 기적의 TIP

하이퍼링크를 지정하기 전에 책갈피가 먼저 설정되어 있어야 한다. 책갈피 설정 시 3페이지 작업의 제목부터 먼저 입력하고 진행하면 쉽다.

🅱️ 기적의 TIP

책갈피를 글자에 직접 지정하면 덧말 넣기를 할 때 책갈피가 해제될 수 있다.

② [책갈피] 대화상자에서 [책갈피 이름]에 「소하천」을 입력하고 [넣기]를 클릭한다.

③ 하이퍼링크를 설정할 그림을 클릭하고 [입력] 탭 – [하이퍼링크](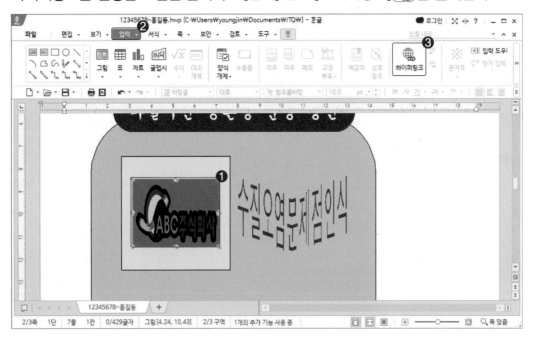)를 클릭한다.

④ [하이퍼링크] 대화상자에서 [연결 대상] – [호글 문서]를 클릭한다.
→ '소하천'을 선택하고 [넣기]를 클릭한다.

⑤ 그림 선택을 해제한다. 다시 그림에 Ctrl을 누른 상태로 마우스 포인터를 가져다 놓으면 포인터의 모양이 손 모양으로 바뀌는 것을 확인할 수 있다.

SECTION 06 도형 그리기

① [입력] 탭에서 [직사각형](□)을 클릭하여 임의의 크기로 그린다.

② [도형] 탭(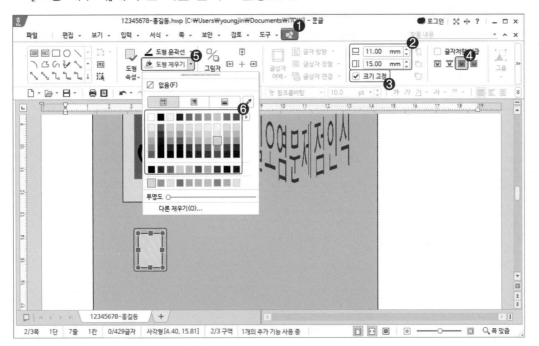)에서 너비 「11mm」, 높이 「15mm」로 입력하고 '크기 고정'에 체크한다.
   → [본문과의 배치]는 '글 앞으로'를 지정한다.
   → [도형 채우기]에서 면 색을 임의로 설정한다.

③ 다시 [입력] 탭에서 [직사각형](□)을 클릭하여 임의의 크기로 그린다.

④ [도형] 탭(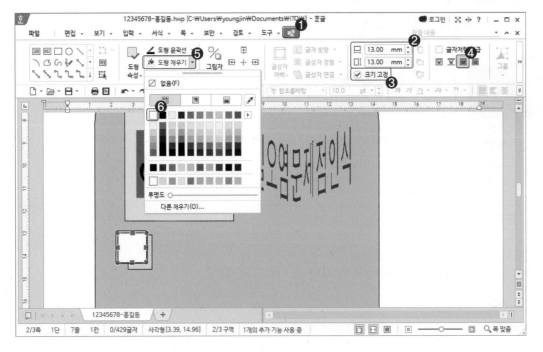)에서 너비 「13mm」, 높이 「13mm」로 입력하고 '크기 고정'에 체크한다.
   → [본문과의 배치]는 '글 앞으로'를 지정한다.
   → [도형 채우기]에서 면 색을 '하양'으로 설정한다.

⑤ 도형에 마우스 오른쪽 클릭하여 [개체 속성]을 클릭한다.

→ [선] 탭 – [사각형 모서리 곡률]에서 '둥근 모양'을 설정한다.

⑥ 도형이 선택된 상태에서 [도형] 탭 – [글자 넣기(가)]를 클릭하고 「1」을 입력한다.

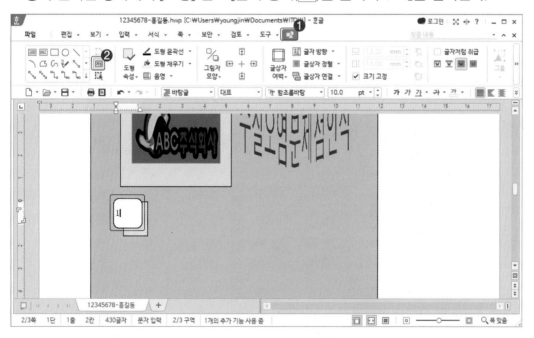

⑦ 입력한 글자를 블록 설정하고 글꼴 '궁서', '20pt', [가운데 정렬](三)을 설정한다.

⑧ [입력] 탭 – [가로 글상자](📰)를 클릭하고 ≪출력형태≫를 참고하여 적당한 크기의 글
상자를 그린다.

→ [도형] 탭(📄) – [도형 윤곽선] – [선 종류] – [파선](━ ━ ━ ━)으로 설정한다.

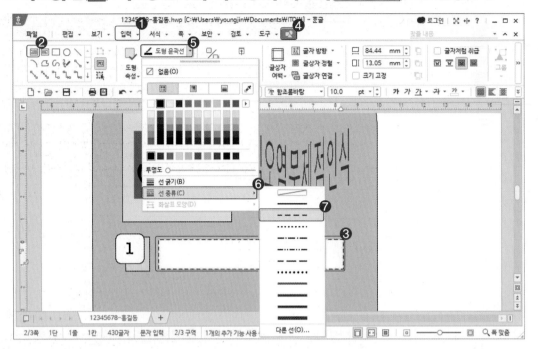

⑨ 글상자에 내용을 입력하고 글꼴 '굴림', '18pt', [가운데 정렬](🔳)을 설정한다.

→ [도형] 탭(📄) – [도형 채우기]에서 '없음'으로 설정한다.

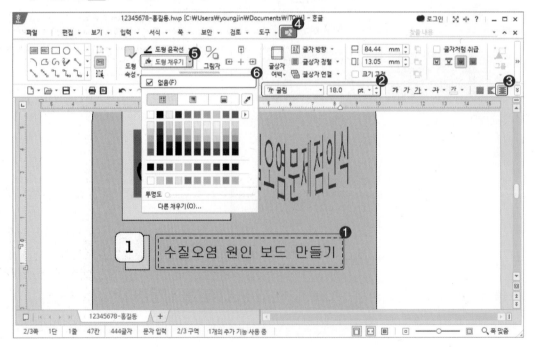

① 작성된 도형들과 글상자를 Shift 를 누른 채 클릭하여 모두 선택한다.

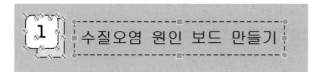

② Ctrl + Shift 를 누른 채 아래로 드래그하여 복사한다.

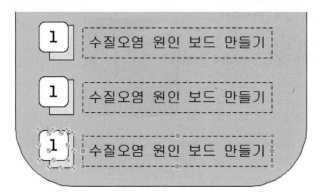

③ 복사된 개체의 색, 내용을 ≪출력형태≫를 참고하여 수정한다.

문서작성 능력평가는 여러 기능을 사용하여 문서를 작성하는 문제이다. 머리말, 쪽 번호, 문단 첫 글자 장식, 문단 번호, 각주, 문자표 입력, 강조점 설정 등의 각 기능들을 확실히 알아두도록 한다.

글꼴 : 굴림, 18pt, 진하게, 가운데 정렬,
책갈피 이름 : 소하천　덧말 넣기

소하천 수질개선

첫 글자 장식 기능
글꼴 : 궁서, 면색 : 노랑

강원 산간지역
민관거버넌스 프로그램 구축

머리말 기능
돋움, 10pt, 오른쪽 정렬

강원 산간지역의 하천 수질은 점오염원보다는 농업비점오염 및 농촌비점오염원의 유입으로 인한 오염(汚染)이 매우 크다. 지형 경사가 큰 산간지역의 특성으로 인하여 우기 시 다량으로 유출되는 토사가 하천으로 유입되면서 수질을 오염시키고, 하류지역 농경지에 토사가 퇴적/매몰되어 부정적인 영향을 미치고 있다. 비점오염원①의 특성상 배출범위가 광범위하여 수집을 통한 관리가 불가능한 것이 현실이다.

각주

　정부에서는 비점오염원 배출 저감을 위한 다양한 방안을 강구하였으나 효과(效果)를 보지 못하였고, 이에 농업비점오염원 배출 저감을 위한 배출원에서부터 사전 예방적 차원의 관리가 중요하다는 것을 인지하게 되었으며, 이를 위해서는 주민과 농업인의 비점오염원 배출 저감 교육과 홍보가 필요하고 주민의 적극적 참여가 매우 중요하다는 것을 강조하게 되었다. 따라서 소하천 수질 관리를 위해서 농업농촌비점오염의 사전 예방적 관리에 주민과 농업인의 적극적 참여를 유도해야 한다. 또한 고령화되는 농촌지역의 특성을 감안한 역량강화 프로그램을 개발 및 운영하여 주민 스스로 지역 환경을 개선하고 지켜나갈 수 있도록 주민의 관심을 유도하는 것이 필요하다.

※ 주민참여 공론장의 목적 및 주요 내용

글꼴 : 궁서, 18pt, 하양
음영색 : 빨강

　가. 주민참여 공론장의 목적
　　　㉠ 강원산간 흙탕물 발생 및 수질오염에 대한 의견 공유
　　　㉡ 소하천 수질개선을 위한 공동의 목표 수립
　나. 주민참여 공론장의 주요 내용
　　　㉠ 간담회를 통한 소하천 문제점 공유 및 개선안 논의
　㉡ 수질오염 개선방안을 위한 공론장 운영

그림 위치(내 PC\문서\ITQ
\Picture\그림4.jpg,
문서에 포함)
자르기 기능 이용,
크기(40mm×40mm),
바깥 여백 왼쪽 : 2mm

※ *비점오염원 인식교육*

글꼴 : 궁서, 18pt, 기울임, 강조점

구분	교육주제	교육내용	장소
정화활동	수질개선 EM교육	도시의 평균대기질 농도 파악	거주민 인근하천
주민참여	인식개선 교육	미생물을 이용한 쌀뜨물 발효액 만들기	주민센터 교육장
주민실천	실생활 적용교육	토사유출 및 농업비점오염원 관리 필요성	평생교육기관
실천심화	역량강화 교육	비점오염원 저감 시설의 주민참여 관리 방안	평생교육기관
교육시기 운영계획		강원 산간 지역의 주민실천 사업은 농사시기를 고려할 것	

표 전체 글꼴 : 굴림, 10pt,
가운데 정렬,
셀 배경(그러데이션) : 유형(가로),
시작색(하양), 끝색(노랑)

문단 번호 기능 사용
1수준 : 20pt, 오른쪽 정렬,
2수준 : 30pt, 오른쪽 정렬
줄 간격 : 180%

원주지방환경청

글꼴 : 돋움, 24pt, 진하게
장평 105%, 오른쪽 정렬

각주 구분선 : 5cm

① 불특정장소에서 불특정하게 수질오염물질을 배출하는 배출원

쪽 번호 매기기, 6으로 시작　⑥

① 3페이지 첫 줄에 입력되어 있는 제목 「민관거버넌스 프로그램 구축」 아래에 본문의 내용을 오타에 주의하여 입력한다.

② [쪽] 탭 – [머리말](▤) – [위쪽] – [양쪽] – [모양 없음]을 선택한다.

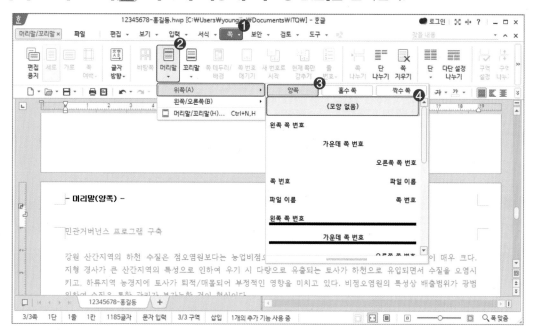

③ 머리말 영역이 표시되면 「소하천 수질개선」을 입력한다.
→ 텍스트를 블록 설정하여 글꼴 '돋움', '10pt', [오른쪽 정렬](▤)을 설정하고, [머리말/꼬리말] 탭 – [닫기](⬅)를 클릭한다.

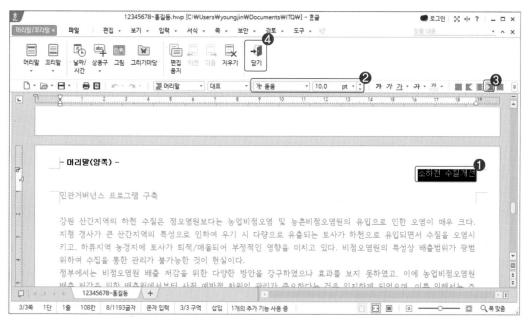

① 제목을 블록 설정하고 글꼴 '굴림', '18pt', '진하게', [가운데 정렬](≡)을 지정한다.

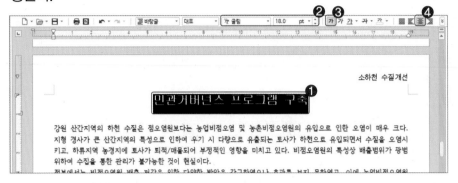

② [입력] 메뉴 – [덧말 넣기](덧말가나)를 클릭한다.

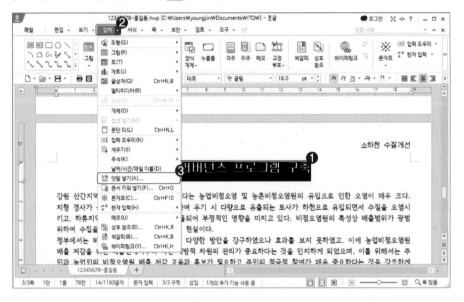

③ [덧말 넣기] 대화상자의 [덧말]에 「강원 산간지역」을 입력하고 [덧말 위치]를 '위'로 설정한다.

🅑 기적의 TIP

덧말의 수정
덧말을 더블 클릭하거나 [편집] 메뉴–[고치기]를 클릭한다.

① 첫 번째 문단에 커서를 놓고 [서식] 탭 – [문단 첫 글자 장식](갈)을 선택한다.

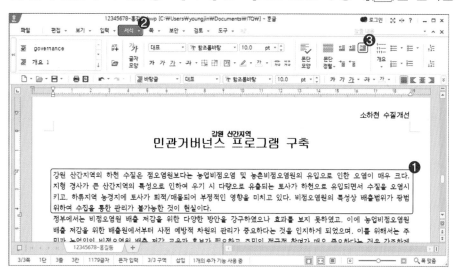

② [문단 첫 글자 장식] 대화상자에서 [모양] '2줄', 글꼴 '궁서', 면 색 '노랑'을 설정한다.

해결 TIP

문단 첫 글자 장식을 지우고 싶어요!
문단에 커서를 놓고 [문단 첫 글자 장식] 대화상자를 열어 [모양]에서 '없음'을 설정한다.

① 한자로 변환할 단어 「오염」 뒤에 커서를 놓고 [입력] 탭 – [한자 입력](한자)을 클릭하거나 한자 또는 F9 를 누른다.

② [한자로 바꾸기] 대화상자의 한자 목록에서 변경할 한자를 선택한다.
→ 입력 형식을 '한글(漢字)'로 선택하고 [바꾸기]를 클릭한다.

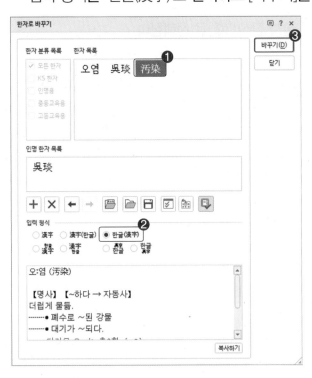

③ 같은 방법으로 「효과(效果)」도 한자 변환한다.

SECTION 05 | 각주

① 각주를 표시할 단어 뒤에 커서를 놓고, [입력] 탭 – [각주](▤)를 선택한다.

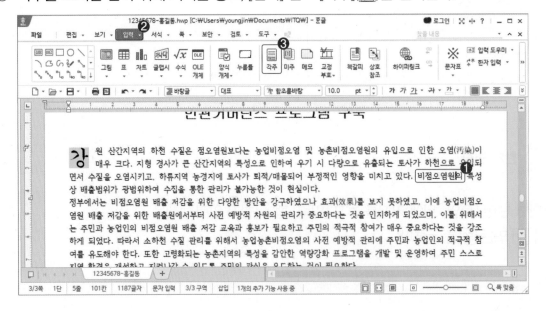

② 각주 입력 화면이 나타나면 [주석] 탭 – [각주/미주 모양](✐)을 클릭한다.

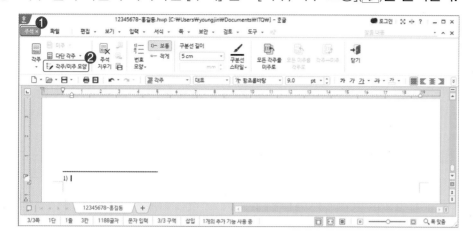

③ [주석 모양] 대화상자에서 번호 모양 'ㄱ, ㄴ, ㄷ'를 선택한다.
→ 구분선 넣기를 체크하고 길이 '5cm'로 설정한다.

④ 각주 내용을 입력하고, [주석] 탭 – [닫기](➡)를 클릭한다.

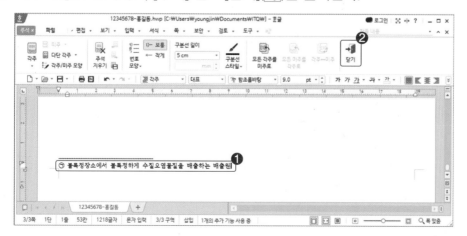

🅑 기적의 TIP

각주의 글꼴
각주는 별도의 지시사항이
없는 경우 프로그램의 기본
값인 '함초롬바탕', '9pt'로
작성한다.

① 들여쓰기할 부분에서 [서식] 탭 – [문단 모양](□)을 클릭한다.

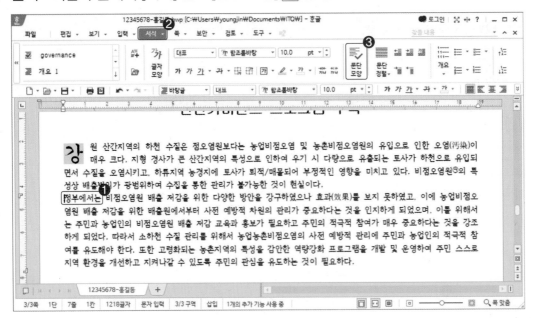

② [기본] 탭에서 [첫 줄] 들여쓰기를 '10pt'로 설정한다.

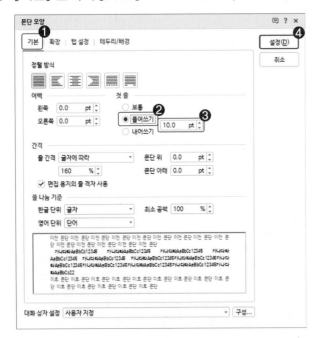

🅑 기적의 TIP

[첫 줄] 들여쓰기 기능 대신 Space Bar 를 두 번 눌러 공간을 띄어도 된다.

① [입력 탭] – [그림](⬚)을 클릭한다.

② '내 PC₩문서₩ITQ₩Picture' 폴더에서 '그림4.jpg'를 선택한 뒤, '문서에 포함'에 체크하고 [열기]를 클릭한다.
→ 마우스로 여백에 클릭하면 그림이 삽입된다.

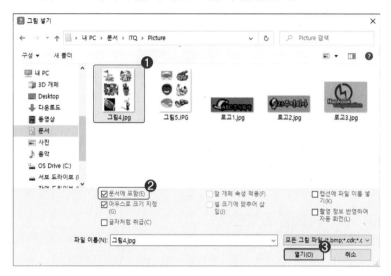

③ 그림을 삽입하고 [그림] 탭(⬚) – [자르기](⬚)를 클릭한다.
→ 마우스로 조절점을 드래그하여 그림을 자른다.

🅕 **기적의 TIP**

[자르기](⬚) 대신 [Shift]를 누른 상태에서 마우스로 조절점을 드래그해도 바로 그림을 자를 수 있다.

④ [그림] 탭(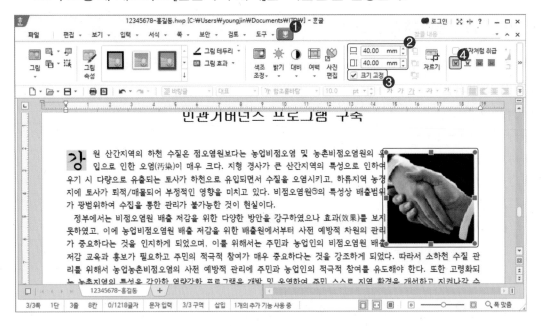)에서 너비 「40mm」, 높이 「40mm」로 입력한다.
→ '크기 고정'에 체크하고 [본문과의 배치]는 '어울림'을 설정한다.

⑤ 삽입된 그림에 마우스 오른쪽 클릭하여 [개체 속성]을 클릭한다.
→ [여백/캡션] 탭에서 [바깥 여백] 왼쪽 '2mm'를 설정한다.

⑥ ≪출력형태≫를 참고하여 그림의 위치를 조절한다.

① 문자표가 필요한 위치에 커서를 놓고 [입력] 탭 – [문자표](※)를 클릭한다.

F3 기적의 TIP

문자표
단축키 Ctrl + F10

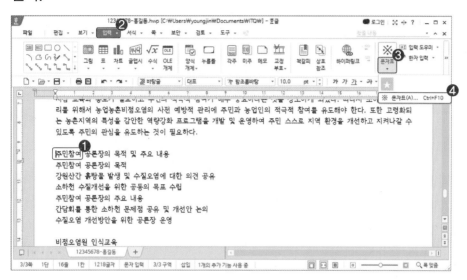

② [문자표] 대화상자에서 '※'를 선택하여 넣는다.

③ 문자표를 포함해서 제목에 블록 설정한다.

　→ 글꼴 '궁서', '18pt'를 설정한다.

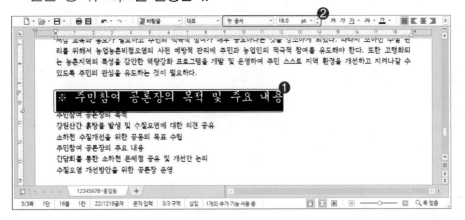

④ 문자표를 제외하고 제목에 블록 설정한다.

　→ [서식] 탭 – [글자 모양](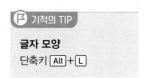)을 클릭한다.

　→ 글자 색 '하양', 음영 색 '빨강'을 설정한다.

🄑 기적의 TIP

글자 모양
단축키 Alt + L

① 문단 번호를 지정할 부분을 블록 설정한다.

→ [서식] 탭 – [문단 번호]의 드롭다운 단추를 클릭하고 [문단 번호 모양]을 클릭한다.

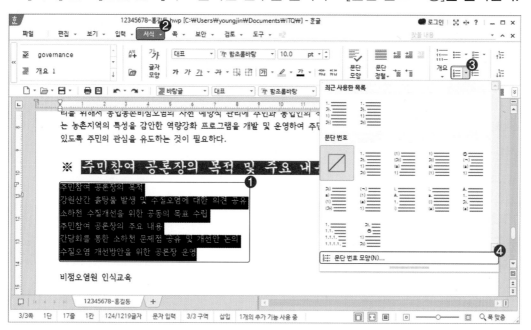

② [글머리표 및 문단 번호] 대화상자의 [문단 번호 모양]에서 '1.'이 첫 줄에 있는 모양을 선택하고 [사용자 정의]를 클릭한다.

③ 1 수준의 번호 서식 「^1.」 모양 '가,나,다', 너비 조정 '20pt', 정렬 '오른쪽'을 선택한다.

  → 2 수준을 클릭하고 번호 서식 「^2」, 번호 모양 'ㄱ,ㄴ,ㄷ', 너비 조정 '30pt', 정렬 '오른쪽'을 설정한다.

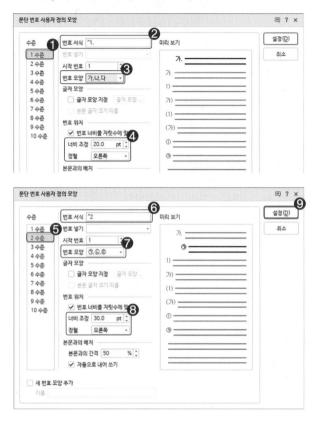

④ [글머리표 및 문단 번호] 대화상자에서 [문단 번호 모양]이 '사용자 정의'로 선택되어 있는 것을 확인하고 [설정]을 클릭한다.

⑤ 2 수준이 적용될 부분을 블록 설정하고 [서식] 탭 − [한 수준 감소](🔽) 를 클릭한다.

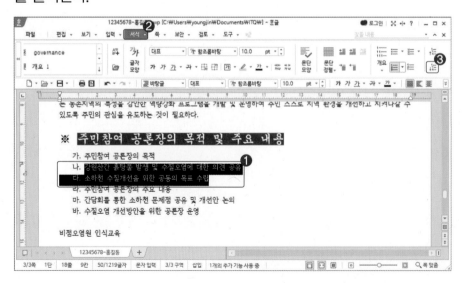

⑥ 나머지 2 수준이 적용될 부분을 블록 설정한다.

→ [서식] 탭 - [한 수준 감소](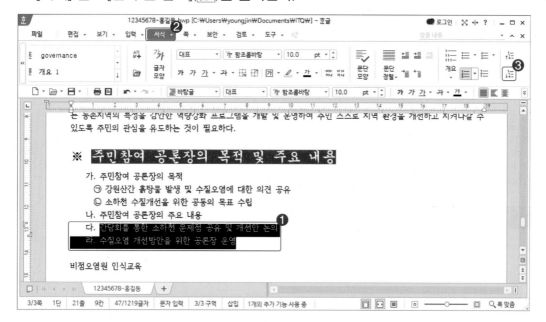)를 클릭한다.

⑦ 문단 번호를 지정한 부분을 모두 블록 설정한다.

→ 줄 간격 '180%'를 설정한다.

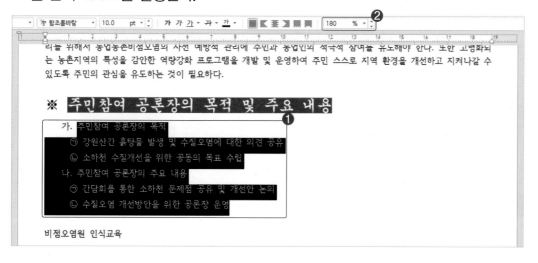

① 앞서 작업한 중간 제목 1과 같이 [입력] 탭 – [문자표](※)에서 '※'를 선택하여 넣는다.

② 문자표를 포함해서 제목에 블록 설정하여 글꼴 '궁서', '18pt'를 설정한다.

　→ 문자표를 제외하고 다시 블록 설정하여 [기울임](*가*)을 설정한다.

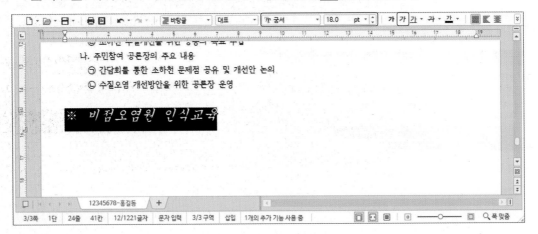

③ '비점오염원'을 블록 설정하고 [서식] 탭 – [글자 모양](*가*)을 클릭한다.

　→ [확장] 탭에서 강조점 '◌̈'을 설정한다.

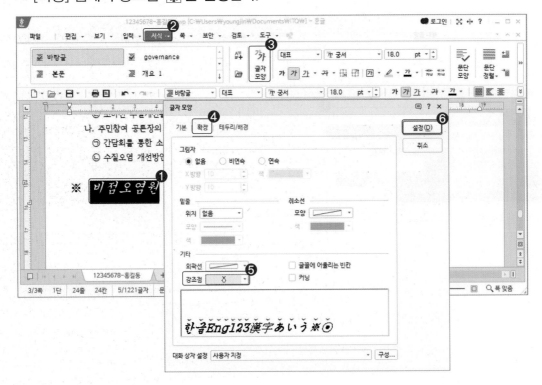

④ 같은 방법으로 '교육'을 블록 설정하여 강조점 '◌̈'을 설정한다.

① [입력] 탭 – 표(▦)를 클릭한 뒤, [표 만들기] 대화상자에서 줄 개수 '6',
   칸 개수 '4', 글자처럼 취급에 체크하고 [만들기]를 클릭한다.

② 표 앞에 커서를 놓고 [가운데 정렬](≣)을 설정한다.

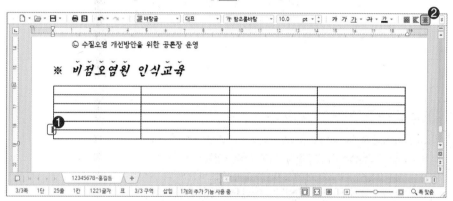

③ 합칠 셀들을 블록 설정하여 [표 레이아웃] 탭 – [셀 합치기](▦)를 클릭하
   고 아래와 같은 형태로 만든다.

🅱 기적의 TIP

셀 합치기
블록 설정 후 단축키 **M**

④ 표에 내용을 입력하고 셀 경계선 부분을 드래그하여 너비를 조절한다.

→ 표 전체를 블록 설정(F5 세 번)하고 글꼴 '굴림', '10pt', [가운데 정렬] (≡)을 설정한다.

블록 설정된 상태에서 Ctrl 을 누른 채 ↑, ↓를 눌러 높이를 조절한다.

구분	교육주제	교육내용	장소
정화활동	수질개선 EM교육	도시의 평균대기질 농도 파악	거주민 인근하천
주민참여	인식개선 교육	미생물을 이용한 쌀뜨물 발효액 만들기	주민센터 교육장
주민실천	실생활 적용교육	토사유출 및 농업비점오염원 관리 필요성	평생교육기관
실천심화	역량강화 교육	비점오염원 저감 시설의 주민참여 관리 방안	평생교육기관
교육시기 운영계획		강원 산간 지역의 주민실천 사업은 농사시기를 고려할 것	

⑤ 표 전체가 블록 설정된 상태에서 마우스 오른쪽 클릭하여 [셀 테두리/ 배경] – [각 셀마다 적용]을 클릭한다.

→ '선 없음'을 '왼쪽 테두리', '오른쪽 테두리'에 적용한다.

셀 테두리/배경 대화상자 블록 설정 후 단축키 L

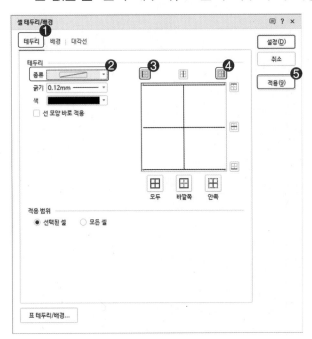

테두리에 '선 없음'을 적용했는데 빨간색 점선이 보여요!

선 없음 기능으로 설정된 투명선은 편집할 때 빨간색 점선으로 보이는데, 이는 표 내부에 커서가 있을 때만 나타나는 것이므로 채점 시 감점 요인이 아니다.

⑥ 계속해서 '이중 실선'을 '위쪽 테두리', '아래쪽 테두리'에 설정한다.

⑦ 첫째 줄을 블록 설정하고 ⓛ을 눌러 [셀 테두리/배경] 대화상자에서 '이중 실선'을 '아래쪽 테두리'에 적용한다.

구분	교육주제	교육내용	장소
정화활동	수질개선 EM교육	도시의 평균대기질 농도 파악	거주민 인근하천
주민참여	인식개선 교육	미생물을 이용한 쌀뜨물 발효액 만들기	주민센터 교육장
주민실천	실생활 적용교육	토사유출 및 농업비점오염원 관리 필요성	평생교육기관
실천심화	역량강화 교육	비점오염원 저감 시설의 주민참여 관리 방안	평생교육기관
교육시기 운영계획		강원 산간 지역의 주민실천 사업은 농사시기를 고려할 것	

⑧ [셀 테두리/배경] 대화상자의 [배경] 탭에서 그러데이션을 클릭한다.
→ 시작 색 '하양', 끝 색 '노랑', 유형 '가로'로 설정한다.

① 「원주지방환경청」을 입력 후 블록 설정하여 [편집] 탭 – [글자 모양]()을 클릭한다.
　→ [기본] 탭에서 기준 크기 '24pt', 글꼴 '돋움', 장평 '105%', '진하게'를 설정한다.

② 입력한 텍스트에 [오른쪽 정렬]()을 설정한다.

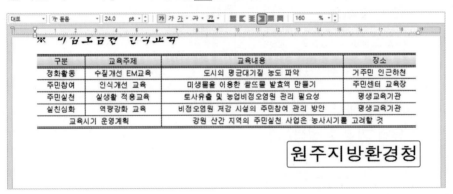

① [쪽] 탭 – [쪽 번호 매기기]()를 클릭한다.

② [쪽 번호 매기기] 대화상자에서 번호 위치 '오른쪽 아래', 번호 모양 '①,②, ③', 줄표 넣기를 체크 해제, 시작 번호 '6'을 설정하여 [넣기]를 클릭한다.

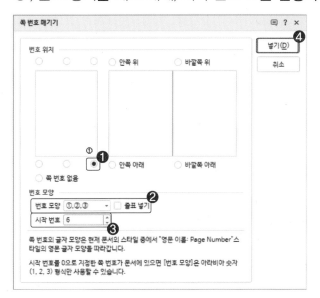

SECTION 14 파일 저장

① [파일] 탭 – [저장하기](💾)를 클릭하여 완성된 문서를 저장한다.

② 저장 경로(내 PC₩문서₩ITQ)와 파일명(수험번호 – 성명)이 맞게 되어 있는지 확인한다.

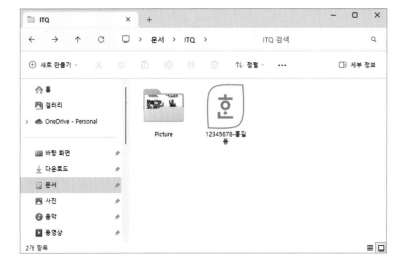

PART
03

최신 기출문제

정보기술자격(ITQ) 시험

과목	코드	문제유형	시험시간	수험번호	성명
아래한글	1111	A	60분		

※ 최신 기출문제 01~10회 학습 시 답안 작성요령을 동일하게 적용하세요.

수험자 유의사항

- 수험자는 문제지를 받는 즉시 문제지와 **수험표상의 시험과목(프로그램)이 동일한지 반드시 확인**하여야 합니다.
- 파일명은 본인의 "수험번호-성명"으로 입력하여 답안폴더(내 PC₩문서₩ITQ)에 하나의 파일로 저장해야 하며, 답안문서 파일명이 "수험번호-성명"과 일치하지 않거나, 답안파일을 전송하지 않아 미제출로 처리될 경우 실격 처리합니다(예:12345678-홍길동.hwpx).
- 답안 작성을 마치면 파일을 저장하고, '답안 전송' 버튼을 선택하여 감독위원 PC로 답안을 전송하십시오. 수험생 정보와 저장한 파일명이 다를 경우 전송되지 않으므로 주의하시기 바랍니다.
- 답안 작성 중에도 **주기적으로 저장하고, '답안 전송'**하여야 문제 발생을 줄일 수 있습니다. 작업한 내용을 저장하지 않고 전송할 경우 이전에 저장된 내용이 전송되니 이점 유의하시기 바랍니다.
- 답안문서는 지정된 경로 외의 다른 보조기억장치에 저장하는 경우, 지정된 시험 시간 외에 작성된 파일을 활용할 경우, 기타 통신수단(이메일, 메신저, 네트워크 등)을 이용하여 타인에게 전달 또는 외부 반출하는 경우는 부정 처리합니다.
- 시험 중 부주의 또는 고의로 시스템을 파손한 경우는 수험자가 변상해야 하며, 〈수험자 유의사항〉에 기재된 방법대로 이행하지 않아 생기는 불이익은 수험생 당사자의 책임임을 알려 드립니다.
- 문제의 조건은 한컴오피스 2020 버전으로 설정되어 있으니 유의하시기 바랍니다.
- 시험을 완료한 수험자는 답안파일이 전송되었는지 확인한 후 감독위원의 지시에 따라 문제지를 제출하고 퇴실합니다.

답안 작성요령

- **온라인 답안 작성 절차**
  수험자 등록 ⇒ 시험 시작 ⇒ 답안파일 저장 ⇒ 답안 전송 ⇒ 시험 종료
- **공통 부문**
  - 글꼴에 대한 기본설정은 함초롬바탕, 10포인트, 검정, 줄간격 160%, 양쪽정렬로 합니다.
  - 색상은 조건의 색을 적용하고 색의 구분이 안 될 경우에는 RGB 값을 적용하십시오.
    (빨강 255,0,0 / 파랑 0,0,255 / 노랑 255,255,0).
  - 각 문항에 주어진 ≪조건≫에 따라 작성하고 언급하지 않은 조건은 ≪출력형태≫와 같이 작성합니다.
  - 용지여백은 왼쪽·오른쪽 11mm, 위쪽·아래쪽·머리말·꼬리말 10mm, 제본 0mm로 합니다.
  - 그림 삽입 문제의 경우 「내 PC₩문서₩ITQ₩Picture」 폴더에서 지정된 파일을 선택하여 삽입하십시오.
  - 삽입한 그림은 반드시 문서에 포함하여 저장해야 합니다(미포함 시 감점 처리).
  - 각 항목은 지정된 페이지에 출력형태와 같이 정확히 작성하시기 바라며, 그렇지 않을 경우에 해당 항목은 0점 처리됩니다.
    ※ 페이지구분 : 1페이지 – 기능평가 I (문제번호 표시 : 1. 2.),
    　　　　　　　2페이지 – 기능평가 II (문제번호 표시 : 3. 4.),
    　　　　　　　3페이지 – 문서작성 능력평가
- **기능평가**
  - 문제와 ≪조건≫은 입력하지 않으며 문제번호와 답(≪출력형태≫)만 작성합니다.
  - 4번 문제는 묶기를 했을 경우 0점 처리됩니다.
- **문서작성 능력평가**
  - A4 용지(210mm×297mm) 1매 크기, 세로 서식 문서로 작성합니다.
  - ▢ 표시는 문서작성에 대한 지시사항이므로 작성하지 않습니다.

최신 기출문제 01회

수험번호 20251001   정답파일 PART 03 최신 기출문제₩최신01회_정답.hwpx

▶ 합격 강의

기능평가 ①   **150**점

---

01 다음의 ≪조건≫에 따라 스타일 기능을 적용하여 ≪출력형태≫와 같이 작성하시오.   50점

조건	(1) 스타일 이름 – global
	(2) 문단 모양 – 왼쪽 여백 : 15pt, 문단 아래 간격 : 10pt
	(3) 글자 모양 – 글꼴 : 한글(굴림)/영문(돋움), 크기 : 10pt, 장평 : 95%, 자간 : –5%
출력형태	Since its establishment in 2008, it has been commissioned by the Korea Youth Activity Promotion Agency and has operated various international exchange programs to help teenagers grow into global leaders. 청소년들이 글로벌 리더로 성장하도록 다양한 국제교류 프로그램을 운영하고 있으며, 2008년 설치 이후 2013년부터 현재까지 한국청소년활동진흥원에서 위탁 운영하고 있다.

---

02 다음의 ≪조건≫에 따라 ≪출력형태≫와 같이 표와 차트를 작성하시오.   100점

표 조건	(1) 표 전체(표, 캡션) – 굴림, 10pt
	(2) 정렬 – 문자 : 가운데 정렬, 숫자 : 오른쪽 정렬 (3) 셀 배경(면색) : 노랑
	(4) 한글의 계산 기능을 이용하여 빈칸에 평균(소수점 두 자리)을 구하고, 캡션 기능 사용할 것
	(5) 선 모양은 ≪출력형태≫와 동일하게 처리할 것

출력형태

청소년국제교류 사업 효과성 변화(단위 : 점)

연도	2020년	2021년	2022년	2023년	평균
이해증진도	2.8	3.1	3.3	3.5	
시민의식	4.2	4.1	4.3	4.1	
가치관	3.6	4.2	4.7	4.1	
문화 개방성	3.5	4.1	4.4	4.9	⨯

차트 조건	(1) 차트 데이터는 표 내용에서 연도별 이해증진도, 시민의식, 가치관의 값만 이용할 것
	(2) 종류 – 〈묶은 세로 막대형〉으로 작업할 것
	(3) 제목 – 돋움, 진하게, 12pt, 속성 – 채우기(하양), 테두리, 그림자(대각선 오른쪽 아래)
	(4) 제목 이외의 전체 글꼴 – 돋움, 보통, 10pt
	(5) 축제목과 범례는 ≪출력형태≫와 동일하게 처리할 것

출력형태

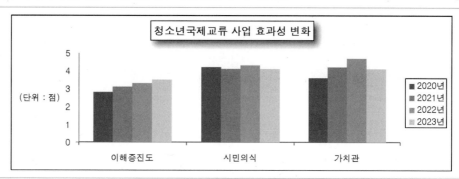

03 다음 (1), (2)의 수식을 수식 편집기로 각각 입력하시오.   40점

출력형태	$(1)\ 1 + \sqrt{3} = \dfrac{x^3 - (2x+5)^2}{x^3 - (x-2)}$ $(2)\ \Delta W = \dfrac{1}{2}m(f_x)^2 + \dfrac{1}{2}m(f_y)^2$

04 다음의 ≪조건≫에 따라 ≪출력형태≫와 같이 문서를 작성하시오.   110점

조건	(1) 그리기 도구를 이용하여 작성하고, 모든 도형(글맵시, 지정된 그림 포함)을 ≪출력형태≫와 같이 작성하시오. (2) 도형의 면색은 지시사항이 없으면 색 없음을 제외하고 서로 다르게 임의로 지정하시오.

출력형태

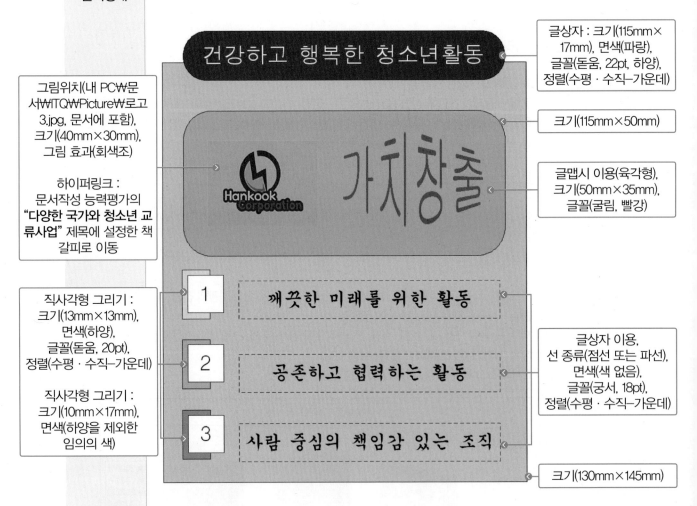

글꼴 : 궁서, 18pt, 진하게, 가운데 정렬
책갈피 이름 : 국제의식　　덧말 넣기

문단 첫 글자 장식 기능
글꼴 : 돋움, 면색 : 노랑

글로벌 리더십
다양한 국가와 청소년 교류사업

청소년 국제교류

머리말 기능
굴림, 10pt, 오른쪽 정렬

우 리 사회가 점점 세계화 되어감에 따라 서로 다른 문화(文化) 배경을 지닌 사람들에 대하여 서로의 문화를 존중하고 공감할 줄 아는 능력이 점차 중요한 사회적 역량으로 대두되고 있다. 특히 청소년(靑少年)들은 우리 사회의 미래를 이끌어 나갈 것이므로 우리의 청소년들이 국제교류 활동을 통하여 국제 감각을 갖춘 글로벌 인재로 성장할 수 있는 환경을 조성하는 일은 더더욱 중요한 과제이다. 청소년의 국제 감각 함양 및 글로벌 역량 강화에 대한 중요성은 일찍이 인식되었다.

외교부의 국제교류사업은 매우 방대하며 특정 나이, 대상은 없다. 주로 한국국제협력단㉠을 중심으로 이루어지고 있으며 지역이나 주제, 프로그램의 유형별로 기획이 되는데, 그중 청소년과 직접적으로 관련 있는 사업으로는 글로벌 인재 양성 사업이라고 볼 수 있다. 그간 활발히 추진되어 온 청소년 국제교류사업이 최근 들어 나타난 코로나 사태로 인하여 기존의 청소년 국제교류 활동을 위축시키는 결과를 낳았고, 기존의 방식과 같은 교류국 방문 형태의 교류가 사실상 어렵게 됨에 따라, 이에 대한 대응의 차원에서도 새로운 국제교류 운영방안이 필요한 실정이다.

각주

글꼴 : 굴림, 18pt, 하양
음영색 : 빨강

♣ 청소년 교류센터의 역할

그림위치(내 PC\문서\ITQ\Picture\그림4.jpg, 문서에 포함) 자르기 기능 이용, 크기(35mm×45mm), 바깥 여백 왼쪽 : 2mm

A. 사업추진 방향
   ⓐ 청소년의 국제이해 증진 및 세계시민으로서 역량 강화
   ⓑ 국내외 청소년의 교류 다양화를 통한 상호이해와 신뢰 증진 등
B. 주요 기능
   ⓐ 국제활동 중장기 계획 수립 및 연구
   ⓑ 국내외 청소년 교류활동 운영 및 협력에 관한 사항 등

♣ 청소년 국제교류사업 개요

글꼴 : 굴림, 18pt, 기울임, 강조점

사업명	대상	규모	근거
국가 간 청소년교류	만 16세 – 만 24세	초청 150명, 파견 150명	청소년활동 진흥법 제54조 (국제 청소년교류 활동의 지원)
국제회의 및 행사 파견		33명 내외	
해외자원 봉사단	만 15세 – 만 20세	약 140명	
국제 청소년 포럼	만 18세 – 만 24세	10여 개국 200명	
국제 청소년 캠페스트	초중고 청소년 및 지도자	20여 개국 5,000명	

문단 번호 기능 사용
1수준 : 20pt, 오른쪽 정렬,
2수준 : 30pt, 오른쪽 정렬
줄 간격 : 180%

표 전체 글꼴 : 돋움, 10pt, 가운데 정렬
셀 배경(그러데이션) : 유형(가로),
시작색(하양), 끝색(노랑)

청소년 교류센터

글꼴 : 궁서, 24pt, 진하게
장평 105%, 오른쪽 정렬

㉠ KOICA: 대한민국의 국제개발 사업을 주관하는 외교부 산하 위탁집행형 준정부기관

각주 구분선 : 5cm

쪽 번호 매기기
5로 시작
⑤

수험번호 20251002   정답파일 PART 03 최신 기출문제\최신02회_정답.hwpx

▶ 합격 강의

기능평가 ❶   150점

01 다음의 ≪조건≫에 따라 스타일 기능을 적용하여 ≪출력형태≫와 같이 작성하시오.   50점

조건	(1) 스타일 이름 – pumba (2) 문단 모양 – 왼쪽 여백 : 15pt, 문단 아래 간격 : 10pt (3) 글자 모양 – 글꼴 : 한글(굴림)/영문(돋움), 크기 : 10pt, 장평 : 95%, 자간 : –5%
출력형태	The Eumseong Pumba Festival is a festival that combines the benevolence of Pumba and grandfather Choi Gwi-dong, which are hardened like the pronouns of traditional a traveling marketeer. 거지 성자로 불리는 최귀동 할아버지의 숭고한 삶에서 비롯된 음성 지역의 품바축제는 삭막한 현대인들의 가슴에 따뜻한 나눔의 의미를 깊이 새기고 있다.

02 다음의 ≪조건≫에 따라 ≪출력형태≫와 같이 표와 차트를 작성하시오.   100점

표 조건	(1) 표 전체(표, 캡션) – 굴림, 10pt (2) 정렬 – 문자 : 가운데 정렬, 숫자 : 오른쪽 정렬 (3) 셀 배경(면색) : 노랑 (4) 한글의 계산 기능을 이용하여 빈칸에 평균(소수점 두 자리)을 구하고, 캡션 기능 사용할 것 (5) 선 모양은 ≪출력형태≫와 동일하게 처리할 것

출력형태

품바축제 관람객 현황(단위 : 천 명)

구분	2020년	2021년	2022년	2023년	평균
품바래퍼	437	378	349	416	
품바패션	325	397	118	597	
품바왕	321	253	406	463	
천인의 엿치기	264	328	384	451	

차트 조건	(1) 차트 데이터는 표 내용에서 연도별 품바래퍼, 품바패션, 품바왕의 값만 이용할 것 (2) 종류 – 〈묶은 세로 막대형〉으로 작업할 것 (3) 제목 – 돋움, 진하게, 12pt, 속성 – 채우기(하양), 테두리, 그림자(대각선 오른쪽 아래) (4) 제목 이외의 전체 글꼴 – 돋움, 보통, 10pt (5) 축제목과 범례는 ≪출력형태≫와 동일하게 처리할 것

출력형태

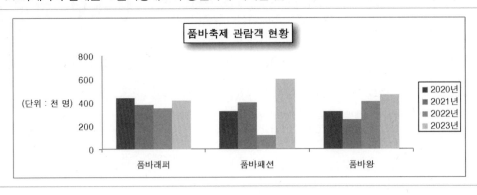

03 다음 (1), (2)의 수식을 수식 편집기로 각각 입력하시오.   40점

출력형태	
(1) $A(1+r)^n = \dfrac{a((1+r)^n - 1)}{r}$	(2) $F = \dfrac{4\pi^2}{T^2} - 1 = 4\pi^2 K \dfrac{m}{r^2}$

04 다음의 ≪조건≫에 따라 ≪출력형태≫와 같이 문서를 작성하시오.   110점

조건	(1) 그리기 도구를 이용하여 작성하고, 모든 도형(글맵시, 지정된 그림 포함)을 ≪출력형태≫와 같이 작성하시오.
	(2) 도형의 면색은 지시사항이 없으면 색 없음을 제외하고 서로 다르게 임의로 지정하시오.

출력형태

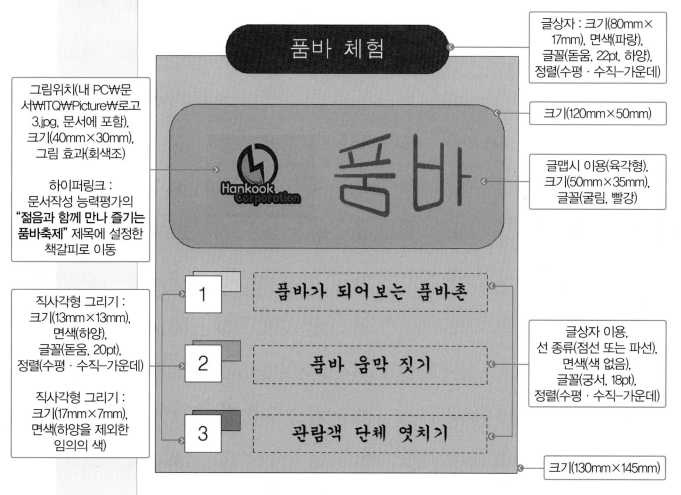

글상자 : 크기(80mm×17mm), 면색(파랑), 글꼴(돋움, 22pt, 하양), 정렬(수평 · 수직–가운데)

그림위치(내 PC₩문서₩ITQ₩Picture₩로고3.jpg, 문서에 포함), 크기(40mm×30mm), 그림 효과(회색조)

하이퍼링크 : 문서작성 능력평가의 "젊음과 함께 만나 즐기는 품바축제" 제목에 설정한 책갈피로 이동

크기(120mm×50mm)

글맵시 이용(육각형), 크기(50mm×35mm), 글꼴(굴림, 빨강)

직사각형 그리기 : 크기(13mm×13mm), 면색(하양), 글꼴(돋움, 20pt), 정렬(수평 · 수직–가운데)

직사각형 그리기 : 크기(17mm×7mm), 면색(하양을 제외한 임의의 색)

글상자 이용, 선 종류(점선 또는 파선), 면색(색 없음), 글꼴(궁서, 18pt), 정렬(수평 · 수직–가운데)

크기(130mm×145mm)

글꼴 : 궁서, 18pt, 진하게, 가운데 정렬
책갈피 이름 : 품바　덧말 넣기

풍자와 해학

문단 첫 글자 장식 기능
글꼴 : 돋움, 면색 : 노랑

머리말 기능
굴림, 10pt, 오른쪽 정렬

^{사랑과 나눔}
젊음과 함께 만나 즐기는 품바축제

품 바축제의 근간은 거지 성자로 불리는 최귀동 할아버지의 숭고한 삶에서 비롯되었다. 일
제 강점기 때 심한 고문으로 장애를 얻은 그는 자신도 오갈 데 없는 처지임에도 불구
하고 금왕읍 무극리 일대를 돌며 동냥으로 얻어 온 음식을 거동조차 힘든 다른 걸인들에게 나
누어 주었다고 한다.

각주

품바라는 낱말이 처음 등장한 역사적 문헌(文獻)은 신재효㉠의 한국 판소리 전집에 수록된
변강쇠가인데, 여기에서는 타령의 장단을 맞추는 소리라 하여 입장고로 기술되어 있다. 품바에
대한 설은 이외에도 다양한 형태로 전해지고 있다. 각설이 타령의 후구구에 사용되는 일종의
장단 구실을 하는 의성어로 풀이되기도 하였으나 현재는 걸인들의 대명사로 일반화되었다. 품
바를 현대적으로 해석하자면 '사랑을 베푼 자만이 희망을 가질 수 있다'라는 의미를 함축하고 있다. 이러한 뜻에 걸맞
게 2000년부터 음성예총에서는 새 천년을 맞아 최귀동 할아버지의 숭고한 뜻을 본받고자 품바축제를 개최하게 되었
다. 물질만능주의와 이기주의로 풍요 속 빈곤(貧困)을 겪고 있는 현대인들의 삶에 해학과 풍자를 통한 따뜻한 사랑의
나눔 정신을 심어 주고자 품바축제가 탄생하게 된 것이다.

그림위치(내 PC₩문서₩ITQ
₩Picture₩그림4.jpg,
문서에 포함)
자르기 기능 이용,
크기(35mm×40mm),
바깥 여백 왼쪽 : 2mm

◆ 2024 음성품바축제

글꼴 : 굴림, 18pt, 하양
음영색 : 빨강

가) 기간 및 장소
　　1. 기간 : 2024. 5. 22(수) - 5. 26(일) 5일간
　　2. 장소 : 음성 설성공원 및 꽃동네 일원
나) 공연 프로그램
　　1. 품바 플래시몹, 전국 품바 길놀이 퍼레이드
　　2. 관광객과 함께하는 품바라이브 공연, 품바 뮤지컬

◆ *품바공연단 및 공연 일정*

글꼴 : 굴림, 18pt, 기울임, 강조점

공연단명	단원	참여공연 축제명	장소
깐돌이공연단	깐돌이, 칠봉이, 꽃나비	토속음식축제	강원도
금빛예술단	순심이, 하늘이, 허야	정선 아리랑 축제	
꾼품바공연단	청이, 금왕수, 방글이	무안 해넘이맞이공연	전라남도
뉴스토리공연단	나출세, 팔순이, 월매, 이기둥	장성 황룡강노란꽃잔치	
산적품바	산적, 최민, 고구마, 혜미	양산 삼량 및 문화축전	경상남도

문단 번호 기능 사용
1수준 : 20pt,
오른쪽 정렬,
2수준 : 30pt,
오른쪽 정렬
줄 간격 : 180%

표 전체 글꼴 : 돋움, 10pt, 가운데 정렬
셀 배경(그러데이션) : 유형(가로),
　　　　　시작색(하양), 끝색(노랑)

품바축제위원회

글꼴 : 궁서, 24pt, 진하게
장평 105%, 오른쪽 정렬

㉠ 조선 고종 때의 판소리 작가로 광대 소리를 통일하여 판소리 사설을 정리한 인물

각주 구분선 : 5cm

쪽 번호 매기기, 4로 시작　● iv

최신 기출문제 03회

수험번호 20251003　　정답파일 PART 03 최신 기출문제₩최신03회_정답.hwpx

▶ 합격 강의

기능평가 ❶　　　　　　　　　　　　　　　　　　　　　　　　　　　　**150**점

01 다음의 ≪조건≫에 따라 스타일 기능을 적용하여 ≪출력형태≫와 같이 작성하시오.　　50점

조건	(1) 스타일 이름 – metaverse (2) 문단 모양 – 왼쪽 여백 : 15pt, 문단 아래 간격 : 10pt (3) 글자 모양 – 글꼴 : 한글(돋움)/영문(굴림), 크기 : 10pt, 장평 : 95%, 자간 : 5%
출력형태	In order to revitalize and continue to grow various industrial ecosystems, it is necessary to establish leading governance and establish and operate a metaverse partnership organization that can lead. 다양한 산업 생태계의 활성화와 지속적인 성장을 위해서는 선도적 거버넌스의 정립이 필요하며 견인할 수 있는 메타버스 파트너십 기구를 설치하고 운영할 필요가 있다.

02 다음의 ≪조건≫에 따라 ≪출력형태≫와 같이 표와 차트를 작성하시오.　　100점

표 조건	(1) 표 전체(표, 캡션) – 돋움, 10pt (2) 정렬 – 문자 : 가운데 정렬, 숫자 : 오른쪽 정렬　　　(3) 셀 배경(면색) : 노랑 (4) 한글의 계산 기능을 이용하여 빈칸에 합계를 구하고, 캡션 기능 사용할 것 (5) 선 모양은 ≪출력형태≫와 동일하게 처리할 것

출력형태

글로벌 메타버스 시장 전망(단위 : 10억 달러)

구분	2022	2023	2024	2025	합계
가상현실(VR)	13.4	27.8	79.4	138.3	
증강현실(AR)	33.0	67.9	193.8	338.1	
VR+AR	46.5	95.7	273.2	476.4	
기타	7.5	9.2	21.4	85.3	

차트 조건	(1) 차트 데이터는 표 내용에서 연도별 가상현실(VR), 증강현실(AR), VR+AR의 값만 이용할 것 (2) 종류 – 〈묶은 세로 막대형〉으로 작업할 것 (3) 제목 – 굴림, 진하게, 12pt, 속성 – 채우기(하양), 테두리, 그림자(대각선 오른쪽 아래) (4) 제목 이외의 전체 글꼴 – 굴림, 보통, 10pt (5) 축제목과 범례는 ≪출력형태≫와 동일하게 처리할 것

출력형태

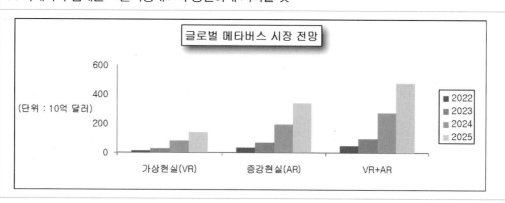

03 다음 (1), (2)의 수식을 수식 편집기로 각각 입력하시오.   40점

출력형태

$$(1)\ K = \frac{a(1+r)((1+r)^n - 1)}{r} \qquad (2)\ \int_a^b xf(x)dx = \frac{1}{b-a}\int_a^b xdx = \frac{a+b}{2}$$

04 다음의 ≪조건≫에 따라 ≪출력형태≫와 같이 문서를 작성하시오.   110점

조건

(1) 그리기 도구를 이용하여 작성하고, 모든 도형(글맵시, 지정된 그림 포함)을 ≪출력형태≫와 같이 작성하시오.

(2) 도형의 면색은 지시사항이 없으면 색 없음을 제외하고 서로 다르게 임의로 지정하시오.

출력형태

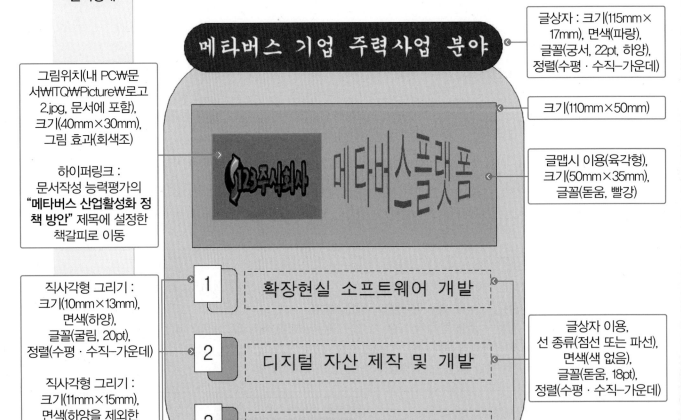

글상자 : 크기(115mm×17mm), 면색(파랑), 글꼴(궁서, 22pt, 하양), 정렬(수평·수직-가운데)

그림위치(내 PC\문서\ITQ\Picture\로고 2.jpg, 문서에 포함), 크기(40mm×30mm), 그림 효과(회색조)

하이퍼링크 : 문서작성 능력평가의 **"메타버스 산업활성화 정책 방안"** 제목에 설정한 책갈피로 이동

크기(110mm×50mm)

글맵시 이용(육각형), 크기(50mm×35mm), 글꼴(돋움, 빨강)

직사각형 그리기 : 크기(10mm×13mm), 면색(하양), 글꼴(굴림, 20pt), 정렬(수평·수직-가운데)

직사각형 그리기 : 크기(11mm×15mm), 면색(하양을 제외한 임의의 색)

글상자 이용, 선 종류(점선 또는 파선), 면색(색 없음), 글꼴(돋움, 18pt), 정렬(수평·수직-가운데)

크기(130mm×145mm)

글꼴 : 궁서, 18pt, 진하게, 가운데 정렬
책갈피 이름 : 메타버스　　덧말 넣기

메타버스 산업육성

머리말 기능
돋움, 10pt, 오른쪽 정렬

서울연구원
메타버스 산업활성화 정책 방안

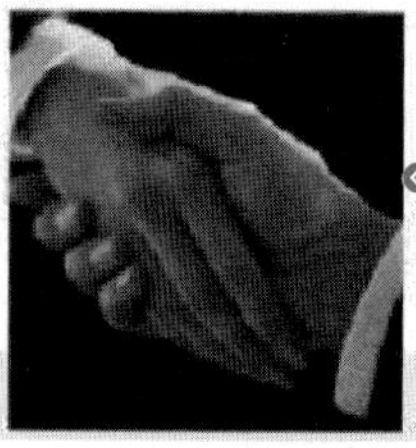

문단 첫 글자 장식 기능
글꼴 : 굴림, 면색 : 노랑

메타버스 산업활성화를 견인(牽引)하는 정책 거버넌스 확립을 위해 다원화된 주체가 참여하고 다양한 부문의 기업이 연계(連繫)하는 메타버스와 같은 산업에서는 산업발 전을 선도하는 거버넌스가 긴요하다. 다양한 가치와 이해관계를 지닌 다수의 주체가 메타버 스 세계에 참여해 콘텐츠 및 서비스 생산과 활용, 소비와 거래에 관여한다. 민관협력체계를 구축하여 메타버스 산업 활성화에 기여하고자 정부 주도의 메타버스 관련 거버넌스 기구로 '메타버스 얼라이언스'가 설치되어 운영 중이다.

각주

메타버스 얼라이언스는 운영위원회와 분과 및 프로젝트 그룹 운영 등을 통해 기업의 의 견수렴과 신규과제 발굴, 협력활동을 지원하는 등의 역할을 수행한다. 메타버스 산업의 중 심성 및 선도성을 지닌 서울시도 산업발전을 견인할 수 있는 자체적인 정책 거버넌스 확립이 필요하다. 다양한 정책 방안을 추진하기 위해서는 메타버스 산업육성 및 활성화를 뒷받침하는 조례의 마련, 메타버스 이용 활성화를 위한 제 도적 환경의 재정비이다. 메타버스 이용을 제약할 수 있는 불합리한 요소를 최소화하고 이용을 촉진할 수 있는 적극 적 환경을 조성하기 위한 관련 조례 제정, 법률 및 제도 정비, 공용플랫폼의 건전한 이용 환경 조성이 있다.

◆ <mark>서울시 메타버스 산업 전략적 방안</mark>

글꼴 : 굴림, 18pt, 하양
음영색 : 빨강

　가. 산업생태계 육성 및 기업 경쟁력 강화
　　㉠ 생태계에 속한 부문이나 업종의 균형적 성장
　　㉡ 기업들의 경쟁력 강화 지원
　나. 메타버스 우수 인적자원 개발 지원
　　㉠ 메타버스 크리에이터 양성과정 설치 운영
　　㉡ 교육 훈련 과정을 이수한 인적자원 DB 구축

그림위치(내 PC\문서\ITQ
\Picture\그림4.jpg, 문서에 포함)
자르기 기능 이용,
크기(40mm×40mm),
바깥 여백 왼쪽 : 2mm

◆ *조사분석에 활용한 자료원* 　글꼴 : 굴림, 18pt, 기울임, 강조점

자료원	보유기관	자료원의 설명	기업 수
메타버스	얼라이언스	2021년 5월에 출범, 프로젝트 단위로 기업과 유관기관 참여 중	654개
	산업협회	가상현실산업협회와 모바일산업협회 공동 출범으로 회원사 모집	약 80개
	허브 입주기업	콘텐츠, 플랫폼, 디바이스 솔루션 기업 인큐베이팅 공간 입주	46개
스타트업	혁신의 숲	'메타버스/AR/VR' 관련 사업 등록된 스타트업 데이터베이스 활용	148개
서울경제진흥원		유관기관 협력을 통해 서울XR실증센터 운영	39개

문단 번호 기능 사용
1수준 : 20pt, 오른쪽 정렬,
2수준 : 30pt, 오른쪽 정렬
줄 간격 : 180%

표 전체 글꼴 : 돋움, 10pt, 가운데 정렬
셀 배경(그러데이션) : 유형(가로),
시작색(하양), 끝색(노랑)

경제연구실

글꼴 : 궁서, 24pt, 진하게
장평 105%, 오른쪽 정렬

㉠ 정부 주도 민관협력체계 구축, 메타버스 산업 활성화 기여하고자 출범한 기구

각주 구분선 : 5cm

쪽 번호 매기기
6으로 시작

⑥

최신 기출문제 04회

수험번호 20251004 정답파일 PART 03 최신 기출문제₩최신04회_정답.hwpx

▶합격 강의

기능평가 ①   150점

01 다음의 ≪조건≫에 따라 스타일 기능을 적용하여 ≪출력형태≫와 같이 작성하시오.   50점

조건	(1) 스타일 이름 – credit (2) 문단 모양 – 왼쪽 여백 : 15pt, 문단 아래 간격 : 10pt (3) 글자 모양 – 글꼴 : 한글(돋움)/영문(굴림), 크기 : 10pt, 장평 : 95%, 자간 : 5%
출력형태	A high school credit system is a system in which students select courses, attend classes, and complete the necessary credits for graduation. 고교학점제란 대학처럼 학생들이 적성과 희망 진로에 따라 교과를 선택하고 강의실을 다니며 수업을 듣고 졸업에 필요한 학점을 이수하는 제도를 말한다.

02 다음의 ≪조건≫에 따라 ≪출력형태≫와 같이 표와 차트를 작성하시오.   100점

표 조건	(1) 표 전체(표, 캡션) – 돋움, 10pt (2) 정렬 – 문자 : 가운데 정렬, 숫자 : 오른쪽 정렬 (3) 셀 배경(면색) : 노랑 (4) 한글의 계산 기능을 이용하여 빈칸에 평균(소수점 두 자리)을 구하고, 캡션 기능 사용할 것 (5) 선 모양은 ≪출력형태≫와 동일하게 처리할 것

출력형태

제도 개선 사항 설문 응답(단위 : 명)

구분	교원연수	제도홍보	조직개편	업무경감	평균
학생	21,634	8,566	7,572	8,334	
학부모	1,589	1,587	1,127	2,942	
교사	2,967	2,235	2,181	4,825	
교수	694	829	967	894	

차트 조건	(1) 차트 데이터는 표 내용에서 구분별 학생, 학부모, 교사의 값만 이용할 것 (2) 종류 – 〈묶은 세로 막대형〉으로 작업할 것 (3) 제목 – 굴림, 진하게, 12pt, 속성 – 채우기(하양), 테두리, 그림자(대각선 오른쪽 아래) (4) 제목 이외의 전체 글꼴 – 굴림, 보통, 10pt (5) 축제목과 범례는 ≪출력형태≫와 동일하게 처리할 것

출력형태

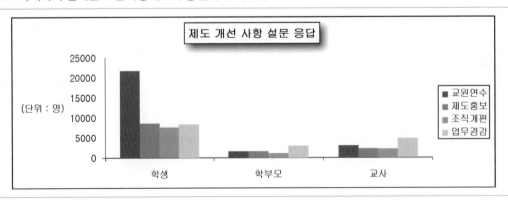

03 다음 (1), (2)의 수식을 수식 편집기로 각각 입력하시오.   40점

출력형태	$(1)\ H_n = \dfrac{a(r^n - 1)}{r - 1} = \dfrac{a(1 + r^n)}{1 - r}(r \neq 1)$ $(2)\ \displaystyle\sum_{k=1}^{n}(k^4 + 1) - \sum_{k=3}^{n}(k^4 + 1) = 19$

04 다음의 ≪조건≫에 따라 ≪출력형태≫와 같이 문서를 작성하시오.   110점

조건	(1) 그리기 도구를 이용하여 작성하고, 모든 도형(글맵시, 지정된 그림 포함)을 ≪출력형태≫와 같이 작성하시오. (2) 도형의 면색은 지시사항이 없으면 색 없음을 제외하고 서로 다르게 임의로 지정하시오.

출력형태

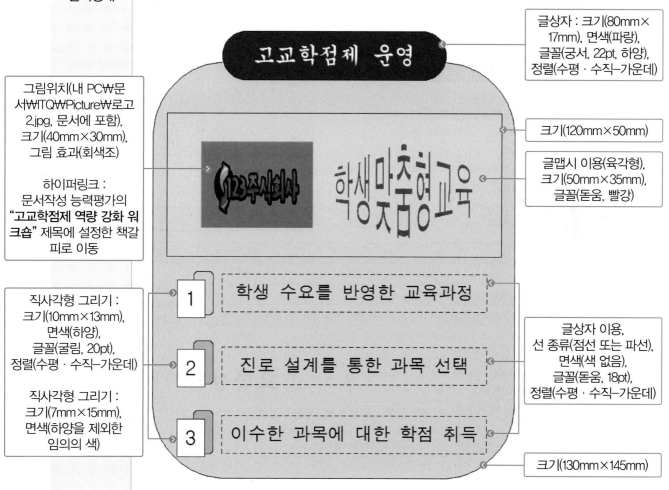

글상자 : 크기(80mm× 17mm), 면색(파랑), 글꼴(궁서, 22pt, 하양), 정렬(수평·수직-가운데)

그림위치(내 PC₩문서₩ITQ₩Picture₩로고2.jpg, 문서에 포함), 크기(40mm×30mm), 그림 효과(회색조)

하이퍼링크 : 문서작성 능력평가의 "고교학점제 역량 강화 워크숍" 제목에 설정한 책갈피로 이동

크기(120mm×50mm)

글맵시 이용(육각형), 크기(50mm×35mm), 글꼴(돋움, 빨강)

직사각형 그리기 : 크기(10mm×13mm), 면색(하양), 글꼴(굴림, 20pt), 정렬(수평·수직-가운데)

직사각형 그리기 : 크기(7mm×15mm), 면색(하양을 제외한 임의의 색)

글상자 이용, 선 종류(점선 또는 파선), 면색(색 없음), 글꼴(돋움, 18pt), 정렬(수평·수직-가운데)

크기(130mm×145mm)

글꼴 : 굴림, 18pt, 진하게, 가운데 정렬
책갈피 이름 : 학점 덧말 넣기

문단 첫 글자 장식 기능
글꼴 : 궁서, 면색 : 노랑

미래를 여는 선택

머리말 기능
돋움, 10pt, 오른쪽 정렬

학교가 나에게 맞추다
고교학점제 역량 강화 워크숍

각주

고교학점제는 학교 교육과정의 유연성(柔軟性) 확보를 통해 학생들의 진로 역량을 강화함과 동시에 교원들에게 다양한 교육과정 운영 및 수업 역량⑦ 강화를 요구하고 있는 정책이다. 하지만 이를 지원하는 정책 및 법제 장치가 미흡하여 학점제 도입에 대한 기대감과 함께 현장 교사, 학부모, 학생 등 교육 관계자의 불안감이 커지고 있는 상황이다. 이에 교육부, 국가교육회의, 한국직업능력개발원에서는 고교학점제 교사 역량 강화 워크숍을 통해 현장 교사의 역량 개발을 지원하고 현재 고교학점제 정책에 대한 문제점과 요구사항 파악을 통해 정책 개선 방안을 도출(導出)하고자 준비하고 있다.

특히, 정부는 고교학점제 정책을 시행함에 있어 학생의 올바른 과목 선택을 가능하게 하는 것은 학생들의 진로 설정 역량과 '선택에 따른 책임' 인식이라는 사실을 바탕으로 워크숍을 기획하고 있다. 한편, 교육부는 고교학점제 도입을 위한 중장기 로드맵을 설정하고 2020년 마이스터고 전면 도입 이후 2022년 모든 직업계고등학교에 도입하고 2025년에는 종합고등학교를 포함한 일반계고등학교에 도입을 계획하고 있으며 학부모 진로지도 역량 강화를 위하여 '온라인 학부모 진로교육' 연수 과정과 '자녀공감 학부모교육' 대면연수 과정을 운영한다.

그림위치(내 PC\문서\ITQ\Picture\그림4.jpg, 문서에 포함)
자르기 기능 이용, 크기(40mm×35mm), 바깥 여백 왼쪽 : 2mm

◆ 고교학점제 교사 연수 개요

글꼴 : 굴림, 18pt, 하양
음영색 : 빨강

► I. 주제 및 기간
    A. 주제 : 고교학점제의 이해, 선택과 책임
    B. 기간 : 2024. 3. 15(금) 10:00-16:50
  II. 주최 및 장소
    A. 주최 : 교육부, 국가교육회의, 한국직업능력개발원
►   B. 장소 : 세종 컨벤션홀

◆ *고교학점제 교사 연수 주제*

글꼴 : 굴림, 18pt, 기울임, 강조점

시간	주제	강사	비고
10:00-10:50	학점제 정책 추진 방향	이은주 연구사	기타 자세한 사항은 센터 홈페이지를 참고하기 바랍니다.
11:00-11:50	학교 간 연계 및 협력을 통한 학교 간 공동교육과정	정현숙 박사	
13:00-14:50	고교학점제가 효율적으로 운영되기 위한 학교 공간의 변화	문지영 박사	
15:00-16:50	권역별 커뮤니티 구성 및 논의	전영희 연구원	

문단 번호 기능 사용
1수준 : 20pt, 오른쪽 정렬,
2수준 : 30pt, 오른쪽 정렬
줄 간격 : 180%

고교학점제지원센터

표 전체 글꼴 : 굴림, 10pt, 가운데 정렬
셀 배경(그러데이션) : 유형(가로),
시작색(하양), 끝색(노랑)

글꼴 : 궁서, 24pt, 진하게
장평 105%, 오른쪽 정렬

─────────────────
⑦ 조직 구성원이 해당 업무를 수행할 수 있는 전반적인 능력을 의미함

각주 구분선 : 5cm

쪽 번호 매기기
5로 시작
► E

기능평가 ❶ | **150**점

01 다음의 ≪조건≫에 따라 스타일 기능을 적용하여 ≪출력형태≫와 같이 작성하시오. | 50점

조건	(1) 스타일 이름 – intelligence (2) 문단 모양 – 왼쪽 여백 : 15pt, 문단 아래 간격 : 10pt (3) 글자 모양 – 글꼴 : 한글(돋움)/영문(굴림), 크기 : 10pt, 장평 : 95%, 자간 : 5%
출력형태	Current artificial intelligence is considered as life and culture, beyond the industry. Discussing life in the future will be impossible without mentioning artificial intelligence. 현재의 인공지능은 산업을 넘어 삶과 문화로 여겨지고 있다. 미래의 삶에 대한 논의는 인공지능에 대한 언급 없이는 불가능할 것이다.

02 다음의 ≪조건≫에 따라 ≪출력형태≫와 같이 표와 차트를 작성하시오. | 100점

표 조건	(1) 표 전체(표, 캡션) – 굴림, 10pt (2) 정렬 – 문자 : 가운데 정렬, 숫자 : 오른쪽 정렬　　　(3) 셀 배경(면색) : 노랑 (4) 한글의 계산 기능을 이용하여 빈칸에 합계를 구하고, 캡션 기능 사용할 것 (5) 선 모양은 ≪출력형태≫와 동일하게 처리할 것

출력형태

SW 신기술 인공지능 분야 활용 현황(단위 : %)

산업분류	서비스 개선	프로세스 관리	업무 효율화	고객 관리	합계
정보통신업	54.2	50.2	45.8	21.5	
금융 및 보험업	57.5	68.3	49.5	26.0	
광업 및 제조업	50.6	49.3	46.8	49.7	
건설업	79.9	94.1	20.1	4.8	

차트 조건	(1) 차트 데이터는 표 내용에서 분야별 정보통신업, 금융 및 보험업, 광업 및 제조업의 값만 이용할 것 (2) 종류 – 〈묶은 세로 막대형〉으로 작업할 것 (3) 제목 – 돋움, 진하게, 12pt, 속성 – 채우기(하양), 테두리, 그림자(대각선 오른쪽 아래) (4) 제목 이외의 전체 글꼴 – 돋움, 보통, 10pt (5) 축제목과 범례는 ≪출력형태≫와 동일하게 처리할 것

출력형태

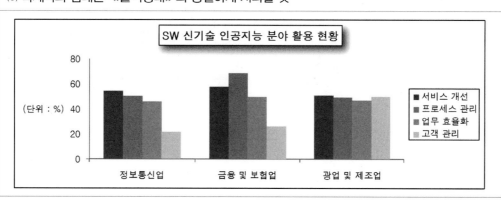

03 다음 (1), (2)의 수식을 수식 편집기로 각각 입력하시오.   40점

출력형태	
(1) $\vec{F} = -\dfrac{4\pi^2 m}{T^2} + \dfrac{m}{T^3}$	(2) $\overline{AB} = \sqrt{(x_2 - x_1)^2 + (y_2 - y_1)^2}$

04 다음의 ≪조건≫에 따라 ≪출력형태≫와 같이 문서를 작성하시오.   110점

조건	(1) 그리기 도구를 이용하여 작성하고, 모든 도형(글맵시, 지정된 그림 포함)을 ≪출력형태≫와 같이 작성하시오. (2) 도형의 면색은 지시사항이 없으면 색 없음을 제외하고 서로 다르게 임의로 지정하시오.

출력형태

글상자 : 크기(120mm×17mm), 면색(빨강), 글꼴(돋움, 22pt, 하양), 정렬(수평 · 수직-가운데)

그림위치(내 PC\문서\ITQ\Picture\로고1.jpg, 문서에 포함), 크기(40mm×30mm), 그림 효과(회색조)

하이퍼링크 : 문서작성 능력평가의 **"인공지능 기술 및 산업 동향"** 제목에 설정한 책갈피로 이동

크기(115mm×50mm)

글맵시 이용(나비넥타이), 크기(50mm×35mm), 글꼴(굴림, 파랑)

주요 AI 활용 산업 분류

서비스업

직사각형 그리기 : 크기(13mm×15mm), 면색(하양), 글꼴(돋움, 20pt), 정렬(수평 · 수직-가운데)

가   도소매업, 운수업, 정보통신업

나   금융 및 보험업, 의료, 보건업

다   공공행정, 국방 및 사회보장

직사각형 그리기 : 크기(12mm×15mm), 면색(하양을 제외한 임의의 색)

글상자 이용, 선 종류(점선 또는 파선), 면색(색 없음), 글꼴(궁서, 18pt), 정렬(수평 · 수직-가운데)

크기(130mm×145mm)

문단 첫 글자 장식 기능
글꼴 : 궁서, 면색 : 노랑

글꼴 : 굴림, 18pt, 진하게, 가운데 정렬
책갈피 이름 : 인간중심   덧말 넣기

인공지능 서비스

머리말 기능
돋움, 10pt, 오른쪽 정렬

초거대 인공지능
인공지능 기술 및 산업 동향

미국의 오픈AI는 GPT-3으로 불리는 초거대 인공지능을 공개하며 많은 관심을 받았다. 특정 상황이 아닌 범용적으로 사용이 가능한 인공 일반지능을 목표로 국내외 기업들의 초거대 인공지능(人工知能) 개발 경쟁이 지속되고 있다.

네이버의 경우 자체 개발한 초대규모 인공지능 하이퍼클로바의 성능을 향상시키고 있으며, 음성검색, 번역뿐만 아니라 서비스 범위를 확대해 가고 있다. LG AI 연구원은 엑사원을 통해 6,000억 개 이상의 말뭉치, 텍스트와 결합된 고해상도 이미지 2억 5,000만 장 이상을 학습하여 제조, 연구, 교육, 통신, 금융 등 전 산업 분야에서 최고 전문가의 지능 확보를 목표로 하고 있다. 카카오브레인은 2021년 11월 GPT-3 모델의 한국어 초거대 인공지능 언어모델 KoGPT를 공개했다. 긴 문장 요약, 문장 추론을 통한 결론 예측, 질문 문맥(文脈) 이해 등 모든 종류의 언어 과제 수행이 가능하며, 오픈 소스로 개방함으로써 접근성을 높이고자 하였다. KT도 초거대 인공지능 컴퓨팅 인프라를 클라우드 기반으로 구성하고 주요 인공지능 모델을 원클릭으로 손쉽게 구성하고 활용이 가능하도록 서비스하고 있다.

각주

글꼴 : 돋움, 18pt, 하양
음영색 : 파랑

◆ **해외 주요국의 분야별 AI 적용 사례**

그림위치(내 PC\문서\ITQ\Picture\그림4.jpg, 문서에 포함)
자르기 기능 이용,
크기(40mm×35mm),
바깥 여백 왼쪽 : 2mm

　가. 미국
　　ⓐ 우즈홀 해양학 연구소 : 자율주행 로봇을 통한 심층 해양 탐사
　　ⓑ 국립암연구소 : 암 영상 검사를 위한 AI 연구
　나. 독일
　　ⓐ 막스 플랑크 지능시스템 연구소 : AI 기반 로봇 터치 감지 개선
　　ⓑ 드레스덴 대학 연구팀 : 질병 조기 발견 및 치료를 위한 이식형 AI 시스템

글꼴 : 돋움, 18pt, 밑줄, 강조점

◆ <u>OECD의 주요 AI 적용 산업 및 영역</u>

구분	산업분류	주요 AI 적용 영역	핵심 내용
1	정보통신업	광고, AR, VR, 네트워크 보안, 소프트웨어 생산	
2	건설업	3D 빌딩 정보 모델링, 건물 시뮬레이터	OECD(2022) 정책 관점에서 AI 시스템 평가를 위한 도구 개발
3	제조업	제품 조립, 공급망 관리 및 계획	
4	교육	AI를 활용한 개인 학습, 챗봇, 시험 또는 채점 구성	
5	숙박 및 음식점업	AI 기반 챗봇, 고객 피드백 데이터 분석	

문단 번호 기능 사용
1수준 : 20pt, 오른쪽 정렬,
2수준 : 30pt, 오른쪽 정렬
줄 간격 : 180%

한국지능정보사회진흥원

표 전체 글꼴 : 굴림, 10pt, 가운데 정렬
셀 배경(그러데이션) : 유형(가로),
시작색(하양), 끝색(노랑)

글꼴 : 궁서, 24pt, 진하게
장평 105%, 오른쪽 정렬

ⓐ 소스프로그램이 공개되어 자유롭게 수정하고 재배포할 수 있는 프로그램

각주 구분선 : 5cm

쪽 번호 매기기
5로 시작

⑤

PART
04

실전 모의고사

기능평가 ❶   **150**점

01 다음의 ≪조건≫에 따라 스타일 기능을 적용하여 ≪출력형태≫와 같이 작성하시오.   50점

조건	(1) 스타일 이름 – security (2) 문단 모양 – 왼쪽 여백 : 15pt, 문단 아래 간격 : 10pt (3) 글자 모양 – 글꼴 : 한글(굴림)/영문(돋움), 크기 : 10pt, 장평 : 95%, 자간 : 5%
출력형태	SECON is a comprehensive security platform for business development through extensive network with distributors and retailers. 보안 엑스포는 아시아 최고 기업 간 보안 이벤트이자 아시아 유통업체, 설치업체, 소매업체와의 광범위한 네트워크를 통해 비즈니스를 개발하기 위한 종합 보안 플랫폼이다.

02 다음의 ≪조건≫에 따라 ≪출력형태≫와 같이 표와 차트를 작성하시오.   100점

표 조건	(1) 표 전체(표, 캡션) – 돋움, 10pt (2) 정렬 – 문자 : 가운데 정렬, 숫자 : 오른쪽 정렬　　(3) 셀 배경(면색) : 노랑 (4) 한글의 계산 기능을 이용하여 빈칸에 합계를 구하고, 캡션 기능 사용할 것 (5) 선 모양은 ≪출력형태≫와 동일하게 처리할 것

세계 보안 엑스포 참관객 업종별 현황(단위 : 백 명)

구분	17회	18회	19회	20회	합계
보안장비	35.2	39.5	42.3	46.7	
사이버보안	32.7	36.4	43.9	42.8	
통신/데이터센터	29.3	32.6	31.5	33.1	
기타	6.1	7.2	6.8	7.6	✕

차트 조건	(1) 차트 데이터는 표 내용에서 횟수별 보안장비, 사이버보안, 통신/데이터센터의 값만 이용할 것 (2) 종류 – 〈묶은 세로 막대형〉으로 작업할 것 (3) 제목 – 굴림, 진하게, 12pt, 속성 – 채우기(하양), 테두리, 그림자(대각선 오른쪽 아래) (4) 제목 이외의 전체 글꼴 – 굴림, 보통, 10pt (5) 축제목과 범례는 ≪출력형태≫와 동일하게 처리할 것

출력형태	

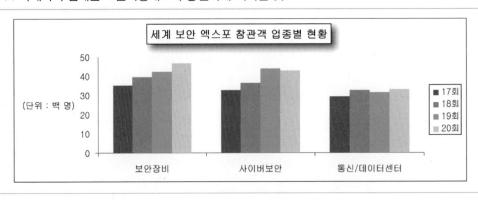

03 다음 (1), (2)의 수식을 수식 편집기로 각각 입력하시오.   40점

출력형태	
$(1) \quad G = 2\int_{\frac{a}{2}}^{a} \dfrac{b\sqrt{a^2 - x^2}}{a}dx$	$(2) \quad Q = \dfrac{F}{h^2} = \dfrac{1}{3}\dfrac{N}{h^3}m\overline{g^2}$

04 다음의 ≪조건≫에 따라 ≪출력형태≫와 같이 문서를 작성하시오.   110점

조건	(1) 그리기 도구를 이용하여 작성하고, 모든 도형(글맵시, 지정된 그림 포함)을 ≪출력형태≫와 같이 작성하시오.
	(2) 도형의 면색은 지시사항이 없으면 색 없음을 제외하고 서로 다르게 임의로 지정하시오.

출력형태

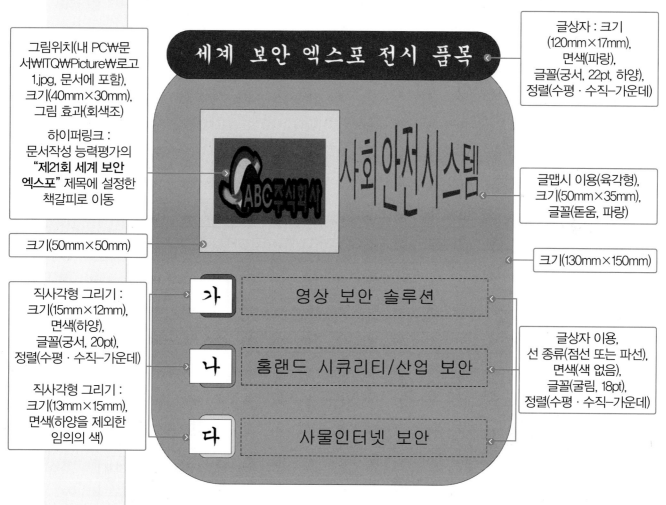

그림위치(내 PC\문서\ITQ\Picture\로고1.jpg, 문서에 포함), 크기(40mm×30mm), 그림 효과(회색조)

하이퍼링크 : 문서작성 능력평가의 **"제21회 세계 보안 엑스포"** 제목에 설정한 책갈피로 이동

크기(50mm×50mm)

직사각형 그리기 : 크기(15mm×12mm), 면색(하양), 글꼴(궁서, 20pt), 정렬(수평·수직-가운데)

직사각형 그리기 : 크기(13mm×15mm), 면색(하양을 제외한 임의의 색)

글상자 : 크기(120mm×17mm), 면색(파랑), 글꼴(궁서, 22pt, 하양), 정렬(수평·수직-가운데)

글맵시 이용(육각형), 크기(50mm×35mm), 글꼴(돋움, 파랑)

크기(130mm×150mm)

글상자 이용, 선 종류(점선 또는 파선), 면색(색 없음), 글꼴(굴림, 18pt), 정렬(수평·수직-가운데)

세계 보안 엑스포 전시 품목

사회안전시스템

ABC주식회사

가   영상 보안 솔루션

나   홈랜드 시큐리티/산업 보안

다   사물인터넷 보안

글꼴 : 돋움, 18pt, 진하게, 가운데 정렬
책갈피 이름 : 보안기술　덧말 넣기

문단 첫 글자 장식 기능
글꼴 : 궁서, 면색 : 노랑

국제 전시회

머리말 기능
굴림, 10pt, 오른쪽 정렬

아시아 유일의 통합 보안 전시회
제21회 세계 보안 엑스포

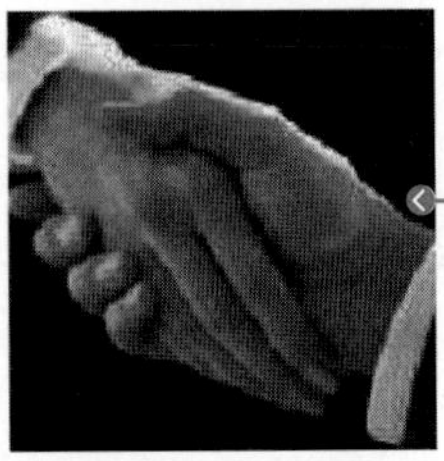

각주

세 계 보안 엑스포는 최신 영상 보안 솔루션, 출입 통제 솔루션, 바이오 인식 솔루션, IT 보안 솔루션까지 한 자리에서 만나볼 수 있으며, 새로운 융합보안의 방향을 제시하고 있다. 물리보안과 정보보안의 영역이 융합(融合)되면서 새로운 보안기술이 등장해 시장에 발표되고 있는 요즘 최근 떠오르고 있는 인공지능, 빅데이터, 사물인터넷Ⓐ과 ICT 등 최신 IT 환경 변화에 따른 보안 트렌드를 직접 경험하고 살펴볼 수 있다.

　세계 보안 엑스포에서는 글로벌 네트워크를 통해 해외 기업 및 바이어를 유치하고 동시에 해외 바이어 상담회를 개최함으로써 참가기업의 해외 진출을 적극적으로 지원하며, 실질적인 구매와 상담의 장이 마련된다. 또한 보안, 안전에 대한 사회 각 분야 및 테마별 다양한 주제의 콘퍼런스를 통해 첨단 보안 솔루션의 새로운 기술과 트렌드, 구축사례에 대한 다양한 논의가 이루어지며, 실질적인 가이드라인을 제시한다. 국내 보안 솔루션에 많은 관심을 보이는 개발도상국들의 해당 공무원들이 직접 전시장에 나와 자국에 대한 투자와 수출에 관한 상담회를 개최해 국내 보안기업의 해외시장 진출에도 기여(寄與)하고 있다.

♣ 세계 보안 엑스포 전시회 개요

글꼴 : 궁서, 18pt, 하양
음영색 : 빨강

그림위치(내 PC₩문서₩ITQ₩
Picture₩그림4.jpg, 문서에 포함)
자르기 기능 이용,
크기(40mm×40mm),
바깥 여백 왼쪽 : 2mm

　가. 일시 및 장소
　　① 일시 : 2022년 4월 20일(수) - 22일(금)
　　② 장소 : 일산 킨텍스 제1전시장
　나. 주최 및 후원
　　① 주최 : 행정안전부
　　② 후원 : 과학기술정보통신부, 산업통상자원부, 국토교통부 외 다수

♣ 정보보호 솔루션 페어 콘퍼런스

글꼴 : 궁서, 18pt, 밑줄, 강조점

구분	시간	내용	장소	비고
1일차	11:30-11:55	클라우드 데이터 보안	208호	10:40-11:00 (참가자 등록 확인, 강연자료 앱/패스워드 발급) 14:40-17:00 (전시 부스 관람)
1일차	13:25-13:50	표적형 악성코드 대응 기술, CDR	209호	
2일차	11:00-11:25	빅데이터 환경을 위한 효율적인 보안론	209호	
2일차	14:15-14:40	제로 트러스트 아키텍처의 완성	210호	
3일차	11:20-11:50	딥러닝 기반의 스마트 선별 관제 시스템	211호	

문단 번호 기능 사용
1수준 : 20pt, 오른쪽 정렬,
2수준 : 30pt, 오른쪽 정렬
줄 간격 : 180%

표 전체 글꼴 : 굴림, 10pt,
가운데 정렬
셀 배경(그레이데이션) :
유형(가로),
시작색(하양), 끝색(노랑)

행정안전부

글꼴 : 돋움, 24pt, 진하게
장평 105%, 오른쪽 정렬

Ⓐ 인터넷을 기반으로 모든 사물을 연결하여 정보를 상호 소통하는 지능형 기술 및 서비스

각주 구분선 : 5cm

쪽 번호 매기기
5로 시작

⑤

실전 모의고사 02회

수험번호 20251012   정답파일 PART 04 실전 모의고사\실전02회_정답.hwpx

▶ 합격 강의

기능평가 ❶   150점

01 다음의 《조건》에 따라 스타일 기능을 적용하여 《출력형태》와 같이 작성하시오.   50점

조건	(1) 스타일 이름 – fire (2) 문단 모양 – 왼쪽 여백 : 15pt, 문단 아래 간격 : 10pt (3) 글자 모양 – 글꼴 : 한글(굴림)/영문(돋움), 크기 : 10pt, 장평 : 95%, 자간 : 5%
출력형태	The Korean National Fire Agency is a state agency dedicated to fire prevention and emergency response to accidents or land disasters. 119 청소년단은 어려서부터 안전에 대한 의식과 습관을 기르고, 이웃을 먼저 생각하며 봉사하는 참사랑을 실천하는 선도조직으로 건강한 어린이 육성을 목표로 하고 있다.

02 다음의 《조건》에 따라 《출력형태》와 같이 표와 차트를 작성하시오.   100점

표 조건	(1) 표 전체(표, 캡션) – 돋움, 10pt (2) 정렬 – 문자 : 가운데 정렬, 숫자 : 오른쪽 정렬 (3) 셀 배경(면색) : 노랑 (4) 한글의 계산 기능을 이용하여 빈칸에 합계를 구하고, 캡션 기능 사용할 것 (5) 선 모양은 《출력형태》와 동일하게 처리할 것

출력형태

소방산업 기업인증 현황(단위 : %)

구분	벤처기업	ISO 인증	이노비즈 기업	메인비즈 기업	합계
소방설계업	6.2	9.6	4.2	1.3	
소방공사업	2.7	13.4	2.9	4.3	
소방제조업	13.4	21.7	13.1	5.2	
소방관리업	3.1	9.2	3.9	0.4	

차트 조건	(1) 차트 데이터는 표 내용에서 구분별 소방설계업, 소방공사업, 소방제조업의 값만 이용할 것 (2) 종류 – 〈묶은 세로 막대형〉으로 작업할 것 (3) 제목 – 굴림, 진하게, 12pt, 속성 – 채우기(하양), 테두리, 그림자(대각선 오른쪽 아래) (4) 제목 이외의 전체 글꼴 – 굴림, 보통, 10pt (5) 축제목과 범례는 《출력형태》와 동일하게 처리할 것

출력형태

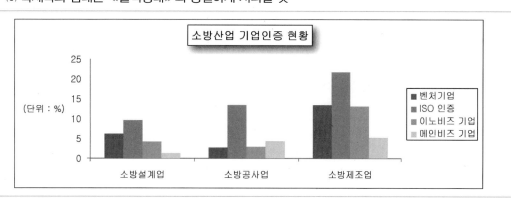

03 다음 (1), (2)의 수식을 수식 편집기로 각각 입력하시오.   40점

출력형태	$(1)\quad E = mr^2 = \dfrac{nc^2}{\sqrt{1 - \dfrac{r^2}{d^2}}}$ $\qquad (2)\quad \displaystyle\sum_{k=1}^{n} = \frac{1}{6} n (n+a)(2n+1)$

04 다음의 ≪조건≫에 따라 ≪출력형태≫와 같이 문서를 작성하시오.   110점

조건	(1) 그리기 도구를 이용하여 작성하고, 모든 도형(글맵시, 지정된 그림 포함)을 ≪출력형태≫와 같이 작성하시오. (2) 도형의 면색은 지시사항이 없으면 색 없음을 제외하고 서로 다르게 임의로 지정하시오.

출력형태

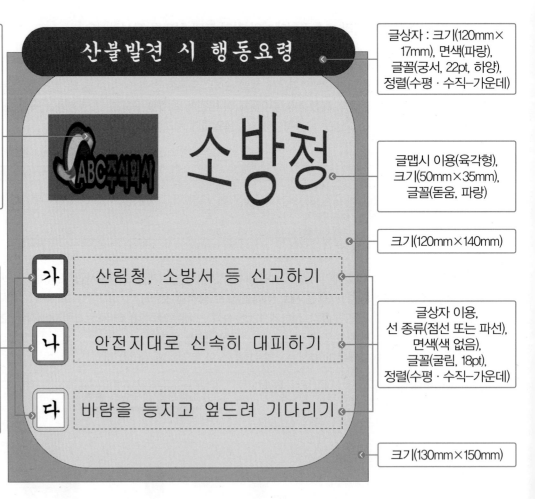

그림위치(내 PC₩문서₩ITQ₩Picture₩로고1.jpg, 문서에 포함), 크기(40mm×30mm), 그림 효과(회색조)

하이퍼링크 : 문서작성 능력평가의 **"봉사와 희생정신의 소방공무원"** 제목에 설정한 책갈피로 이동

직사각형 그리기 : 크기(10mm×12mm), 면색(하양), 글꼴(궁서, 20pt), 정렬(수평·수직─가운데)

직사각형 그리기 : 크기(13mm×15mm), 면색(하양을 제외한 임의의 색)

글상자 : 크기(120mm×17mm), 면색(파랑), 글꼴(궁서, 22pt, 하양), 정렬(수평·수직─가운데)

글맵시 이용(육각형), 크기(50mm×35mm), 글꼴(돋움, 파랑)

크기(120mm×140mm)

글상자 이용, 선 종류(점선 또는 파선), 면색(색 없음), 글꼴(굴림, 18pt), 정렬(수평·수직─가운데)

크기(130mm×150mm)

산불발견 시 행동요령

소방청

가 산림청, 소방서 등 신고하기

나 안전지대로 신속히 대피하기

다 바람을 등지고 엎드려 기다리기

글꼴 : 돋움, 18pt, 진하게, 가운데 정렬
책갈피 이름 : 소방   덧말 넣기

화재 예방

문단 첫 글자 장식 기능
글꼴 : 궁서, 면색 : 노랑

안전하고 행복한 대한민국
봉사와 희생정신의 소방공무원

머리말 기능
굴림, 10pt, 오른쪽 정렬

각주

화 재 발생 시 출동하여 사고 진압 및 소화(消火) 업무를 담당하고 있는 소방공무원ⓐ 은 화재 외에도 다양한 관련 분야에 걸쳐 임무를 수행하고 있다. 소방공무원의 업무는 소방과, 방호과, 119 소방서, 구조대, 구조구급과로 나뉘며 소방과는 다시 소방 업무와 장비 업무로 분류(分類)된다.

소방 업무에는 소방서 기본 운영 계획에 관한 사항을 비롯하여 직원들의 신분, 상벌, 복무규율 및 교육 훈련, 보건, 복지, 후생에 관한 사항이 포함된다. 장비 업무로는 직원들의 보수 등 예산과 회계에 관한 사항과 소방 차량 및 장비 유지 관리에 관한 사항을 담당한다. 방호과에서는 화재 진압 대책과 각종 소방 현장 활동의 효율적 수행을 위한 안전 대책 등을 수립하며 소방 시설의 작동 상태 및 관리 상황에 대한 점검을 통해 사전 예방 활동을 펼친다. 119 소방서는 현장 활동 업무를 수행하는 부서로 화재 발생 시 신속한 진압 활동에 착수하며 응급 환자에 대한 구급 활동을 맡는다. 구조대는 각종 재난 사고 현장에서 인명을 구조하는 부서로 화재, 교통사고, 산악사고, 수난사고 등에 대응하기 위해 실력 향상 훈련 및 안전사고 예방 교육과 캠페인을 주관한다.

그림위치(내 PC₩문서₩ITQ₩Picture₩그림 4.jpg, 문서에 포함)
자르기 기능 이용,
크기(40mm×40mm),
바깥 여백 왼쪽 : 2mm

♥ 소화기의 종류

글꼴 : 궁서, 18pt, 하양
음영색 : 빨강

- 1. 물 소화기
  - 가. 쉽게 구할 수 있으며 가격이 저렴하며 안전함
  - 나. 겨울철에는 동결 방지 조치를 강구해야 함
- 2. 포말 소화기
  - 가. 공기와의 접촉을 차단하는 질식 효과
  - 나. 수분의 증발에 의한 냉각 효과

♥ 소방시설업 종류 및 등록기준

글꼴 : 궁서, 18pt, 밑줄, 강조점

시설업		정의	기술인력
설계업	전문	소방시설 공사계획, 설계도면, 설명서 등 서류 작성	소방기술사 1명, 보조 인력 1명
	일반		소방기술사 또는 소방설비기사 1명, 보조 인력 1명
공사업	일반	소방시설 신설, 증설, 개설, 안전 및 정비	소방기술사 또는 소방설비기사(해당 분야) 1명, 보조 인력 1명
감리업	전문	설계도서와 관계 법령에 따라 적법하게 시공되는지 확인	소방기술사 1명, 특급/고급/중급/초급 감리원 각 1명
	일반		특급 감리원 1명, 중급 이상 감리원 1명, 초급 감리원 1명

문단 번호 기능 사용
1수준 : 20pt, 오른쪽 정렬
2수준 : 30pt, 오른쪽 정렬
줄 간격 : 180%

표 전체 글꼴 : 굴림, 10pt, 가운데 정렬
셀 배경(그러데이션) : 유형(가로),
시작색(하양), 끝색(노랑)

소방청

글꼴 : 돋움, 24pt, 진하게
장평 105%, 오른쪽 정렬

ⓐ 국민의 보호를 직무로 하여 화재의 예방, 경계, 진압에 종사하는 공무원

각주 구분선 : 5cm

쪽 번호 매기기, 4로 시작 ④

기능평가 ❶ 150점

01 다음의 ≪조건≫에 따라 스타일 기능을 적용하여 ≪출력형태≫와 같이 작성하시오.   50점

조건	(1) 스타일 이름 – dental (2) 문단 모양 – 왼쪽 여백 : 15pt, 문단 아래 간격 : 10pt (3) 글자 모양 – 한글(돋움)/영문(궁서), 크기 : 10pt, 장평 : 95%, 자간 : –5%
출력형태	The purpose of this study is to explore the socio-cultural function of dental system and suggest the improvement of limitations of the current system format. 네트워크 치과란 명칭과 브랜드를 공유하는 치과로서 브랜드를 통한 광고 효과와 체계적인 경영 시스템을 통한 비용 절감으로 기존 치과와 비교하여 강점을 지닌다.

02 다음의 ≪조건≫에 따라 ≪출력형태≫와 같이 표와 차트를 작성하시오.   100점

표 조건	(1) 표 전체(표, 캡션) – 굴림, 10pt (2) 정렬 – 문자 : 가운데 정렬, 숫자 : 오른쪽 정렬 (3) 셀 배경(면색) : 노랑 (4) 한글의 계산 기능을 이용하여 빈칸에 합계를 구하고, 캡션 기능 사용할 것 (5) 선 모양은 ≪출력형태≫와 동일하게 처리할 것

출력형태

보건소 구강사업 지난 실적 현황(단위 : 천 건)

구분	2013년	2015년	2017년	2019년	합계
구강 보건교육	58	81	72	84	
스케일링	7	4	5	5	
불소 도포	41	37	29	34	
불소양치 사업	66	86	186	129	

차트 조건	(1) 차트 데이터는 표 내용에서 연도별 구강 보건교육, 스케일링, 불소 도포의 값만 이용할 것 (2) 종류 – 〈묶은 세로 막대형〉으로 작업할 것 (3) 제목 – 돋움, 진하게, 12pt, 속성 – 채우기(하양), 테두리, 그림자(대각선 오른쪽 아래) (4) 제목 이외의 전체 글꼴 – 돋움, 보통, 10pt (5) 축제목과 범례는 ≪출력형태≫와 동일하게 처리할 것

출력형태

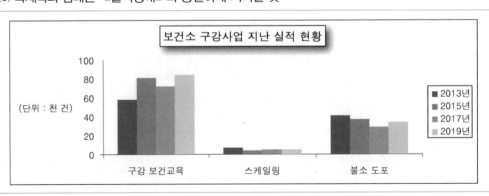

03 다음 (1), (2)의 수식을 수식 편집기로 각각 입력하시오.   40점

출력형태	$(1)\ \ H_n = \dfrac{a(r^n - 1)}{r - 1} = \dfrac{a(1 + r^n)}{1 - r}(r \neq 1)$ $(2)\ \ L = \dfrac{m + M}{m}\,V = \dfrac{m + M}{m}\sqrt{2gh}$

04 다음의 ≪조건≫에 따라 ≪출력형태≫와 같이 문서를 작성하시오.   110점

조건	(1) 그리기 도구를 이용하여 작성하고, 모든 도형(글맵시, 지정된 그림 포함)을 ≪출력형태≫와 같이 작성하시오. (2) 도형의 면색은 지시사항이 없으면 색 없음을 제외하고 서로 다르게 임의로 지정하시오.

출력형태

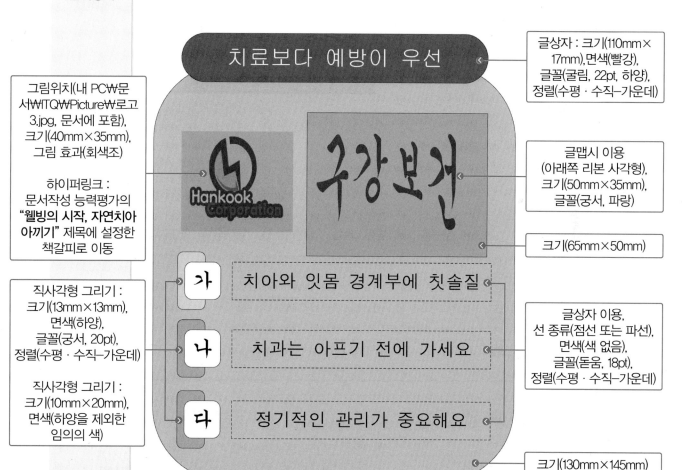

그림위치(내 PC\문서\ITQ\Picture\로고3.jpg, 문서에 포함), 크기(40mm×35mm), 그림 효과(회색조)

하이퍼링크 : 문서작성 능력평가의 **"웰빙의 시작, 자연치아 아끼기"** 제목에 설정한 책갈피로 이동

직사각형 그리기 : 크기(13mm×13mm), 면색(하양), 글꼴(궁서, 20pt), 정렬(수평 · 수직–가운데)

직사각형 그리기 : 크기(10mm×20mm), 면색(하양을 제외한 임의의 색)

글상자 : 크기(110mm× 17mm),면색(빨강), 글꼴(굴림, 22pt, 하양), 정렬(수평 · 수직–가운데)

글맵시 이용 (아래쪽 리본 사각형), 크기(50mm×35mm), 글꼴(궁서, 파랑)

크기(65mm×50mm)

글상자 이용, 선 종류(점선 또는 파선), 면색(색 없음), 글꼴(돋움, 18pt), 정렬(수평 · 수직–가운데)

크기(130mm×145mm)

치료보다 예방이 우선

주강보건

가   치아와 잇몸 경계부에 칫솔질

나   치과는 아프기 전에 가세요

다   정기적인 관리가 중요해요

글꼴 : 돋움, 18pt, 진하게, 가운데 정렬
책갈피 이름 : 치아　덧말 넣기

문단 첫 글자 장식 기능
글꼴 : 굴림, 면색 : 노랑

국민의 구강건강

머리말 기능
궁서, 10pt, 오른쪽 정렬

치아의 날
웰빙의 시작, 자연치아 아끼기

각주

세 실 버릇 여든끼지 간다고 하는 속담은 어린이들의 나쁜 습관①을 교정하려 할 때 자주 언급된다. 어린이의 구강 습관은 오랫동안 치과 의사, 소아청소년과 의사, 심리학자, 많은 부모님의 관심거리가 되어왔다. 좋지 않은 습관이 장기간 지속되면 치아의 위치와 교합이 비정상적으로 될 수 있다. 어린이에게 해로운 습관을 일으키는 원인으로는 변형된 골 성장, 치아(齒牙)의 위치 부정, 잘못된 호흡 습관 등이 있다.

치아 관리는 젖니 때부터 해야 한다. 세 살 이하의 아이는 스스로 칫솔질을 할 수 없으므로 자신이 스스로 칫솔질을 할 수 있을 때까지 부모가 이를 닦아준다. 특히 어린이의 올바른 구강 건강관리를 위해서는 아이에게 이를 닦는 습관(習慣)을 지니게 하는 것이 가장 중요하다. 따라서 부모님들이 아이들에게 관심을 가지고 모범을 보여 주어야 한다. 우리나라 치과 진료의 지식과 기술 수준은 세계적 수준이나 실제로 국민 구강건강 수준은 보건복지부의 발표에 따르면 아직도 후진국 수준이다. 이는 실제로 우리나라의 대다수 치과 진료 과정에서 예방 진료를 무시한 채 치료와 재활만을 주력했기 때문이라고 생각되기에 정기적으로 치과에 내원하여 검사를 받고 필요한 예방치료를 받는 것이 중요하다.

♥ 어린이의 올바른 구강 건강관리

글꼴 : 궁서, 18pt, 하양
음영색 : 파랑

→A. 어린이를 위한 맞춤 칫솔질
　　ⓐ 칫솔을 치아의 옆면에 대고 수평으로 좌우를 문지른다.
　　ⓑ 씹는 면과 안쪽 면도 닦고 끝으로 혀도 닦아야 한다.
　B. 치아가 건강해지는 식습관
　　ⓐ 만 1세가 되면 모유나 우유병 사용은 자제한다.
→　ⓑ 앞니가 나면 빠는 근육이 아닌, 씹는 근육을 사용하게 한다.

그림위치(내 PC₩문서₩ITQ₩
Picture₩그림5.jpg, 문서에 포함)
자르기 기능 이용,
크기(35mm×40mm),
바깥 여백 왼쪽 : 2mm

♥ 치아 구강보건 4가지 방법

글꼴 : 궁서, 18pt, 밑줄, 강조점

구분	충치 원인균 제거	치아를 강하게	충치 원인균 활동 제거	정기적 치과 검진
대처 방법	칫솔질은 충치를 예방	식후 설탕 섭취 금지	치아 홈 메우기	6개월 간격으로 치과 방문
	식후 양치는 필수	불소치약 사용		
	치실, 치간 칫솔 사용	3개월간 불소 겔 바르기	채소나 과일 먹기	조기 발견, 조기 치료
	치아랑 잇몸 경계 닦기	수돗물 불소는 안전		

문단 번호 기능 사용
1수준 : 20pt, 오른쪽 정렬,
2수준 : 30pt, 오른쪽 정렬
줄 간격 : 180%

표 전체 글꼴 : 돋움, 10pt, 가운데 정렬
셀 배경(그러데이션) : 유형(세로),
시작색(하양), 끝색(노랑)

대한예방치과학회

글꼴 : 굴림, 24pt, 진하게
장평 105%, 오른쪽 정렬

① 어떤 행위를 오랫동안 되풀이하는 과정에서 저절로 익혀진 행동 방식

각주 구분선 : 5cm

쪽 번호 매기기
5로 시작
→ E

실전 모의고사 04회

수험번호 20251014　정답파일 PART 04 실전 모의고사₩실전04회_정답.hwpx

▶합격강의

기능평가 ❶　　　　　　　　　　　　　　　　　　　　　　　　150점

01 다음의 ≪조건≫에 따라 스타일 기능을 적용하여 ≪출력형태≫와 같이 작성하시오.　50점

조건	(1) 스타일 이름 – exhibition (2) 문단 모양 – 왼쪽 여백 : 15pt, 문단 아래 간격 : 10pt (3) 글자 모양 – 글꼴 : 한글(돋움)/영문(궁서), 크기 : 10pt, 장평 : 95%, 자간 : −5%
출력형태	As the only Korean photovoltaic exhibition representing Asia, the EXPO Solar 2022/PV Korea is to be held in KINTEX from June 29(Wed) to July 1(Fri), 2022. 아시아를 대표하는 대한민국 유일의 태양광 전문 전시회인 2022 세계 태양에너지 엑스포가 2022년 6월 29일부터 7월 1일까지 3일간의 일정으로 킨텍스에서 개최된다.

02 다음의 ≪조건≫에 따라 ≪출력형태≫와 같이 표와 차트를 작성하시오.　100점

표 조건	(1) 표 전체(표, 캡션) – 굴림, 10pt (2) 정렬 – 문자 : 가운데 정렬, 숫자 : 오른쪽 정렬　　(3) 셀 배경(면색) : 노랑 (4) 한글의 계산 기능을 이용하여 빈칸에 합계를 구하고, 캡션 기능 사용할 것 (5) 선 모양은 ≪출력형태≫와 동일하게 처리할 것

출력형태

직종별 참관객 현황(단위 : 백 명)

직종	1일차	2일차	3일차	4일차	합계
마케팅	14	15	16	17	
엔지니어링 관리	13	14	15	16	
연구 및 개발	9	10	12	13	
구매 관리	8	9	10	12	

차트 조건	(1) 차트 데이터는 표 내용에서 일차별 마케팅, 엔지니어링 관리, 연구 및 개발의 값만 이용할 것 (2) 종류 – 〈묶은 세로 막대형〉으로 작업할 것 (3) 제목 – 돋움, 진하게, 12pt, 속성 – 채우기(하양), 테두리, 그림자(대각선 오른쪽 아래) (4) 제목 이외의 전체 글꼴 – 돋움, 보통, 10pt (5) 축제목과 범례는 ≪출력형태≫와 동일하게 처리할 것

출력형태

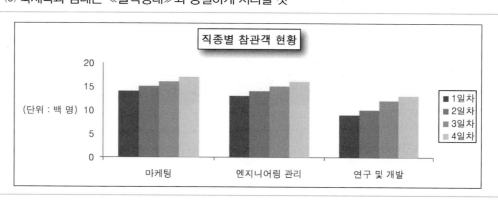

03 다음 (1), (2)의 수식을 수식 편집기로 각각 입력하시오. 40점

출력형태	$(1)\ f = \sqrt{\dfrac{2 \times 1.6 \times 10^{-7}}{9.1 \times 10^{-3}}} = 5.9 \times 10^5$ $(2)\ \lambda = \dfrac{h}{mh} = \dfrac{h}{\sqrt{2meV}}$

04 다음의 ≪조건≫에 따라 ≪출력형태≫와 같이 문서를 작성하시오. 110점

조건	(1) 그리기 도구를 이용하여 작성하고, 모든 도형(글맵시, 지정된 그림 포함)을 ≪출력형태≫와 같이 작성하시오. (2) 도형의 면색은 지시사항이 없으면 색 없음을 제외하고 서로 다르게 임의로 지정하시오.

출력형태

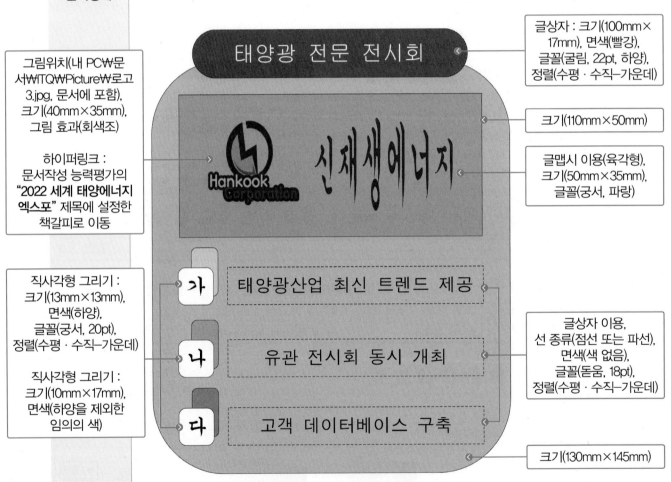

그림위치(내 PC\문서\ITQ\Picture\로고3.jpg, 문서에 포함), 크기(40mm×35mm), 그림 효과(회색조)

하이퍼링크 : 문서작성 능력평가의 "2022 세계 태양에너지 엑스포" 제목에 설정한 책갈피로 이동

직사각형 그리기 : 크기(13mm×13mm), 면색(하양), 글꼴(궁서, 20pt), 정렬(수평 · 수직–가운데)

직사각형 그리기 : 크기(10mm×17mm), 면색(하양을 제외한 임의의 색)

글상자 : 크기(100mm×17mm), 면색(빨강), 글꼴(굴림, 22pt, 하양), 정렬(수평 · 수직–가운데)

크기(110mm×50mm)

글맵시 이용(육각형), 크기(50mm×35mm), 글꼴(궁서, 파랑)

글상자 이용, 선 종류(점선 또는 파선), 면색(색 없음), 글꼴(돋움, 18pt), 정렬(수평 · 수직–가운데)

크기(130mm×145mm)

태양광 전문 전시회

신재생에너지

가 태양광산업 최신 트렌드 제공

나 유관 전시회 동시 개최

다 고객 데이터베이스 구축

글꼴 : 돋움, 18pt, 진하게, 가운데 정렬
책갈피 이름 : 태양광   덧말 넣기

문단 첫 글자 장식 기능
글꼴 : 굴림, 면색 : 노랑

태양광 전문 전시회

머리말 기능
궁서, 10pt, 오른쪽 정렬

친환경 에너지
2022 세계 태양에너지 엑스포

각주

신 기후체제 출범과 함께 온실가스감축, 기후변화 적응 기술이 그 핵심으로 떠오르면서 우리나라에서는 친환경에너지 비중 확대를 위해 태양광, 풍력 등의 신재생에너지 보급 확대를 위한 계획을 수립하여 추진(推進) 중이다. 아시아는 최근 중국과 일본을 비롯해 동남아시아의 태양광 발전 산업 지원을 위한 FIT 및 RPSⓐ 정책 강화로 세계의 관심이 집중되고 있다. 아시아 태양광 산업의 허브이자 아시아 태양광 시장진출의 게이트웨이로 충실한 역할을 수행해 온 세계 태양에너지 엑스포는 글로벌 추세의 변화와 국내 태양광 시장 확대에 맞춰 공급자와 사용자가 소통할 수 있는 장이 되고 있다.

태양광 산업의 발전과 온실가스 감축을 위한 솔루션을 제시하는 세계 태양에너지 엑스포는 전 세계 국제전시회 인증기관인 국제전시연합회와 산업통상자원부의 우수 전시회 국제 인증 획득(獲得)으로 해외 출품기업체와 해외 바이어 참관객 수에서 국제 전시회로서의 자격과 요건을 확보해가고 있다. 올해로 13회째 열리는 2022 세계 태양에너지 엑스포에서는 출품기업과 참관객에게 태양광 관련 최신 기술 정보와 시공 및 설계 관련 다양한 기술 노하우를 무료로 전수할 수 있는 국제 PV 월드 포럼이 동시에 개최된다.

그림위치(내 PC\문서\ITQ
\Picture\그림4.jpg,
문서에 포함)
자르기 기능 이용,
크기(40mm×35mm),
바깥 여백 왼쪽 : 2mm

※ 2022 세계 태양에너지 엑스포 개요

글꼴 : 궁서, 18pt, 하양
음영색 : 파랑

1) 일시 및 장소
  가) 일시 : 2022년 6월 29일(수) ~ 7월 1일(금) 10:00 ~ 17:00
  나) 장소 : 킨텍스 제1전시장
  2) 주관 및 후원
  가) 주관 : 녹색에너지연구원, 한국태양에너지학회 등
  나) 후원 : 한국에너지기술평가원, 한국신재생에너지협회 등

※ 전시장 구성 및 동시 개최 행사

글꼴 : 궁서, 18pt, 밑줄, 강조점

전시장 구성		동시 개최 행사	전시 품목
상담관	해외 바이어 수출 및 구매	2022 국제 PV 월드 포럼	태양광 셀과 모듈,
	태양광 사업 금융지원	태양광 시장 동향 및 수출 전략 세미나	소재 및 부품
홍보관	지자체 태양광 기업	태양광 산업 지원 정책 및 발전 사업 설명회	전력 및 발전설비
	솔라 리빙관, 에너지 저장 시스템	해외 바이어 초청 수출 및 구매 상담회	

문단 번호 기능 사용
1수준 : 20pt, 오른쪽 정렬,
2수준 : 30pt, 오른쪽 정렬
줄 간격 : 180%

엑스포솔라전시사무국

표 전체 글꼴 :
돋움, 10pt, 가운데 정렬
셀 배경(그러데이션) :
유형(세로),
시작색(하양), 끝색(노랑)

글꼴 : 굴림, 24pt, 진하게
장평 105%, 오른쪽 정렬

ⓐ 대규모 발전 사업자에게 신재생에너지를 이용한 발전을 의무화한 제도

각주 구분선 : 5cm

쪽 번호 매기기
5로 시작
⑤

실전 모의고사 05회

수험번호 20251015   정답파일 PART 04 실전 모의고사₩실전05회_정답.hwpx

▶ 합격 강의

기능평가 ❶   150점

01 다음의 ≪조건≫에 따라 스타일 기능을 적용하여 ≪출력형태≫와 같이 작성하시오.   50점

조건	(1) 스타일 이름 – heritage (2) 문단 모양 – 왼쪽 여백 : 15pt, 문단 아래 간격 : 10pt (3) 글자 모양 – 글꼴 : 한글(굴림)/영문(돋움), 크기 : 10pt, 장평 : 95%, 자간 : 5%
출력형태	Korea is a powerhouse of documentary heritage, and has the world's oldest woodblock print, Mugu jeonggwang dae daranigyeong, and the first metal movable type, Jikji. 우리나라는 세계적으로 인정받는 기록유산의 강국으로 세계에서 가장 오래된 목판 인쇄물인 무구정광대다라니경과 최초의 금속활자본인 직지를 보유한 나라이다.

02 다음의 ≪조건≫에 따라 ≪출력형태≫와 같이 표와 차트를 작성하시오.   100점

표 조건	(1) 표 전체(표, 캡션) – 굴림, 10pt (2) 정렬 – 문자 : 가운데 정렬, 숫자 : 오른쪽 정렬 (3) 셀 배경(면색) : 노랑 (4) 한글의 계산 기능을 이용하여 빈칸에 평균(소수점 두 자리)을 구하고, 캡션 기능 사용할 것 (5) 선 모양은 ≪출력형태≫와 동일하게 처리할 것

출력형태

조선왕조실록 유네스코 신청 현황(단위 : 책 수)

구분	세종	성종	중종	선조	평균
정족산본	154	150	102	125	
태백산본	67	47	53	116	
오대산본	0	9	50	15	
권수	163	297	105	221	✕

차트 조건	(1) 차트 데이터는 표 내용에서 구분별 정족산본, 태백산본, 오대산본의 값만 이용할 것 (2) 종류 – 〈묶은 세로 막대형〉으로 작업할 것 (3) 제목 – 궁서, 진하게, 12pt, 속성 – 채우기(하양), 테두리, 그림자(아래쪽) (4) 제목 이외의 전체 글꼴 – 궁서, 보통, 10pt (5) 축제목과 범례는 ≪출력형태≫와 동일하게 처리할 것

출력형태

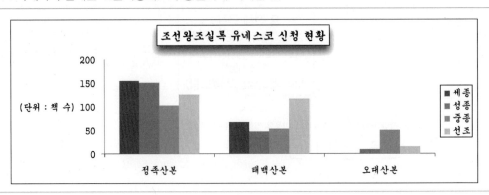

03 다음 (1), (2)의 수식을 수식 편집기로 각각 입력하시오. 40점

출력형태	$(1)\ \dfrac{F}{h_2}=t_2k_1\dfrac{t_1}{d}=2\times10^{-7}\dfrac{t_1t_2}{d}$	$(2)\ \displaystyle\int_a^b A(x-a)(x-b)dx=-\dfrac{A}{6}(b-a)^3$

04 다음의 ≪조건≫에 따라 ≪출력형태≫와 같이 문서를 작성하시오. 110점

조건	(1) 그리기 도구를 이용하여 작성하고, 모든 도형(글맵시, 지정된 그림 포함)을 ≪출력형태≫와 같이 작성하시오. (2) 도형의 면색은 지시사항이 없으면 색 없음을 제외하고 서로 다르게 임의로 지정하시오.

출력형태

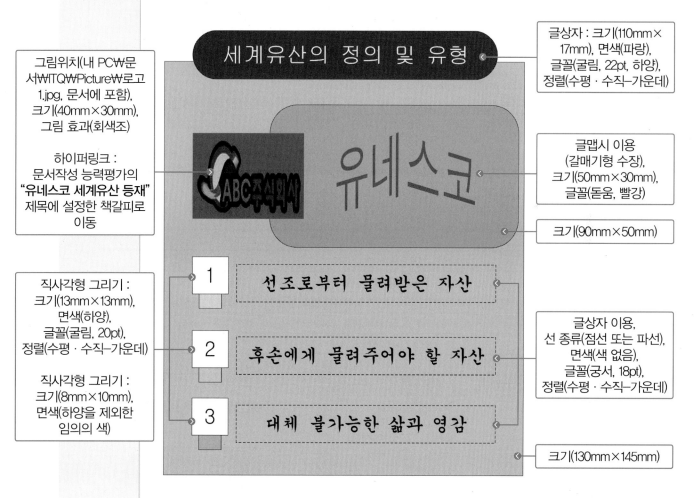

글상자 : 크기(110mm×17mm), 면색(파랑), 글꼴(굴림, 22pt, 하양), 정렬(수평 · 수직-가운데)

그림위치(내 PC₩문서₩ITQ₩Picture₩로고1.jpg, 문서에 포함), 크기(40mm×30mm), 그림 효과(회색조)

하이퍼링크 : 문서작성 능력평가의 "유네스코 세계유산 등재" 제목에 설정한 책갈피로 이동

글맵시 이용 (갈매기형 수장), 크기(50mm×30mm), 글꼴(돋움, 빨강)

크기(90mm×50mm)

직사각형 그리기 : 크기(13mm×13mm), 면색(하양), 글꼴(굴림, 20pt), 정렬(수평 · 수직-가운데)

직사각형 그리기 : 크기(8mm×10mm), 면색(하양을 제외한 임의의 색)

글상자 이용, 선 종류(점선 또는 파선), 면색(색 없음), 글꼴(궁서, 18pt), 정렬(수평 · 수직-가운데)

크기(130mm×145mm)

글꼴 : 궁서, 18pt, 진하게, 가운데 정렬
책갈피 이름 : 유산   덧말 넣기

문단 첫 글자 장식 기능
글꼴 : 돋움, 면색 : 노랑

세계자연유산

머리말 기능
굴림, 10pt, 오른쪽 정렬

한국의 갯벌
유네스코 세계유산 등재

각주

제 44차 유네스코Ⓐ 세계유산위원회는 한국의 갯벌을 세계유산목록에 등재(登載)할 것을 결정하였다. 한국의 갯벌은 서천 갯벌(충남 서천), 고창 갯벌(전북 고창), 신안 갯벌(전남 신안), 보성-순천 갯벌(전남 보성, 순천) 등 5개 지자체에 걸쳐 있는 4개 갯벌로 구성되어 있다. 세계유산위원회 자문기구인 국제자연보존연맹은 애초 한국의 갯벌에 대해 유산구역 등이 충분하지 않다는 이유로 반려를 권고하였으나, 세계유산센터 및 세계유산위원국을 대상으로 적극적인 외교교섭 활동을 전개한 결과, 등재가 성공리에 이루어졌다. 당시 실시된 등재 논의에서 세계유산위원국인 키르기스스탄이 제안한 등재 수정안에 대해 총 21개 위원국 중 13개국이 공동서명하고, 17개국이 지지 발언하여 의견일치로 등재 결정되었다.

이번 한국(韓國) 갯벌의 세계유산 등재는 현재 우리나라가 옵서버인 점, 온라인 회의로 현장 교섭이 불가한 점 등 여러 제약 조건 속에서도 외교부와 문화재청 등 관계부처 간 전략적으로 긴밀히 협업하여 일구어낸 성과로 평가된다. 특히 외교부는 문화재청, 관련 지자체, 전문가들과 등재 추진 전략을 협의하고, 주 유네스코 대표부를 중심으로 21개 위원국 주재 공관들의 전방위 지지 교섭을 총괄하면서 성공적인 등재에 이바지하였다.

그림위치(내 PC₩문서₩ITQ₩Picture₩그림4.jpg, 문서에 포함)
자르기 기능 이용, 크기(35mm×40mm), 바깥 여백 왼쪽 : 2mm

♣ 등재 기준 부합성의 지형지질 특징

가. 두꺼운 펄 갯벌 퇴적층
　　㉮ 육성 기원 퇴적물의 지속적이고 안정적인 공급
　　㉯ 암석 섬에 의한 보호와 수직부가 퇴적으로 25m 이상 형성
나. 지질 다양성과 계절변화
　　㉮ 집중 강우와 강한 계절풍으로 외부 침식, 내부 퇴적
　　㉯ 모래갯벌, 혼합갯벌, 암반, 사구, 특이 퇴적 등

글꼴 : 돋움, 18pt, 하양
음영색 : 빨강

♣ 한국 갯벌의 특징

글꼴 : 돋움, 18pt, 기울임, 강조점

구분	지역별 특징	유형	비고
서천 갯벌	펄, 모래, 혼합갯벌, 사구	하구형	사취 발달
고창 갯벌	뚜렷한 계절변화로 인한 특이 쉐니어 형성	개방형	점토, 진흙
신안 갯벌	해빈 사구, 사취 등 모래 자갈 선형체	다도해형	40m 퇴적층
보성, 순천 갯벌	펄 갯벌 및 넓은 염습지 보유	반폐쇄형	염분 변화
쉐니어 : 모래 크기의 입자들로 구성되며 점토나 진흙 위에 형성된 해빈 언덕			

문단 번호 기능 사용
1수준 : 20pt, 오른쪽 정렬,
2수준 : 30pt, 오른쪽 정렬
줄 간격 : 180%

표 전체 글꼴 :
돋움, 10pt, 가운데 정렬
셀 배경(그러데이션) :
유형(가운데에서),
시작색(하양), 끝색(노랑)

세계유산위원회

글꼴 : 궁서, 24pt, 진하게
장평 105%, 오른쪽 정렬

Ⓐ 교육, 과학, 문화를 통하여 국가 간의 협력을 촉진하기 위한 역할을 하는 국제연합기구

각주 구분선 : 5cm

쪽 번호 매기기
7로 시작   ⑦

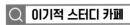

이렇게 기막힌 적중률

ITQ OA Master

엑셀 ver.2021

올인원

All in One

영진정보연구소 저

25
·2025년 수험서·

수험서 30,000원
13000
9 788931 476330
ISBN 978-89-314-7633-0

이기적 스터디 카페
합격 전담마크! 핵심자료부터
실시간 Q&A까지 다양한 혜택 받기

100% 무료 강의
인증만 하면, 교재와 연계된
고퀄리티 강의가 무료

YoungJin.com Y.
영진닷컴

누구나 작성만 하면 100% 포인트 지급

합격 후기 EVENT

이기적과 함께 합격했다면,
합격썰 풀고 네이버페이 포인트 받아가자!

합격 후기
작성 시
100%
지급

N Pay

네이버페이
포인트 쿠폰

25,000원

카페 합격 후기 이벤트
이기적 스터디 카페에
합격 후기 작성하고 5,000원 받기!

5,000원
네이버 포인트 지급

▲ 자세히 보기

블로그 합격 후기 이벤트
개인 블로그에
합격 후기 작성하고 20,000원 받기!

20,000원
네이버 포인트 지급

▲ 자세히 보기

- 자세한 참여 방법은 QR코드 또는 이기적 스터디 카페 '합격 후기 이벤트' 게시판을 확인해 주세요.
- 이벤트에 참여한 후기는 추후 마케팅 용도로 활용될 수 있습니다.
- 이벤트 혜택은 추후 변동될 수 있습니다.

이기적 스터디 카페 🔍

01 날짜/텍스트

함수	예문	설명
DATE	=DATE(년,월,일)	년, 월, 일에 해당하는 날짜를 구함
WEEKDAY	=WEEKDAY(날짜,[옵션])	날짜에 해당하는 요일의 번호를 구함 – 옵션 1 또는 생략 시 : 일요일이 '1' – 옵션 2 : 월요일이 '1'
YEAR	=YEAR(날짜)	날짜에서 연도를 추출
TODAY	=TODAY()	시스템에 설정된 오늘의 날짜를 반환
LEFT	=LEFT(문자열,개수)	문자열의 왼쪽에서 개수만큼 문자를 추출
MID	=MID(문자열,시작 위치,개수)	문자열의 시작 위치에서 개수만큼 문자를 추출
RIGHT	=RIGHT(문자열,개수)	문자열의 오른쪽에서 개수만큼 추출
REPT	=REPT(문자열,반복수)	문자열을 반복수만큼 표시함

02 수학

함수	예문	설명
SUM	=SUM(인수1,인수2,…)	인수들의 합계를 구함
SUMIF	=SUMIF(조건 범위,조건,합계 범위)	조건 범위에서 조건에 맞는 자료의 합계를 구함
ROUND	=ROUND(인수,자릿수)	인수를 지정한 자릿수까지 반올림
ROUNDUP	=ROUNDUP(인수,자릿수)	인수를 지정한 자릿수까지 올림
ROUNDDOWN	=ROUNDDOWN(인수,자릿수)	인수를 지정한 자릿수까지 내림
SUMPRODUCT	=SUMPRODUCT(배열1,배열2,…)	배열1과 배열2를 곱한 값들의 합계를 구함
MOD	=MOD(인수1,인수2)	인수1을 인수2로 나눈 나머지를 구함

03 데이터베이스

함수	예문	설명
DSUM	=DSUM(범위,열 번호,조건 범위)	범위에서 조건에 맞는 자료를 대상으로 지정된 열의 합계
DAVERAGE	=DAVERAGE(범위,열 번호,조건 범위)	범위에서 조건에 맞는 자료를 대상으로 지정된 열의 평균
DCOUNTA	=DCOUNTA(범위,열 번호,조건 범위)	범위에서 조건에 맞는 자료를 대상으로 지정된 열의 비어 있지 않은 셀 개수
DCOUNT	=DCOUNT(범위,열 번호,조건 범위)	범위에서 조건에 맞는 자료를 대상으로 지정된 열의 숫자가 있는 셀 개수

04 통계

함수	예문	설명
MAX	=MAX(인수1,인수2,…)	인수들 중 가장 큰 값을 표시
RANK.EQ	=RANK.EQ(인수1,범위,옵션)	범위에서 셀이 몇 번째 순위인지 구함 옵션이 0이거나 생략 시 내림차순 옵션이 1이면 오름차순
AVERAGE	=AVERAGE(인수1,인수2,…)	인수들의 평균을 구함
COUNTIF	=COUNTIF(범위,조건)	범위에서 조건을 만족하는 셀의 개수를 구함
COUNTA	=COUNTA(인수1,인수2,…)	인수들 중 비어 있지 않은 셀의 개수를 구함
COUNT	=COUNT(인수1,인수2,…)	인수들 중 숫자가 들어 있는 셀의 개수를 구함
COUNTBLANK	=COUNTBLANK(인수1,인수2,…)	인수들 중 비어 있는 셀의 개수를 구함
MIN	=MIN(인수1,인수2,…)	인수들 중 가장 작은 값을 구함
MEDIAN	=MEDIAN(인수1,인수2,…)	인수들 중 중간 값을 구함
LARGE	=LARGE(인수,숫자)	인수에서 숫자 번째로 큰 값을 구함

05 찾기/참조

함수	예문	설명
INDEX	=INDEX(범위,행 번호, 열 번호)	범위에서 행 번호와 열 번호에 위치한 데이터를 표시
MATCH	=MATCH(찾을 값,범위,옵션)	범위에서 찾을 값과 같은 데이터를 찾아 그 위치를 번호로 표시
CHOOSE	=CHOOSE(인수,첫 번째,두 번째,…)	인수가 1일 때 첫 번째, 2일 때 두 번째를 출력
VLOOKUP	=VLOOKUP(찾을 값,범위,열 번호)	범위의 첫 번째 열에서 찾을 값과 같은 데이터를 찾은 후 지정된 열 번호에서 동일한 행에 있는 데이터를 표시

06 논리값

함수	예문	설명
IF	=IF(조건,참,거짓)	조건이 참(TRUE)이면 참 내용을 표시, 거짓(FALSE)이면 거짓 내용을 표시
AND	=AND(조건1,조건2,…)	조건이 모두 참(TRUE)일 때만 TRUE를 표시
OR	=OR(조건1,조건2,…)	조건 중에 하나라도 참(TRUE)이면 TRUE를 표시

※ 이기적 스터디 카페(cafe.naver.com/yjbooks)에서 구매인증하고 "ITQ 엑셀 주요 함수 총정리" PDF를 받아보세요.

이렇게
기막힌
적중률

ITQ OA Master
한글+엑셀+파워포인트 올인원

2권 · 엑셀 ver.2021

"이" 한 권으로 합격의 "기적"을 경험하세요!

YoungJin.com Y.
영진닷컴

차례

난이도에 따라 분류하였습니다.

- **상**: 반드시 반복 연습해야 하는 기능
- **중**: 여러 차례 풀어보아야 하는 기능
- **하**: 수월하게 익힐 수 있는 기능

▶ 표시된 부분은 동영상 강의가 제공됩니다.
이기적 홈페이지(license.youngjin.com)에 접속하여 시청하세요.

▶ 제공하는 동영상과 PDF 자료는 1판 1쇄 기준 2년간 유효합니다.
단, 출제기준안에 따라 동영상 내용은 변경될 수 있습니다.

ITQ 부록 & 구매 인증 자료

ITQ 실습용
압축 파일

기출문제/모의고사
해설 PDF

주요 함수 총정리
구매 인증 자료

※ 부록 자료 다운로드 방법
이기적 홈페이지(license.youngjin.com) 접속 → [자료실]-[ITQ] 클릭 →
도서 이름으로 게시물 찾기 → 첨부파일 다운로드 후 압축 해제

※ 구매 인증 자료 다운로드 방법
이기적 스터디 카페(cafe.naver.com/yjbooks) 접속 → '구매 인증 PDF
증정' 게시판 → 구매 인증 → 메일로 자료 받기

ITQ 합격에 필요한 자료를 모두 모았습니다.

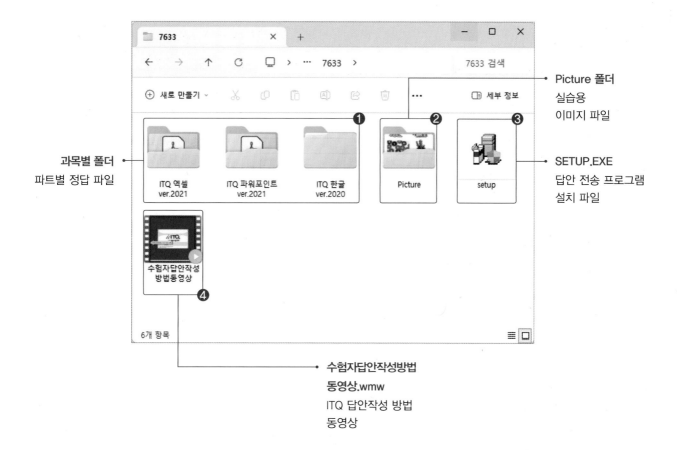

과목별 폴더
파트별 정답 파일

Picture 폴더
실습용
이미지 파일

SETUP.EXE
답안 전송 프로그램
설치 파일

수험자답안작성방법
동영상.wmw
ITQ 답안작성 방법
동영상

다운로드 방법

① 이기적 영진닷컴(license.youngjin.com)에 접속한다.
② 상단 메인 메뉴에서 [자료실] – [ITQ]를 클릭한다.
③ '[2025] 이기적 ITQ 올인원 OA Master ver.2020+2021 부록 자료' 게시글을 클릭하여 첨부파일을 다운로드한다.

사용 방법

① 다운로드한 '7633.zip' 압축 파일에서 마우스 오른쪽 버튼을 눌러 압축을 해제한다.
② 압축이 풀린 후 '7633' 폴더를 더블 클릭하여 모든 파일이 들어 있는지 확인한다.

※ ITQ 시험은 빈 문서에서 내용을 입력하는 것부터 시험 시작입니다. 처음 시험 공부를 하실 때에는 빈 문서에서 차근차근 연습해 주세요.

ITQ 엑셀은 엑셀 스프레드시트 프로그램의 주요 기능을 두루 이해하고, 활용할 수 있는지를 평가하는 시험입니다. 타 과목에 비해서 학습 난이도가 있지만 실무적인 활용도가 가장 높은 과목입니다. 60분 동안 4개의 작업시트를 작성해야 합니다.

제1작업 표 서식 작성 및 값 계산 —————————————————— 배점 240점

제품코드	제품명	제조사	용기	판매가격	환산가격(1g)	판매수량(단위:개)	순위	뚜껑
NG43-411	너구리	농심	종이(외면)	1,240원	6.8	1,562	1	에틸렌초산비닐
NP96-451	신라면	농심	폴리스틸렌	800원	7.7	2,465	4	폴리에틸렌
PL11-542	롯데라면컵	팔도	종이(외면)	750원	7.6	954	3	폴리에틸렌
RT27-251	진라면순한맛	오뚜기	종이(외면)	950원	7.0	2,056	2	폴리에틸렌
DT49-211	참깨라면	오뚜기	종이(외면)	840원	8.6	1,625	5	폴리에틸렌
PL13-252	손짬뽕컵	팔도	폴리스틸렌수지	1,280원	11.0	865	6	에틸렌초산비닐
PL11-422	공화춘짬뽕	팔도	폴리스틸렌	1,280원	11.1	1,245	8	폴리에틸렌
NA21-451	육개장	농심	폴리스틸렌	850원	11.0	1,432	6	에틸렌초산비닐
종이(외면) 용기 제품의 개수				4개		최저 판매수량(단위:개)		954
오뚜기 제품의 판매가격 평균				895		제품코드	NG43-411	판매가격	1562

제목: 컵라면 가격 및 판매수량

결재 | 담당 | 팀장 | 대표

✅ **체크포인트**
– 셀 서식 기능과 유효성 검사
– 셀 병합 기능과 열 너비 조정
– 서식 도구 모음의 활용과 다양한 함수의 활용
– 그림 복사 기능과 조건부 서식 지정
– 그리기 도구 활용과 그림자 스타일 적용

▶ **평가기능** : 조건에 따른 서식과 다양한 함수 사용 능력 등을 종합적으로 평가

제2작업 목표값 찾기 및 필터/필터 및 서식 —————————————————— 배점 80점

전시코드	전시명	전시구분	전시장소	전시 시작일	관람인원(단위:명)	전시기간
A2314	메소포타미아	상설	1전시실	2023-07-08	18,020	61
B3242	분청사기	외부	시립박물관	2023-06-02	15,480	30
S4372	거장의 시선	특별	특별전시실	2023-05-10	45,820	25
B3247	외규장각 의궤	외부	역사박물관	2023-05-12	27,500	30
A2344	반가사유상	상설	2전시실	2023-07-05	28,000	92
A2313	목칠공예	상설	3전시실	2023-06-05	48,000	57
S2314	부처의 웃음	특별	특별전시실	2023-07-01	52,400	80
S4325	근대 문예인	특별	특별전시실	2023-07-10	36,780	20
관람인원 전체 평균						34,00

전시코드	관람인원(단위:명)					
B*						
	>=50000					

전시코드	전시구분	관람인원(단위:명)	전시기간			
B3242	외부	15,480	30일			
B3247	외부	27,500	30일			
S2314	특별	52,400	80일			

✅ **체크포인트**
– 셀의 복사와 간단한 함수 이용
– 중복 데이터 제거와 자동 필터
– 선택하여 붙여넣기
– 고급 필터, 표 서식
– 목표값 찾기

▶ **평가기능** : 제1작업의 데이터를 이용하여 고급 필터 능력과 서식 적용 능력, 중복 데이터 제거 능력, 자동 필터 능력을 평가 '목표값 찾기 및 필터'와 '필터 및 서식' 중 한 가지가 출제됨

제3작업 정렬 및 부분합/피벗 테이블 ───────────────── 배점 80점

	B	C	D	E	F	G	H
	전시코드	전시명	전시구분	전시장소	전시 시작일	관람인원 (단위:명)	전시기간
3	S4372	거장의 시선	특별	특별전시실	2023-05-10	45,820	25일
4	S2314	부처의 뜰	특별	특별전시실	2023-07-01	52,400	80일
5	S4325	근대 문예인	특별	특별전시실	2023-07-10	36,780	20일
6			특별 평균			45,000	
7		3	특별 개수				
8	A2314	메소포타미아	상설	1전시실	2023-07-08	12,750	61일
9	A2344	반가사유상	상설	2전시실	2023-07-05	28,000	92일
10	A2313	목칠공예	상설	3전시실	2023-06-05	48,000	57일
11			상설 평균			29,583	
12		3	상설 개수				
13	B3242	분청사기	외부	시립박물관	2023-06-02	15,480	30일
14	B3247	외규장각 의궤	외부	역사박물관	2023-05-12	27,500	30일
15			외부 평균			21,490	
16		2	외부 개수				

전시 시작일 ▼	외부			특별			상설		
	개수 : 전시명	평균 : 관람인원(단위:명)		개수 : 전시명	평균 : 관람인원(단위:명)		개수 : 전시명	평균 : 관람인원(단위:명)	
5월	1	27,500		1	45,820	**	**	
6월	1	15,480	**	**		1	48,000	
7월	**	**		2	44,590	2	20,375	
총합계	2	21,490	3	45,000	3	29,583		

✅ 체크포인트
– 셀의 복사와 정렬
– 윤곽 지우기
– 선택하여 붙여넣기
– 부분합과 피벗 테이블의 자세한 기능

▶ **평가기능** : 필드별 분류, 계산 능력과 특정 항목의 요약 · 분석 능력 평가
 '정렬 및 부분합', '피벗 테이블' 중 한 가지가 출제됨

제4작업 그래프 ───────────────────────────── 배점 100점

✅ 체크포인트
– 차트 종류와 데이터 범위 파악
– 차트 제목의 글꼴과 채우기
– 범례의 위치 및 수정
– 차트 영역 글꼴과 채우기 설정
– 축 최소값, 최대값, 주 단위 설정
– 그림 영역 채우기
– 데이터 계열 표식과 레이블 설정
– 도형 삽입

▶ **평가기능** : 차트 작성 능력 평가

PART

01

시험 유형 따라하기

답안 작성요령

CHAPTER 01 답안 작성요령

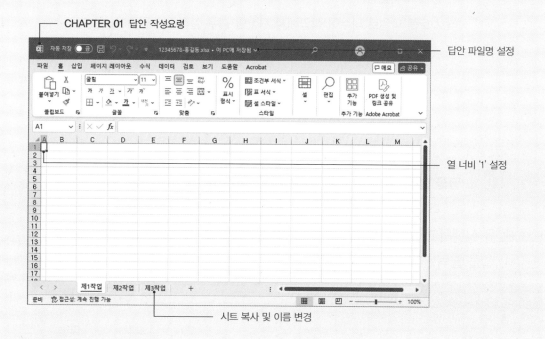

답안 파일명 설정

열 너비 '1' 설정

시트 복사 및 이름 변경

출제포인트

열 너비 설정 · 시트 이름 변경

A등급 TIP

답안 작성요령은 배점은 따로 없으나 앞으로 작성할 모든 문서의 틀이 되는 부분이므로 실수 없이 꼼꼼히 작업해야 합니다. 엑셀의 화면 구성과 각 기능의 명칭을 살펴보며 익혀 보세요.

CHAPTER

01

답안 작성요령

▶ 합격 강의

난 이 도 상 중 (하)
반복학습 ①②③

정답파일 PART 01 시험 유형 따라하기\CHAPTER01_정답.xlsx

답안 작성요령	• 온라인 답안 작성 절차 수험자 등록 ⇒ 시험 시작 ⇒ 답안파일 저장 ⇒ 답안 전송 ⇒ 시험 종료 • 문제는 총 4단계, 즉 제1작업부터 제4작업까지 구성되어 있으며 반드시 제1작업부터 순서대로 작성하고 조건대로 작업하시오. • 모든 작업시트의 A열은 열 너비 '1'로, 나머지 열은 적당하게 조절하시오. • 답안 시트 이름은 "제1작업", "제2작업", "제3작업", "제4작업"이어야 하며 답안 시트 이외의 것은 감점 처리됩니다. • 각 시트를 파일로 나누어 작업해서 저장할 경우 실격 처리됩니다.

SECTION 01 글꼴 설정, 열 너비 조절, 시트 이름 변경

① EXCEL을 실행하고, [새로 만들기]의 [새 통합 문서]를 클릭하여 새 문서를 만든다.
→ 「A1」 셀을 클릭한다.

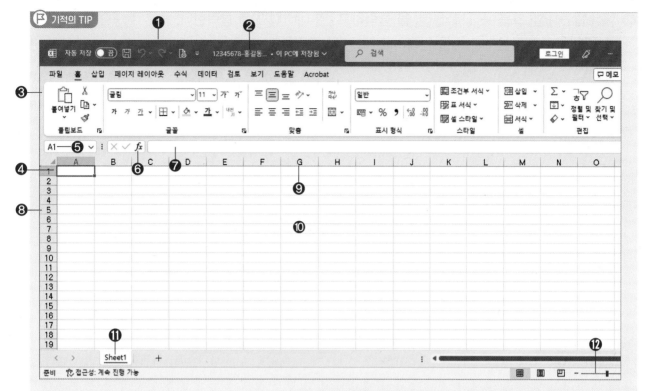

❶ **빠른 실행 도구 모음** : [저장], [실행 취소], [다시 실행] 등으로 구성되어 있다.
❷ **제목 표시줄** : 현재 열려 있는 문서의 이름이 표시된다.
❸ **리본 메뉴** : [탭]을 클릭하면 관련된 [그룹]과 [아이콘]들이 보여진다.

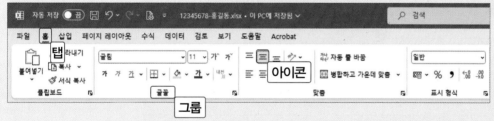

❹ **셀** : 행과 열이 교차하는 공간이다.
❺ **이름 상자** : 현재 셀 위치를 나타낸다.
❻ **함수 삽입(함수 마법사)** : 함수를 검색해서 입력할 수 있는 함수 마법사를 실행한다.
❼ **수식 입력줄** : 셀에 데이터나 수식을 입력할 수 있다.
❽ **행 머리글** : 행을 나타내는 숫자가 표시된다. 클릭하면 행 전체가 선택된다.
❾ **열 머리글** : 열을 나타내는 문자가 표시된다. 클릭하면 열 전체가 선택된다.
❿ **워크시트** : 문서를 작업하는 공간으로 셀들로 구성된다.
⓫ **시트 탭** : 시트의 이름이 표시된다.
⓬ **확대/축소** : 워크시트를 확대 및 축소하여 볼 수 있다.

② [홈] 탭 – [셀] 그룹 – [서식](📋)을 클릭하고 [열 너비](📋)를 클릭한다.
 → [열 너비] 대화상자에 『1』을 입력하고 [확인]을 클릭한다.

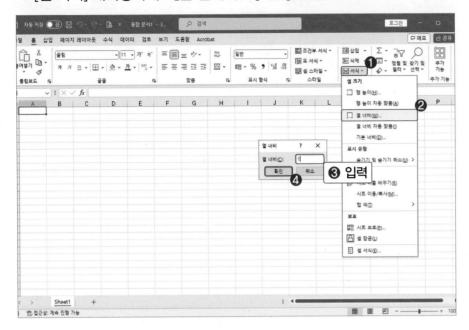

③ "제1작업" 시트에서 [모두 선택](◢) 버튼을 클릭한다.
 → 글꼴은 '굴림', 크기는 '11'을 설정한다.

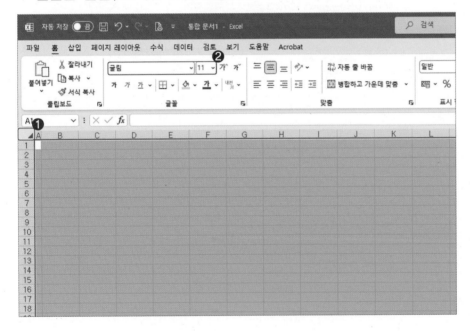

Excel의 기본 글꼴을 설정하는 방법

다음의 방법으로 Excel 프로그램 실행 시 모든 시트의 기본 글꼴을 설정할 수 있다.

1. [파일]을 클릭하여 메뉴화면이 바뀌면 왼쪽 하단의 [옵션]을 클릭한다.

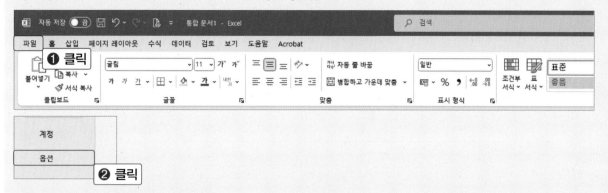

2. Excel 옵션 창의 **새 통합 문서 만들기**에서 기본 글꼴을 설정한다.

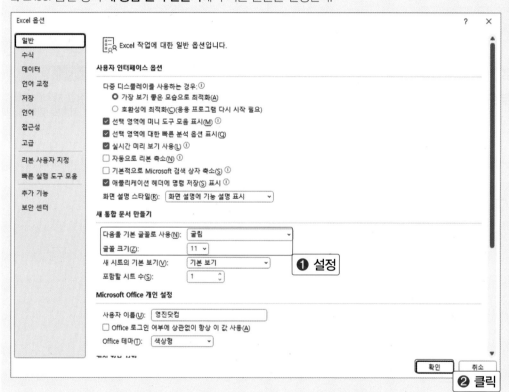

3. 메시지 창이 나타나면 [확인]을 클릭하고, Excel을 종료 후 다시 실행한다.

④ 아래의 "Sheet1" 시트를 Ctrl 을 누른 채 오른쪽으로 마우스 드래그하여
  복사한다.
  → 한 번 더 복사하여 3개의 시트를 만든다.

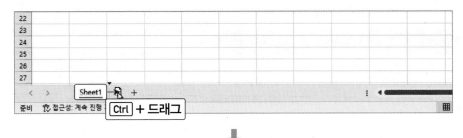

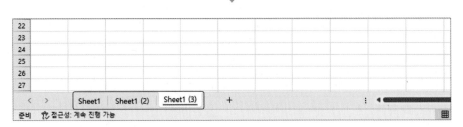

⑤ "Sheet1" 시트를 더블클릭하고 『제1작업』으로 이름을 변경한다.
  → 나머지 시트도 각각 『제2작업』, 『제3작업』으로 이름을 변경한다.

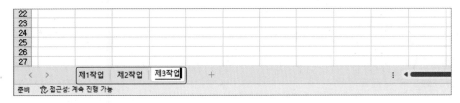

B 기적의 TIP

제4작업 시트는 차트 작성
작업 시 따로 만들게 된다.

① [파일]을 클릭한다.

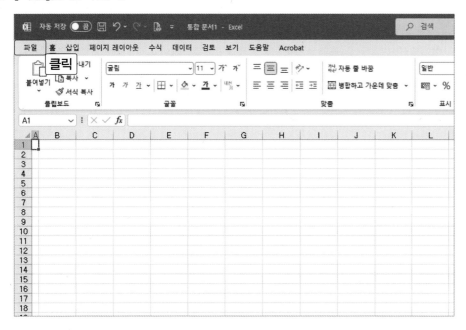

② [다른 이름으로 저장] – [찾아보기]를 클릭한다.

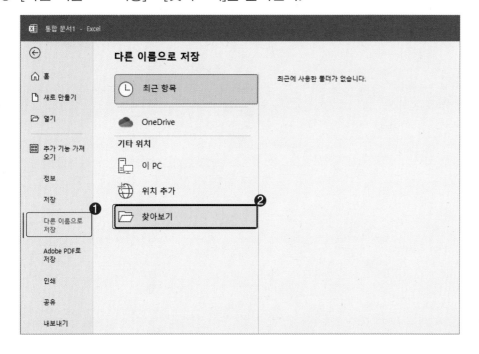

🅑 기적의 TIP

작업 시 수시로 저장하며
예상치 못한 문제 발생에
대비하는 것이 좋다.
저장 단축키 : Ctrl + S

③ 나타나는 대화상자에서 파일을 저장할 폴더로 이동한다(시험에서는 '내
PC₩문서₩ITQ' 폴더).
→ 파일 이름을 입력하고 [저장]을 클릭한다.

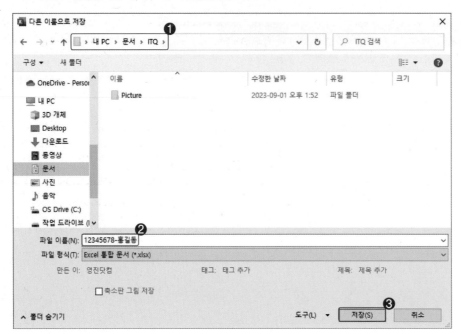

제1작업
표 서식 작성 및 값 계산

배점 **240점** | A등급 목표점수 **200점**

CHAPTER 03 도형 및 제목 작성

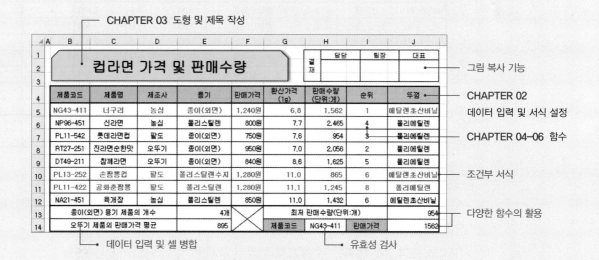

	컬라면 가격 및 판매수량					결재	담당	팀장	대표
제품코드	제품명	제조사	용기	판매가격	환산가격 (1g)	판매수량 (단위:개)	순위	뚜껑	
NG43-411	너구리	농심	종이(외면)	1,240원	6.8	1,562	1	메틸렌초산비닐	
NP96-451	신라면	농심	폴리스틸렌	800원	7.7	2,465	4	폴리에틸렌	
PL11-542	롯데라면컵	팔도	종이(외면)	750원	7.6	954	3	폴리에틸렌	
RT27-251	진라면순한맛	오뚜기	종이(외면)	950원	7.0	2,056	2	폴리에틸렌	
DT49-211	참깨라면	오뚜기	종이(외면)	840원	8.6	1,625	5	폴리에틸렌	
PL13-252	손짬뽕컵	팔도	폴리스탈렌수지	1,280원	11.0	865	6	메틸렌초산비닐	
PL11-422	공화춘짬뽕	팔도	폴리스틸렌	1,280원	11.1	1,245	8	폴리에틸렌	
NA21-451	육개장	농심	폴리스틸렌	850원	11.0	1,432	6	에틸렌초산비닐	
종이(외면) 용기 제품의 개수				4개		최저 판매수량(단위:개)			954
오뚜기 제품의 판매가격 평균				895		제품코드	NG43-411	판매가격	1562

— 그림 복사 기능

CHAPTER 02
데이터 입력 및 서식 설정

CHAPTER 04~06 함수

조건부 서식

다양한 함수의 활용

데이터 입력 및 셀 병합

유효성 검사

출제포인트

셀 서식 · 유효성 검사 · 셀 병합 · 열 너비 조정 · 서식 도구 모음의 활용 · 다양한 함수의 활용 · 그림 복사 기능 · 조건부 서식 · 그리기 도구 활용 · 그림자 스타일

출제기준

출력형태의 표를 작성하여 조건에 따른 서식과 다양한 함수 사용 능력을 종합적으로 평가하는 문항입니다.

A등급 TIP

제1작업은 가장 배점이 높으며 제2, 3, 4작업이 제1작업 데이터를 기반으로 하기 때문에, 틀린 내용이 발생하면 합격이 어려울 수 있습니다. 계산작업을 포함한 다양한 기능을 사용해야 하므로 집중해서 연습하세요.

[제1작업]
데이터 입력 및 서식 설정

▶ 합격 강의

문제파일 PART 01 시험 유형 따라하기₩CHAPTER02.xlsx
정답파일 PART 01 시험 유형 따라하기₩CHAPTER02_정답.xlsx

문제보기

• 모든 작업시트의 테두리는 《출력형태》와 같이 작업하시오.
• 해당 작업란에서는 각각 제시된 조건에 따라 《출력형태》와 같이 작업하시오.

출력형태

제품코드	제품명	제조사	용기	판매가격	환산가격 (1g)	판매수량 (단위:개)	순위	뚜껑
NG43-411	너구리	농심	종이(외면)	1,240	6.8	1,562		
NP96-451	신라면	농심	폴리스틸렌	800	7.7	2,465		
PL11-542	롯데라면컵	팔도	종이(외면)	750	7.6	954		
RT27-251	진라면순한맛	오뚜기	종이(외면)	950	7.0	2,056		
DT49-211	참깨라면	오뚜기	종이(외면)	840	8.6	1,625		
PL13-252	손짬뽕컵	팔도	폴리스틸렌수지	1,280	11.0	865		
PL11-422	공화춘짬뽕	팔도	폴리스틸렌	1,280	11.1	1,245		
NA21-451	육개장	농심	폴리스틸렌	850	11.0	1,432		
종이(외면) 용기 제품의 개수						최저 판매수량(단위:개)		
오뚜기 제품의 판매가격 평균						제품코드	NG43-411	판매가격

조건

• 모든 데이터의 서식에는 글꼴(굴림, 11pt), 정렬은 숫자 및 회계 서식은 오른쪽 정렬, 나머지 서식은 가운데 정렬로 작성하며 예외적인 것은 《출력형태》를 참조하시오.
• 「B4:J4, G14, I14」 영역은 '주황'으로 채우기 하시오.
• 셀 서식 ⇒ 「F5:F12」 영역에 셀 서식을 이용하여 숫자 뒤에 '원'을 표시하시오(예 : 1,240원).
• 유효성 검사를 이용하여 「H14」 셀에 제품코드(「B5:B12」 영역)가 선택 표시되도록 하시오.
• 「F5:F12」 영역에 대해 '판매가격'으로 이름 정의를 하시오.
• 조건부 서식의 수식을 이용하여 판매가격이 '1,000' 이상인 행 전체에 다음의 서식을 적용하시오(글꼴 : 파랑, 굵게).

① "제1작업" 시트에 ≪출력형태≫에 제시된 내용을 입력한다.

	A	B	C	D	E	F	G	H	I	J
1										
2										
3										
4		제품코드	제품명	제조사	용기	판매가격	환산가격 (1g)	판매수량 (단위:개)	순위	뚜껑
5		NG43-411	너구리	농심	종이(외면)	1240	6.8	1562		
6		NP96-451	신라면	농심	폴리스틸렌	800	7.7	2465		
7		PL11-542	롯데라면컵	팔도	종이(외면)	750	7.6	954		
8		RT27-251	진라면순한	오뚜기	종이(외면)	950	7	2056		
9		DT49-211	참깨라면	오뚜기	종이(외면)	840	8.6	1625		
10		PL13-252	손짬뽕컵	팔도	폴리스틸렌	1280	11	865		
11		PL11-422	공화춘짬뽕	팔도	폴리스틸렌	1280	11.1	1245		
12		NA21-451	육개장	농심	폴리스틸렌	850	11	1432		
13		종이(외면) 용기 제품의 개수					최저 판매수량(단위:개)			
14		오뚜기 제품의 판매가격 평균					제품코드		판매가격	
15										

② 「B13:D13」 영역을 마우스 드래그하여 블록 설정한다.
　→ Ctrl 을 누른 채 「B14:D14」, 「F13:F14」, 「G13:I13」 영역을 각각 블록 설정한다.
　→ [홈] 탭 – [맞춤] 그룹 – [병합하고 가운데 맞춤](圉)을 클릭한다.

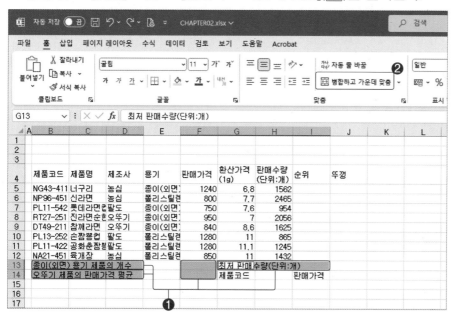

기적의 TIP

표 안의 데이터는 출력형태를 참고하여 모두 직접 입력해야 한다. 빠르게 데이터를 입력하려면 입력 후 Tab 을 누르면 우측 셀로 바로 이동할 수 있고, Enter 를 누르면 아래 셀로 바로 이동할 수 있다.

기적의 TIP

한 개의 셀에 두 줄 이상의 내용을 입력할 때는 Alt + Enter 를 눌러 줄바꿈한다.

③ 「B4:J4」 영역을 블록 설정한다.

→ Ctrl 을 누른 채 「B5:J12」, 「B13:J14」 영역을 각각 블록 설정한다.

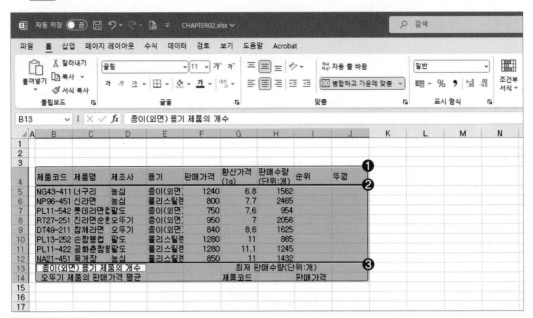

④ [홈] 탭 – [글꼴] 그룹의 [테두리]에서 [모든 테두리](⊞)를 선택한다.

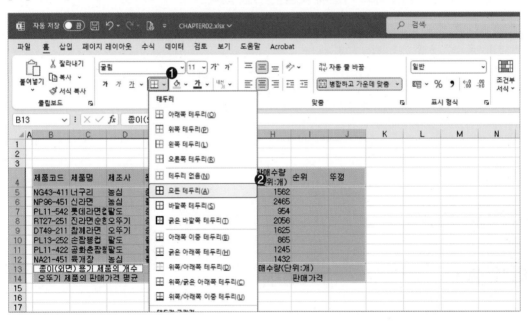

⑤ [테두리]에서 [굵은 바깥쪽 테두리](⊞)를 클릭한다.

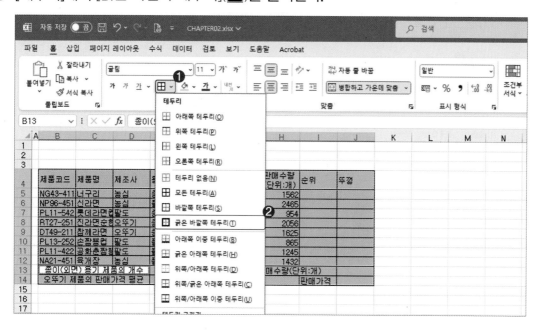

⑥ 「F13:F14」 영역을 클릭한다.

→ [테두리]에서 [다른 테두리](⊞)를 클릭하면 [셀 서식] 대화상자가 나타난다.

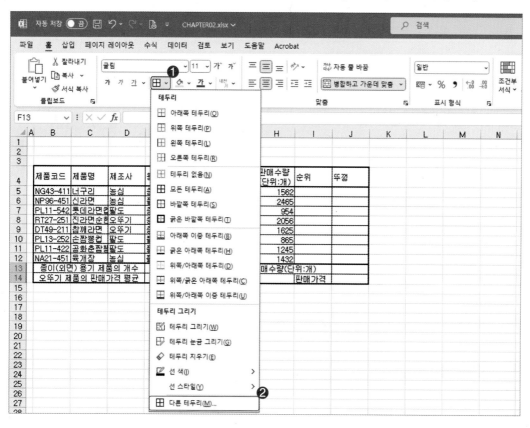

⑦ 선 스타일에서 [가는 실선](――――)을 클릭한다.
→ 두 개의 [대각선](☑)(☒)을 각각 클릭하고 [확인]을 클릭한다.

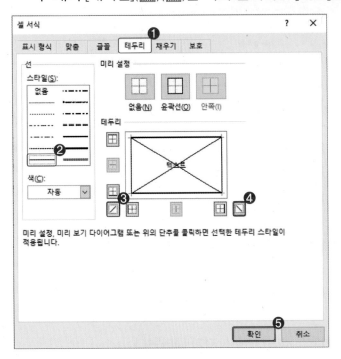

행 높이, 열 너비

---

① 조절하고자 하는 영역을 블록 설정한다.
→ [홈] 탭 – [셀] 그룹 – [서식]()을 클릭하여 행 높이와 열 너비를 직
접 수치로 조절할 수 있다.

> **기적의 TIP**
>
> 행과 열의 머리글 경계선
> (⬌)(⬌)을 마우스 드래그하
> 면 간단히 조절할 수 있다.

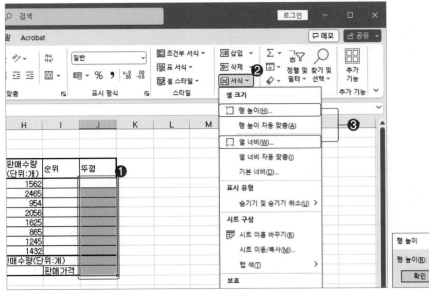

① 「B4:J4」 영역을 블록 설정한다.

　→ Ctrl 을 누른 채 「G14」 셀과 「I14」 셀을 블록 설정한다.

② [홈] 탭 – [글꼴] 그룹 – [채우기 색](🖌)에서 '주황'을 선택한다.

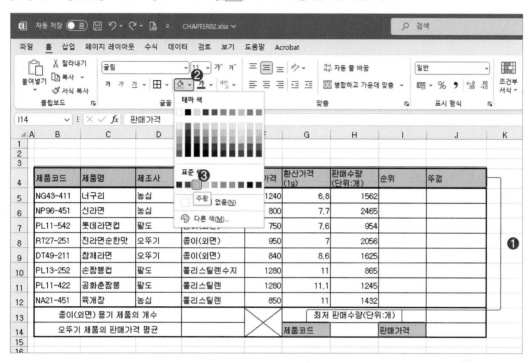

③ [홈] 탭 – [맞춤] 그룹 – [가운데 맞춤](☰)을 클릭한다.

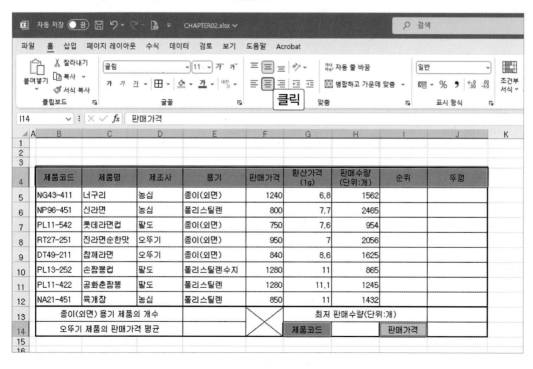

④ 「B5:E12」 영역을 블록 설정한다.
→ [홈] 탭 – [맞춤] 그룹 – [가운데 맞춤](☰)을 클릭한다.

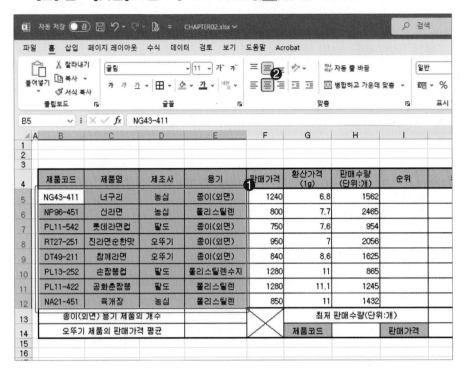

⑤ 숫자 및 회계 영역인 「F5:H12」를 블록 설정한다.
→ [홈] 탭 – [맞춤] 그룹 – [오른쪽 맞춤](☰)을 클릭한다.

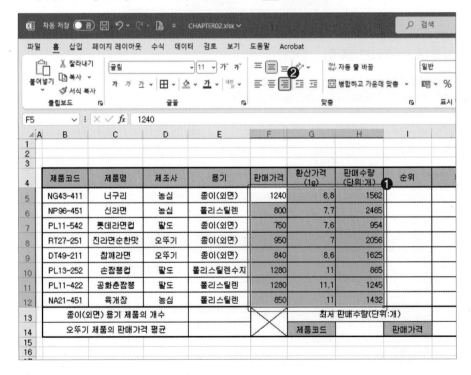

B 기적의 TIP

숫자 및 회계 서식은 오른쪽 맞춤, 나머지 서식은 가운데 맞춤으로 주로 출제된다.

① '판매가격'에 대한 셀 서식을 지정하기 위해 「F5:F12」 영역을 블록 설정
한다.

→ 마우스 오른쪽 클릭하여 [셀 서식](▦)을 클릭한다.

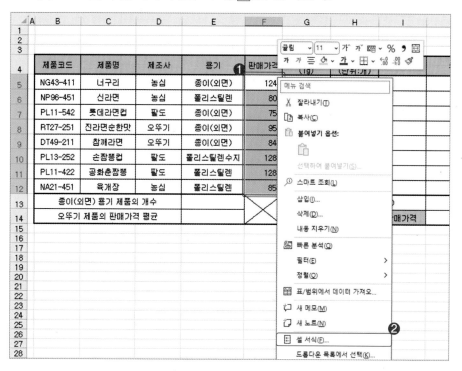

② [셀 서식] 대화상자 – [표시 형식] 탭의 범주에서 '사용자 지정'을 클릭한다.

→ #,##0을 선택하고 『"원"』을 추가로 입력한 후 [확인]을 클릭한다.

> **기적의 TIP**
>
> **#,##0"원"**
> 천 단위마다 구분 쉼표를
> 넣고 단위를 "원"으로 표시
> 한다. #은 유효하지 않은 0
> 값을 표시하지 않는다.
> 📵 0010을 입력하면 10으
> 로 표시

③ 「G5:G12」영역을 블록 설정한다.

→ 마우스 오른쪽 클릭하여 [셀 서식]()을 클릭한다.

④ [셀 서식] 대화상자 – [표시 형식] 탭의 범주에서 '숫자'를 클릭한다.

→ 소수 자릿수에 『1』을 입력한 후 [확인]을 클릭한다.

⑤ 「H5:H12」 영역을 블록 설정한다.

→ 마우스 오른쪽 클릭하여 [셀 서식](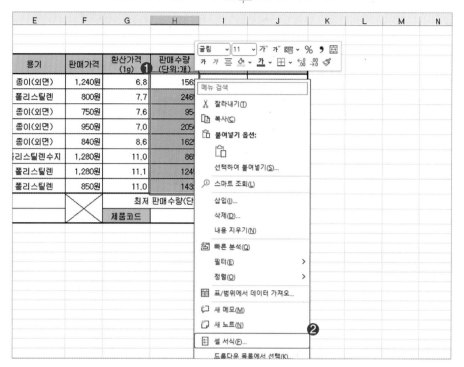)을 클릭한다.

⑥ [셀 서식] 대화상자 – [표시 형식] 탭의 범주에서 '숫자'를 클릭한다.

→ 1000 단위 구분 기호(,) 사용에 체크한 후 [확인]을 클릭한다.

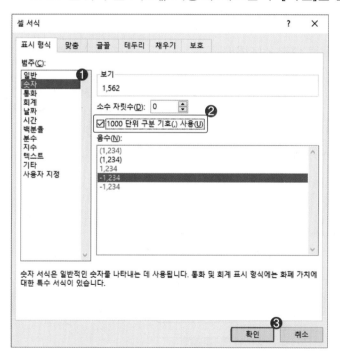

🅑 기적의 TIP

표시 형식의 범주에서 회계를 선택해도 1000 단위 구분 기호가 사용된다.
숫자 범주와의 차이는 차트에서 0이 –로 표시되는 것이 다르다.

① 「H14」 셀을 클릭한다.

→ [데이터] 탭 – [데이터 도구] 그룹 – [데이터 유효성 검사](☑)를 클릭한다.

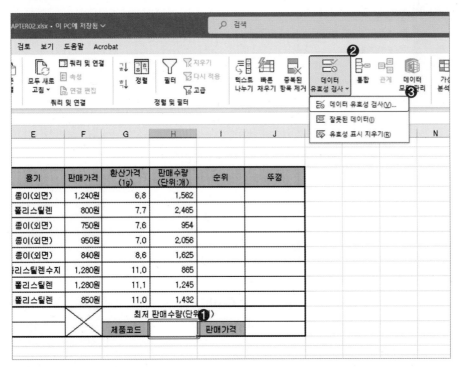

② [데이터 유효성] 대화상자에서 제한 대상을 '목록'으로 설정한다.

→ 원본 입력란을 클릭하고 「B5:B12」 영역을 마우스 드래그한 후 [확인]을 클릭한다.

> **기적의 TIP**
>
> 원본 입력란에 직접 텍스트를 입력할 수도 있다.
> 직접 입력 시에는 목록을 쉼표(,)로 구분한다.

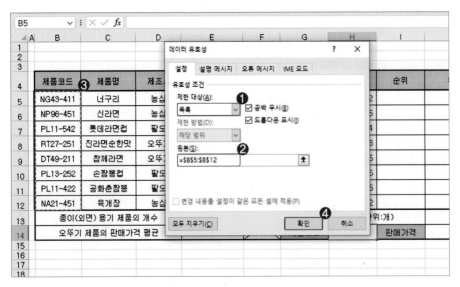

③ 「H14」 셀에 드롭다운 버튼이 생성된 것을 확인한다.
  → [홈] 탭 – [맞춤] 그룹 – [가운데 맞춤](三)을 클릭한다.

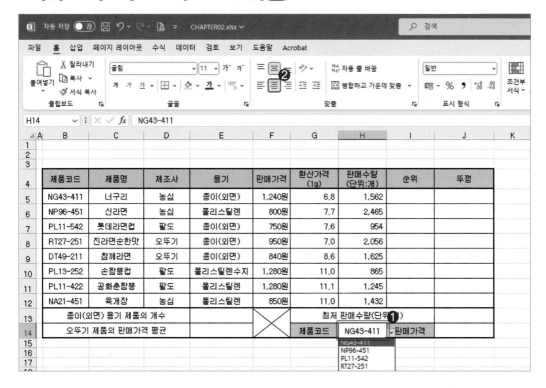

SECTION 06 이름 정의

① 「F5:F12」 영역을 블록 설정한다.
  → [수식] 탭 – [정의된 이름] 그룹 – [이름 정의](⟋)를 클릭한다.

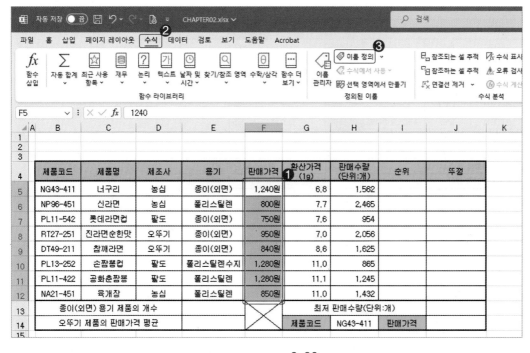

② 이름에 『판매가격』을 입력하고 [확인]을 클릭한다.

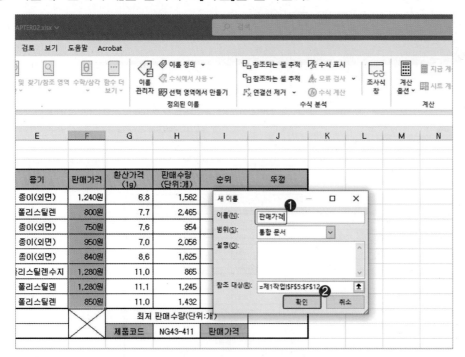

③ 「F5:F12」 영역을 블록 설정했을 때 [이름 상자]에 『판매가격』이 표시되는 것을 확인한다.

🄵 기적의 TIP

[이름 관리자](🄲)에서 정의된 이름을 관리할 수 있다.

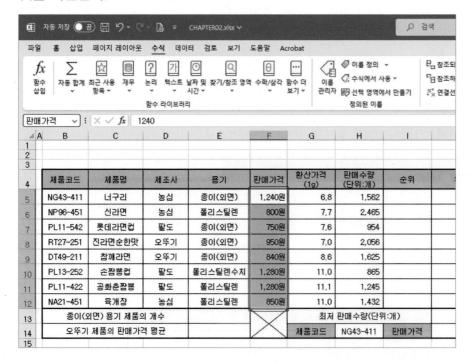

① 「B5:J12」 영역을 블록 설정한다.

→ [홈] 탭 - [스타일] 그룹 - [조건부 서식](▦)을 클릭하고 [새 규칙](▦)을 클릭한다.

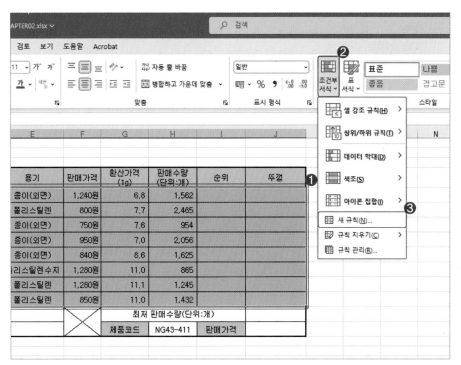

② [새 서식 규칙] 대화상자에서 '▶ 수식을 사용하여 서식을 지정할 셀 결정'을 클릭한다.

→ 『=$F5>=1000』을 입력하고 [서식]을 클릭한다.

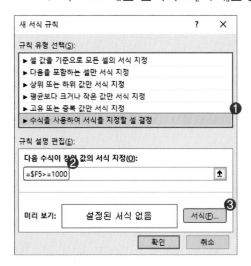

③ [셀 서식] 대화상자에서 글꼴 스타일을 '굵게', 색을 '파랑'으로 설정하고 [확인]을 클릭한다.

→ 다시 [새 서식 규칙] 대화상자로 돌아오면 [확인]을 클릭한다.

④ F열 판매가격이 1,000원 이상인 행에 서식이 적용된다.

	A	B	C	D	E	F	G	H	I	J	K
1											
2											
3											
4		제품코드	제품명	제조사	용기	판매가격	환산가격 (1g)	판매수량 (단위:개)	순위	뚜껑	
5		NG43-411	너구리	농심	종이(외면)	1,240원	6.8	1,562			
6		NP96-451	신라면	농심	폴리스틸렌	800원	7.7	2,465			
7		PL11-542	롯데라면컵	팔도	종이(외면)	750원	7.6	954			
8		RT27-251	진라면순한맛	오뚜기	종이(외면)	950원	7.0	2,056			
9		DT49-211	참깨라면	오뚜기	종이(외면)	840원	8.6	1,625			
10		PL13-252	손짬뽕컵	팔도	폴리스틸렌수지	1,280원	11.0	865			
11		PL11-422	공화춘짬뽕	팔도	폴리스틸렌	1,280원	11.1	1,245			
12		NA21-451	육개장	농심	폴리스틸렌	850원	11.0	1,432			
13		종이(외면) 용기 제품의 개수						최저 판매수량(단위:개)			
14		오뚜기 제품의 판매가격 평균					제품코드	NG43-411	판매가격		
15											
16											
17											
18											
19											
20											

CHAPTER

03

난이도 상 중 (하)
반복학습 1 2 3

[제1작업]

도형 및 제목 작성

▶ 합격 강의

문제파일 PART 01 시험 유형 따라하기\CHAPTER03.xlsx
정답파일 PART 01 시험 유형 따라하기\CHAPTER03_정답.xlsx

문제보기

출력형태

	제품코드	제품명	제조사	용기	판매가격	환산가격 (1g)	판매수량 (단위:개)	순위	뚜껑

컵라면 가격 및 판매수량

결재	담당	팀장	대표

제품코드	제품명	제조사	용기	판매가격	환산가격 (1g)	판매수량 (단위:개)	순위	뚜껑
NG43-411	너구리	농심	종이(외면)	1,240원	6.8	1,562		
NP96-451	신라면	농심	폴리스틸렌	800원	7.7	2,465		
PL11-542	롯데라면컵	팔도	종이(외면)	750원	7.6	954		
RT27-251	진라면순한맛	오뚜기	종이(외면)	950원	7.0	2,056		
DT49-211	참깨라면	오뚜기	종이(외면)	840원	8.6	1,625		
PL13-252	손짬뽕컵	팔도	폴리스틸렌수지	1,280원	11.0	865		
PL11-422	공화춘짬뽕	팔도	폴리스틸렌	1,280원	11.1	1,245		
NA21-451	육개장	농심	폴리스틸렌	850원	11.0	1,432		
종이(외면) 용기 제품의 개수						최저 판매수량(단위:개)		
오뚜기 제품의 판매가격 평균					제품코드	NG43-411	판매가격	

조건

- 제목 ⇒ 도형(사각형: 잘린 위쪽 모서리)과 그림자(오프셋 오른쪽)를 이용하여 작성하고 "컵라면 가격 및 판매수량"을 입력한 후 다음 서식을 적용하시오
  (글꼴 – 굴림, 24pt, 검정, 굵게, 채우기 – 노랑).
- 임의의 셀에 결재란을 작성하여 그림으로 복사 기능을 이용하여 붙이기 하시오(단, 원본 삭제).

① 출력형태를 참고하여 도형이 들어갈 1~3행 높이를 적당히 조절한다.

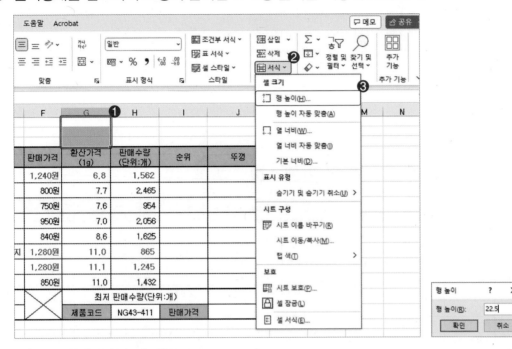

② [삽입] 탭 – [일러스트레이션] 그룹 – [도형](🔘)을 클릭하고 [사각형: 잘린 위쪽 모서리]를 클릭한다.

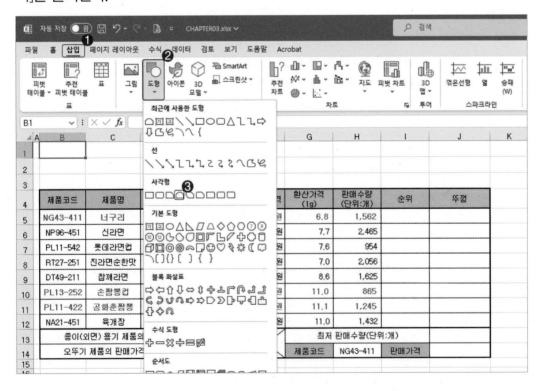

③ 마우스 포인터 모양이 +가 된 상태에서 「B1」 셀부터 「G3」 셀까지 드래그하여 도형을 그린다.

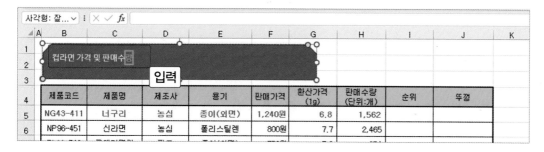

④ 노란색 조절점을 움직여 도형의 모양을 조절한다.

⑤ 도형에 『컵라면 가격 및 판매수량』을 입력한다.

⑥ 도형의 배경색 부분을 클릭한다.
→ [홈] 탭 – [글꼴] 그룹에서 글꼴 '굴림', 크기 '24', [굵게], [채우기 색](🖌) '노랑', [글꼴 색](가) '검정'을 설정한다.

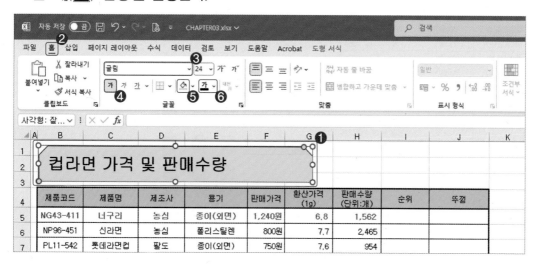

⑦ [맞춤] 그룹에서 가로와 세로 모두 [가운데 맞춤](☰, ☰)을 클릭한다.

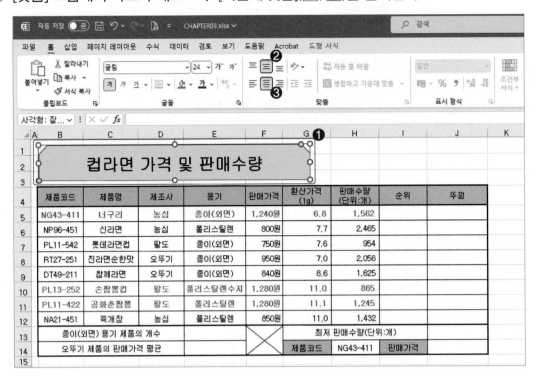

⑧ [도형 서식] 탭 – [도형 스타일] 그룹 – [도형 효과](⬚)를 클릭하고 [그림자] – [오프셋: 오른쪽]을 클릭한다.

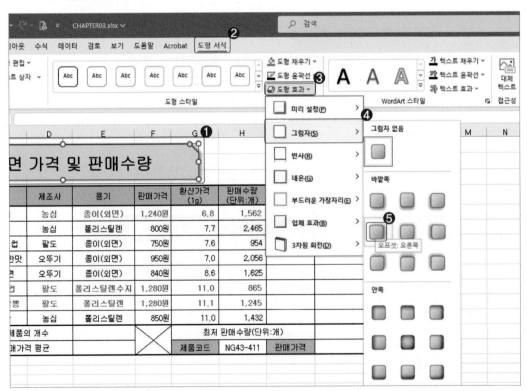

① 『결재』가 입력될 두 개의 셀을 블록 설정한다.

→ [홈] 탭 – [맞춤] 그룹 – [병합하고 가운데 맞춤](⊞)을 클릭한다.

🅑 기적의 TIP

결재란은 앞에 작성한 내용과 행이나 열이 겹치지 않는 셀에서 작성한다. 여기서는 「L16」 셀에서 작성한다.

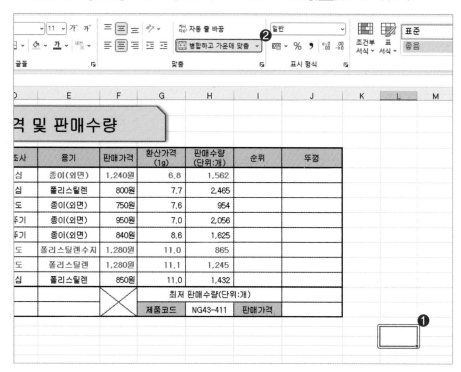

② 『결재』를 입력한다.

→ [홈] 탭 – [맞춤] 그룹 – [방향](📐)을 클릭하고 [세로 쓰기](⬇️)를 클릭한다.

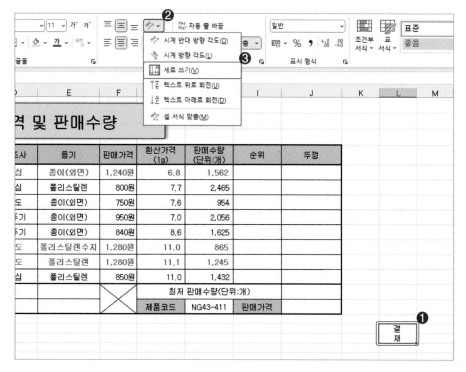

③ 텍스트를 모두 입력하고 행 높이와 열 너비를 조절한다.

→ [홈] 탭 – [맞춤] 그룹 – [가운데 맞춤](三)을 클릭한다.

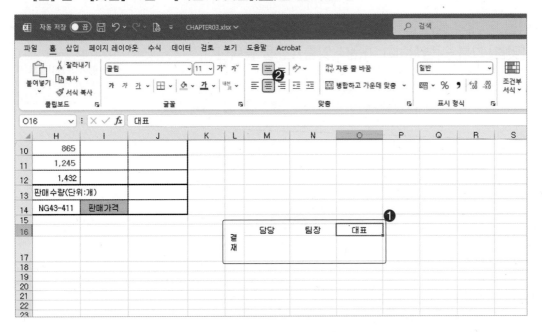

④ 결재란 영역을 모두 블록 설정한다.

→ [홈] 탭 – [글꼴] 그룹 – [테두리]에서 [모든 테두리](田)를 클릭한다.

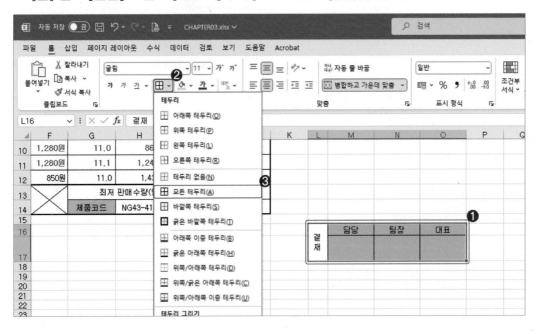

⑤ 결재란 영역이 블록 설정된 상태에서 [홈] 탭 – [클립보드] 그룹 – [복사](📋)에서 [그림으로 복사]를 클릭한다.

→ [그림 복사] 대화상자에서 [확인]을 클릭한다.

⑥ [홈] 탭 – [클립보드] 그룹 – [붙여넣기](📋)를 클릭한다.

→ 그림의 위치를 마우스 드래그하여 조절한다. 방향키(→ ← ↑ ↓)로 미세한 조절이 가능하다.

⑦ 기존 작업한 결재란 영역을 블록 설정한다.
→ [홈] 탭 – [셀] 그룹 – [삭제]( )를 클릭한다.

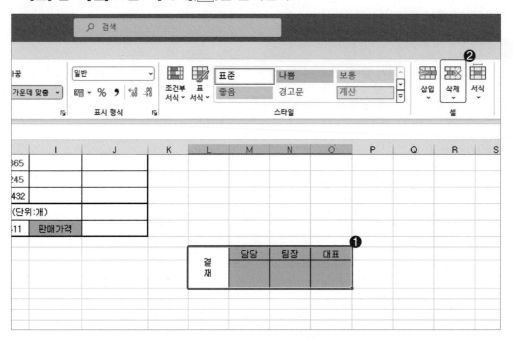

🅑 기적의 TIP

삭제 메뉴 실행 결과

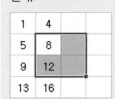

삭제 : 블록 설정한 셀만 삭제되어 아래의 셀들이 위로 올라온다.

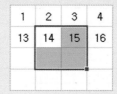

시트 행 삭제 : 블록 설정한 셀의 행 전체가 삭제된다.

시트 열 삭제 : 블록 설정한 셀의 열 전체가 삭제된다.

셀 삭제 : [삭제] 대화상자가 나타난다.

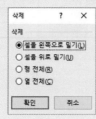

정답파일 PART 01 시험 유형 따라하기\유형1-1번_정답.xlsx

다음은 '평생학습센터 온라인 수강신청 현황'에 대한 자료이다. 자료를 입력하고 조건에 맞도록 작업하시오.

출력형태

	B	C	D	E	F	G	H	I	J
1							확인	담당	팀장	센터장
2	평생학습센터 온라인 수강신청 현황								
3									
4	수강코드	강좌명	분류	교육대상	개강날짜	신청인원	수강료(단위:원)	교육장소	신청인원순위
5	CS-210	소통스피치	인문교양	성인	2023-04-03	101	60,000		
6	SL-101	체형교정 발레	생활스포츠	청소년	2023-03-06	56	75,000		
7	ST-211	스토리텔링 한국사	인문교양	직장인	2023-03-13	97	40,000		
8	CE-310	어린이 영어회화	외국어	청소년	2023-04-10	87	55,000		
9	YL-112	요가	생활스포츠	성인	2023-03-04	124	45,000		
10	ME-312	미드로 배우는 영어	외국어	직장인	2023-03-10	78	65,000		
11	PL-122	필라테스	생활스포츠	성인	2023-03-06	135	45,000		
12	SU-231	자신감 UP	인문교양	청소년	2023-04-03	43	45,000		
13	필라테스 수강료(단위:원)					최저 수강료(단위:원)			
14	인문교양 최대 신청인원					강좌명	소통스피치	개강날짜	

조건

• 제목 ⇒ 도형(사각형: 잘린 대각선 방향 모서리)과 그림자(오프셋: 오른쪽)를 이용하여 작성하고
"평생학습센터 온라인 수강신청 현황"을 입력한 후 다음 서식을 적용하시오
(글꼴 – 굴림, 24pt, 검정, 굵게, 채우기 – 노랑).

• 임의의 셀에 결재란을 작성하여 그림으로 복사 기능을 이용하여 붙이기 하시오(단, 원본 삭제).

• 「B4:J4, G14, I14」 영역은 '주황'으로 채우기 하시오.

• 유효성 검사를 이용하여 「H14」 셀에 강좌명(「C5:C12」 영역)이 선택 표시되도록 하시오.

• 셀 서식 ⇒ 「G5:G12」 영역에 셀 서식을 이용하여 숫자 뒤에 '명'을 표시하시오(예 : 30명).

• 「H5:H12」 영역에 대해 '수강료'로 이름정의를 하시오.

• 조건부 서식의 수식을 이용하여 신청인원이 '100' 이상인 행 전체에 다음의 서식을 적용하시오
(글꼴 : 파랑, 굵게).

다음은 '우리제주로 숙소 예약 현황'에 대한 자료이다. 자료를 입력하고 조건에 맞도록 작업하시오.

구분	내용
출력형태	

출력형태

우리제주로 숙소 예약 현황

	결재	사원	과장	부장

예약번호	종류	숙소명	입실일	1박요금(원)	예약인원	숙박일수	숙박비(원)	위치
HA1-01	호텔	엠스테이	2023-08-03	120,000	4	2		
RE3-01	리조트	스완지노	2023-07-25	135,000	2	3		
HA2-02	호텔	더비치	2023-07-20	98,000	3	3		
PE4-01	펜션	화이트캐슬	2023-08-10	115,000	5	4		
RE1-02	리조트	베스트뷰	2023-08-01	125,000	3	2		
RE4-03	리조트	그린에코	2023-09-01	88,000	4	3		
HA2-03	호텔	크라운유니	2023-07-27	105,000	2	4		
PE4-03	펜션	푸른바다	2023-09-10	75,000	6	2		
호텔 1박요금(원) 평균					가장 빠른 입실일			
숙박일수 4 이상인 예약건수					숙소명	엠스테이	예약인원	

조건

- 제목 ⇒ 도형(사다리꼴)과 그림자(오프셋: 오른쪽)를 이용하여 작성하고 "우리제주로 숙소 예약 현황"을 입력한 후 다음 서식을 적용하시오
  (글꼴 – 굴림, 24pt, 검정, 굵게, 채우기 – 노랑).
- 임의의 셀에 결재란을 작성하여 그림으로 복사 기능을 이용하여 붙이기 하시오(단, 원본 삭제).
- 「B4:J4, G14, I14」 영역은 '주황'으로 채우기 하시오.
- 유효성 검사를 이용하여 「H14」 셀에 숙소명(「D5:D12」 영역)이 선택 표시되도록 하시오.
- 셀 서식 ⇒ 「G5:G12」 영역에 셀 서식을 이용하여 숫자 뒤에 '명'을 표시하시오(예 : 4명).
- 「E5:E12」 영역에 대해 '입실일'로 이름정의를 하시오.
- 조건부 서식의 수식을 이용하여 예약인원이 '3' 이하인 행 전체에 다음의 서식을 적용하시오
  (글꼴 : 파랑, 굵게).

[제1작업]
함수-1(날짜, 문자 반환, 조건)

▶ 합격 강의

문제파일 PART 01 시험 유형 따라하기\CHAPTER04.xlsx
정답파일 PART 01 시험 유형 따라하기\CHAPTER04_정답.xlsx

문제보기

문제 파일을 불러온 후 다음의 조건과 같이 작업하시오.

출력형태 ─ 실제 시험에서는 직접 작성한 제1작업 시트를 기준으로 작업한다.

예약코드	예약일	예약요일	예약월	접수처	행사기간(일)	체험비용(원)	지원금
A0525	(1)	(2)	(3)	(4)	10	60,000	(5)
B0401	(1)	(2)	(3)	(4)	9	60,000	(5)
A0707	(1)	(2)	(3)	(4)	12	40,000	(5)
C1225	(1)	(2)	(3)	(4)	10	40,000	(5)
C0815	(1)	(2)	(3)	(4)	13	60,000	(5)
B0131	(1)	(2)	(3)	(4)	14	70,000	(5)
A0224	(1)	(2)	(3)	(4)	8	30,000	(5)
B0305	(1)	(2)	(3)	(4)	10	50,000	(5)

조건

(1)~(5) 셀은 반드시 주어진 함수를 이용하여 값을 구하시오.

(1) 예약일 ⇒ 예약코드의 두 번째부터 두 글자를 '월'로, 네 번째부터 두 글자를 '일'로 하는 2024
년의 날짜를 구하시오(DATE, MID 함수)(예 : A0525 → 2024-05-25).

(2) 예약요일 ⇒ 예약일의 요일을 구하시오(CHOOSE, WEEKDAY 함수)(예 : 월요일).

(3) 예약월 ⇒ 예약일의 월을 추출하여 '월'을 붙이시오(MONTH 함수, & 연산자)(예 : 5월).

(4) 접수처 ⇒ 예약코드의 첫 번째 글자가 A이면 '본부', B이면 '직영', 그 외에는 '대리점'으로 구하
시오(IF, LEFT 함수).

(5) 지원금 ⇒ 행사기간(일)이 '10' 이상이면서 체험비용(원)이 '50,000' 이상이면 체험비용의
10%, 그 외에는 체험비용의 5%를 구하시오(IF, AND 함수).

① 「C5:C12」 영역을 블록 설정한다.

→ [수식] 탭 – [함수 삽입](fx)을 클릭한다.

🅑 기적의 TIP

함수 입력은 함수 마법사를 이용하거나 직접 수식 입력 줄에 입력하여 작성할 수 있다.

🅠 해결 TIP

제1작업의 함수를 작성하지 못하면 실격인가요?

해당 함수에 대한 부분점수만 감점되며, 함수는 제2작업, 제3작업, 제4작업에 영향을 미치지 않는다.

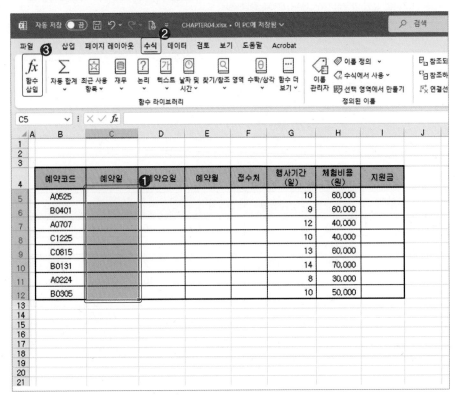

② [함수 마법사] 대화상자에서 함수 검색에 『DATE』를 입력하고 [검색]을 클릭한다.

→ 함수 선택에서 'DATE'를 클릭하고 [확인]을 클릭한다.

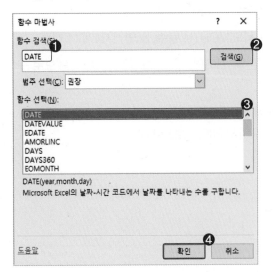

③ DATE의 [함수 인수] 대화상자에서 Year 『2024』, Month 『MID(B5,2,2)』, Day 『MID(B5,4,2)』를 입력한다.
→ Ctrl 을 누른 채 [확인]을 클릭한다.

기적의 TIP

블록이 설정되어 있어도 Ctrl 을 누르지 않으면 한 개의 셀에만 입력이 된다.

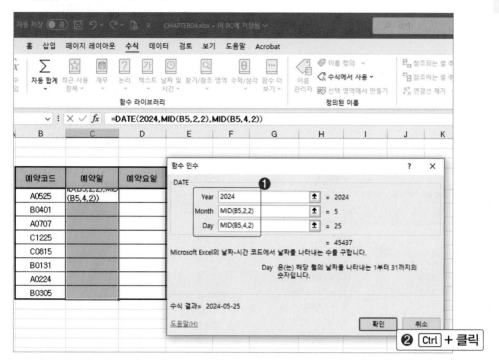

해결 TIP

셀에 값이 #####로 표시되는 경우
표시될 데이터보다 열 너비가 좁은 경우이므로 열 너비를 넓혀 준다.

함수 설명

=DATE(2024,MID(B5,2,2),MID(B5,4,2))
     ④   ①   ②   ③

① 연도
② 월 : 「B5」 셀의 2번째 자리부터 2자리 추출
③ 일 : 「B5」 셀의 4번째 자리부터 2자리 추출
④ 추출한 숫자를 연도, 월, 일로 입력하여 날짜로 반환

DATE(Year, Month, Day) 함수

Year : 1900~9999 사이의 범위이면 그 값이 연도로 반환
       0~1899 사이의 범위이면 1900을 더해서 반환
Month : 월을 나타내는 정수
Day : 일을 나타내는 정수

MID(Text, Start_num, Num_chars) 함수

Text : 추출할 문자가 들어 있는 텍스트
Start_num : 추출할 문자의 시작 위치
Num_chars : 추출할 문자의 수

① 「D5:D12」 영역을 블록 설정한다.
→ 『=CHOOSE』를 입력하고 Ctrl + A 를 누른다.

② CHOOSE의 [함수 인수] 대화상자에서 Index_num 『WEEKDAY(C5,1)』,
Value1부터 『일요일 Tab 월요일 Tab 화요일 Tab 수요일 Tab 목요
일 Tab 금요일 Tab 토요일』을 입력한다.
→ Ctrl +[확인]을 클릭한다.

🅵 기적의 TIP

『=함수명』을 입력하고 Ctrl + A 를 누르면 바로 [함수 인수] 대화상자가 나타난다.

🅠 해결 TIP

[함수 인수] 대화상자가 나타나지 않아요!
Ctrl + A 단축키가 MS-WORD 등의 프로그램과 겹치는 경우 발생할 수 있다. 의심되는 프로그램을 종료하고 EXCEL을 재실행한다.

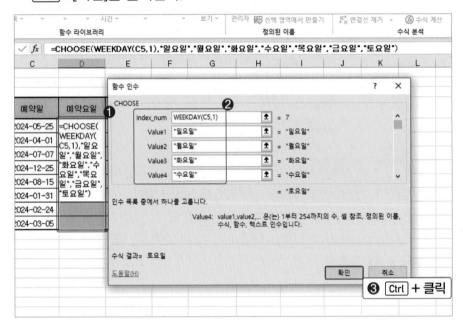

💬 함수 설명

=CHOOSE(WEEKDAY(C5,1), "일요일","월요일","화요일", ⋯ ,"토요일")
　　　　　　　　①　　　　　　　　　　　②
① 「C5」 셀의 요일을 1~7의 숫자로 반환
② 반환된 숫자가 1이면 "일요일", 2이면 "월요일", ⋯, 7이면 "토요일"을 반환

CHOOSE(index_num, value1, [value2], ⋯) 함수

index_num : 1이면 value1, 2이면 value2가 반환

WEEKDAY(serial_number, [return_type]) 함수

serial_number : 찾을 날짜를 나타내는 일련번호
return_type : 1 또는 생략 시 요일을 1(일요일)에서 7(토요일) 사이의 숫자로 반환
　　　　　　　2이면 1(월요일)에서 7(일요일)

🅵 기적의 TIP

엑셀에서 날짜는 일련번호로 다뤄진다. 예로 2020년 1월 1일은 1900년 1월 1일을 기준으로 43,831일째 이므로 일련번호 43831이 된다.

① 「E5:E12」 영역을 블록 설정한다.

→ 『=MONTH』를 입력하고 Ctrl + A 를 누른다.

② MONTH의 [함수 인수] 대화상자에서 Serial_number 『C5』를 입력한다.

→ Ctrl +[확인]을 클릭한다.

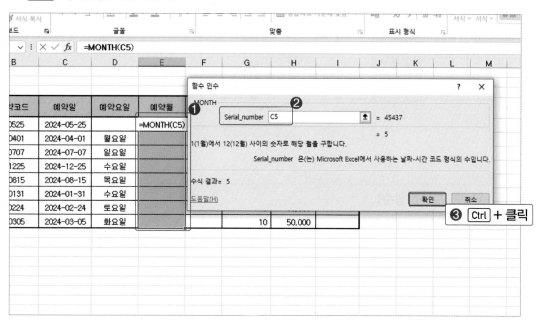

💬 함수 설명

날짜 관련 함수

MONTH(Serial_number) 함수

⇒ 월을 반환한다.

YEAR(Serial_number) 함수

⇒ 연도를 반환한다.

DAY(Serial_number) 함수

⇒ 일을 반환한다.

TODAY() 함수

⇒ 현재 날짜를 반환한다.

③ 「E5:E12」 영역이 블록 설정된 상태에서, 수식 입력줄에 『&"월"』을 이어서 입력한다.
   → Ctrl + Enter 를 누른다.

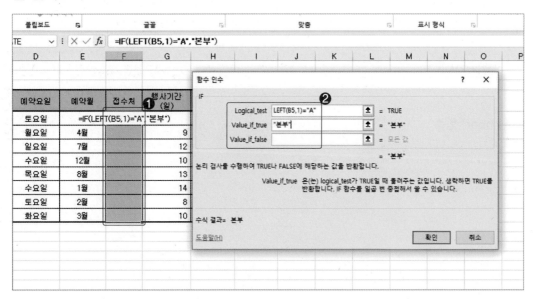

---

① 「F5:F12」 영역을 블록 설정한다.
   → 『=IF』를 입력하고 Ctrl + A 를 누른다.

② IF의 [함수 인수] 대화상자에서 Logical_test 『LEFT(B5,1)="A"』, Value_if_true 『본부』를 입력한다.

③ 이어서 Value_if_false 『IF(LEFT(B5,1)="B", "직영", "대리점")』을 입력한다.

→ Ctrl+[확인]을 클릭한다.

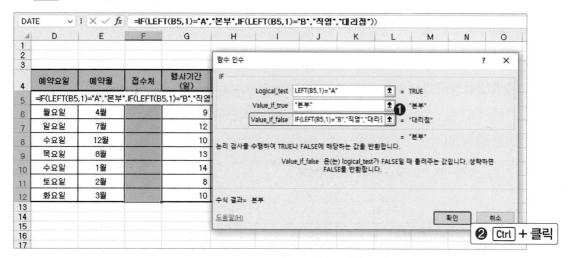

💬 함수 설명

=IF(LEFT(B5,1)="A", "본부", IF(LEFT(B5,1)="B", "직영", "대리점"))
    ①   ②   ③   ④   ⑤

① 「B5」 셀의 첫 번째 글자가 A인지 확인
② A가 맞으면 "본부"를 반환
③ 아니면 다시 「B5」 셀의 첫 번째 글자가 B인지 확인
④ B가 맞으면 "직영"을 반환
⑤ 아니면 "대리점"을 반환

IF(Logical_test, Value_if_true, Value_if_false) 함수

Logical_test : 조건식
Value_if_true : 조건식이 참일 때 반환되는 것
Value_if_false : 조건식이 거짓일 때 반환되는 것

💬 함수 설명

문자 추출 관련 함수

LEFT(Text, [Num_chars]) 함수

Text : 추출할 문자가 들어 있는 텍스트
Num_chars : 추출할 문자 수
⇒ 문자열의 첫번째 문자부터 지정한 수만큼 추출하여 반환한다.

RIGHT(Text, [Num_chars]) 함수

⇒ 문자열의 마지막 문자부터 지정한 수만큼 추출하여 반환한다.

MID(Text, Start_num, Num_chars) 함수

⇒ 문자열의 지정한 위치부터 지정한 수만큼 추출하여 반환한다.

① 「I5:I12」 영역을 블록 설정한다.

→『=IF』를 입력하고 Ctrl + A 를 누른다.

② IF의 [함수 인수] 대화상자에서 Logical_test 『AND(G5〉=10, H5〉=50000)』,
Value_if_true 『H5*10%』, Value_if_false 『H5*5%』를 입력한다.

→ Ctrl +[확인]을 클릭한다.

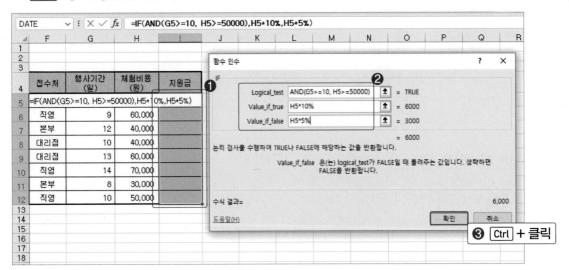

💬 함수 설명

=IF(AND(G5〉=10, H5〉=50000), H5*10%, H5*5%)
　　　　　①　　　　　　　　　②　　　③

① 「G5」 셀 값이 10 이상이고 「H5」 셀 값이 50000 이상인지 확인

② 두 조건이 모두 True이면, 「H5」 셀 값에 10%를 곱한 값을 반환

③ 조건 하나라도 False이면, 「H5」 셀 값에 5%를 곱한 값을 반환

💬 함수 설명

AND와 OR

AND(Logical) 함수

⇒ 모든 조건이 True이면 True를 반환한다.

OR(Logical) 함수

⇒ 조건 중 True가 있으면 True를 반환한다.

[제1작업]

함수-2(합계, 순위, 자릿수)

▶ 합격 강의

문제파일   PART 01 시험 유형 따라하기₩CHAPTER05.xlsx
정답파일   PART 01 시험 유형 따라하기₩CHAPTER05_정답.xlsx

문제보기

문제 파일을 불러온 후 다음의 조건과 같이 작업하시오.

출력형태

— 실제 시험에서는 직접 작성한 제1작업 시트를 기준으로 작업한다.

	강사	과목	수강료	수강인원	수강인원 차트	순위	수강후기 (5점 만점)	후기 차트
	박지현	한국사	49,500	32	(1)	(2)	3.7	(3)
	강해린	수학	60,000	25	(1)	(2)	4.5	(3)
	정지훈	물리학	41,100	17	(1)	(2)	3.3	(3)
	로버트	영어	50,000	52	(1)	(2)	4.1	(3)
	홍지윤	한국사	60,000	32	(1)	(2)	2.7	(3)
	민윤기	물리학	89,900	40	(1)	(2)	3.8	(3)
	이혜인	수학	80,000	23	(1)	(2)	1.9	(3)
	박재상	수학	● 70,000	19	(1)	(2)	2.8	(3)
	개설과목 총 수강료		(4)	╳	최대 수강인원		(6)	╳
	수학과목의 수강료 평균		(5)	╳	두 번째로 많은 수강인원		(7)	╳

— 「D5:D12」 영역이 "수강료"로 이름 정의되어 있다.

조건

(1)~(7) 셀은 반드시 주어진 함수를 이용하여 값을 구하시오.

(1) 수강인원 차트 ⇒ 수강인원 십의 단위 수치만큼 '★'을 표시하시오(CHOOSE, INT 함수)
      (예 : 32 → ★★★).

(2) 순위 ⇒ 수강인원의 내림차순 순위를 구하시오(RANK.EQ 함수).

(3) 후기 차트 ⇒ 점수(5점 만점)를 반올림하여 정수로 구한 값의 수만큼 '★'을 표시하시오
      (REPT, ROUND 함수)(예 : 3.7 → ★★★★).

(4) 개설과목 총 수강료 ⇒ 정의된 이름(수강료)을 이용하여 「수강료×수강인원」으로 구하되 반올
      림하여 천 단위까지 구하시오(ROUND, SUMPRODUCT 함수)
      (예 : 12,345,670 → 12,346,000).

(5) 수학과목의 수강료 평균 ⇒ (SUMIF, COUNTIF 함수)

(6) 최대 수강인원 ⇒ (MAX 함수)

(7) 두 번째로 많은 수강인원 ⇒ (LARGE 함수)

① 「F5:F12」 영역을 블록 설정한다.

→ 『=CHOOSE』를 입력하고 Ctrl + A 를 누른다.

② CHOOSE의 [함수 인수] 대화상자에서 index_num 『INT(E5/10)』, Value1 『★』, Value2 『★★』, Value3 『★★★』, Value4 『★★★★』, Value5 『★★ ★★★』를 입력한다.

→ Ctrl +[확인]을 클릭한다.

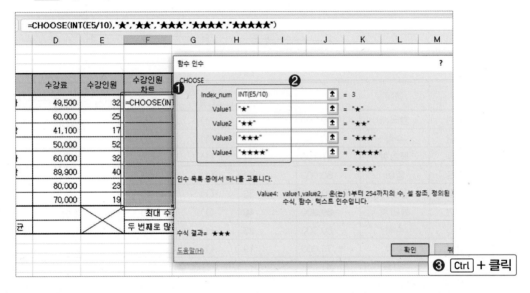

> **기적의 TIP**
>
> ★와 같은 특수문자는 자음 'ㅁ'을 입력하고 [한자]를 눌러 입력하거나, [삽입] 탭–[기호]를 클릭하여 입력 할 수 있다.

💬 **함수 설명**

=CHOOSE(INT(E5/10), "★","★★","★★★","★★★★","★★★★★")

 ──────────   ──────────────────────────
      ①   ②

① 「E5」 셀의 값을 10으로 나눈 몫의 정수만 반환
② 반환된 숫자가 1이면 "★", 2이면 "★★", …, 5이면 "★★★★★"를 반환

CHOOSE(Index_num, Value1, [Value2], …) 함수

Index_num : 1이면 Value1, 2이면 Value2가 반환

💬 **함수 설명**

정수 추출 관련 함수

INT(Number) 함수

⇒ 가까운 정수로 내린다.

TRUNC(Number) 함수

⇒ 소수점 이하를 버린다. INT와는 음수를 사용하는 경우에만 결과가 다르다.

  예 TRUNC(−4.3)은 −4를 반환하고 INT(−4.3)은 −5를 반환한다.

SECTION 02 순위 (RANK.EQ 함수)

① 「G5:G12」 영역을 블록 설정한다.

→ 『=RANK.EQ』를 입력하고 Ctrl + A 를 누른다.

② RANK.EQ의 [함수 인수] 대화상자에서 Number 『E5』, Ref 『E5:E12』를 입력한 후 F4 를 눌러 절대주소를 만든다.

→ Ctrl +[확인]을 클릭한다.

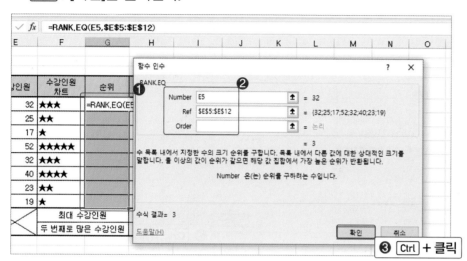

해결 TIP

함수 사용 시 절대참조, 상대참조 어떤 것을 사용해야 하나요?

경우에 따라 반드시 절대참조를 사용하여야만 결과값이 정확하게 나오는 경우 절대참조를 해야 하지만, 결과값의 셀이 한 셀에 고정되어 있을 경우나 어떤 참조방법을 사용해도 결과값에 변경이 없을 경우 둘 중 어느 것을 사용하여도 된다.

③ Ctrl + 클릭

함수 설명

=RANK.EQ(E5, $E$5:$E$12)
　　　　　① 　　②

① 「E5」 셀의 순위를
② 「E5:E12」 영역에서 구함

RANK.EQ(Number, Ref, [Order]) 함수

Number : 순위를 구하려는 셀
Ref : 목록의 범위
Order : 순위 결정 방법, 0이거나 생략하면 내림차순, 0이 아니면 오름차순

기적의 TIP

절대주소 사용

	미사용	사용
5	(E5, E5:E12)	(E5, $E$5:$E$12)
6	(E6, E6:E13)	(E6, $E$5:$E$12)
7	(E7, E7:E14)	(E7, $E$5:$E$12)
8	(E8, E8:E15)	(E8, $E$5:$E$12)

절대주소를 사용하지 않으면 Ctrl +[확인]으로 한 번에 입력하거나 마우스 드래그 할 때, 범위가 고정되지 않고 움직일 수 있다.

① 「I5:I12」 영역을 블록 설정한다.

  → 『=REPT』를 입력하고 [Ctrl]+[A]를 누른다.

② REPT의 [함수 인수] 대화상자에서 Text 『★』, Number_times 『ROUND(H5,0)』를 입력한다.

  → [Ctrl]+[확인]을 클릭한다.

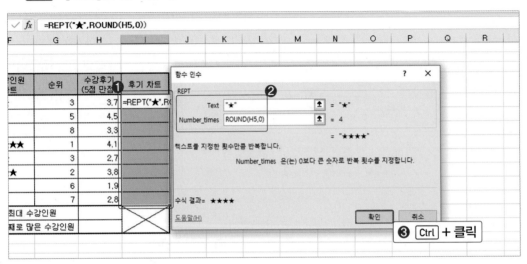

☺ 함수 설명

=REPT("★", ROUND(H5,0))
　　　② 　　　 ①

① 「H5」 셀의 값을 소수점 0자리까지 반올림(즉, 가장 가까운 정수로 반올림)해서
② 반환된 정수만큼 ★를 반환

REPT(Text, Number_times) 함수

Text : 반복할 텍스트
Number_times : 반복할 횟수

☺ 함수 설명

반올림, 내림 함수

ROUND(Number, Num_digits) 함수

Number : 반올림할 숫자
Num_digits : 반올림하려는 자릿수

ROUNDDOWN(Number, Num_digits) 함수

⇒ 지정한 자릿수로 내림한다.

① 「D13」 셀에 『=ROUND』를 입력하고 [Ctrl]+[A]를 누른다.

② ROUND의 [함수 인수] 대화상자에서 Number 『SUMPRODUCT(수강료,E5:E12)』, Number_digits 『-3』을 입력한다.

→ [확인]을 클릭한다.

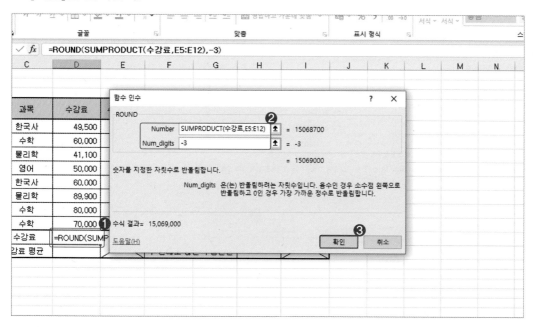

🗨 함수 설명

=ROUND(SUMPRODUCT(수강료, E5:E12), -3)
                                ①   ②

① "수강료"로 이름 정의한 영역과 「E5:E12」 영역의 대응되는 값을 곱하여 합계를 계산
② 소수 위 세번째 자리에서 반올림

SUMPRODUCT(Array1, [Array2], …) 함수
⇒ 주어진 범위 또는 배열의 총 합계를 반환한다.

① 「D14」 셀에 『=SUMIF』를 입력하고 Ctrl+A를 누른다.

② SUMIF의 [함수 인수] 대화상자에서 Range 『C5:C12』, Criteria 『수학』, Sum_range 『D5:D12』를 입력한다.
　　→ [확인]을 클릭한다.

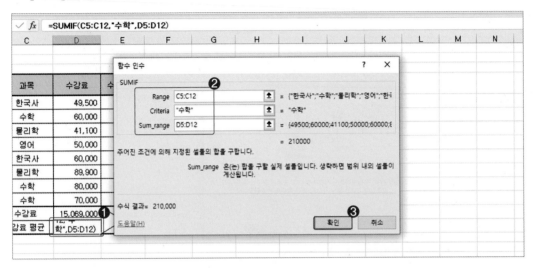

③ 「D14」 셀의 수식에 『/COUNTIF』를 이어서 입력하고 Ctrl+A를 누른다.

④ COUNTIF의 [함수 인수] 대화상자에서 Range 『C5:C12』, Criteria 『수학』을 입력한다.
　　→ [확인]을 클릭한다.

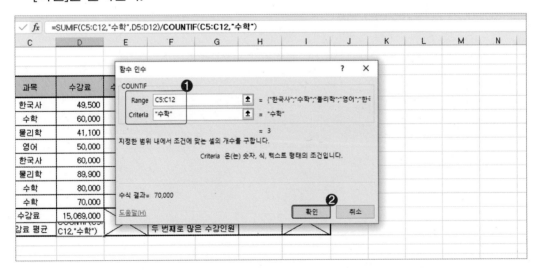

<u>=SUMIF(C5:C12, "수학", D5:D12)</u> / <u>COUNTIF(C5:C12, "수학")</u>
         ①   ②

① 「C5:C12」 영역에서 "수학"을 찾아 해당하는 「D5:D12」 영역의 합계를 계산
② "수학"의 개수를 구하여 나눗셈

SUMIF(Range, Criteria, Sum_range) 함수

Range : 조건을 적용할 셀 범위
Criteria : 조건
Sum_range : Range 인수에 지정되지 않은 범위를 추가

COUNTIF(Range, Criteria) 함수

Range : 찾으려는 위치
Criteria : 찾으려는 항목

SECTION 06 최대 수강인원 (MAX 함수)

① 「H13」 셀에 『=MAX(E5:E12)』를 입력한다.

	A	B	C	D	E	F	G	H	I	J	K	L
4		강사	과목	수강료	수강인원	수강인원 차트	순위	수강후기 (5점 만점)	후기 차트			
5		박지현	한국사	49,500	32	★★★	3	3.7	★★★★			
6		강혜린	수학	60,000	25	★★	5	4.5	★★★★★			
7		정지훈	물리학	41,100	17	★	8	3.3	★★★			
8		로버트	영어	50,000	52	★★★★★	1	4.1	★★★★			
9		홍지윤	한국사	60,000	32	★★★	3	2.7	★★★			
10		민윤기	물리학	89,900	40	★★★★	2	3.8	★★★★			
11		이혜인	수학	80,000	23	★★	6	1.9	★★			
12		박재상	수학	70,000	19	★	7	2.8	★★★			
13		개설과목 총 수강료		15,069,000		최대 수강인원		=MAX(E5:E12)				
14		수학과목의 수강료 평균		70,000		두 번째로 많은 수강인원		입력				

💬 함수 설명

MAX와 MIN

MAX(Number1, [Number2], …) 함수
⇒ 가장 큰 값을 반환한다.

MIN(Number1, [Number2], …) 함수
⇒ 가장 작은 값을 반환한다.

① 「H14」 셀에 『=LARGE』를 입력하고 [Ctrl]+[A]를 누른다.

② LARGE의 [함수 인수] 대화상자에서 Array 『E5:E12』, K 『2』를 입력한다.
→ [확인]을 클릭한다.

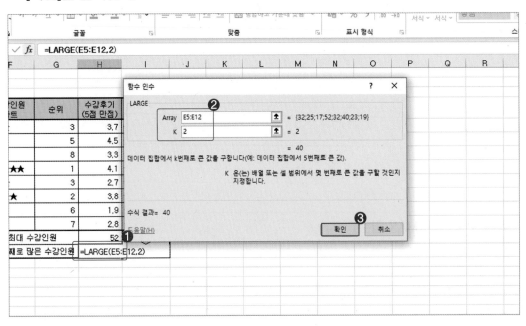

💬 함수 설명

LARGE와 SMALL

LARGE(Array, K) 함수
⇒ 주어진 집합에서 K번째로 큰 값을 반환한다.

SMALL(Array, K) 함수
⇒ 주어진 집합에서 K번째로 작은 값을 반환한다.

[제1작업]

함수-3(목록, 범위)

▶ 합격 강의

문제파일   PART 01 시험 유형 따라하기\CHAPTER06.xlsx
정답파일   PART 01 시험 유형 따라하기\CHAPTER06_정답.xlsx

문제보기

문제 파일을 불러온 후 다음의 조건과 같이 작업하시오.

출력형태

실제 시험에서는 직접 작성한 제1작업 시트를 기준으로 작업한다.

제품코드	제품명	시리즈	난이도	부품수	판매가	상품명
76210	헐크버스터	마블	어려움	4,049	500,000	3,8
43187	라푼젤의 탑	디즈니	쉬움	369	90,000	4,3
75304	다스베이더 헬멧	스타워즈	쉬움	834	110,000	4,3
43222	디즈니 캐슬	디즈니	어려움	4,837	420,000	4,9
76218	샘텀 생토럼	마블	어려움	2,708	300,000	4,7
76216	아이언맨 연구소	마블	쉬움	496	100,000	3,2
21326	곰돌이 푸	디즈니	보통	1,265	130,000	4,0
75308	R2-D2	스타워즈	보통	2,314	300,000	4,6
마블 시리즈 판매가의 합계		(1)	어려움 난이도 제품 중 최소 부품수			(4)
마블 시리즈 판매가의 평균		(2)	어려움 난이도 제품 수			(5)
판매가의 전체 평균		(3)	곰돌이 푸의 판매가			(6)
			제품명	곰돌이 푸	판매가	(7)

조건

(1)~(7) 셀은 반드시 주어진 함수와 입력 데이터를 이용하여 값을 구하시오.

(1) 마블 시리즈 판매가의 합계 ⇒ (DSUM 함수)

(2) 마블 시리즈 판매가의 평균 ⇒ (DAVERAGE 함수)

(3) 판매가의 전체 평균 ⇒ (AVERAGE 함수)

(4) 어려움 난이도 제품 중 최소 부품수 ⇒ (DMIN 함수)

(5) 어려움 난이도 제품 수 ⇒ (DCOUNTA 함수)

(6) 곰돌이 푸의 판매가 ⇒ (INDEX, MATCH 함수)

(7) 판매가 ⇒ 제품명에 대한 판매가를 구하시오(VLOOKUP 함수).

① 「D13」 셀에 『=DSUM』을 입력하고 Ctrl + A 를 누른다.

② DSUM의 [함수 인수] 대화상자에서 Database 『B4:H12』, Field 『6』, Criteria 『D4:D5』
를 입력한다.
→ [확인]을 클릭한다.

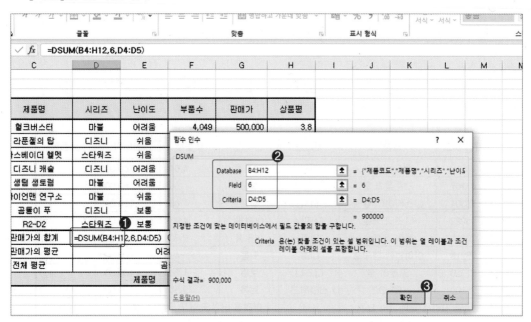

💬 함수 설명

=DSUM(B4:H12, 6, D4:D5)
      ①   ②

① 「B4:H12」 영역의 6번째 열인 "판매가"에서
② 시리즈가 "마블"인 것들의 합계를 계산

DSUM(Database, Field, Criteria) 함수

Database : 지정할 범위
Field : 함수에 사용되는 열 위치
Criteria : 조건이 있는 셀 범위

① 「D14」셀에 『=DAVERAGE』를 입력하고 [Ctrl]+[A]를 누른다. 앞의 DSUM처럼 6을 입력해도 된다.

② DAVERAGE의 [함수 인수] 대화상자에서 Database 『B4:H12』, Field 『G4』, Criteria 『D4:D5』를 입력한다.

→ [확인]을 클릭한다.

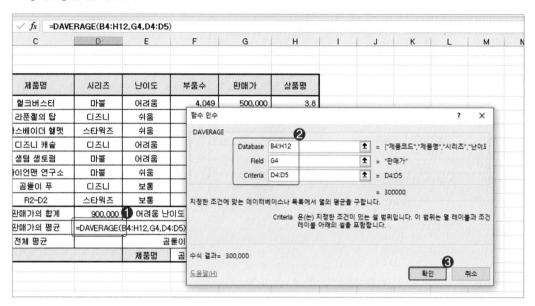

💬 **함수 설명**

=DAVERAGE(B4:H12, G4, D4:D5)
                    ①   ②

① 「B4:H12」영역의 "판매가"에서
② 시리즈가 "마블"인 것들의 평균을 계산

DAVERAGE(Database, Field, Criteria) 함수

Database : 지정할 범위
Field : 함수에 사용되는 열 위치
Criteria : 조건이 있는 셀 범위

① 「D15」셀에 『=AVERAGE(G5:G12)』를 입력한다.

제품코드	제품명	시리즈	난이도	부품수	판매가	상품평
76210	헐크버스터	마블	어려움	4,049	500,000	3.8
43187	라푼젤의 탑	디즈니	쉬움	369	90,000	4.3
75304	다스베이더 헬멧	스타워즈	쉬움	834	110,000	4.3
43222	디즈니 캐슬	디즈니	어려움	4,837	420,000	4.9
76218	샌텀 생토럼	마블	어려움	2,708	300,000	4.7
76216	아이언맨 연구소	마블	쉬움	496	100,000	3.2
21326	곰돌이 푸	디즈니	보통	1,265	130,000	4.0
75308	R2-D2	스타워즈	보통	2,314	300,000	4.6
마블 시리즈 판매가의 합계		900,000	어려움 난이도 제품 중 최소 부품수			
마블 시리즈 판매가의 평균		300,000	어려움 난이도 제품 수			
판매가의 전체 평균		=AVERAGE(G5:G12)	돌이 푸의 판매가			
		곰돌이 푸	판매가			

입력

💬 함수 설명

AVERAGE와 MEDIAN

AVERAGE(Number1, [Number2], ⋯) 함수
⇒ 주어진 집합에서 평균을 반환한다.

MEDIAN(Number1, [Number2], ⋯) 함수
⇒ 주어진 집합에서 중간 값(중간에 위치한 값)을 반환한다.

① 「H13」셀에 『=DMIN』을 입력하고 Ctrl + A 를 누른다.

② DMIN의 [함수 인수] 대화상자에서 Database 『B4:H12』, Field 『5』, Criteria 『E4:E5』를 입력한다.
   → [확인]을 클릭한다.

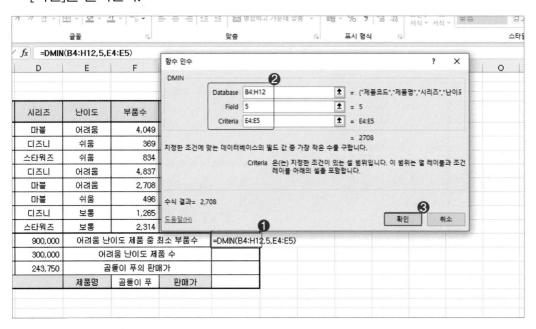

<hr />

💬 함수 설명

DMIN과 DMAX

DMIN(Database, Field, Criteria) 함수
⇒ 목록에서 조건에 맞는 가장 작은 값을 반환한다.

DMAX(Database, Field, Criteria) 함수
⇒ 목록에서 조건에 맞는 가장 큰 값을 반환한다.

① 「H14」 셀에 『=DCOUNTA』를 입력하고 Ctrl + A 를 누른다.

② DCOUNTA의 [함수 인수] 대화상자에서 Database 『B4:H12』, Field 『5』, Criteria 『E4:E5』를 입력한다.
→ [확인]을 클릭한다.

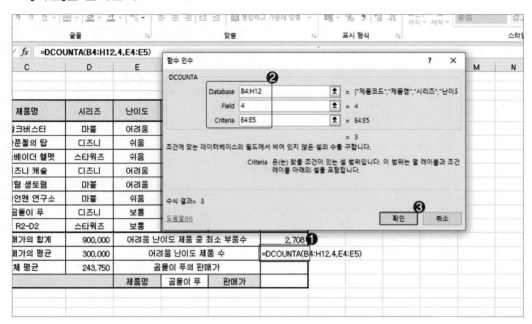

🗨 함수 설명

=DCOUNTA(B4:H12, 4, E4:E5)
　　　　　　　① 　　②

① 「B4:H12」 영역의 4번째 열인 "난이도"에서
② 난이도가 "어려움"인 것들의 개수를 반환

DCOUNTA(Database, Field, Criteria) 함수

Database : 지정할 범위
Field : 함수에 사용되는 열 위치
Criteria : 조건이 있는 셀 범위

① 「H15」 셀에 『=INDEX』를 입력하고 Ctrl + A 를 누른다.

② INDEX의 [인수 선택] 대화상자에서 array,row_num,column_num을 선택한다.
→ [확인]을 클릭한다.

💬 함수 설명

INDEX 함수의 인수 선택

INDEX 함수는 값을 반환하는 배열형(array)과 참조를 반환하는 참조형(reference)을 선택할 수 있다.
참조형은 범위를 여러 개 설정하는 경우에 사용하는 방식이다. 보통은 배열형을 주로 사용한다.

③ INDEX의 [함수 인수] 대화상자에서 Array 『B5:H12』, Row_num 『MATCH("곰돌이
푸", C5:C12, 0)』, Column_num 『6』을 입력한다.
→ [확인]을 클릭한다.

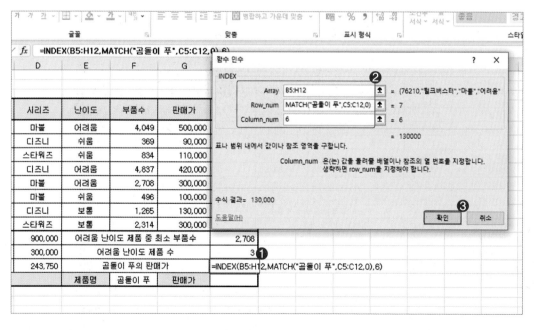

=INDEX(B5:H12, MATCH("곰돌이 푸", C5:C12, 0), 6)
      ①   ②   ③

① 「B5:H12」 영역에서
② "곰돌이 푸"가 「C5:C12」 범위에서 몇 번째 행에 있는지 반환하고
③ 6번째 열인 "판매가"에서 ②에서 구한 행의 데이터를 찾음

INDEX(Array, Row_num, [Column_num]) 함수

Array : 지정할 범위
Row_num : 값을 반환할 배열의 행
Column_num : 값을 반환할 배열의 열

MATCH(Lookup_value, Lookup_array, [Match_type]) 함수

Lookup_value : 찾으려는 값
Lookup_array : 검색할 범위
Match_type : 0이면 Lookup_value와 같은 값을 찾음

SECTION 07   판매가 (VLOOKUP 함수)

① 「H16」 셀에 『=VLOOKUP(F16, C5:H12, 5, 0)』을 입력한다.

제품코드	제품명	시리즈	난이도	부품수	판매가	상품평
76210	헐크버스터	마블	어려움	4,049	500,000	3.8
43187	라푼젤의 탑	디즈니	쉬움	369	90,000	4.3
75304	다스베이더 헬멧	스타워즈	쉬움	834	110,000	4.3
43222	디즈니 캐슬	디즈니	어려움	4,837	420,000	4.9
76218	샌텀 샌토럼	마블	어려움	2,708	300,000	4.7
76216	아이언맨 연구소	마블	쉬움	496	100,000	3.2
21326	곰돌이 푸	디즈니	보통	1,265	130,000	4.0
75308	R2-D2	스타워즈	보통	2,314	300,000	4.6
마블 시리즈 판매가의 합계	900,000	어려움 난이도 제품 중 최소 부품수				2,708
마블 시리즈 판매가의 평균	300,000	어려움 난이도 제품 수				3
판매가의 전체 평균	243,750	곰돌이 푸의 판매가				130,000
		제품명	곰돌이 푸	판매가	=VLOOKUP(F16,C5:H12,5,0)	

입력

=VLOOKUP(F16, C5:H12, 5, 0)
         ①   ②

① 「F16」 셀의 값을 「C5:H12」 영역에서 조회하고
② 해당하는 행의 5번째 열인 "판매가"의 값을 반환

VLOOKUP(Lookup_value, Table_array, Col_index_num, [Range_lookup]) 함수

Lookup_value : 조회하려는 값
Table_array : 조회할 값이 있는 범위
Col_index_num : 반환할 값이 있는 열
Range_lookup : 0(FALSE)이면 정확히 일치, 1(TRUE)이면 근사값 반환

② 「F16」 셀 선택에 따라 「H16」 셀이 바뀌는 것을 확인한다.

제품코드	제품명	시리즈	난이도	부품수	판매가	상품평
76210	헐크버스터	마블	어려움	4,049	500,000	3.8
43187	라푼젤의 탑	디즈니	쉬움	369	90,000	4.3
75304	다스베이더 헬멧	스타워즈	쉬움	834	110,000	4.3
43222	디즈니 캐슬	디즈니	어려움	4,837	420,000	4.9
76218	샌텀 생토럼	마블	어려움	2,708	300,000	4.7
76216	아이언맨 연구소	마블	쉬움	496	100,000	3.2
21326	곰돌이 푸	디즈니	보통	1,265	130,000	4.0
75308	R2-D2	스타워즈	보통	2,314	300,000	4.6
마블 시리즈 판매가의 합계		900,000	어려움 난이도 제품 중 최소 부품수			2,708
마블 시리즈 판매가의 평균		300,000	어려움 난이도 제품 수			3
판매가의 전체 평균		243,750	곰돌이 푸의 판매가			130,000
			제품명	디즈니 캐슬	판매가	420,000

문제유형 ❷-1　　　　**문제파일** PART 01 시험 유형 따라하기₩유형2-1번_문제.xlsx　**정답파일** 유형2-1번_정답.xlsx

(1)~(6) 셀은 반드시 주어진 함수를 이용하여 값을 구하시오.

출력형태

	B	C	D	E	F	G	H	I	J
1							확인	담당	팀장	센터장
2	**평생학습센터 온라인 수강신청 현황**								
3									
4	수강코드	강좌명	분류	교육대상	개강날짜	신청인원	수강료(단위:원)	교육장소	신청인원순위
5	CS-210	소통스피치	인문교양	성인	2023-04-03	101명	60,000	(1)	(2)
6	SL-101	체형교정 발레	생활스포츠	청소년	2023-03-06	56명	75,000	(1)	(2)
7	ST-211	스토리텔링 한국사	인문교양	직장인	2023-03-13	97명	40,000	(1)	(2)
8	CE-310	어린이 영어회화	외국어	청소년	2023-04-10	87명	55,000	(1)	(2)
9	YL-112	요가	생활스포츠	성인	2023-03-04	124명	45,000	(1)	(2)
10	ME-312	미드로 배우는 영어	외국어	직장인	2023-03-10	78명	65,000	(1)	(2)
11	PL-122	필라테스	생활스포츠	성인	2023-03-06	135명	45,000	(1)	(2)
12	SU-231	자신감 UP	인문교양	청소년	2023-04-03	43명	45,000	(1)	(2)
13	필라테스 수강료(단위:원)			(3)			최저 수강료(단위:원)		(5)
14	인문교양 최대 신청인원			(4)			강좌명	소통스피치	개강날짜	(6)

조건

(1) 교육장소 ⇒ 수강코드의 네 번째 글자가 1이면 '제2강의실', 2이면 '제3강의실', 3이면 '제4강의실'로 구하시오(IF, MID 함수).

(2) 신청인원 순위 ⇒ 신청인원의 내림차순 순위를 구하시오(RANK.EQ 함수).

(3) 필라테스 수강료(단위:원) ⇒ (INDEX, MATCH 함수)

(4) 인문교양 최대 신청인원 ⇒ 인문교양 강좌 중에서 최대 신청인원을 구한 후 결과값에 '명'을 붙이시오. 단, 조건은 입력데이터를 이용하시오 (DMAX 함수, & 연산자)(예 : 10명).

(5) 최저 수강료(단위:원) ⇒ 정의된 이름(수강료)을 이용하여 구하시오(SMALL 함수).

(6) 개강날짜 ⇒ 「H14」 셀에서 선택한 강좌명에 대한 개강날짜를 구하시오(VLOOKUP 함수).

(1)~(6) 셀은 반드시 주어진 함수를 이용하여 값을 구하시오.

| 출력형태 |

▲ A	B	C	D	E	F	G	H	I	J
1							결재	사원	과장	부장
2		**우리제주로 숙소 예약 현황**								
3										
4	예약번호	종류	숙소명	입실일	1박요금(원)	예약인원	숙박일수	숙박비(원)	위치
5	HA1-01	호텔	엠스테이	2023-08-03	120,000	4명	2	(1)	(2)
6	RE3-01	리조트	스완지노	2023-07-25	135,000	2명	3	(1)	(2)
7	HA2-02	호텔	더비치	2023-07-20	98,000	3명	3	(1)	(2)
8	PE4-01	펜션	화이트캐슬	2023-08-10	115,000	5명	4	(1)	(2)
9	RE1-02	리조트	베스트뷰	2023-08-01	125,000	3명	2	(1)	(2)
10	RE4-03	리조트	그린에코	2023-09-01	88,000	4명	3	(1)	(2)
11	HA2-03	호텔	크라운유니	2023-07-27	105,000	2명	4	(1)	(2)
12	PE4-03	펜션	푸른바다	2023-09-10	75,000	6명	2	(1)	(2)
13	호텔 1박요금(원) 평균			(3)		가장 빠른 입실일			(5)
14	숙박일수 4 이상인 예약건수			(4)		숙소명	엠스테이	예약인원	(6)

| 조건 |

(1) 숙박비(원) ⇒ 「1박요금(원)×숙박일수×할인율」로 구하시오. 단, 할인율은 숙박일수가 3 이상이면 '0.8', 그 외에는 '0.9'로 계산하시오(IF 함수).

(2) 위치 ⇒ 예약번호 세 번째 값이 1이면 '서귀포', 2이면 '제주', 3이면 '동부권', 4이면 '서부권'으로 구하시오(CHOOSE, MID 함수).

(3) 호텔 1박요금(원) 평균 ⇒ 반올림하여 천원 단위까지 구하고, 조건은 입력데이터를 이용하시오(ROUND, DAVERAGE 함수)(예 : 123,567 → 124,000).

(4) 숙박일수 4 이상인 예약건수 ⇒ 결과값에 '건'을 붙이시오(COUNTIF 함수, & 연산자) (예 : 1건).

(5) 가장 빠른 입실일 ⇒ 정의된 이름(입실일)을 이용하여 날짜로 표시하시오(MIN 함수) (예 : 2023-08-03).

(6) 예약인원 ⇒ 「H14」 셀에서 선택한 숙소명에 대한 예약인원을 구하시오(VLOOKUP 함수).

사람들은 의욕이 끝까지 가질 않는다고
말한다. 뭐, 목욕도 마찬가지 아닌가?
그래서 매일 하는 거다.
목욕도, 동기부여도.

지그 지글러(Zig Ziglar)

제2작업
목표값 찾기 및 필터/
필터 및 서식

배점 **80점** | A등급 목표점수 **70점**

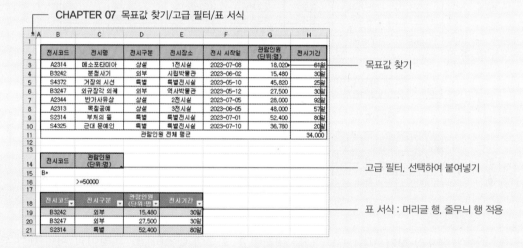

CHAPTER 07 목표값 찾기/고급 필터/표 서식

목표값 찾기

고급 필터, 선택하여 붙여넣기

표 서식 : 머리글 행, 줄무늬 행 적용

출제포인트
셀 복사 · 간단한 함수 이용 · 선택하여 붙여넣기 · 고급 필터 · 표 서식 · 목표값 찾기

출제기준
제1작업의 데이터를 이용하여 고급 필터 능력과 서식 작성 능력, 중복 데이터 제거 능력, 자동 필터 능력을 평가하는 문항입니다.

A등급 TIP
제2작업은 제1작업의 데이터를 기반으로 작성하며 다음과 같은 기능 조합 중 한 가지가 출제됩니다.
• 목표값 찾기 및 필터 : 목표값을 찾은 후 조건에 맞는 데이터 추출
• 필터 및 서식 : 조건에 맞는 데이터 추출 후 표 서식 적용

목표값 찾기/고급 필터/표 서식

▶ 합격 강의

난이도 상 ㉄ 하
반복학습 1 2 3

문제파일 PART 01 시험 유형 따라하기\CHAPTER07.xlsx
정답파일 PART 01 시험 유형 따라하기\CHAPTER07_정답.xlsx

문제보기

"제1작업" 시트의 「B4:H12」 영역을 복사하여 "제2작업" 시트의 「B2」 셀부터 모두 붙여넣기를 한 후 다음의 조건과 같이 작업하시오.

출력형태 ● ——— 실제 시험에서는 출력형태 없이 조건만 주어진다.

전시코드	전시명	전시구분	전시장소	전시 시작일	관람인원 (단위:명)	전시기간
A2314	메소포타미아	상설	1전시실	2023-07-08	18,020	61일
B3242	분청사기	외부	시립박물관	2023-06-02	15,480	30일
S4372	거장의 시선	특별	특별전시실	2023-05-10	45,820	25일
B3247	외규장각 의궤	외부	역사박물관	2023-05-12	27,500	30일
A2344	반가사유상	상설	2전시실	2023-07-05	28,000	92일
A2313	목칠공예	상설	3전시실	2023-06-05	48,000	57일
S2314	부처의 뜰	특별	특별전시실	2023-07-01	52,400	80일
S4325	근대 문예인	특별	특별전시실	2023-07-10	36,780	20일
관람인원 전체 평균						34,000

전시코드	관람인원 (단위:명)
B*	
	>=50000

전시코드	전시구분	관람인원 (단위:명)	전시기간
B3242	외부	15,480	30일
B3247	외부	27,500	30일
S2314	특별	52,400	80일

조건

(1) 목표값 찾기 – 「B11:G11」 셀을 병합하고, 가운데 맞춤한 후 "관람인원 전체 평균"을 입력하고, 「H11」 셀에 관람인원의 전체 평균을 구하시오. 단, 조건은 입력데이터를 이용하시오(AVERAGE 함수, 테두리).
   – '관람인원 전체 평균'이 '34,000'이 되려면 메소포타미아의 관람인원(단위:명)이 얼마가 되어야 하는지 목표값을 구하시오.

(2) 고급 필터 – 전시코드가 'B'로 시작하거나, 관람인원(단위:명)이 '50,000' 이상인 자료의 전시코드, 전시구분, 관람인원(단위:명), 전시기간 데이터만 추출하시오.
   – 조건 범위 : 「B14」 셀부터 입력하시오.
   – 복사 위치 : 「B18」 셀부터 나타나도록 하시오.

(3) 표 서식 – 고급필터의 결과셀을 채우기 없음으로 설정한 후 '표 스타일 보통 7'의 서식을 적용하시오.
   – 머리글 행, 줄무늬 행을 적용하시오.

① "제1작업" 시트의 「B4:H12」 영역을 블록 설정한다.

→ [홈] 탭 – [클립보드] 그룹 – [복사]( )를 클릭한다(Ctrl + C).

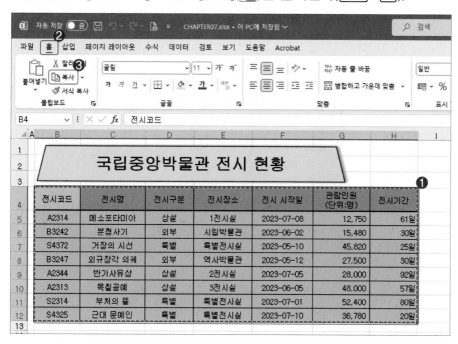

② "제2작업" 시트의 「B2」 셀에서 [붙여넣기]( )를 한다(Ctrl + V).

→ [붙여넣기 옵션] – [원본 열 너비 유지]( )를 클릭한다.

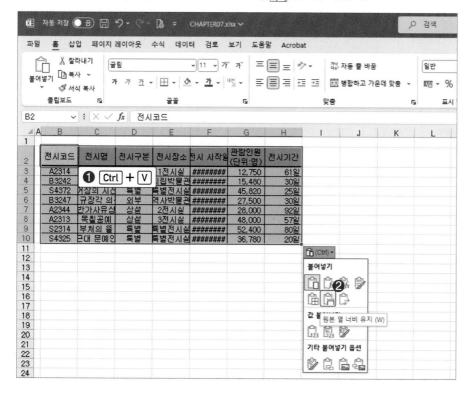

🄑 기적의 TIP

행 높이도 적당히 조절해 준다.

🄠 해결 TIP

제2작업~제3작업 데이터
도 제1작업에서 적용한 '굴
림', '11pt'로 해야 하나요?
제1작업의 데이터를 복사해
서 쓰기 때문에 특별히 바
꿀 필요는 없다.

③ 「B11:G11」 영역을 블록 설정한다.

　→ [홈] 탭 – [맞춤] 그룹 – [병합하고 가운데 맞춤](📑)을 클릭한다.

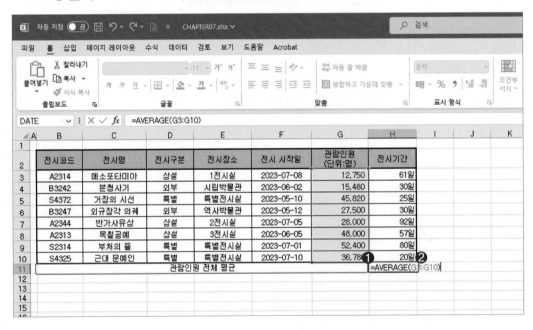

④ 병합한 셀에 『관람인원 전체 평균』을 입력한다.

　→ 「H11」 셀에 『=AVERAGE(G3:G10)』을 입력한다.

💬 함수 설명

=AVERAGE(G3:G10)
　　　　　①

① 「G3:G10」 영역의 평균을 반환

---

⑤ 「B11:H11」 영역을 블록 설정한다.

→ [홈] 탭 – [글꼴] 그룹 – [테두리]에서 [모든 테두리](田)를 클릭한다.

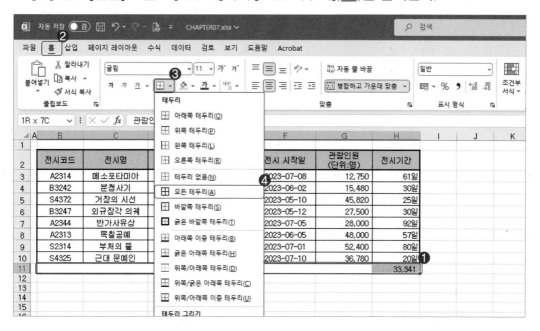

⑥ 「H11」 셀을 클릭한다.

→ [데이터] 탭 – [예측] 그룹 – [가상 분석](田)을 클릭하고 [목표값 찾기]를 클릭한다.

⑦ [목표값 찾기] 대화상자에서 수식 셀『H11』, 찾는 값『34000』, 값을 바꿀 셀『$G$3』을
   입력한다.
   → [확인]을 클릭한다.

⑧ [목표값 찾기 상태] 대화상자가 나타나며「G3」셀의 값이 변경되면 [확인]을 클릭한다.

① Ctrl 을 누른 채 「B2」 셀과 「G2」 셀을 클릭하여 복사(Ctrl + C) 한다.
  → 조건의 위치인 「B14」 셀에 붙여넣기(Ctrl + V) 한다.

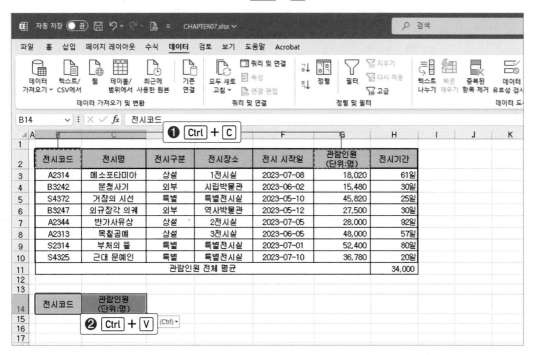

② 「B15」 셀에 『B*』, 「C16」 셀에 『>=50000』을 입력한다.

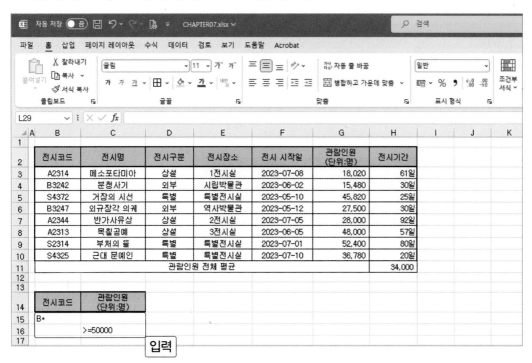

③ [Ctrl]을 누른 채 「B2」, 「D2」, 「G2」, 「H2」 셀을 클릭하여 복사([Ctrl]+[C]) 한다.
→ 복사 위치인 「B18」 셀에 붙여넣기([Ctrl]+[V]) 한다.

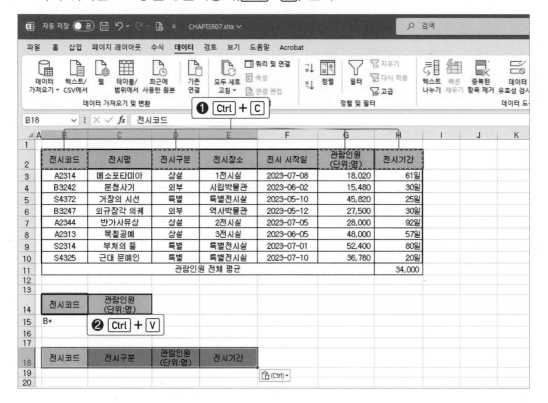

④ 「B2:H10」 영역을 블록 설정한다.
→ [데이터] 탭 – [정렬 및 필터] 그룹 – [고급]을 클릭한다.

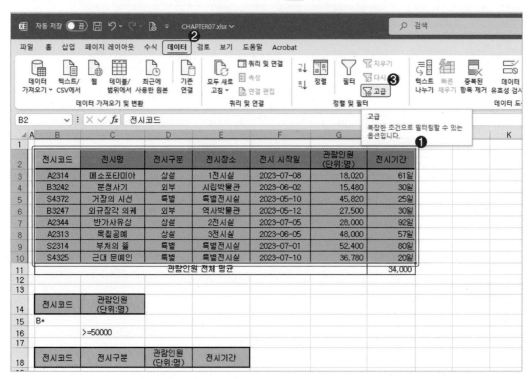

⑤ [고급 필터] 대화상자 – '결과'에서 [다른 장소에 복사]를 클릭한다.

→ 마우스 드래그로 조건 범위 『B14:C16』, 복사 위치 『B18:E18』을 지정하고 [확인]을
  클릭한다.

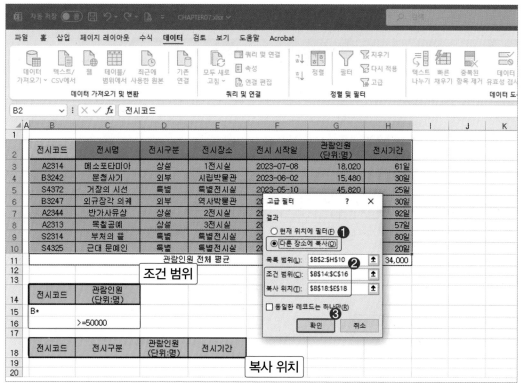

➕ 더 알기 TIP

고급 필터의 조건 범위

AND 조건 : 조건을 서로 같은 행에 입력	전시코드	관람인원
⇒ 전시코드가 B로 시작하면서 관람인원이 50,000 이상인 데이터를 추출한다.	B*	>=50000

OR 조건 : 조건을 서로 다른 행에 입력	전시코드	관람인원
⇒ 전시코드가 B로 시작하거나 관람인원이 50,000 이상인 데이터를 추출한다.	B*	
		>=50000

① 「B18:E21」 영역을 블록 설정한다.

→ [홈] 탭 – [글꼴] 그룹 – [채우기 색](채우기 색 아이콘)을 클릭하고 '채우기 없음'을 클릭한다.

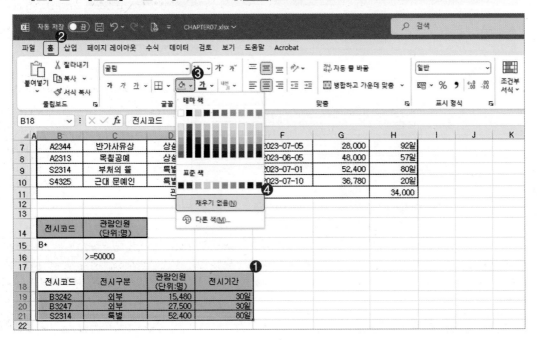

② 「B18:E21」 영역이 블록 설정된 상태에서 [홈] 탭 – [스타일] 그룹 – [표 서식](표 서식 아이콘)을 클릭한다.

→ [표 스타일 보통 7]을 클릭한다.

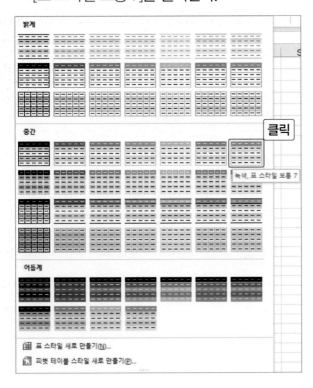

③ [표 만들기] 대화상자가 나타나면 [확인]을 클릭한다.

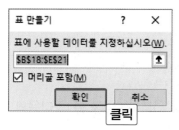

④ [테이블 디자인] 탭 – [표 스타일 옵션] 그룹에서 [머리글 행]과 [줄무늬 행]이 기본 적용된 것을 확인한다.

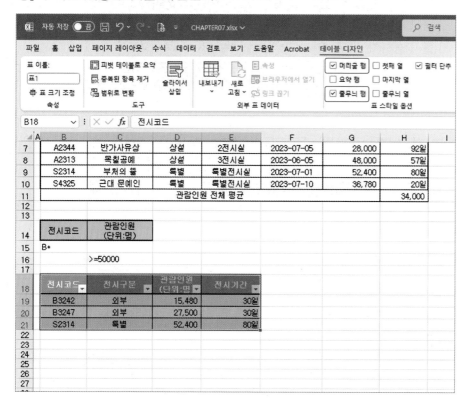

🅑 기적의 TIP

[필터 단추] 옵션은 해제하지 않아도 된다.

"제1작업" 시트의 「B4:H12」 영역을 복사하여 "제2작업" 시트의 「B2」 셀부터 모두 붙여넣기를 한 후 다음의 조건과 같이 작업하시오.

조건	
	(1) 목표값 찾기 – 「B11:G11」 셀을 병합하고 가운데 맞춤한 후 "인문교양 신청인원 평균"을 입력하고 「H11」 셀에 인문교양 신청인원 평균을 구하시오. 단, 조건은 입력데이터를 이용하시오(DAVERAGE 함수, 테두리). 　　– '인문교양 신청인원 평균'이 '85'가 되려면 소통스피치의 신청인원이 얼마가 되어야 하는지 목표값을 구하시오. (2) 고급 필터 – 교육대상이 '성인'이 아니면서, 수강료(단위:원)가 '50,000' 이상인 자료의 강좌명, 개강날짜, 신청인원, 수강료(단위:원) 데이터만 추출하시오. 　　– 조건 범위 : 「B14」 셀부터 입력하시오. 　　– 복사 위치 : 「B18」 셀부터 나타나도록 하시오.

"제1작업" 시트의 「B4:H12」 영역을 복사하여 "제2작업" 시트의 「B2」 셀부터 모두 붙여넣기를 한 후 다음의 조건과 같이 작업하시오.

조건	
	(1) 고급 필터 – 종류가 '리조트'이거나 입실일이 '2023-09-01' 이후인(해당일 포함) 자료의 예약번호, 숙소명, 예약인원, 숙박일수 데이터만 추출하시오. 　　– 조건 범위 : 「B13」 셀부터 입력하시오. 　　– 복사 위치 : 「B18」 셀부터 나타나도록 하시오. (2) 표 서식 – 고급필터의 결과셀을 채우기 없음으로 설정한 후 '표 스타일 보통 6'의 서식을 적용하시오. 　　– 머리글 행, 줄무늬 행을 적용하시오.

제3작업
정렬 및 부분합/
피벗 테이블

배점 **80점** | A등급 목표점수 **60점**

	A	B	C	D	E	F	G	H

CHAPTER 08 정렬 및 부분합

셀의 복사와 정렬

부분합

CHAPTER 09 피벗 테이블

피벗 테이블 생성 및 배치

옵션 및 그룹화

출제포인트

셀의 복사와 정렬 · 개요(윤곽) 지우기 · 선택하여 붙여넣기 · 부분합 · 피벗 테이블

출제기준

필드별 분류 · 계산 능력과 특정 항목의 요약 · 분석 능력을 평가하는 문항입니다.

A등급 TIP

제3작업은 제1작업의 데이터를 기반으로 작성하며, '정렬 및 부분합', '피벗 테이블' 중 한 가지 유형이 출제됩니다. 난이도가 높은 문항이므로 여러 차례 반복하여 학습하는 것이 중요합니다.

• 정렬 및 부분합 : 특정 필드에 대한 합계, 평균 도출
• 피벗 테이블 : 필요한 필드를 추출하여 보기 쉬운 결과물 작성

[제3작업]
정렬 및 부분합

▶ 합격 강의

문제파일 PART 01 시험 유형 따라하기₩CHAPTER08.xlsx
정답파일 PART 01 시험 유형 따라하기₩CHAPTER08_정답.xlsx

문제보기

"제1작업" 시트의 「B4:H12」 영역을 복사하여 "제3작업" 시트의 「B2」 셀부터 모두 붙여넣기를 한 후 다음의 조건과 같이 작업하시오.

출력형태

A	B	C	D	E	F	G	H
1							
2	전시코드	전시명	전시구분	전시장소	전시 시작일	관람인원(단위:명)	전시기간
3	S4372	거장의 시선	특별	특별전시실	2023-05-10	45,820	25일
4	S2314	부처의 뜰	특별	특별전시실	2023-07-01	52,400	80일
5	S4325	근대 문예인	특별	특별전시실	2023-07-10	36,780	20일
6			특별 평균			45,000	
7		3	특별 개수				
8	A2314	메소포타미아	상설	1전시실	2023-07-08	12,750	61일
9	A2344	반가사유상	상설	2전시실	2023-07-05	28,000	92일
10	A2313	목칠공예	상설	3전시실	2023-06-05	48,000	57일
11			상설 평균			29,583	
12		3	상설 개수				
13	B3242	분청사기	외부	시립박물관	2023-06-02	15,480	30일
14	B3247	외규장각 의궤	외부	역사박물관	2023-05-12	27,500	30일
15			외부 평균			21,490	
16		2	외부 개수				
17			전체 평균			33,341	
18		8	전체 개수				

조건

(1) 부분합 – ≪출력형태≫처럼 정렬하고, 전시명의 개수와 관람인원(단위:명)의 평균을 구하시오.

(2) 개요 – 지우시오.

(3) 나머지 사항은 ≪출력형태≫에 맞게 작성하시오.

① "제1작업" 시트의 「B4:H12」 영역을 블록 설정한다.

→ [홈] 탭 – [클립보드] 그룹 – [복사](📋)를 클릭한다(Ctrl + C).

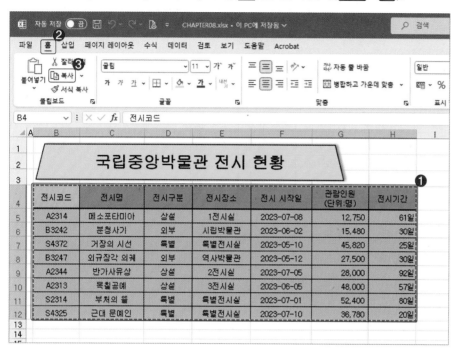

② "제3작업" 시트의 「B2」 셀에서 [붙여넣기](📋)를 한다(Ctrl + V).

→ [붙여넣기 옵션] – [원본 열 너비 유지](📋)를 클릭한다.

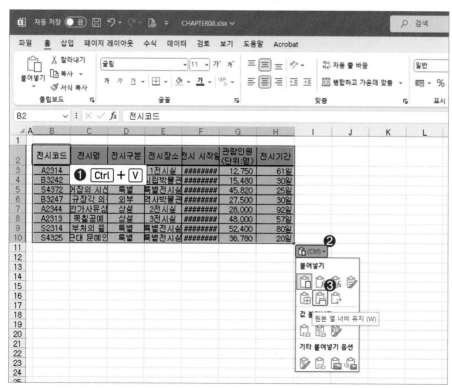

ⓑ 기적의 TIP

행 높이도 적당히 조절해 준다.

③ 「B2:H10」 영역 안에 셀 포인터를 둔다.
→ [데이터] 탭 – [정렬 및 필터] 그룹 – [정렬](圖)을 클릭한다.

④ [정렬] 대화상자에서 세로 막대형의 정렬 기준은 '전시구분'을 선택하고,
정렬에서 '사용자 지정 목록'을 클릭한다.

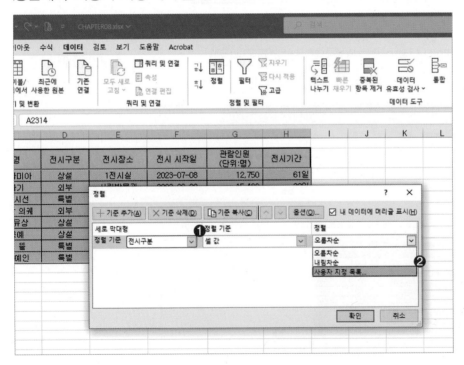

기적의 TIP

출력형태에서 평균, 개수 등이 보여지는 열이 정렬 기준이 된다.

기적의 TIP

오름차순 또는 내림차순 정렬이 아닐 경우에 '사용 자 지정 목록'을 선택한다.

⑤ [사용자 지정 목록] 대화상자가 나타나면 목록 항목 『특별 [Enter] 상설 [Enter] 외부』를
입력한다.
→ [추가]를 클릭하고 [확인]을 클릭한다.
→ [정렬] 대화상자에서 [확인]을 클릭한다.

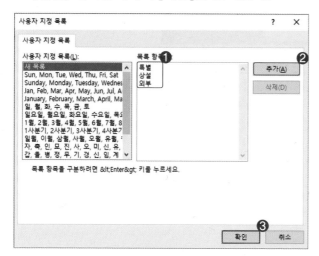

A	B	C	D	E	F	G	H
1							
2	전시코드	전시명	전시구분	전시장소	전시 시작일	관람인원 (단위:명)	전시기간
3	S4372	거장의 시선	특별	특별전시실	2023-05-10	45,820	25일
4	S2314	부처의 뜰	특별	특별전시실	2023-07-01	52,400	80일
5	S4325	근대 문예인	특별	특별전시실	2023-07-10	36,780	20일
6	A2314	메소포타미아	상설	1전시실	2023-07-08	12,750	61일
7	A2344	반가사유상	상설	2전시실	2023-07-05	28,000	92일
8	A2313	목칠공예	상설	3전시실	2023-06-05	48,000	57일
9	B3242	분청사기	외부	시립박물관	2023-06-02	15,480	30일
10	B3247	외규장각 의궤	외부	역사박물관	2023-05-12	27,500	30일

① 「B2:H10」 영역 안에 셀 포인터를 둔다.

→ [데이터] 탭 – [개요] 그룹 – [부분합](▦)을 클릭한다.

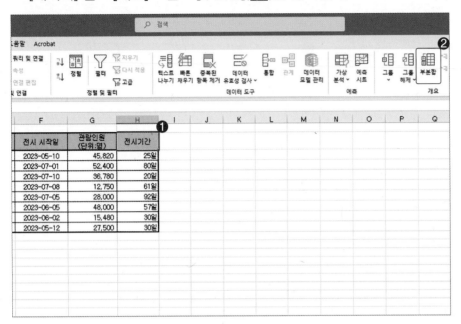

② [부분합] 대화상자에서 그룹화할 항목에 '전시구분', 사용할 함수에 '개수', 부분합 계산 항목에 '전시명'을 선택하고 [확인]을 클릭한다.

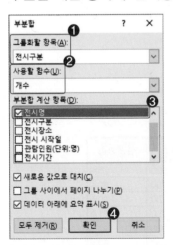

③ 다시, [데이터] 탭 – [개요] 그룹 – [부분합](▦)을 클릭한다.

④ [부분합] 대화상자에서 사용할 함수에 '평균', 부분합 계산 항목에 '관람인원(단위:명)'을 선택한다.

→ 새로운 값으로 대치를 체크 해제하고 [확인]을 클릭한다.

 기적의 TIP

새로운 값으로 대치가 체크되어 있으면 기존 부분합에 덮어쓰므로 체크를 해제해야 한다.

⑤ [데이터] 탭 – [개요] 그룹 – [그룹 해제](⬚)에서 [개요 지우기]를 클릭한다.

1 2 3 4		A	B	C	D	E	F	G	H
	1								
	2		전시코드	전시명	전시구분	전시장소	전시 시작일	관람인원(단위:명)	전시기간
	3		S4372	거장의 시선	특별	특별전시실	2023-05-10	45,820	25일
	4		S2314	부처의 뜰	특별	특별전시실	2023-07-01	52,400	80일
	5		S4325	근대 문예인	특별	특별전시실	2023-07-10	36,780	20일
	6				특별 평균			45,000	
	7			3	특별 개수				
	8		A2314	메소포타미아	상설	1전시실	2023-07-08	12,750	61일
	9		A2344	반가사유상	상설	2전시실	2023-07-05	28,000	92일
	10		A2313	목칠공예	상설	3전시실	2023-06-05	48,000	57일
	11				상설 평균			29,583	
	12			3	상설 개수				
	13		B3242	분청사기	외부	시립박물관	2023-06-02	15,480	30일
	14		B3247	외규장각 의궤	외부	역사박물관	2023-05-12	27,500	30일
	15				외부 평균			21,490	
	16			2	외부 개수				
	17				전체 평균			33,341	
	18			8	전체 개수				

문제유형 ❹-1 　　　　　문제파일 PART 01 시험 유형 따라하기\유형4-1번_문제.xlsx　　정답파일 유형4-1번_정답.xlsx

"제1작업" 시트의 「B4:H12」 영역을 복사하여 "제3작업" 시트의 「B2」 셀부터 모두 붙여넣기를 한 후 다음의 조건과 같이 작업하시오.

조건	(1) 부분합 – 《출력형태》처럼 정렬하고, 강좌명의 개수와 신청인원의 평균을 구하시오.
	(2) 개요 – 지우시오.
	(3) 나머지 사항은 《출력형태》에 맞게 작성하시오.

출력형태

A	B	C	D	E	F	G	H
1							
2	수강코드	강좌명	분류	교육대상	개강날짜	신청인원	수강료 (단위:원)
3	CS-210	소통스피치	인문교양	성인	2023-04-03	101명	60,000
4	ST-211	스토리텔링 한국사	인문교양	직장인	2023-03-13	97명	40,000
5	SU-231	자신감 UP	인문교양	청소년	2023-04-03	43명	45,000
6			인문교양 평균			80명	
7		3	인문교양 개수				
8	CE-310	어린이 영어회화	외국어	청소년	2023-04-10	87명	55,000
9	ME-312	미드로 배우는 영어	외국어	직장인	2023-03-10	78명	65,000
10			외국어 평균			83명	
11		2	외국어 개수				
12	SL-101	체형교정 발레	생활스포츠	청소년	2023-03-06	56명	75,000
13	YL-112	요가	생활스포츠	성인	2023-03-04	124명	45,000
14	PL-122	필라테스	생활스포츠	성인	2023-03-06	135명	45,000
15			생활스포츠 평균			105명	
16		3	생활스포츠 개수				
17			전체 평균			90명	
18		8	전체 개수				

[제3작업]

피벗 테이블

▶ 합격 강의

문제파일 PART 01 시험 유형 따라하기₩CHAPTER09.xlsx
정답파일 PART 01 시험 유형 따라하기₩CHAPTER09_정답.xlsx

문제보기

"제1작업" 시트를 이용하여 "제3작업" 시트에 조건에 따라 ≪출력형태≫와 같이 작업하시오.

└─ 제3작업은 "정렬 및 부분합"과 "피벗 테이블" 중에 출제된다.

출력형태

전시 시작일	전시구분 외부			특별			상설		
	개수 : 전시명	평균 : 관람인원(단위:명)		개수 : 전시명	평균 : 관람인원(단위:명)		개수 : 전시명	평균 : 관람인원(단위:명)	
5월	1	27,500		1	45,820		**	**	
6월	1	15,480		**	**		1	48,000	
7월	**	**		2	44,590		2	20,375	
총합계	2	21,490		3	45,000		3	29,583	

조건

(1) 전시 시작일 및 전시구분별 전시명의 개수와 관람인원(단위:명)의 평균을 구하시오.

(2) 전시 시작일을 그룹화하고, 전시구분을 ≪출력형태≫와 같이 정렬하시오.

(3) 레이블이 있는 셀 병합 및 가운데 맞춤 적용 및 빈 셀은 '＊＊'로 표시하시오.

(4) 행의 총합계는 지우고, 나머지 사항은 ≪출력형태≫에 맞게 작성하시오.

① "제1작업" 시트의 「B4:H12」 영역을 블록 설정한다.

→ [삽입] 탭 – [표] 그룹 – [피벗 테이블](🔛)을 클릭한다.

기적의 TIP

피벗 테이블은 데이터를 계산, 요약 및 분석하는 도구로서, 데이터의 비교, 패턴 및 추세를 보는 데 사용한다.

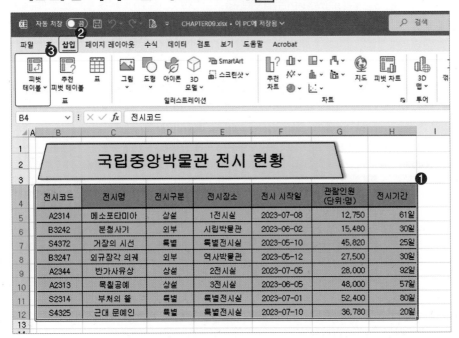

② [표 또는 범위의 피벗 테이블] 대화상자에서 '기존 워크시트'를 선택한다.

→ 위치는 마우스로 "제3작업" 시트의 「B2」 셀을 지정하고 [확인]을 클릭한다.

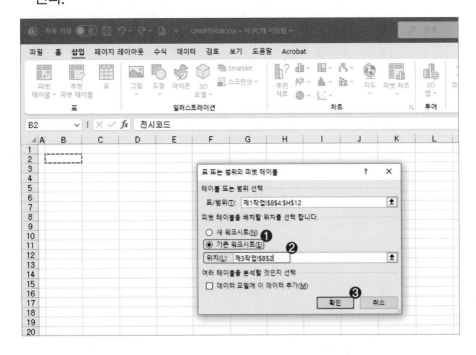

③ [피벗 테이블 필드] 탭에서 '전시 시작일'을 마우스 드래그하여 행에 배치한다.

④ '전시구분'을 열에 배치한다.

→ '전시명'과 '관람인원(단위:명)'을 값에 배치한다.

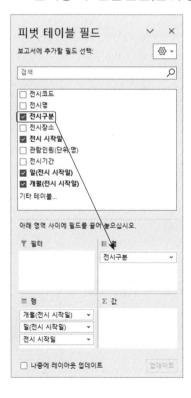 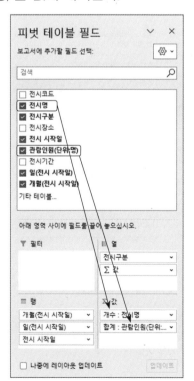

피벗 테이블 레이아웃

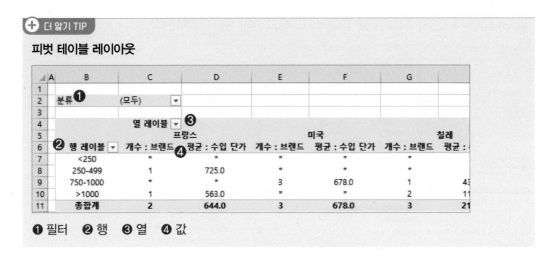

❶ 필터 ❷ 행 ❸ 열 ❹ 값

⑤ 「D4」 셀을 클릭하고 [피벗 테이블 분석] 탭 – [활성 필드] 그룹 – [필드 설정](📰)을 클릭한다.

→ [값 필드 설정] 대화상자에서 선택한 필드의 데이터 '평균'을 선택하고 사용자 지정 이름에 『(단위:명)』을 이어서 작성한다.

→ [표시 형식]을 클릭한다.

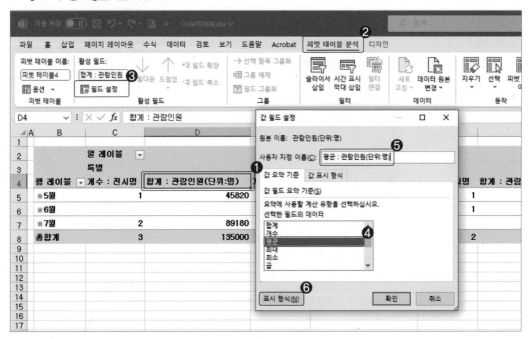

⑥ [셀 서식] 대화상자가 나타나면 범주 '숫자'를 선택하고 '1000 단위 구분 기호(,) 사용'을 체크한 후 [확인]을 클릭한다.

→ 다시 [값 필드 설정] 대화상자로 돌아오면 [확인]을 클릭한다.

① [피벗 테이블 분석] 탭 – [피벗 테이블] 그룹 – [옵션](▦)을 클릭한다.

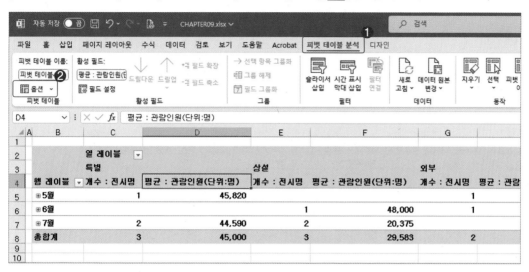

② [피벗 테이블 옵션] 대화상자에서 '레이블이 있는 셀 병합 및 가운데 맞춤'을 체크하고
빈 셀 표시 입력란에 『＊＊』를 입력한다.
→ [요약 및 필터] 탭에서 '행 총합계 표시'를 체크 해제하고 [확인]을 클릭한다.

③ 전시 시작일을 그룹화하기 위해 「B5」 셀을 클릭하고 [선택 항목 그룹화](→)를 클릭한다.

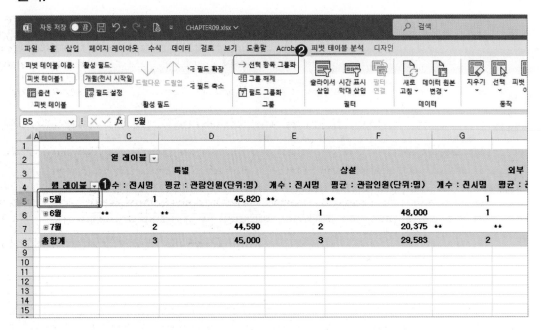

④ [그룹화] 대화상자에서 단위에 '일'과 '월'이 선택되어 있으므로 '월'만 설정하고 [확인]을 클릭한다.

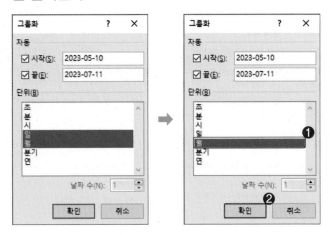

⑤ 「G5」셀을 클릭하고 가장자리에 마우스 포인터를 위치한다.

→ 마우스 포인터가 변경되면 C 열 앞으로 드래그하여 이동시킨다.

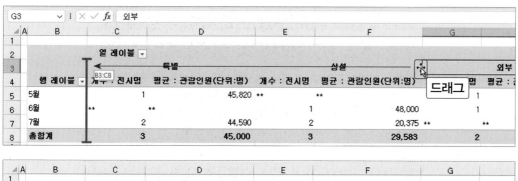

⑥ **로 표시된 셀들은 [홈] 탭 – [맞춤] 그룹 – [가운데 맞춤](☰)을 클릭한다.

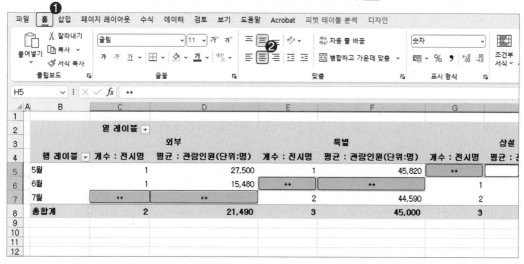

⑦ 「C2」셀에 『전시구분』, 「B4」셀에 『전시 시작일』을 직접 입력한다.

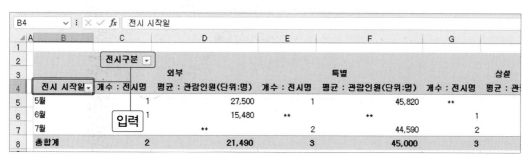

문제유형 **4-2** 문제파일 PART 01 시험 유형 따라하기₩유형4-2번_문제.xlsx 정답파일 유형4-2번_정답.xlsx

"제1작업" 시트를 이용하여 "제3작업" 시트에 조건에 따라 ≪출력형태≫와 같이 작업하시오.

조건	(1) 1박요금(원) 및 종류별 숙소명의 개수와 예약인원의 평균을 구하시오.
	(2) 1박요금(원)을 그룹화하고, 종류를 ≪출력형태≫와 같이 정렬하시오.
	(3) 레이블이 있는 셀 병합 및 가운데 맞춤 적용과 빈 셀은 '***'로 표시하시오.
	(4) 행의 총합계는 지우고, 나머지 사항은 ≪출력형태≫에 맞게 작성하시오.

출력형태

▲A	B	C	D	E	F	G	H
1							
2		종류 ▼					
3			호텔		펜션		리조트	
4	1박요금(원) ▼	개수 : 숙소명	평균 : 예약인원	개수 : 숙소명	평균 : 예약인원	개수 : 숙소명	평균 : 예약인원
5	70001-95000	***	***	1	6	1	4
6	95001-120000	3	3	1	5	***	***
7	120001-145000	***	***	***	***	2	3
8	총합계	3	3	2	6	3	3

제4작업
그래프

배점 **100점** │ A등급 목표점수 **80점**

CHAPTER 10 차트

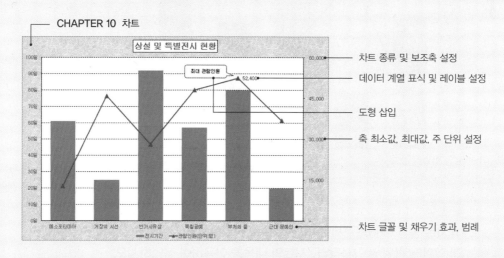

- 차트 종류 및 보조축 설정
- 데이터 계열 표식 및 레이블 설정
- 도형 삽입
- 축 최소값, 최대값, 주 단위 설정
- 차트 글꼴 및 채우기 효과, 범례

출제포인트
차트 종류와 데이터 범위 파악 · 글꼴과 채우기 · 범례의 위치 및 수정 · 축 최소값, 최대값, 주 단위 설정 · 데이터 계열 표식 및 레이블 설정 · 도형 삽입

출제기준
엑셀 내에서의 차트 작성능력을 평가하는 문항입니다.

A등급 TIP
제4작업 역시 제1작업의 데이터를 기반으로 합니다. 차트에 사용될 제1작업의 데이터는 출력형태를 보고 직접 판단해야 합니다. 출력형태와 조건을 충실하게 따르며 꼼꼼히 작업하고, 풀이를 마친 후 출력형태와 비교해 보며 검토하는 것도 잊지 마세요.

CHAPTER

10

[제4작업]
차트

▶ 합격 강의

난 이 도 상 (중) 하
반복학습 ① ② ③

문제파일 PART 01 시험 유형 따라하기\CHAPTER10.xlsx
정답파일 PART 01 시험 유형 따라하기\CHAPTER10_정답.xlsx

문제보기

"제1작업" 시트를 이용하여 조건에 따라 ≪출력형태≫와 같이 작업하시오.

출력형태

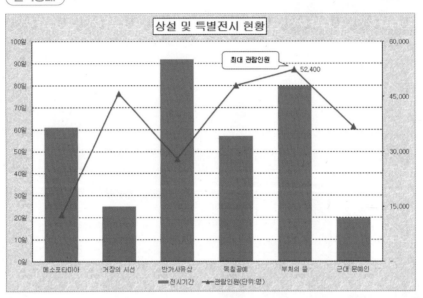

조건

(1) 차트 종류 ⇒ 〈묶은 세로 막대형〉으로 작업하시오.

(2) 데이터 범위 ⇒ "제1작업" 시트의 내용을 이용하여 작업하시오.

(3) 위치 ⇒ "새 시트"로 이동하고, "제4작업"으로 시트 이름을 바꾸시오.

(4) 차트 디자인 도구 ⇒ 레이아웃 3, 스타일 1을 선택하여 ≪출력형태≫에 맞게 작업하시오.

(5) 영역 서식 ⇒ 차트 : 글꼴(굴림, 11pt), 채우기 효과(질감 – 파랑 박엽지)
　　　　　　　　　 그림 : 채우기(흰색, 배경1)

(6) 제목 서식 ⇒ 차트 제목 : 글꼴(굴림, 굵게, 20pt), 채우기(흰색, 배경1), 테두리

(7) 서식 ⇒ 관람인원(단위:명) 계열의 차트 종류를 〈표식이 있는 꺾은선형〉으로 변경한 후 보조 축
　　　　　　으로 지정하시오.
　　　　　　계열 : ≪출력형태≫를 참조하여 표식(세모, 크기 10)과 레이블 값을 표시하시오.
　　　　　　눈금선 : 선 스타일 – 파선
　　　　　　축 : ≪출력형태≫를 참조하시오.

(8) 범례 ⇒ 범례명을 변경하고 ≪출력형태≫를 참조하시오.

(9) 도형 ⇒ '모서리가 둥근 사각형 설명선'을 삽입한 후 ≪출력형태≫와 같이 내용을 입력하시오.

(10) 나머지 사항은 ≪출력형태≫에 맞게 작성하시오.

① "제1작업" 시트의 「C4:C5」 영역을 블록 설정한다.

→ Ctrl 을 누른 채 「C7」, 「C9:C12」, 「G4:G5」, 「G7」, 「G9:G12」, 「H4:H5」, 「H7」, 「H9:H12」 영역을 블록 설정한다.

B 기적의 TIP

블록 설정은 출력형태에서 가로 축, 세로 축, 보조 축에 표시된 데이터를 지정하면 된다.

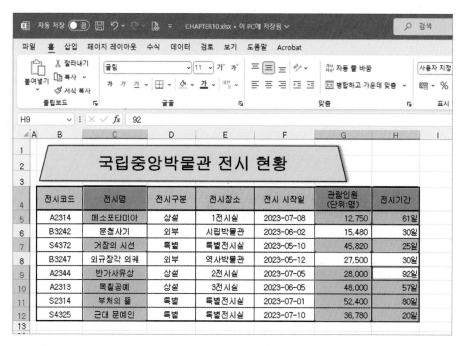

② [삽입] 탭 – [차트] 그룹 – [2차원 묶은 세로 막대형]( )을 클릭한다.

해결 TIP

어떤 종류의 차트가 주로 출제되나요?

〈묶은 세로 막대형〉을 기본으로 〈표식이 있는 꺾은선형〉과 혼합을 이루는 형태가 주로 출제된다.

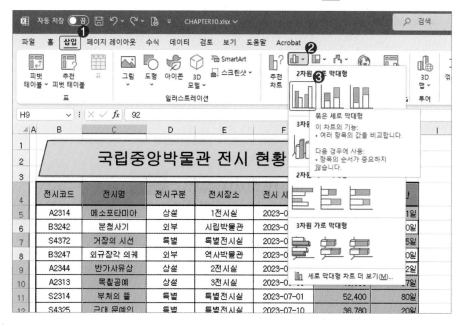

③ [차트 디자인] 탭 – [위치] 그룹 – [차트 이동](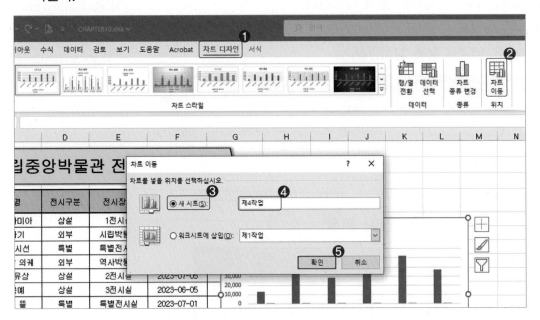)을 클릭한다.
　→ [차트 이동] 대화상자에서 '새 시트'를 선택하고 『제4작업』을 입력한 후 [확인]을 클릭한다.

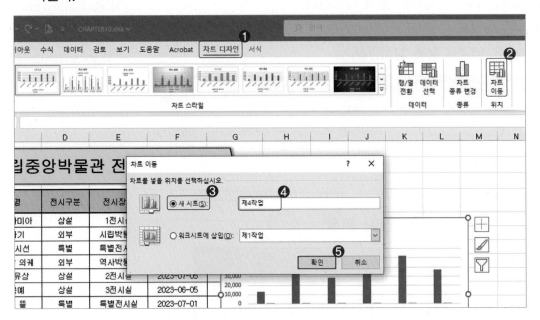

④ "제4작업" 시트를 마우스 드래그하여 제일 끝으로 이동한다.

SECTION 02 **차트 디자인, 영역 서식, 제목 서식**

---

① [차트 디자인] 탭 – [빠른 레이아웃](▤) – [레이아웃 3](▥)을 클릭한다.
　→ [차트 스타일] 그룹 – [스타일 1]을 클릭한다.

② 차트 영역을 선택하고 [홈] 탭 – [글꼴] 그룹에서 글꼴 '굴림', 크기 '11'을 설정한다.

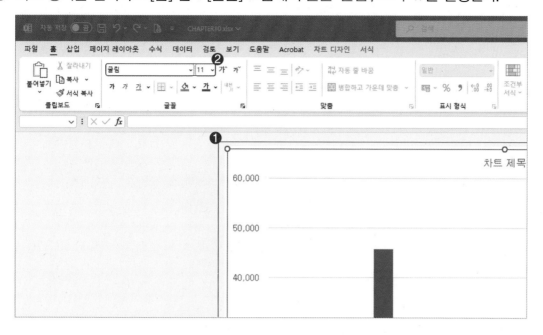

③ [서식] 탭 – [현재 선택 영역] 그룹 – [선택 영역 서식](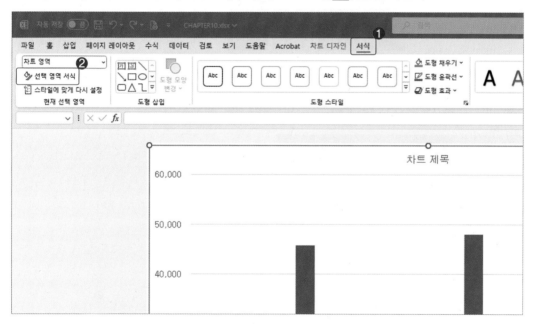)을 클릭한다.

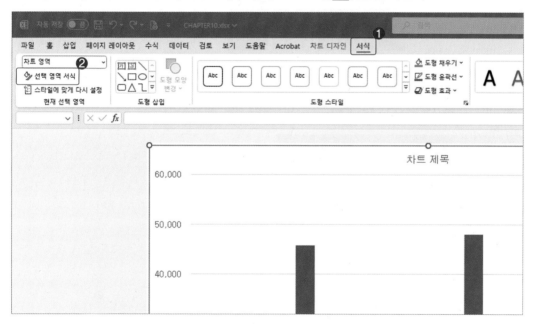

④ [차트 영역 서식] 사이드바에서 채우기 '그림 또는 질감 채우기'를 선택한다.
　→ [질감]( ) – [파랑 박엽지]를 설정한다.

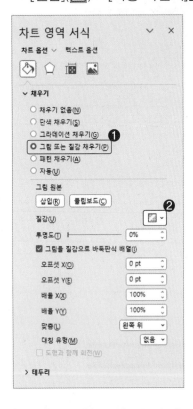

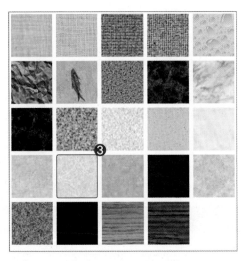

⑤ [서식] 탭 – [현재 선택 영역] 그룹에서 [그림 영역]을 선택한다.
　→ 채우기 '단색 채우기'를 선택하고 [색]( ) – [흰색, 배경 1]을 설정한다.

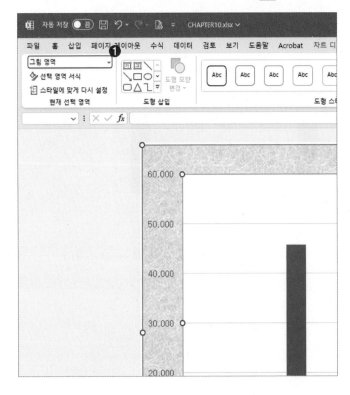

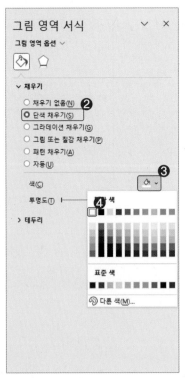

⑥ 차트 제목에 『상설 및 특별전시 현황』을 입력한다.
→ 글꼴 '굴림', 크기 '20', [굵게] 설정한다.

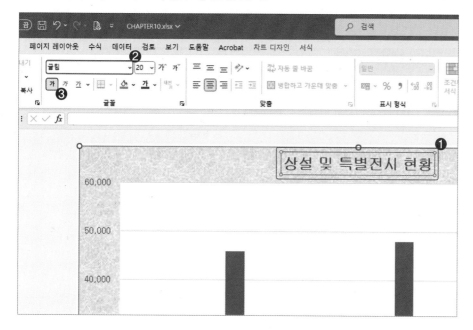

⑦ [서식] 탭 – [도형 스타일] 그룹 – [도형 채우기]()를 클릭하고 '흰색, 배경 1'을 설정한다.
→ [도형 윤곽선]()을 클릭하고 '검정'을 설정한다.

🅑 기적의 TIP

문제의 조건에서 테두리 색을 지정하지 않았으므로 검정과 같이 적당히 구분되는 색을 설정한다.

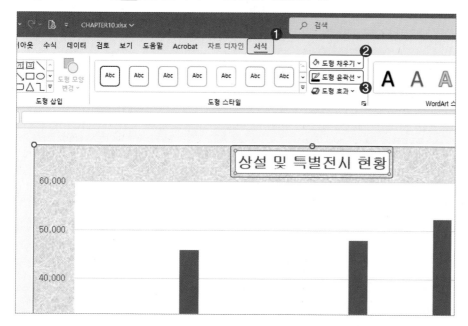

① [차트 디자인] 탭 – [차트 종류 변경](📊)을 클릭한다.

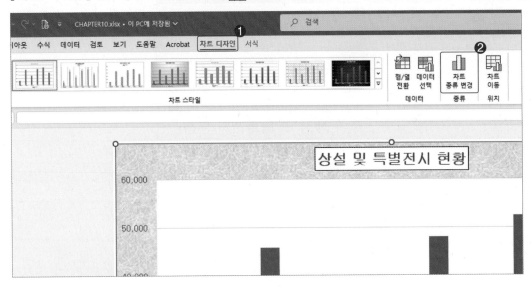

② [차트 종류 변경] 대화상자에서 '혼합'을 클릭한다.
→ 관람인원(단위:명)의 차트 종류를 '표식이 있는 꺾은선형'으로 설정하고 '보조 축'
  에 체크한다.
→ 전시기간의 차트 종류를 '묶은 세로 막대형'으로 설정한다.

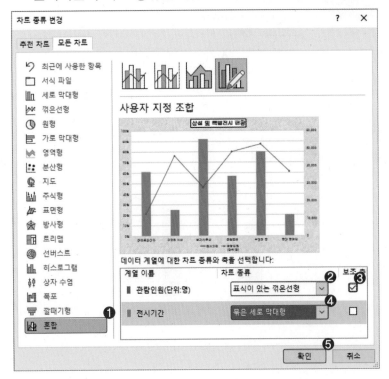

① 관람인원(단위:명) 계열을 선택한다.

  → 마우스 오른쪽 클릭하고 [데이터 계열 서식]을 클릭한다.

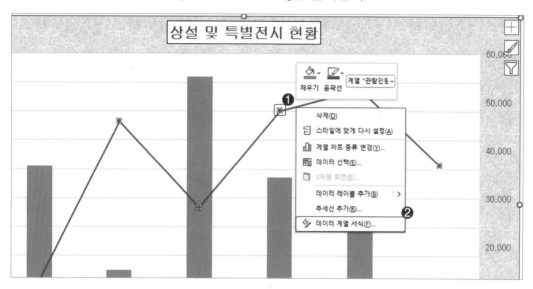

② [채우기 및 선](🎨) – 표식(📈) – 표식 옵션을 클릭한다.

  → 형식 '세모', 크기 '10'을 설정한다.

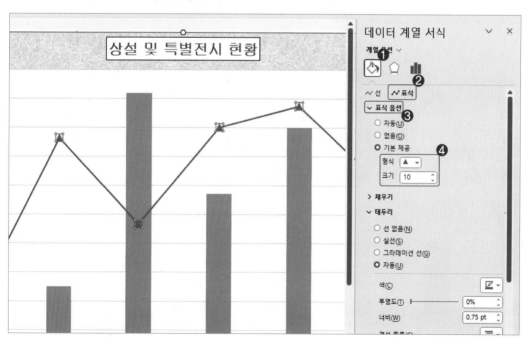

③ 관람인원(단위:명) 계열의 '부처의 뜰' 요소만 두 번 클릭하여 선택한다.

→ [차트 요소 추가](⬛) – [데이터 레이블](📊) – [오른쪽](📈)을 클릭한다.

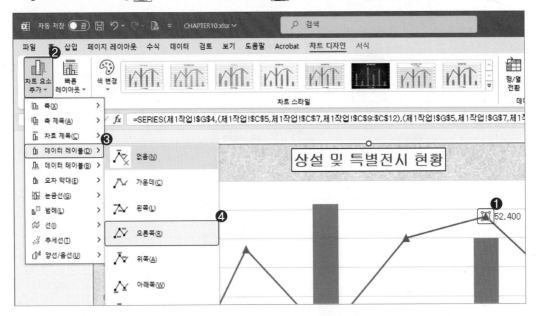

④ 전시기간 계열을 선택한다.

→ 마우스 오른쪽 클릭하고 [데이터 계열 서식]을 클릭한다.

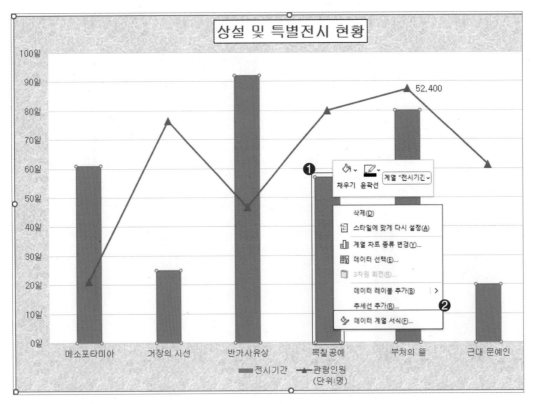

⑤ 간격 너비를 ≪출력형태≫를 참고하여 적당히 조절한다.

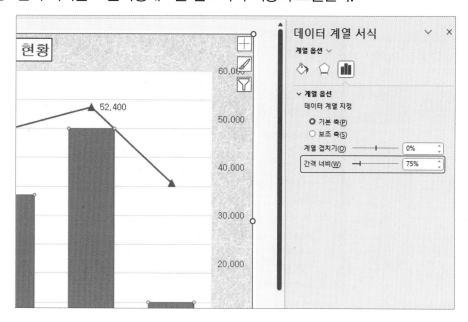

SECTION 05 서식 (눈금선)

① 눈금선을 선택하여 마우스 오른쪽 클릭하고 [눈금선 서식](🖌)을 클릭
한다.

🅑 기적의 TIP

눈금선을 더블클릭해도 눈
금선 서식이 열린다.

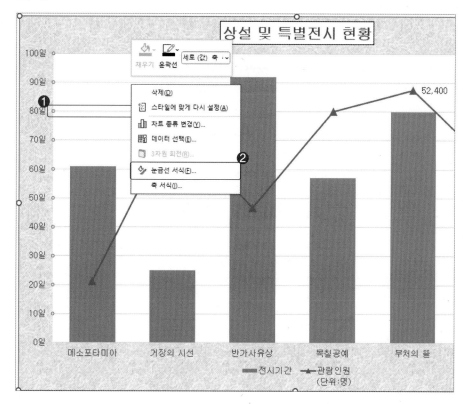

② [주 눈금선 서식] 사이드바에서 선 색 '검정', 대시 종류 '파선'을 설정한다.

🅑 기적의 TIP

문제의 조건에서 선의 색을 지정하지 않았으므로 검정과 같이 적당히 구분되는 색을 설정한다.

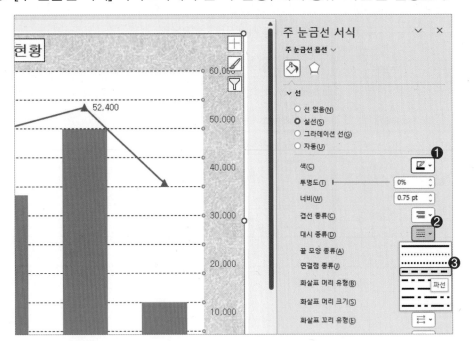

SECTION 06 서식 (축, 데이터 계열)

---

① 세로 (값) 축을 클릭한다.

→ [서식] 탭 – [도형 스타일] 그룹 – [도형 윤곽선](🖊)을 클릭하고 '검정'을 설정한다.

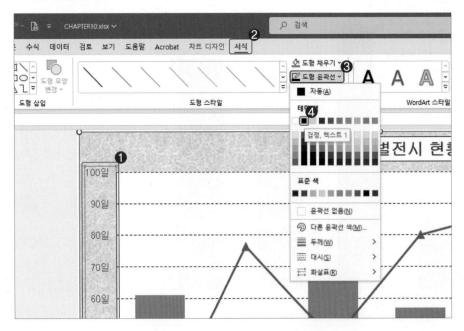

② 보조 세로 (값) 축과 가로 (항목) 축도 [도형 윤곽선](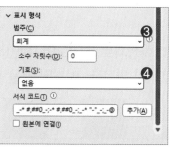)을 설정한다.

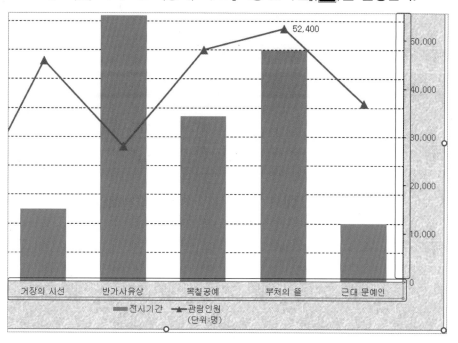

③ 보조 세로 (값) 축을 더블클릭하여 축 서식 사이드바를 연다.

→ 축 옵션 – 단위 '기본'에 『15000』을 입력한다.

→ 표시 형식 – 범주 '회계', 기호 '없음'을 설정한다.

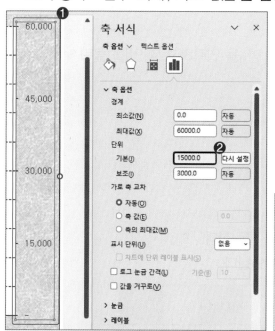

🅱 기적의 TIP

차트 축 표시 형식에서 회계는 0이 –로 표시된다.

① [차트 디자인] 탭 – [데이터] 그룹 – [데이터 선택](▦)을 클릭한다.

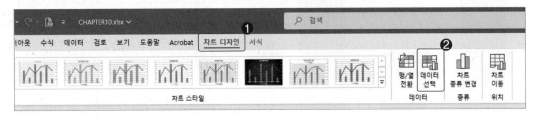

② [데이터 원본 선택] 대화상자에서 범례 항목(계열)에서 '관람인원(단위:명)'을 선택하고 [편집]을 클릭한다.

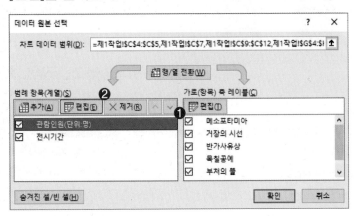

③ [계열 편집] 대화상자에서 계열 이름에 『관람인원(단위:명)』을 입력하고 [확인]을 클릭한다.

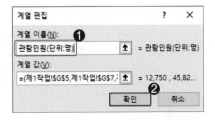

④ 다시 [데이터 원본 선택] 대화상자로 돌아오면 [확인]을 클릭한다.
→ 범례의 관람인원(단위:명)이 한 줄로 변경된 것을 확인한다.

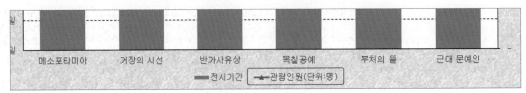

① [삽입] 탭 – [일러스트레이션] 그룹 – [도형](🔘)을 클릭하고 [말풍선: 모서리가 둥근 사각형]을 클릭한다.

② 도형을 그리고 『최대 관람인원』을 입력한다.

→ [홈] 탭 – [글꼴] 그룹에서 글꼴 '굴림', 크기 '11', [채우기 색](🖌️) '흰색', [글꼴 색] (가) '검정'을 설정한다.

→ [맞춤] 그룹에서 가로와 세로 모두 [가운데 맞춤](🔳, 🔳)을 클릭한다.

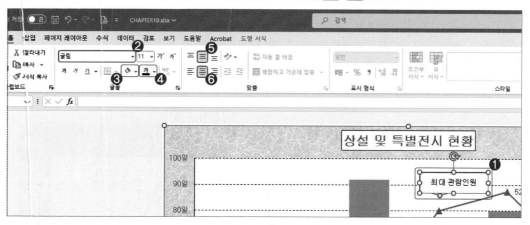

③ 노란색 조절점을 움직여 도형의 모양을 조절한다.

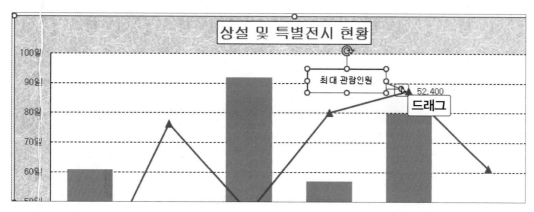

문제유형 ❺-1   문제파일 PART 01 시험 유형 따라하기\유형5-1번_문제.xlsx   정답파일 유형5-1번_정답.xlsx

"제1작업" 시트를 이용하여 조건에 따라 ≪출력형태≫와 같이 작업하시오.

조건	(1) 차트 종류 ⇒ 〈묶은 세로 막대형〉으로 작업하시오.
	(2) 데이터 범위 ⇒ "제1작업" 시트의 내용을 이용하여 작업하시오.
	(3) 위치 ⇒ "새 시트"로 이동하고, "제4작업"으로 시트 이름을 바꾸시오.
	(4) 차트 디자인 도구 ⇒ 레이아웃 3, 스타일 1을 선택하여 ≪출력형태≫에 맞게 작업하시오.
	(5) 영역 서식 ⇒ 차트 : 글꼴(굴림, 11pt), 채우기 효과(질감 – 분홍 박엽지) 그림 : 채우기(흰색, 배경1)
	(6) 제목 서식 ⇒ 차트 제목 : 글꼴(굴림, 굵게, 20pt), 채우기(흰색, 배경1), 테두리
	(7) 서식 ⇒ 신청인원 계열의 차트 종류를 〈표식이 있는 꺾은선형〉으로 변경한 후 보조 축으로 지정하시오. 계열 : ≪출력형태≫를 참조하여 표식(마름모, 크기 10)과 레이블 값을 표시하시오. 눈금선 : 선 스타일 – 파선 축 : ≪출력형태≫를 참조하시오.
	(8) 범례 ⇒ 범례명을 변경하고 ≪출력형태≫를 참조하시오.
	(9) 도형 ⇒ '말풍선: 모서리가 둥근 사각형'을 삽입한 후 ≪출력형태≫와 같이 내용을 입력하시오.
	(10) 나머지 사항은 ≪출력형태≫에 맞게 작성하시오.
출력형태	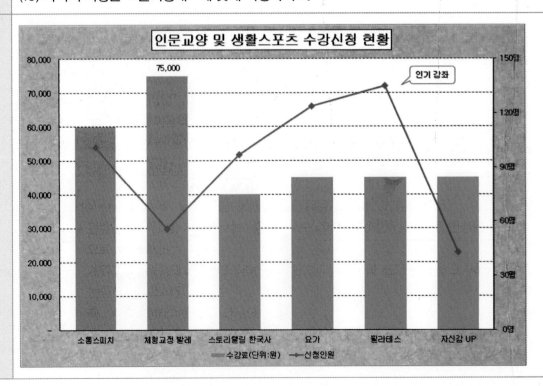

"제1작업" 시트를 이용하여 조건에 따라 ≪출력형태≫와 같이 작업하시오.

조건	(1) 차트 종류 ⇒ 〈묶은 세로 막대형〉으로 작업하시오.
	(2) 데이터 범위 ⇒ "제1작업" 시트의 내용을 이용하여 작업하시오.
	(3) 위치 ⇒ "새 시트"로 이동하고, "제4작업"으로 시트 이름을 바꾸시오.
	(4) 차트 디자인 도구 ⇒ 레이아웃 3, 스타일 1을 선택하여 ≪출력형태≫에 맞게 작업하시오.
	(5) 영역 서식 ⇒ 차트 : 글꼴(굴림, 11pt), 채우기 효과(질감 – 파랑 박엽지)
	그림 : 채우기(흰색, 배경1)
	(6) 제목 서식 ⇒ 차트 제목 : 글꼴(굴림, 굵게, 20pt), 채우기(흰색, 배경1), 테두리
	(7) 서식 ⇒ 예약인원 계열의 차트 종류를 〈표식이 있는 꺾은선형〉으로 변경한 후 보조 축으로 지정하시오.
	계열 : ≪출력형태≫를 참조하여 표식(세모, 크기 10)과 레이블 값을 표시하시오.
	눈금선 : 선 스타일 – 파선
	축 : ≪출력형태≫를 참조하시오.
	(8) 범례 ⇒ 범례명을 변경하고 ≪출력형태≫를 참조하시오.
	(9) 도형 ⇒ '말풍선: 모서리가 둥근 사각형'을 삽입한 후 ≪출력형태≫와 같이 내용을 입력하시오.
	(10) 나머지 사항은 ≪출력형태≫에 맞게 작성하시오.

출력형태

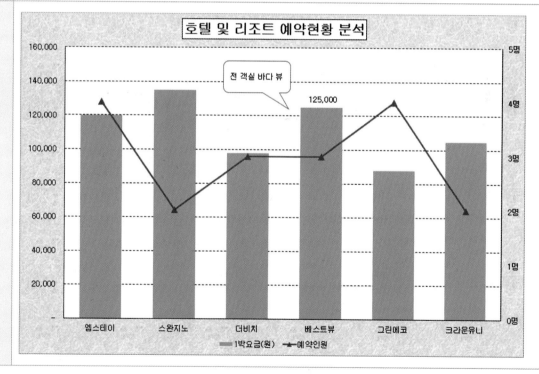

누군가 해내기 전까지는
모든 것이 '불가능한 것'이다.

브루스 웨인(Bruce Wayne), <배트맨> 中

PART

02

대표 기출 따라하기

대표 기출 따라하기 01회 부분합 유형

▶합격 강의

과목	코드	문제유형	시험시간	수험번호	성명
한글엑셀	1122	A	60분		

수험자 유의사항

- 수험자는 문제지를 받는 즉시 문제지와 **수험표상의 시험과목(프로그램)이 동일한지 반드시 확인**하여야 합니다.
- 파일명은 본인의 "수험번호–성명"으로 입력하여 답안폴더(내 PC\문서\ITQ)에 하나의 파일로 저장해야 하며, 답안문서 파일명이 "수험번호–성명"과 일치하지 않거나, 답안파일을 전송하지 않아 미제출로 처리될 경우 실격 처리합니다(예: 12345678–홍길동.xlsx).
- 답안 작성을 마치면 파일을 저장하고, '답안 전송' 버튼을 선택하여 감독위원 PC로 답안을 전송하십시오. 수험생 정보와 저장한 파일명이 다를 경우 전송되지 않으므로 주의하시기 바랍니다.
- 답안 작성 중에도 **주기적으로 저장하고, '답안 전송'**하여야 문제 발생을 줄일 수 있습니다. 작업한 내용을 저장하지 않고 전송할 경우 이전에 저장된 내용이 전송되니 이점 유의하시기 바랍니다.
- 답안문서는 지정된 경로 외의 다른 보조기억장치에 저장하는 경우, 지정된 시험 시간 외에 작성된 파일을 활용할 경우, 기타 통신수단(이메일, 메신저, 네트워크 등)을 이용하여 타인에게 전달 또는 외부 반출하는 경우는 부정 처리합니다.
- 시험 중 부주의 또는 고의로 시스템을 파손한 경우는 수험자가 변상해야 하며, 〈수험자 유의사항〉에 기재된 방법대로 이행하지 않아 생기는 불이익은 수험생 당사자의 책임임을 알려 드립니다.
- 문제의 조건은 MS오피스 2021 버전으로 설정되어 있으며 MS오피스 2016은 【 】에 표기되어 있습니다. 이와 관련하여 작성한 답안의 출력형태가 문제지와 다를 수 있습니다.
- 시험을 완료한 수험자는 답안파일이 전송되었는지 확인한 후 감독위원의 지시에 따라 문제지를 제출하고 퇴실합니다.

답안 작성요령

- 온라인 답안 작성 절차
  수험자 등록 ⇒ 시험 시작 ⇒ 답안파일 저장 ⇒ 답안 전송 ⇒ 시험 종료
- 문제는 총 4단계, 즉 제1작업부터 제4작업까지 구성되어 있으며 반드시 제1작업부터 순서대로 작성하고 조건대로 작업하시오.
- 모든 작업시트의 A열은 열 너비 '1'로, 나머지 열은 적당하게 조절하시오.
- 모든 작업시트의 테두리는 ≪출력형태≫와 같이 작업하시오.
- 해당 작업란에서는 각각 제시된 조건에 따라 ≪출력형태≫와 같이 작업하시오.
- 답안 시트 이름은 "제1작업", "제2작업", "제3작업", "제4작업"이어야 하며 답안 시트 이외의 것은 감점 처리됩니다.
- 각 시트를 파일로 나누어 작업해서 저장할 경우 실격 처리됩니다.

다음은 '신규 등록 중고차 상세 정보'에 대한 자료이다. 자료를 입력하고 조건에 맞도록 작업하시오.

출력형태

관리코드	모델명	연료	제조사	중고가 (만원)	연비 (km/L)	주행기록	연비 순위	직영점
HD1-002	쏘나타 뉴 라이즈	가솔린	현대	2,870	16.1	26,037	(1)	(2)
KA2-102	니로	하이브리드	기아	2,650	19.5	94,160	(1)	(2)
CB2-002	이쿼녹스	디젤	쉐보레	4,030	13.3	133,411	(1)	(2)
SY1-054	티볼리 아머	가솔린	쌍용	2,060	14.2	96,300	(1)	(2)
RN4-101	QM3	디젤	르노삼성	2,100	17.3	97,803	(1)	(2)
KA3-003	더 뉴 카니발	가솔린	기아	3,450	11.4	71,715	(1)	(2)
HD2-006	그랜드 스타렉스	디젤	현대	4,660	10.9	7,692	(1)	(2)
HD4-001	그랜저	하이브리드	현대	3,950	16.2	117,884	(1)	(2)
하이브리드 차량 연비(km/L 평균)			(3)		두 번째로 높은 중고가(만원)			(5)
가솔린 차량의 주행기록 합계			(4)		관리코드	HD1-002	연비 (km/L)	(6)

제목 상단에는 「신규 등록 중고차 상세 정보」 제목과 확인란(담당, 팀장, 센터장)이 있음.

조건

- 모든 데이터의 서식에는 글꼴(굴림, 11pt), 정렬은 숫자 및 회계 서식은 오른쪽 정렬, 나머지 서식은 가운데 정렬로 작성하며 예외적인 것은 《출력형태》를 참조하시오.
- 제목 ⇒ 도형(평행 사변형)과 그림자(오프셋 오른쪽)를 이용하여 작성하고 "신규 등록 중고차 상세 정보"를 입력한 후 다음 서식을 적용하시오 (글꼴 – 굴림, 24pt, 검정, 굵게, 채우기 – 노랑).
- 임의의 셀에 결재란을 작성하여 그림으로 복사 기능을 이용하여 붙이기 하시오(단, 원본 삭제).
- 「B4:J4, G14, I14」 영역은 '주황'으로 채우기 하시오.
- 유효성 검사를 이용하여 「H14」 셀에 관리코드(「B5:B12」 영역)가 선택 표시되도록 하시오.
- 셀 서식 ⇒ 「H5:H12」 영역에 셀 서식을 이용하여 숫자 뒤에 'km'를 표시하시오(예 : 26,037km).
- 「F5:F12」 영역에 대해 '중고가'로 이름정의를 하시오.

(1)~(6) 셀은 반드시 주어진 함수를 이용하여 값을 구하시오(결과값을 직접 입력하면 해당 셀은 0점 처리됨).

(1) 연비 순위 ⇒ 연비(km/L)의 내림차순 순위를 구한 결과에 '위'를 붙이시오(RANK.EQ 함수, & 연산자)(예 : 1위).

(2) 직영점 ⇒ 관리코드의 세 번째 글자가 1이면 '서울', 2이면 '경기/인천', 그 외에는 '기타'로 구하시오 (IF, MID 함수).

(3) 하이브리드 차량 연비(km/L 평균) ⇒ 셀 서식을 이용하여 소수 첫째 자리까지 표시하시오 (SUMIF, COUNTIF 함수)(예 : 15.467 → 15.5).

(4) 가솔린 차량의 주행기록 합계 ⇒ 연료가 가솔린인 차량의 주행기록 합계를 구하시오. 단, 조건은 입력데이터를 이용하시오(DSUM 함수).

(5) 두 번째로 높은 중고가(만원) ⇒ 정의된 이름(중고가)을 이용하여 구하시오(LARGE 함수).

(6) 연비(km/L) ⇒ 「H14」 셀에서 선택한 관리코드에 대한 연비(km/L)를 구하시오(VLOOKUP 함수).

(7) 조건부 서식의 수식을 이용하여 연비(km/L)가 '16' 이상인 행 전체에 다음의 서식을 적용하시오 (글꼴 : 파랑, 굵게).

"제1작업" 시트의 「B4:H12」 영역을 복사하여 "제2작업" 시트의 「B2」 셀부터 모두 붙여넣기를 한 후 다음의 조건과 같이 작업하시오.

조건	(1) 목표값 찾기 – 「B11:G11」 셀을 병합하여 "현대 자동차의 연비(km/L) 평균"을 입력한 후 「H11」 셀에 현대 자동차의 연비(km/L) 평균을 구하시오. 단, 조건은 입력데이터를 이용하시오(DAVERAGE 함수, 테두리, 가운데 맞춤).
	– '현대 자동차의 연비(km/L) 평균'이 '15'가 되려면 쏘나타 뉴 라이즈의 연비(km/L)가 얼마가 되어야 하는지 목표값을 구하시오.
	(2) 고급 필터 – 관리코드가 'K'로 시작하거나 주행기록이 '100,000' 이상인 자료의 모델명, 연료, 중고가(만원), 연비(km/L) 데이터만 추출하시오.
	– 조건 범위 : 「B14」 셀부터 입력하시오.
	– 복사 위치 : 「B18」 셀부터 나타나도록 하시오.

"제1작업" 시트의 「B4:H12」 영역을 복사하여 "제3작업" 시트의 「B2」 셀부터 모두 붙여넣기를 한 후 다음의 조건과 같이 작업하시오.

조건	(1) 부분합 – 《출력형태》처럼 정렬하고, 제조사의 개수와 중고가(만원)의 평균을 구하시오.
	(2) 개요【윤곽】 – 지우시오.
	(3) 나머지 사항은 《출력형태》에 맞게 작성하시오.

출력형태

A	B	C	D	E	F	G	H
1							
2	관리코드	모델명	연료	제조사	중고가(만원)	연비(km/L)	주행기록
3	KA2-102	니로	하이브리드	기아	2,650	19.5	94,160km
4	HD4-001	그랜저	하이브리드	현대	3,950	16.2	117,884km
5			하이브리드 평균		3,300		
6			하이브리드 개수	2			
7	CB2-002	이쿼녹스	디젤	쉐보레	4,030	13.3	133,411km
8	RN4-101	QM3	디젤	르노삼성	2,100	17.3	97,803km
9	HD2-006	그랜드 스타렉스	디젤	현대	4,660	10.9	7,692km
10			디젤 평균		3,597		
11			디젤 개수	3			
12	HD1-002	쏘나타 뉴 라이즈	가솔린	현대	2,870	16.1	26,037km
13	SY1-054	티볼리 아머	가솔린	쌍용	2,060	14.2	96,300km
14	KA3-003	더 뉴 카니발	가솔린	기아	3,450	11.4	71,715km
15			가솔린 평균		2,793		
16			가솔린 개수	3			
17			전체 평균		3,221		
18			전체 개수	8			

"제1작업" 시트를 이용하여 조건에 따라 ≪출력형태≫와 같이 작업하시오.

조건	
	(1) 차트 종류 ⇒ 〈묶은 세로 막대형〉으로 작업하시오.
	(2) 데이터 범위 ⇒ "제1작업" 시트의 내용을 이용하여 작업하시오.
	(3) 위치 ⇒ "새 시트"로 이동하고, "제4작업"으로 시트 이름을 바꾸시오.
	(4) 차트 디자인 도구 ⇒ 레이아웃 3, 스타일 1을 선택하여 ≪출력형태≫에 맞게 작업하시오.
	(5) 영역 서식 ⇒ 차트 : 글꼴(굴림, 11pt), 채우기 효과(질감 – 분홍 박엽지) 그림 : 채우기(흰색, 배경1)
	(6) 제목 서식 ⇒ 차트 제목 : 글꼴(굴림, 굵게, 20pt), 채우기(흰색, 배경1), 테두리
	(7) 서식 ⇒ 연비(km/L) 계열의 차트 종류를 〈표식이 있는 꺾은선형〉으로 변경한 후 보조 축으로 지정하시오. 계열 : ≪출력형태≫를 참조하여 표식(마름모, 크기 10)과 레이블 값을 표시하시오. 눈금선 : 선 스타일 – 파선 축 : ≪출력형태≫를 참조하시오.
	(8) 범례 ⇒ 범례명을 변경하고 ≪출력형태≫를 참조하시오.
	(9) 도형 ⇒ '모서리가 둥근 사각형 설명선'을 삽입한 후 ≪출력형태≫와 같이 내용을 입력하시오.
	(10) 나머지 사항은 ≪출력형태≫에 맞게 작성하시오.
출력형태	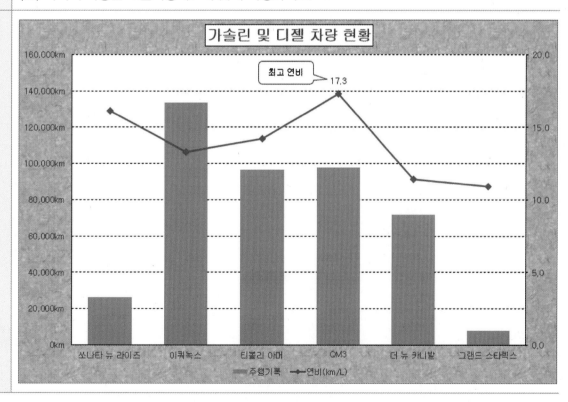

주의 시트명 순서가 차례대로 "제1작업", "제2작업", "제3작업", "제4작업"이 되도록 할 것

정답파일 PART 02 대표 기출 따라하기\대표기출01회_정답.xlsx

제 1 작업 표 서식 작성 및 값 계산 240점

	A	B	C	D	E	F	G	H	I	J
1								확	담당	팀장	센터장
2			신규 등록 중고차 상세 정보					인			
3											
4		관리코드	모델명	연료	제조사	중고가(만원)	연비(km/L)	주행기록	연비 순위	직영점
5		HD1-002	쏘나타 뉴 라이즈	가솔린	현대	2,870	16.1	26,037km	4위	서울
6		KA2-102	니로	하이브리드	기아	2,650	19.5	94,160km	1위	경기/인천
7		CB2-002	이쿼녹스	디젤	쉐보레	4,030	13.3	133,411km	6위	경기/인천
8		SY1-054	티볼리 아머	가솔린	쌍용	2,060	14.2	96,300km	5위	서울
9		RN4-101	QM3	디젤	르노삼성	2,100	17.3	97,803km	2위	기타
10		KA3-003	더 뉴 카니발	가솔린	기아	3,450	11.4	71,715km	7위	기타
11		HD2-006	그랜드 스타렉스	디젤	현대	4,660	10.9	7,692km	8위	경기/인천
12		HD4-001	그랜저	하이브리드	현대	3,950	16.2	117,884km	3위	기타
13		하이브리드 차량 연비(km/L 평균)				17.9		두 번째로 높은 중고가(만원)		4,030
14		가솔린 차량의 주행기록 합계				194,052		관리코드	HD1-002	연비(km/L)	16.1

번호	기준셀	수식
(1)	I5	=RANK.EQ(G5,$G$5:$G$12)&"위"
(2)	J5	=IF(MID(B5,3,1)="1","서울", IF(MID(B5,3,1)="2","경기/인천","기타"))
(3)	E13	=SUMIF(D5:D12,"하이브리드",G5:G12)/COUNTIF(D5:D12,"하이브리드")
(4)	E14	=DSUM(B4:H12,7,D4:D5)
(5)	J13	=LARGE(중고가,2)
(6)	J14	=VLOOKUP(H14,B5:G12,6,0)
(7)	B5:J12	서식 규칙 편집 ? X 규칙 유형 선택(S): ▶ 셀 값을 기준으로 모든 셀의 서식 지정 ▶ 다음을 포함하는 셀만 서식 지정 ▶ 상위 또는 하위 값만 서식 지정 ▶ 평균보다 크거나 작은 값만 서식 지정 ▶ 고유 또는 중복 값만 서식 지정 ▶ 수식을 사용하여 서식을 지정할 셀 결정 규칙 설명 편집(E): 다음 수식이 참인 값의 서식 지정(O): =$G5>=16 ↥ 미리 보기: 가나다AaBbCc 서식(F)... 확인 취소

	관리코드	모델명	연료	제조사	중고가 (만원)	연비 (km/L)	주행기록
3	HD1-002	쏘나타 뉴 라이즈	가솔린	현대	2,870	17.9	26,037km
4	KA2-102	니로	하이브리드	기아	2,650	19.5	94,160km
5	CB2-002	이쿼녹스	디젤	쉐보레	4,030	13.3	133,411km
6	SY1-054	티볼리 아머	가솔린	쌍용	2,060	14.2	96,300km
7	RN4-101	QM3	디젤	르노삼성	2,100	17.3	97,803km
8	KA3-003	더 뉴 카니발	가솔린	기아	3,450	11.4	71,715km
9	HD2-006	그랜드 스타렉스	디젤	현대	4,660	10.9	7,692km
10	HD4-001	그랜저	하이브리드	현대	3,950	16.2	117,884km
11	현대 자동차의 연비(km/L) 평균						15

	관리코드	주행기록
15	K*	
16		>=100000

	모델명	연료	중고가 (만원)	연비 (km/L)
19	니로	하이브리드	2,650	19.5
20	이쿼녹스	디젤	4,030	13.3
21	더 뉴 카니발	가솔린	3,450	11.4
22	그랜저	하이브리드	3,950	16.2

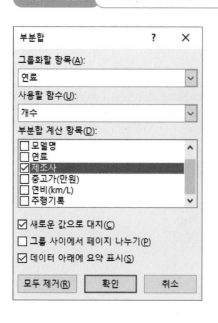

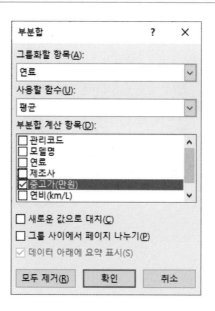

≪출력형태≫를 참고

정답파일 PART 02 대표 기출 따라하기₩대표기출01회_정답.xlsx

제 1 작업 │ 표 서식 작성 및 값 계산 240 점

제1작업은 표를 작성하고 조건에 따른 서식 변환 및 함수 사용 능력을 평가한다.
제1작업 데이터를 기반으로 다른 작업들이 이어지므로 정확히 작성하도록 한다.

SECTION 01 │ 데이터 입력, 테두리, 정렬

① 본 도서 [PART 01 – CHAPTER 01]의 답안 작성요령을 참고하여 글꼴 '굴림', 크기 '11'로 하고, 작업시트를 설정한다.
→ "수험번호–성명.xlsx"으로 저장한다.

② "제1작업" 시트에 ≪출력형태≫의 내용을 입력한다.

관리코드	모델명	연료	제조사	중고가 (만원)	연비 (km/L)	주행기록	연비 순위	직영점
HD1-002	쏘나타 뉴	가솔린	현대	2870	16,1	26037		
KA2-102	니로	하이브리드	기아	2650	19,5	94160		
CB2-002	이쿼녹스	디젤	쉐보레	4030	13,3	133411		
SY1-054	티볼리 아[	가솔린	쌍용	2060	14,2	96300		
RN4-101	QM3	디젤	르노삼성	2100	17,3	97803		
KA3-003	더 뉴 카니	가솔린	기아	3450	11,4	71715		
HD2-006	그랜드 스[	디젤	현대	4660	10,9	7692		
HD4-001	그랜저	하이브리드	현대	3950	16,2	117884		
하이브리드 차량 연비(km/L 평균)					두 번째로 높은 중고가(만원)			
가솔린 차량의 주행기록 합계					관리코드		연비 (km/L)	

③ 「B13:D13」 영역을 마우스 드래그하여 블록 설정한다.
  → Ctrl 을 누른 채 「B14:D14」, 「F13:F14」, 「G13:I13」 영역을 각각 블록 설정한다.
  → [홈] 탭 – [맞춤] 그룹 – [병합하고 가운데 맞춤](圖)을 클릭한다.

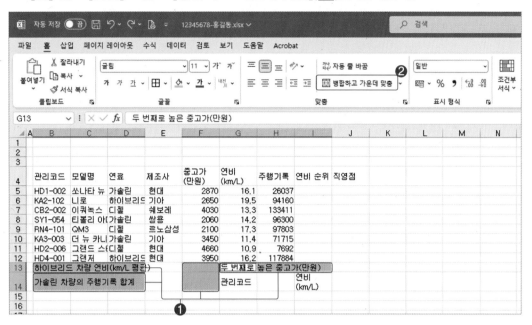

④ 「B4:J4」 영역을 블록 설정한다.
  → Ctrl 을 누른 채 「B5:J12」, 「B13:J14」 영역을 각각 블록 설정한다.
  → [홈] 탭 – [글꼴] 그룹 – [테두리]에서 [모든 테두리](田), [굵은 바깥쪽 테두리]
    (回)를 클릭한다.

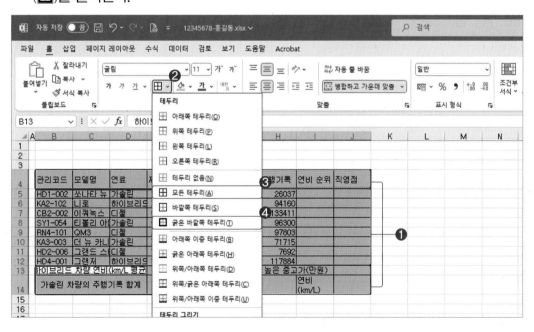

⑤ 「F13:F14」 영역을 클릭한다.

→ [테두리]에서 [다른 테두리](⊞)를 클릭하면 [셀 서식] 대화상자가 나타난다.

⑥ 선 스타일에서 [가는 실선](═══)을 클릭한다.

→ 두 개의 [대각선](◸)(◹)을 각각 클릭하고 [확인]을 클릭한다.

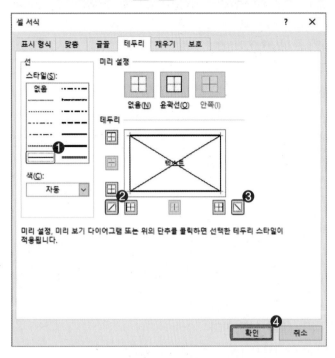

⑦ 행과 열의 머리글 경계선(⬍)(⬌)을 마우스 드래그하여 행 높이와 열 너비를 조절한다.

→ 숫자 영역은 [홈] 탭 – [맞춤] 그룹 – [오른쪽 맞춤](▤), 나머지는 [가운데 맞춤]
(▤)을 설정한다.

	관리코드	모델명	연료	제조사	중고가 (만원)	연비 (km/L)	주행기록	연비 순위	직영점
5	HD1-002	쏘나타 뉴 라이즈	가솔린	현대	2870	16.1	26037		
6	KA2-102	니로	하이브리드	기아	2650	19.5	94160		
7	CB2-002	이쿼녹스	디젤	쉐보레	4030	13.3	133411		
8	SY1-054	티볼리 아머	가솔린	쌍용	2060	14.2	96300		
9	RN4-101	QM3	디젤	르노삼성	2100	17.3	97803		
10	KA3-003	더 뉴 카니발	가솔린	기아	3450	11.4	71715		
11	HD2-006	그랜드 스타렉스	디젤	현대	4660	10.9	7692		
12	HD4-001	그랜저	하이브리드	현대	3950	16.2	117884		
13	하이브리드 차량 연비(km/L 평균)					두 번째로 높은 중고가(만원)			
14	가솔린 차량의 주행기록 합계					관리코드		연비 (km/L)	

⑧ 「B4:J4」, 「G14」, 「I14」 셀에 [홈] 탭 – [글꼴] 그룹 – [채우기 색](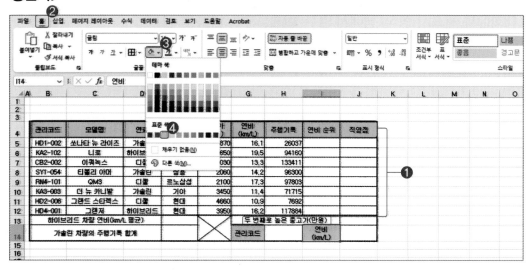)에서 '주황'을 설정한다.

---

① '주행기록'에 대한 셀 서식을 지정하기 위해 「H5:H12」 영역을 블록 설정한다.
→ 마우스 오른쪽 클릭하여 [셀 서식]()을 클릭한다.

② [셀 서식] 대화상자 – [표시 형식] 탭의 범주에서 '사용자 지정'을 클릭한다.
→ #,##0을 선택하고 『"km"』을 추가로 입력한 후 [확인]을 클릭한다.

③ '중고가'가 입력된 「F5:F12」 영역을 블록 설정한다.

→ 마우스 오른쪽 클릭하여 [셀 서식]()을 클릭한다.

→ [셀 서식] 대화상자 – [표시 형식] 탭에서 범주 '회계', 기호 '없음'을 설정한다.

④ '연비'가 입력된 「G5:G12」 영역을 블록 설정한다.

→ 마우스 오른쪽 클릭하여 [셀 서식]()을 클릭한다.

→ [셀 서식] 대화상자 – [표시 형식] 탭에서 범주 '사용자 지정', 형식 『#,##0.0_ –』을 설정한다.

🅱 기적의 TIP

_는 한 칸의 공백을 표시한다.

① 출력형태를 참고하여 도형이 들어갈 1~3행 높이를 적당히 조절한다.

② [삽입] 탭 – [일러스트레이션] 그룹 – [도형](⬭)을 클릭하고 [기본 도형] – [평행 사변형]을 클릭한다.

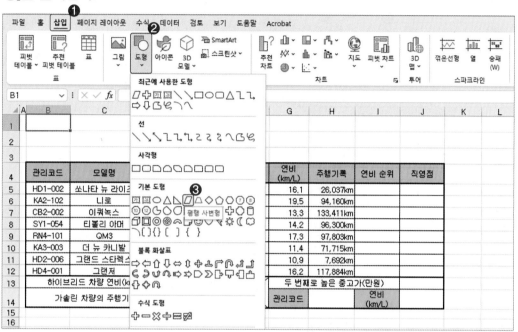

③ 마우스 포인터 모양이 +가 된 상태에서 「B1」 셀부터 「G3」 셀까지 드래그하여 도형을 그린다.

④ 도형에 『신규 등록 중고차 상세 정보』를 입력한다.

⑤ 도형의 배경색 부분을 클릭한다.

→ [홈] 탭 – [글꼴] 그룹에서 글꼴 '굴림', 크기 '24', [굵게], [채우기 색](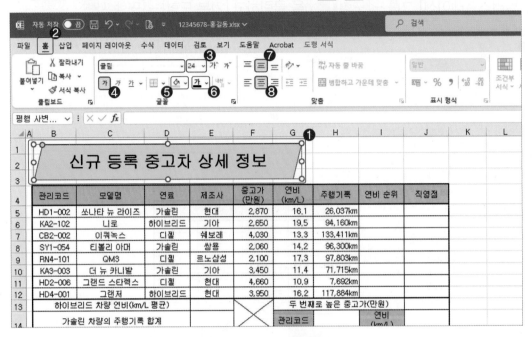) '노랑',
[글꼴 색]() '검정'을 설정한다.

→ [맞춤] 그룹에서 가로와 세로 모두 [가운데 맞춤](≡, ≡)을 클릭한다.

⑥ [도형 서식] 탭 – [도형 스타일] 그룹 – [도형 효과](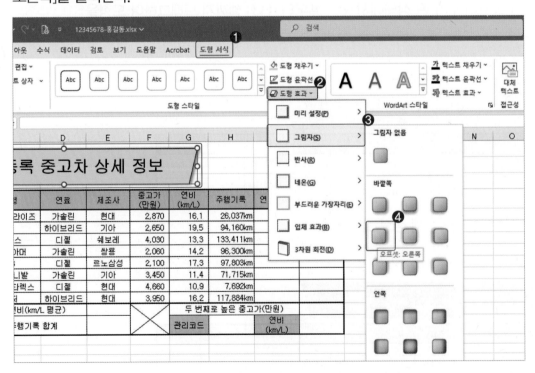)를 클릭하고 [그림자] – [오프셋:
오른쪽]을 클릭한다.

① 결재란은 앞에 작성한 내용과 행이나 열이 겹치지 않는 셀에서 작성한다. 여기서는 「L16」 셀에서 작성한다.

② 『확인』이 입력될 두 개의 셀을 블록 설정한다.
→ [홈] 탭 – [맞춤] 그룹 – [병합하고 가운데 맞춤](⬚)을 클릭한다.

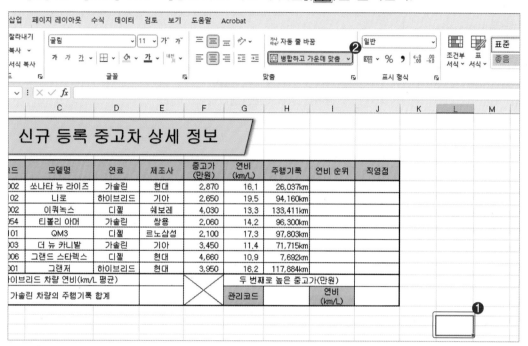

③ 『확인』을 입력한다.
→ [홈] 탭 – [맞춤] 그룹 – [방향](⬚)을 클릭하고 [세로 쓰기](⬚)를 클릭한다.

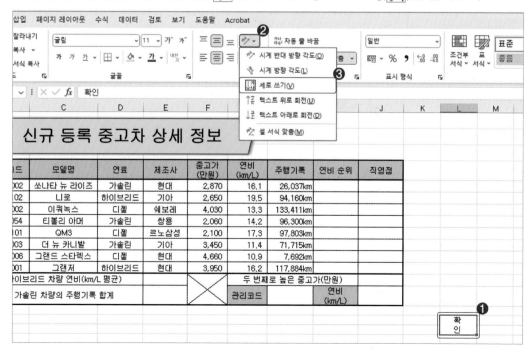

④ 텍스트를 모두 입력하고 행 높이와 열 너비를 조절한다.

→ [홈] 탭 – [맞춤] 그룹 – [가운데 맞춤](☰)을 클릭한다.

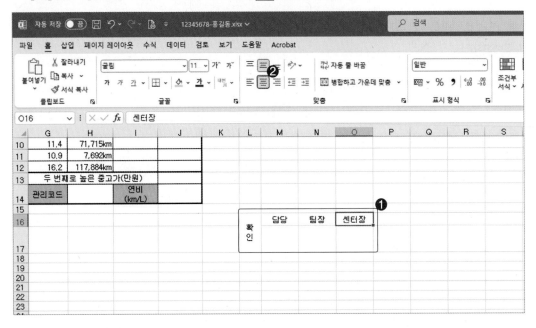

⑤ 결재란 영역을 모두 블록 설정한다.

→ [홈] 탭 – [글꼴] 그룹 – [테두리]에서 [모든 테두리](⊞)를 클릭한다.

→ [클립보드] 그룹 – [복사](🗐)에서 [그림으로 복사]를 클릭한다.

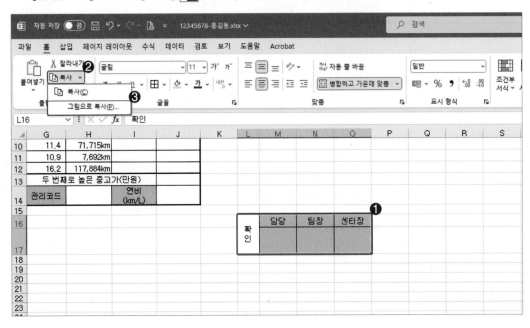

⑥ [그림 복사] 대화상자에서 [확인]을 클릭한다.
  → [홈] 탭 – [클립보드] 그룹 – [붙여넣기](📋)를 클릭한다.
  → 그림의 위치를 마우스 드래그하여 조절한다.

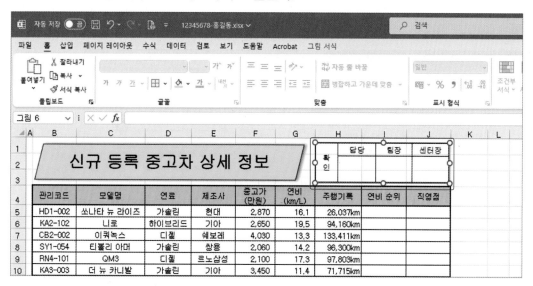

⑦ 기존 작업한 결재란 영역을 블록 설정한다.
  → [홈] 탭 – [셀] 그룹 – [삭제](🗑)를 클릭한다.

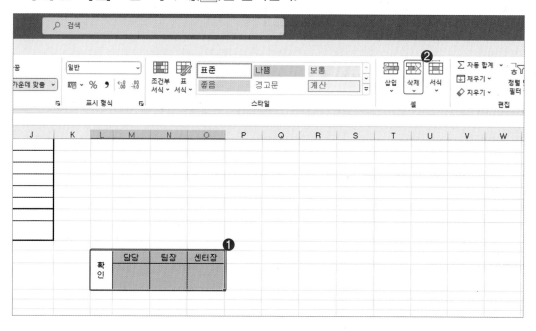

① 「H14」셀을 클릭한다.

→ [데이터] 탭 – [데이터 도구] 그룹 – [데이터 유효성 검사](⬛)를 클릭한다.

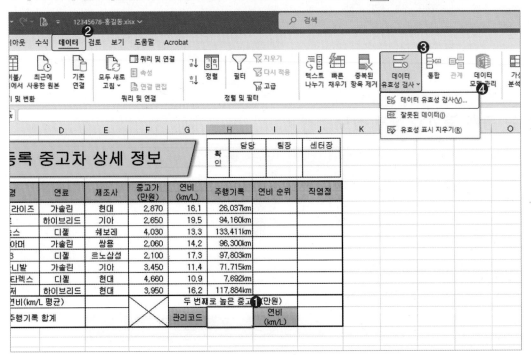

② [데이터 유효성] 대화상자에서 제한 대상을 '목록'으로 설정한다.

→ 원본 입력란을 클릭하고 「B5:B12」영역을 마우스 드래그한 후 [확인]을 클릭한다.

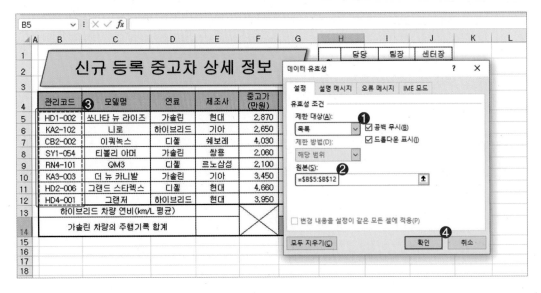

③ 「H14」셀에 드롭다운 버튼이 생성된 것을 확인한다.
→ [홈] 탭 – [맞춤] 그룹 – [가운데 맞춤](三)을 클릭한다.

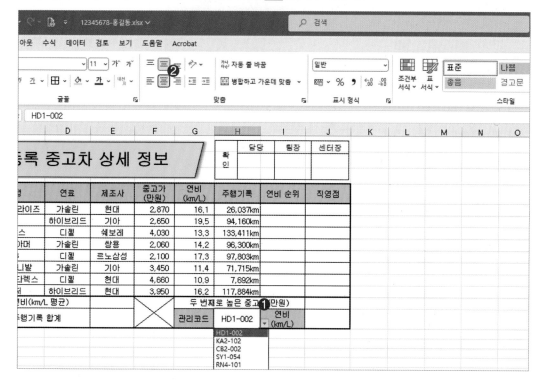

SECTION 06 이름 정의

---

① 「F5:F12」영역을 블록 설정한다.
→ [수식] 탭 – [정의된 이름] 그룹 – [이름 정의](🏷)를 클릭한다.

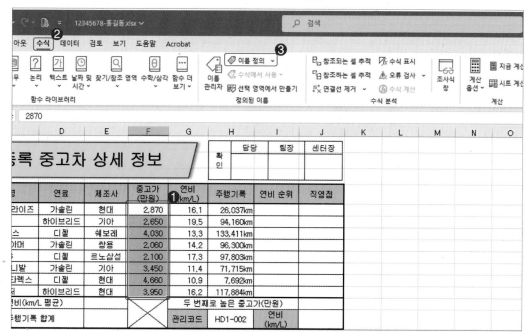

② 이름에 『중고가』를 입력하고 [확인]을 클릭한다.

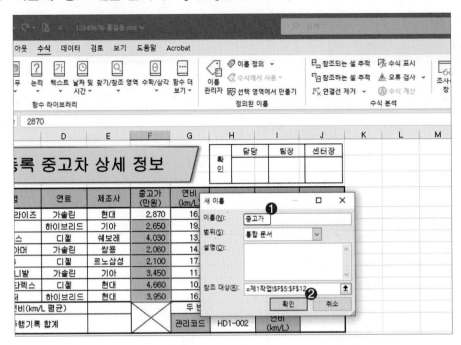

③ 「F5:F12」 영역을 블록 설정했을 때 [이름 상자]에 『중고가』가 표시되는 것을 확인한다.

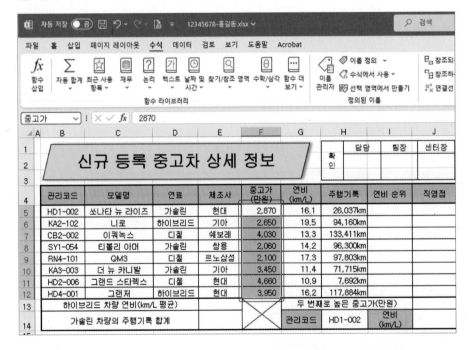

🄵 기적의 TIP

정의할 영역을 블록 설정한 후 [이름 상자]에 이름을 직접 입력해도 된다.

① 연비 순위 「I5:I12」 영역을 블록 설정한다.

→ 『=RANK.EQ』를 입력하고 Ctrl + A 를 누른다.

② RANK.EQ의 [함수 인수] 대화상자에서 Number 『G5』, Ref 『$G$5:$G$12』
를 입력한다.

→ Ctrl + [확인]을 클릭한다.

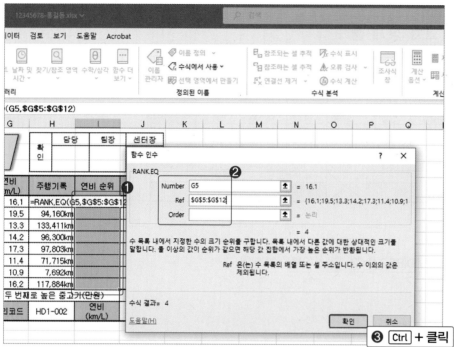

> 📌 **기적의 TIP**
>
> 셀 주소를 입력 후 F4 를 누르면 절대주소로 바뀐다.

💬 함수 설명

=RANK.EQ(G5,$G$5:$G$12)
　　　　　① 　　②

① 「G5」 셀의 순위를
② 「G5:G12」 영역에서 구함

RANK.EQ(Number, Ref, [Order]) 함수

Number : 순위를 구하려는 셀
Ref : 목록의 범위
Order : 순위 결정 방법, 0이거나 생략하면 내림차순, 0이 아니면 오름차순

---

③ 「I5:I12」 영역이 블록 설정된 상태에서, 수식 입력줄에 『&"위"』를 이어서 입
력한다.

→ Ctrl + Enter 를 클릭한다.

④ 직영점 「J5:J12」 영역을 블록 설정한다.

→ 『=IF(MID(B5,3,1)="1", "서울", IF(MID(B5,3,1)="2", "경기/인천", "기타"))』를 입력하
고 Ctrl + Enter 를 누른다.

함수 설명

=IF(MID(B5,3,1)="1", "서울", IF(MID(B5,3,1)="2", "경기/인천", "기타"))
　　　①　　　　②　　　　　③　　　　　　④　　　　⑤

① 「B5」 셀의 세 번째 글자가 1인지 확인
② 1이 맞으면 "서울"을 반환
③ 아니면 다시 「B5」 셀의 세 번째 글자가 2인지 확인
④ 2가 맞으면 "경기/인천"을 반환
⑤ 아니면 "기타"를 반환

IF(Logical_test, Value_if_true, Value_if_false) 함수

Logical_test : 조건식
Value_if_true : 조건식이 참일 때 반환되는 것
Value_if_false : 조건식이 거짓일 때 반환되는 것

MID(Text, Start_num, Num_chars) 함수

Text : 추출할 문자가 들어 있는 텍스트
Start_num : 추출할 문자의 시작 위치
Num_chars : 추출할 문자의 수

⑤ 하이브리드 차량 연비 평균을 구하기 위해 「E13」 셀에 『=SUMIF』를 입력하고 Ctrl + A 를 누른다.

⑥ SUMIF의 [함수 인수] 대화상자에서 Range 『D5:D12』, Criteria 『하이브리드』, Sum_range 『G5:G12』를 입력한다.
→ [확인]을 클릭한다.

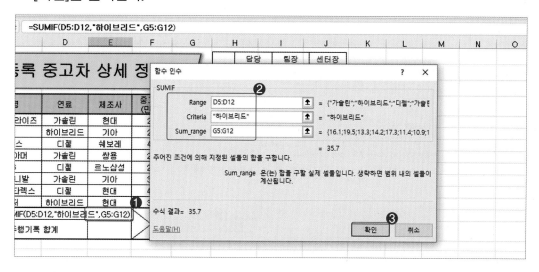

⑦ 「E13」 셀의 수식에 하이브리드의 개수를 구하여 나눗셈하는 『/COUNTIF(D5:D12, "하이브리드")』를 이어서 입력한다.

💬 함수 설명

$\underline{=\text{SUMIF(D5:D12,"하이브리드",G5:G12)}}_{①}$ / $\underline{\text{COUNTIF(D5:D12,"하이브리드")}}_{②}$

① 「D5:D12」 영역에서 "하이브리드"를 찾아 해당하는 「G5:G12」 영역의 합계를 계산
② "하이브리드"의 개수를 구하여 나눗셈

SUMIF(Range, Criteria, Sum_range) 함수

Range : 조건을 적용할 셀 범위
Criteria : 조건
Sum_range : Range 인수에 지정되지 않은 범위를 추가

COUNTIF(Range, Criteria) 함수

⇒ 조건에 맞는 셀의 개수를 반환한다.

⑧ 「E13」 셀에 마우스 오른쪽 클릭하여 [셀 서식](📋)을 클릭한다.
→ [셀 서식] 대화상자에서 범주 '숫자'를 선택하고 소수 자릿수 '1'로 설정한 후 [확인]을 클릭한다.

⑨ 가솔린 차량의 주행기록 합계를 구하기 위해 「E14」 셀에 『=DSUM』를 입력하고 Ctrl + A 를 누른다.

⑩ DSUM의 [함수 인수] 대화상자에서 Database 『B4:H12』, Field 『7』, Criteria 『D4:D5』를 입력한다.
　　→ [확인]을 클릭한다.

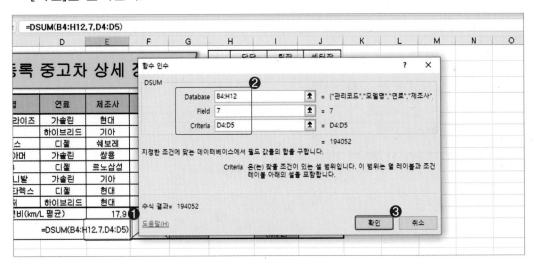

💬 함수 설명

=DSUM(B4:H12, 7, D4:D5)
　　　　　　① 　　②

① 「B4:H12」 영역의 7번째 열인 "주행기록"에서
② 연료가 "가솔린"인 것들의 합계를 계산

DSUM(Database, Field, Criteria) 함수

Database : 지정할 범위
Field : 함수에 사용되는 열 위치
Criteria : 조건이 있는 셀 범위

⑪ 「E14」 셀에 마우스 오른쪽 클릭하여 [셀 서식](🔡)을 클릭한다.
　　→ [셀 서식] 대화상자에서 범주 '숫자'를 선택하고 1000 단위 구분 기호(,) 사용에 체크한 후 [확인]을 클릭한다.

⑫ 두 번째로 높은 중고가를 구하기 위해「J13」셀에『=LARGE(중고가, 2)』를 입력한다.

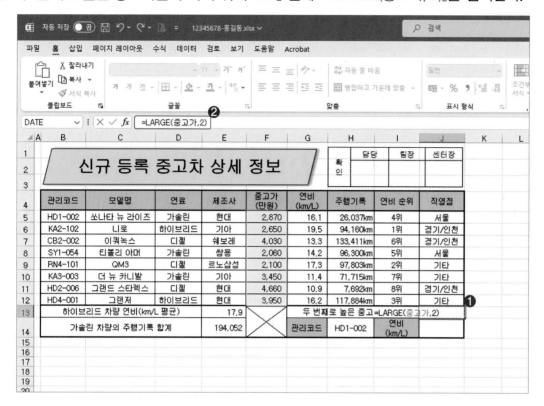

함수 설명

=LARGE(중고가, 2)
　　　　①　　②

① 중고가로 이름 정의한 데이터 중에서
② 2번째로 큰 값을 반환

LARGE(Array, K) 함수

Array : 데이터 범위
K : 가장 큰 값을 기준으로 한 상대 순위

⑬ 「J13」셀에 마우스 오른쪽 클릭하여 [셀 서식]( ) 을 클릭한다.
→ [셀 서식] 대화상자에서 범주 '회계', 기호 '없음'을 설정한다.

⑭ 「J14」 셀에 『=VLOOKUP(H14,B5:G12,6,0)』을 입력한다.

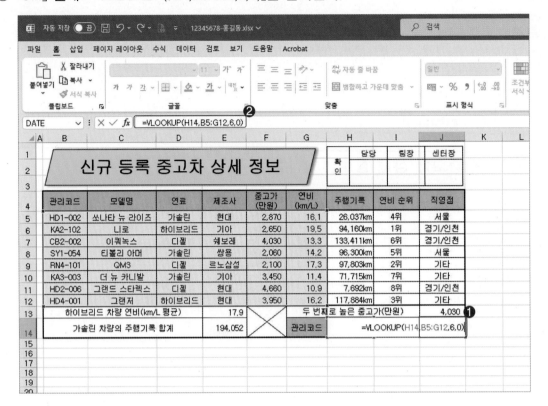

함수 설명

=VLOOKUP(H14,B5:G12,6,0)
　　　　　　① 　　②

① 「H14」 셀의 값을 「B5:G12」 영역에서 조회하고
② 해당하는 행의 6번째 열인 "연비"의 값을 반환

VLOOKUP(Lookup_value, Table_array, Col_index_num, [Range_lookup]) 함수

Lookup_value : 조회하려는 값
Table_array : 조회할 값이 있는 범위
Col_index_num : 반환할 값이 있는 열
Range_lookup : 0(FALSE)이면 정확히 일치, 1(TRUE)이면 근사값 반환

① 「B5:J12」 영역을 블록 설정한다.

→ [홈] 탭 – [스타일] 그룹 – [조건부 서식](⊞)을 클릭하고 [새 규칙](⊞)을 클릭한다.

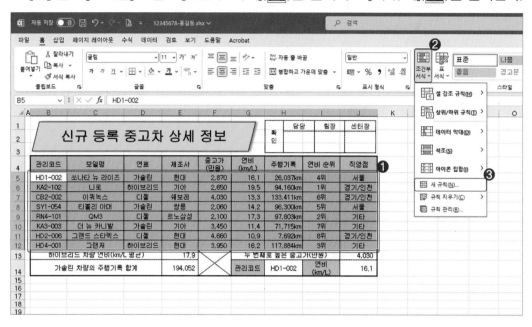

② [새 서식 규칙] 대화상자에서 '▶ 수식을 사용하여 서식을 지정할 셀 결정'을 클릭한다.

→ 『=$G5>=16』을 입력하고 [서식]을 클릭한다.

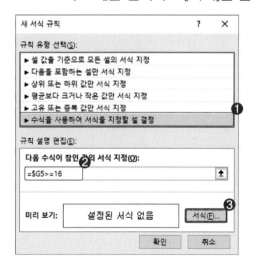

③ [셀 서식] 대화상자에서 글꼴 스타일을 '굵게', 색을 '파랑'으로 설정하고 [확인]을 클릭
한다.

→ 다시 [새 서식 규칙] 대화상자로 돌아오면 [확인]을 클릭한다.

④ G열 연비가 16 이상인 행에 서식이 적용된다.

관리코드	모델명	연료	제조사	중고가 (만원)	연비 (km/L)	주행기록	연비 순위	직영점
HD1-002	쏘나타 뉴 라이즈	가솔린	현대	2,870	16.1	26,037km	4위	서울
KA2-102	니로	하이브리드	기아	2,650	19.5	94,160km	1위	경기/인천
CB2-002	이쿼녹스	디젤	쉐보레	4,030	13.3	133,411km	6위	경기/인천
SY1-054	티볼리 아머	가솔린	쌍용	2,060	14.2	96,300km	5위	서울
RN4-101	QM3	디젤	르노삼성	2,100	17.3	97,803km	2위	기타
KA3-003	더 뉴 카니발	가솔린	기아	3,450	11.4	71,715km	7위	기타
HD2-006	그랜드 스타렉스	디젤	현대	4,660	10.9	7,692km	8위	경기/인천
HD4-001	그랜저	하이브리드	현대	3,950	16.2	117,884km	3위	기타
하이브리드 차량 연비(km/L 평균)			17.9		두 번째로 높은 중고가(만원)			4,030
가솔린 차량의 주행기록 합계			194,052		관리코드	HD1-002	연비 (km/L)	16.1

제2작업은 제1작업에서 작성한 데이터를 이용하여 목표값을 찾거나 조건 지정으로 필터링하는 형태의 문제가 출제된다.

SECTION 01   **목표값 찾기**

① "제1작업" 시트의 「B4:H12」 영역을 블록 설정한다.

→ [홈] 탭 – [클립보드] 그룹 – [복사]( )를 클릭한다(Ctrl + C).

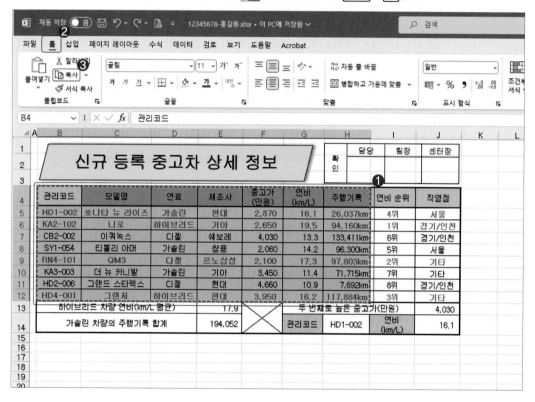

② "제2작업" 시트의 「B2」 셀에서 [붙여넣기]( )를 한다(Ctrl + V).

→ [붙여넣기 옵션] – [원본 열 너비 유지]( )를 클릭한다.

③ 「B11:G11」 영역을 블록 설정한다.

→ [홈] 탭 – [맞춤] 그룹 – [병합하고 가운데 맞춤](⊡)을 클릭한다.

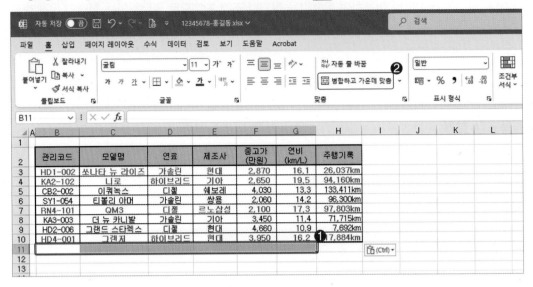

④ 병합한 셀에 『현대 자동차의 연비(km/L) 평균』을 입력한다.

→ 「H11」 셀에 『=DAVERAGE(B2:H10,G2,E2:E3)』을 입력한다.

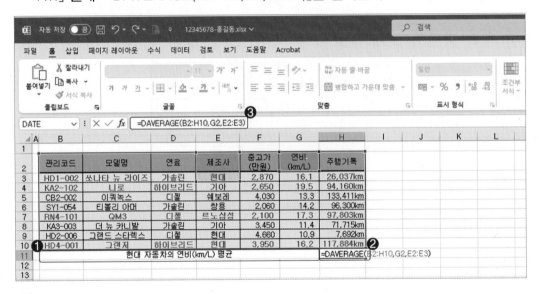

🗨 함수 설명

=DAVERAGE(B2:H10,G2,E2:E3)
              ①   ②

① 「B2:H10」 영역의 「G2」 셀 열인 연비에서
② 제조사가 "현대"인 것들의 평균을 계산

DAVERAGE(Database, Field, Criteria) 함수

Database : 지정할 범위
Field : 함수에 사용되는 열 위치
Criteria : 조건이 있는 셀 범위

⑤ 「B11:H11」 영역을 블록 설정한다.

→ [홈] 탭 – [글꼴] 그룹 – [테두리]에서 [모든 테두리](⊞)를 클릭한다.

→ [맞춤] 그룹 – [가운데 맞춤](☰)을 클릭한다.

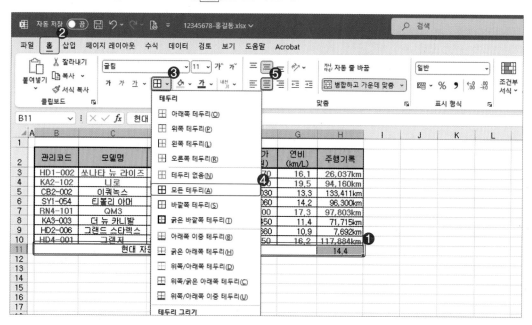

⑥ 「H11」 셀을 클릭한다.

→ [데이터] 탭 – [예측] 그룹 – [가상 분석](⊞)을 클릭하고 [목표값 찾기]를 클릭한다.

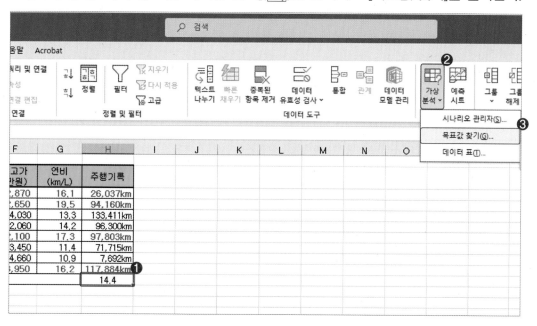

⑦ [목표값 찾기] 대화상자에서 수식 셀『H11』, 찾는 값『15』, 값을 바꿀 셀『$G$3』을 입력한다.
→ [확인]을 클릭한다.

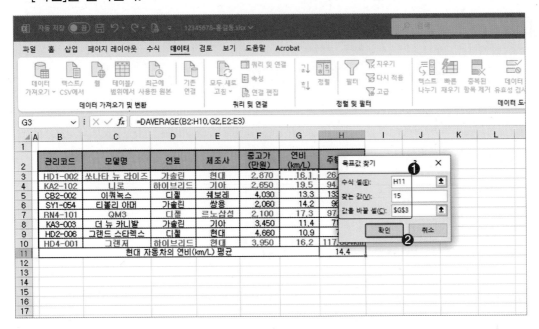

⑧ [목표값 찾기 상태] 대화상자가 나타나며 「G3」 셀의 값이 변경되면 [확인]을 클릭한다.

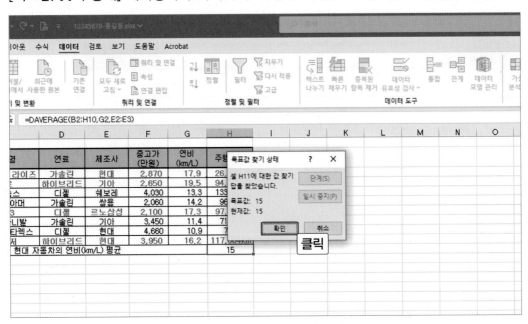

① `Ctrl`을 누른 채 「B2」셀과 「H2」셀을 클릭하여 복사(`Ctrl`+`C`) 한다.

→ 조건의 위치인 「B14」셀에 붙여넣기(`Ctrl`+`V`) 한다.

관리코드	모델명	연료	제조사	중고가 (만원)	연비 (km/L)	주행기록
HD1-002	쏘나타 뉴 라이즈	가솔린	현대	2,870	17.9	26,037km
KA2-102	니로	하이브리드	기아	2,650	19.5	94,160km
CB2-002	이쿼녹스	디젤	쉐보레	4,030	13.3	133,411km
SY1-054	티볼리 아머	가솔린	쌍용	2,060	14.2	96,300km
RN4-101	QM3	디젤	르노삼성	2,100	17.3	97,803km
KA3-003	더 뉴 카니발	가솔린	기아	3,450	11.4	71,715km
HD2-006	그랜드 스타렉스	디젤	현대	4,660	10.9	7,692km
HD4-001	그랜저	하이브리드	현대	3,950	16.2	117,884km
현대 자동차의 연비(km/L) 평균						15

관리코드	주행기록

② 「B15」셀에 『K*』, 「C16」셀에 『>=100000』을 입력한다.

관리코드	모델명	연료	제조사	중고가 (만원)	연비 (km/L)	주행기록
HD1-002	쏘나타 뉴 라이즈	가솔린	현대	2,870	17.9	26,037km
KA2-102	니로	하이브리드	기아	2,650	19.5	94,160km
CB2-002	이쿼녹스	디젤	쉐보레	4,030	13.3	133,411km
SY1-054	티볼리 아머	가솔린	쌍용	2,060	14.2	96,300km
RN4-101	QM3	디젤	르노삼성	2,100	17.3	97,803km
KA3-003	더 뉴 카니발	가솔린	기아	3,450	11.4	71,715km
HD2-006	그랜드 스타렉스	디젤	현대	4,660	10.9	7,692km
HD4-001	그랜저	하이브리드	현대	3,950	16.2	117,884km
현대 자동차의 연비(km/L) 평균						15

관리코드	주행기록
K*	
	>=100000

③ Ctrl 을 누른 채 「C2」, 「D2」, 「F2」, 「G2」 셀을 클릭하여 복사(Ctrl + C)) 한다.

→ 복사 위치인 「B18」 셀에 붙여넣기(Ctrl + V)) 한다.

④ 「B2:H10」 영역을 블록 설정한다.

→ [데이터] 탭 – [정렬 및 필터] 그룹 – [고급]( )을 클릭한다.

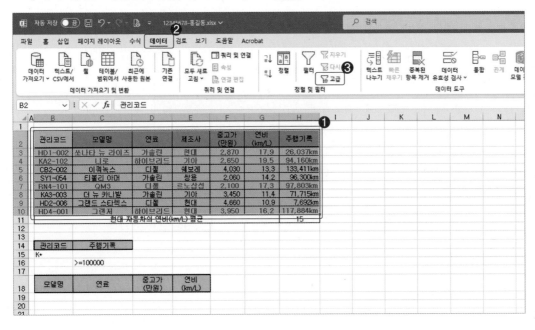

⑤ [고급 필터] 대화상자 – '결과'에서 [다른 장소에 복사]를 클릭한다.

→ 마우스 드래그로 조건 범위 「B14:C16」, 복사 위치 「B18:E18」을 지정하고 [확인]을
클릭한다.

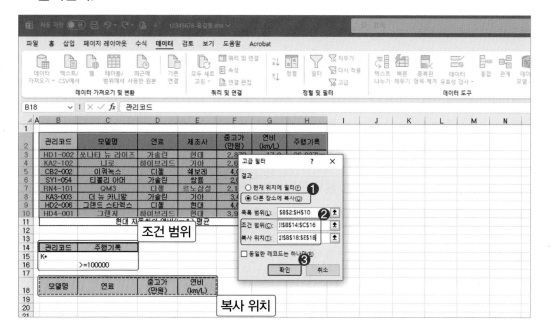

관리코드	모델명	연료	제조사	중고가 (만원)	연비 (km/L)	주행기록
HD1-002	쏘나타 뉴 라이즈	가솔린	현대	2,870	17,9	26,037km
KA2-102	니로	하이브리드	기아	2,650	19,5	94,160km
CB2-002	이쿼녹스	디젤	쉐보레	4,030	13,3	133,411km
SY1-054	티볼리 아머	가솔린	쌍용	2,060	14,2	96,300km
RN4-101	QM3	디젤	르노삼성	2,100	17,3	97,803km
KA3-003	더 뉴 카니발	가솔린	기아	3,450	11,4	71,715km
HD2-006	그랜드 스타렉스	디젤	현대	4,660	10,9	7,692km
HD4-001	그랜저	하이브리드	현대	3,950	16,2	117,884km
현대 자동차의 연비(km/L) 평균						15

관리코드	주행기록			
K*				
	>=100000			

모델명	연료	중고가 (만원)	연비 (km/L)
니로	하이브리드	2,650	19,5
이쿼녹스	디젤	4,030	13,3
더 뉴 카니발	가솔린	3,450	11,4
그랜저	하이브리드	3,950	16,2

제3작업에서는 제1작업에서 작성한 데이터를 이용하여 특정 필드에 대한 합계, 평균 등을 구하고 정렬하는 문제가 출제된다.

SECTION 01 | 정렬

① "제1작업" 시트의 「B4:H12」 영역을 블록 설정한다.

→ [홈] 탭 – [클립보드] 그룹 – [복사](⧉)를 클릭한다(Ctrl + C).

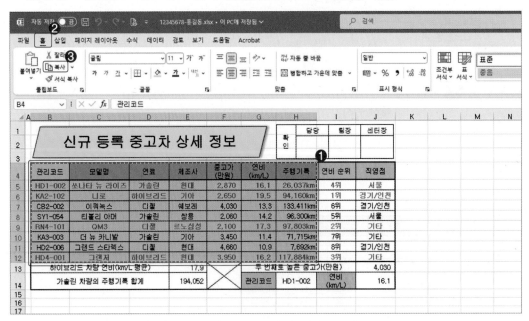

② "제3작업" 시트의 「B2」 셀에서 [붙여넣기](⧉)를 한다(Ctrl + V).

→ [붙여넣기 옵션] – [원본 열 너비 유지](⧉)를 클릭한다.

③ 연료 「D2」 셀을 클릭한다.
→ [데이터] 탭 – [정렬 및 필터] 그룹 – [텍스트 내림차순 정렬](힁↓)을 클릭한다.

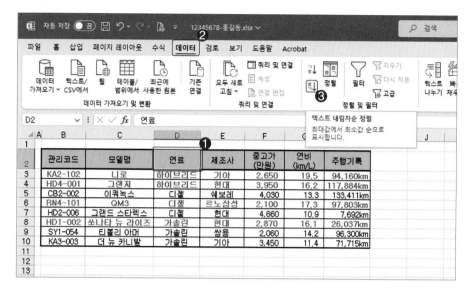

SECTION 02 부분합

① 「B2:H10」 영역에 셀 포인터를 둔다.
→ [데이터] 탭 – [개요] 그룹 – [부분합](圃)을 클릭한다.

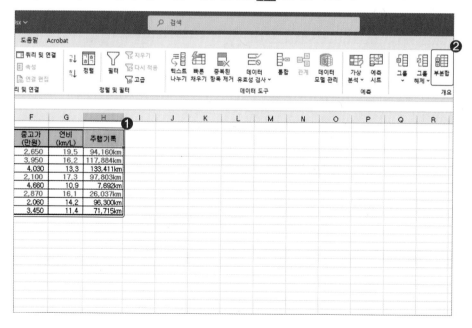

② [부분합] 대화상자에서 그룹화할 항목에 '연료', 사용할 함수에 '개수', 부분합 계산 항목에 '제조사'를 선택하고 [확인]을 클릭한다.

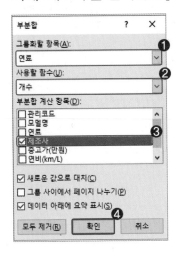

③ 다시, [데이터] 탭 – [개요] 그룹 – [부분합](🔲)을 클릭한다.

④ [부분합] 대화상자에서 사용할 함수에 '평균', 부분합 계산 항목에 '중고가(만원)'을 선택한다.
→ 새로운 값으로 대치를 체크 해제하고 [확인]을 클릭한다.

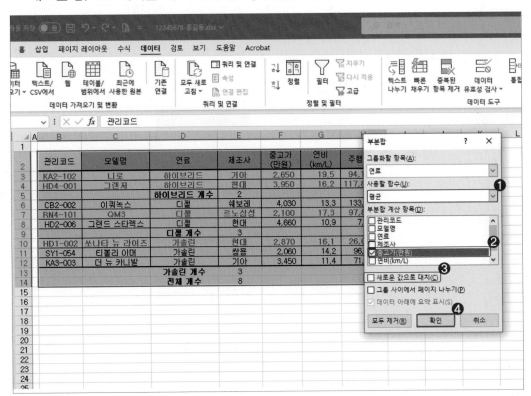

⑤ [데이터] 탭 – [개요] 그룹 – [그룹 해제](▦)에서 [개요 지우기]를 클릭한다.

⑥ 열 너비 등을 조절한다.

관리코드	모델명	연료	제조사	중고가 (만원)	연비 (km/L)	주행기록
KA2-102	니로	하이브리드	기아	2,650	19.5	94,160km
HD4-001	그랜저	하이브리드	현대	3,950	16.2	117,884km
		하이브리드 평균		3,300		
		하이브리드 개수	2			
CB2-002	이쿼녹스	디젤	쉐보레	4,030	13.3	133,411km
RN4-101	QM3	디젤	르노삼성	2,100	17.3	97,803km
HD2-006	그랜드 스타렉스	디젤	현대	4,660	10.9	7,692km
		디젤 평균		3,597		
		디젤 개수	3			
HD1-002	쏘나타 뉴 라이즈	가솔린	현대	2,870	16.1	26,037km
SY1-054	티볼리 아머	가솔린	쌍용	2,060	14.2	96,300km
KA3-003	더 뉴 카니발	가솔린	기아	3,450	11.4	71,715km
		가솔린 평균		2,793		
		가솔린 개수	3			
		전체 평균		3,221		
		전체 개수	8			

제4작업은 제1작업에서 작성한 데이터를 이용하여 차트로 표현하는 능력을 평가한다.
차트의 종류, 서식, 옵션, 범례 등을 다루는 형태가 출제된다.

SECTION 01　차트 작성

① "제1작업" 시트의 「C4:C5」 영역을 블록 설정한다.
　→ Ctrl 을 누른 채 「C7:C11」, 「G4:G5」, 「G7:G11」, 「H4:H5」, 「H7:H11」 영역을 블록 설
　　정한다.

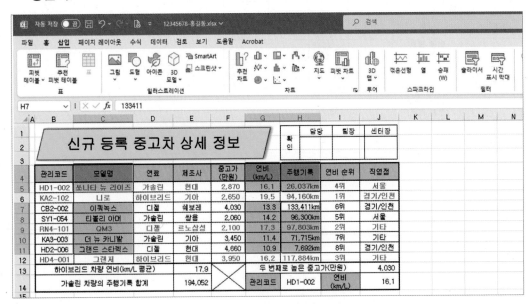

② [삽입] 탭 – [차트] 그룹 – [2차원 묶은 세로 막대형](■■■)을 클릭한다.

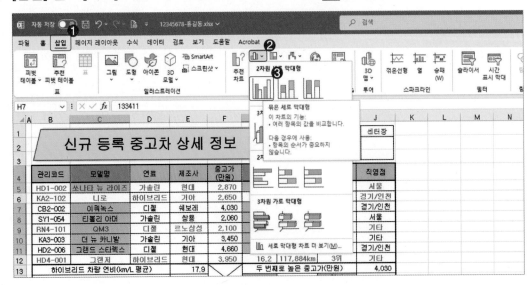

③ [차트 디자인] 탭 – [차트 이동](▥)을 클릭한다.
　→ [차트 이동] 대화상자에서 '새 시트'를 선택하고 『제4작업』을 입력한 후 [확인]을
　　클릭한다.

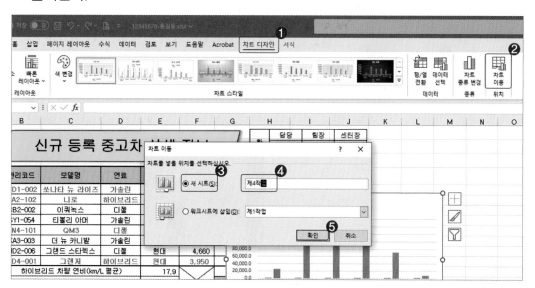

④ "제4작업" 시트를 마우스 드래그하여 제일 끝으로 이동한다.

SECTION 02 차트 디자인, 영역 서식, 제목 서식

---

① [차트 디자인] 탭 – [빠른 레이아웃](▤) – [레이아웃 3](▥)을 클릭한다.
　→ [스타일 1]을 클릭한다.

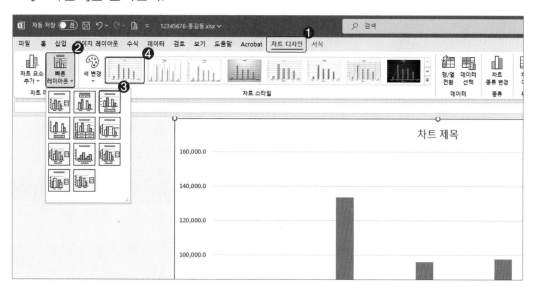

② 차트 영역을 선택하고 [홈] 탭 – [글꼴] 그룹에서 글꼴 '굴림', 크기 '11'을 설정한다.

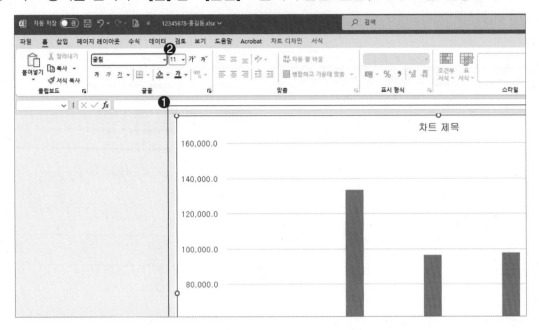

③ [서식] 탭 – [현재 선택 영역] 그룹 – [선택 영역 서식](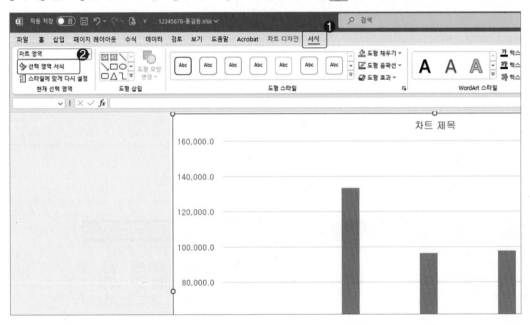)을 클릭한다.

④ [차트 영역 서식] 사이드바에서 채우기 '그림 또는 질감 채우기'를 선택한다.

→ [질감]( ) – [분홍 박엽지]를 설정한다.

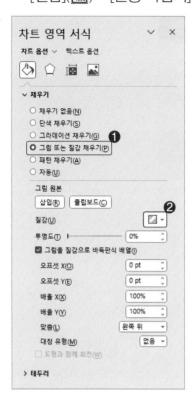

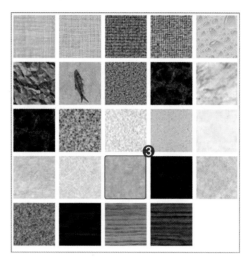

⑤ [서식] 탭 – [현재 선택 영역] 그룹에서 [그림 영역]을 선택한다.

→ 채우기 '단색 채우기'를 선택하고 [색]( ) – [흰색, 배경 1]을 설정한다.

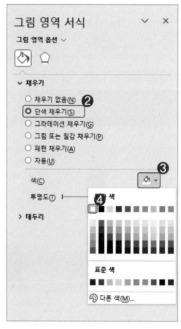

⑥ 차트 제목에 『가솔린 및 디젤 차량 현황』을 입력한다.
→ 글꼴 '굴림', 크기 '20', [굵게] 설정한다.

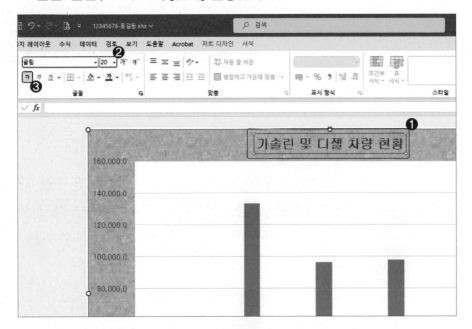

⑦ [서식] 탭 – [도형 스타일] 그룹 – [도형 채우기](⬙)를 클릭하고 '흰색, 배경 1'을 설정한다.
→ [도형 윤곽선](✎)을 클릭하고 '검정'을 설정한다.

🅑 기적의 TIP

문제의 조건에서 테두리 색을 지정하지 않았으므로 검정과 같이 적당히 구분되는 색을 설정한다.

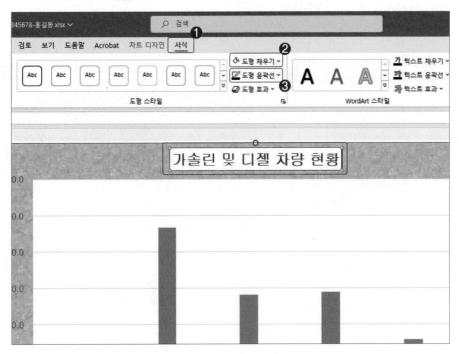

① [차트 디자인] 탭 – [차트 종류 변경](▮▯)을 클릭한다.

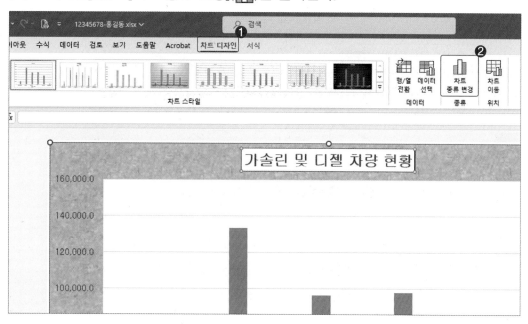

② [차트 종류 변경] 대화상자에서 '혼합'을 클릭한다.

→ 연비(km/L)의 차트 종류를 '표식이 있는 꺾은선형'으로 설정하고 '보조 축'에 체크
한다.

→ 주행기록의 차트 종류를 '묶은 세로 막대형'으로 설정한다.

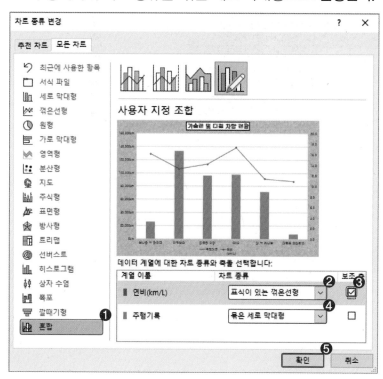

① 연비(km/L) 계열을 선택한다.
→ 마우스 오른쪽 클릭하고 [데이터 계열 서식]을 클릭한다.

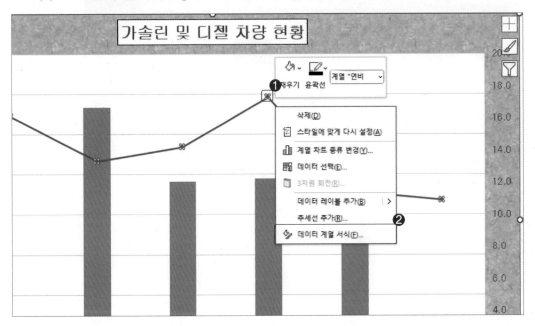

② [채우기 및 선](🖼) – 표식(📈) – 표식 옵션을 클릭한다.
→ 형식 '마름모', 크기 '10'을 설정한다.

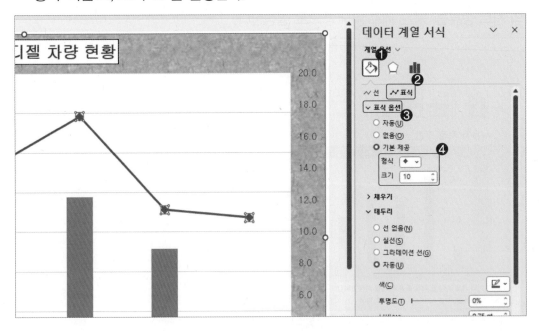

③ 연비(km/L) 계열의 'QM3' 요소만 두 번 클릭하여 선택한다.

→ [차트 요소 추가](📊) – [데이터 레이블](📊) – [위쪽](📈)을 클릭한다.

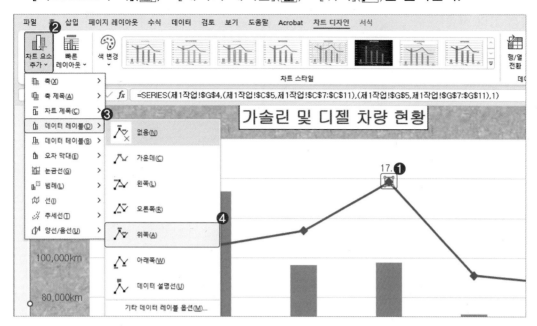

④ 주행기록 계열을 선택한다.

→ 마우스 오른쪽 클릭하고 [데이터 계열 서식]을 클릭한다.

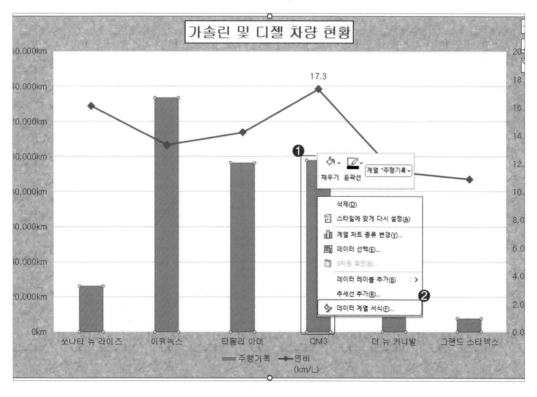

⑤ 간격 너비를 ≪출력형태≫를 참고하여 적당히 조절한다.

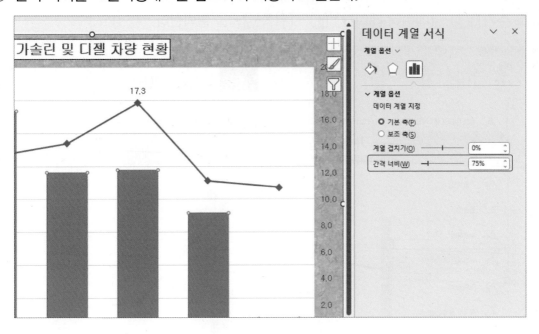

SECTION 05 | 서식 (눈금선)

① 눈금선을 선택하여 마우스 오른쪽 클릭하고 [눈금선 서식]( )을 클릭한다.

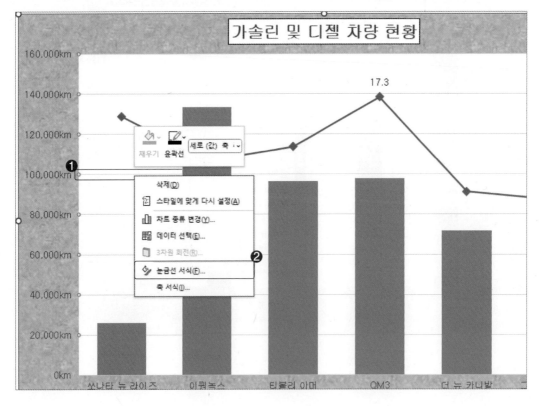

② [주 눈금선 서식] 사이드바에서 선 색 '검정', 대시 종류 '파선'을 설정한다.

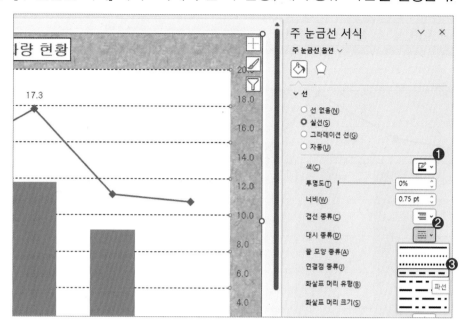

SECTION 06 | 서식 (축, 데이터 계열)

① 세로 (값) 축을 클릭한다.
→ [서식] 탭 – [도형 스타일] 그룹 – [도형 윤곽선](🖊)을 클릭하고 '검정'을 설정한다.

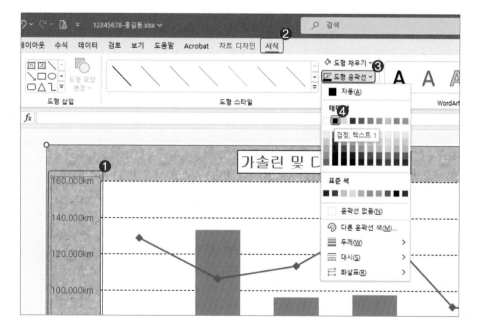

② 보조 세로 (값) 축과 가로 (항목) 축도 [도형 윤곽선]( )을 설정한다.

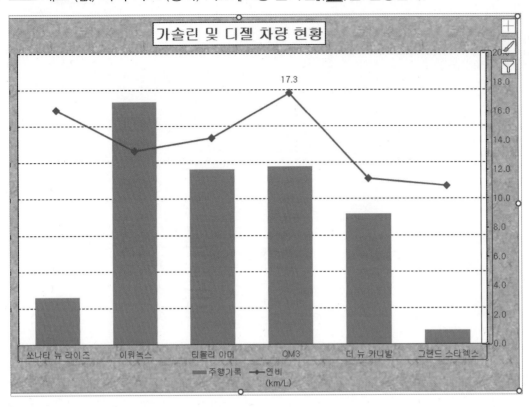

③ 보조 세로 (값) 축을 더블클릭하여 축 서식 사이드바를 연다.

→ 축 옵션 – 단위 '기본'에 『5.0』을 입력한다.

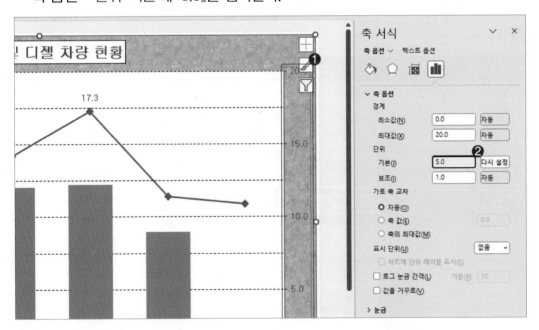

① [차트 디자인] 탭 – [데이터] 그룹 – [데이터 선택](🖳)을 클릭한다.

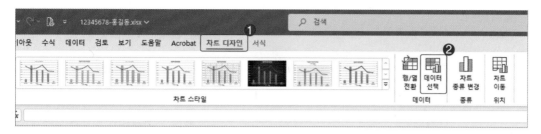

② [데이터 원본 선택] 대화상자에서 범례 항목(계열) '연비(km/L)'를 선택하고 [편집]을 클릭한다.

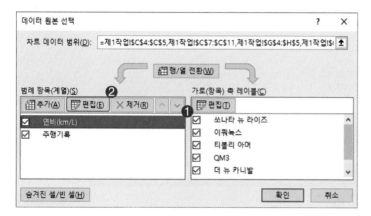

③ [계열 편집] 대화상자에서 계열 이름에 『연비(km/L)』를 입력하고 [확인]을 클릭한다.

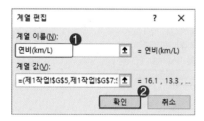

④ 다시 [데이터 원본 선택] 대화상자로 돌아오면 [확인]을 클릭한다.
   → 범례의 연비(km/L)가 한 줄로 변경된 것을 확인한다.

① [삽입] 탭 – [일러스트레이션] 그룹 – [도형]( )을 클릭하고 [말풍선: 모서리가 둥근 사각형]을 클릭한다.

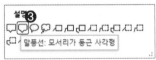

② 도형을 그리고 『최고 연비』를 입력한다.

→ [홈] 탭 – [글꼴] 그룹에서 글꼴 '굴림', 크기 '11', [채우기 색]( ) '흰색', [글꼴 색]( ) '검정'을 설정한다.

→ [맞춤] 그룹에서 가로와 세로 모두 [가운데 맞춤](,)을 클릭한다.

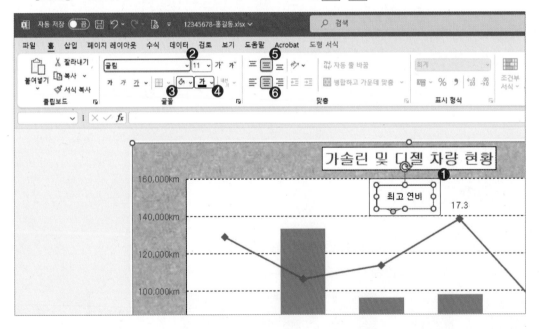

③ 노란색 조절점을 움직여 도형의 모양을 조절한다.

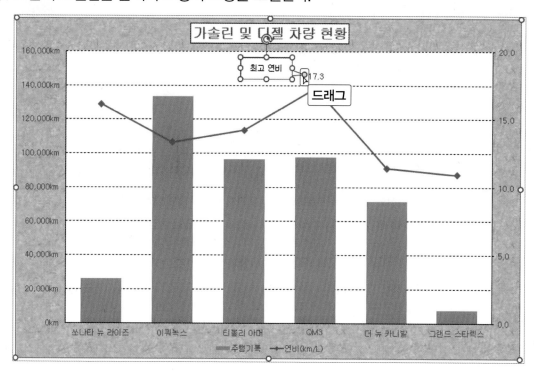

과목	코드	문제유형	시험시간	수험번호	성명
한글엑셀	1122	A	60분		

수험자 유의사항

- 수험자는 문제지를 받는 즉시 문제지와 **수험표상의 시험과목(프로그램)이 동일한지 반드시 확인**하여야 합니다.
- 파일명은 본인의 "수험번호–성명"으로 입력하여 답안폴더(내 PC₩문서₩ITQ)에 하나의 파일로 저장해야 하며, 답안문서 파일명이 "수험번호–성명"과 일치하지 않거나, 답안파일을 전송하지 않아 미제출로 처리될 경우 실격 처리합니다(예: 12345678–홍길동.xlsx).
- 답안 작성을 마치면 파일을 저장하고, '답안 전송' 버튼을 선택하여 감독위원 PC로 답안을 전송하십시오. 수험생 정보와 저장한 파일명이 다를 경우 전송되지 않으므로 주의하시기 바랍니다.
- 답안 작성 중에도 **주기적으로 저장하고, '답안 전송'**하여야 문제 발생을 줄일 수 있습니다. 작업한 내용을 저장하지 않고 전송할 경우 이전에 저장된 내용이 전송되니 이점 유의하시기 바랍니다.
- 답안문서는 지정된 경로 외의 다른 보조기억장치에 저장하는 경우, 지정된 시험 시간 외에 작성된 파일을 활용할 경우, 기타 통신수단(이메일, 메신저, 네트워크 등)을 이용하여 타인에게 전달 또는 외부 반출하는 경우는 부정 처리합니다.
- 시험 중 부주의 또는 고의로 시스템을 파손한 경우는 수험자가 변상해야 하며, 〈수험자 유의사항〉에 기재된 방법대로 이행하지 않아 생기는 불이익은 수험생 당사자의 책임임을 알려 드립니다.
- 문제의 조건은 MS오피스 2021 버전으로 설정되어 있으며 MS오피스 2016은 【 】에 표기되어 있습니다. 이와 관련하여 작성한 답안의 출력형태가 문제지와 다를 수 있습니다.
- 시험을 완료한 수험자는 답안파일이 전송되었는지 확인한 후 감독위원의 지시에 따라 문제지를 제출하고 퇴실합니다.

답안 작성요령

- 온라인 답안 작성 절차
  수험자 등록 ⇒ 시험 시작 ⇒ 답안파일 저장 ⇒ 답안 전송 ⇒ 시험 종료
- 문제는 총 4단계, 즉 제1작업부터 제4작업까지 구성되어 있으며 반드시 제1작업부터 순서대로 작성하고 조건대로 작업하시오.
- 모든 작업시트의 A열은 열 너비 '1'로, 나머지 열은 적당하게 조절하시오.
- 모든 작업시트의 테두리는 ≪출력형태≫와 같이 작업하시오.
- 해당 작업란에서는 각각 제시된 조건에 따라 ≪출력형태≫와 같이 작업하시오.
- 답안 시트 이름은 "제1작업", "제2작업", "제3작업", "제4작업"이어야 하며 답안 시트 이외의 것은 감점 처리됩니다.
- 각 시트를 파일로 나누어 작업해서 저장할 경우 실격 처리됩니다.

다음은 '프랜차이즈 창업 현황'에 대한 자료이다. 자료를 입력하고 조건에 맞도록 작업하시오.

출력형태

	담당	부장	대표
결재			

프랜차이즈 창업 현황

코드	창업주	창업일	항목	창업비용(원)	인테리어 경비	국산재료 사용비율	지역	비고
K2661	한사랑	2023-01-15	핫도그	45,000,000	10,000	95.0%	(1)	(2)
K3968	홍준표	2023-02-01	떡갈비	50,000,000	15,000	80.0%	(1)	(2)
T1092	한예지	2023-01-10	핫도그	60,000,000	18,000	88.5%	(1)	(2)
K2154	이소영	2023-01-15	떡갈비	55,455,500	20,000	75.5%	(1)	(2)
P1514	임용균	2023-02-01	떡볶이	38,500,000	8,000	70.0%	(1)	(2)
P2603	임유나	2023-02-05	떡볶이	45,500,000	12,000	85.0%	(1)	(2)
T1536	조형준	2023-01-17	떡갈비	62,550,000	19,500	82.5%	(1)	(2)
K3843	김유진	2023-02-01	핫도그	40,000,000	9,500	92.5%	(1)	(2)
핫도그 창업 개수			(3)		최대 인테리어 경비			(5)
떡볶이 창업비용(원) 평균			(4)		코드	K2661	인테리어 경비	(6)

조건

- 모든 데이터의 서식에는 글꼴(굴림, 11pt), 정렬은 숫자 및 회계 서식은 오른쪽 정렬, 나머지 서식은 가운데 정렬로 작성하며 예외적인 것은 《출력형태》를 참조하시오.
- 제목 ⇒ 도형(배지)과 그림자(오프셋 오른쪽 아래)를 이용하여 작성하고 "프랜차이즈 창업 현황"을 입력한 후 다음 서식을 적용하시오
  (글꼴 – 굴림, 24pt, 검정, 굵게, 채우기 – 노랑).
- 임의의 셀에 결재란을 작성하여 그림으로 복사 기능을 이용하여 붙이기 하시오(단, 원본 삭제).
- 「B4:J4, G14, I14」 영역은 '주황'으로 채우기 하시오.
- 유효성 검사를 이용하여 「H14」 셀에 코드(「B5:B12」 영역)가 선택 표시되도록 하시오.
- 셀 서식 ⇒ 「G5:G12」 영역에 셀 서식을 이용하여 숫자 뒤에 '천원'을 표시하시오
  (예 : 10,000천원).
- 「E5:E12」 영역에 대해 '항목'으로 이름정의를 하시오.

(1)~(6) 셀은 반드시 주어진 함수를 이용하여 값을 구하시오(결과값을 직접 입력하면 해당 셀은 0점 처리됨).

(1) 지역 ⇒ 코드의 두 번째 값이 1이면 '안산', 2이면 '부천', 3이면 '안양'으로 표시하시오(CHOOSE, MID 함수).

(2) 비고 ⇒ 국산재료 사용비율의 내림차순 순위를 구하시오(RANK.EQ 함수).

(3) 핫도그 창업 개수 ⇒ 결과값에 '개'를 붙이시오. 단, 조건은 입력데이터를 이용하시오
  (DCOUNTA 함수, & 연산자)(예 : 1개).

(4) 떡볶이 창업비용(원) 평균 ⇒ 정의된 이름(항목)을 이용하여 구하시오(SUMIF, COUNTIF 함수).

(5) 최대 인테리어 경비 ⇒ (MAX 함수)

(6) 인테리어 경비 ⇒ 「H14」 셀에서 선택한 코드에 대한 인테리어 경비를 구하시오(VLOOKUP 함수).

(7) 조건부 서식의 수식을 이용하여 창업비용(원)이 '60,000,000' 이상인 행 전체에 다음의 서식을 적용하시오
  (글꼴 : 파랑, 굵게).

"제1작업" 시트의 「B4:H12」 영역을 복사하여 "제2작업" 시트의 「B2」 셀부터 모두 붙여넣기를 한 후 다음의 조건과 같이 작업하시오.

조건	(1) 고급 필터 – 코드가 'T'로 시작하거나, 인테리어 경비가 '10,000' 이하인 자료의 코드, 항목, 창업비용(원), 인테리어 경비 데이터만 추출하시오. 　　　　　– 조건 범위 : 「B14」 셀부터 입력하시오. 　　　　　– 복사 위치 : 「B18」 셀부터 나타나도록 하시오. (2) 표 서식 – 고급필터의 결과셀을 채우기 없음으로 설정한 후 '표 스타일 보통 6'의 서식을 적용하시오. 　　　　　– 머리글 행, 줄무늬 행을 적용하시오.

"제1작업" 시트를 이용하여 "제3작업" 시트에 조건에 따라 ≪출력형태≫와 같이 작업하시오.

조건	(1) 창업비용(원) 및 항목의 코드의 개수와 인테리어 경비의 평균을 구하시오. (2) 창업비용(원)을 그룹화하고, 항목을 ≪출력형태≫와 같이 정렬하시오. (3) 레이블이 있는 셀 병합 및 가운데 맞춤 적용 및 빈 셀은 '**'로 표시하시오. (4) 행의 총합계는 지우고, 나머지 사항은 ≪출력형태≫에 맞게 작성하시오.

출력형태

창업비용(원)	항목						
	핫도그		떡볶이		떡갈비		
	개수 : 코드	평균 : 인테리어 경비	개수 : 코드	평균 : 인테리어 경비	개수 : 코드	평균 : 인테리어 경비	
30000001-45000000	2	9,750	1	8,000	**	**	
45000001-60000000	1	18,000	1	12,000	2	17,500	
60000001-75000000	**	**	**	**	1	19,500	
총합계	3	12,500	2	10,000	3	18,167	

"제1작업" 시트를 이용하여 조건에 따라 ≪출력형태≫와 같이 작업하시오.

조건	
	(1) 차트 종류 ⇒ 〈묶은 세로 막대형〉으로 작업하시오.
	(2) 데이터 범위 ⇒ "제1작업" 시트의 내용을 이용하여 작업하시오.
	(3) 위치 ⇒ "새 시트"로 이동하고, "제4작업"으로 시트 이름을 바꾸시오.
	(4) 차트 디자인 도구 ⇒ 레이아웃 3, 스타일 1을 선택하여 ≪출력형태≫에 맞게 작업하시오.
	(5) 영역 서식 ⇒ 차트 : 글꼴(굴림, 11pt), 채우기 효과(질감 – 파랑 박엽지)
	그림 : 채우기(흰색, 배경1)
	(6) 제목 서식 ⇒ 차트 제목 : 글꼴(굴림, 굵게, 20pt), 채우기(흰색, 배경1), 테두리
	(7) 서식 ⇒ 창업비용(원) 계열의 차트 종류를 〈표식이 있는 꺾은선형〉으로 변경한 후 보조 축으로 지정하시오.
	계열 : ≪출력형태≫를 참조하여 표식(네모, 크기 10)과 레이블 값을 표시하시오.
	눈금선 : 선 스타일 – 파선
	축 : ≪출력형태≫를 참조하시오.
	(8) 범례 ⇒ 범례명을 변경하고 ≪출력형태≫를 참조하시오.
	(9) 도형 ⇒ '타원형 설명선'을 삽입한 후 ≪출력형태≫와 같이 내용을 입력하시오.
	(10) 나머지 사항은 ≪출력형태≫에 맞게 작성하시오.

출력형태	

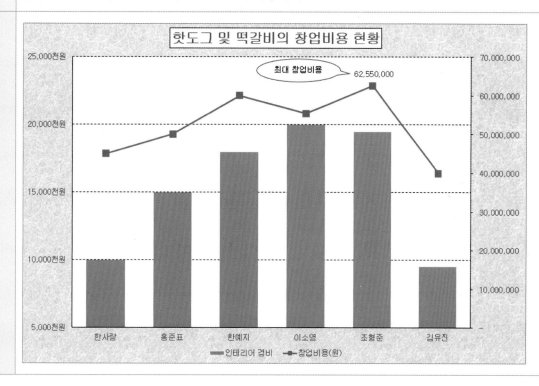

정답파일 PART 02 대표 기출 따라하기₩대표기출02회_정답.xlsx

제 1 작업 | 표 서식 작성 및 값 계산 240점

	코드	창업주	창업일	항목	창업비용(원)	인테리어 경비	국산재료 사용비율	지역	비고
						결재	담당	부장	대표
5	K2661	한사랑	2023-01-15	핫도그	45,000,000	10,000천원	95.0%	부천	1
6	K3968	홍준표	2023-02-01	떡갈비	50,000,000	15,000천원	80.0%	안양	6
7	T1092	한예지	2023-01-10	핫도그	60,000,000	18,000천원	88.5%	안산	3
8	K2154	이소영	2023-01-15	떡갈비	55,455,500	20,000천원	75.5%	부천	7
9	P1514	임용균	2023-02-01	떡볶이	38,500,000	8,000천원	70.0%	안산	8
10	P2603	임유나	2023-02-05	떡볶이	45,500,000	12,000천원	85.0%	부천	4
11	T1536	조형준	2023-01-17	떡갈비	62,550,000	19,500천원	82.5%	안산	5
12	K3843	김유진	2023-02-01	핫도그	40,000,000	9,500천원	92.5%	안양	2
13	핫도그 창업 개수			3개		최대 인테리어 경비			20,000
14	떡볶이 창업비용(원) 평균			42,000,000		코드	K2661	인테리어 경비	10,000

프랜차이즈 창업 현황

번호	기준셀	수식
(1)	I5	=CHOOSE(MID(B5,2,1),"안산","부천","안양")
(2)	J5	=RANK.EQ(H5,$H$5:$H$12)
(3)	E13	=DCOUNTA(B4:H12,4,E4:E5)&"개"
(4)	E14	=SUMIF(항목,"떡볶이",F5:F12)/COUNTIF(항목,"떡볶이")
(5)	J13	=MAX(G5:G12)
(6)	J14	=VLOOKUP(H14,B5:G12,6,0)
(7)	B5:J12	

새 서식 규칙 ? ×

규칙 유형 선택(S):
► 셀 값을 기준으로 모든 셀의 서식 지정
► 다음을 포함하는 셀만 서식 지정
► 상위 또는 하위 값만 서식 지정
► 평균보다 크거나 작은 값만 서식 지정
► 고유 또는 중복 값만 서식 지정
► 수식을 사용하여 서식을 지정할 셀 결정

규칙 설명 편집(E):

다음 수식이 참인 값의 서식 지정(O):
=$F5>=60000000

미리 보기: 가나다AaBbCc   서식(F)...

확인   취소

	코드	창업주	창업일	항목	창업비용(원)	인테리어 경비	국산재료 사용비율
3	K2661	한사랑	2023-01-15	핫도그	45,000,000	10,000천원	95.0%
4	K3968	홍준표	2023-02-01	떡갈비	50,000,000	15,000천원	80.0%
5	T1092	한예지	2023-01-10	핫도그	60,000,000	18,000천원	88.5%
6	K2154	이소영	2023-01-15	떡갈비	55,455,500	20,000천원	75.5%
7	P1514	임용균	2023-02-01	떡볶이	38,500,000	8,000천원	70.0%
8	P2603	임유나	2023-02-05	떡볶이	45,500,000	12,000천원	85.0%
9	T1536	조형준	2023-01-17	떡갈비	62,550,000	19,500천원	82.5%
10	K3843	김유진	2023-02-01	핫도그	40,000,000	9,500천원	92.5%

	코드	인테리어 경비
15	T*	
16		<=10000

	코드	항목	창업비용(원)	인테리어 경비
19	K2661	핫도그	45,000,000	10,000천원
20	T1092	핫도그	60,000,000	18,000천원
21	P1514	떡볶이	38,500,000	8,000천원
22	T1536	떡갈비	62,550,000	19,500천원
23	K3843	핫도그	40,000,000	9,500천원

≪출력형태≫를 참고

정답파일 PART 02 대표 기출 따라하기₩대표기출02회_정답.xlsx

제 1 작업 표 서식 작성 및 값 계산 240점

제1작업은 표를 작성하고 조건에 따른 서식 변환 및 함수 사용 능력을 평가한다.
제1작업 데이터를 기반으로 다른 작업들이 이어지므로 정확히 작성하도록 한다.

SECTION 01 데이터 입력, 셀 서식, 테두리, 정렬

① 본 도서 [PART 01 – CHAPTER 01]의 답안 작성요령을 참고하여 글꼴
'굴림', 크기 '11'로 하고, 작업시트를 설정한다.
→ "수험번호–성명.xlsx"으로 저장한다.

② "제1작업" 시트에 ≪출력형태≫의 내용을 입력한다.

> **기적의 TIP**
>
> 숫자 뒤에 %를 입력하면 자동으로 서식이 백분율 형태가 된다.

	A	B	C	D	E	F	G	H	I	J
1										
2										
3										
4		코드	창업주	창업일	항목	창업비용(	인테리어 경비	국산재료 사용비율	지역	비고
5		K2661	한사랑	2023-01-15	핫도그	45000000	10000	95.00%		
6		K3968	홍준표	2023-02-01	떡갈비	50000000	15000	80.00%		
7		T1092	한예지	2023-01-10	핫도그	60000000	18000	88.50%		
8		K2154	이소영	2023-01-15	떡갈비	55455500	20000	75.50%		
9		P1514	임용균	2023-02-01	떡볶이	38500000	8000	70.00%		
10		P2603	임유나	2023-02-05	떡볶이	45500000	12000	85.00%		
11		T1536	조형준	2023-01-17	떡갈비	62550000	19500	82.50%		
12		K3843	김유진	2023-02-01	핫도그	40000000	9500	92.50%		
13		핫도그 창업 개수						최대 인테리어 경비		
14		떡볶이 창업비용(원) 평균					코드		인테리어 경비	

③ '국산재료 사용비율'에 대한 셀 서식을 지정하기 위해 「H5:H12」 영역을 블록 설정한다.

   → 마우스 오른쪽 클릭하여 [셀 서식](📋)을 클릭한다.

   → [셀 서식] 대화상자 – [표시 형식] 탭에서 범주 '백분율', 소수 자릿수 '1'을 설정한다.

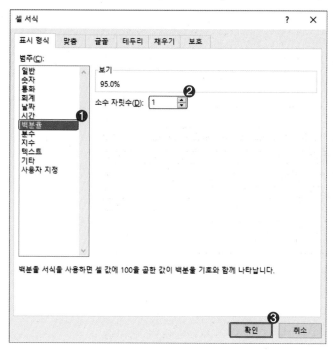

④ '인테리어 경비'가 입력된 「G5:G12」 영역을 블록 설정 후 [셀 서식](📋)을 연다.

   → [셀 서식] 대화상자 – [표시 형식] 탭에서 범주 '사용자 지정', 형식 '#,##0'을 선택한다.

   → 『"천원"』을 추가로 입력한 후 [확인]을 클릭한다.

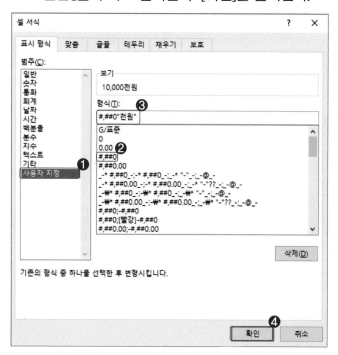

⑤ '창업비용(원)'이 입력된 「F5:F12」 영역을 블록 설정 후 [셀 서식](⊞)을 연다.

→ [셀 서식] 대화상자 – [표시 형식] 탭에서 범주 '회계', 기호 '없음'을 설정한다.

⑥ 「B13:D13」 영역을 마우스 드래그하여 블록 설정한다.

→ Ctrl 을 누른 채 「B14:D14」, 「F13:F14」, 「G13:I13」 영역을 각각 블록 설정한다.

→ [홈] 탭 – [맞춤] 그룹 – [병합하고 가운데 맞춤](⊞)을 클릭한다.

⑦ 「B4:J4」 영역을 블록 설정한다.

　→ Ctrl 을 누른 채 「B5:J12」, 「B13:J14」 영역을 각각 블록 설정한다.

　→ [홈] 탭 – [글꼴] 그룹 – [테두리]에서 [모든 테두리](田), [굵은 바깥쪽 테두리](⊞) 를 클릭한다.

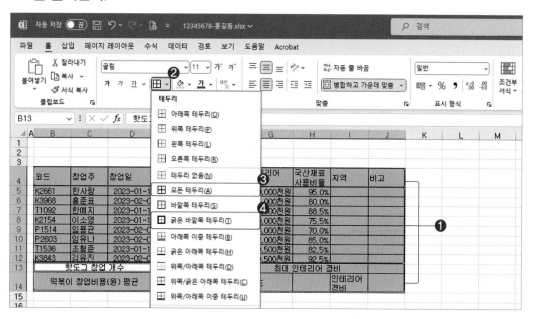

⑧ 「F13:F14」 영역을 클릭한다.

　→ [테두리]에서 [다른 테두리](田)를 클릭하면 [셀 서식] 대화상자가 나타난다.

⑨ 선 스타일에서 [가는 실선](───)을 클릭한다.

　→ 두 개의 [대각선](◩)(◪)을 각각 클릭하고 [확인]을 클릭한다.

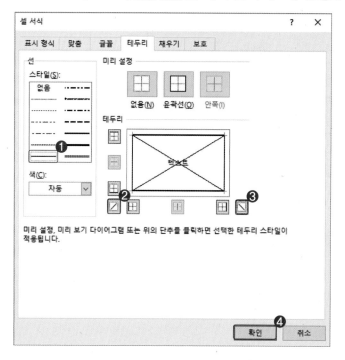

⑩ 행과 열의 머리글 경계선(╬)(╬)을 마우스 드래그하여 행 높이와 열 너비를 조절
한다.
→ 숫자 영역은 [홈] 탭 – [맞춤] 그룹 – [오른쪽 맞춤](≡), 나머지는 [가운데 맞춤](≡)
을 설정한다.

코드	창업주	창업일	항목	창업비용(원)	인테리어 경비	국산재료 사용비율	지역	비고
K2661	한사랑	2023-01-15	핫도그	45,000,000	10,000천원	95.0%		
K3968	홍준표	2023-02-01	떡갈비	50,000,000	15,000천원	80.0%		
T1092	한예지	2023-01-10	핫도그	60,000,000	18,000천원	88.5%		
K2154	이소영	2023-01-15	떡갈비	55,455,500	20,000천원	75.5%		
P1514	임용균	2023-02-01	떡볶이	38,500,000	8,000천원	70.0%		
P2603	임유나	2023-02-05	떡볶이	45,500,000	12,000천원	85.0%		
T1536	조형준	2023-01-17	떡갈비	62,550,000	19,500천원	82.5%		
K3843	김유진	2023-02-01	핫도그	40,000,000	9,500천원	92.5%		
핫도그 창업 개수					최대 인테리어 경비			
떡볶이 창업비용(원) 평균					코드		인테리어 경비	

⑪ 「B4:J4」, 「G14」, 「I14」 셀에 [홈] 탭 – [글꼴] 그룹 – [채우기 색](🖌▾)에서 '주황'을 설정
한다.

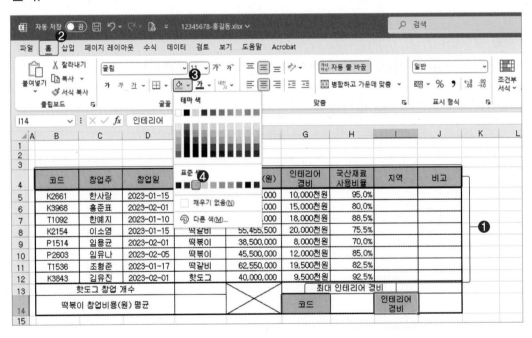

① 출력형태를 참고하여 도형이 들어갈 1~3행 높이를 적당히 조절한다.

② [삽입] 탭 – [일러스트레이션] 그룹 – [도형](🔘)을 클릭하고 [기본 도형] – [배지]를 클릭한다.

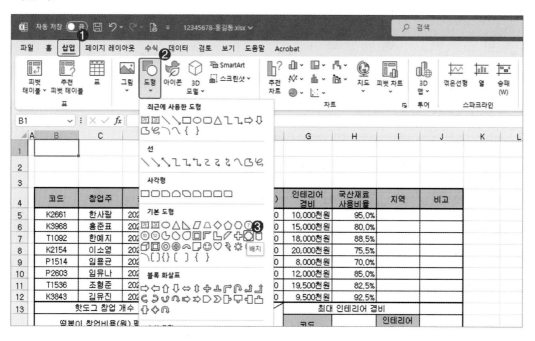

③ 마우스 포인터 모양이 +가 된 상태에서 「B1」 셀부터 「G3」 셀까지 드래그하여 도형을 그린다.

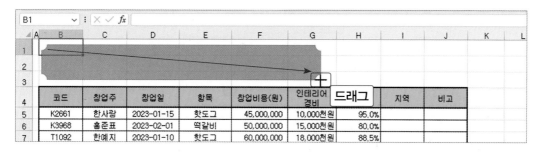

④ 도형에 『프랜차이즈 창업 현황』을 입력한다.

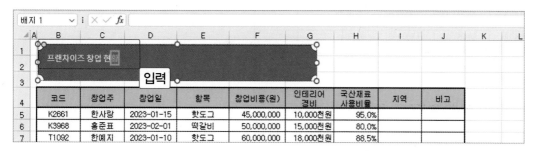

⑤ 도형의 배경색 부분을 클릭한다.

→ [홈] 탭 – [글꼴] 그룹에서 글꼴 '굴림', 크기 '24', [굵게], [채우기 색](🖌) '노랑',
[글꼴 색](가) '검정'을 설정한다.

→ [맞춤] 그룹에서 가로와 세로 모두 [가운데 맞춤](☰, ☰)을 클릭한다.

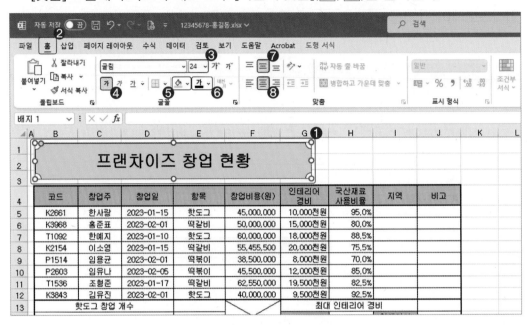

⑥ [도형 서식] 탭 – [도형 스타일] 그룹 – [도형 효과](📝)를 클릭하고 [그림자] – [오프셋:
오른쪽 아래]를 클릭한다.

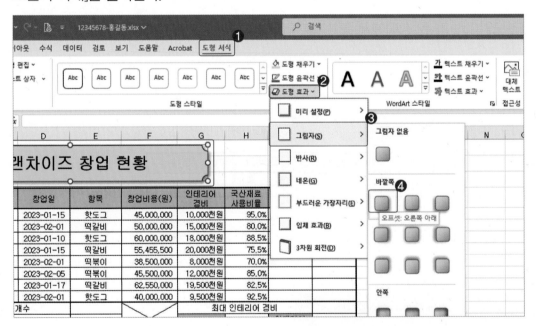

① 결재란은 앞에 작성한 내용과 행이나 열이 겹치지 않는 셀에서 작성한다. 여기서는 「L16」 셀에서 작성한다.

② 『결재』가 입력될 두 개의 셀을 블록 설정한다.
→ [홈] 탭 – [맞춤] 그룹 – [병합하고 가운데 맞춤](📇)을 클릭한다.

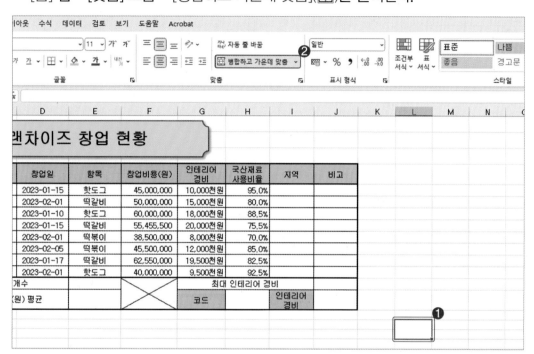

③ 『결재』를 입력한다.
→ [홈] 탭 – [맞춤] 그룹 – [방향](✏️)을 클릭하고 [세로 쓰기](🔤)를 클릭한다.

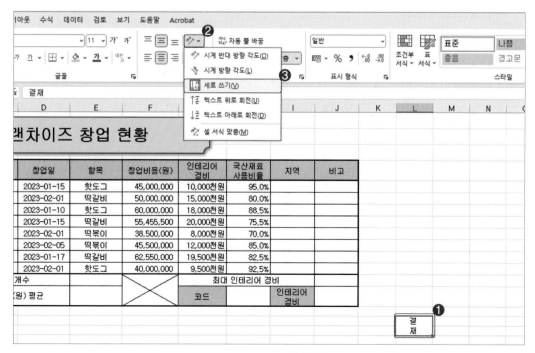

④ 텍스트를 모두 입력하고 행 높이와 열 너비를 조절한다.

→ [홈] 탭 – [맞춤] 그룹 – [가운데 맞춤](≡)을 클릭한다.

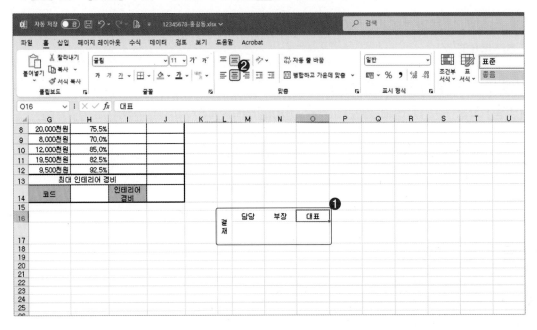

⑤ 결재란 영역을 모두 블록 설정한다.

→ [홈] 탭 – [글꼴] 그룹 – [테두리]에서 [모든 테두리](田)를 클릭한다.

→ [클립보드] 그룹 – [복사](🖺)에서 [그림으로 복사]를 클릭한다.

⑥ [그림 복사] 대화상자에서 [확인]을 클릭한다.

→ [홈] 탭 – [클립보드] 그룹 – [붙여넣기](📋)를 클릭한다.

→ 그림의 위치를 마우스 드래그하여 조절한다.

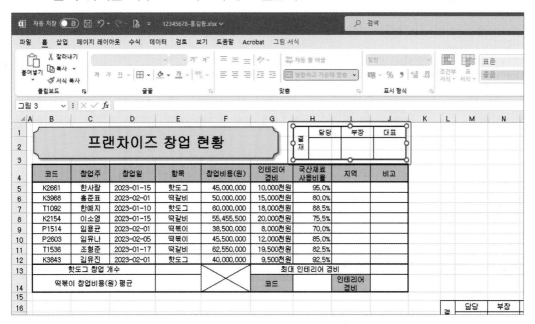

⑦ 기존 작업한 결재란 영역을 블록 설정한다.

→ [홈] 탭 – [셀] 그룹 – [삭제](🔳)를 클릭한다.

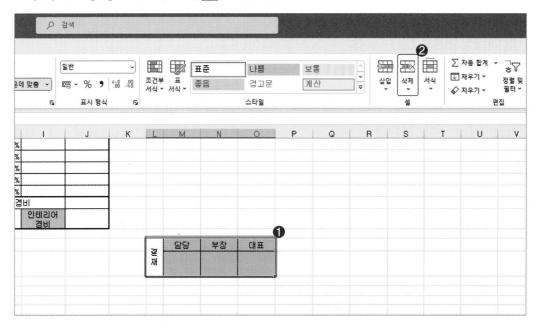

① 「H14」 셀을 클릭한다.

→ [데이터] 탭 – [데이터 도구] 그룹 – [데이터 유효성 검사](📋)를 클릭한다.

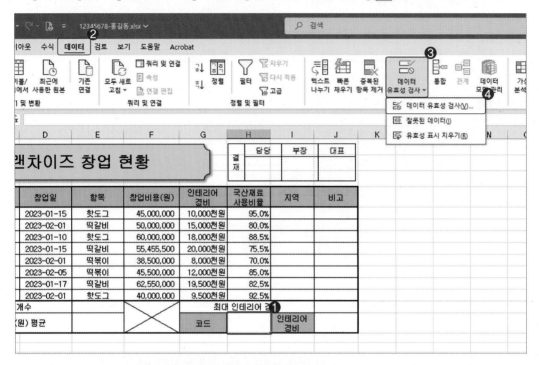

② [데이터 유효성] 대화상자에서 제한 대상을 '목록'으로 설정한다.

→ 원본 입력란을 클릭하고 「B5:B12」 영역을 마우스 드래그한 후 [확인]을 클릭한다.

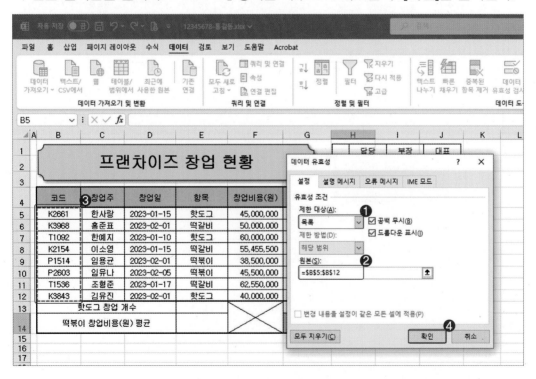

③ 「H14」셀에 드롭다운 버튼이 생성된 것을 확인한다.

→ [홈] 탭 – [맞춤] 그룹 – [가운데 맞춤](三)을 클릭한다.

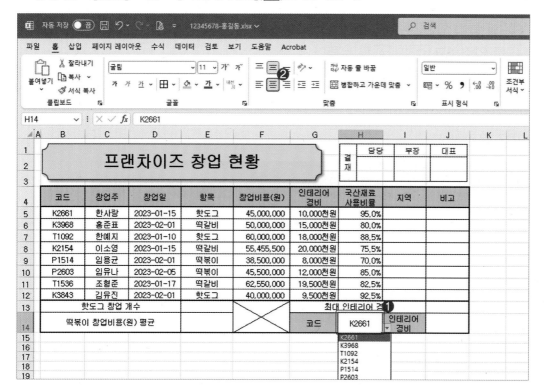

이름 정의

① 「E5:E12」영역을 블록 설정한다.

→ 수식 입력줄 왼쪽의 [이름 상자]에 『항목』을 입력한다.

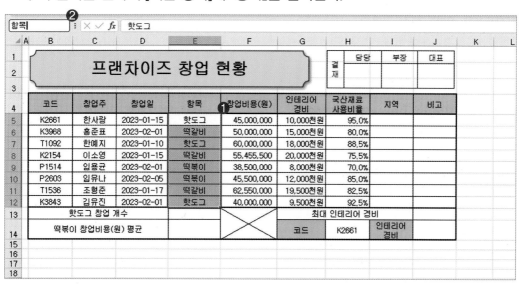

① 지역 「I5:I12」 영역을 블록 설정한다.

→ 『=CHOOSE』를 입력하고 Ctrl + A 를 누른다.

② CHOOSE의 [함수 인수] 대화상자에서 Index_num 『MID(B5, 2, 1)』, Value1 『안산』, Value2 『부천』, Value3 『안양』을 입력한다.

→ Ctrl +[확인]을 클릭한다.

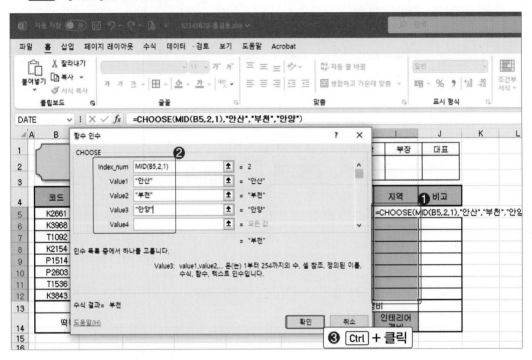

💬 함수 설명

=CHOOSE(MID(B5,2,1), "안산","부천","안양")
　　　　　　①　　　　　　　②

① 「B5」 셀에서 두 번째 글자가
② 1이면 "안산", 2이면 "부천", 3이면 "안양"을 반환

CHOOSE(Index_num, Value1, [Value2], …) 함수

Index_num : 1이면 Value1, 2이면 Value2가 반환

MID(Text, Start_num, Num_chars) 함수

Text : 추출할 문자가 들어 있는 텍스트
Start_num : 추출할 문자의 시작 위치
Num_chars : 추출할 문자의 수

③ 비고 「J5:J12」 영역을 블록 설정한다.

→ 『=RANK.EQ(H5, $H$5:$H$12)』를 입력하고 Ctrl + Enter 를 누른다.

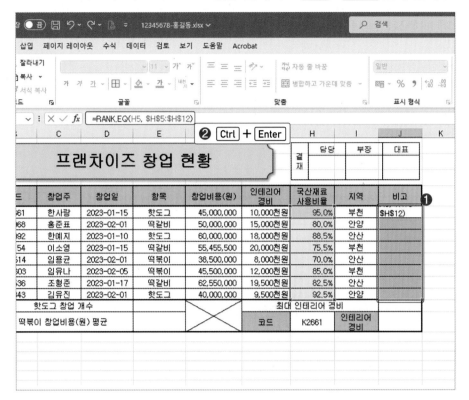

💬 함수 설명

=RANK.EQ(H5, $H$5:$H$12)
      ①   ②

① 「H5」 셀의 순위를
② 「H5:H12」 영역에서 구함

RANK.EQ(Number, Ref, [Order]) 함수

Number : 순위를 구하려는 셀
Ref : 목록의 범위
Order : 순위 결정 방법, 0이거나 생략하면 내림차순, 0이 아니면 오름차순

④ 핫도그 창업 개수를 구하기 위해 「E13」 셀에 『=DCOUNTA』를 입력하고 Ctrl+A 를 누른다.

⑤ DCOUNTA의 [함수 인수] 대화상자에서 Database 『B4:H12』, Field 『4』, Criteria 『E4:E5』를 입력한다.
→ [확인]을 클릭한다.

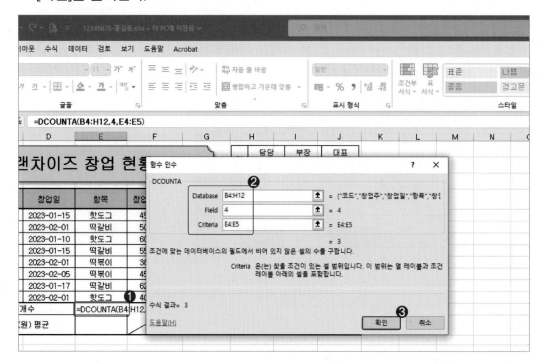

🗨 함수 설명

=DCOUNTA(B4:H12,4,E4:E5)
　　　　　　① 　 ②

① 「B4:H12」 영역의 4번째 열인 "항목"에서
② 항목이 "핫도그"인 것들의 개수를 반환

DCOUNTA(Database, Field, Criteria) 함수

Database : 지정할 범위
Field : 함수에 사용되는 열 위치
Criteria : 조건이 있는 셀 범위

⑥ 「E13」 셀의 수식에 『&"개"』를 이어서 입력한다.

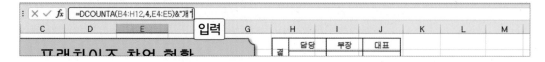

⑦ 떡볶이 창업비용(원) 평균을 구하기 위해 「E14」 셀에 『=SUMIF』를 입력하고 Ctrl + A 를 누른다.

⑧ SUMIF의 [함수 인수] 대화상자에서 Range 『항목』, Criteria 『"떡볶이"』, Sum_range 『F5:F12』를 입력한다.

→ [확인]을 클릭한다.

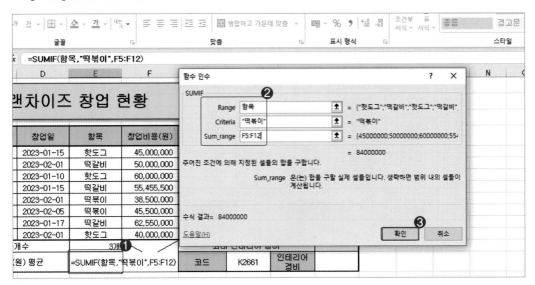

⑨ 「E14」 셀의 수식에 떡볶이의 개수를 구하여 나눗셈하는 『/COUNTIF(항목, "떡볶이")』를 이어서 입력한다.

💬 함수 설명

<u>=SUMIF(항목,"떡볶이",F5:F12)</u> / <u>COUNTIF(항목,"떡볶이")</u>
　　　　　①　　　　　　　　　　　　②

① 항목으로 이름 정의된 영역에서 "떡볶이"를 찾아 해당하는 「F5:F12」 영역의 합계를 계산
② "떡볶이"의 개수를 구하여 나눗셈

SUMIF(Range, Criteria, Sum_range) 함수

Range : 조건을 적용할 셀 범위
Criteria : 조건
Sum_range : Range 인수에 지정되지 않은 범위를 추가

COUNTIF(Range, Criteria) 함수

⇒ 조건에 맞는 셀의 개수를 반환한다.

⑩ 「E13」 셀에 마우스 오른쪽 클릭하여 [셀 서식](▤)을 클릭한다.
　→ [셀 서식] 대화상자에서 범주 '회계', 기호 '없음'을 설정한다.

⑪ 최대 인테리어 경비를 구하기 위해 「J13」 셀에 『=MAX(G5:G12)』를 입력한다.

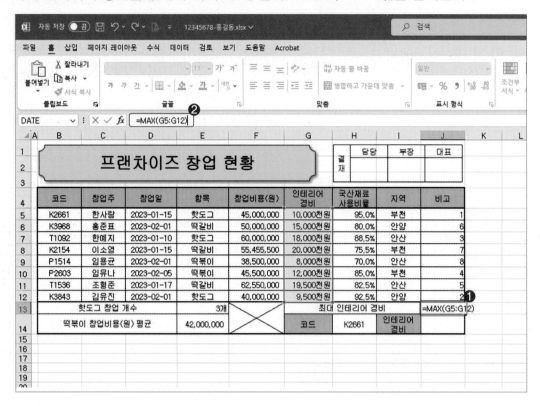

함수 설명

=MAX(G5:G12)
　　　①

① 「G5:G12」 영역에서 가장 큰 값을 반환

MAX(Number1, [Number2], ⋯) 함수
Number : 최대값을 구할 값의 집합

⑫ 「J13」 셀에 마우스 오른쪽 클릭하여 [셀 서식](⊞)을 클릭한다.
→ [셀 서식] 대화상자에서 범주 '사용자 지정', 형식 '#,##0'을 설정한다.

⑬ 「J14」 셀에 『=VLOOKUP(H14,B5:G12,6,0)』을 입력한다.

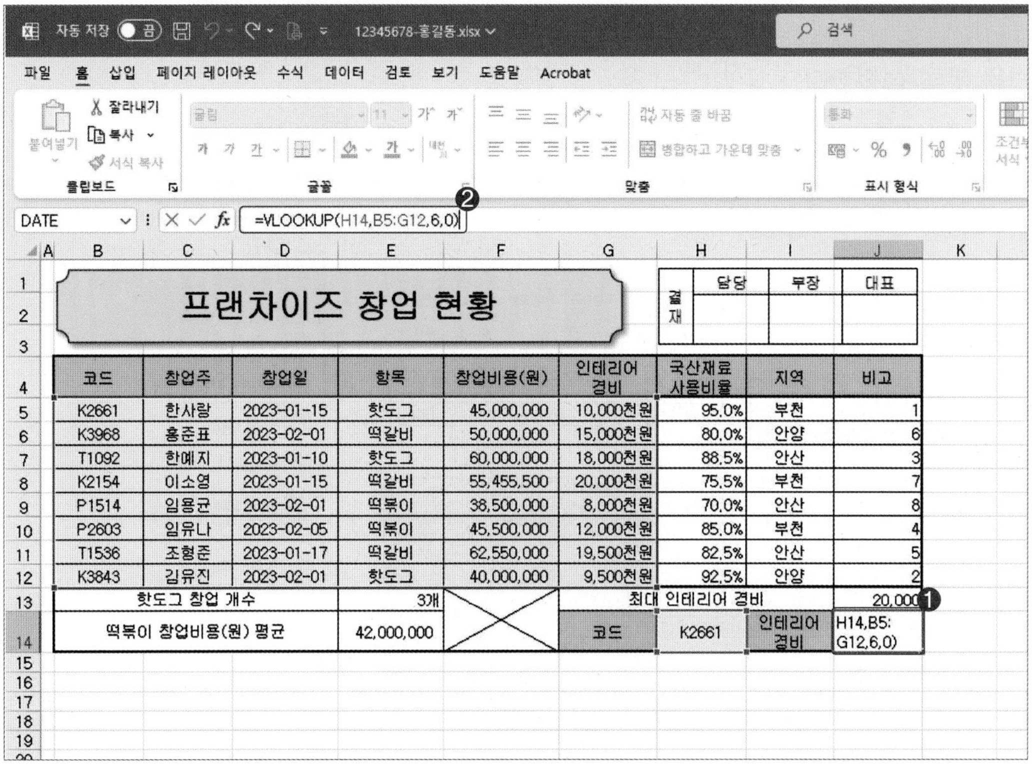

함수 설명

=VLOOKUP(H14, B5:G12, 6, 0)

                 ①   ②

① 「H14」 셀의 값을 「B5:G12」 영역에서 조회하고
② 해당하는 행의 6번째 열인 "인테리어 경비"의 값을 반환

VLOOKUP(Lookup_value, Table_array, Col_index_num, [Range_lookup]) 함수

Lookup_value : 조회하려는 값
Table_array : 조회할 값이 있는 범위
Col_index_num : 반환할 값이 있는 열
Range_lookup : 0(FALSE)이면 정확히 일치, 1(TRUE)이면 근사값 반환

① 「B5:J12」 영역을 블록 설정한다.

→ [홈] 탭 – [스타일] 그룹 – [조건부 서식](▦)을 클릭하고 [새 규칙](▦)을 클릭한다.

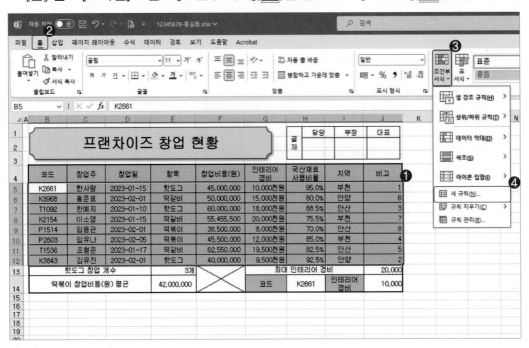

② [새 서식 규칙] 대화상자에서 '▶ 수식을 사용하여 서식을 지정할 셀 결정'을 클릭
한다.

→ 『=$F5〉=60000000』을 입력하고 [서식]을 클릭한다.

③ [셀 서식] 대화상자에서 글꼴 스타일을 '굵게', 색을 '파랑'으로 설정하고 [확인]을 클릭한다.

→ 다시 [새 서식 규칙] 대화상자로 돌아오면 [확인]을 클릭한다.

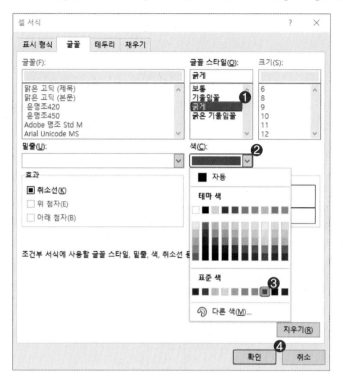

④ F열 창업비용(원)이 60,000,000 이상인 행에 서식이 적용된다.

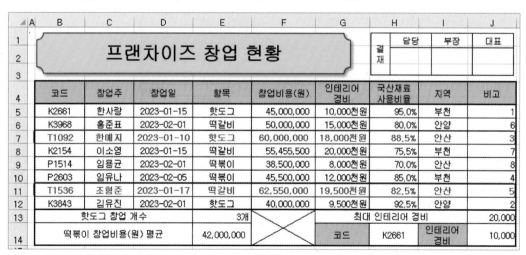

코드	창업주	창업일	항목	창업비용(원)	인테리어 경비	국산재료 사용비율	지역	비고
K2661	한사랑	2023-01-15	핫도그	45,000,000	10,000천원	95.0%	부천	1
K3968	홍준표	2023-02-01	떡갈비	50,000,000	15,000천원	80.0%	안양	6
T1092	한예지	2023-01-10	핫도그	60,000,000	18,000천원	88.5%	안산	3
K2154	이소영	2023-01-15	떡갈비	55,455,500	20,000천원	75.5%	부천	7
P1514	임용균	2023-02-01	떡볶이	38,500,000	8,000천원	70.0%	안산	8
P2603	임유나	2023-02-05	떡볶이	45,500,000	12,000천원	85.0%	부천	4
T1536	조형준	2023-01-17	떡갈비	62,550,000	19,500천원	82.5%	안산	5
K3843	김유진	2023-02-01	핫도그	40,000,000	9,500천원	92.5%	안양	2
핫도그 창업 개수				3개		최대 인테리어 경비		20,000
떡볶이 창업비용(원) 평균			42,000,000			코드	K2661	인테리어 경비	10,000

제2작업은 제1작업에서 작성한 데이터를 이용하여 조건 지정으로 필터링하고 표 서식을 지정하는 형태의 문제가 출제된다.

SECTION 01   고급 필터

① "제1작업" 시트의 「B4:H12」 영역을 블록 설정한다.
   → [홈] 탭 – [클립보드] 그룹 – [복사](📋)를 클릭한다([Ctrl]+[C]).

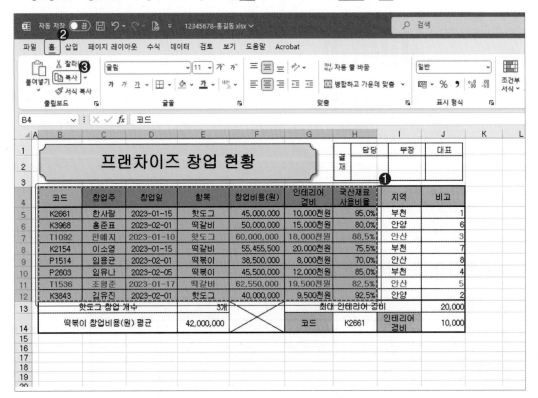

② "제2작업" 시트의 「B2」 셀에서 [붙여넣기](📋)를 한다([Ctrl]+[V]).
   → [붙여넣기 옵션] – [원본 열 너비 유지](📋)를 클릭한다.

③ [Ctrl]을 누른 채 「B2」 셀과 「G2」 셀을 클릭하여 복사([Ctrl]+[C]) 한다.
→ 조건의 위치인 「B14」 셀에 붙여넣기([Ctrl]+[V]) 한다.

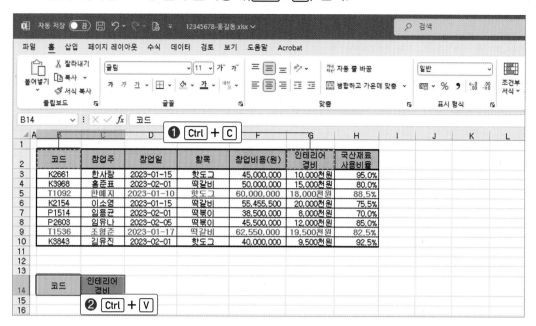

④ 「B15」 셀에 『T*』, 「C16」 셀에 『〈=10000』을 입력한다.

⑤ [Ctrl]을 누른 채 「B2」, 「E2」, 「F2」, 「G2」셀을 클릭하여 복사([Ctrl]+[C]) 한다.
→ 복사 위치인 「B18」셀에 붙여넣기([Ctrl]+[V]) 한다.

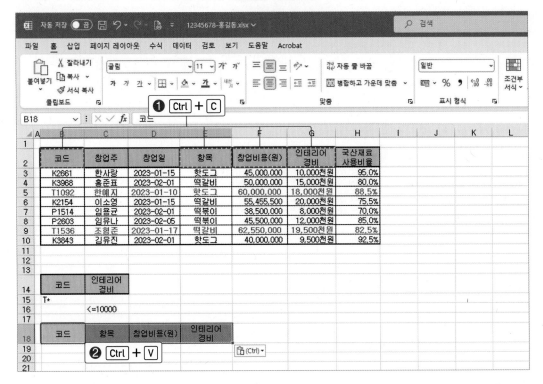

⑥ 「B2:H10」영역을 블록 설정한다.
→ [데이터] 탭 – [정렬 및 필터] 그룹 – [고급](🔽)을 클릭한다.

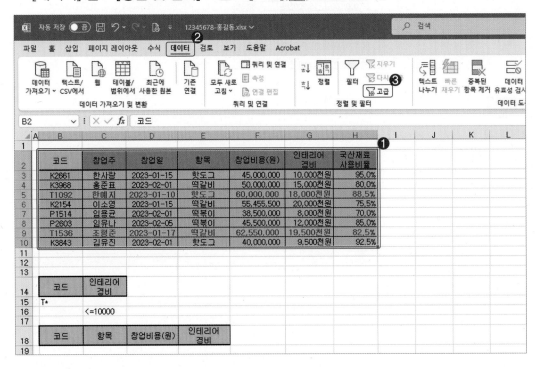

⑦ [고급 필터] 대화상자 – '결과'에서 [다른 장소에 복사]를 클릭한다.

→ 마우스 드래그로 조건 범위 『B14:C16』, 복사 위치 『B18:E18』을 지정하고 [확인]을 클릭한다.

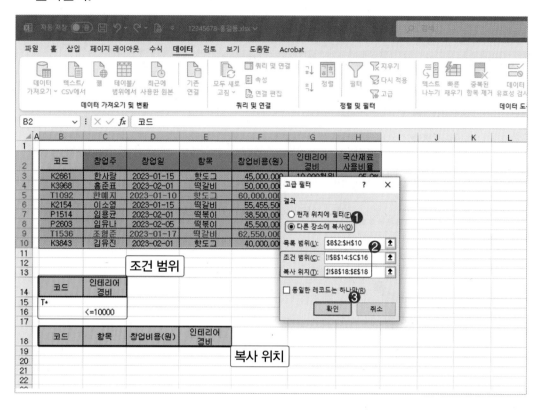

① 「B18:E23」 영역을 블록 설정한다.

→ [홈] 탭 – [글꼴] 그룹 – [채우기 색](🪣▾)을 클릭하고 '채우기 없음'을 클릭한다.

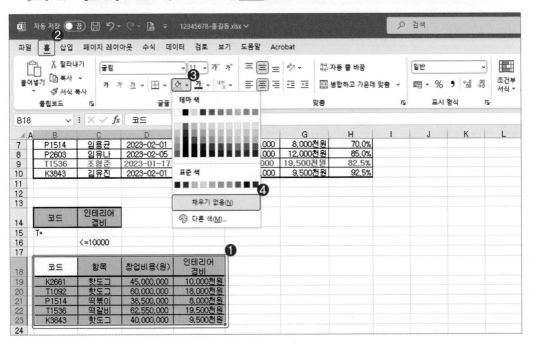

② 「B18:E23」 영역이 블록 설정된 상태에서 [홈] 탭 – [스타일] 그룹 – [표 서식](📋)을 클릭한다.

→ [표 스타일 보통 6]을 클릭한다.

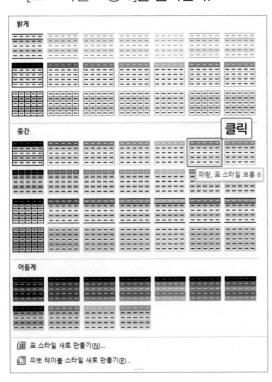

③ [표 만들기] 대화상자가 나타나면 [확인]을 클릭한다.

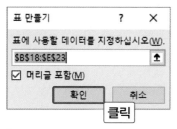

④ [테이블 디자인] 탭 – [표 스타일 옵션] 그룹에서 [머리글 행]과 [줄무늬 행]이 기본 적용된 것을 확인한다.

제3작업에서는 제1작업에서 작성한 데이터를 이용하여 특정 필드에 대한 비교, 집계, 분석 등을 수행하는 문제가 출제된다.

SECTION 01   피벗 테이블 작성

① "제1작업" 시트의 「B4:H12」 영역을 블록 설정한다.
　→ [삽입] 탭 – [표] 그룹 – [피벗 테이블](📋)을 클릭한다.

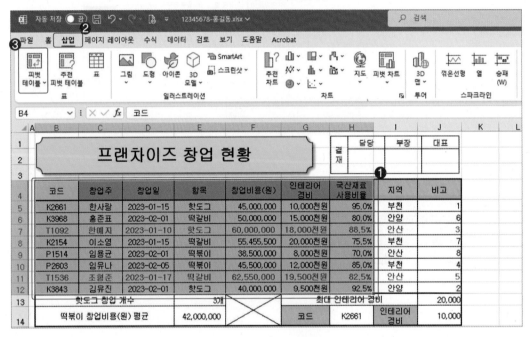

② [표 또는 범위의 피벗 테이블] 대화상자에서 '기존 워크시트'를 선택한다.
　→ 위치는 마우스로 "제3작업" 시트의 「B2」 셀을 지정하고 [확인]을 클릭한다.

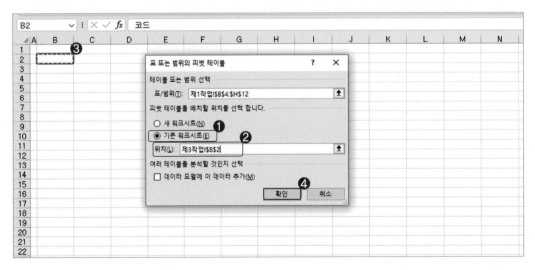

③ [피벗 테이블 필드] 탭에서 '창업비용(원)'을 마우스 드래그하여 행에 배치한다.

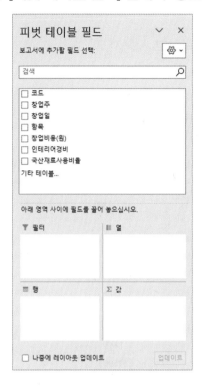 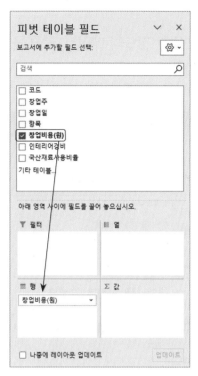

④ '항목'을 열에 배치한다.

→ '코드'와 '인테리어경비'를 값에 배치한다.

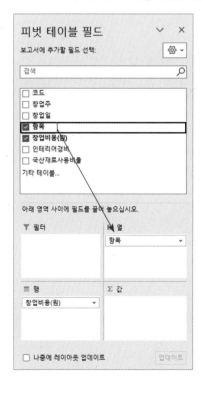 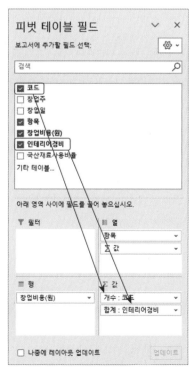

⑤ 「D4」 셀을 클릭하고 [피벗 테이블 분석] 탭 – [활성 필드] 그룹 – [필드 설정](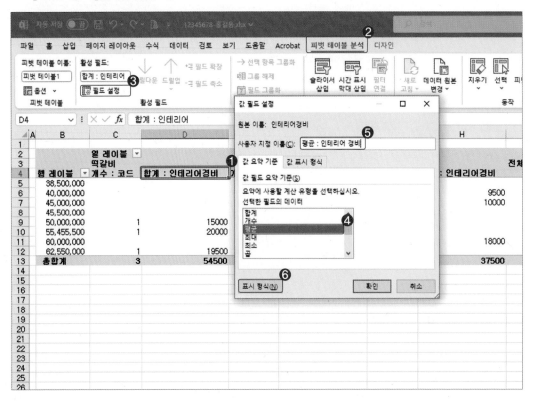)을 클릭한다.

　　→ [값 필드 설정] 대화상자에서 선택한 필드의 데이터 '평균'을 선택하고 사용자 지정 이름에 『경비』를 이어서 작성한다.

　　→ [표시 형식]을 클릭한다.

⑥ [셀 서식] 대화상자가 나타나면 범주 '숫자'를 선택하고 '1000 단위 구분 기호(,) 사용'을 체크한 후 [확인]을 클릭한다.

　　→ 다시 [값 필드 설정] 대화상자로 돌아오면 [확인]을 클릭한다.

① [피벗 테이블 분석] 탭 – [피벗 테이블] 그룹 – [옵션](📇)을 클릭한다.

② [피벗 테이블 옵션] 대화상자에서 '레이블이 있는 셀 병합 및 가운데 맞춤'을 체크하고
빈 셀 표시 입력란에 『＊＊』를 입력한다.
→ [요약 및 필터] 탭에서 '행 총합계 표시'를 체크 해제하고 [확인]을 클릭한다.

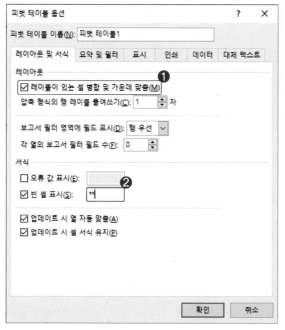

③ 창업비용(원)을 그룹화하기 위해 「B5」 셀을 클릭하고 [선택 항목 그룹화](→)를 클릭한다.

④ [그룹화] 대화상자에서 시작 『30000001』, 끝 『75000000』, 단위 『15000000』을 입력하고 [확인]을 클릭한다.

⑤ 「C2」 셀에 『항목』, 「B4」 셀에 『창업비용(원)』을 직접 입력한다.

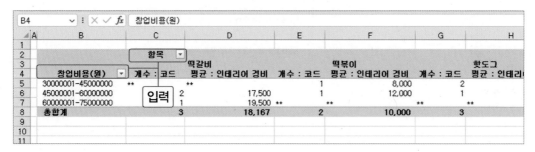

⑥ 항목 필터 단추를 클릭한다.

→ [텍스트 내림차순 정렬](흭↓)을 클릭한다.

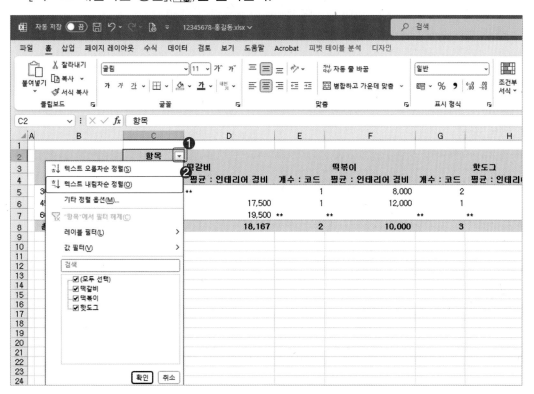

⑦ **로 표시된 셀들은 [홈] 탭 – [맞춤] 그룹 – [가운데 맞춤](三)을 클릭한다.

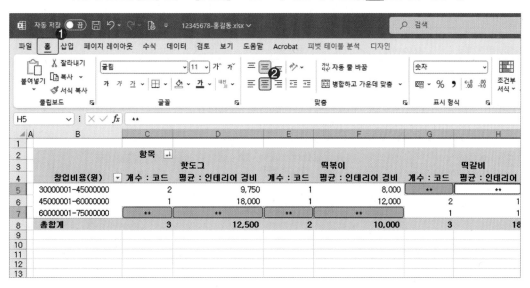

제4작업은 제1작업에서 작성한 데이터를 이용하여 차트로 표현하는 능력을 평가한다.
차트의 종류, 서식, 옵션, 범례 등을 다루는 형태가 출제된다.

SECTION 01   차트 작성

① "제1작업" 시트의 「C4:C8」 영역을 블록 설정한다.
→ Ctrl 을 누른 채 「C11:C12」, 「F4:F8」, 「F11:F12」, 「G4:G8」, 「G11:G12」 영역을 블록 설정한다.

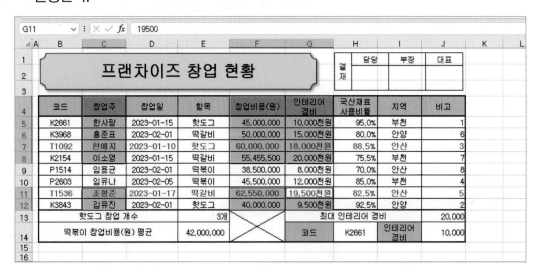

② [삽입] 탭 – [차트] 그룹 – [2차원 묶은 세로 막대형](📊)을 클릭한다.

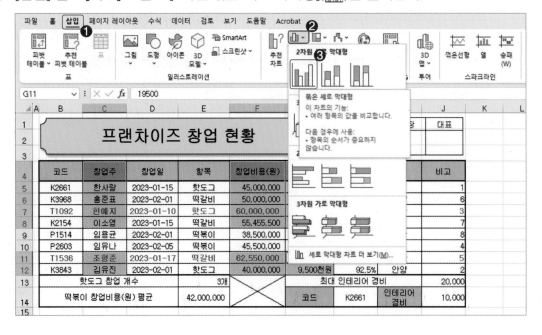

③ [차트 디자인] 탭 – [차트 이동](⊞)을 클릭한다.
→ [차트 이동] 대화상자에서 '새 시트'를 선택하고 『제4작업』을 입력한 후 [확인]을 클릭한다.

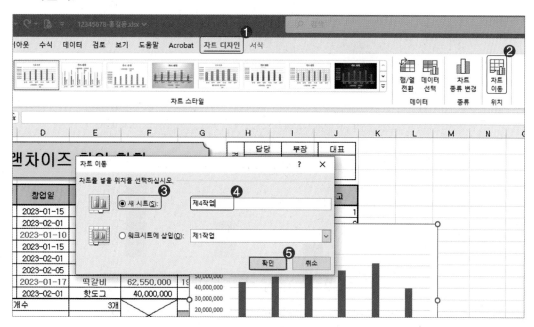

④ "제4작업" 시트를 마우스 드래그하여 제일 끝으로 이동한다.

SECTION 02 | 차트 디자인, 영역 서식, 제목 서식

① [차트 디자인] 탭 – [빠른 레이아웃](⊞) – [레이아웃 3](⊞)을 클릭한다.
→ [스타일 1]을 클릭한다.

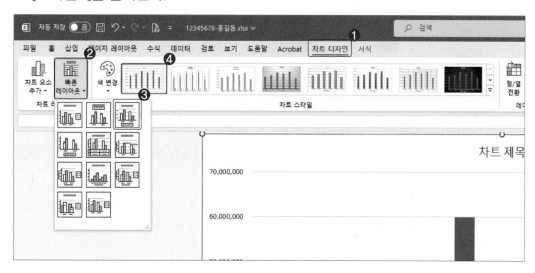

② 차트 영역을 선택하고 [홈] 탭 – [글꼴] 그룹에서 글꼴 '굴림', 크기 '11'을 설정한다.

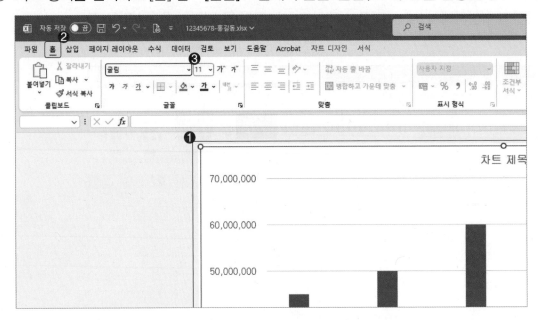

③ [서식] 탭 – [현재 선택 영역] 그룹 – [선택 영역 서식](✏️)을 클릭한다.

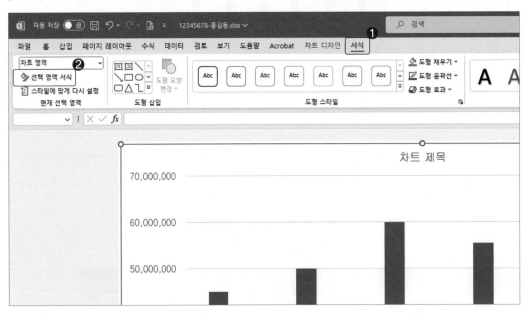

④ [차트 영역 서식] 사이드바에서 채우기 '그림 또는 질감 채우기'를 선택한다.
  → [질감]() – [파랑 박엽지]를 설정한다.

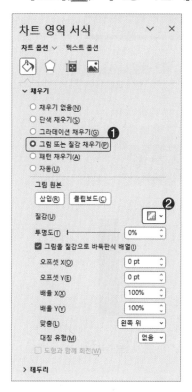

⑤ [서식] 탭 – [현재 선택 영역] 그룹에서 [그림 영역]을 선택한다.
  → 채우기 '단색 채우기'를 선택하고 [색]() – [흰색, 배경 1]을 설정한다.

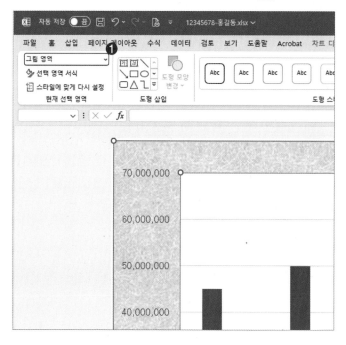

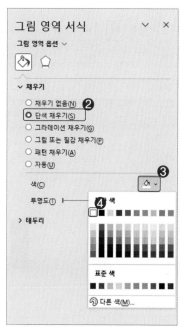

⑥ 차트 제목에 『핫도그 및 떡갈비의 창업비용 현황』을 입력한다.

→ 글꼴 '굴림', 크기 '20', [굵게] 설정한다.

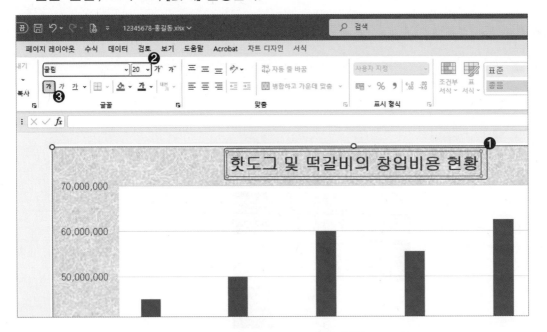

⑦ [서식] 탭 – [도형 스타일] 그룹 – [도형 채우기](🖌)를 클릭하고 '흰색, 배경 1'을 설정한다.

→ [도형 윤곽선](🖋)을 클릭하고 '검정'을 설정한다.

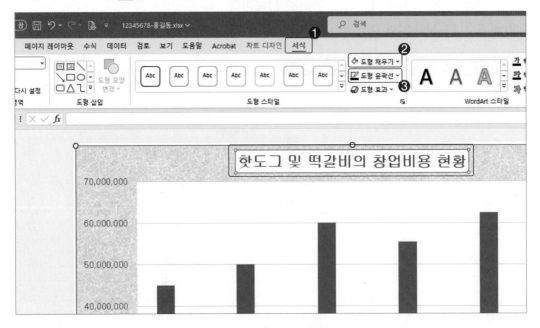

① [차트 디자인] 탭 – [차트 종류 변경](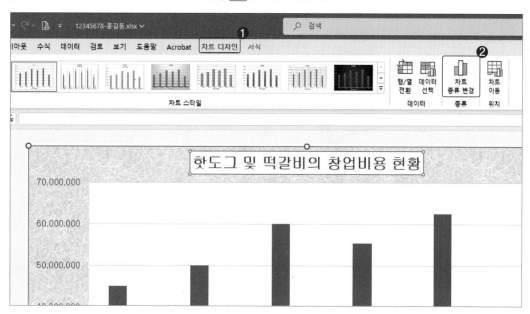)을 클릭한다.

② [차트 종류 변경] 대화상자에서 '혼합'을 클릭한다.

> → 창업비용(원)의 차트 종류를 '표식이 있는 꺾은선형'으로 설정하고 '보조 축'에 체크한다.
>
> → 인테리어경비의 차트 종류를 '묶은 세로 막대형'으로 설정한다.

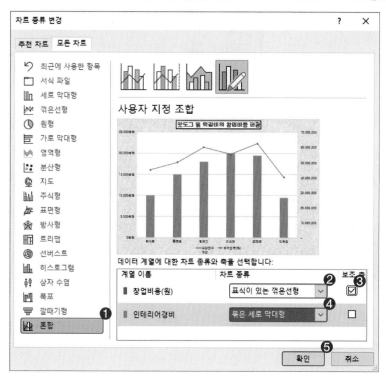

① 창업비용(원) 계열을 선택한다.

→ 마우스 오른쪽 클릭하고 [데이터 계열 서식]을 클릭한다.

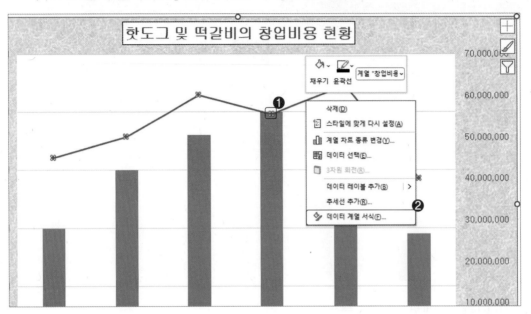

② [채우기 및 선](🏀) – 표식(📈) – 표식 옵션을 클릭한다.

→ 형식 '네모', 크기 '10'을 설정한다.

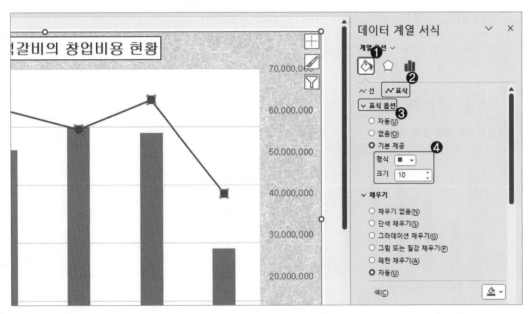

③ 창업비용(원) 계열의 '조형준' 요소만 두 번 클릭하여 선택한다.
→ [차트 요소 추가]( ) – [데이터 레이블]( ) – [위쪽]( )을 클릭한다.

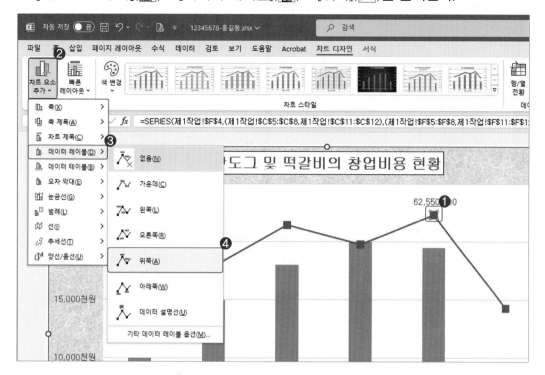

④ 인테리어경비 계열을 선택한다.
→ 마우스 오른쪽 클릭하고 [데이터 계열 서식]을 클릭한다.

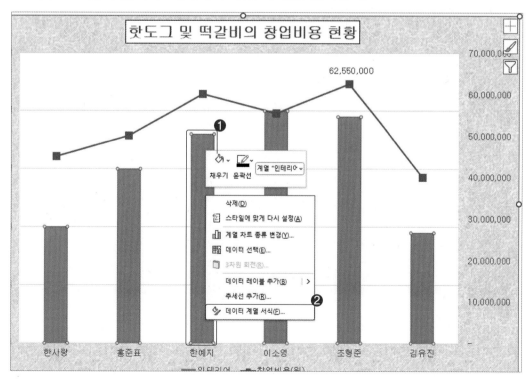

⑤ 간격 너비를 ≪출력형태≫를 참고하여 적당히 조절한다.

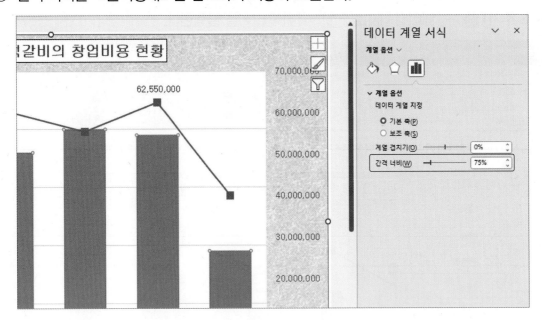

SECTION 05 서식 (눈금선)

① 눈금선을 선택하여 마우스 오른쪽 클릭하고 [눈금선 서식](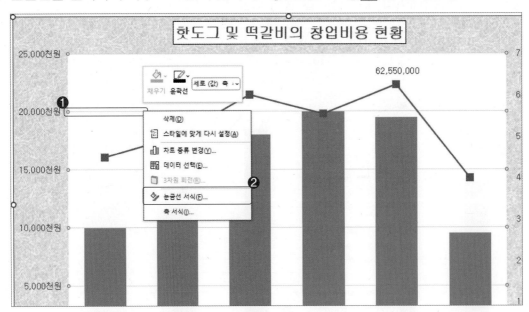)을 클릭한다.

② [주 눈금선 서식] 사이드바에서 선 색 '검정', 대시 종류 '파선'을 설정한다.

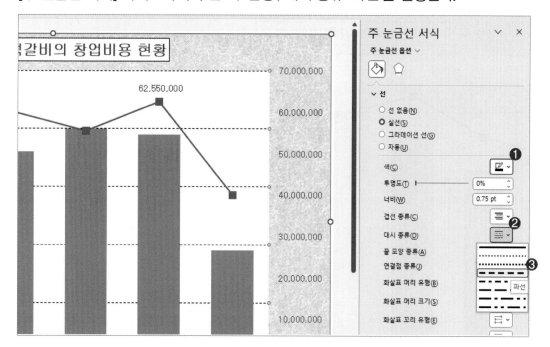

서식 (축, 데이터 계열)

① 세로 (값) 축을 클릭한다.

→ [서식] 탭 – [도형 스타일] 그룹 – [도형 윤곽선](✏)을 클릭하고 '검정'을 설정한다.

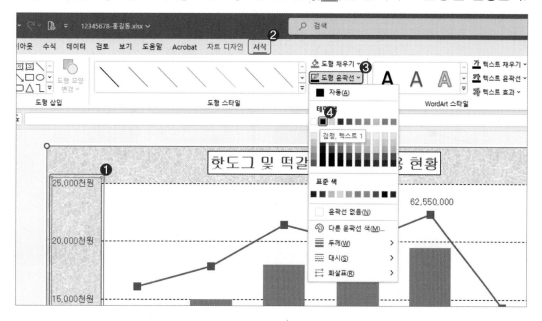

② 보조 세로 (값) 축과 가로 (항목) 축도 [도형 윤곽선](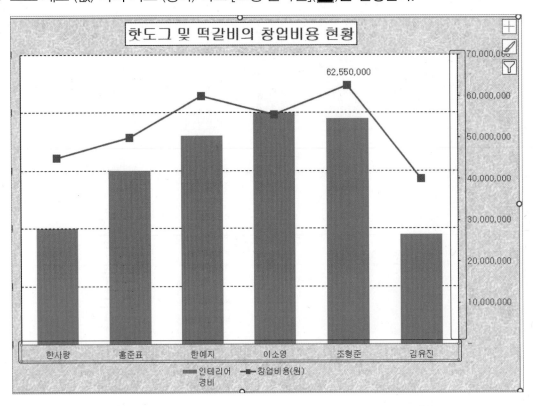)을 설정한다.

③ 세로 (값) 축을 더블클릭하여 축 서식 사이드바를 연다.

→ 축 옵션 – 경계 '최소값'에 『5000』, '최대값'에 『25000』, 단위 '기본'에 『5000』을 입력한다.

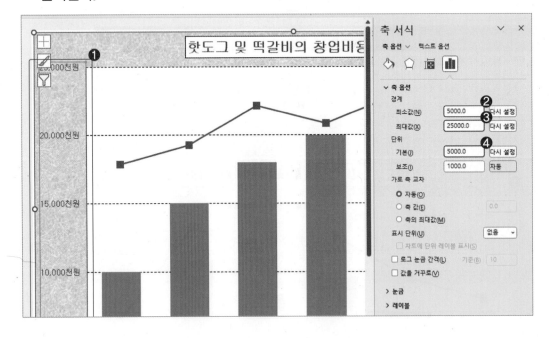

① [차트 디자인] 탭 – [데이터] 그룹 – [데이터 선택](📊)을 클릭한다.

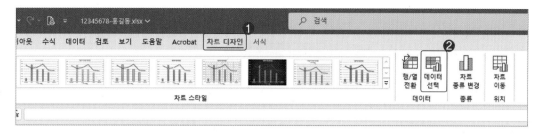

② [데이터 원본 선택] 대화상자에서 범례 항목(계열) '인테리어경비'를 선택하고 [편집]을 클릭한다.

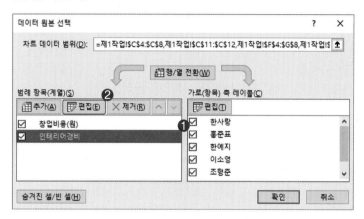

③ [계열 편집] 대화상자에서 계열 이름에 『인테리어 경비』를 입력하고 [확인]을 클릭한다.

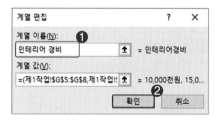

④ 다시 [데이터 원본 선택] 대화상자로 돌아오면 [확인]을 클릭한다.

→ 범례의 인테리어 경비가 한 줄로 변경된 것을 확인한다.

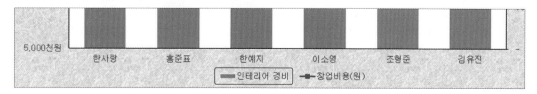

① [삽입] 탭 – [일러스트레이션] 그룹 – [도형](🔿)을 클릭하고 [말풍선: 타원형]을 클릭한다.

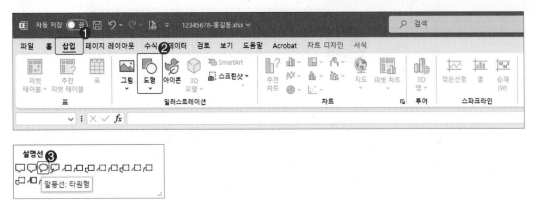

② 도형을 그리고 『최대 창업비용』을 입력한다.

→ [홈] 탭 – [글꼴] 그룹에서 글꼴 '굴림', 크기 '11', [채우기 색](🖌) '흰색', [글꼴 색] (🗛) '검정'을 설정한다.

→ [맞춤] 그룹에서 가로와 세로 모두 [가운데 맞춤](☰, ☰)을 클릭한다.

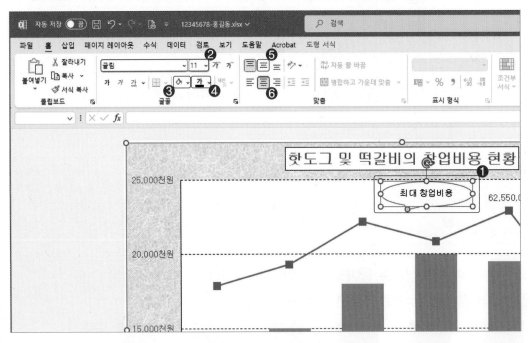

③ 노란색 조절점을 움직여 도형의 모양을 조절한다.

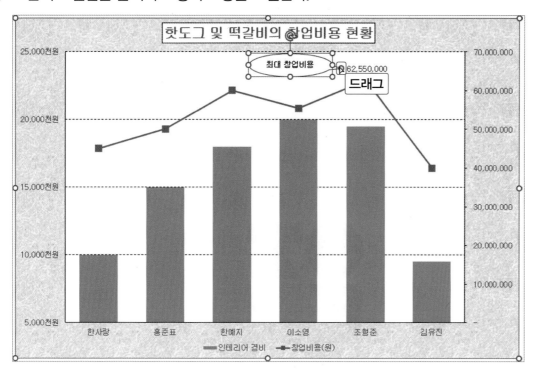

자격증은
이기적

PART
03

최신 기출문제

정보기술자격(ITQ) 시험

과목	코드	문제유형	시험시간	수험번호	성명
한글엑셀	1122	A	60분		

※ 최신 기출문제 01~10회 학습 시 답안 작성요령을 동일하게 적용하세요.

수험자 유의사항

- 수험자는 문제지를 받는 즉시 문제지와 **수험표상의 시험과목(프로그램)이 동일한지 반드시 확인**하여야 합니다.
- 파일명은 본인의 "수험번호-성명"으로 입력하여 답안폴더(내 PC₩문서₩ITQ)에 하나의 파일로 저장해야 하며, 답안문서 파일명이 "수험번호-성명"과 일치하지 않거나, 답안파일을 전송하지 않아 미제출로 처리될 경우 실격 처리합니다(예: 12345678-홍길동.xlsx).
- 답안 작성을 마치면 파일을 저장하고, '답안 전송' 버튼을 선택하여 감독위원 PC로 답안을 전송하십시오. 수험생 정보와 저장한 파일명이 다를 경우 전송되지 않으므로 주의하시기 바랍니다.
- 답안 작성 중에도 **주기적으로 저장하고, '답안 전송'**하여야 문제 발생을 줄일 수 있습니다. 작업한 내용을 저장하지 않고 전송할 경우 이전에 저장된 내용이 전송되니 이점 유의하시기 바랍니다.
- 답안문서는 지정된 경로 외의 다른 보조기억장치에 저장하는 경우, 지정된 시험 시간 외에 작성된 파일을 활용할 경우, 기타 통신수단(이메일, 메신저, 네트워크 등)을 이용하여 타인에게 전달 또는 외부 반출하는 경우는 부정 처리합니다.
- 시험 중 부주의 또는 고의로 시스템을 파손한 경우는 수험자가 변상해야 하며, 〈수험자 유의사항〉에 기재된 방법대로 이행하지 않아 생기는 불이익은 수험생 당사자의 책임임을 알려 드립니다.
- 문제의 조건은 MS오피스 2021 버전으로 설정되어 있으며 MS오피스 2016은 【 】에 표기되어 있습니다. 이와 관련하여 작성한 답안의 출력형태가 문제지와 다를 수 있습니다.
- 시험을 완료한 수험자는 답안파일이 전송되었는지 확인한 후 감독위원의 지시에 따라 문제지를 제출하고 퇴실합니다.

답안 작성요령

- 온라인 답안 작성 절차
  수험자 등록 ⇒ 시험 시작 ⇒ 답안파일 저장 ⇒ 답안 전송 ⇒ 시험 종료
- 문제는 총 4단계, 즉 제1작업부터 제4작업까지 구성되어 있으며 반드시 제1작업부터 순서대로 작성하고 조건대로 작업하시오.
- 모든 작업시트의 A열은 열 너비 '1'로, 나머지 열은 적당하게 조절하시오.
- 모든 작업시트의 테두리는 ≪출력형태≫와 같이 작업하시오.
- 해당 작업란에서는 각각 제시된 조건에 따라 ≪출력형태≫와 같이 작업하시오.
- 답안 시트 이름은 "제1작업", "제2작업", "제3작업", "제4작업"이어야 하며 답안 시트 이외의 것은 감점 처리됩니다.
- 각 시트를 파일로 나누어 작업해서 저장할 경우 실격 처리됩니다.

최신 기출문제 01회

수험번호 20253001　정답파일 PART 03 최신 기출문제\최신01회_정답.xlsx

▶ 합격 강의

제 1 작업　표 서식 작성 및 값 계산　240점

다음은 '인기 복합기 판매 현황'에 대한 자료이다. 자료를 입력하고 조건에 맞도록 작업하시오.

출력형태

인기 복합기 판매 현황

	담당	팀장	센터장
확인			

제품코드	제품명	제조사	판매금액	인쇄속도(ppm)	판매수량(단위:대)	재고수량(단위:대)	판매순위	평가
K2949	루이	레온	149,000	14	157	64	(1)	(2)
P3861	레옹	이지전자	150,000	16	184	48	(1)	(2)
L3997	지니	레온	344,000	15	154	101	(1)	(2)
K2789	퍼플	티파니	421,000	19	201	65	(1)	(2)
K6955	밴티지	이지전자	175,000	6	98	128	(1)	(2)
P3811	다큐프린터	레온	245,000	17	217	87	(1)	(2)
L3711	로사프린터	티파니	182,000	12	256	36	(1)	(2)
L4928	새롬레이저	이지전자	389,000	18	94	117	(1)	(2)
티파니 제조사 재고수량(단위:대) 합계			(3)		티파니 제조사 비율			(5)
레온 제조사 최고 판매금액			(4)		제품코드	K2949	판매수량(단위:대)	(6)

조건

- 모든 데이터의 서식에는 글꼴(굴림, 11pt), 정렬은 숫자 및 회계 서식은 오른쪽 정렬, 나머지 서식은 가운데 정렬로 작성하며 예외적인 것은 ≪출력형태≫를 참조하시오.
- 제목 ⇒ 도형(육각형)과 그림자(오프셋 오른쪽)를 이용하여 작성하고 "인기 복합기 판매 현황"을 입력한 후 다음 서식을 적용하시오(글꼴 – 굴림, 24pt, 검정, 굵게, 채우기 – 노랑).
- 임의의 셀에 결재란을 작성하여 그림으로 복사 기능을 이용하여 붙이기 하시오(단, 원본 삭제).
- 「B4:J4, G14, I14」 영역은 '주황'으로 채우기 하시오.
- 유효성 검사를 이용하여 「H14」 셀에 제품코드('B5:B12」 영역)가 선택 표시되도록 하시오.
- 셀 서식 ⇒ 「E5:E12」 영역에 셀 서식을 이용하여 숫자 뒤에 '원'을 표시하시오(예 : 149,000원).
- 「G5:G12」 영역에 대해 '판매수량'으로 이름정의를 하시오.

(1)~(6) 셀은 반드시 주어진 함수를 이용하여 값을 구하시오(결과값을 직접 입력하면 해당 셀은 0점 처리됨).

(1) 판매순위 ⇒ 정의된 이름(판매수량)을 이용하여 내림차순 순위를 구한 결과값에 '위'를 붙이시오 (RANK.EQ 함수, & 연산자)(예 : 1위).

(2) 평가 ⇒ 인쇄속도(ppm)가 전체 인쇄속도(ppm)에서 세 번째로 큰 값 이상이면 '우수', 그 외에는 공백으로 표시하시오 (IF, LARGE 함수).

(3) 티파니 제조사 재고수량(단위:대) 합계 ⇒ (SUMIF 함수)

(4) 레온 제조사 최고 판매금액 ⇒ 조건은 입력데이터를 이용하시오(DMAX 함수).

(5) 티파니 제조사 비율 ⇒ 결과값을 백분율로 표시하시오(COUNTIF, COUNTA 함수).

(6) 판매수량(단위:대) ⇒ 「H14」 셀에서 선택한 제품코드에 대한 판매수량(단위:대)을 구하시오(VLOOKUP 함수).

(7) 조건부 서식의 수식을 이용하여 재고수량(단위:대)이 '100' 이상인 행 전체에 다음의 서식을 적용하시오 (글꼴 : 파랑, 굵게).

"제1작업" 시트의 「B4:H12」 영역을 복사하여 "제2작업" 시트의 「B2」 셀부터 모두 붙여넣기를 한 후 다음의 조건과 같이 작업하시오.

조건	
	(1) 고급 필터 – 제품코드가 'L'로 시작하거나 판매수량(단위:대)이 '100' 이하인 자료의 제품코드, 제품명, 판매수량(단위:대), 재고수량(단위:대) 데이터만 추출하시오. 　　　　　　 – 조건 범위 : 「B14」 셀부터 입력하시오. 　　　　　　 – 복사 위치 : 「B18」 셀부터 나타나도록 하시오. (2) 표 서식 – 고급필터의 결과셀을 채우기 없음으로 설정한 후 '표 스타일 보통 6'의 서식을 적용하시오. 　　　　　　 – 머리글 행, 줄무늬 행을 적용하시오.

"제1작업" 시트를 이용하여 "제3작업" 시트에 조건에 따라 ≪출력형태≫와 같이 작업하시오.

조건	
	(1) 판매금액 및 제조사별 제품명의 개수와 판매수량(단위:대)의 평균을 구하시오. (2) 판매금액을 그룹화하고, 제조사를 ≪출력형태≫와 같이 정렬하시오. (3) 레이블이 있는 셀 병합 및 가운데 맞춤 적용 및 빈 셀은 '**'로 표시하시오. (4) 행의 총합계는 지우고, 나머지 사항은 ≪출력형태≫에 맞게 작성하시오.

출력형태

판매금액	티파니		이지전자		레온	
	개수 : 제품명	평균 : 판매수량(단위:대)	개수 : 제품명	평균 : 판매수량(단위:대)	개수 : 제품명	평균 : 판매수량(단위:대)
1-200000	1	256	2	141	1	157
200001-400000	**	**	1	94	2	186
400001-600000	1	201	**	**	**	**
총합계	2	229	3	125	3	176

"제1작업" 시트를 이용하여 조건에 따라 ≪출력형태≫와 같이 작업하시오.

조건	
	(1) 차트 종류 ⇒ 〈묶은 세로 막대형〉으로 작업하시오.
	(2) 데이터 범위 ⇒ "제1작업" 시트의 내용을 이용하여 작업하시오.
	(3) 위치 ⇒ "새 시트"로 이동하고, "제4작업"으로 시트 이름을 바꾸시오.
	(4) 차트 디자인 도구 ⇒ 레이아웃 3, 스타일 1을 선택하여 ≪출력형태≫에 맞게 작업하시오.
	(5) 영역 서식 ⇒ 차트 : 글꼴(굴림, 11pt), 채우기 효과(질감 – 파랑 박엽지)
	그림 : 채우기(흰색, 배경1)
	(6) 제목 서식 ⇒ 차트 제목 : 글꼴(굴림, 굵게, 20pt), 채우기(흰색, 배경1), 테두리
	(7) 서식 ⇒ 판매금액 계열의 차트 종류를 〈표식이 있는 꺾은선형〉으로 변경한 후 보조 축으로 지정하시오.
	계열 : ≪출력형태≫를 참조하여 표식(네모, 크기 10)과 레이블 값을 표시하시오.
	눈금선 : 선 스타일 – 파선
	축 : ≪출력형태≫를 참조하시오.
	(8) 범례 ⇒ 범례명을 변경하고 ≪출력형태≫를 참조하시오.
	(9) 도형 ⇒ '모서리가 둥근 사각형 설명선'을 삽입한 후 ≪출력형태≫와 같이 내용을 입력하시오.
	(10) 나머지 사항은 ≪출력형태≫에 맞게 작성하시오.
출력형태	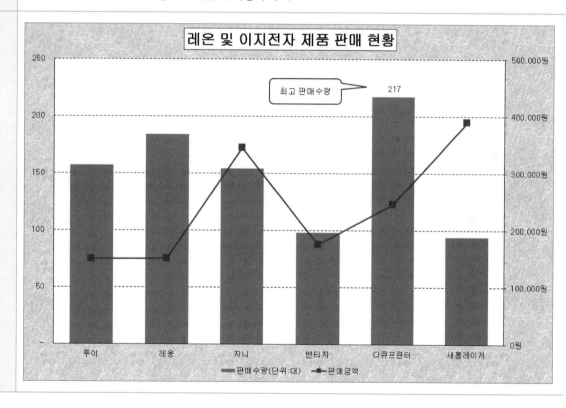

주의 시트명 순서가 차례대로 "제1작업", "제2작업", "제3작업", "제4작업"이 되도록 할 것

최신 기출문제 02회

수험번호 20253002　　정답파일 PART 03 최신 기출문제₩최신02회_정답.xlsx

▶ 합격강의

제 1 작업　　**표 서식 작성 및 값 계산**　　　　　**240**점

다음은 '3월 체험 행사 현황'에 대한 자료이다. 자료를 입력하고 조건에 맞도록 작업하시오.

출력형태

	결재	담당	팀장	센터장

3월 체험 행사 현황

관리코드	체험행사명	구분	시작연도	행사기간(일)	체험비용	참석인원 (단위:명)	체험비 지원금	순위
BC-546	목공	공예	1990	7	45,000	6,552	(1)	(2)
BE-524	갯벌	생태	2006	30	25,000	2,500	(1)	(2)
NC-124	지진	안전	2001	14	12,000	12,134	(1)	(2)
UR-242	숲	생태	2002	20	20,000	12,500	(1)	(2)
QT-178	도자기	공예	2005	10	35,000	7,231	(1)	(2)
FG-688	화재	안전	1998	5	5,000	3,215	(1)	(2)
BV-122	유리	공예	1995	10	10,000	8,251	(1)	(2)
KD-166	습지	생태	2000	15	30,000	15,000	(1)	(2)
공예체험 개수			(3)		최저 체험비용			(5)
생태체험 참석인원(단위:명) 평균			(4)		체험행사명	목공	참석인원 (단위:명)	(6)

조건

- 모든 데이터의 서식에는 글꼴(굴림, 11pt), 정렬은 숫자 및 회계 서식은 오른쪽 정렬, 나머지 서식은 가운데 정렬로 작성하며 예외적인 것은 ≪출력형태≫를 참조하시오.
- 제목 ⇒ 도형(사다리꼴)과 그림자(오프셋 오른쪽)를 이용하여 작성하고 "3월 체험 행사 현황"을 입력한 후 다음 서식을 적용하시오(글꼴 – 굴림, 24pt, 검정, 굵게, 채우기 – 노랑).
- 임의의 셀에 결재란을 작성하여 그림으로 복사 기능을 이용하여 붙이기 하시오(단, 원본 삭제).
- 「B4:J4, G14, I14」 영역은 '주황'으로 채우기 하시오.
- 유효성 검사를 이용하여 「H14」 셀에 체험행사명(「C5:C12」 영역)이 선택 표시되도록 하시오.
- 셀 서식 ⇒ 「G5:G12」 영역에 셀 서식을 이용하여 숫자 뒤에 '원'을 표시하시오(예 : 45,000원).
- 「G5:G12」 영역에 대해 '체험비용'으로 이름정의를 하시오.

(1)~(6) 셀은 반드시 <u>주어진 함수를 이용하여</u> 값을 구하시오(결과값을 직접 입력하면 해당 셀은 0점 처리됨).

(1) 체험비 지원금 ⇒ 행사기간(일)이 '15' 이상이면서 참석인원(단위:명)이 '10,000' 이상이면 체험비용의 10%, 그 외에는 체험비용의 5%를 구하시오(IF, AND 함수).

(2) 순위 ⇒ 참석인원(단위:명)의 내림차순 순위를 구한 결과값에 '위'를 붙이시오(RANK.EQ 함수, & 연산자)(예 : 1위).

(3) 공예체험 개수 ⇒ 조건은 입력데이터를 이용하시오(DCOUNTA 함수).

(4) 생태체험 참석인원(단위:명) 평균 ⇒ (SUMIF, COUNTIF 함수)

(5) 최저 체험비용 ⇒ 정의된 이름(체험비용)을 이용하여 구하시오(MIN 함수).

(6) 참석인원(단위:명) ⇒ 「H14」 셀에서 선택한 체험행사명에 대한 참석인원(단위:명)을 구하시오(VLOOKUP 함수).

(7) 조건부 서식의 수식을 이용하여 체험비용이 '10,000' 이하인 행 전체에 다음의 서식을 적용하시오 (글꼴 : 파랑, 굵게).

목표값 찾기 및 필터

"제1작업" 시트의 「B4:H12」 영역을 복사하여 "제2작업" 시트의 「B2」 셀부터 모두 붙여넣기를 한 후 다음의 조건과 같이 작업하시오.

조건	(1) 목표값 찾기 – 「B11:G11」 셀을 병합하고, 가운데 맞춤한 후 "공예체험 체험비용 평균"을 입력하고, 「H11」 셀에 공예체험 체험비용 평균을 구하시오. 단, 조건은 입력데이터를 이용하시오 (DAVERAGE 함수, 테두리). – '공예체험 체험비용 평균'이 '25,000'이 되려면 목공의 체험비용이 얼마가 되어야 하는지 목표값을 구하시오. (2) 고급필터 – 구분이 '공예'가 아니면서 참석인원(단위:명)이 '10,000' 이하인 자료의 관리코드, 체험행사명, 행사기간(일), 체험비용, 참석인원(단위:명) 데이터만 추출하시오. – 조건 범위 : 「B14」 셀부터 입력하시오. – 복사 위치 : 「B18」 셀부터 나타나도록 하시오.

정렬 및 부분합

"제1작업" 시트의 「B4:H12」 영역을 복사하여 "제3작업" 시트의 「B2」 셀부터 모두 붙여넣기를 한 후 다음의 조건과 같이 작업하시오.

조건	(1) 부분합 – ≪출력형태≫처럼 정렬하고, 체험행사명의 개수와 참석인원(단위:명)의 평균을 구하시오. (2) 개요【윤곽】 – 지우시오. (3) 나머지 사항은 ≪출력형태≫에 맞게 작성하시오.

출력형태

	A	B	C	D	E	F	G	H
1								
2		관리코드	체험행사명	구분	시작연도	행사기간(일)	체험비용	참석인원(단위:명)
3		NC-124	지진	안전	2001	14	12,000원	12,134
4		FG-688	화재	안전	1998	5	5,000원	3,215
5				안전 평균				7,675
6			2	안전 개수				
7		BE-524	갯벌	생태	2006	30	25,000원	2,500
8		UR-242	숲	생태	2002	20	20,000원	12,500
9		KD-166	습지	생태	2000	15	30,000원	15,000
10				생태 평균				10,000
11			3	생태 개수				
12		BC-546	목공	공예	1990	7	45,000원	6,552
13		QT-178	도자기	공예	2005	10	35,000원	7,231
14		BV-122	유리	공예	1995	10	10,000원	8,251
15				공예 평균				7,345
16			3	공예 개수				
17				전체 평균				8,423
18			8	전체 개수				
19								

"제1작업" 시트를 이용하여 조건에 따라 ≪출력형태≫와 같이 작업하시오.

조건	
	(1) 차트 종류 ⇒ 〈묶은 세로 막대형〉으로 작업하시오.
	(2) 데이터 범위 ⇒ "제1작업" 시트의 내용을 이용하여 작업하시오.
	(3) 위치 ⇒ "새 시트"로 이동하고, "제4작업"으로 시트 이름을 바꾸시오.
	(4) 차트 디자인 도구 ⇒ 레이아웃 3, 스타일 1을 선택하여 ≪출력형태≫에 맞게 작업하시오.
	(5) 영역 서식 ⇒ 차트 : 글꼴(굴림, 11pt), 채우기 효과(질감 – 파랑 박엽지)
	그림 : 채우기(흰색, 배경1)
	(6) 제목 서식 ⇒ 차트 제목 : 글꼴(굴림, 굵게, 20pt), 채우기(흰색, 배경1), 테두리
	(7) 서식 ⇒ 참석인원(단위:명) 계열의 차트 종류를 〈표식이 있는 꺾은선형〉으로 변경한 후 보조 축으로 지정하시오.
	계열 : ≪출력형태≫를 참조하여 표식(네모, 크기 10)과 레이블 값을 표시하시오.
	눈금선 : 선 스타일 – 파선
	축 : ≪출력형태≫를 참조하시오.
	(8) 범례 ⇒ 범례명을 변경하고 ≪출력형태≫를 참조하시오.
	(9) 도형 ⇒ '모서리가 둥근 사각형 설명선'을 삽입한 후 ≪출력형태≫와 같이 내용을 입력하시오.
	(10) 나머지 사항은 ≪출력형태≫에 맞게 작성하시오.

출력형태	
	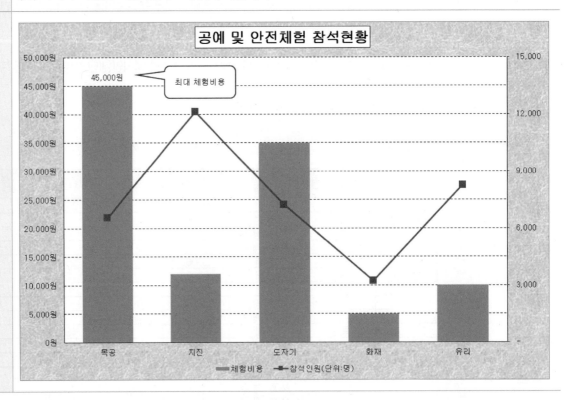

주의 시트명 순서가 차례대로 "제1작업", "제2작업", "제3작업", "제4작업"이 되도록 할 것

▶ 합격 강의

| 제 1 작업 | 표 서식 작성 및 값 계산 | 240점 |

다음은 '한마음 수입식자재 관리 현황'에 대한 자료이다. 자료를 입력하고 조건에 맞도록 작업하시오.

출력형태

관리코드	분류	식품명	판매가(원)	원산지	중량	전월판매량(개)	구분	적립금
		한마음 수입식자재 관리 현황					결재 팀장 / 과장 / 대표	
SA2-01	소스류	어니언크림드레싱	13,000	이탈리아	1.0	970	(1)	(2)
CH1-01	수입치즈	모짜렐라블록	17,500	이탈리아	0.5	850	(1)	(2)
SA3-02	소스류	홀그레인머스타드	37,500	프랑스	3.0	1,030	(1)	(2)
PD2-01	분말류	파스타밀가루	43,500	이탈리아	4.0	430	(1)	(2)
CH3-02	수입치즈	고다슬라이스	14,700	네덜란드	0.8	1,250	(1)	(2)
SA1-03	소스류	트러플페이스트	42,000	네덜란드	0.5	770	(1)	(2)
PD1-02	분말류	파마산치즈가루	21,000	프랑스	1.5	1,050	(1)	(2)
CH2-03	수입치즈	스트링치즈	28,500	프랑스	1.2	590	(1)	(2)
전월판매량(개) 1000 이상인 식품수			(3)			최대 전월판매량(개)		(5)
소스류 판매가(원) 평균			(4)			관리코드	SA2-01	원산지	(6)

조건

- 모든 데이터의 서식에는 글꼴(굴림, 11pt), 정렬은 숫자 및 회계 서식은 오른쪽 정렬, 나머지 서식은 가운데 정렬로 작성하며 예외적인 것은 《출력형태》를 참조하시오.
- 제목 ⇒ 도형(십자형)과 그림자(오프셋 오른쪽)를 이용하여 작성하고 "한마음 수입식자재 관리 현황"을 입력한 후 다음 서식을 적용하시오(글꼴 – 굴림, 24pt, 검정, 굵게, 채우기 – 노랑).
- 임의의 셀에 결재란을 작성하여 그림으로 복사 기능을 이용하여 붙이기 하시오(단, 원본 삭제).
- 「B4:J4, G14, I14」 영역은 '주황'으로 채우기 하시오.
- 유효성 검사를 이용하여 「H14」 셀에 관리코드(「B5:B12」 영역)가 선택 표시되도록 하시오.
- 셀 서식 ⇒ 「G5:G12」 영역에 셀 서식을 이용하여 숫자 뒤에 'kg'을 표시하시오(예 : 1.0kg).
- 「H5:H12」 영역에 대해 '전월판매량'으로 이름정의를 하시오.

(1)~(6) 셀은 반드시 **주어진 함수**를 이용하여 값을 구하시오(결과값을 직접 입력하면 해당 셀은 0점 처리됨).

(1) 구분 ⇒ 관리코드의 세 번째 값이 1이면 '특가상품', 2이면 '베스트상품', 3이면 '무배상품'으로 표시하시오 (CHOOSE, MID 함수).

(2) 적립금 ⇒ 분류가 수입치즈이면 판매가(원)의 3%, 아니면 판매가(원)의 2%로 계산하시오(IF 함수).

(3) 전월판매량(개) 1000 이상인 식품수 ⇒ 결과값에 '개'를 붙이시오(COUNTIF 함수, & 연산자)(예 : 1개).

(4) 소스류 판매가(원) 평균 ⇒ 반올림하여 천원 단위까지 구하시오. 단, 조건은 입력데이터를 이용하시오 (ROUND, DAVERAGE 함수)(예 : 20,630 → 21,000).

(5) 최대 전월판매량(개) ⇒ 정의된 이름(전월판매량)을 이용하여 구하시오(MAX 함수).

(6) 원산지 ⇒ 「H14」 셀에서 선택한 관리코드에 대한 원산지를 구하시오(VLOOKUP 함수).

(7) 조건부 서식의 수식을 이용하여 판매가(원)가 '30,000' 이상인 행 전체에 다음의 서식을 적용하시오 (글꼴 : 파랑, 굵게).

"제1작업" 시트의 「B4:H12」 영역을 복사하여 "제2작업" 시트의 「B2」 셀부터 모두 붙여넣기를 한 후 다음의 조건과 같이 작업하시오.

조건	(1) 고급 필터 – 분류가 '분말류'이거나, 전월판매량(개)이 '1,000' 이상인 자료의 관리코드, 원산지, 식품명, 판매가(원) 데이터만 추출하시오. 　　 – 조건 범위 : 「B13」 셀부터 입력하시오. 　　 – 복사 위치 : 「B18」 셀부터 나타나도록 하시오. (2) 표 서식 – 고급필터의 결과셀을 채우기 없음으로 설정한 후 '표 스타일 보통 7'의 서식을 적용하시오. 　　 – 머리글 행, 줄무늬 행을 적용하시오.

"제1작업" 시트를 이용하여 "제3작업" 시트에 조건에 따라 ≪출력형태≫와 같이 작업하시오.

조건	(1) 판매가(원) 및 분류의 식품명의 개수와 전월판매량(개)의 평균을 구하시오. (2) 판매가(원)를 그룹화하고, 분류를 ≪출력형태≫와 같이 정렬하시오. (3) 레이블이 있는 셀 병합 및 가운데 맞춤 적용 및 빈 셀은 '***'로 표시하시오. (4) 행의 총합계는 지우고, 나머지 사항은 ≪출력형태≫에 맞게 작성하시오.

출력형태

판매가(원)	수입치즈 개수 : 식품명	수입치즈 평균 : 전월판매량(개)	소스류 개수 : 식품명	소스류 평균 : 전월판매량(개)	분말류 개수 : 식품명	분말류 평균 : 전월판매량(개)
1-15000	1	1,250	1	970	***	***
15001-30000	2	720	***	***	1	1,050
30001-45000	***	***	2	900	1	430
총합계	3	897	3	923	2	740

"제1작업" 시트를 이용하여 조건에 따라 ≪출력형태≫와 같이 작업하시오.

조건	(1) 차트 종류 ⇒ 〈묶은 세로 막대형〉으로 작업하시오.
	(2) 데이터 범위 ⇒ "제1작업" 시트의 내용을 이용하여 작업하시오.
	(3) 위치 ⇒ "새 시트"로 이동하고, "제4작업"으로 시트 이름을 바꾸시오.
	(4) 차트 디자인 도구 ⇒ 레이아웃 3, 스타일 1을 선택하여 ≪출력형태≫에 맞게 작업하시오.
	(5) 영역 서식 ⇒ 차트 : 글꼴(굴림, 11pt), 채우기 효과(질감 – 파랑 박엽지)
	그림 : 채우기(흰색, 배경1)
	(6) 제목 서식 ⇒ 차트 제목 : 글꼴(굴림, 굵게, 20pt), 채우기(흰색, 배경1), 테두리
	(7) 서식 ⇒ 중량 계열의 차트 종류를 〈표식이 있는 꺾은선형〉으로 변경한 후 보조 축으로 지정하시오.
	계열 : ≪출력형태≫를 참조하여 표식(네모, 크기 10)과 레이블 값을 표시하시오.
	눈금선 : 선 스타일 – 파선
	축 : ≪출력형태≫를 참조하시오.
	(8) 범례 ⇒ 범례명을 변경하고 ≪출력형태≫를 참조하시오.
	(9) 도형 ⇒ '모서리가 둥근 사각형 설명선'을 삽입한 후 ≪출력형태≫와 같이 내용을 입력하시오.
	(10) 나머지 사항은 ≪출력형태≫에 맞게 작성하시오.

출력형태	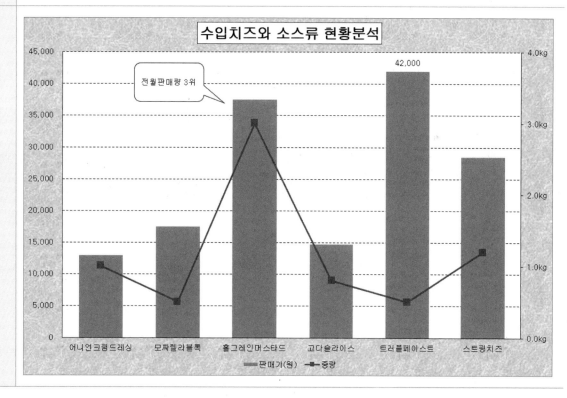

주의 시트명 순서가 차례대로 "제1작업", "제2작업", "제3작업", "제4작업"이 되도록 할 것

수험번호 20253004　정답파일 PART 03 최신 기출문제₩최신04회_정답.xlsx
▶ 합격 강의

| 제 1 작업 | 표 서식 작성 및 값 계산 | 240점 |

다음은 '인기 캡슐 커피머신 상품 비교'에 대한 자료이다. 자료를 입력하고 조건에 맞도록 작업하시오.

출력형태

관리번호	수입판매원	제품명	출시연도	물통용량 (L)	소비전력 (W)	판매가격	VIP 할인가	제조국
			인기 캡슐 커피머신 상품 비교			결재	담당 / 팀장 / 본부장	
EF-100	네소프레소	시티즈플래티넘	2023년	1.00	1,150	315,000	(1)	(2)
XN-107	네소카페	지니오에스베이직	2020년	0.80	1,340	89,000	(1)	(2)
CP-206	일라오미	프란시스와이	2020년	0.75	850	112,750	(1)	(2)
FL-309	네소프레소	에센자미니	2017년	0.60	1,180	151,140	(1)	(2)
NS-201	네소카페	지니오에스쉐어	2022년	0.80	1,500	138,800	(1)	(2)
XF-405	네소프레소	크리아티스타플러스	2017년	1.50	1,600	789,500	(1)	(2)
SC-106	일라오미	씽킹캡슐머신	2022년	0.62	1,200	78,570	(1)	(2)
ML-308	일라오미	엑스원 이녹스	2021년	1.00	1,200	572,150	(1)	(2)
판매가격 전체평균			(3)			2022년 출시제품 개수		(5)
일라오미 소비전력(W) 합계			(4)		제품명	시티즈플래티넘	소비전력 (W)	(6)

조건

- 모든 데이터의 서식에는 글꼴(굴림, 11pt), 정렬은 숫자 및 회계 서식은 오른쪽 정렬, 나머지 서식은 가운데 정렬로 작성하며 예외적인 것은 《출력형태》를 참조하시오.
- 제목 ⇒ 도형(사다리꼴)과 그림자(오프셋 오른쪽)를 이용하여 작성하고 "인기 캡슐 커피머신 상품 비교"를 입력한 후 다음 서식을 적용하시오(글꼴 – 굴림, 24pt, 검정, 굵게, 채우기 – 노랑).
- 임의의 셀에 결재란을 작성하여 그림으로 복사 기능을 이용하여 붙이기 하시오(단, 원본 삭제).
- 「B4:J4, G14, I14」 영역은 '주황'으로 채우기 하시오.
- 유효성 검사를 이용하여 「H14」 셀에 제품명(「D5:D12」 영역)이 선택 표시되도록 하시오.
- 셀 서식 ⇒ 「H5:H12」 영역에 셀 서식을 이용하여 숫자 뒤에 '원'을 표시하시오(예 : 89,000원).
- 「E5:E12」 영역에 대해 '출시연도'로 이름정의를 하시오.

(1)~(6) 셀은 반드시 주어진 함수를 이용하여 값을 구하시오(결과값을 직접 입력하면 해당 셀은 0점 처리됨).

(1) VIP 할인가 ⇒ 「판매가격 × 95%」를 계산하고, 반올림하여 천원 단위까지 구하시오(ROUND 함수)
　　　　(예 : 84,550 → 85,000).
(2) 제조국 ⇒ 관리번호 네 번째 글자가 1이면 '중국', 2이면 '이탈리아', 그 외에는 '기타'로 구하시오(IF, MID 함수).
(3) 판매가격 전체평균 ⇒ 내림하여 백원 단위까지 구하시오(ROUNDDOWN, AVERAGE 함수)
　　　　(예 : 280,864 → 280,800).
(4) 일라오미 소비전력(W) 합계 ⇒ (SUMIF 함수)
(5) 2022년 출시제품 개수 ⇒ 정의된 이름(출시연도)을 이용하여 구한 결과 값에 '건'을 붙이시오(COUNTIF 함수, & 연산자)
　　　　(예 : 1건).
(6) 소비전력(W) ⇒ 「H14」 셀에서 선택한 제품명에 대한 소비전력(W)을 구하시오(VLOOKUP 함수).
(7) 조건부 서식의 수식을 이용하여 물통용량(L)이 '1' 이상인 행 전체에 다음의 서식을 적용하시오
　　　(글꼴 : 파랑, 굵게).

"제1작업" 시트의 「B4:H12」 영역을 복사하여 "제2작업" 시트의 「B2」 셀부터 모두 붙여넣기를 한 후 다음의 조건과 같이 작업하시오.

조건	
	(1) 목표값 찾기 – 「B11:G11」 셀을 병합하고, 가운데 맞춤한 후 "네소프레소 소비전력(W) 평균"을 입력하고, 「H11」 셀에 네소프레소 소비전력(W) 평균을 구하시오. 단, 조건은 입력데이터를 이용하시오(DAVERAGE 함수, 테두리). – '네소프레소 소비전력(W) 평균'이 '1,300'이 되려면 시티즈플래티넘의 소비전력(W)이 얼마가 되어야 하는지 목표값을 구하시오. (2) 고급필터 – 수입판매원이 '네소프레소'가 아니면서 판매가격이 '100,000' 이상인 자료의 관리번호, 제품명, 출시연도, 물통용량(L), 판매가격 데이터만 추출하시오. – 조건 범위 : 「B14」 셀부터 입력하시오. – 복사 위치 : 「B18」 셀부터 나타나도록 하시오.

"제1작업" 시트의 「B4:H12」 영역을 복사하여 "제3작업" 시트의 「B2」 셀부터 모두 붙여넣기를 한 후 다음의 조건과 같이 작업하시오.

조건	
	(1) 부분합 – ≪출력형태≫처럼 정렬하고, 제품명의 개수와 판매가격의 평균을 구하시오. (2) 개요【윤곽】 – 지우시오. (3) 나머지 사항은 ≪출력형태≫에 맞게 작성하시오.

출력형태

관리번호	수입판매원	제품명	출시연도	물통용량(L)	소비전력(W)	판매가격
EF-100	네소프레소	시티즈플래티넘	2023년	1.00	1,150	315,000원
FL-309	네소프레소	에센자미니	2017년	0.60	1,180	151,140원
XF-405	네소프레소	크리아티스타플러스	2017년	1.50	1,600	789,500원
	네소프레소 개수	3				
	네소프레소 평균					418,547원
CP-206	일라오미	프란시스와이	2020년	0.75	850	112,750원
SC-106	일라오미	씽킹캡슐머신	2022년	0.62	1,200	78,570원
ML-308	일라오미	엑스원 이녹스	2021년	1.00	1,200	572,150원
	일라오미 개수	3				
	일라오미 평균					254,490원
XN-107	네소카페	지니오에스베이직	2020년	0.80	1,340	89,000원
NS-201	네소카페	지니오에스쉐어	2022년	0.80	1,500	138,800원
	네소카페 개수	2				
	네소카페 평균					113,900원
	전체 개수	8				
	전체 평균					280,864원

"제1작업" 시트를 이용하여 조건에 따라 ≪출력형태≫와 같이 작업하시오.

조건	(1) 차트 종류 ⇒ 〈묶은 세로 막대형〉으로 작업하시오. (2) 데이터 범위 ⇒ "제1작업" 시트의 내용을 이용하여 작업하시오. (3) 위치 ⇒ "새 시트"로 이동하고, "제4작업"으로 시트 이름을 바꾸시오. (4) 차트 디자인 도구 ⇒ 레이아웃 3, 스타일 1을 선택하여 ≪출력형태≫에 맞게 작업하시오. (5) 영역 서식 ⇒ 차트 : 글꼴(굴림, 11pt), 채우기 효과(질감 – 파랑 박엽지) 　　　　　　　　그림 : 채우기(흰색, 배경1) (6) 제목 서식 ⇒ 차트 제목 : 글꼴(굴림, 굵게, 20pt), 채우기(흰색, 배경1), 테두리 (7) 서식 ⇒ 소비전력(W) 계열의 차트 종류를 〈표식이 있는 꺾은선형〉으로 변경한 후 보조 축으로 지정 　　　　하시오. 　　　　계열 : ≪출력형태≫를 참조하여 표식(네모, 크기 10)과 레이블 값을 표시하시오. 　　　　눈금선 : 선 스타일 – 파선 　　　　축 : ≪출력형태≫를 참조하시오. (8) 범례 ⇒ 범례명을 변경하고 ≪출력형태≫를 참조하시오. (9) 도형 ⇒ '모서리가 둥근 사각형 설명선'을 삽입한 후 ≪출력형태≫와 같이 내용을 입력하시오. (10) 나머지 사항은 ≪출력형태≫에 맞게 작성하시오.
출력형태	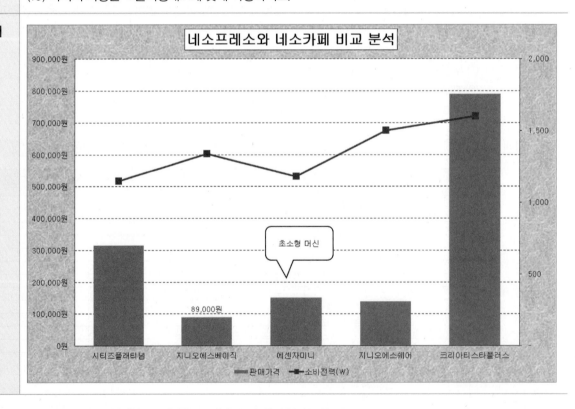

주의 시트명 순서가 차례대로 "제1작업", "제2작업", "제3작업", "제4작업"이 되도록 할 것

| 제 1 작업 | 표 서식 작성 및 값 계산 | 240점 |

다음은 '연구사업 진행 현황'에 대한 자료이다. 자료를 입력하고 조건에 맞도록 작업하시오.

출력형태

관리코드	사업명	관리팀	사업구분	진행인원수	시작일	기본예산(단위:원)	진행기간	예산순위
						결재	담당	팀장	본부장
EA4-06	이러닝	교육관리	교육	7	2023-07-10	46,200,000	(1)	(2)
TA3-07	AR개발	개발1팀	기술	11	2023-07-01	83,700,000	(1)	(2)
TS1-12	홈네트워크	개발2팀	기술	13	2023-06-20	185,000,000	(1)	(2)
MA2-03	마케팅	개발1팀	영업	3	2023-10-05	22,700,000	(1)	(2)
TE1-10	네트워크보안	개발1팀	기술	10	2023-06-01	136,000,000	(1)	(2)
SA2-05	VR개발	개발2팀	기술	9	2023-08-10	34,700,000	(1)	(2)
EA4-04	연수원관리	교육관리	교육	6	2023-09-20	28,000,000	(1)	(2)
TE3-05	환경개선	개발2팀	기술	7	2023-09-01	103,000,000	(1)	(2)
개발1팀 기본예산(단위:원) 평균			(3)		교육 사업의 총 기본예산(단위:원)			(5)
최다 진행인원수			(4)		사업명	이러닝	사업구분	(6)

조건
- 모든 데이터의 서식에는 글꼴(굴림, 11pt), 정렬은 숫자 및 회계 서식은 오른쪽 정렬, 나머지 서식은 가운데 정렬로 작성하며 예외적인 것은 《출력형태》를 참조하시오.
- 제목 ⇒ 도형(십자형)과 그림자(오프셋 오른쪽)를 이용하여 작성하고 "연구사업 진행 현황"을 입력한 후 다음 서식을 적용하시오(글꼴 – 굴림, 24pt, 검정, 굵게, 채우기 – 노랑).
- 임의의 셀에 결재란을 작성하여 그림으로 복사 기능을 이용하여 붙이기 하시오(단, 원본 삭제).
- 「B4:J4, G14, I14」 영역은 '주황'으로 채우기 하시오.
- 유효성 검사를 이용하여 「H14」 셀에 사업명(「C5:C1」 영역)가 선택 표시되도록 하시오.
- 셀 서식 ⇒ 「F5:F12」 영역에 셀 서식을 이용하여 숫자 뒤에 '명'을 표시하시오(예 : 7명).
- 「F5:F12」 영역에 대해 '진행인원수'로 이름정의를 하시오.

(1)~(6) 셀은 반드시 주어진 함수를 이용하여 값을 구하시오(결과값을 직접 입력하면 해당 셀은 0점 처리됨).

(1) 진행기간 ⇒ 「14 – 시작일의 월」을 구한 값에 '개월'을 붙이시오(MONTH 함수, & 연산자) (예 : 1개월).

(2) 예산순위 ⇒ 기본예산(단위:원)의 내림차순 순위를 '1~3'만 표시하고 그 외에는 공백으로 구하시오 (IF, RANK.EQ 함수).

(3) 개발1팀 기본예산(단위:원) 평균 ⇒ 개발1팀의 기본예산(단위:원) 평균을 구하시오(SUMIF, COUNTIF 함수).

(4) 최다 진행인원수 ⇒ 정의된 이름(진행인원수)을 이용하여 구하시오(MAX 함수).

(5) 교육 사업의 총 기본예산(단위:원) ⇒ 조건은 입력데이터를 이용하여 구하시오(DSUM 함수).

(6) 사업구분 ⇒ 「H14」 셀에서 선택한 사업명의 사업구분을 구하시오(VLOOKUP 함수).

(7) 조건부 서식의 수식을 이용하여 진행인원수가 '10' 이상인 행 전체에 다음의 서식을 적용하시오 (글꼴 : 파랑, 굵게).

"제1작업" 시트의 「B4:H12」 영역을 복사하여 "제2작업" 시트의 「B2」 셀부터 모두 붙여넣기를 한 후 다음의 조건과 같이 작업하시오.

조건	(1) 고급 필터 – 사업구분이 '교육'이거나, 기본예산(단위:원)이 '130,000,000' 이상인 자료의 관리코드, 사업명, 진행인원수, 기본예산(단위:원) 데이터만 추출하시오. 　　　　　　 – 조건 범위 : 「B13」 셀부터 입력하시오. 　　　　　　 – 복사 위치 : 「B18」 셀부터 나타나도록 하시오. (2) 표 서식 –고급필터의 결과셀을 채우기 없음으로 설정한 후 '표 스타일 보통 7'의 서식을 적용하시오. 　　　　　　 – 머리글 행, 줄무늬 행을 적용하시오.

"제1작업" 시트를 이용하여 "제3작업" 시트에 조건에 따라 ≪출력형태≫와 같이 작업하시오.

조건	(1) 진행인원수 및 사업구분별 사업명의 개수와 기본예산(단위:원)의 평균을 구하시오. (2) 진행인원수를 그룹화하고, 사업구분을 ≪출력형태≫와 같이 정렬하시오. (3) 레이블이 있는 셀 병합 및 가운데 맞춤 적용 및 빈 셀은 '***'로 표시하시오. (4) 행의 총합계는 지우고, 나머지 사항은 ≪출력형태≫에 맞게 작성하시오.

출력형태

진행인원수	영업 개수 : 사업명	영업 평균 : 기본예산(단위:원)	기술 개수 : 사업명	기술 평균 : 기본예산(단위:원)	교육 개수 : 사업명	교육 평균 : 기본예산(단위:원)
3-6	1	22,700,000	***	***	1	28,000,000
7-10	***	***	3	91,233,333	1	46,200,000
11-14	***	***	2	134,350,000	***	***
총합계	1	22,700,000	5	108,480,000	2	37,100,000

"제1작업" 시트를 이용하여 조건에 따라 ≪출력형태≫와 같이 작업하시오.

조건	(1) 차트 종류 ⇒ 〈묶은 세로 막대형〉으로 작업하시오. (2) 데이터 범위 ⇒ "제1작업" 시트의 내용을 이용하여 작업하시오. (3) 위치 ⇒ "새 시트"로 이동하고, "제4작업"으로 시트 이름을 바꾸시오. (4) 차트 디자인 도구 ⇒ 레이아웃 3, 스타일 1을 선택하여 ≪출력형태≫에 맞게 작업하시오. (5) 영역 서식 ⇒ 차트 : 글꼴(굴림, 11pt), 채우기 효과(질감 – 파랑 박엽지) 　　　　　　　　　그림 : 채우기(흰색, 배경1) (6) 제목 서식 ⇒ 차트 제목 : 글꼴(굴림, 굵게, 20pt), 채우기(흰색, 배경1), 테두리 (7) 서식 ⇒ 기본예산(단위:원) 계열의 차트 종류를 〈표식이 있는 꺾은선형〉으로 변경한 후 보조 축으로 지정하시오. 　　　　계열 : ≪출력형태≫를 참조하여 표식(네모, 크기 10)과 레이블 값을 표시하시오. 　　　　눈금선 : 선 스타일 – 파선 　　　　축 : ≪출력형태≫를 참조하시오. (8) 범례 ⇒ 범례명을 변경하고 ≪출력형태≫를 참조하시오. (9) 도형 ⇒ '모서리가 둥근 사각형 설명선'을 삽입한 후 ≪출력형태≫와 같이 내용을 입력하시오. (10) 나머지 사항은 ≪출력형태≫에 맞게 작성하시오.
출력형태	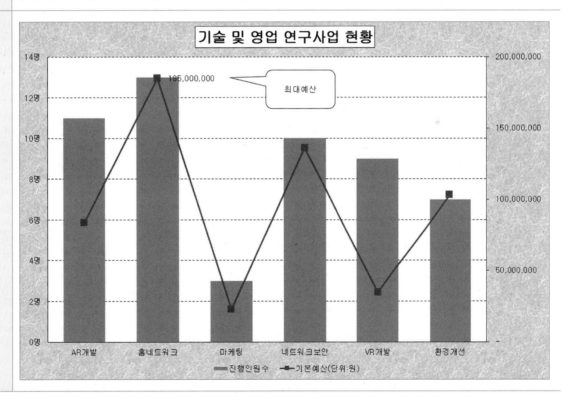

주의 시트명 순서가 차례대로 "제1작업", "제2작업", "제3작업", "제4작업"이 되도록 할 것

PART
04

실전 모의고사

| 제 1 작업 | 표 서식 작성 및 값 계산 | 240 점 |

다음은 '미래 배달앱 등록업체 관리 현황'에 대한 자료이다. 자료를 입력하고 조건에 맞도록 작업하시오.

출력형태

	A	B	C	D	E	F	G	H	I	J
1							결재	팀장	부장	사장
2		\multicolumn{4}{미래 배달앱 등록업체 관리 현황}					
3										
4		코드번호	업체명	분류	등록일	메뉴수	최소주문금액 (단위:원)	전월배달건수	최소 배달비	등급
5		KA1-001	한옥마을	한식	2022-03-10	25	15,000	295	(1)	(2)
6		CH2-001	초이반점	중식	2020-12-20	20	16,000	422	(1)	(2)
7		WE2-001	영파스타	서양식	2021-10-10	15	15,000	198	(1)	(2)
8		KA3-002	오늘된장	한식	2022-05-20	12	9,000	343	(1)	(2)
9		CH3-002	사천성	중식	2021-08-10	17	11,000	385	(1)	(2)
10		CH1-003	북경	중식	2021-11-20	22	15,000	225	(1)	(2)
11		WE1-002	버텍스	서양식	2022-02-10	9	9,900	398	(1)	(2)
12		KA2-003	장수본가	한식	2022-01-20	16	13,000	415	(1)	(2)
13		한식 업체 개수			(3)			최소 메뉴수		(5)
14		한식 전월배달건수 합계			(4)		코드번호	KA1-001	전월배달건수	(6)
15										

조건

- 모든 데이터의 서식에는 글꼴(굴림, 11pt), 정렬은 숫자 및 회계 서식은 오른쪽 정렬, 나머지 서식은 가운데 정렬로 작성하며 예외적인 것은 ≪출력형태≫를 참조하시오.
- 제목 ⇒ 도형(십자형)과 그림자(오프셋 오른쪽)를 이용하여 작성하고 "미래 배달앱 등록업체 관리 현황"을 입력한 후 다음 서식을 적용하시오(글꼴 – 굴림, 24pt, 검정, 굵게, 채우기 – 노랑).
- 임의의 셀에 결재란을 작성하여 그림으로 복사 기능을 이용하여 붙이기 하시오(단, 원본 삭제).
- 「B4:J4, G14, I14」 영역은 '주황'으로 채우기 하시오.
- 유효성 검사를 이용하여 「H14」 셀에 코드번호(「B5:B12」 영역)가 선택 표시되도록 하시오.
- 셀 서식 ⇒ 「F5:F12」 영역에 셀 서식을 이용하여 숫자 뒤에 '개'를 표시하시오(예 : 25개).
- 「F5:F12」 영역에 대해 '메뉴수'로 이름정의를 하시오.

(1)~(6) 셀은 반드시 주어진 함수를 이용하여 값을 구하시오(결과값을 직접 입력하면 해당 셀은 0점 처리됨).

(1) 최소배달비 ⇒ 코드번호 세 번째 값이 1이면 '2,000', 2이면 '1,000', 3이면 '0'으로 구하시오 (CHOOSE, MID 함수).

(2) 등급 ⇒ 메뉴수가 15 이상이고, 전월배달건수가 300 이상이면 'A', 그 외에는 'B'로 구하시오(IF, AND 함수).

(3) 한식 업체 개수 ⇒ 결과값에 '개'를 붙이시오(COUNTIF 함수, & 연산자)(예 : 1개).

(4) 한식 전월배달건수 합계 ⇒ 조건은 입력 데이터를 이용하시오(DSUM 함수).

(5) 최소 메뉴수 ⇒ 정의된 이름(메뉴수)을 이용하여 구하시오(MIN 함수).

(6) 전월배달건수 ⇒ 「H14」 셀에서 선택한 코드번호에 대한 전월배달건수를 구하시오(VLOOKUP 함수).

(7) 조건부 서식의 수식을 이용하여 전월배달건수가 '300' 미만인 행 전체에 다음의 서식을 적용하시오 (글꼴 : 파랑, 굵게).

"제1작업" 시트의 「B4:H12」 영역을 복사하여 "제2작업" 시트의 「B2」 셀부터 모두 붙여넣기를 한 후 다음의 조건과 같이 작업하시오.

조건	
	(1) 고급 필터 – 분류가 '서양식'이거나 등록일이 '2021-09-01' 전인(해당일 미포함) 자료의 코드번호, 업체명, 메뉴수, 전월배달건수 데이터만 추출하시오.
	– 조건 범위 : 「B14」 셀부터 입력하시오.
	– 복사 위치 : 「B18」 셀부터 나타나도록 하시오.
	(2) 표 서식 – 고급필터의 결과셀을 채우기 없음으로 설정한 후 '표 스타일 보통 7'의 서식을 적용하시오.
	– 머리글 행, 줄무늬 행을 적용하시오.

제 3 작업   피벗 테이블   80점

"제1작업" 시트를 이용하여 "제3작업" 시트에 조건에 따라 ≪출력형태≫와 같이 작업하시오.

조건	
	(1) 메뉴수 및 분류별 업체명의 개수와 최소주문금액(단위:원)의 평균을 구하시오.
	(2) 메뉴수를 그룹화하고, 분류를 ≪출력형태≫와 같이 정렬하시오.
	(3) 레이블이 있는 셀 병합 및 가운데 맞춤 적용 및 빈 셀은 '***'로 표시하시오.
	(4) 행의 총합계는 지우고, 나머지 사항은 ≪출력형태≫에 맞게 작성하시오.

출력형태

메뉴수	한식		중식		서양식	
	개수 : 업체명	평균 : 최소주문금액(단위:원)	개수 : 업체명	평균 : 최소주문금액(단위:원)	개수 : 업체명	평균 : 최소주문금액(단위:원)
1-10	***	***	***	***	1	9,900
11-20	2	11,000	2	13,500	1	15,000
21-30	1	15,000	1	15,000	***	***
총합계	3	12,333	3	14,000	2	12,450

"제1작업" 시트를 이용하여 조건에 따라 ≪출력형태≫와 같이 작업하시오.

조건	
	(1) 차트 종류 ⇒ 〈묶은 세로 막대형〉으로 작업하시오.
	(2) 데이터 범위 ⇒ "제1작업" 시트의 내용을 이용하여 작업하시오.
	(3) 위치 ⇒ "새 시트"로 이동하고, "제4작업"으로 시트 이름을 바꾸시오.
	(4) 차트 디자인 도구 ⇒ 레이아웃 3, 스타일 1을 선택하여 ≪출력형태≫에 맞게 작업하시오.
	(5) 영역 서식 ⇒ 차트 : 글꼴(굴림, 11pt), 채우기 효과(질감 – 분홍 박엽지)
	그림 : 채우기(흰색, 배경1)
	(6) 제목 서식 ⇒ 차트 제목 : 글꼴(굴림, 굵게, 20pt), 채우기(흰색, 배경1), 테두리
	(7) 서식 ⇒ 메뉴수 계열의 차트 종류를 〈표식이 있는 꺾은선형〉으로 변경한 후 보조 축으로 지정하시오.
	계열 : ≪출력형태≫를 참조하여 표식(세모, 크기 10)과 레이블 값을 표시하시오.
	눈금선 : 선 스타일 – 파선
	축 : ≪출력형태≫를 참조하시오.
	(8) 범례 ⇒ 범례명을 변경하고 ≪출력형태≫를 참조하시오.
	(9) 도형 ⇒ '모서리가 둥근 사각형 설명선'을 삽입한 후 ≪출력형태≫와 같이 내용을 입력하시오.
	(10) 나머지 사항은 ≪출력형태≫에 맞게 작성하시오.
출력형태	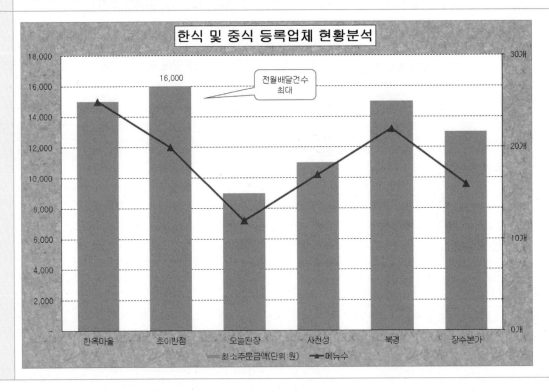

주의 시트명 순서가 차례대로 "제1작업", "제2작업", "제3작업", "제4작업"이 되도록 할 것

제 1 작업 ｜ 표 서식 작성 및 값 계산　　　　　　　　　　　240점

다음은 '우리 인테리어 공사현황보고'에 대한 자료이다. 자료를 입력하고 조건에 맞도록 작업하시오.

출력형태

관리번호	주택명	지역	공사기간(일)	총공사비	공사시작일	공사내용	구분	선수금(단위:원)
					결재	점장	부장	대표
B2-001	화이트빌	경기	5	8,558,000	2023-02-06	욕실	(1)	(2)
K1-001	푸르지오	서울	4	10,250,000	2023-03-20	주방	(1)	(2)
K3-002	시그마	경기	3	7,870,000	2023-01-30	주방	(1)	(2)
A1-001	아이파크	인천	13	28,850,000	2023-02-20	전체	(1)	(2)
B1-002	파크타운	서울	5	5,778,000	2023-03-06	욕실	(1)	(2)
B3-003	트레스벨	경기	6	9,560,000	2023-02-13	욕실	(1)	(2)
A2-002	그린빌	서울	17	32,170,000	2023-02-27	전체	(1)	(2)
K2-003	한솔마을	인천	4	6,768,000	2023-03-08	주방	(1)	(2)
서울지역 총 공사건수			(3)			가장 긴 공사기간(일)		(5)
욕실 총공사비 합계			(4)			관리번호	B2-001 총공사비	(6)

제목: 우리 인테리어 공사현황보고

조건

- 모든 데이터의 서식에는 글꼴(굴림, 11pt), 정렬은 숫자 및 회계 서식은 오른쪽 정렬, 나머지 서식은 가운데 정렬로 작성하며 예외적인 것은 ≪출력형태≫를 참조하시오.
- 제목 ⇒ 도형(배지)과 그림자(오프셋 오른쪽)를 이용하여 작성하고 "우리 인테리어 공사현황보고"를 입력한 후 다음 서식을 적용하시오(글꼴 – 굴림, 24pt, 검정, 굵게, 채우기 – 노랑).
- 임의의 셀에 결재란을 작성하여 그림으로 복사 기능을 이용하여 붙이기 하시오(단, 원본 삭제).
- 「B4:J4, G14, I14」 영역은 '주황'으로 채우기 하시오.
- 유효성 검사를 이용하여 「H14」 셀에 관리번호(「B5:B12」 영역)가 선택 표시되도록 하시오.
- 셀 서식 ⇒ 「F5:F12」 영역에 셀 서식을 이용하여 숫자 뒤에 '원'을 표시하시오(예 : 8,558,000원).
- 「E5:E12」 영역에 대해 '공사기간'으로 이름정의를 하시오.

(1)~(6) 셀은 반드시 **주어진 함수를 이용하여** 값을 구하시오(결과값을 직접 입력하면 해당 셀은 0점 처리됨).

(1) 구분 ⇒ 관리번호 2번째 글자가 1이면 '아파트', 2이면 '빌라' 3이면 '오피스텔'로 구하시오(CHOOSE, MID 함수).

(2) 선수금(단위:원) ⇒ 공사내용이 전체면 「총공사비×30%」, 그 외에는 「총공사비×20%」로 반올림하여 십만 단위까지 구하시오(ROUND, IF 함수)(예 : 1,456,273 → 1,500,000).

(3) 서울지역 총 공사건수 ⇒ 결과값에 '건'을 붙이시오(COUNTIF 함수, & 연산자)(예 : 1건).

(4) 욕실 총공사비 합계 ⇒ 공사내용이 욕실인 공사의 총공사비 합계를 구하시오. 단, 조건은 입력 데이터를 이용하시오 (DSUM 함수).

(5) 가장 긴 공사기간(일) ⇒ 정의된 이름(공사기간)을 이용하여 구하시오(MAX 함수).

(6) 총공사비 ⇒ 「H14」 셀에서 선택한 관리번호에 대한 총공사비를 구하시오(VLOOKUP 함수).

(7) 조건부 서식의 수식을 이용하여 총공사비가 '8,000,000' 이하인 행 전체에 다음의 서식을 적용하시오 (글꼴 : 파랑, 굵게).

"제1작업" 시트의 「B4:H12」 영역을 복사하여 "제2작업" 시트의 「B2」 셀부터 모두 붙여넣기를 한 후 다음의 조건과 같이 작업하시오.

조건	(1) 목표값 찾기 – 「B11:G11」 셀을 병합하여 "욕실의 총공사비 평균"을 입력한 후 「H11」 셀에 욕실의 총공사비 평균을 구하시오. 단 조건은 입력데이터를 이용하시오 (DAVERAGE 함수, 테두리, 가운데 맞춤).
	– '욕실의 총공사비 평균'이 '8,000,000'이 되려면 화이트빌의 총공사비가 얼마가 되어야 하는지 목표값을 구하시오.
	(2) 고급필터 – 지역이 '서울'이 아니면서 공사기간(일)이 '5' 이상인 자료의 관리번호, 주택명, 공사시작일, 공사내용 데이터만 추출하시오.
	– 조건 범위 : 「B14」 셀부터 입력하시오.
	– 복사 위치 : 「B18」 셀부터 나타나도록 하시오.

"제1작업" 시트의 「B4:H12」 영역을 복사하여 "제3작업" 시트의 「B2」 셀부터 모두 붙여넣기를 한 후 다음의 조건과 같이 작업하시오.

조건	(1) 부분합 – 《출력형태》처럼 정렬하고, 주택명의 개수와 총공사비의 평균을 구하시오.
	(2) 개요【윤곽】 – 지우시오.
	(3) 나머지 사항은 《출력형태》에 맞게 작성하시오.

출력형태

	A	B	C	D	E	F	G	H
1								
2		관리번호	주택명	지역	공사기간(일)	총공사비	공사시작일	공사내용
3		A1-001	아이파크	인천	13	28,850,000원	2023-02-20	전체
4		K2-003	한솔마을	인천	4	6,768,000원	2023-03-08	주방
5				인천 평균		17,809,000원		
6			2	인천 개수				
7		K1-001	푸르지오	서울	4	10,250,000원	2023-03-20	주방
8		B1-002	파크타운	서울	5	5,778,000원	2023-03-06	욕실
9		A2-002	그린빌	서울	17	32,170,000원	2023-02-27	전체
10				서울 평균		16,066,000원		
11			3	서울 개수				
12		B2-001	화이트빌	경기	5	8,558,000원	2023-02-06	욕실
13		K3-002	시그마	경기	3	7,870,000원	2023-01-30	주방
14		B3-003	트레스벨	경기	6	9,560,000원	2023-02-13	욕실
15				경기 평균		8,662,667원		
16			3	경기 개수				
17				전체 평균		13,725,500원		
18			8	전체 개수				
19								

"제1작업" 시트를 이용하여 조건에 따라 ≪출력형태≫와 같이 작업하시오.

조건	
	(1) 차트 종류 ⇒ 〈묶은 세로 막대형〉으로 작업하시오.
	(2) 데이터 범위 ⇒ "제1작업" 시트의 내용을 이용하여 작업하시오.
	(3) 위치 ⇒ "새 시트"로 이동하고, "제4작업"으로 시트 이름을 바꾸시오.
	(4) 차트 디자인 도구 ⇒ 레이아웃 3, 스타일 1을 선택하여 ≪출력형태≫에 맞게 작업하시오.
	(5) 영역 서식 ⇒ 차트 : 글꼴(굴림, 11pt), 채우기 효과(질감 – 파랑 박엽지)
	그림 : 채우기(흰색, 배경1)
	(6) 제목 서식 ⇒ 차트 제목 : 글꼴(굴림, 굵게, 20pt), 채우기(흰색, 배경1), 테두리
	(7) 서식 ⇒ 공사기간(일) 계열의 차트 종류를 〈표식이 있는 꺾은선형〉으로 변경한 후 보조 축으로 지정하시오.
	계열 : ≪출력형태≫를 참조하여 표식(세모, 크기 10)과 레이블 값을 표시하시오.
	눈금선 : 선 스타일 – 파선
	축 : ≪출력형태≫를 참조하시오.
	(8) 범례 ⇒ 범례명을 변경하고 ≪출력형태≫를 참조하시오.
	(9) 도형 ⇒ '모서리가 둥근 사각형 설명선'을 삽입한 후 ≪출력형태≫와 같이 내용을 입력하시오.
	(10) 나머지 사항은 ≪출력형태≫에 맞게 작성하시오.

출력형태	
	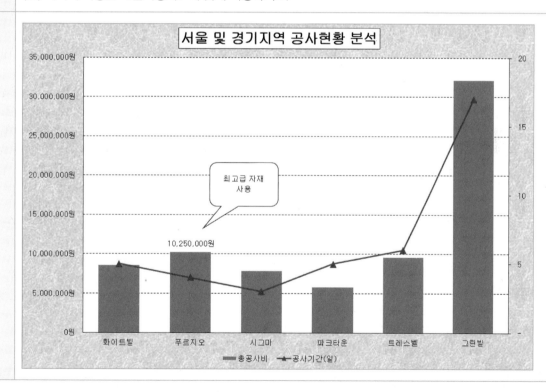

주의 시트명 순서가 차례대로 "제1작업", "제2작업", "제3작업", "제4작업"이 되도록 할 것

제 1 작업	표 서식 작성 및 값 계산	240 점

다음은 '일반영화 박스오피스 현황'에 대한 자료이다. 자료를 입력하고 조건에 맞도록 작업하시오.

출력형태

코드	영화명	장르	관람가능	개봉일	상영횟수(단위:천회)	스크린수	감정포인트	상영횟수순위
							담당	팀장	부장
		일반영화 박스오피스 현황				확인			
D1251	한산 용의 출현	드라마	12세이상	2022-07-27	218	2,223	(1)	(2)
D1261	비상선언	드라마	12세이상	2022-08-03	73	1,734	(1)	(2)
A2312	미니언즈2	애니메이션	전체관람가	2022-07-20	79	1,394	(1)	(2)
D1242	정직한 후보2	드라마	12세이상	2022-09-28	72	1,318	(1)	(2)
C1552	공조2	액션	15세이상	2022-09-07	257	2,389	(1)	(2)
C1223	외계인 1부	액션	12세이상	2022-07-20	68	1,959	(1)	(2)
C1571	헌트	액션	15세이상	2022-08-10	171	1,625	(1)	(2)
A2313	극장판 헬로카봇	애니메이션	전체관람가	2022-09-28	11	790	(1)	(2)
12세이상 관람가능 개수			(3)		최대 스크린수			(5)
액션 장르 스크린수 평균			(4)		코드	D1251	영화명	(6)

조건

- 모든 데이터의 서식에는 글꼴(굴림, 11pt), 정렬은 숫자 및 회계 서식은 오른쪽 정렬, 나머지 서식은 가운데 정렬로 작성하며 예외적인 것은 ≪출력형태≫를 참조하시오.
- 제목 ⇒ 도형(한쪽 모서리가 잘린 사각형)과 그림자(오프셋 오른쪽)를 이용하여 작성하고 "일반영화 박스오피스 현황"을 입력한 후 다음 서식을 적용하시오(글꼴 – 굴림, 24pt, 검정, 굵게, 채우기 – 노랑).
- 임의의 셀에 결재란을 작성하여 그림으로 복사 기능을 이용하여 붙이기 하시오(단, 원본 삭제).
- 「B4:J4, G14, I14」 영역은 '주황'으로 채우기 하시오.
- 유효성 검사를 이용하여 「H14」 셀에 코드(「B5:B12」 영역)가 선택 표시되도록 하시오.
- 셀 서식 ⇒ 「H5:H12」 영역에 셀 서식을 이용하여 숫자 뒤에 '개'를 표시하시오(예 : 2,223개).
- 「D5:D12」 영역에 대해 '장르'로 이름정의를 하시오.

(1)~(6) 셀은 반드시 **주어진 함수를 이용**하여 값을 구하시오(결과값을 직접 입력하면 해당 셀은 0점 처리됨).

(1) 감정포인트 ⇒ 코드의 마지막 글자가 1이면 '몰입감', 2이면 '즐거움', 3이면 '상상력'으로 표시하시오 (CHOOSE, RIGHT 함수).

(2) 상영횟수 순위 ⇒ 상영횟수(단위:천회)의 내림차순 순위를 구한 결과값에 '위'를 붙이시오 (RANK.EQ 함수, & 연산자)(예 : 1위).

(3) 12세이상 관람가능 개수 ⇒ 조건은 입력데이터를 이용하시오(DCOUNTA 함수).

(4) 액션 장르 스크린수 평균 ⇒ 정의된 이름(장르)을 이용하여 구하시오(SUMIF, COUNTIF 함수).

(5) 최대 스크린수 ⇒ (MAX 함수)

(6) 영화명 ⇒ 「H14」 셀에서 선택한 코드에 대한 영화명을 구하시오(VLOOKUP 함수).

(7) 조건부 서식의 수식을 이용하여 상영횟수(단위:천회)가 '100' 이상인 행 전체에 다음의 서식을 적용하시오 (글꼴 : 파랑, 굵게).

"제1작업" 시트의 「B4:H12」 영역을 복사하여 "제2작업" 시트의 「B2」 셀부터 모두 붙여넣기를 한 후 다음의 조건과 같이 작업하시오.

조건	
	(1) 고급 필터 – 코드가 'A'로 시작하거나, 상영횟수(단위:천회)가 '200' 이상인 자료의 영화명, 장르, 상영횟수(단위:천회), 스크린수 데이터만 추출하시오.
	– 조건 범위 : 「B14」 셀부터 입력하시오.
	– 복사 위치 : 「B18」 셀부터 나타나도록 하시오.
	(2) 표 서식 – 고급필터의 결과셀을 채우기 없음으로 설정한 후 '표 스타일 보통 6'의 서식을 적용하시오.
	– 머리글 행, 줄무늬 행을 적용하시오.

"제1작업" 시트를 이용하여 "제3작업" 시트에 조건에 따라 ≪출력형태≫와 같이 작업하시오.

조건	
	(1) 개봉일 및 장르별 영화명의 개수와 상영횟수(단위:천회)의 평균을 구하시오.
	(2) 개봉일은 그룹화하고, 장르를 ≪출력형태≫와 같이 정렬하시오.
	(3) 레이블이 있는 셀 병합 및 가운데 맞춤 적용 및 빈 셀은 '**'로 표시하시오.
	(4) 행의 총합계는 지우고, 나머지 사항은 ≪출력형태≫에 맞게 작성하시오.

출력형태	

	장르							
		액션			애니메이션		드라마	
개봉일	개수 : 영화명	평균 : 상영횟수(단위:천회)	개수 : 영화명	평균 : 상영횟수(단위:천회)	개수 : 영화명	평균 : 상영횟수(단위:천회)		
7월	1	68	1	79	1	218		
8월	1	171	**	**	1	73		
9월	1	257	1	11	1	72		
총합계	3	165	2	45	3	121		

"제1작업" 시트를 이용하여 조건에 따라 ≪출력형태≫와 같이 작업하시오.

조건	(1) 차트 종류 ⇒ 〈묶은 세로 막대형〉으로 작업하시오.
	(2) 데이터 범위 ⇒ "제1작업" 시트의 내용을 이용하여 작업하시오.
	(3) 위치 ⇒ "새 시트"로 이동하고, "제4작업"으로 시트 이름을 바꾸시오.
	(4) 차트 디자인 도구 ⇒ 레이아웃 3, 스타일 1을 선택하여 ≪출력형태≫에 맞게 작업하시오.
	(5) 영역 서식 ⇒ 차트 : 글꼴(굴림, 11pt), 채우기 효과(질감 – 파랑 박엽지)
	그림 : 채우기(흰색, 배경1)
	(6) 제목 서식 ⇒ 차트 제목 : 글꼴(굴림, 굵게, 20pt), 채우기(흰색, 배경1), 테두리
	(7) 서식 ⇒ 상영횟수(단위:천회) 계열의 차트 종류를 〈표식이 있는 꺾은선형〉으로 변경한 후 보조 축으로 지정하시오.
	계열 : ≪출력형태≫를 참조하여 표식(세모, 크기 10)과 레이블 값을 표시하시오.
	눈금선 : 선 스타일 – 파선
	축 : ≪출력형태≫를 참조하시오.
	(8) 범례 ⇒ 범례명을 변경하고 ≪출력형태≫를 참조하시오.
	(9) 도형 ⇒ '모서리가 둥근 사각형 설명선'을 삽입한 후 ≪출력형태≫와 같이 내용을 입력하시오.
	(10) 나머지 사항은 ≪출력형태≫에 맞게 작성하시오.

출력형태	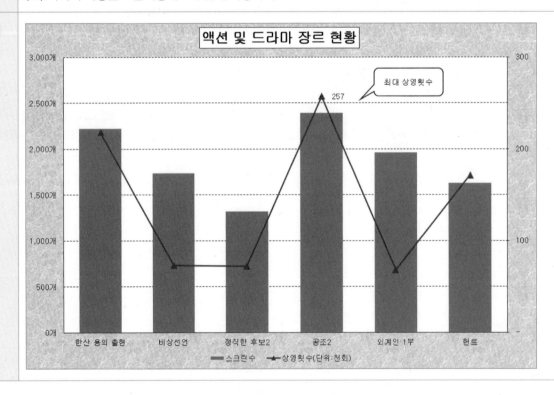

주의 시트명 순서가 차례대로 "제1작업", "제2작업", "제3작업", "제4작업"이 되도록 할 것

실전 모의고사 04회

수험번호 20253014　정답파일 PART 04 실전 모의고사\실전04회_정답.xlsx

제 1 작업　표 서식 작성 및 값 계산　240점

다음은 '분야별 인기 검색어 현황'에 대한 자료이다. 자료를 입력하고 조건에 맞도록 작업하시오.

출력형태

검색코드	검색어	분야	연령대	PC 클릭 수	모바일 클릭 비율	환산점수	순위	검색엔진
BO-112	인문 일반	도서	40대	2,950	28.5%	2.9	(1)	(2)
LH-361	차량 실내용품	생활/건강	30대	4,067	34.0%	4.1	(1)	(2)
BO-223	어린이 문학	도서	40대	2,432	52.6%	2.4	(1)	(2)
LH-131	먼지 차단 마스크	생활/건강	50대	4,875	78.5%	4.9	(1)	(2)
LC-381	국내 숙박	여가/생활편의	30대	1,210	48.9%	1.2	(1)	(2)
LH-155	안마기	생활/건강	60대	3,732	69.3%	3.7	(1)	(2)
BO-235	장르소설	도서	20대	4,632	37.8%	4.6	(1)	(2)
LC-122	꽃/케이크배달	여가/생활편의	30대	3,867	62.8%	3.9	(1)	(2)
어린이 문학 검색어의 환산점수			(3)		최대 모바일 클릭 비율			(5)
도서 분야의 PC 클릭 수 평균			(4)		검색어	인문 일반	PC 클릭 수	(6)

제목 확인 란: 담당 / 팀장 / 이사

조건

- 모든 데이터의 서식에는 글꼴(굴림, 11pt), 정렬은 숫자 및 회계 서식은 오른쪽 정렬, 나머지 서식은 가운데 정렬로 작성하며 예외적인 것은 ≪출력형태≫를 참조하시오.
- 제목 ⇒ 도형(배지)과 그림자(오프셋 오른쪽)를 이용하여 작성하고 "분야별 인기 검색어 현황"을 입력한 후 다음 서식을 적용하시오(글꼴 – 굴림, 24pt, 검정, 굵게, 채우기 – 노랑).
- 임의의 셀에 결재란을 작성하여 그림으로 복사 기능을 이용하여 붙이기 하시오(단, 원본 삭제).
- 「B4:J4, G14, I14」 영역은 '주황'으로 채우기 하시오.
- 유효성 검사를 이용하여 「H14」 셀에 검색어(「C5:C12」 영역)가 선택 표시되도록 하시오.
- 셀 서식 ⇒ 「F5:F12」 영역에 셀 서식을 이용하여 숫자 뒤에 '회'를 표시하시오(예 : 2,950회).
- 「G5:G12」 영역에 대해 '클릭비율'로 이름정의를 하시오.

(1)~(6) 셀은 반드시 주어진 함수를 이용하여 값을 구하시오(결과값을 직접 입력하면 해당 셀은 0점 처리됨).

(1) 순위 ⇒ 환산점수의 내림차순 순위를 구하시오(RANK.EQ 함수).

(2) 검색엔진 ⇒ 검색코드의 네 번째 글자가 1이면 '네이버', 2이면 '구글', 그 외에는 '다음'으로 구하시오 (IF, MID 함수).

(3) 어린이 문학 검색어의 환산점수 ⇒ 결과값에 '점'을 붙이시오(INDEX, MATCH 함수, & 연산자)(예 : 4.5점).

(4) 도서 분야의 PC 클릭 수 평균 ⇒ 단, 조건은 입력데이터를 이용하시오(DAVERAGE 함수).

(5) 최대 모바일 클릭 비율 ⇒ 정의된 이름(클릭비율)을 이용하여 구하시오(LARGE 함수).

(6) PC 클릭 수 ⇒ 「H14」 셀에서 선택한 검색어에 대한 PC 클릭 수를 구하시오(VLOOKUP 함수).

(7) 조건부 서식의 수식을 이용하여 PC 클릭 수가 '4,000' 이상인 행 전체에 다음의 서식을 적용하시오 (글꼴 : 파랑, 굵게).

"제1작업" 시트의 「B4:H12」 영역을 복사하여 "제2작업" 시트의 「B2」 셀부터 모두 붙여넣기를 한 후 다음의 조건과 같이 작업하시오.

조건	
	(1) 목표값 찾기 – 「B11:G11」 셀을 병합하여 "환산점수의 전체 평균"을 입력한 후 「H11」 셀에 환산점수의 전체 평균을 구하시오(AVERAGE 함수, 테두리, 가운데 맞춤). 　　　　　　– '환산점수의 전체 평균'이 '3.6'이 되려면 인문 일반의 환산점수가 얼마가 되어야 하는지 목표값을 구하시오. (2) 고급필터 – 검색코드가 'L'로 시작하면서 모바일 클릭 비율이 '50%' 이상인 자료의 검색어, 분야, PC 클릭 수, 환산점수 데이터만 추출하시오. 　　　　　　– 조건 범위 : 「B14」 셀부터 입력하시오. 　　　　　　– 복사 위치 : 「B18」 셀부터 나타나도록 하시오.

"제1작업" 시트의 「B4:H12」 영역을 복사하여 "제3작업" 시트의 「B2」 셀부터 모두 붙여넣기를 한 후 다음의 조건과 같이 작업하시오.

조건	
	(1) 부분합 – 《출력형태》처럼 정렬하고, 검색어의 개수와 PC 클릭 수의 평균을 구하시오. (2) 개요【윤곽】 – 지우시오. (3) 나머지 사항은 《출력형태》에 맞게 작성하시오.

출력형태

	B	C	D	E	F	G	H
	검색코드	검색어	분야	연령대	PC 클릭 수	모바일 클릭 비율	환산점수
	LC-381	국내 숙박	여가/생활편의	30대	1,210회	48.9%	1.2
	LC-122	꽃/케이크배달	여가/생활편의	30대	3,867회	62.8%	3.9
			여가/생활편의 평균		2,539회		
		2	여가/생활편의 개수				
	LH-361	차량 실내용품	생활/건강	30대	4,067회	34.0%	4.1
	LH-131	먼지 차단 마스크	생활/건강	50대	4,875회	78.5%	4.9
	LH-155	안마기	생활/건강	60대	3,732회	69.3%	3.7
			생활/건강 평균		4,225회		
		3	생활/건강 개수				
	BO-112	인문 일반	도서	40대	2,950회	28.5%	2.9
	BO-223	어린이 문학	도서	40대	2,432회	52.6%	2.4
	BO-235	장르소설	도서	20대	4,632회	37.8%	4.6
			도서 평균		3,338회		
		3	도서 개수				
			전체 평균		3,471회		
		8	전체 개수				

"제1작업" 시트를 이용하여 조건에 따라 ≪출력형태≫와 같이 작업하시오.

조건	
	(1) 차트 종류 ⇒ 〈묶은 세로 막대형〉으로 작업하시오.
	(2) 데이터 범위 ⇒ "제1작업" 시트의 내용을 이용하여 작업하시오.
	(3) 위치 ⇒ "새 시트"로 이동하고, "제4작업"으로 시트 이름을 바꾸시오.
	(4) 차트 디자인 도구 ⇒ 레이아웃 3, 스타일 1을 선택하여 ≪출력형태≫에 맞게 작업하시오.
	(5) 영역 서식 ⇒ 차트 : 글꼴(굴림, 11pt), 채우기 효과(질감 – 파랑 박엽지)
	그림 : 채우기(흰색, 배경1)
	(6) 제목 서식 ⇒ 차트 제목 : 글꼴(굴림, 굵게, 20pt), 채우기(흰색, 배경1), 테두리
	(7) 서식 ⇒ PC 클릭 수 계열의 차트 종류를 〈표식이 있는 꺾은선형〉으로 변경한 후 보조 축으로 지정하시오.
	계열 : ≪출력형태≫를 참조하여 표식(세모, 크기 10)과 레이블 값을 표시하시오.
	눈금선 : 선 스타일 – 파선
	축 : ≪출력형태≫를 참조하시오.
	(8) 범례 ⇒ 범례명을 변경하고 ≪출력형태≫를 참조하시오.
	(9) 도형 ⇒ '모서리가 둥근 사각형 설명선'을 삽입한 후 ≪출력형태≫와 같이 내용을 입력하시오.
	(10) 나머지 사항은 ≪출력형태≫에 맞게 작성하시오.

출력형태

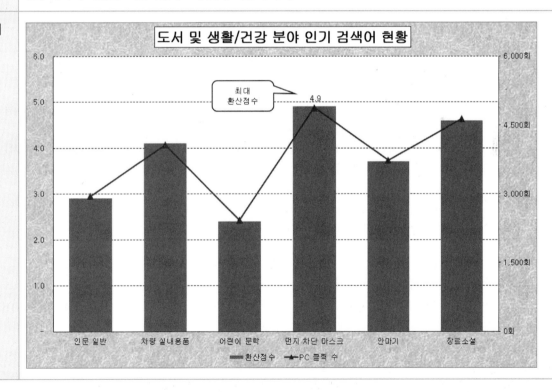

주의 시트명 순서가 차례대로 "제1작업", "제2작업", "제3작업", "제4작업"이 되도록 할 것

실전 모의고사 05회

 수험번호 20253015　정답파일　PART 04 실전 모의고사₩실전05회_정답.xlsx

▶ 합격 강의

제 1 작업　표 서식 작성 및 값 계산　240점

다음은 'AI 여행사 여행상품 현황'에 대한 자료이다. 자료를 입력하고 조건에 맞도록 작업하시오.

출력형태

코드	여행지	분류	여행기간	출발일	출발인원	여행경비 (단위:원)	적립금	출발 시간
AS213	울릉도	섬여행	3박4일	2023-05-23	30	295,000	(1)	(2)
AE131	방콕 파타야	해외여행	4박6일	2023-04-20	20	639,000	(1)	(2)
AS122	제주도	섬여행	3박4일	2023-03-15	25	459,000	(1)	(2)
AT213	부산 명소 탐방	기차여행	1박2일	2023-05-12	30	324,000	(1)	(2)
AE231	북인도	해외여행	5박6일	2023-03-18	20	1,799,900	(1)	(2)
AE311	필리핀 세부	해외여행	4박5일	2023-06-01	25	799,000	(1)	(2)
AS223	독도	섬여행	2박3일	2023-04-10	30	239,000	(1)	(2)
AT132	남도 맛기행	기차여행	1박2일	2023-03-19	25	355,000	(1)	(2)
섬여행 여행경비(단위:원) 평균			(3)			최대 여행경비(단위:원)		(5)
5월 이후 출발하는 여행상품 수			(4)		여행지	울릉도	출발인원	(6)

제목란: 확인 / 담당 / 팀장 / 부장

제목: AI 여행사 여행상품 현황

조건

- 모든 데이터의 서식에는 글꼴(굴림, 11pt), 정렬은 숫자 및 회계 서식은 오른쪽 정렬, 나머지 서식은 가운데 정렬로 작성하며 예외적인 것은 《출력형태》를 참조하시오.
- 제목 ⇒ 도형(평행 사변형)과 그림자(오프셋 오른쪽)를 이용하여 작성하고 "AI 여행사 여행상품 현황"을 입력한 후 다음 서식을 적용하시오(글꼴 – 굴림, 24pt, 검정, 굵게, 채우기 – 노랑).
- 임의의 셀에 결재란을 작성하여 그림으로 복사 기능을 이용하여 붙이기 하시오(단, 원본 삭제).
- 「B4:J4, G14, I14」 영역은 '주황'으로 채우기 하시오.
- 유효성 검사를 이용하여 「H14」 셀에 여행지(「C5:C12」 영역)가 선택 표시되도록 하시오.
- 셀 서식 ⇒ 「G5:G12」 영역에 셀 서식을 이용하여 숫자 뒤에 '명'을 표시하시오(예 : 10명).
- 「H5:H12」 영역에 대해 '여행경비'로 이름정의를 하시오.

(1)~(6) 셀은 반드시 **주어진 함수를 이용**하여 값을 구하시오(결과값을 직접 입력하면 해당 셀은 0점 처리됨).

(1) 적립금 ⇒ 「여행경비(단위:원)×적립율」 로 구하시오. 단, 적립율은 코드의 마지막 글자가 1이면 '1%', 2이면 '0.5%', 3이면 '0'으로 지정하여 구하시오(CHOOSE, RIGHT 함수).

(2) 출발시간 ⇒ 출발일이 평일이면 '오전 8시', 주말이면 '오전 10시'로 구하시오(IF, WEEKDAY 함수).

(3) 섬여행 여행경비(단위:원) 평균 ⇒ 단, 조건은 입력데이터를 이용하시오(DAVERAGE 함수).

(4) 5월 이후 출발하는 여행상품 수 ⇒ 5월도 포함하여 구하고, 결과값 뒤에 '개'를 붙이시오
　　(COUNTIF 함수, & 연산자)(예 : 1개).

(5) 최대 여행경비(단위:원) ⇒ 정의된 이름(여행경비)을 이용하여 구하시오(LARGE 함수).

(6) 출발인원 ⇒ 「H14」 셀에서 선택한 여행지에 대한 출발인원을 구하시오(VLOOKUP 함수).

(7) 조건부 서식의 수식을 이용하여 여행경비(단위:원)가 '600,000' 이상인 행 전체에 다음의 서식을 적용하시오
　(글꼴 : 파랑, 굵게).

"제1작업" 시트의 「B4:H12」 영역을 복사하여 "제2작업" 시트의 「B2」 셀부터 모두 붙여넣기를 한 후 다음의 조건과 같이 작업하시오.

조건	
(1)	고급 필터 – 분류가 '기차여행'이거나, 여행경비(단위:원)가 '600,000' 이상인 자료의 여행지, 여행기간, 출발일, 여행경비(단위:원) 데이터만 추출하시오. 　　– 조건 범위 : 「B14」 셀부터 입력하시오. 　　– 복사 위치 : 「B18」 셀부터 나타나도록 하시오.
(2)	표 서식 – 고급필터의 결과셀을 채우기 없음으로 설정한 후 '표 스타일 보통 4'의 서식을 적용하시오. 　　– 머리글 행, 줄무늬 행을 적용하시오.

제 3 작업 　피벗 테이블 　80점

"제1작업" 시트를 이용하여 "제3작업" 시트에 조건에 따라 ≪출력형태≫와 같이 작업하시오.

조건	
	(1) 출발일 및 분류별 여행지의 개수와 여행경비(단위:원)의 평균을 구하시오. (2) 출발일을 그룹화하고, 분류를 ≪출력형태≫와 같이 정렬하시오. (3) 레이블이 있는 셀 병합 및 가운데 맞춤 적용 및 빈 셀은 '**'로 표시하시오. (4) 행의 총합계는 지우고, 나머지 사항은 ≪출력형태≫에 맞게 작성하시오.

출력형태

출발일	분류						
	해외여행		섬여행		기차여행		
	개수 : 여행지	평균 : 여행경비(단위:원)	개수 : 여행지	평균 : 여행경비(단위:원)	개수 : 여행지	평균 : 여행경비(단위:원)	
3월	1	1,799,900	1	459,000	1	355,000	
4월	1	639,000	1	239,000	**	**	
5월	**	**	1	295,000	1	324,000	
6월	1	799,000	**	**	**	**	
총합계	3	1,079,300	3	331,000	2	339,500	

"제1작업" 시트를 이용하여 조건에 따라 ≪출력형태≫와 같이 작업하시오.

조건	
	(1) 차트 종류 ⇒ 〈묶은 세로 막대형〉으로 작업하시오.
	(2) 데이터 범위 ⇒ "제1작업" 시트의 내용을 이용하여 작업하시오.
	(3) 위치 ⇒ "새 시트"로 이동하고, "제4작업"으로 시트 이름을 바꾸시오.
	(4) 차트 디자인 도구 ⇒ 레이아웃 3, 스타일 1을 선택하여 ≪출력형태≫에 맞게 작업하시오.
	(5) 영역 서식 ⇒ 차트 : 글꼴(굴림, 11pt), 채우기 효과(질감 – 파랑 박엽지)
	그림 : 채우기(흰색, 배경1)
	(6) 제목 서식 ⇒ 차트 제목 : 글꼴(굴림, 굵게, 20pt), 채우기(흰색, 배경1), 테두리
	(7) 서식 ⇒ 여행경비(단위:원) 계열의 차트 종류를 〈표식이 있는 꺾은선형〉으로 변경한 후 보조 축으로 지정하시오.
	계열 : ≪출력형태≫를 참조하여 표식(마름모, 크기 10)과 레이블 값을 표시하시오.
	눈금선 : 선 스타일 – 파선
	축 : ≪출력형태≫를 참조하시오.
	(8) 범례 ⇒ 범례명을 변경하고 ≪출력형태≫를 참조하시오.
	(9) 도형 ⇒ '모서리가 둥근 사각형 설명선'을 삽입한 후 ≪출력형태≫와 같이 내용을 입력하시오.
	(10) 나머지 사항은 ≪출력형태≫에 맞게 작성하시오.

출력형태	
	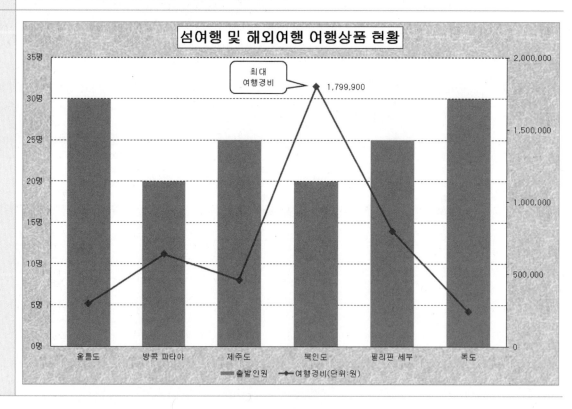

주의 시트명 순서가 차례대로 "제1작업", "제2작업", "제3작업", "제4작업"이 되도록 할 것

한번에 합격, 자격증은 이기적

이기적 스터디 카페

합격 전담마크! 핵심자료부터
실시간 Q&A까지 다양한 혜택 받기

자동 채점 서비스

합격을 위한 최종 점검!
채점과 성적 분석까지 한 번에 제공

100% 무료 강의

인증만 하면, 교재와 연계된
고퀄리티 강의가 무료

기출+모의 30회 수록

최신 출제유형 100% 반영!
기출문제+모의고사 30회 수록

 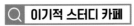 이기적 스터디 카페

홈페이지 : license.youngjin.com
질문/답변 : cafe.naver.com/yjbooks

YoungJin.com Y.
영진닷컴

베스트셀러 1위
산출근거 판권표기

동영상 강의 무료 제공

자동 채점 서비스 제공
itq.youngjin.com

이렇게 기막힌 적중률

ITQ OA Master

파워포인트 ver.2021

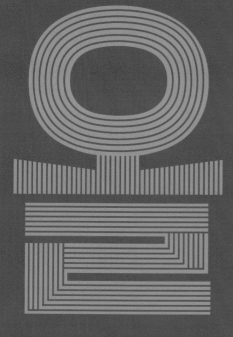

All in One

영진정보연구소 저

25
· 2025년 수험서 ·

수험서 30,000원
13000

9 788931 476330
ISBN 978-89-314-7633-0

 이기적 스터디 카페
합격 전담마크! 핵심자료부터
실시간 Q&A까지 다양한 혜택 받기

 100% 무료 강의
인증만 하면, 교재와 연계된
고퀄리티 강의가 무료

YoungJin.com Y.
영진닷컴

누구나 작성만 하면 100% 포인트 지급
합격 후기 EVENT

이기적과 함께 합격했다면,
합격썰 풀고 네이버페이 포인트 받아가자!

합격 후기
작성 시
100%
지급

네이버페이
포인트 쿠폰   25,000원

 카페 합격 후기 이벤트
이기적 스터디 카페에
합격 후기 작성하고 5,000원 받기!

5,000원
네이버 포인트 지급

▲ 자세히 보기

 블로그 합격 후기 이벤트
개인 블로그에
합격 후기 작성하고 20,000원 받기!

20,000원
네이버 포인트 지급

▲ 자세히 보기

- 자세한 참여 방법은 QR코드 또는 이기적 스터디 카페 '합격 후기 이벤트' 게시판을 확인해 주세요.
- 이벤트에 참여한 후기는 추후 마케팅 용도로 활용될 수 있습니다.
- 이벤트 혜택은 추후 변동될 수 있습니다.

이기적 스터디 카페   🔍

ITQ 파워포인트 도형 변형하기

모바일로 보기

01 기본 도형 + 사각형

정육면체	
부분 원형	
사각형: 둥근 모서리	

02 블록 화살표

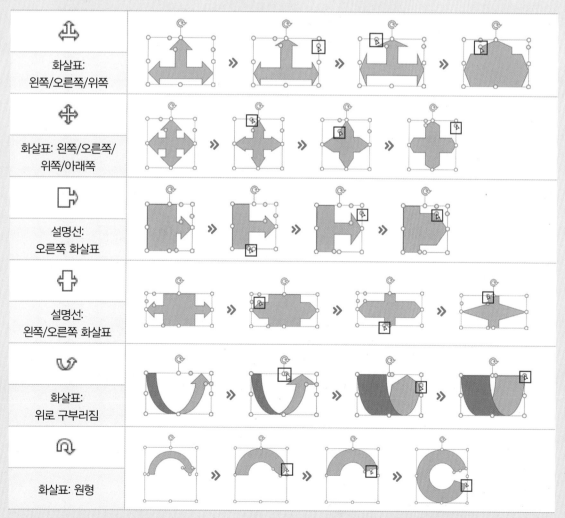

화살표: 왼쪽/오른쪽/위쪽	
화살표: 왼쪽/오른쪽/ 위쪽/아래쪽	
설명선: 오른쪽 화살표	
설명선: 왼쪽/오른쪽 화살표	
화살표: 위로 구부러짐	
화살표: 원형	

03 별 및 현수막 + 설명선

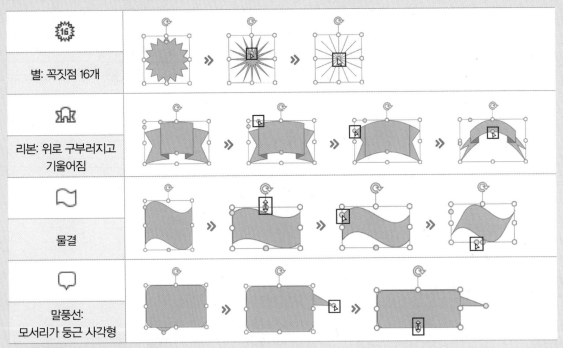

별: 꼭짓점 16개	
리본: 위로 구부러지고 기울어짐	
물결	
말풍선: 모서리가 둥근 사각형	

04 도형 2개 조합하기

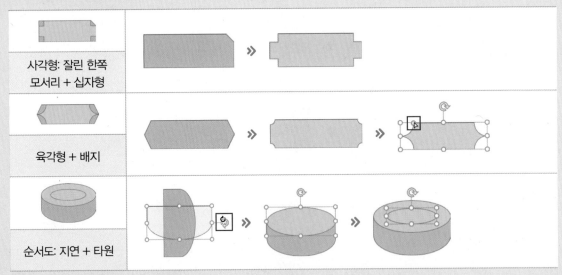

사각형: 잘린 한쪽 모서리 + 십자형	
육각형 + 배지	
순서도: 지연 + 타원	

이렇게
기막힌
적중률

ITQ OA Master
한글+엑셀+파워포인트 올인원
3권 · 파워포인트 ver.2021

"이" 한 권으로 합격의 "기적"을 경험하세요!

YoungJin.com Y.
영진닷컴

차례

난이도에 따라 분류하였습니다.
- 상 : 반드시 반복 연습해야 하는 기능
- 중 : 여러 차례 풀어보아야 하는 기능
- 하 : 수월하게 익힐 수 있는 기능

▶ 표시된 부분은 동영상 강의가 제공됩니다.
이기적 홈페이지(license.youngjin.com)에 접속하여 시청하세요.

▶ 제공하는 동영상과 PDF 자료는 1판 1쇄 기준 2년간 유효합니다.
   단, 출제기준안에 따라 동영상 내용은 변경될 수 있습니다.

ITQ 부록 자료

ITQ 실습용
압축 파일

기출문제/모의고사
해설 PDF

※ 부록 자료 다운로드 방법
이기적 홈페이지(license.youngjin.com) 접속 → [자료실]–[ITQ] 클릭 → 도서 이름으로
게시물 찾기 → 첨부파일 다운로드 후 압축 해제

ITQ 합격에 필요한 자료를 모두 모았습니다.

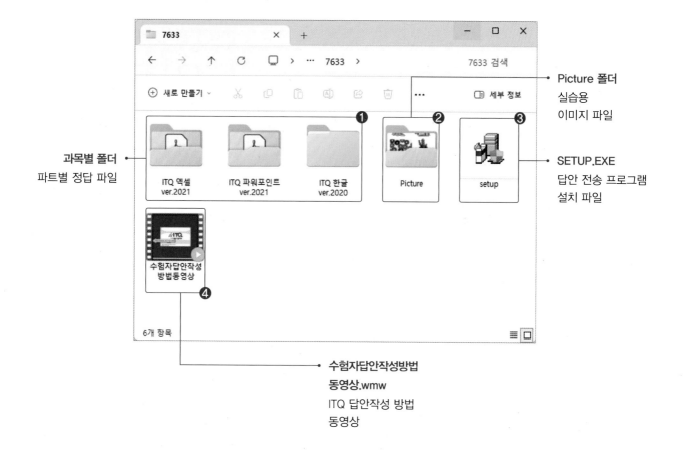

과목별 폴더
파트별 정답 파일

Picture 폴더
실습용
이미지 파일

SETUP.EXE
답안 전송 프로그램
설치 파일

수험자답안작성방법
동영상.wmw
ITQ 답안작성 방법
동영상

다운로드 방법

① 이기적 영진닷컴(license.youngjin.com)에 접속한다.
② 상단 메인 메뉴에서 [자료실] − [ITQ]를 클릭한다.
③ '[2025] 이기적 ITQ 올인원 OA Master ver.2020+2021 부록 자료' 게시글을 클릭하여 첨부파일을 다운로드한다.

사용 방법

① 다운로드한 '7633.zip' 압축 파일에서 마우스 오른쪽 버튼을 눌러 압축을 해제한다.
② 압축이 풀린 후 '7633' 폴더를 더블 클릭하여 모든 파일이 들어 있는지 확인한다.

※ ITQ 시험은 빈 문서에서 내용을 입력하는 것부터 시험 시작입니다. 처음 시험 공부를 하실 때에는 빈 문서에서 차근차근 연습해 주세요.

시험 출제 경향

ITQ 파워포인트는 파워포인트의 주요 기능들을 두루 이해하고 활용할 수 있는지를 평가하는 시험입니다. 60분 동안 총 6개의 슬라이드를 여러 가지 기능을 이용하여 작성해야 하므로 시간 관리에 주의해야 합니다. 기능을 익힌 후 반복 숙달을 통해 시험유형에 대비하는 것이 고득점의 비법입니다.

전체구성 ———————————————————————————————— 배점 60점

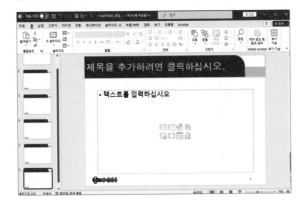 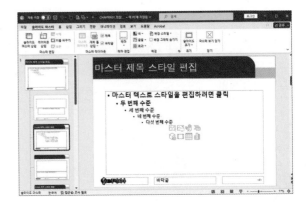

✔ 체크포인트
 – 슬라이드 설정
 – 슬라이드 마스터
 – 그림 편집

슬라이드1 표지 디자인 ——————— 배점 40점

✔ 체크포인트
 – 그림 삽입
 – WordArt 삽입
 – WordArt 스타일

슬라이드2 목차 슬라이드 ——————— 배점 60점

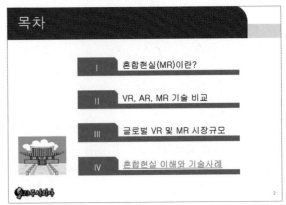

✔ 체크포인트
 – 도형 편집 및 배치
 – 그림 자르기
 – 하이퍼링크

슬라이드 3   텍스트/동영상 슬라이드 — 배점 60점

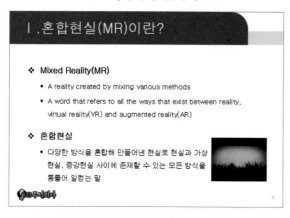

체크포인트
- 텍스트 입력
- 단락 설정
- 글머리 기호
- 동영상 삽입

슬라이드 4   표 슬라이드 — 배점 80점

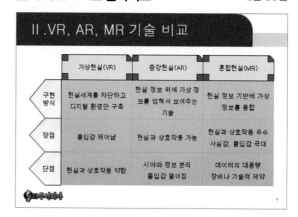

체크포인트
- 표 작성
- 표 스타일
- 도형 편집

슬라이드 5   차트 슬라이드 — 배점 100점

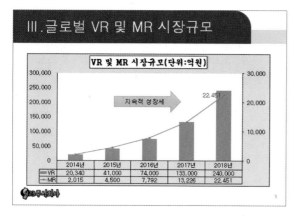

체크포인트
- 차트 작성
- 데이터 편집
- 차트 디자인
- 도형 편집

슬라이드 6   도형 슬라이드 — 배점 100점

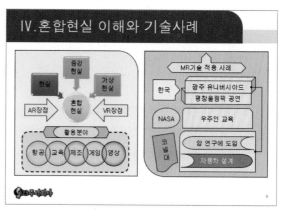

체크포인트
- 스마트아트 삽입
- 도형 삽입
- 그룹화
- 애니메이션

PART 01

시험 유형 따라하기

전체구성

배점 **60점** | A등급 목표점수 **55점**

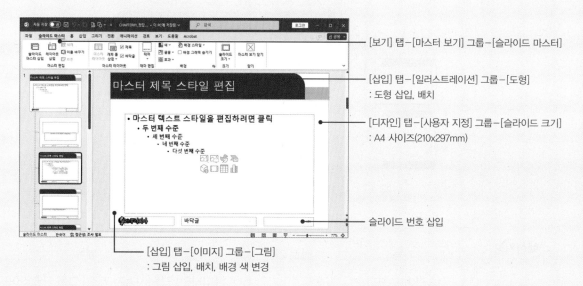

[보기] 탭-[마스터 보기] 그룹-[슬라이드 마스터]

[삽입] 탭-[일러스트레이션] 그룹-[도형]
: 도형 삽입, 배치

[디자인] 탭-[사용자 지정] 그룹-[슬라이드 크기]
: A4 사이즈(210x297mm)

슬라이드 번호 삽입

[삽입] 탭-[이미지] 그룹-[그림]
: 그림 삽입, 배치, 배경 색 변경

출제포인트
슬라이드 설정 · 슬라이드 마스터 · 그림 편집

출제기준
전체 슬라이드를 구성하는 능력을 평가하는 문항입니다.

A등급 TIP
앞으로 작성할 모든 슬라이드의 틀이 되는 부분이므로 실수 없이 꼼꼼히 작업해야 합니다. 슬라이드의 크기와 순서, 슬라이드 마스터의 제목, 로고, 번호 입력 방법을 반복적으로 연습하여 정확히 숙달하고 만점을 목표로 하세요.

전체구성

▶ 합격 강의

난이도 상 중 (하)
반복학습 1 2 3

정답파일 PART 01 시험 유형 따라하기\CHAPTER01_정답.pptx

문제보기	(1) 슬라이드 크기 및 순서 : 크기를 A4 용지로 설정하고 슬라이드 순서에 맞게 작성한다.

문제보기

(1) 슬라이드 크기 및 순서 : 크기를 A4 용지로 설정하고 슬라이드 순서에 맞게 작성한다.

(2) 슬라이드 마스터 : 2~6슬라이드의 제목, 하단 로고, 슬라이드 번호는 슬라이드 마스터를 이용하여 작성한다.

- 제목 글꼴(돋움, 40pt, 흰색), 왼쪽 맞춤, 도형(선 없음)
- 하단 로고(「내 PC\문서\ITQ\Picture\로고2.jpg」, 배경(회색) 투명색으로 설정)

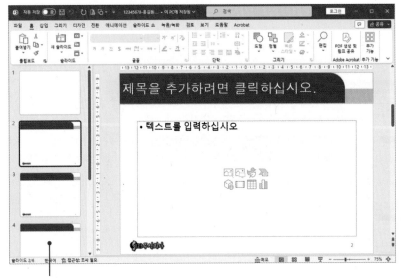

총 6개의 슬라이드

핵심기능

기능	바로 가기	메뉴
슬라이드 크기	▭	[디자인] 탭 – [사용자 지정] 그룹 – [슬라이드 크기]
슬라이드 마스터 보기	▭	[보기] 탭 – [마스터 보기] 그룹 – [슬라이드 마스터]
머리글/바닥글	🖹	[삽입] 탭 – [텍스트] 그룹 – [머리글/바닥글]
슬라이드 삽입	▦, Ctrl + M	[삽입] 탭 – [슬라이드] 그룹 – [새 슬라이드]
저장	🖫, Ctrl + S	[파일] 탭 – [저장]

① PowerPoint를 실행한다.

→ 새 프레젠테이션을 클릭한다.

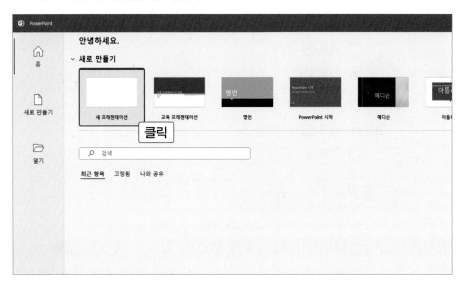

② [디자인] 탭 – [슬라이드 크기](□)에서 [사용자 지정 슬라이드 크기]를 클릭한다.

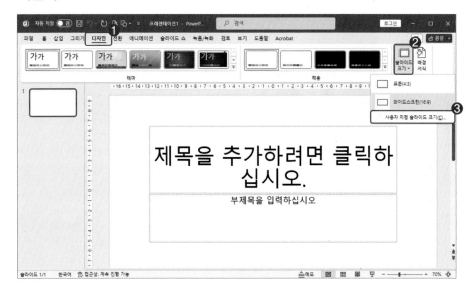

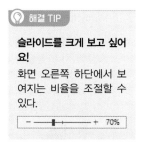

🔍 해결 TIP

슬라이드를 크게 보고 싶어요!

화면 오른쪽 하단에서 보여지는 비율을 조절할 수 있다.

③ [슬라이드 크기] 대화상자에서 슬라이드 크기 'A4 용지(210x297mm)'를 설정한다.

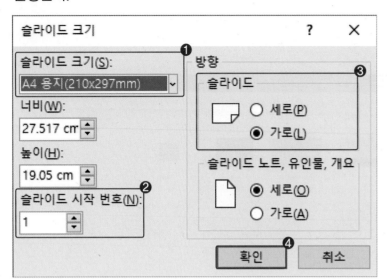

🄑 기적의 TIP

기본값으로 슬라이드 시작 번호는 '1', 슬라이드 방향은 '가로'를 확인한다.

④ 슬라이드 크기 조정 대화상자가 나타나면 [최대화] 또는 [맞춤 확인]을 클릭한다.

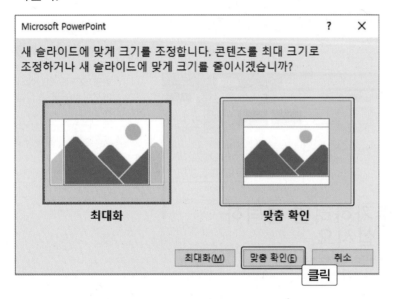

🄑 기적의 TIP

아직 작업을 하지 않은 상태이므로 '최대화'와 '맞춤 확인' 중 아무 것이나 선택해도 된다.

① [보기] 탭-[마스터 보기] 그룹-[슬라이드 마스터](□)를 클릭한다.

🅑 기적의 TIP

슬라이드 마스터에서 변경한 디자인은 하위의 모든 레이아웃에 영향을 미친다.

② 왼쪽 창의 축소판 그림에서 제일 위의 [Office 테마 슬라이드 마스터]를 클릭한다.

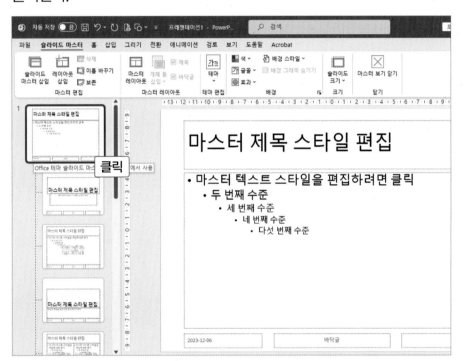

🅑 기적의 TIP

슬라이드 마스터 작성은 지정된 레이아웃이 있는 것이 아니므로, 어떤 레이아웃에 작성하든 출력형태와 동일하게 작성하면 된다.

③ 하단의 [날짜 및 시간] 영역과 [바닥글] 영역을 클릭하고 Delete로 삭제한다.

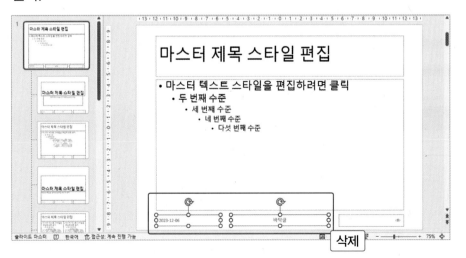

🅑 기적의 TIP

Ctrl을 누른 상태에서 도형을 하나씩 클릭하면 한 번에 여러 개를 선택할 수 있다.

④ 로고 삽입을 위해 [삽입] 탭-[이미지] 그룹-[그림](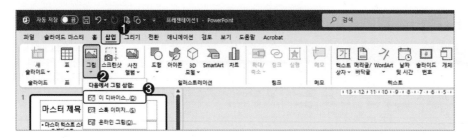)에서 [이 디바이스](📇)를 클릭한다.

⑤ [그림 삽입] 대화상자가 나타나면 '내 PC₩문서₩ITQ₩Picture'에서 그림 파일 '로고2.jpg'를 선택하고 [삽입]을 클릭한다.

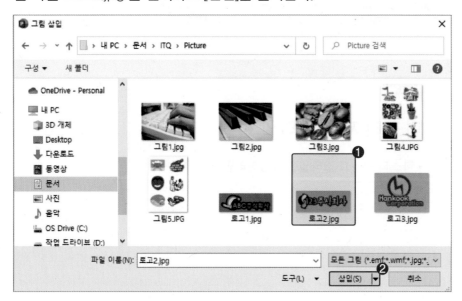

해결 TIP

그림 파일은 어디서 받나요?
이기적 홈페이지 자료실에서 부록자료를 다운로드 받는다.

⑥ [그림 서식] 탭-[조정] 그룹-[색](🖼)에서 [투명한 색 설정](🖌)을 클릭한다.

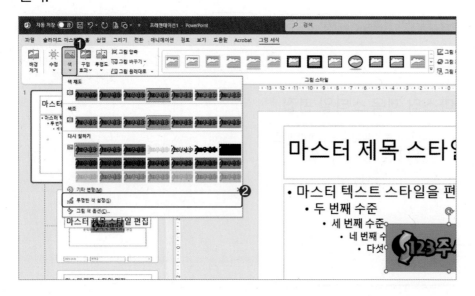

기적의 TIP

[그림 서식] 탭은 그림이 선택될 때만 나타난다.

⑦ 마우스 포인터가 🔧로 변경되면 회색 부분을 클릭한다.

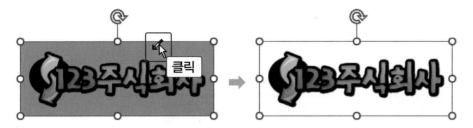

⑧ 그림 꼭짓점의 크기 조절점을 마우스 드래그하여 그림 크기를 조절한다.

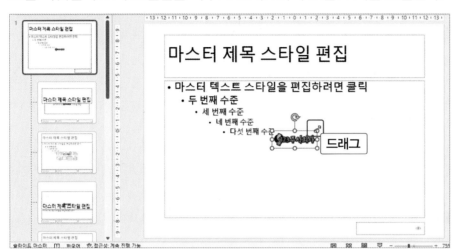

🎯 기적의 TIP

그림 크기를 조절할 때 가로 세로 비율 고정이 되지 않으면, Shift를 누른 채 꼭짓점의 크기 조절점을 드래그한다.

⑨ 그림을 마우스 드래그하여 제시된 위치로 이동한다.

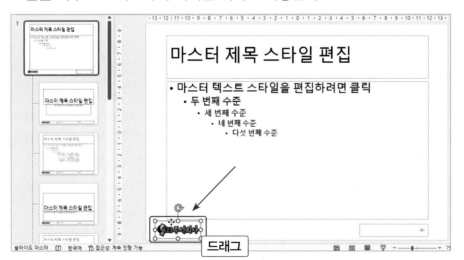

① 하단의 [슬라이드 번호] 영역을 선택한다.

→ [홈] 탭–[글꼴] 그룹에서 글꼴 '맑은 고딕', 크기 '16'을 설정한다.

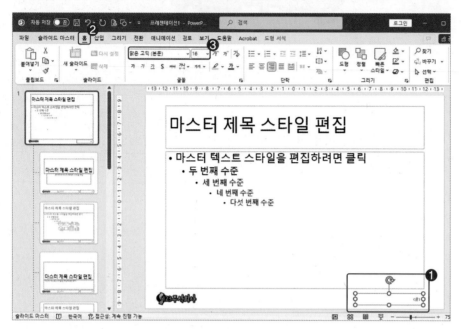

> **기적의 TIP**
>
> 쪽 번호의 글꼴, 크기, 색상은 채점 대상이 아니다. 문제에서 명확한 지시사항이 없는 부분은 출력형태와 유사하게 임의로 설정하면 된다.

② [삽입] 탭–[텍스트] 그룹–[머리글/바닥글](▣)을 클릭한다.

③ [머리글/바닥글] 대화상자에서 '슬라이드 번호', '제목 슬라이드에는 표시 안 함'에 체크하고 [모두 적용]을 클릭한다.

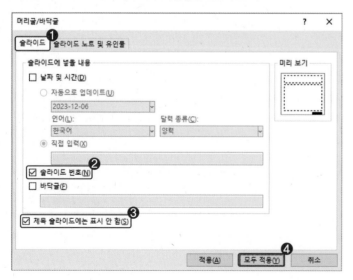

① [삽입] 탭 – [일러스트레이션] 그룹 – [도형](🖼)에서 [사각형: 둥근 한쪽 모서리]를 클릭한다.

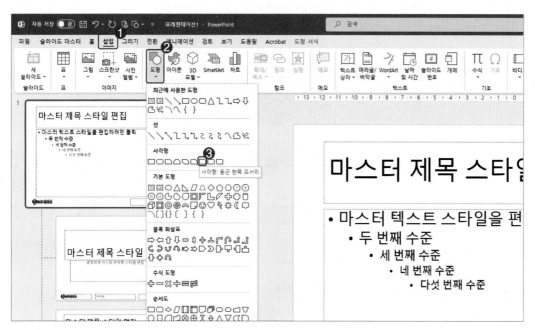

② 마우스를 대각선으로 드래그하여 도형을 그린다.

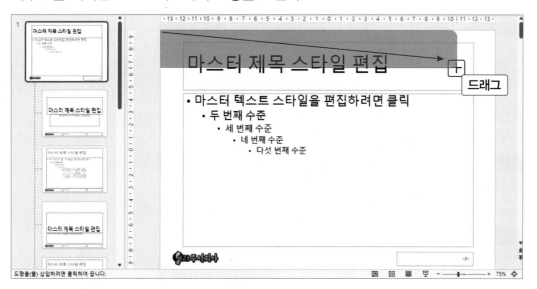

③ 도형이 선택된 상태에서 모양 조절 핸들()을 드래그하여 곡선을 크게
한다.

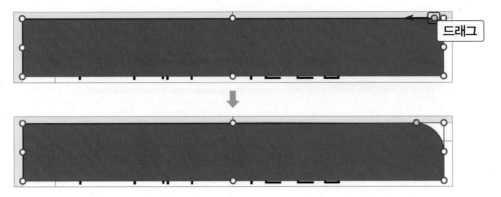

④ [도형 서식] 탭-[도형 스타일] 그룹-[도형 채우기](🖌)에서 [청회색, 텍
스트 2]를 클릭한다.

⑤ [도형 서식] 탭-[도형 스타일] 그룹-[도형 윤곽선](🖉)에서 [윤곽선 없
음]을 클릭한다.

⑥ [삽입] 탭 – [일러스트레이션] 그룹 – [도형](image)에서 [직사각형]을 클릭한다.

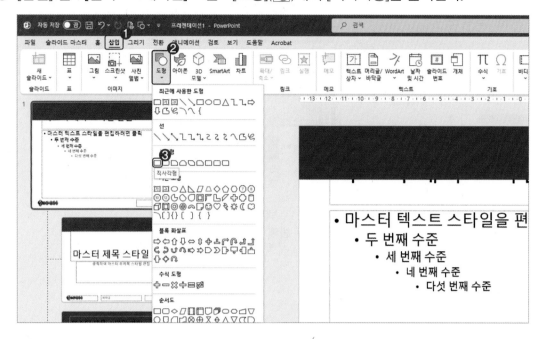

⑦ 마우스를 대각선으로 드래그하여 도형을 그린다.

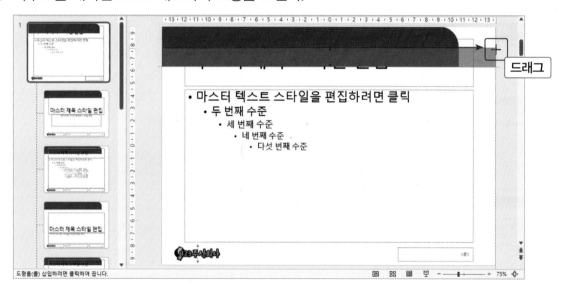

⑧ [도형 서식] 탭-[도형 스타일] 그룹-[도형 채우기](🖊)에서 [파랑, 강조 1, 60% 더 밝게]를 클릭한다.

🅑 기적의 TIP

실제 ITQ 시험에서는 흑백 시험지가 주어진다. 따라서 도형의 색은 서로 구분되게 임의로 설정하면 된다.

⑨ [도형 서식] 탭-[도형 스타일] 그룹-[도형 윤곽선](🖊)에서 [윤곽선 없음]을 클릭한다.

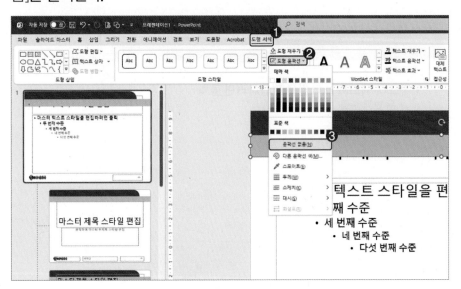

⑩ [도형 서식] 탭-[정렬] 그룹-[뒤로 보내기](🖼)에서 [맨 뒤로 보내기](🖼)를 클릭한다.

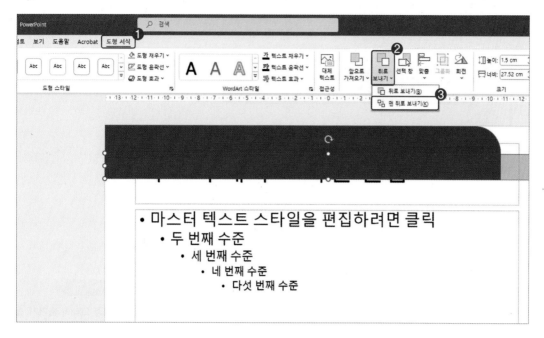

⑪ '마스터 제목 스타일 편집' 상자를 선택한다.
→ [도형 서식] 탭-[정렬] 그룹-[앞으로 가져오기](🖼)에서 [맨 앞으로 가져오기](🖼)를 클릭한다.

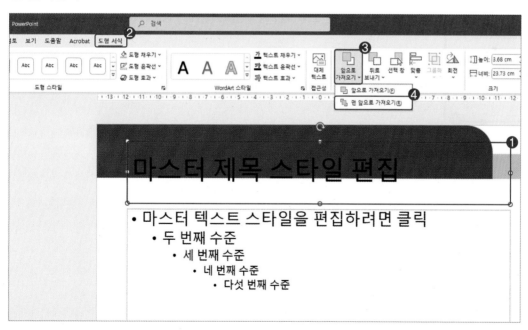

⑫ [홈] 탭-[글꼴] 그룹에서 글꼴 '돋움', 크기 '40', 글꼴 색 '흰색'을 설정한다.

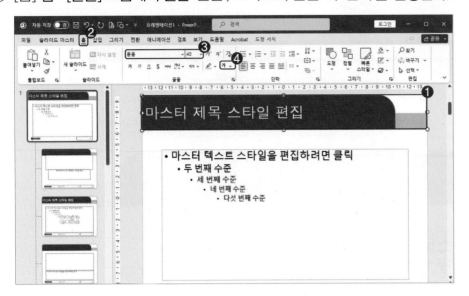

⑬ [제목 슬라이드 레이아웃]을 클릭한다.

→ 앞에 작성한 도형이 제목 슬라이드에 나타나지 않도록 [슬라이드 마스터] 탭-[배경] 그룹-'배경 그래픽 숨기기'에 체크한다.

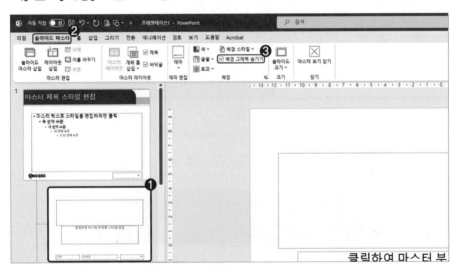

⑭ [마스터 보기 닫기](☒)를 클릭한다.

해결 TIP

'배경 그래픽 숨기기' 옵션이 체크가 안 돼요!

[슬라이드 및 개요] 창에서 [제목 슬라이드 마스터]를 선택한다. [Office 테마 슬라이드 마스터]에서는 체크할 수 없다.

① [홈] 탭 – [슬라이드] 그룹 – [새 슬라이드]( )에서 [제목 및 내용]을 클릭한다.

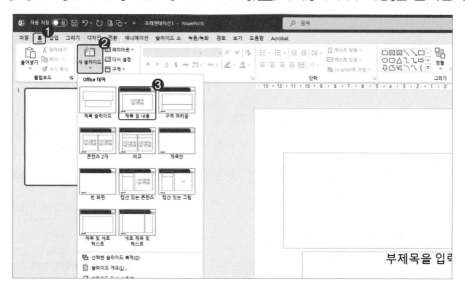

② 총 6개의 슬라이드가 되도록 [Ctrl]+[M]을 눌러 슬라이드를 삽입한다.

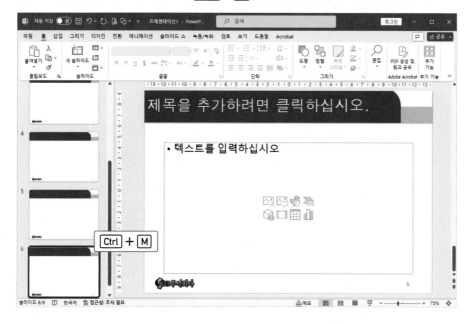

🅑 기적의 TIP

[Ctrl]+[M] 대신 [Enter]를 눌러도 된다.

① 빠른 실행 도구 모음에서 [저장](🖫)을 클릭하거나 [파일] 탭-[저장]을 클릭한다.

기적의 TIP

저장 단축키 Ctrl+S를 자주 활용하여 작업 중 예상치 못한 문제 발생에 대비한다.

② [찾아보기]를 클릭한다.
→ '내 PC₩문서₩ITQ'로 이동하여 파일 이름을 입력하고 [저장]을 클릭한다.

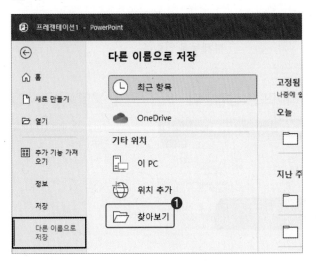

해결 TIP

파일 저장 시 파일명은 어떻게 하나요?
본인의 '수험번호-성명'으로 입력하여 저장한다. 파일명이 '수험번호-성명'과 일치하지 않거나, 답안 파일을 전송하지 않아 미제출이 될 경우 실격 처리된다.

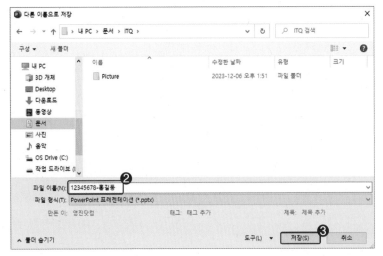

슬라이드 1
표지 디자인

배점 **40점** | A등급 목표점수 **30점**

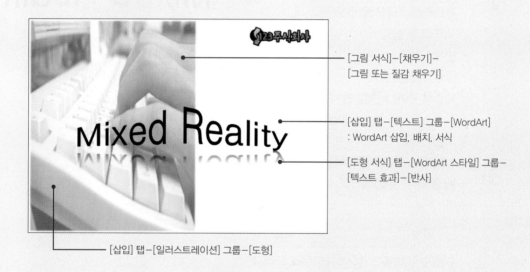

[그림 서식]–[채우기]–
[그림 또는 질감 채우기]

[삽입] 탭–[텍스트] 그룹–[WordArt]
: WordArt 삽입, 배치, 서식

[도형 서식] 탭–[WordArt 스타일] 그룹–
[텍스트 효과]–[반사]

[삽입] 탭–[일러스트레이션] 그룹–[도형]

출제포인트

그림 삽입 · WordArt 삽입 · WordArt 스타일

출제기준

도형과 그림을 이용하여 표지 슬라이드를 작성하는 능력을 평가하는 문항입니다.

A등급 TIP

이 문항에서는 도형 채우기, 부드러운 가장자리 등 일정한 패턴이 고정적으로 출제됩니다. 반복 연습하여 감점을 피하는 것이 중요하며, 도형 모양과 워드아트 서식은 매번 다르게 주어지므로 신경 써서 작업해야 합니다.

표지 디자인

▶ 합격 강의

난 이 도 상 중 (하)

반복학습 ① ② ③

문제파일 PART 01 시험 유형 따라하기\CHAPTER02.pptx

정답파일 PART 01 시험 유형 따라하기\CHAPTER02_정답.pptx

문제보기

(1) 표지 디자인 : 도형, 워드아트 및 그림을 이용하여 작성한다.

세부조건

① 도형 편집
- 도형에 그림 채우기 :
  「내 PC\문서\ITQ\Picture\
  그림1.jpg」, 투명도 50%
- 도형 효과 :
  부드러운 가장자리 5포인트
② 워드아트 삽입
- 변환 : 삼각형, 위로
- 글꼴 : 돋움, 굵게
- 텍스트 반사 : 근접 반사,
  4pt 오프셋
③ 그림 삽입
- 「내 PC\문서\ITQ\Picture\로고2.jpg」
- 배경(회색) 투명색으로 설정

핵심기능

기능	바로 가기	메뉴
수평/수직 이동	Shift +마우스 드래그	
세밀한 이동	방향키(←, ↑, →, ↓)	
그림 삽입	🖼	[삽입] 탭-[이미지] 그룹-[그림]
WordArt 삽입	✎	[삽입] 탭-[텍스트] 그룹-[WordArt]

① 슬라이드 1에서 '제목 텍스트 상자'와 '부제목 텍스트 상자'를 Delete 를 눌러 삭제한다.

→ [삽입] 탭 – [일러스트레이션] 그룹에서 [도형](▣) – [사각형] – [직사각형](□)을 클릭한다.

> **🅱 기적의 TIP**
>
> 표지 슬라이드는 워드아트와 도형을 이용하기 때문에 사용하지 않는 '제목 텍스트 상자'와 '부제목 텍스트 상자'를 삭제하는 것이 편하다.

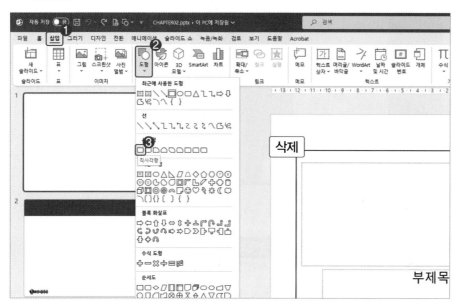

② 마우스 포인터 모양이 十로 바뀌면, 슬라이드 왼쪽 상단에서 적당한 크기로 마우스 드래그하여 도형을 삽입한다.

> **🅱 기적의 TIP**
>
> 문제에서는 도형의 크기에 대한 명확한 지시사항이 없다. 제시된 그림을 보고 적당한 크기로 도형을 삽입해야 한다.

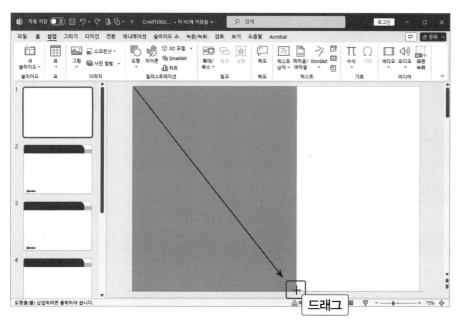

③ 도형을 선택한 후 마우스 오른쪽 클릭하고 [도형 서식]( )을 클릭한다.

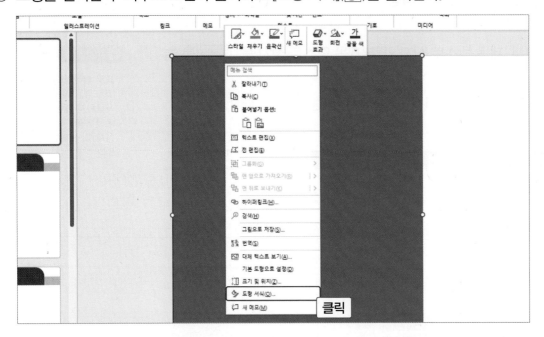

④ 도형 옵션의 [채우기 및 선]( ) – [채우기] – [그림 또는 질감 채우기]를 클릭한다.

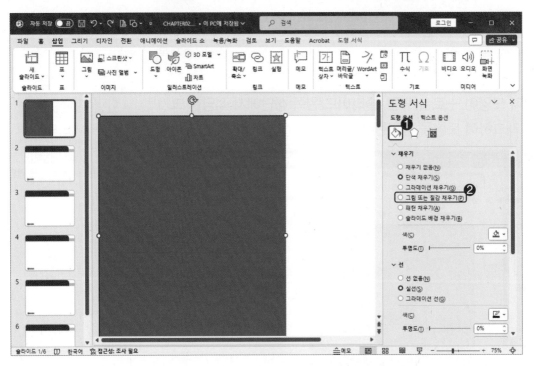

⑤ [그림 원본] – [삽입]을 클릭하고 [그림 삽입] 대화상자가 나타나면 [파일에서]를 클릭한다.

→ '내 PC\문서\ITQ\Picture' 폴더에서 '그림1.jpg'를 선택해 삽입한다.

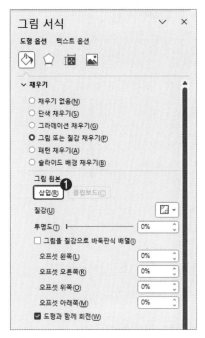

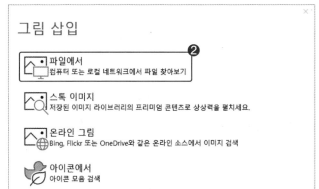

⑥ [그림 서식]에서 [투명도]를 『50%』로 설정한다.

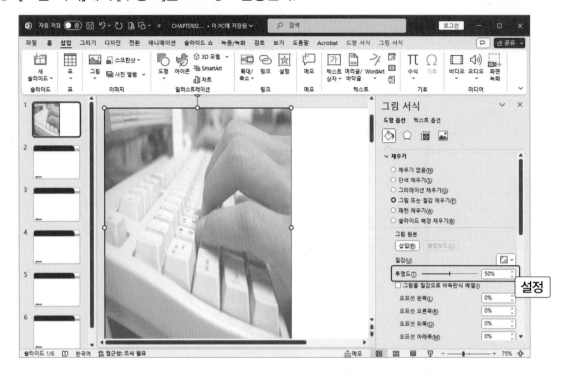

⑦ [효과](▨) – [부드러운 가장자리]에서 크기 『5pt』로 설정하고 닫기(▨)를 클릭한다.

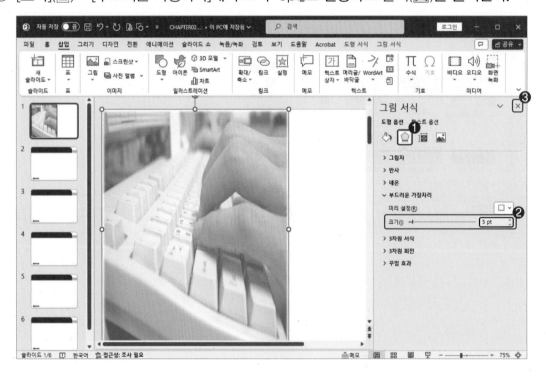

① [삽입] 탭 – [텍스트] 그룹에서 [WordArt](곽) – [그라데이션 채우기 – 파 랑, 강조색 5, 반사]를 클릭한다.

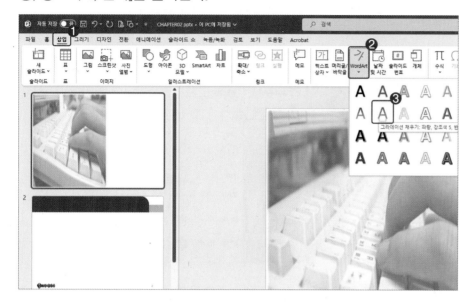

② 워드아트 텍스트 입력상자에『Mixed Reality』를 입력한다.

③ 워드아트 전체를 선택하고 [홈] 탭 – [글꼴] 그룹에서 글꼴 '돋움', '굵게', 글꼴 색 '검정, 텍스트 1'을 설정한다.

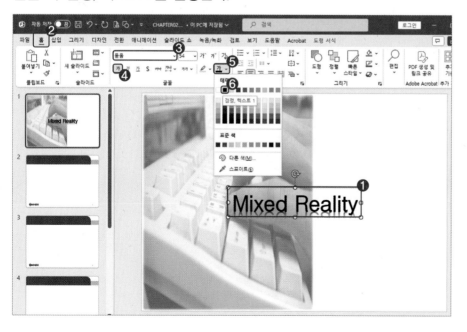

④ [도형 서식] 탭 – [WordArt 스타일] 그룹에서 [텍스트 효과](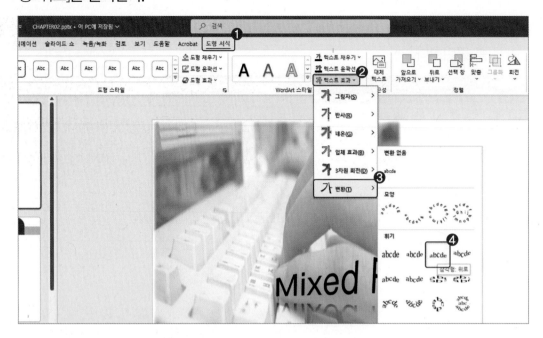) – [변환](가) – [삼각형: 위로]를 클릭한다.

⑤ [WordArt 스타일] 그룹에서 [텍스트 효과]() – [반사](가) – [근접 반사: 4pt 오프셋]을 클릭한다.

⑥ 출력형태와 비교하며 크기 조절점을 이용해 워드아트의 크기와 위치를 조절한다.

SECTION 03 로고 그림 삽입

① [삽입] 탭 – [이미지] 그룹 – [그림](🖼)에서 [이 디바이스](🖥)를 클릭한다.
→ [그림 삽입] 대화상자가 나타나면 '내 PC₩문서₩ITQ₩Picture' 폴더에서 그림 파일 '로고2.jpg'를 선택하고 [삽입]을 클릭한다.

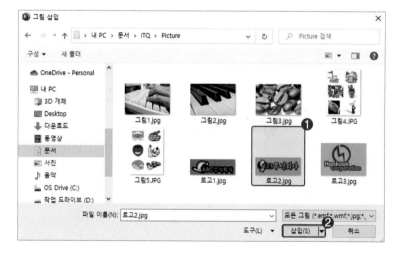

② [그림 서식] 탭-[조정] 그룹-[색](📷)에서 [투명한 색 설정](📷)을 클릭한다.

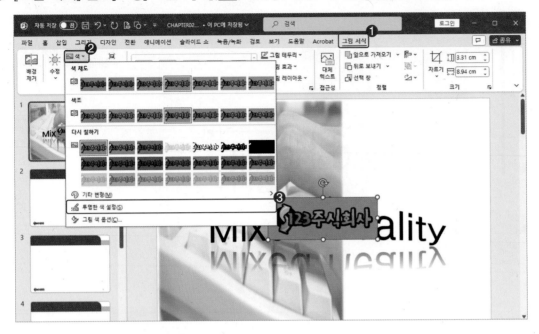

③ 마우스 포인터가 📷로 변경되면 회색 부분을 클릭하여 투명하게 만든다.

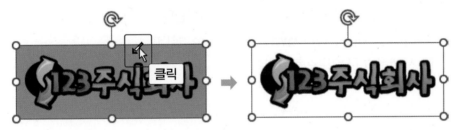

④ 그림의 크기를 조절점으로 조절하고, 문제지에 제시된 위치로 그림을 이동시킨다.

정답파일 PART 01 시험 유형 따라하기\유형1-1번_정답.pptx

문제유형 ❶-1

세부조건

① 도형 편집
- 도형에 그림 채우기 : 「내 PC\문서\ITQ\
  Picture\그림1.jpg」, 투명도 50%
- 도형 효과 : 부드러운 가장자리 5포인트

② 워드아트 삽입
- 변환 : 페이드, 왼쪽
- 글꼴 : 돋움, 굵게
- 텍스트 반사 : 전체 반사, 터치

③ 그림 삽입
- 「내 PC\문서\ITQ\Picture\로고2.jpg」
- 배경(회색) 투명색으로 설정

문제유형 ❶-2

정답파일 PART 01 시험 유형 따라하기\유형1-2번_정답.pptx

세부조건

① 도형 편집
- 도형에 그림 채우기 : 「내 PC\문서\ITQ\
  Picture\그림1.jpg」, 투명도 50%
- 도형 효과 : 부드러운 가장자리 5포인트

② 워드아트 삽입
- 변환 : 갈매기형 수장, 위로
- 글꼴 : 굴림, 굵게
- 텍스트 반사 : 근접 반사, 터치

③ 그림 삽입
- 「내 PC\문서\ITQ\Picture\로고1.jpg」
- 배경(회색) 투명색으로 설정

세부조건

① 도형 편집
– 도형에 그림 채우기 : 「내 PC₩문서₩ITQ₩
Picture₩그림1.jpg」, 투명도 50%
– 도형 효과 : 부드러운 가장자리 5포인트

② 워드아트 삽입
– 변환 : 갈매기형 수장, 아래로
– 글꼴 : 돋움, 굵게
– 텍스트 반사 : 1/2 반사, 터치

③ 그림 삽입
– 「내 PC₩문서₩ITQ₩Picture₩로고2.jpg」
– 배경(회색) 투명색으로 설정

세부조건

① 도형 편집
– 도형에 그림 채우기 : 「내 PC₩문서₩ITQ₩
Picture₩그림3.jpg」, 투명도 50%
– 도형 효과 : 부드러운 가장자리 5포인트

② 워드아트 삽입
– 변환 : 기울기, 위로
– 글꼴 : 돋움, 굵게
– 텍스트 반사 : 근접 반사, 4pt 오프셋

③ 그림 삽입
– 「내 PC₩문서₩ITQ₩Picture₩로고2.jpg」
– 배경(회색) 투명색으로 설정

슬라이드 2
목차 슬라이드

배점 **60점** | A등급 목표점수 **50점**

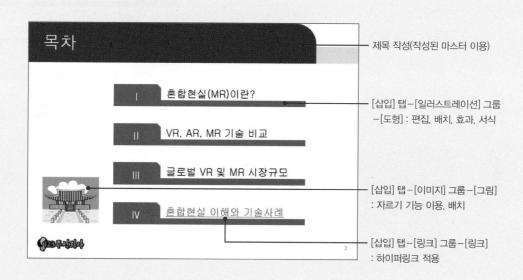

출제포인트

도형 편집 및 배치 · 그림 자르기 · 하이퍼링크

출제기준

도형을 편집하고 배치한 뒤 목차를 작성하는 능력과 하이퍼링크 설정, 그림 배치 능력을 평가하는 문항입니다.

A등급 TIP

전반적인 난이도는 어렵지 않지만, 목차의 도형을 일정하게 복사한 뒤 각각의 텍스트를 정확하게 입력할 수 있도록 유의하세요. 하이퍼링크와 그림 자르기는 한 번만 제대로 익히면 어렵지 않은 기능이므로 꼭 숙지하세요.

[슬라이드 2]
목차 슬라이드

▶ 합격 강의

난이도 상 중 하
반복학습 1 2 3

문제파일 PART 01 시험 유형 따라하기₩CHAPTER03.pptx
정답파일 PART 01 시험 유형 따라하기₩CHAPTER03_정답.pptx

문제보기	(1) 출력형태와 같이 도형을 이용하여 목차를 작성한다(글꼴 : 굴림, 24pt).
	(2) 도형 : 선 없음

세부조건

① 텍스트에 링크【하이퍼링크】적용
→ '슬라이드 6'
② 그림 삽입
 –「내 PC₩문서₩ITQ₩Picture₩
  그림5.jpg」
 – 자르기 기능 이용

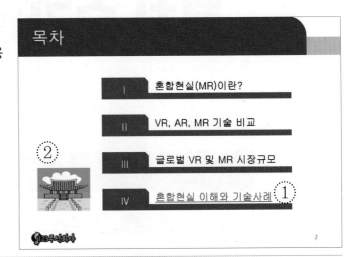

핵심기능

기능	바로 가기	메뉴
도형 삽입	🖼	[삽입] 탭 – [일러스트레이션] 그룹 – [도형]
하이퍼링크 설정	🔗, Ctrl + K	[삽입] 탭 – [링크] 그룹 – [링크]
그림 자르기	⬚	[그림 서식] 탭 – [크기] 그룹 – [자르기]

① [슬라이드 및 개요] 창에서 슬라이드 2를 선택하고 슬라이드 제목 『목차』를 입력한다.

① 슬라이드에 있는 '텍스트를 입력하십시오' 상자를 삭제한다.

→ [삽입] 탭 – [일러스트레이션] 그룹에서 [도형]() – [사각형: 잘린 한쪽 모서리]를
선택하여 그린다.

② [도형 서식] 탭 – [도형 스타일] 그룹에서 [도형 채우기]를 임의의 색으로 설정한다.

③ [도형 윤곽선] – [윤곽선 없음]으로 설정한다.

④ [삽입] 탭 – [일러스트레이션] 그룹에서 [도형](🖼) – [직사각형](□)을 선택하여 그린다.

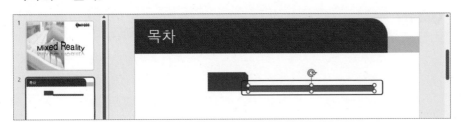

⑤ [도형 서식] 탭 – [도형 스타일] 그룹에서 [도형 채우기]를 먼저 그린 도형과 같은 색으로 설정한다.

→ [도형 윤곽선] – [윤곽선 없음]으로 설정한다.

⑥ 목차 번호가 들어갈 도형을 클릭한다.

→ [홈] 탭 – [글꼴] 그룹에서 글꼴 '굴림', '24pt', 글꼴 색 '흰색'을 설정한다.

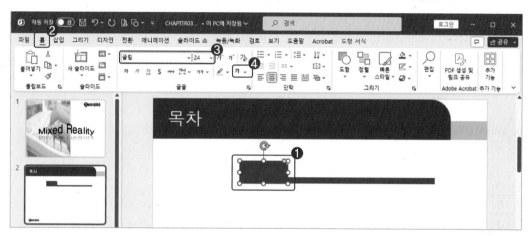

⑦ 목차 번호가 들어갈 도형에 마우스 오른쪽 버튼을 클릭하고 [텍스트 편집]을 클릭한다.

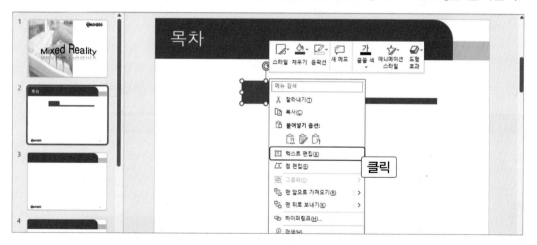

⑧ [삽입] 탭 – [기호] 그룹 – [기호](Ω)를 클릭한다.

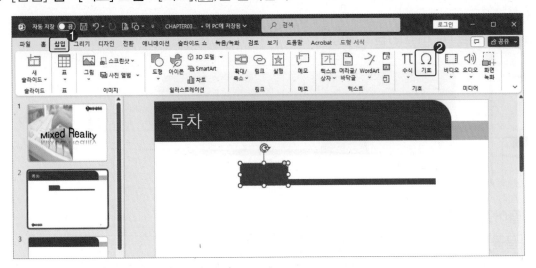

⑨ [기호] 대화상자가 나타나면 하위 집합 '로마 숫자'를 클릭한다.
→『Ⅰ』을 [삽입]한 후 [닫기]를 클릭한다.

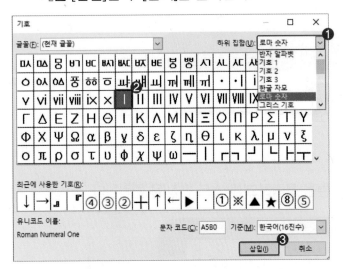

⑩ [삽입] 탭 – [텍스트] 그룹 – [텍스트 상자](가) – [가로 텍스트 상자 그리기]를 클릭한다.

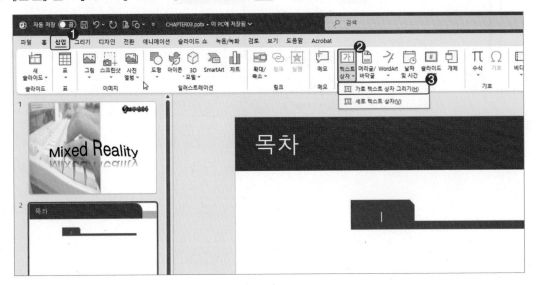

⑪ 출력형태를 참고하여 적당한 위치에 마우스 드래그하여 배치한다.

→ [홈] 탭 – [글꼴] 그룹에서 글꼴 '굴림', '24pt', 글꼴 색 '검정, 텍스트 1'을 설정한다.

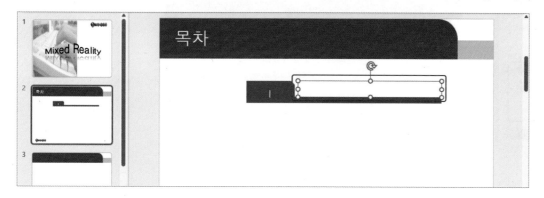

⑫ 텍스트 상자에 내용을 입력한다.

→ 마우스 드래그하여 도형들과 텍스트 상자를 모두 선택한다.

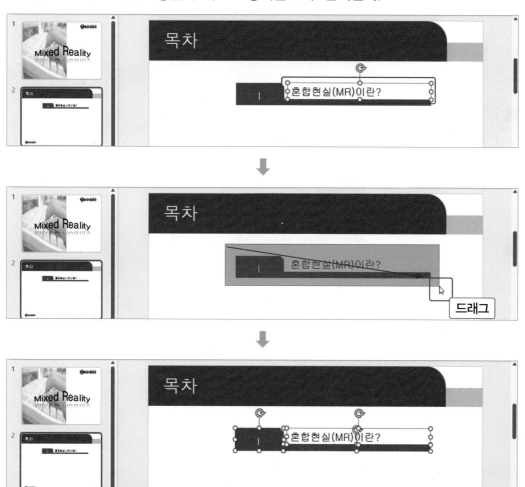

⑬ Ctrl + Shift 를 누른 채 아래로 드래그하여 복사한다.

⑭ 동일한 방법으로 도형과 텍스트 상자를 복사하여 다음과 같이 배치한다.

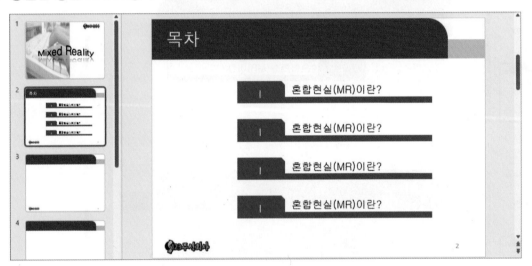

⑮ ⑧ ⑨와 같은 방법으로 다른 목차 도형에 『Ⅱ』, 『Ⅲ』, 『Ⅳ』를 순서대로 입력한다.

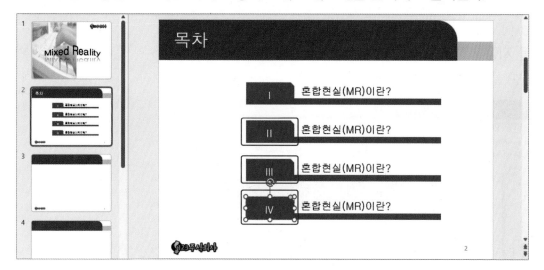

⑯ 나머지 텍스트 상자에 해당하는 내용을 모두 입력한다.

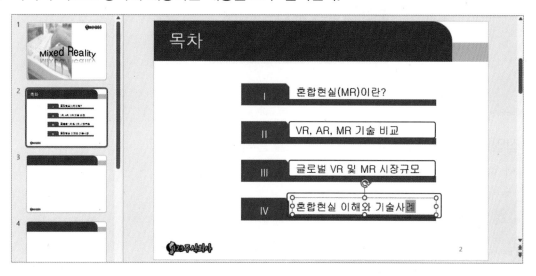

① 하이퍼링크를 지정할 텍스트를 블록 설정하고, [삽입] 탭 – [링크] 그룹
– [링크](◎)를 클릭한다.

🅱 기적의 TIP

블록 설정 상태에서 마우스
오른쪽 클릭하여 [하이퍼링
크]를 클릭해도 된다.

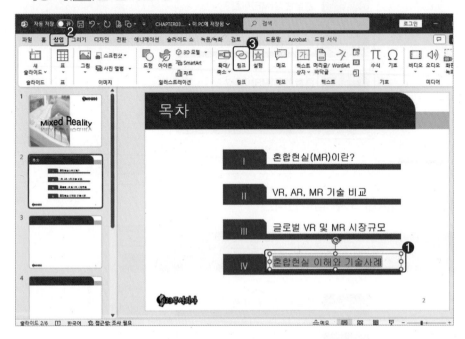

② [하이퍼링크 삽입] 대화상자가 나타나면 [현재 문서]를 클릭한다.
→ 이 문서에서 위치 선택 – '슬라이드 6'을 클릭한 후 [확인]을 클릭한다.

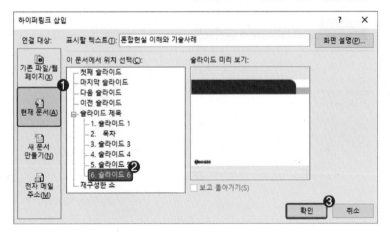

③ 하이퍼링크가 설정되면 블록 설정했던 텍스트 밑에 밑줄이 표시되고, 색상도 변한다.

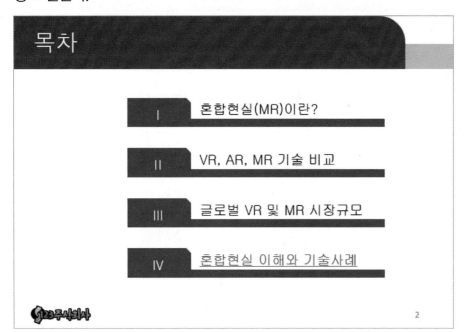

SECTION 04 그림 삽입 및 자르기

① [삽입] 탭 – [이미지] 그룹 – [그림](🖼)에서 [이 디바이스](🖳)를 클릭한다.
→ [그림 삽입] 대화상자가 나타나면 '내 PC₩문서₩ITQ₩Picture' 폴더에서 그림 파일 '그림5.jpg'를 선택하고 [삽입]을 클릭한다.

② 그림이 삽입되면 [그림 서식] 탭 – [크기] 그룹에서 [자르기](⬚)를 클릭한다.

③ 그림의 모서리의 자르기 조절점들을 드래그하여 원하는 그림만 남겨놓고 다시 [자르기]를 클릭하여 그림을 자른다.

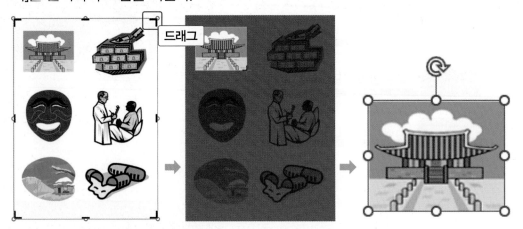

④ 그림의 크기와 위치를 조절한다.

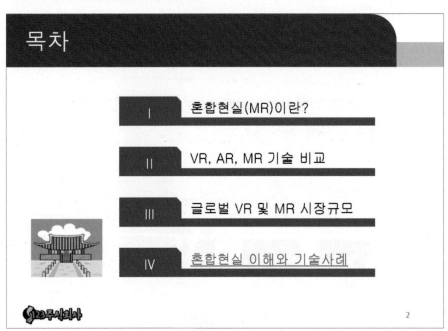

문제유형 ❷-1

정답파일 PART 01 시험 유형 따라하기\유형2-1번_정답.pptx

세부조건	
글꼴(굴림, 24pt), 도형(선 없음) ① 텍스트에 링크 【하이퍼링크】 적용 → '슬라이드 5' ② 그림 삽입 - 「내 PC\문서\ITQ\Picture\그림4.jpg」 - 자르기 기능 이용	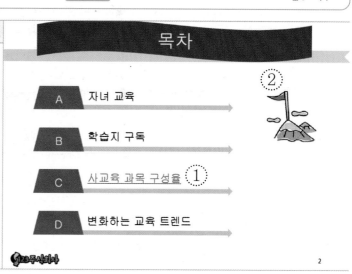

문제유형 ❷-2

정답파일 PART 01 시험 유형 따라하기\유형2-2번_정답.pptx

세부조건	
글꼴(돋움, 24pt), 도형(선 없음) ① 텍스트에 링크 【하이퍼링크】 적용 → '슬라이드 4' ② 그림 삽입 - 「내 PC\문서\ITQ\Picture\그림5.jpg」 - 자르기 기능 이용	**목차** ② 1 건강 관리 2 균형있는 식생활 ① 3 건강을 해치는 흡연/음주 4 운동과 식습관 개선 ABC주식회사 2

문제유형 ❷-3

정답파일 PART 01 시험 유형 따라하기\유형2-3번_정답.pptx

세부조건

글꼴(굴림, 24pt), 도형(선 없음)

① 텍스트에 링크【하이퍼링크】적용
→ '슬라이드 6'

② 그림 삽입
– 「내 PC\문서\ITQ\Picture\그림5.jpg」
– 자르기 기능 이용

목차

1 만성피로의 정의

2 만성피로의 유발과 증상

3 직장인의 만성피로

4 만성피로의 치료 및 예방 ①

②

123주식회사

2

문제유형 ❷-4

정답파일 PART 01 시험 유형 따라하기\유형2-4번_정답.pptx

세부조건

글꼴(돋움, 24pt), 도형(선 없음)

① 텍스트에 링크【하이퍼링크】적용
→ '슬라이드 6'

② 그림 삽입
– 「내 PC\문서\ITQ\Picture\그림5.jpg」
– 자르기 기능 이용

목차

1 슬리포노믹스

2 불면증 유형과 숙면 유도 제품

3 수면 장애 환자 1인당 진료비

②

4 수면 장애 원인과 부작용 ①

123주식회사

2

슬라이드 3
텍스트/동영상 슬라이드

배점 **60점** | A등급 목표점수 **50점**

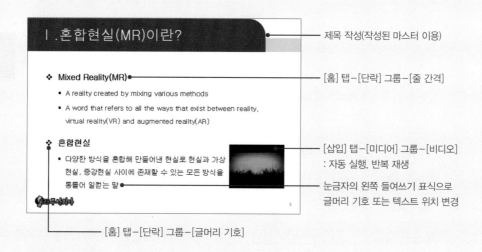

출제포인트

텍스트 입력 · 단락 설정 · 글머리 기호 · 동영상 삽입

출제기준

텍스트의 조화로운 배치 능력을 평가하는 문항으로, 단락 설정과 동영상 삽입 방법, 글머리 기호 작성법이 출제됩니다.

A등급 TIP

한글과 영문 텍스트를 직접 입력하는 문제이므로, 차분히 작성하여 오타가 나지 않도록 주의해야 합니다. 모의고사와 기출문제를 풀어보며 자주 나오는 글머리 기호를 익혀두고, 동영상 삽입과 설정 방법은 매번 고정적으로 출제되므로 정확히 숙지하세요.

[슬라이드 3]
텍스트/동영상 슬라이드

▶ 합격 강의

문제파일 | PART 01 시험 유형 따라하기₩CHAPTER04.pptx
정답파일 | PART 01 시험 유형 따라하기₩CHAPTER04_정답.pptx

문제보기	

(1) 텍스트 작성 : 글머리 기호 사용(❖, ■)
　　❖문단(굴림, 24pt, 굵게, 줄간격 : 1.5줄), ■문단(굴림, 20pt, 줄간격 : 1.5줄)

세부조건

① 동영상 삽입 :
- 「내 PC₩문서₩ITQ₩Picture₩
　동영상.wmv」
- 자동실행, 반복재생 설정

Ⅰ. 혼합현실(MR)이란?

❖ **Mixed Reality(MR)**
- A reality created by mixing various methods
- A word that refers to all the ways that exist between reality, virtual reality(VR) and augmented reality(AR)

❖ **혼합현실**
- 다양한 방식을 혼합해 만들어낸 현실로 현실과 가상현실, 증강현실 사이에 존재할 수 있는 모든 방식을 통틀어 일컫는 말

①

3

핵심기능			
기능	**바로 가기**		**메뉴**
글머리 기호	▤		[홈] 탭-[단락] 그룹-[글머리 기호]
줄 간격	▤		[홈] 탭-[단락] 그룹-[줄 간격]
목록 수준 줄임	▤, Shift + Tab		내어쓰기 : [홈] 탭-[단락] 그룹-[목록 수준 줄임]
목록 수준 늘림	▤, Tab		들여쓰기 : [홈] 탭-[단락] 그룹-[목록 수준 늘림]
동영상 삽입	▥		[삽입] 탭-[미디어] 그룹-[비디오]

① 슬라이드 3을 선택하고 슬라이드 제목 『Ⅰ. 혼합현실(MR)이란?』을 입력한다.

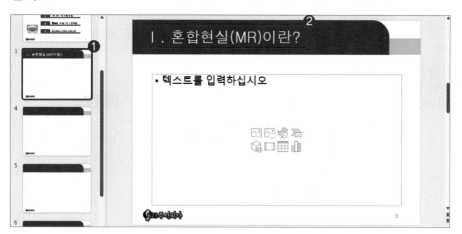

② 텍스트 상자에서 마우스 오른쪽 버튼을 클릭하여 [도형 서식] 탭을 연다. → [텍스트 옵션] – [텍스트 상자] – [자동 맞춤 안 함]에 체크하고 닫는다.

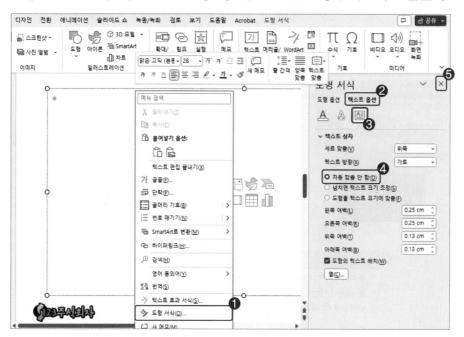

🄵 기적의 TIP

텍스트 상자 크기에 따라 글씨 크기가 바뀌면 주어진 조건을 맞추기 어려울 수 있으므로 [자동 맞춤 안 함] 옵션을 이용하여 텍스트 크기를 고정시키는 것이 좋다.

③ 텍스트 상자에 첫 번째 문단의 내용을 입력하고 [Enter]를 누른다.

→ [Tab]을 눌러 그 다음 문단의 내용을 입력한다.

🅑 기적의 TIP

목록 수준 늘림 : [Tab]
목록 수준 줄임 : [Shift]+[Tab]

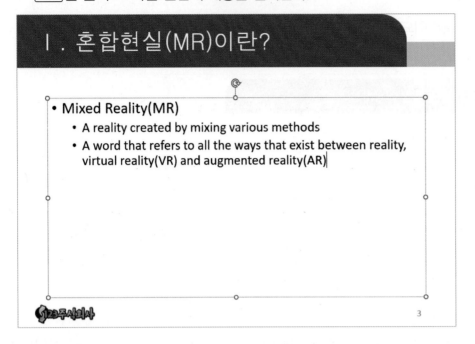

🅑 기적의 TIP

글머리 기호 없이 줄 바꿈을 하려면 [Shift]+[Enter]를 누른다.

💡 해결 TIP

텍스트 입력 시 텍스트 상자가 양옆으로 늘어나요!
텍스트 상자의 정렬이 '가운데 맞춤'이나 '양쪽 맞춤'으로 되어 있을 경우 양옆으로 늘어난다. 늘어나지 않게 하려면 '왼쪽 맞춤'을 선택한다.

④ 『❖』이 들어갈 문단을 마우스 드래그하여 블록 설정한다.

→ [홈] 탭 – [단락] 그룹에서 [글머리 기호](≣) – [별표 글머리 기호]를 선택한다.

🅑 기적의 TIP

둘 이상의 문단을 동시에 선택할 때는, [Ctrl]을 누른 채 각각 드래그하여 블록 설정한다.

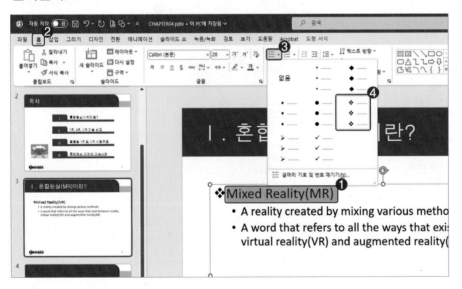

💡 해결 TIP

문제지와 동일한 글머리 기호를 못 찾겠어요!
[글머리 기호 및 번호 매기기] 대화상자에서 [사용자 지정]을 클릭하고 [기호] 대화상자가 나타나면 '글꼴'을 'Wingdings'로 선택한다. 대부분의 시험 문제는 'Wingdings'에서 출제된다.

⑤ ❖ 문단이 블록 설정된 상태에서 [홈] 탭 – [글꼴] 그룹의 글꼴 '굴림', '24pt', '굵게'를 설정한다.

→ [단락] 그룹에서 [줄 간격](≣) – [1.5]를 클릭한다.

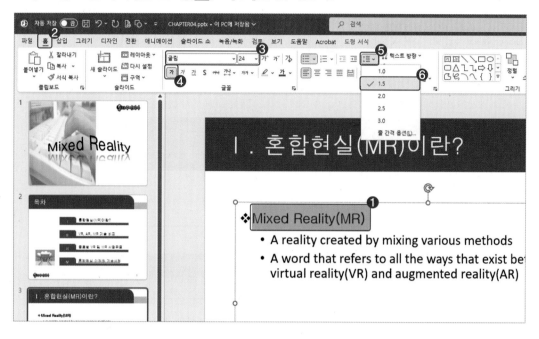

⑥ 나머지 문단을 블록 설정한다.

→ [홈] 탭 – [단락] 그룹에서 [글머리 기호](≣) – [속이 찬 정사각형 글머리 기호]를 설정한다.

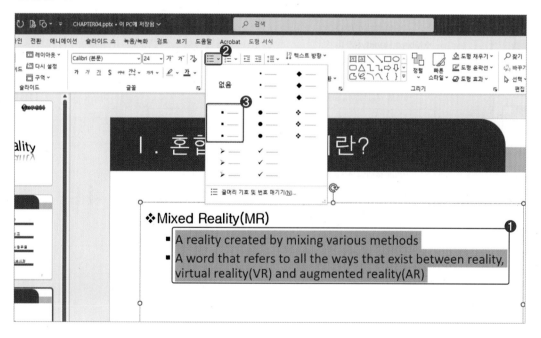

⑦ ■ 문단이 블록 설정된 상태에서 [홈] 탭 – [글꼴] 그룹의 글꼴 '굴림', '20pt'를 설정한다.

→ [단락] 그룹에서 [줄 간격](≡) – [1.5]를 클릭한 후 텍스트 상자의 크기를 조절한다.

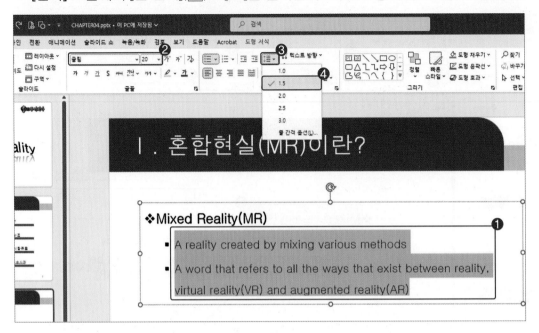

⑧ 텍스트 상자를 [Ctrl]+[Shift]를 누른 채 아래로 드래그하여 복사한다.

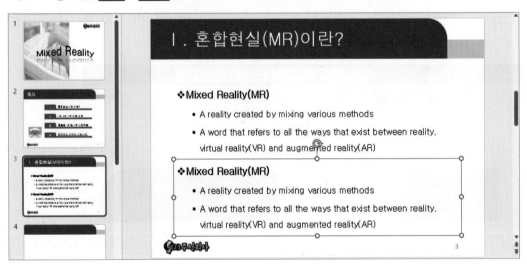

⑨ 복사된 텍스트 상자의 내용을 수정하고 출력형태와 같이 크기와 위치를 맞춘다.

🅟 기적의 TIP

입력된 내용의 양쪽 끝 위치가 출력형태와 동일한지 확인하며 텍스트 상자의 위치와 너비를 조절해야 한다.

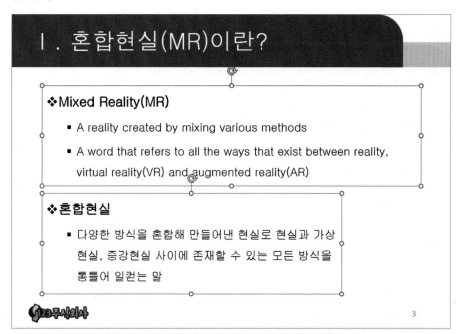

⑩ [보기] 탭 – [표시] 그룹에서 [눈금자]를 체크한다.

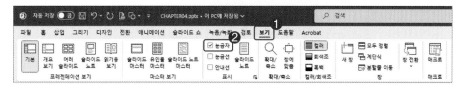

⑪ ❖ 문단에 해당하는 내용을 블록 설정한다.
→ 왼쪽 들여쓰기 표식의 뾰족한 부분을 드래그하여 텍스트의 시작 위치를 조정한다.

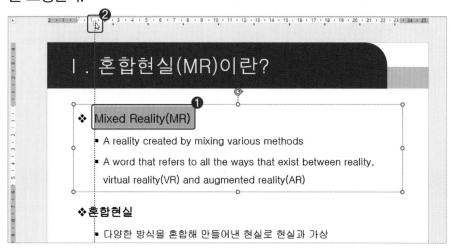

🅟 기적의 TIP

문단의 들여쓰기 조절 시 텍스트에 글머리 기호 항목이나 번호 매기기 항목이 두 수준 이상 포함되어 있으면 각 수준에 대한 들여쓰기 표식이 눈금자에 표시된다.

❶ 글머리 기호 또는 번호의 들여쓰기 위치
❷ 텍스트의 들여쓰기 위치

⑫ ■ 문단도 동일한 방법으로 시작 위치를 맞춘다.

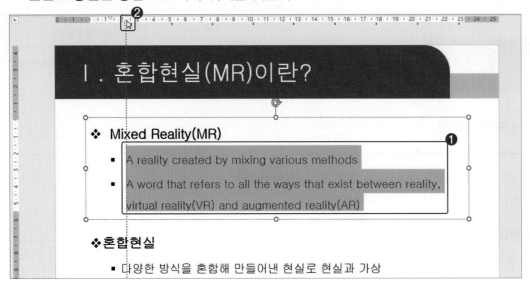

⑬ 두 번째 텍스트 상자의 문단들도 같은 방법으로 시작 위치를 맞춘다.
→ 작업을 마치면 [보기] 탭 – [표시] 그룹에서 [눈금자] 체크를 해제한다.

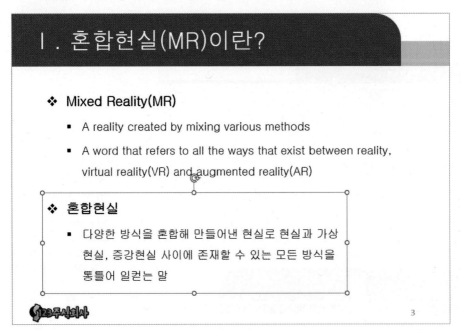

① [삽입] 탭 – [미디어] 그룹에서 [비디오](▢) – [이 디바이스]를 클릭한다.
→ [비디오 삽입] 대화상자가 나타나면 '내 PC₩문서₩ITQ₩Picture' 폴더에서 '동영상.wmv'를 선택하고 [삽입]을 클릭한다.

② 슬라이드에 삽입된 동영상의 크기와 위치를 조절한다.

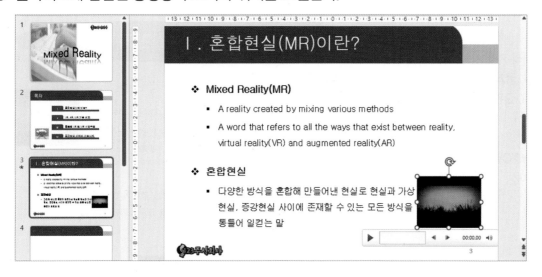

③ [재생] 탭 – [비디오 옵션] 그룹에서 [시작](▷) – [자동 실행]을 선택한다.
→ [반복 재생]에 체크한다.

문제유형 ❸-1

정답파일 PART 01 시험 유형 따라하기₩유형3-1번_정답.pptx

세부조건

텍스트 작성 : 글머리 기호 사용(➤, ✓)
➤문단(돋움, 24pt, 굵게, 줄간격 : 1.5줄)
✓ 문단(돋움, 20pt, 줄간격 : 1.5줄)

① 동영상 삽입 :
– 「내 PC₩문서₩ITQ₩Picture₩동영상.wmv」
– 자동실행, 반복재생 설정

A. 자녀 교육

➤ **Children education**
  ✓ Children education develops humanity formation and social adaptability as a social being
  ✓ These include personality traits and knowledge transfer

➤ **자녀 교육**
  ✓ 교육은 자녀를 사회적 존재로서 인간성 형성과 사회 적응성을 기르는 데 중점을 두고 있으며 여기에는 성격 특성과 지식 전달을 포함하고 있음

123주식회사

3

문제유형 ❸-2

정답파일 PART 01 시험 유형 따라하기₩유형3-2번_정답.pptx

세부조건

텍스트 작성 : 글머리 기호 사용(➤, ✓)
➤문단(굴림, 24pt, 굵게, 줄간격 : 1.5줄)
✓ 문단(굴림, 20pt, 줄간격 : 1.5줄)

① 동영상 삽입 :
– 「내 PC₩문서₩ITQ₩Picture₩동영상.wmv」
– 자동실행, 반복재생 설정

---

1. 건강 관리

➤ **Health care**
  ✓ In general, health care refers to physical health
  ✓ Regular health care satisfies one's desire for health and makes one mentally happy

➤ **건강 관리**
  ✓ 일반적으로 신체적 건강을 가리키는 경우가 많으며 규칙적인 건강 관리는 자신의 건강을 향한 욕구를 충족시키는 동시에 정신적으로도 행복하게 함

ABC주식회사

3

세부조건

텍스트 작성 : 글머리 기호 사용(❖ , ✓)
❖ 문단(굴림, 24pt, 굵게, 줄간격 : 1.5줄)
✓ 문단(굴림, 20pt, 줄간격 : 1.5줄)

① 동영상 삽입 :
– 「내 PC₩문서₩ITQ₩Picture₩동영상.wmv」
– 자동실행, 반복재생 설정

1. 만성피로의 정의

❖ **Chronic fatigue syndrome**
  ✓ Self-reported impairment in short-term memory or concentration
  ✓ Tender cervical or axillary nodes
  ✓ Post-exertional malaise lasting more than 24 hours

❖ **만성피로증후군**
  ✓ 특별한 원인이 밝혀지지 않은 상태로, 일을 줄이고 휴식을 취해도 6개월 이상 지속되거나 반복되는 심한 피로 증상

3

세부조건

텍스트 작성 : 글머리 기호 사용(❖ , ■)
❖ 문단(굴림, 24pt, 굵게, 줄간격 : 1.5줄)
■ 문단(굴림, 20pt, 줄간격 : 1.5줄)

① 동영상 삽입 :
– 「내 PC₩문서₩ITQ₩Picture₩동영상.wmv」
– 자동실행, 반복재생 설정

1. 슬리포노믹스

❖ **Sleeponomics**
  ■ Sleeponomics is a compound word that combines 'sleep' and 'economy' and is a related industry that grows as it pays a lot of money for a good night's sleep

❖ **슬리포노믹스**
  ■ 수면과 경제를 합친 합성어로 숙면을 위해 많은 돈을 지불함에 따라 성장하는 관련 산업
  ■ 수면상태를 분석하는 슬립테크와 함께 성장

3

모두들 당신이 해낼 수 없다고 여기는
무언가를 해내는 것은
인생의 커다란 기쁨이다.

월터 게이저트(Walter Gagehot)

흐뭇..

슬라이드 4
표 슬라이드

배점 **80점** | A등급 목표점수 **70점**

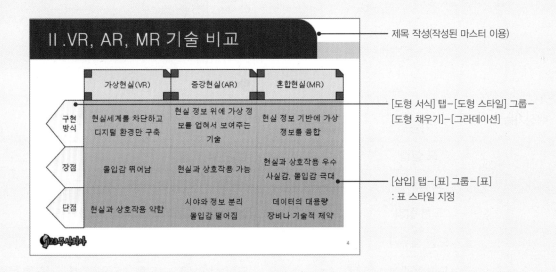

출제포인트
표 작성 · 표 스타일 · 도형 편집

출제기준
파워포인트 내에서의 표 작성능력과 도형 편집능력을 평가하는 문항입니다.

A등급 TIP
표 안의 텍스트를 직접 입력해야 하므로 오타가 나지 않도록 꼼꼼히 작성하세요. 도형의 경우 기본 형태에서 회전하거나, 두 가지 도형을 겹쳐서 작성하는 유형이 출제되므로 미리 다양한 도형을 연습해 보면서 형태를 익히도록 합니다.

CHAPTER 05

[슬라이드 4]

표 슬라이드

▶ 합격 강의

난 이 도 상 ⓒ 하
반복학습 ① ② ③

문제파일 PART 01 시험 유형 따라하기\CHAPTER05.pptx
정답파일 PART 01 시험 유형 따라하기\CHAPTER05_정답.pptx

문제보기

(1) 도형과 표 작성 기능을 이용하여 슬라이드를 작성한다(글꼴 : 돋움, 18pt).

세부조건

① 상단 도형 : 2개 도형의 조합으로
　작성

② 좌측 도형 : 그라데이션 효과
　(선형 아래쪽)

③ 표 스타일 : 테마 스타일 1
　－ 강조 1

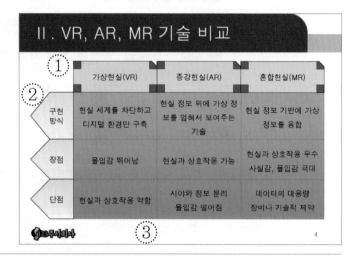

핵심기능

기능	바로 가기	메뉴
표 삽입		[삽입] 탭 – [표]
표 스타일		[테이블 디자인] 탭 – [표 스타일] 그룹
도형 삽입		[삽입] 탭 – [일러스트레이션] 그룹 – [도형]
도형 채우기		[도형 서식] 탭 – [도형 스타일] 그룹 – [도형 채우기]
도형 윤곽선		[도형 서식] 탭 – [도형 스타일] 그룹 – [도형 윤곽선]

① 슬라이드 4를 선택하고 슬라이드 제목 『II. VR, AR, MR 기술 비교』를 입력한다.

② 텍스트 상자에서 [표 삽입](▦)을 클릭한다.

→ 표 삽입 대화상자가 나타나면 열 개수 『3』, 행 개수 『3』 입력 후 [확인]을 클릭한다.

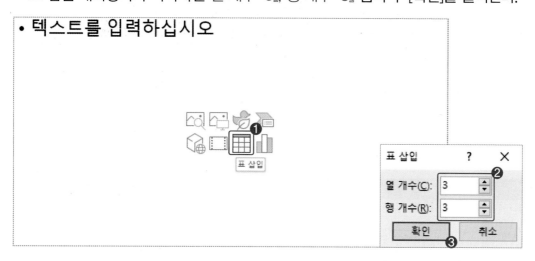

③ 표를 선택하고 [테이블 디자인] 탭 – [표 스타일 옵션] 그룹에서 [머리글 행]과 [줄무늬 행]을 선택 해제한다.

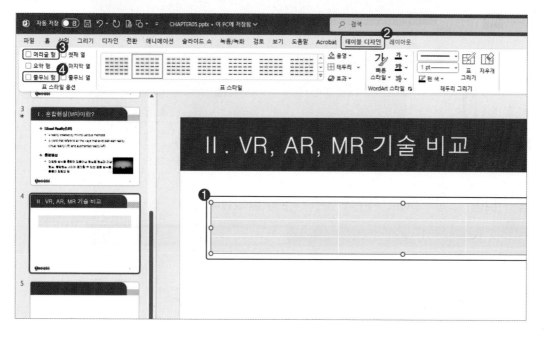

④ [테이블 디자인] 탭 – [표 스타일] 그룹에서 [빠른 스타일](▼) – [테마 스타일 1 – 강조 1]을 선택한다.

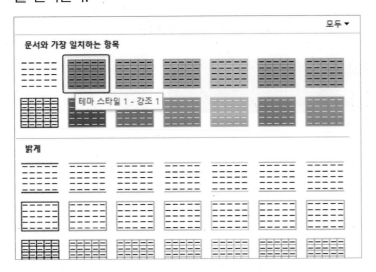

⑤ 마우스 드래그로 표 전체를 블록 설정한다.
→ [홈] 탭 – [글꼴] 그룹의 글꼴 '돋움', '18pt'를 설정한다.
→ [단락] 그룹에서 [가운데 맞춤](≡), [줄 간격](≡) – [1.5]를 설정한다.

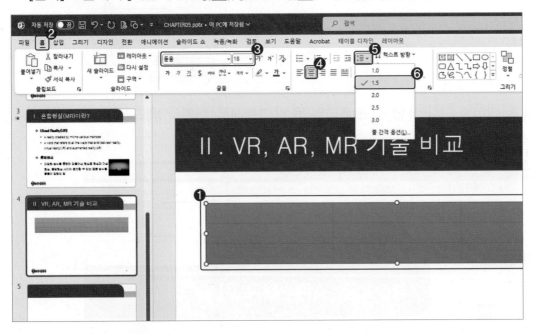

⑥ [레이아웃] 탭 – [맞춤] 그룹 – [세로 가운데 맞춤](目)을 클릭한다.

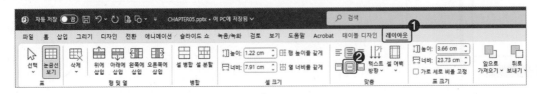

⑦ 출력형태를 참고하여 내용을 입력하고 마우스로 표의 크기와 위치를 조절한다.

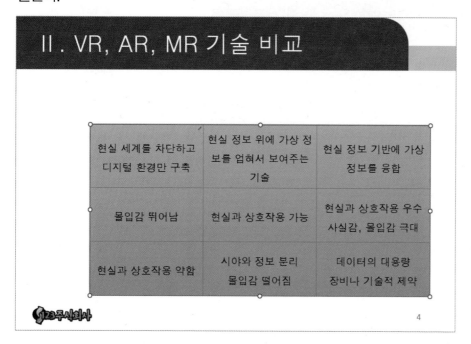

SECTION 02 상단 도형 작성

① [삽입] 탭 – [일러스트레이션] 그룹 – [도형](🔲)에서 [사각형: 잘린 한쪽 모서리]를 클릭한다.

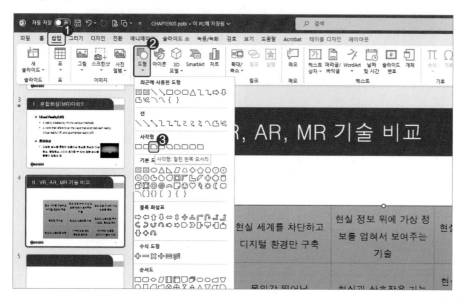

② 표 위쪽에 마우스를 드래그하여 도형을 그린다.

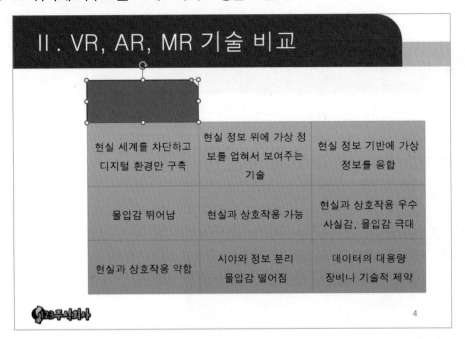

🔵 해결 TIP

여러 개의 도형을 작성할 때 순서는?

뒤에 놓인 도형부터 작업하는 것이 좋으며, 비슷한 도형은 복사하여 사용하면 편리하다.

③ 도형이 선택된 상태에서 [도형 서식] 탭 – [도형 스타일] 그룹의 [도형 채우기](🖼)와 [도형 윤곽선](🖊)을 임의로 설정한다.

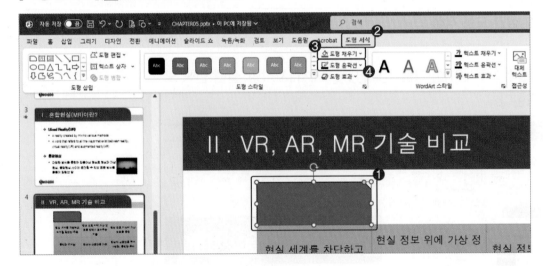

④ [삽입] 탭 – [일러스트레이션] 그룹 – [도형](🖼)에서 [기본 도형] – [십자형]을 클릭한다.

⑤ 첫 번째 도형 위에 마우스 드래그하여 겹쳐 보이게 삽입한다.
   → [도형 서식] 탭 – [도형 스타일] 그룹에서 [도형 채우기]와 [도형 윤곽선]을 임의로 설정한다.

⑥ 도형을 선택한 상태에서 [홈] 탭 – [글꼴] 그룹의 글꼴 '돋움', '18pt'를 설정하고 『가상현실(VR)』을 입력한다.

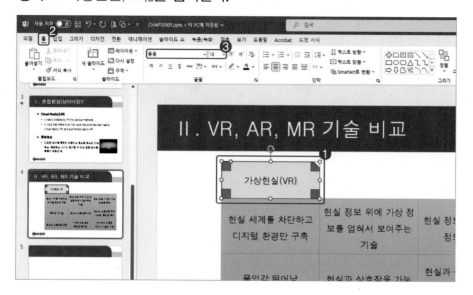

⑦ 2개의 도형을 모두 선택하고 마우스 오른쪽 클릭한다.
　→ [그룹화] – [그룹](⊞)을 클릭한다.

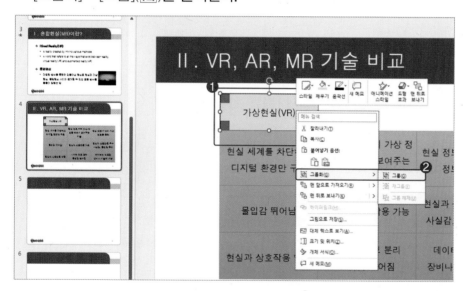

ⓘ 기적의 TIP

단축키 Ctrl+G 를 누르면 그룹화를 빠르게 할 수 있다.

⑧ 그룹화된 도형을 [Ctrl]+[Shift]를 누른 채 오른쪽으로 복사하고 텍스트 내용을 수정한다.

🅕 기적의 TIP

도형을 [Ctrl]+[Shift]를 누른 채 드래그하면 수직·수평으로 복사할 수 있다.

🅕 기적의 TIP

도형의 크기는 [Alt]를 누른 채 드래그하면 더 세밀하게 조절할 수 있다.

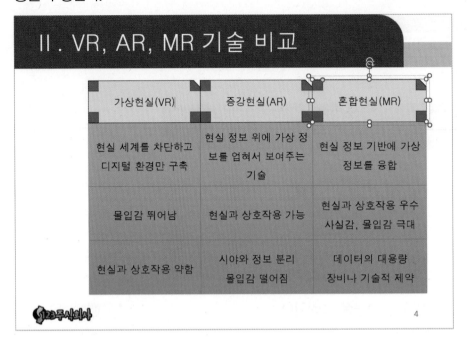

SECTION 03 좌측 도형 작성

① [삽입] 탭 – [일러스트레이션] 그룹 – [도형](🔲)에서 [블록 화살표] – [화살표: 오각형]을 클릭한다.

② 왼쪽 공간에 마우스 드래그하여 도형을 그린다.

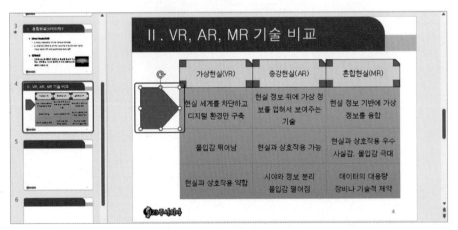

③ [도형 서식] 탭 – [정렬] 그룹에서 [회전](📐) – [좌우 대칭]을 클릭한다.

🅱 기적의 TIP

좌우, 상하 대칭을 생각하여 문제와 맞는 도형을 찾아 삽입한다.

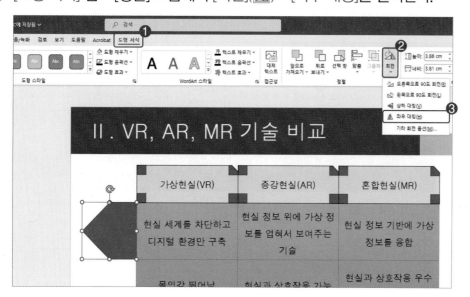

④ [도형 서식] 탭 – [도형 스타일] 그룹에서 [도형 채우기]와 [도형 윤곽선]을 임의로 설정한다.

⑤ 다시 [도형 스타일] 그룹 – [도형 채우기]를 클릭하고 [그라데이션](▦) – [선형 아래쪽]을 선택한다.

💡 해결 TIP

그라데이션 스타일을 상세하게 변경하려면?
[도형 서식] 탭의 [채우기] 옵션에서 각각의 그라데이션 중지점을 선택하면 그라데이션 스타일을 더 세밀하게 적용할 수 있다.

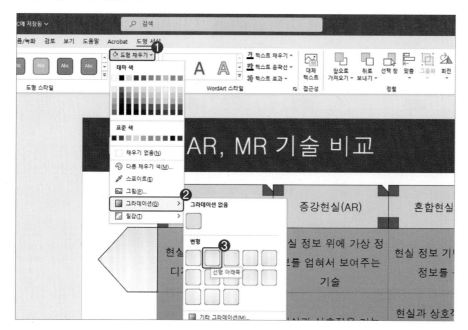

⑥ 도형을 선택한 상태에서 [홈] 탭 – [글꼴] 그룹의 글꼴 '돋움', '18pt', 글꼴 색 '검정, 텍스트 1'을 설정하고 『구현방식』을 입력한다.

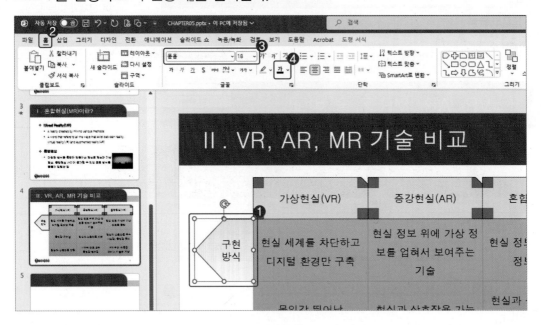

⑦ 도형을 선택한 후 [Ctrl]+[Shift]를 누른 채 아래쪽으로 복사하고, 도형의 크기와 텍스트 내용을 수정한다.

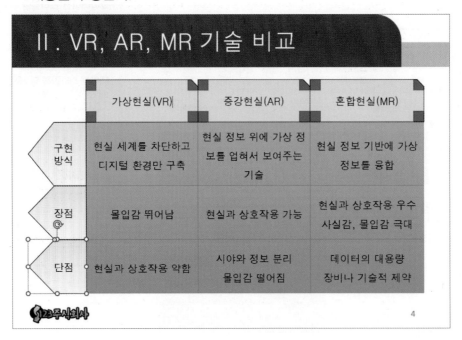

유형을 확인하는 기출문제

문제유형 ④-1

정답파일 PART 01 시험 유형 따라하기₩유형4-1번_정답.pptx

세부조건
글꼴 : 돋움, 18pt
① 상단 도형 : 2개 도형의 조합으로 작성
② 좌측 도형 : 그라데이션 효과(선형 아래쪽)
③ 표 스타일 : 테마 스타일 1 – 강조 6

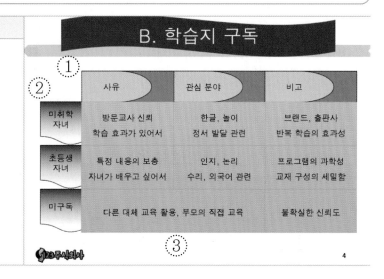

문제유형 ④-2

정답파일 PART 01 시험 유형 따라하기₩유형4-2번_정답.pptx

세부조건
글꼴 : 굴림, 18pt
① 상단 도형 : 2개 도형의 조합으로 작성
② 좌측 도형 : 그라데이션 효과(선형 아래쪽)
③ 표 스타일 : 테마 스타일 1 – 강조 5

2. 균형있는 식생활

구분	밥류	면류	빵류
구분	진지한 식사 쌀, 현미, 잡곡	다양한 형태 국수, 라면, 스파게티	간편한 식사 식빵, 도넛, 바게트
선호	건강에 좋기 때문에, 소화가 잘 되어서	빠른 시간 먹기 편해서, 식감이 좋아서	휴대가 편리해서, 음료와 어울려서
비선호	식단 준비의 번거로움	밥이 곧 식사라는 이미지	선택적 간식거리로 인식

ABC종식회사

4

세부조건

글꼴 : 돋움, 18pt

① 상단 도형 : 2개 도형의 조합으로 작성

② 좌측 도형 : 그라데이션 효과(선형 아래쪽)

③ 표 스타일 : 테마 스타일 1 – 강조 6

2. 만성피로의 유발과 증상

	유발 가능 원인	증상
관련 장애	우울증, 불안증, 신체화 장애	운동 후 심한 피로
관련 장애	신경안정제 등 약물 부작용	집중력 저하, 기억력 장애
관련 질환	내분비 및 대사 질환	수면 장애, 위장 장애
관련 질환	결핵, 간염 등 감염 질환	두통, 근육통, 관절통, 전신 통증

123주식회사

4

세부조건

글꼴 : 돋움, 18pt

① 상단 도형 : 2개 도형의 조합으로 작성

② 좌측 도형 : 그라데이션 효과(선형 아래쪽)

③ 표 스타일 : 테마 스타일 1 – 강조 5

2. 불면증 유형과 숙면 유도 제품

	수면 장애 증상	숙면 유도 제품	슬립테크
입면 장애	잠드는 데 30분 이상 걸리는 증상	숙면 유도 기능 침구류 기능성 매트리스 베개	숙면기능 IT제품 멘탈 케어 시스템 수면 유도 IT제품
숙면유지 장애	자는 동안 자주 깨서 숙면을 취하지 못하는 증상	이불 숙면 유도 생활용품 수면 안대	컬러테라피 감성 조명 수면클리닉
조기각성 장애	너무 이른 시간에 깨서 다시 잠들지 못하는 증상	수면 양말 숙면 유도 차 숙면 화장품	수면 전문 클리닉 양압기 수면 개선 전문 용품

123주식회사

4

슬라이드 5
차트 슬라이드

배점 **100점** ┃ A등급 목표점수 **80점**

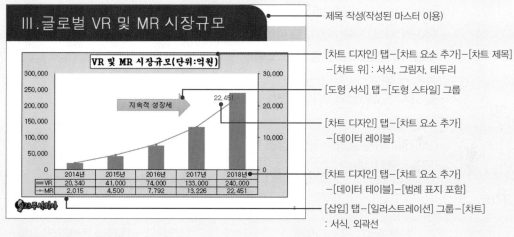

출제포인트

차트 작성 · 데이터 편집 · 차트 디자인 · 도형 편집

출제기준

프레젠테이션용 차트를 작성하는 능력을 평가하는 문항으로, 차트 삽입과 데이터 편집, 차트 디자인 편집 등 종합적인 기능이 출제됩니다.

A등급 TIP

차트 작성의 종합적인 능력을 평가하는 문제로, 배점도 가장 크고 난이도도 높은 문항입니다. 지시사항을 충실히 따라야 할 뿐 아니라, 지시사항에 주어지지 않은 부분도 출력형태와 동일하게 표현될 수 있도록 꼼꼼히 작업해야 합니다. 풀이를 마친 후 출력형태와 비교해 보며 검토하는 것을 잊지 마세요.

[슬라이드 5]
차트 슬라이드

▶ 합격 강의

📄 문제파일 PART 01 시험 유형 따라하기₩CHAPTER06.pptx
📄 정답파일 PART 01 시험 유형 따라하기₩CHAPTER06_정답.pptx

문제보기	
	(1) 차트 작성 기능을 이용하여 슬라이드를 작성한다. (2) 차트 : 종류(묶은 세로 막대형), 글꼴(돋움, 16pt), 외곽선

세부조건

※ 차트설명
- 차트제목 : 궁서, 24pt, 굵게, 채우기(흰색), 테두리, 그림자(오프셋 오른쪽)
- 차트영역 : 채우기(노랑)
- 그림영역 : 채우기(흰색)
- 데이터 서식 : MR 계열을 표식이 있는 꺾은선형으로 변경 후 보조축으로 지정
- 값 표시 : 2018년의 MR 계열만

① 도형 삽입
- 스타일 : 미세 효과 – 파랑, 강조 1
- 글꼴 : 굴림, 18pt

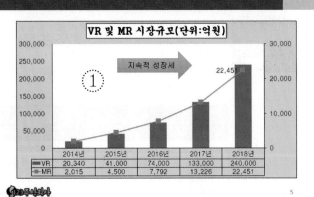

핵심기능	기능	바로 가기	메뉴
	차트 삽입	📊	[삽입] 탭 – [일러스트레이션] 그룹 – [차트]
	데이터 레이블	📊	[차트 디자인] 탭 – [차트 레이아웃] 그룹 – [차트 요소 추가] – [데이터 레이블]
	데이터 표(테이블)	📊	[차트 디자인] 탭 – [차트 레이아웃] 그룹 – [차트 요소 추가] – [데이터 테이블]

① 슬라이드 5를 선택하고 슬라이드 제목 『Ⅲ. 글로벌 VR 및 MR 시장규모』
를 입력한다.

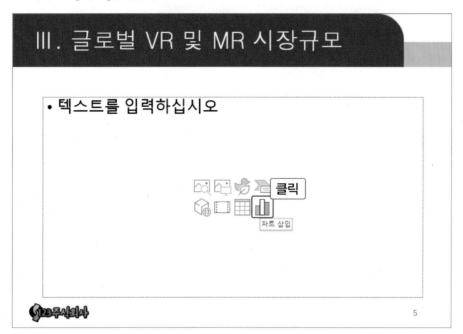

② 텍스트 상자에서 [차트 삽입](▮)을 클릭한다.
→ 차트 삽입 대화상자가 나타나면 [세로 막대형] – [묶은 세로 막대형]을
선택한 후 [확인]을 클릭한다.

> 📐 **기적의 TIP**
>
> 그림 영역, 데이터 계열 서
> 식, 값, 데이터 테이블 등
> 차트를 구성하는 용어를 정
> 확히 알고 있어야 한다.

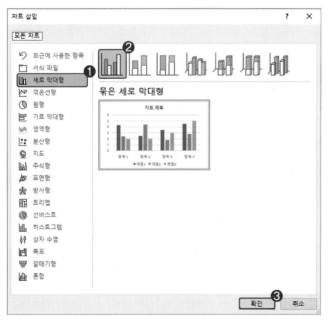

③ 데이터 시트 창이 열리면 내용을 입력한 후 데이터 범위를 지정한다.

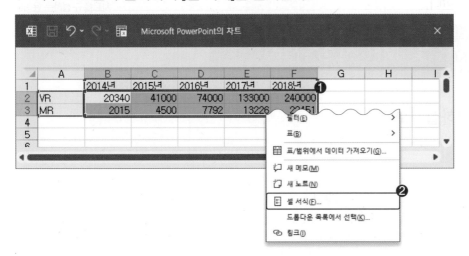

④ 숫자 데이터가 입력된 「B2:F3」 영역을 블록 설정한다.

→ 마우스 오른쪽 클릭하여 [셀 서식]을 클릭한다.

⑤ [셀 서식] 대화상자 – [표시 형식] 탭의 범주에서 '숫자'를 클릭한다.

→ 1000 단위 구분 기호(,) 사용에 체크한 후 [확인]을 클릭한다.

⑥ 데이터 시트를 닫고, [홈] 탭 – [글꼴] 그룹에서 글꼴 '돋움', '16pt', 글꼴 색 '검정'을 설정한다.

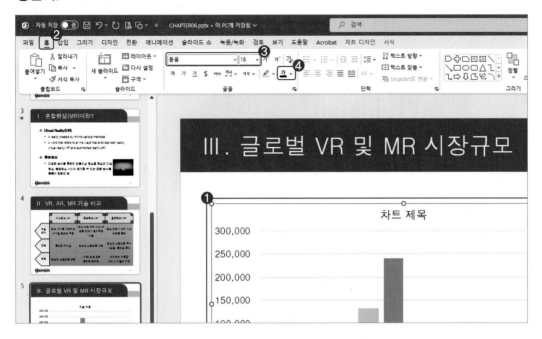

⑦ [차트 디자인] 탭 – [데이터] 그룹에서 [데이터 선택](🖼)을 클릭한다.
→ [데이터 원본 선택] 대화상자가 나타나면 [행/열 전환](🖼)을 클릭하고 [확인]을 클릭한다.
→ 데이터 시트를 닫는다.

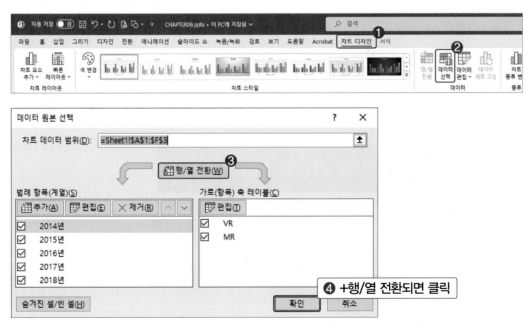

⑧ [서식] 탭 – [도형 스타일] 그룹 – [도형 윤곽선](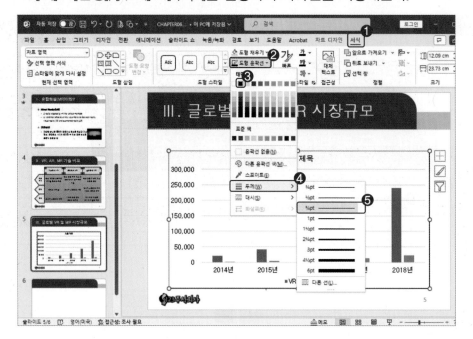)을 클릭한다.
→ [색] – [검정], [두께] – [3/4pt]를 설정하여 외곽선을 지정해준다.

SECTION 02 차트 제목

① 차트 제목 상자를 클릭하고 『VR 및 MR 시장규모(단위:억원)』을 입력한다.
→ [홈] 탭 – [글꼴] 그룹에서 글꼴 '궁서', '24pt', '굵게' 설정을 한다.

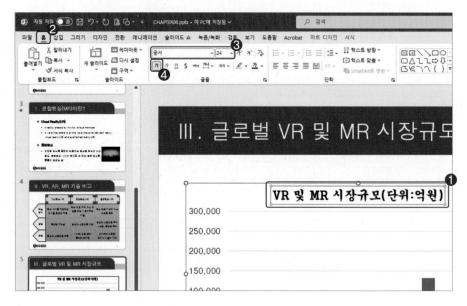

② [서식] 탭 – [도형 스타일] 그룹 – [도형 윤곽선](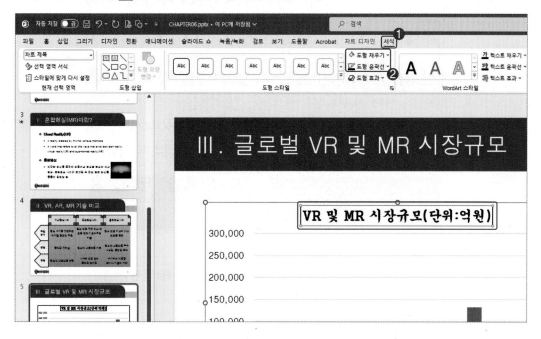)을 클릭한다.

→ [색] – [검정], [두께] – [3/4pt]를 설정한다.

→ [도형 채우기]()를 클릭하여 '흰색'을 설정한다.

③ [도형 효과](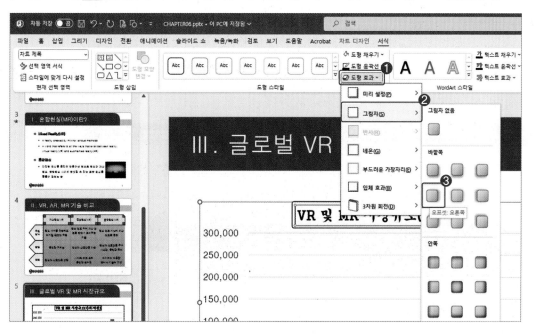)를 클릭하고 [그림자] – [바깥쪽] – [오프셋: 오른쪽]으로 설정한다.

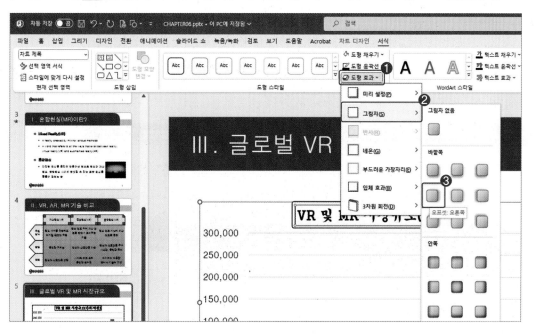

① '차트 영역'을 선택하고 [서식] 탭 – [도형 스타일] 그룹에서 [도형 채우기](🔲)를 클릭한다.

→ [색] – [노랑]을 설정한다.

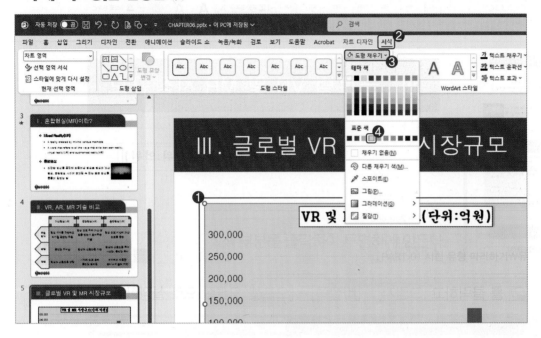

② '그림 영역'을 선택하고 [서식] 탭 – [도형 스타일] 그룹에서 [도형 채우기](🔲)를 클릭한다.

→ [색] – [흰색]을 설정한다.

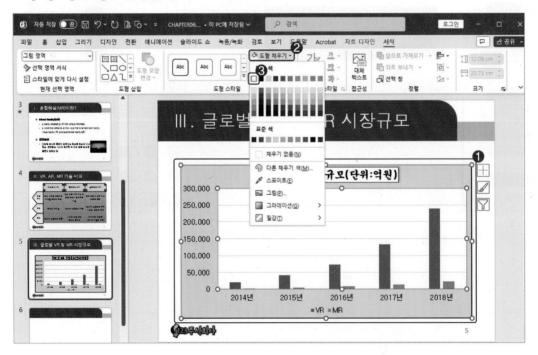

③ '차트 영역'을 선택하고 [차트 디자인] 탭 – [차트 레이아웃] 그룹 – [차트 요소 추가] (📊)를 클릭한다.

→ [데이터 테이블](📊) – [범례 표지 포함]을 클릭한다.

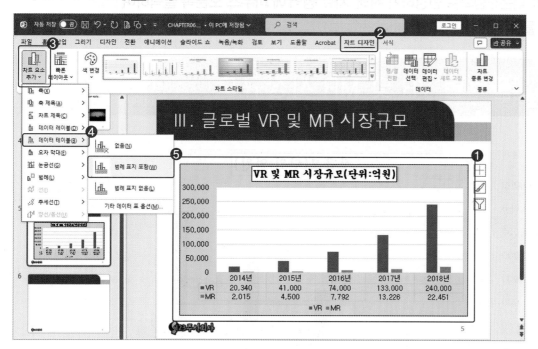

④ 차트 오른쪽 상단의 [차트 요소](⊞) 아이콘을 클릭하여 [눈금선]과 [범례]를 체크 해 제한다.

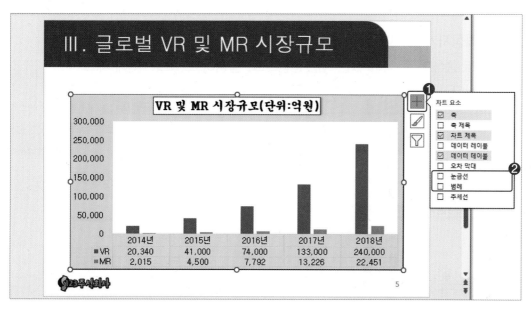

① MR 계열을 꺾은선형으로 변경하기 위해 '차트 영역'에 마우스 오른쪽 클릭하여 [차트 종류 변경]을 클릭한다.

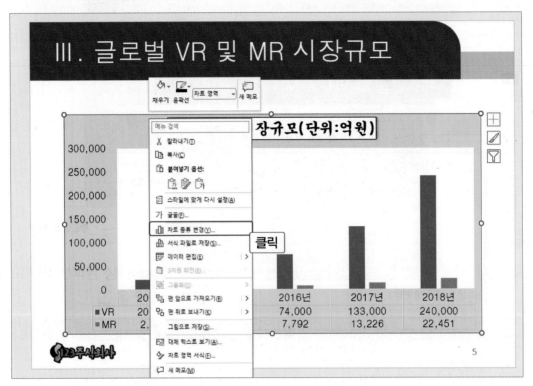

② [차트 종류 변경] 대화상자가 나타나면 [혼합]을 선택한다.

→ MR 계열에서 차트 종류를 '표식이 있는 꺾은선형'으로 설정하고 [보조 축]에 체크한 후 [확인]을 클릭한다.

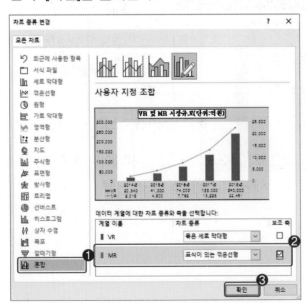

③ '차트 영역'에서 마우스 오른쪽 클릭하여 [차트 영역 서식]을 클릭한다.

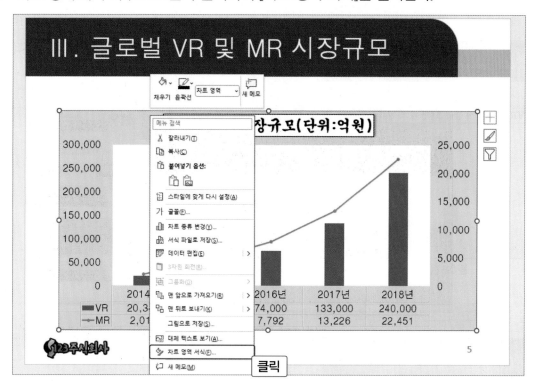

④ [차트 옵션]을 클릭하고 계열 "MR"을 선택한다.

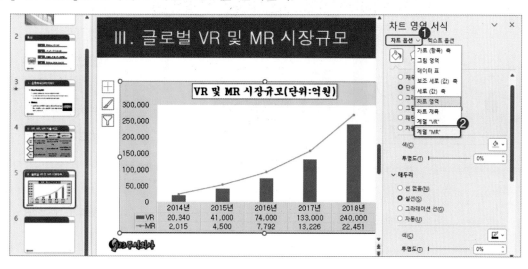

⑤ [데이터 계열 서식] 탭에서 [표식] – [표식 옵션]을 클릭한다.
→ 기본 제공을 선택하고 형식 '네모', 크기 '12'로 설정한다.

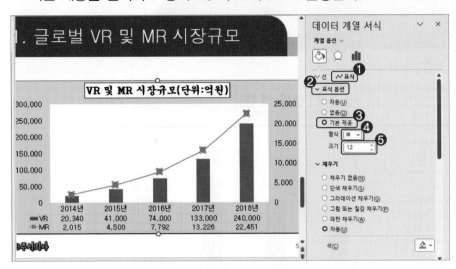

기적의 TIP

표식의 크기는 지시사항으로 주어지지 않을 경우 10~12 정도로 적당히 설정한다.

⑥ [계열 옵션]을 클릭하고 보조 세로 (값) 축을 선택한다.

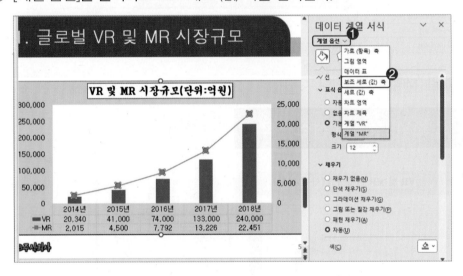

⑦ [축 옵션](📊)을 클릭하고 [경계] – 최대값 『30000』, [단위] – 기본 『10000』을 입력한다.
  → [눈금] – 주 눈금 '바깥쪽', 보조 눈금 '없음'으로 설정한다.

해결 TIP

축의 눈금 간격이 다를 경우 어떻게 조절하나요?
[축 서식] 탭의 [축 옵션]에서 최소값, 최대값, 기본 단위, 보조 단위를 수정하여 눈금 단위를 조절한다.

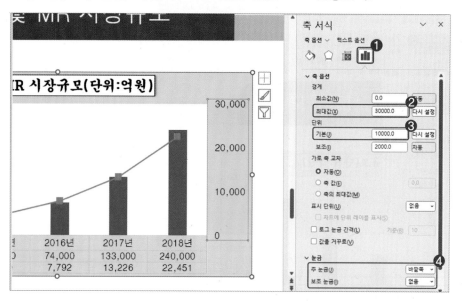

기적의 TIP

세로 (값) 축에서 '0' 대신 '-' 만드는 법
[축 서식] – [축 옵션]에서 [표시 형식] – 범주 '회계', 기호 '없음'으로 설정한다.

⑧ [서식] 탭 – [도형 스타일] 그룹 – [도형 윤곽선](✏️)을 설정한다.
  → 마우스로 '세로 (값) 축'을 선택하여 같은 방법으로 [도형 윤곽선](✏️)을 설정한다.

기적의 TIP

영역 선택은 마우스로 각 영역을 직접 클릭하거나 [서식] 탭의 [현재 선택 영역] 그룹에서 선택하면 된다.

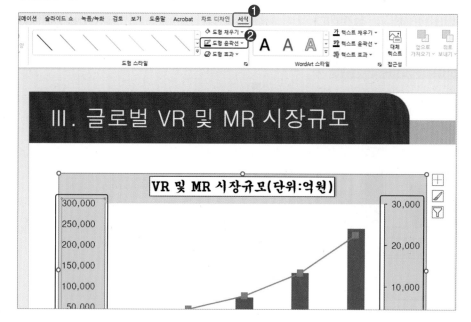

⑨ 마우스로 '데이터 테이블'을 선택한다.

→ [서식] 탭 – [도형 스타일] 그룹 – [도형 윤곽선](⬚)을 설정한다.

기적의 TIP

일반적으로 선 두께는 3/4pt
를 설정하면 된다.

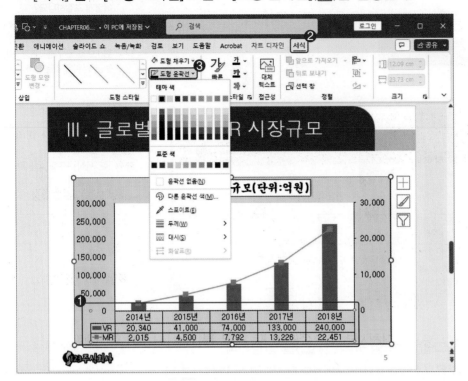

⑩ VR 계열 차트에 마우스 오른쪽 클릭하여 [데이터 계열 서식]을 클릭한다.

→ [계열 옵션]에서 간격 너비 '150%'로 설정한다.

기적의 TIP

세부조건에서 지시하지 않
는 사항은 문제의 출력형태
를 참고하여 비슷하게 설정
한다.

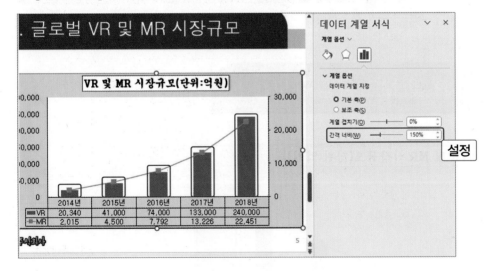

⑪ 값을 표시하기 위해 꺾은선형 차트인 MR 계열에서 '2018년 표식'만 마우스로 선택한다.

→ [차트 디자인] 탭의 [차트 요소 추가]( ) – [데이터 레이블] – [왼쪽]을 클릭한다.

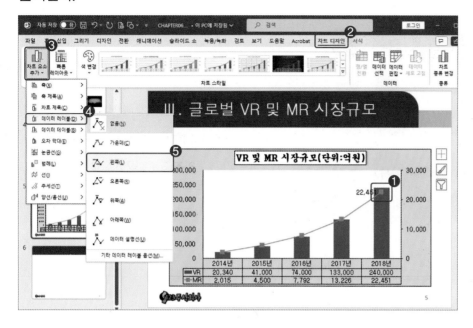 기적의 TIP

차트에서 하나의 요소만 선택
마우스로 계열 차트를 한 번 클릭한 후 원하는 요소만 한 번 더 클릭한다.

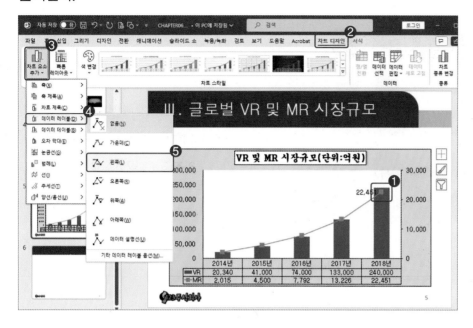

SECTION 05 | 도형 삽입

① [삽입] 탭 – [일러스트레이션] 그룹 – [도형]( )에서 [블록 화살표] – [화살표: 오른쪽]을 클릭한다.

→ 적당한 크기로 그린 후 [도형 스타일] 그룹에서 [빠른 스타일]( )을 클릭한다.

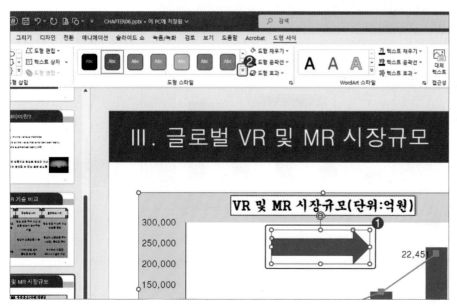

② [테마 스타일]에서 '미세 효과 – 파랑, 강조 1'을 선택한다.

③ 도형에 『지속적 성장세』를 입력한다.
→ [홈] 탭 – [글꼴] 그룹에서 글꼴 '굴림', '18pt', [단락] 그룹에서 [가운데 맞춤](≡)을 설정한다.

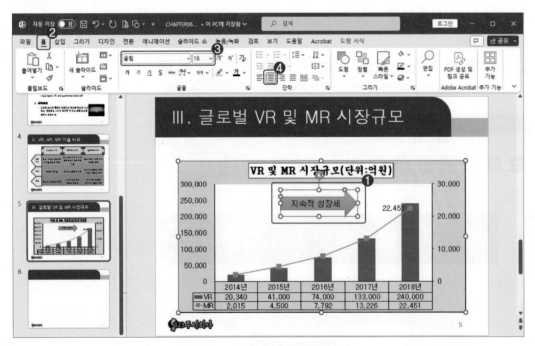

④ 문제지의 출력형태를 참고하며 차트영역의 크기와 위치 등을 조절한다.

문제유형 5-1

정답파일 PART 01 시험 유형 따라하기₩유형5-1번_정답.pptx

세부조건

종류(묶은 세로 막대형), 글꼴(돋움, 16pt), 외곽선

※ 차트설명
- 차트제목 : 궁서, 24pt, 굵게, 채우기(흰색), 테두리, 그림자(오프셋 아래쪽)
- 차트영역 : 채우기(노랑)
- 그림영역 : 채우기(흰색)
- 데이터 서식 : 여자아동 계열을 표식이 있는 꺾은선 형으로 변경 후 보조축으로 지정
- 값 표시 : 국어의 남자아동 계열만

① 도형 삽입
  - 스타일 : 미세 효과 - 파랑, 강조1
  - 글꼴 : 굴림, 18pt

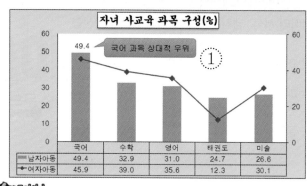

문제유형 5-2

정답파일 PART 01 시험 유형 따라하기₩유형5-2번_정답.pptx

세부조건

종류(묶은 세로 막대형), 글꼴(돋움, 16pt), 외곽선

※ 차트설명
- 차트제목 : 궁서, 24pt, 굵게, 채우기(흰색), 테두리, 그림자(오프셋 오른쪽)
- 차트영역 : 채우기(노랑)
- 그림영역 : 채우기(흰색)
- 데이터 서식 : 음주율 계열을 표식이 있는 꺾은선형 으로 변경 후 보조축으로 지정
- 값 표시 : 20대의 음주율 계열만

① 도형 삽입
  - 스타일 : 미세 효과 - 파랑, 강조 1
  - 글꼴 : 굴림, 18pt

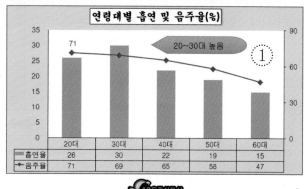

세부조건

종류(묶은 세로 막대형), 글꼴(돋움, 16pt), 외곽선

※ 차트설명
- 차트제목 : 궁서, 24pt, 굵게, 채우기(흰색), 테두리, 그림자(오프셋 오른쪽)
- 차트영역 : 채우기(노랑)
- 그림영역 : 채우기(흰색)
- 데이터 서식 : 남자 계열을 표식이 있는 꺾은선형 으로 변경 후 보조축으로 지정
- 값 표시 : 2022의 여자 계열만

① 도형 삽입
 - 스타일 : 미세 효과-파랑, 강조 1
 - 글꼴 : 굴림, 18pt

세부조건

종류(묶은 세로 막대형), 글꼴(돋움, 16pt), 외곽선

※ 차트설명
- 차트제목 : 궁서, 24pt, 굵게, 채우기(흰색), 테두리, 그림자(오프셋 오른쪽)
- 차트영역 : 채우기(노랑)
- 그림영역 : 채우기(흰색)
- 데이터 서식 : 1인당 진료비 계열을 표식이 있는 꺾은선형으로 변경 후 보조축으로 지정
- 값 표시 : 2020년의 1인당 진료비 계열만

① 도형 삽입
 - 스타일 : 미세 효과-파랑, 강조 1
 - 글꼴 : 굴림, 18pt

슬라이드 6
도형 슬라이드

배점 **100점** | A등급 목표점수 **80점**

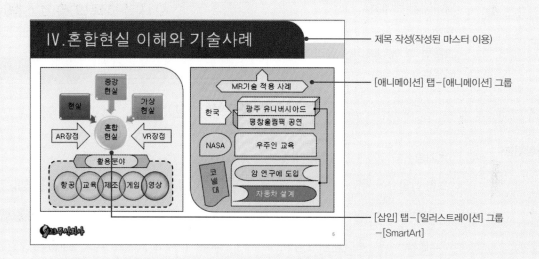

출제포인트
스마트아트 삽입 · 도형 삽입 · 그룹화 · 애니메이션

출제기준
다양한 도형을 이용한 슬라이드 작성 능력을 평가하는 문항입니다.

A등급 TIP
슬라이드 5와 함께 배점이 가장 크지만, 어려운 기능보다는 꼼꼼한 작성과 시간 관리를 요구하는 문항입니다. 삽입된 도형과 스마트아트의 이름이 주어지지 않으므로 기출문제와 모의고사를 통해 다양한 도형을 찾아보고 변형해 보는 것이 좋습니다. 그룹화와 애니메이션은 한 번만 제대로 익히면 어렵지 않은 기능이므로 꼭 숙지하세요.

[슬라이드 6]
도형 슬라이드

▶ 합격 강의

문제파일 PART 01 시험 유형 따라하기₩CHAPTER07.pptx
정답파일 PART 01 시험 유형 따라하기₩CHAPTER07_정답.pptx

문제보기

(1) 슬라이드와 같이 도형 및 스마트아트를 배치한다(글꼴 : 굴림, 18pt).
(2) 애니메이션 순서 : ① ⇒ ②

세부조건

① 도형 및 스마트아트 편집
 – 스마트아트 디자인 :
  3차원 광택 처리, 3차원 만화
 – 그룹화 후 애니메이션 효과 :
  닦아내기(위에서)
② 도형 편집
 – 그룹화 후 애니메이션 효과 :
  바운드

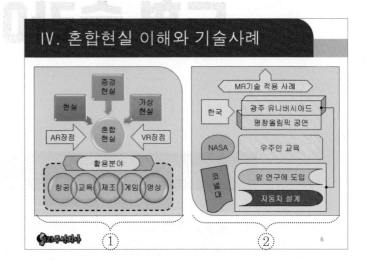

핵심기능

기능	바로 가기	메뉴
도형 삽입		[삽입] 탭 – [일러스트레이션] 그룹 – [도형]
회전		[도형 서식] 탭 – [정렬] 그룹 – [회전]
그룹화	, Ctrl + G	[도형 서식] 탭 – [정렬] 그룹 – [그룹화]
SmartArt		[삽입] 탭 – [일러스트레이션] 그룹 – [SmartArt]
애니메이션	나타내기 밝기 변화 날아오기 흘러오기	[애니메이션] 탭 – [애니메이션] 그룹

① 슬라이드 6을 선택하고 슬라이드 제목에 『Ⅳ. 혼합현실 이해와 기술사례』를 입력한 후 '텍스트를 입력하십시오' 상자를 삭제한다.

Ⅳ. 혼합현실 이해와 기술사례

② [삽입] 탭 – [일러스트레이션] 그룹에서 [도형]( ) – [사각형: 둥근 한쪽 모서리]를 선택하여 도형을 그린다.
→ [도형 서식] 탭 – [도형 스타일] 그룹에서 [도형 채우기]( )로 임의의 색을 지정한다.

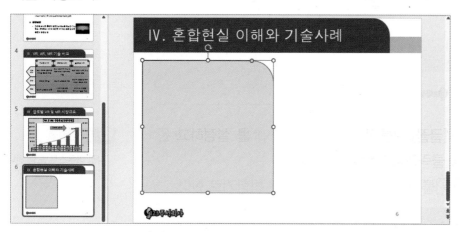

기적의 TIP

가장 뒤에 있는 도형부터 그려야 작업이 수월하다.

기적의 TIP

도형 윤곽선의 두께는 문제에 명확한 지시사항이 없다면 출력형태와 유사하게 지정한다.

③ [삽입] 탭 – [일러스트레이션] 그룹 – [SmartArt]( )를 클릭한다.
→ [SmartArt 그래픽 선택] 대화상자가 나타나면 [관계형] – [수렴 방사형]을 선택하고 [확인]을 클릭한다.

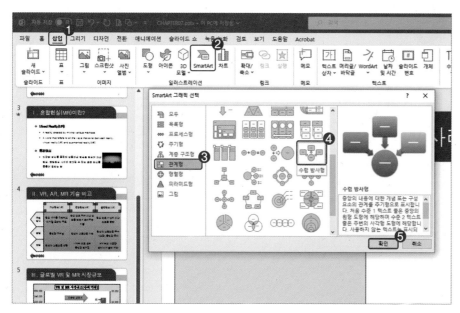

기적의 TIP

SmartArt 고르기
시험에서 SmartArt 그래픽의 이름에 대한 지시사항이 없을 경우, 출력형태를 참고하여 그래픽을 선택한다.

④ 크기와 위치를 조절하고 [SmartArt 디자인] 탭 – [SmartArt 스타일] 그룹 – [빠른 스타일](▽)을 클릭한다.
→ [3차원] – [광택 처리]를 클릭한다.

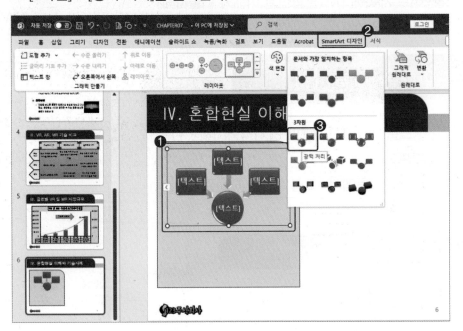

⑤ SmartArt에서 [홈] 탭 – [글꼴] 그룹의 글꼴 '굴림', '18pt'를 설정하고 왼쪽 모서리의 〈 아이콘을 클릭하여 내용을 입력한다.
→ 줄바꿈은 Shift + Enter 를 이용하고 도형 간 이동은 방향키로 한다.

🅑 기적의 TIP

직접 마우스로 도형 하나씩 클릭하여 입력해도 된다.

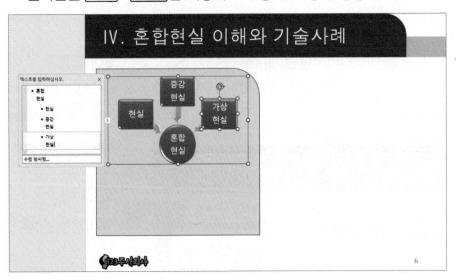

⑥ [SmartArt 디자인] 탭 – [SmartArt 스타일] 그룹에서 [색 변경]을 클릭한다.
   → [색상형] 중 도형들이 서로 구분되는 것을 선택해 적용한다.
   → [홈] 탭에서 글꼴 색 '검정'으로 설정한다.

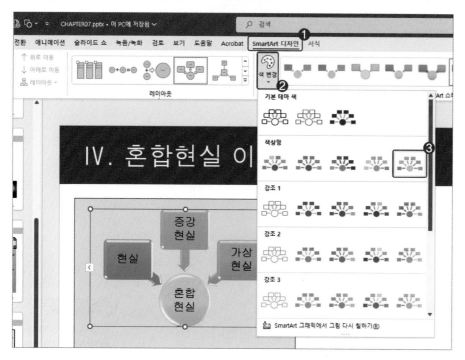

⑦ [삽입] 탭 – [일러스트레이션] 그룹에서 [도형](🔲) – [블록 화살표] – [화살표: 오른쪽], [화살표: 왼쪽]을 그리고 내용을 입력한다.
   → [도형 서식] 탭 – [도형 스타일] 그룹에서 [도형 채우기](🖌)와 [도형 윤곽선](🖊)에 임의의 색을 설정한다.
   → 글꼴은 '굴림', '18pt', '검정'으로 설정한다.

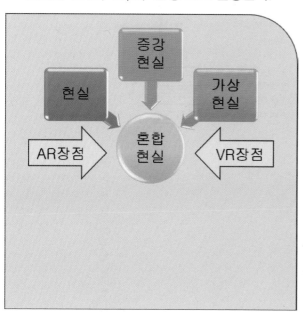

🅑 기적의 TIP

기본 도형 설정하기
도형에 마우스 오른쪽 클릭하여 [기본 도형으로 설정]을 선택하면 앞으로 삽입되는 다른 도형들의 기본값(색, 글꼴 등)이 기본 도형으로 설정한 도형과 같아진다.

🅑 기적의 TIP

도형에 들어갈 내용은 도형 안에 텍스트를 작성해도 되고, 텍스트 상자를 입력하여 작성해도 된다.

⑧ [삽입] 탭 – [일러스트레이션] 그룹에서 [도형](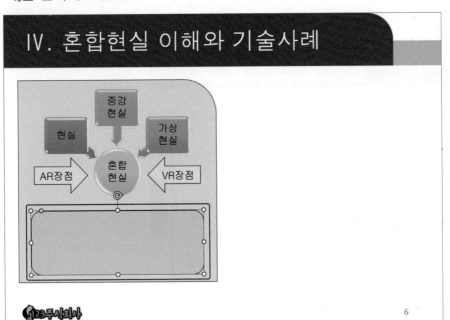) – [사각형: 둥근 모서리]를 선택해 그린다.

🎯 기적의 TIP

도형의 색은 서로 구분되게 임의로 설정한다.

⑨ 도형에서 마우스 오른쪽 클릭하여 [도형 서식] 탭을 연다.
→ [선] – 대시 종류 '파선', 너비 '2pt'로 설정하여 더 굵게 만든다.

🎯 기적의 TIP

도형 윤곽선의 두께는 문제에 명확한 지시사항이 없다면 출력형태와 유사하게 지정한다.

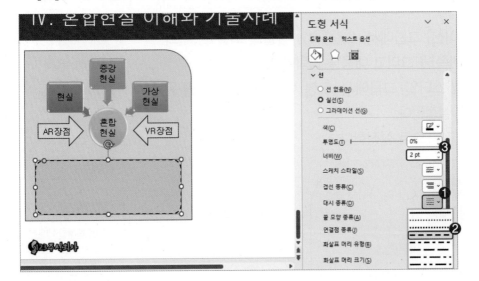

⑩ [삽입] 탭 – [일러스트레이션] 그룹에서 [도형](🔲) – [기본 도형] – [육각형]을 선택해 그린다.

    → 그 위에 [순서도: 수행의 시작/종료]를 그리고 『활용분야』를 입력한다.

🅱 기적의 TIP

도형들의 글꼴은 '굴림', '18pt'
로 모두 동일해야 한다.

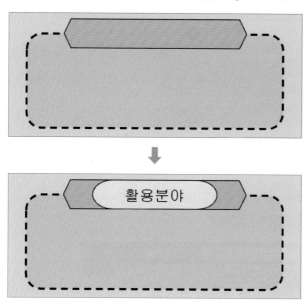

⑪ [삽입] 탭 – [일러스트레이션] 그룹 – [SmartArt](🔳)를 클릭한다.

    → [SmartArt 그래픽 선택] 대화상자가 나타나면 [관계형] – [선형 벤형]
을 선택하고 [확인]을 클릭한다.

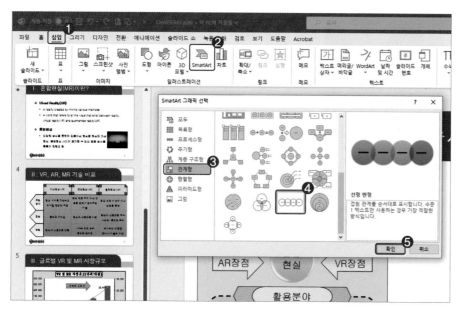

⑫ SmartArt에서 [홈] 탭 – [글꼴] 그룹의 글꼴 '굴림', '18pt'를 설정하고 왼쪽 모서리의
🔲 아이콘을 클릭하여 내용을 입력한다.
→ Enter 를 누르면 도형이 하나 더 추가되며, 도형 간 이동은 방향키를 사용한다.

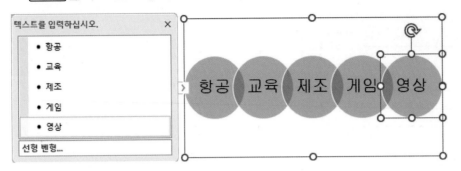

⑬ [SmartArt 디자인] 탭에서 [SmartArt 스타일] 그룹 – [색 변경](🎨)을 클릭한다.
→ [색상형] 중 도형들이 서로 구분되는 색을 선택하여 적용한다.

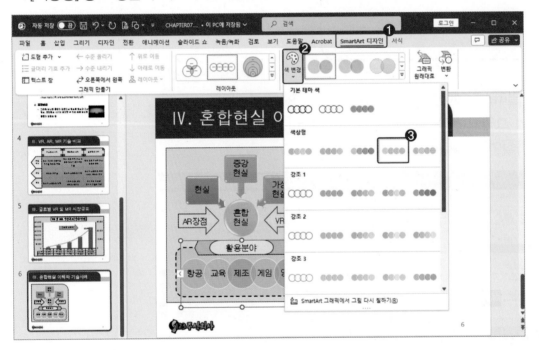

⑭ [SmartArt 디자인] 탭 – [SmartArt 스타일] 그룹 – [빠른 스타일](▽)을 클릭한다.

→ [3차원] – [만화]를 클릭한다.

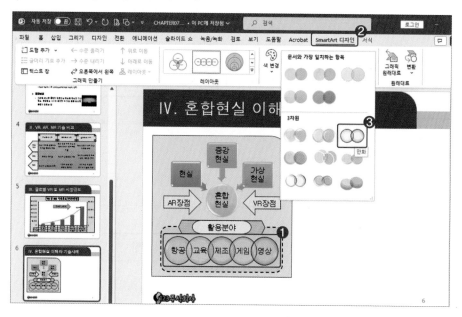

오른쪽 도형 작성

① [삽입] 탭 – [일러스트레이션] 그룹에서 [도형](▣) – [사각형: 둥근 한쪽 모서리]를 선택하여 그린다.

→ [도형 서식] 탭 – [정렬] 그룹 – [회전](🔄)에서 [상하 대칭]과 [좌우 대칭]을 한 번씩 클릭한다.

🅱 기적의 TIP

왼쪽의 먼저 그린 도형을 복사해서 사용해도 된다.

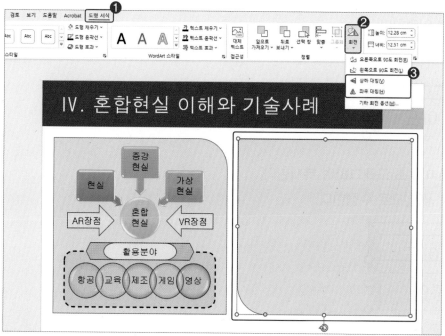

② [삽입] 탭 – [일러스트레이션] 그룹에서 [도형](⬚) – [블록 화살표] – [화살표: 왼쪽/
오른쪽/위쪽]을 선택하여 그린다.
→ '모양 조절 핸들'을 드래그하여 출력형태처럼 모양을 변경하고 『MR기술 적용 사
례』를 입력한다.

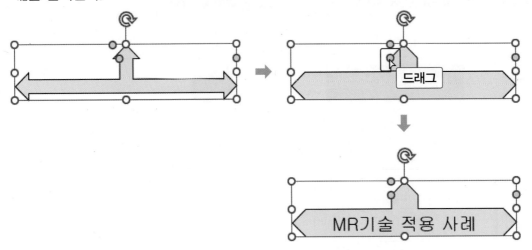

③ [도형](⬚) – [블록 화살표] – [설명선: 오른쪽 화살표]을 선택하여 그린다.
→ '모양 조절 핸들'을 드래그하여 출력형태처럼 모양을 변경하고 『한국』을 입력한다.

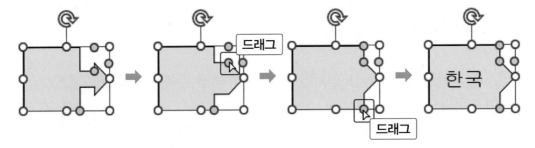

④ [도형](⬚) – [기본 도형] – [정육면체]를 선택하여 그린다.
→ 『광주 유니버시아드』를 입력한다.

⑤ 도형을 [Ctrl]을 누른 채로 마우스 드래그하여 복사한다.
→ 텍스트를 『평창올림픽 공연』으로 수정한다.

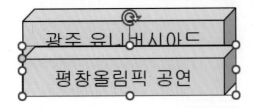

⑥ '평창올림픽 공연' 도형에 [도형 서식] 탭 – [정렬] 그룹에서 [뒤로 보내기]
를 클릭한다.
→ [회전](📐) – [좌우 대칭]을 클릭하여 출력형태와 모양을 맞춘다.

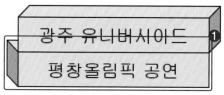

⑦ [삽입] 탭 – [일러스트레이션] 그룹에서 [도형](🔲) – [기본 도형] – [눈물
방울]을 선택하여 그린다.
→ [도형 서식] 탭 – [정렬] 그룹 – [회전](📐)에서 [상하 대칭]과 [좌우 대
칭]을 한 번씩 클릭한다.

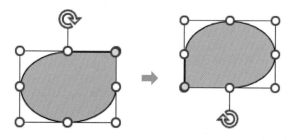

⑧ [삽입] 탭 – [텍스트] 그룹 – [텍스트 상자](⬜)를 클릭해 마우스 드래그
하여 배치한다.
→ 『NASA』를 글꼴 '굴림', '18pt'로 입력하고 도형 위에 배치한다.

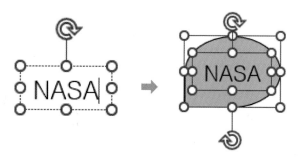

🅕 기적의 TIP

도형을 상하 또는 좌우로
대칭시켜서 텍스트의 방향
이 바뀌는 경우에는 [텍스
트 상자]를 도형 위에 배치
한다.

⑨ [도형](📷) – [사각형: 위쪽 모서리의 한쪽은 둥글고 다른 한쪽은 잘림]을 선택하여 그린다.

→『우주인 교육』을 입력한다.

⑩ [도형](📷) – [순서도: 문서]를 선택하여 그리고『코넬대』를 입력한다.

→ '회전 핸들'을 마우스 드래그하여 출력형태처럼 왼쪽으로 회전시킨다.

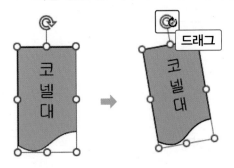

⑪ [도형](📷) – [사각형: 둥근 한쪽 모서리]를 선택하여 그린다.

→ [도형 서식] 탭 – [정렬] 그룹 – [회전](🔄)에서 [좌우 대칭]을 클릭한다.

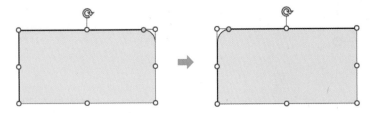

⑫ [도형](📷) – [순서도: 저장 데이터]를 선택하여 앞의 도형 위에 그린다.

→『암 연구에 도입』을 입력한다.

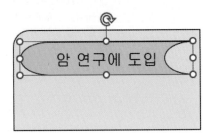

⑬ ⑫에서 그린 도형을 Ctrl + Shift 를 누른 채 마우스 드래그하여 복사하고 [도형 채우기](🪣)로 임의의 색을 지정한다.

→ [도형 서식] 탭 – [정렬] 그룹 – [회전](🔄)에서 [좌우 대칭]을 클릭한다.

→ 텍스트를 『자동차 설계』로 수정하고 글꼴 색 '흰색'을 지정한다.

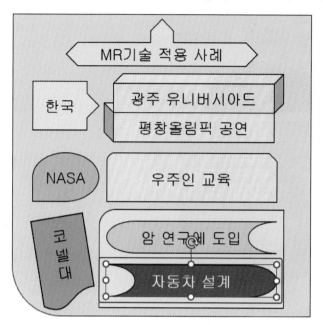

⑭ [도형](🔲) – [선] – [연결선: 꺾임]을 선택하여 연결하려는 도형에 마우스를 위치한다.

→ 연결점(◉)이 생기면 클릭하고 연결하려는 다음 도형까지 드래그한다.

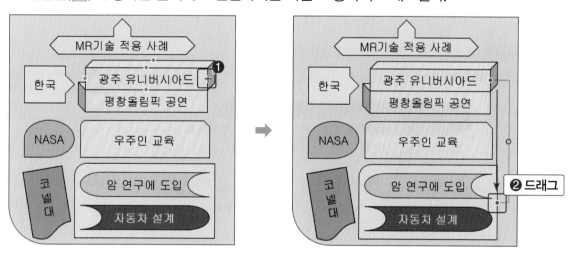

⑮ [도형 서식] 탭 – [도형 스타일] 그룹 – [도형 윤곽선](✏️)을 클릭한다.
→ 색과 두께는 출력형태와 가장 유사하게 설정하고 [화살표] – [화살표 스타일 11]을 설정한다.

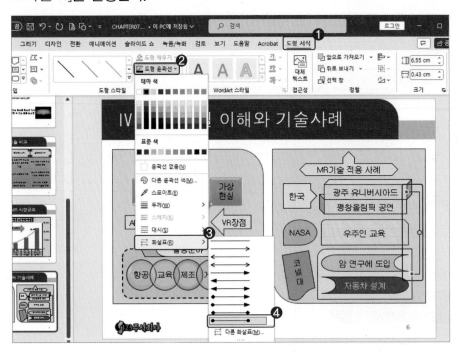

SECTION 03 그룹화 후 애니메이션 효과

① 마우스를 드래그하여 왼쪽 도형들을 모두 선택한다.
→ 마우스 오른쪽 클릭하여 [그룹화](🔲) – [그룹]을 클릭한다.

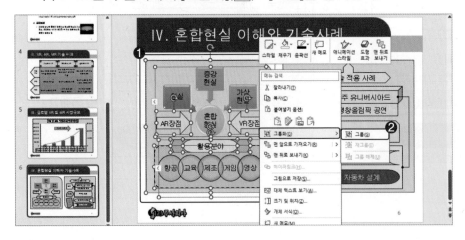

💡 해결 TIP

선택이 안 된 도형이 있어요!
마우스 드래그의 범위 안에 도형이 완전히 포함되도록 선택해야 한다.

🅑 기적의 TIP

[도형 서식] 탭 – [정렬] 그룹 – [그룹화]에서도 지정할 수 있다.

② 오른쪽 도형들도 같은 방법으로 그룹을 지정한다.

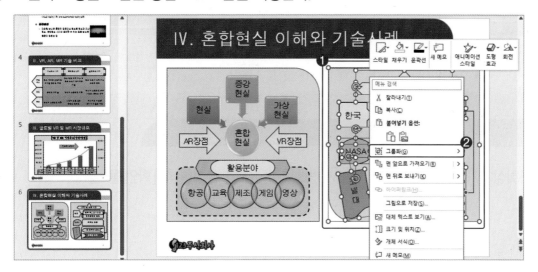

③ 왼쪽 도형 그룹을 선택한 후 [애니메이션] 탭 – [닦아내기]를 클릭한다.

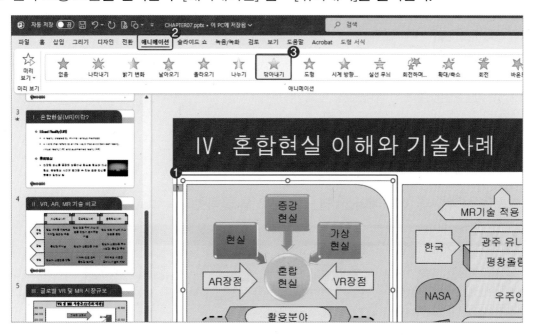

④ [애니메이션] 그룹의 오른쪽 하단에 [추가 효과 옵션 표시]([🔽])가 활성화되면 클릭한다.

⑤ [닦아내기] 대화상자가 나타나면 [효과] 탭에서 방향 '위에서'를 설정한 후 [확인]을 클릭한다.

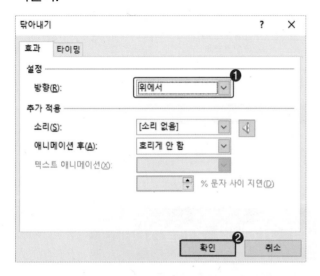

⑥ 오른쪽 도형 그룹을 선택한 후 [애니메이션] 탭 – [바운드]를 클릭한다.

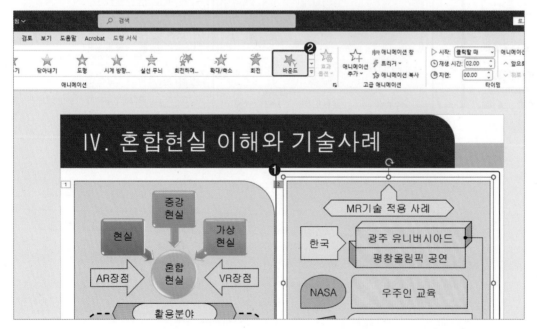

⑦ [미리 보기]를 클릭하여 적용한 애니메이션 효과를 확인해 본다.

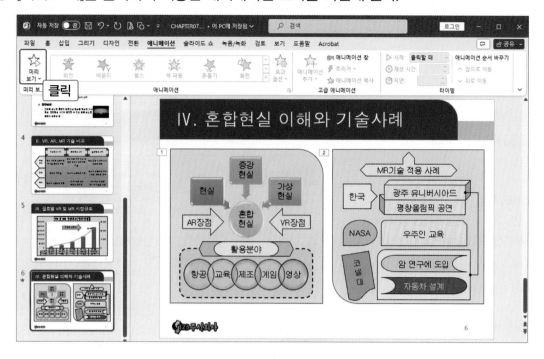

정답파일 PART 01 시험 유형 따라하기₩유형6-1번_정답.pptx

문제유형 6-1

세부조건

도형 및 스마트아트(글꼴 : 굴림, 18pt)
애니메이션 순서 : ① ⇒ ②

① 도형 및 스마트아트 편집
– 스마트아트 디자인 : 3차원 벽돌, 3차원 광택 처리
– 그룹화 후 애니메이션 효과 : 바운드

② 도형 편집
– 그룹화 후 애니메이션 효과 : 나누기(세로 바깥쪽으로)

정답파일 PART 01 시험 유형 따라하기₩유형6-2번_정답.pptx

문제유형 6-2

세부조건

도형 및 스마트아트(글꼴 : 돋움, 18pt)
애니메이션 순서 : ① ⇒ ②

① 도형 및 스마트아트 편집
– 스마트아트 디자인 : 3차원 만화, 강한 효과
– 그룹화 후 애니메이션 효과 : 닦아내기(위에서)

② 도형 편집
– 그룹화 후 애니메이션 효과 : 회전

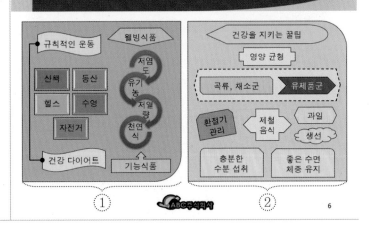

세부조건

도형 및 스마트아트(글꼴 : 굴림, 18pt)
애니메이션 순서 : ① ⇒ ②

① 도형 및 스마트아트 편집
- 스마트아트 디자인 : 3차원 경사, 3차원 만화
- 그룹화 후 애니메이션 효과 : 닦아내기(아래에서)

② 도형 편집
- 그룹화 후 애니메이션 효과 : 실선 무늬(가로)

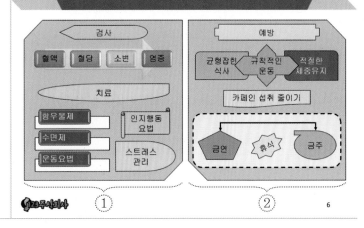

세부조건

도형 및 스마트아트(글꼴 : 굴림, 18pt)
애니메이션 순서 : ① ⇒ ②

① 도형 및 스마트아트 편집
- 스마트아트 디자인 : 3차원 경사, 3차원 벽돌
- 그룹화 후 애니메이션 효과 : 닦아내기(위에서)

② 도형 편집
- 그룹화 후 애니메이션 효과 : 올라오기(서서히
위로)

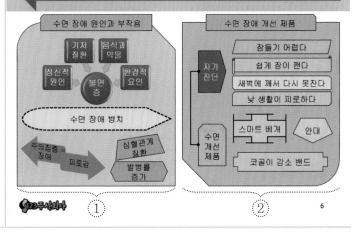

용기란 두려움에 대한 저항이고,
두려움의 정복이다.
두려움이 없는 게 아니다.

마크 트웨인(Mark Twain)

PART
02

대표 기출 따라하기

과목	코드	문제유형	시험시간	수험번호	성명
한글파워포인트	1142	A	60분		

수험자 유의사항

- 수험자는 문제지를 받는 즉시 문제지와 **수험표상의 시험과목(프로그램)이 동일한지 반드시 확인**하여야 합니다.
- 파일명은 본인의 "수험번호-성명"으로 입력하여 답안폴더(내 PC₩문서₩ITQ)에 하나의 파일로 저장해야 하며, 답안문서 파일명이 "수험번호-성명"과 일치하지 않거나, 답안파일을 전송하지 않아 미제출로 처리될 경우 실격 처리합니다(예: 12345678-홍길동.pptx).
- 답안 작성을 마치면 파일을 저장하고, '답안 전송' 버튼을 선택하여 감독위원 PC로 답안을 전송하십시오. 수험생 정보와 저장한 파일명이 다를 경우 전송되지 않으므로 주의하시기 바랍니다.
- 답안 작성 중에도 **주기적으로 저장하고, '답안 전송'**하여야 문제 발생을 줄일 수 있습니다. 작업한 내용을 저장하지 않고 전송할 경우 이전에 저장된 내용이 전송되니 이점 유의하시기 바랍니다.
- 답안문서는 지정된 경로 외의 다른 보조기억장치에 저장하는 경우, 지정된 시험 시간 외에 작성된 파일을 활용할 경우, 기타 통신수단 (이메일, 메신저, 네트워크 등)을 이용하여 타인에게 전달 또는 외부 반출하는 경우는 부정 처리합니다.
- 시험 중 부주의 또는 고의로 시스템을 파손한 경우는 수험자가 변상해야 하며, 〈수험자 유의사항〉에 기재된 방법대로 이행하지 않아 생기는 불이익은 수험생 당사자의 책임임을 알려 드립니다.
- 문제의 조건은 MS오피스 2021 버전으로 설정되어 있으며 MS오피스 2016은 【 】에 표기되어 있습니다. 이와 관련하여 작성한 답안의 출력형태가 문제지와 다를 수 있습니다.
- 시험을 완료한 수험자는 답안파일이 전송되었는지 확인한 후 감독위원의 지시에 따라 문제지를 제출하고 퇴실합니다.

답안 작성요령

- 온라인 답안 작성 절차
  수험자 등록 ⇒ 시험 시작 ⇒ 답안파일 저장 ⇒ 답안 전송 ⇒ 시험 종료
- 슬라이드의 크기는 A4 Paper로 설정하여 작성합니다.
- 슬라이드의 총 개수는 6개로 구성되어 있으며 슬라이드 1부터 순서대로 작업하고 반드시 문제와 세부 조건대로 합니다.
- 별도의 지시사항이 없는 경우 출력형태를 참조하여 글꼴색은 검정 또는 흰색으로 작성하고, 기타사항은 전체적인 균형을 고려하여 작성합니다.
- 슬라이드 도형 및 개체에 출력형태와 다른 스타일(그림자, 외곽선 등)을 적용했을 경우 감점처리 됩니다.
- 슬라이드 번호를 작성합니다(슬라이드 1에는 생략).
- 2~6번 슬라이드 제목 도형과 하단 로고는 슬라이드 마스터를 이용하여 출력형태와 동일하게 작성합니다(슬라이드 1에는 생략).
- 문제와 세부조건, 세부조건 번호 ○(점선원)는 입력하지 않습니다.
- 각 개체의 위치는 오른쪽의 슬라이드와 동일하게 구성합니다.
- 그림 삽입 문제의 경우 반드시 「내 PC₩문서₩ITQ₩Picture」 폴더에서 정확한 파일을 선택하여 삽입하십시오.
- 각 슬라이드를 각각의 파일로 작업해서 저장할 경우 실격 처리됩니다.

(1) 슬라이드 크기 및 순서 : 크기를 A4 용지로 설정하고 슬라이드 순서에 맞게 작성한다.
(2) 슬라이드 마스터 : 2~6슬라이드의 제목, 하단 로고, 슬라이드 번호는 슬라이드 마스터를 이용하여 작성한다.
  - 제목 글꼴(돋움, 40pt, 흰색), 가운데 맞춤, 도형(선 없음)
  - 하단 로고(「내 PC₩문서₩ITQ₩Picture₩로고3.jpg」, 배경(연보라) 투명색으로 설정)

슬라이드 ❶   표지 디자인   **40**점

(1) 표지 디자인 : 도형, 워드아트 및 그림을 이용하여 작성한다.

세부조건	
① 도형 편집 - 도형에 그림 채우기 : 　「내 PC₩문서₩ITQ₩Picture₩그림3.jpg」, 　투명도 50% - 도형 효과 : 부드러운 가장자리 5포인트 ② 워드아트 삽입 - 변환 : 곡선, 위로【휘어 올라오기】 - 글꼴 : 돋움, 굵게 - 텍스트 반사 : 근접 반사, 터치 ③ 그림 삽입 - 「내 PC₩문서₩ITQ₩Picture₩로고3.jpg」 - 배경(연보라) 투명색으로 설정	

슬라이드 ❷   목차 슬라이드   **60**점

(1) 출력형태와 같이 도형을 이용하여 목차를 작성한다(글꼴 : 굴림, 24pt).
(2) 도형 : 선 없음

세부조건	
① 텍스트에 링크【하이퍼링크】적용 → '슬라이드 5' ② 그림 삽입 - 「내 PC₩문서₩ITQ₩Picture₩그림4.jpg」 - 자르기 기능 이용	목차 A　재테크의 특징 B　재테크의 방법 C　수익률의 비교 ① D　부자 플랜 2 쪽

(1) 텍스트 작성 : 글머리 기호 사용(◆, ➢)

◆문단(돋움, 24pt, 굵게, 줄간격 : 1.5줄), ➢문단(돋움, 20pt, 줄간격 : 1.5줄)

세부조건	
① 동영상 삽입 : – 「내 PC₩문서₩ITQ₩Picture₩동영상.wmv」 – 자동실행, 반복재생 설정	**A. 재테크의 특징** ◆ Investment strategies 　➢ A value investor buys assets that they believe to be undervalued (and sells overvalued ones). 　➢ Warren Buffett and Benjamin Graham are notable examples of value investors. ◆ 수익률과 위험 　➢ 위험은 기대수익률보다 매우 작은 수익이 생기거나 손실이 발생할 가능성을 말한다. 3 쪽

(1) 도형과 표 작성 기능을 이용하여 슬라이드를 작성한다(글꼴 : 굴림, 18pt)

세부조건	
① 상단 도형 : 　2개 도형의 조합으로 작성 ② 좌측 도형 : 　그라데이션 효과(선형 오른쪽) ③ 표 스타일 : 　테마 스타일 1 – 강조 6	**B. 재테크의 방법**

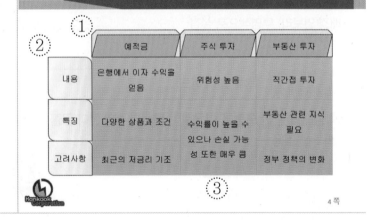

	예적금	주식 투자	부동산 투자
내용	은행에서 이자 수익을 얻음	위험성 높음	직간접 투자
특징	다양한 상품과 조건	수익률이 높을 수 있으나 손실 가능성 또한 매우 큼	부동산 관련 지식 필요
고려사항	최근의 저금리 기조		정부 정책의 변화

4 쪽

슬라이드 ❺ ❙ **차트 슬라이드** ❙ **100**점

(1) 차트 작성 기능을 이용하여 슬라이드를 작성한다.
(2) 차트 : 종류(묶은 세로 막대형), 글꼴(돋움, 16pt), 외곽선

세부조건	
※ 차트설명 • 차트제목 : 궁서, 24pt, 굵게, 채우기(흰색), 　　　　　　테두리, 그림자(오프셋 아래쪽) • 차트영역 : 채우기(노랑) • 그림영역 : 채우기(흰색) • 데이터 서식 : KOSPI 계열을 표식이 있는 꺾은선형 　　　　　　으로 변경 후 보조축으로 지정 • 값 표시 : 2020년 1월의 KOSPI 계열만 ① 도형 삽입 － 스타일 : 미세 효과 － 파랑, 강조 1 － 글꼴 : 굴림, 18pt	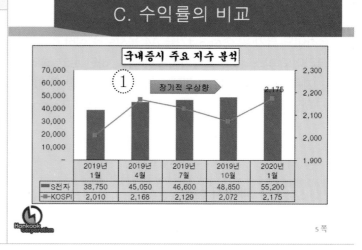

슬라이드 ❻ ❙ **도형 슬라이드** ❙ **100**점

(1) 슬라이드와 같이 도형 및 스마트아트를 배치한다(글꼴 : 굴림, 18pt)
(2) 애니메이션 순서 : ① ⇒ ②

세부조건
① 도형 및 스마트아트 편집 － 스마트아트 디자인 : 　　3차원 광택 처리 － 그룹화 후 애니메이션 효과 : 　　시계 방향 회전 ② 도형 및 스마트아트 편집 － 스마트아트 디자인 : 　　3차원 만화 － 그룹화 후 애니메이션 효과 : 　　실선 무늬(세로)

정답파일 PART 02 대표 기출 따라하기₩대표기출_정답.pptx

전체구성 **60**점

(1) 슬라이드 크기 및 순서 : 크기를 A4 용지로 설정하고 슬라이드 순서에 맞게 작성한다.
(2) 슬라이드 마스터 : 2~6슬라이드의 제목, 하단 로고, 슬라이드 번호는 슬라이드 마스터를 이용하여 작성한다.
    – 제목 글꼴(돋움, 40pt, 흰색), 가운데 맞춤, 도형(선 없음)
    – 하단 로고(「내 PC₩문서₩ITQ₩Picture₩로고3.jpg」, 배경(연보라) 투명색으로 설정)

SECTION 01 | 페이지 설정

① PowerPoint를 실행하고 새 프레젠테이션을 클릭한다.

② [디자인] 탭–[슬라이드 크기](▢)에서 [사용자 지정 슬라이드 크기]를 클릭한다.

③ [슬라이드 크기] 대화상자에서 슬라이드 크기 'A4 용지(210x297mm)'를 설정한다.

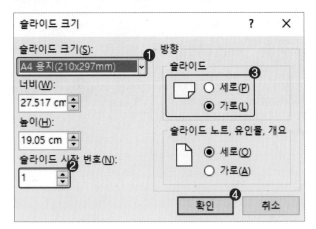

④ 슬라이드 크기 변경 안내 창이 나오면 [최대화] 또는 [맞춤 확인]을 클릭한다.

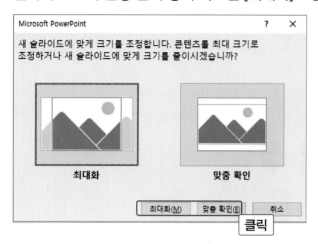

SECTION 02 마스터에서 로고 및 슬라이드 번호 삽입하기

① [보기] 탭 – [마스터 보기] 그룹 – [슬라이드 마스터](▤)를 클릭한다.

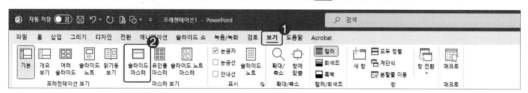

② 왼쪽 창의 축소판 그림에서 제일 위의 [Office 테마 슬라이드 마스터]를 클릭한다.

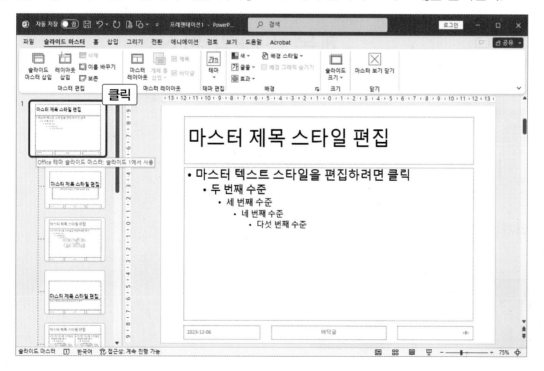

③ [삽입] 탭-[이미지] 그룹-[그림]([그림아이콘])에서 [이 디바이스]([아이콘])를 클릭한다.
  → [그림 삽입] 대화상자가 나타나면 '내 PC₩문서₩ITQ₩Picture'에서 그림 파일
  '로고3.jpg'를 선택하고 [삽입]을 클릭한다.

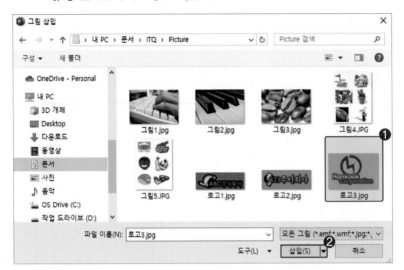

④ [그림 서식] 탭-[조정] 그룹-[색]([아이콘])에서 [투명한 색 설정]([아이콘])을 클릭한다.

⑤ 마우스 포인터가 [아이콘]로 변경되면 연보라색 부분을 클릭한다.

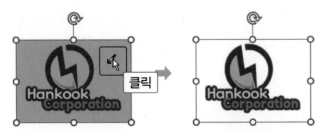

⑥ 그림의 조절점을 드래그하여 크기를 조절한 후 문제에서 제시된 위치로 이동시킨다.

⑦ [제목 및 내용 레이아웃]을 클릭한다.

→ [슬라이드 번호] 영역을 선택하여 글꼴 '16pt'를 설정하고 〈#〉 뒤에 『쪽』을 입력한다.

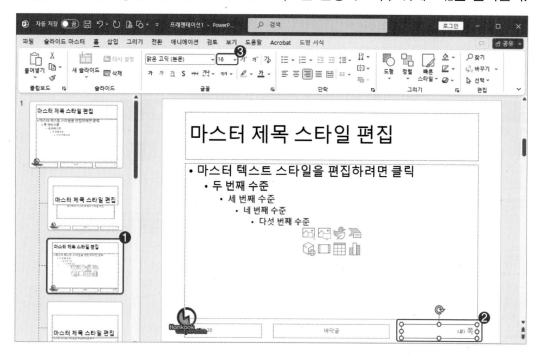

⑧ [삽입] 탭 – [텍스트] 그룹 – [머리글/바닥글](🗋)을 클릭한다.

⑨ [머리글/바닥글] 대화상자에서 '슬라이드 번호', '제목 슬라이드에는 표시 안 함'에 체크하고 [모두 적용]을 클릭한다.

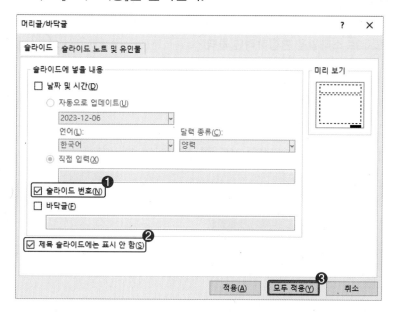

① [Office 테마 슬라이드 마스터]를 클릭한다.
   → [삽입] 탭–[일러스트레이션] 그룹에서 [도형]( ) – [사각형] – [직사각형]을 선택
   하여 그린다.

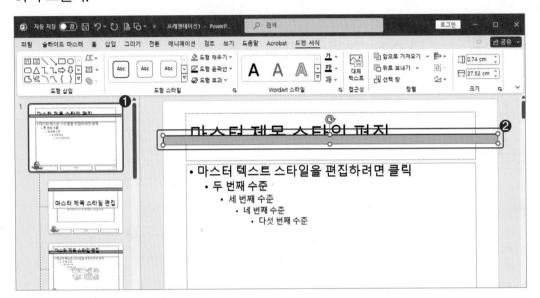

② [도형 서식] 탭–[도형 스타일] 그룹–[도형 윤곽선]( )에서 [윤곽선 없음]을 클릭한다.

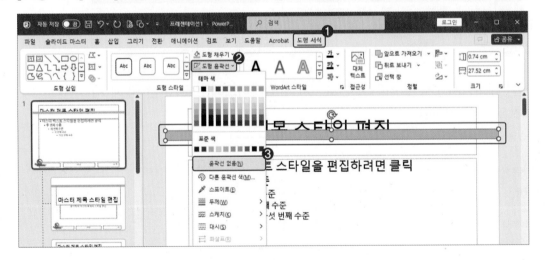

③ [삽입] 탭–[일러스트레이션] 그룹에서 [도형]( ) – [순서도: 카드]를 선택하여 그린다.
   → [도형 윤곽선]( )에서 [윤곽선 없음]으로 설정한다.

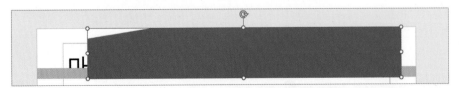

④ [도형 서식] 탭 – [정렬] 그룹에서 [회전](⬚) – [상하 대칭]을 클릭한다.

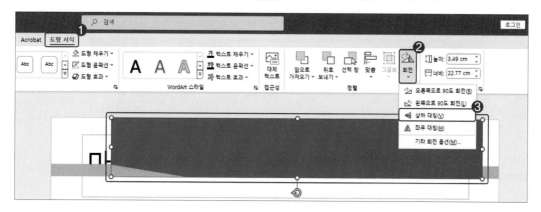

⑤ '마스터 제목 스타일 편집' 상자를 선택한다.
　→ [홈] 탭 – [그리기] 그룹 – [정렬](⬚)에서 [맨 앞으로 가져오기](⬚)를 클릭한다.
　→ 글꼴 '돋움', '40pt', 글꼴 색 '흰색', [가운데 맞춤](≡)을 설정하고 위치와 크기를 조절한다.

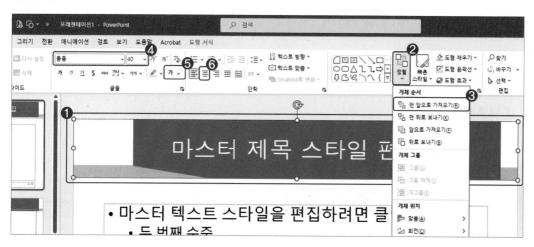

⑥ [제목 슬라이드 레이아웃]을 클릭한다.
　→ [슬라이드 마스터] 탭 – [배경] 그룹 – '배경 그래픽 숨기기'에 체크한다.
　→ [마스터 보기 닫기](⊠)를 클릭한다.

⑦ [홈] 탭-[슬라이드] 그룹-[새 슬라이드](🔲)에서 [제목 및 내용]을 클릭한다.
　→ 동일한 방법으로 총 6개의 슬라이드가 되도록 삽입한다.

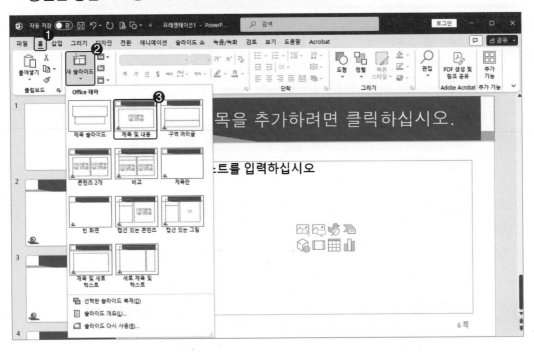

SECTION 04 　문서 저장

① 빠른 실행 도구 모음에서 [저장](🖫)을 클릭하거나 [파일] 탭-[저장]을 클릭한다.

② [찾아보기]를 클릭한다.
　→ '내 PC₩문서₩ITQ'로 이동하여 파일 이름을 입력하고 [저장]을 클릭한다.

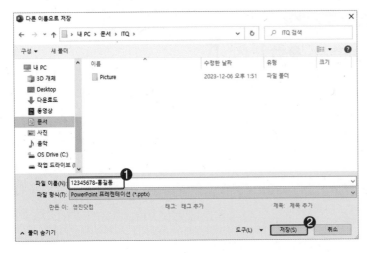

슬라이드 ①　**표지 디자인**　　　　　　　　　　　　　　　　　　**40**점

(1) 표지 디자인 : 도형, 워드아트 및 그림을 이용하여 작성한다.

세부조건
① 도형 편집
– 도형에 그림 채우기 :
「내 PC\문서\ITQ\Picture\그림3.jpg」,
투명도 50%
– 도형 효과 : 부드러운 가장자리 5포인트
② 워드아트 삽입
– 변환 : 곡선, 위로【휘어 올라오기】
– 글꼴 : 돋움, 굵게
– 텍스트 반사 : 근접 반사, 터치
③ 그림 삽입
– 「내 PC\문서\ITQ\Picture\로고3.jpg」
– 배경(연보라) 투명색으로 설정

SECTION 01　**표지 디자인 도형 작성**

① 슬라이드 1에서 '제목 텍스트 상자'와 '부제목 텍스트 상자'를 삭제한다.
　→ [삽입] 탭 – [일러스트레이션] 그룹에서 [도형](🖼) – [순서도: 수동 입력]을 클릭
　한다.

② 마우스 포인터 모양이 ╋로 바뀌면, 슬라이드 왼쪽 상단에서 적당한 크기로 마우스
　드래그하여 도형을 삽입한다.

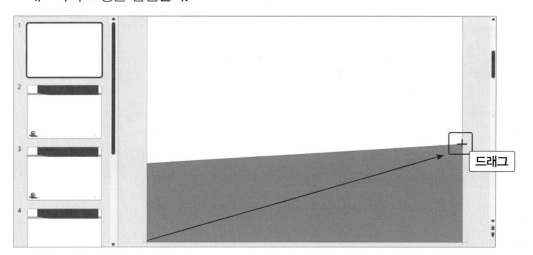

③ 도형을 선택한 후 마우스 오른쪽 클릭하고 [도형 서식](🖌️)을 클릭한다.

  → 도형 옵션의 [채우기 및 선](🖌️) – [채우기] – [그림 또는 질감 채우기]를 클릭한다.

④ [그림 원본] – [삽입]을 클릭하고 [그림 삽입] 대화상자가 나타나면 [파일에서]를 클릭한다.

  → '내 PC₩문서₩ITQ₩Picture' 폴더에서 '그림3.jpg'를 선택해 삽입한다.

  → [그림 서식]에서 [투명도]를 『50%』로 설정한다.

⑤ [효과](🔲) – [부드러운 가장자리]에서 크기 『5pt』로 설정하고 닫기(❎)를 클릭한다.

① [삽입] 탭 – [텍스트] 그룹에서 [WordArt](가) – [그라데이션 채우기 – 파랑, 강조색 5, 반사]를 클릭한다.

→ 워드아트 텍스트 입력상자에 『Investment Techniques』를 입력한다.

② 워드아트 전체를 선택하고 [홈] 탭 – [글꼴] 그룹에서 글꼴 '돋움', '굵게', 글꼴 색 '검정, 텍스트 1'을 설정한다.

③ [도형 서식] 탭 – [WordArt 스타일] 그룹에서 [텍스트 효과]() – [변환](가) – [곡선: 위로]를 클릭한다.

④ [WordArt 스타일] 그룹에서 [텍스트 효과](가) – [반사](가) – [근접 반사: 터치]를 클릭한다.

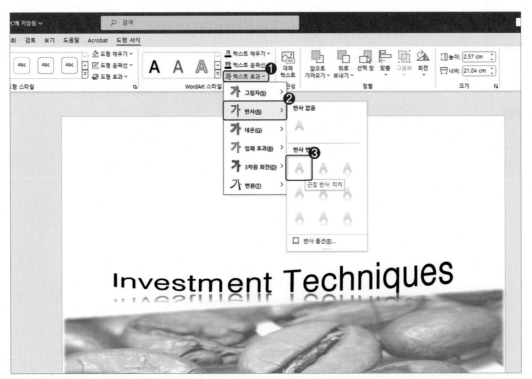

⑤ 모양 조절점과 크기 조절점을 이용해 출력형태와 비슷하게 조절한다.

SECTION 03 상단 그림 삽입

① [삽입] 탭 – [이미지] 그룹 – [그림](🖼)에서 [이 디바이스](🖼)를 클릭한다.

→ [그림 삽입] 대화상자가 나타나면 '내 PC₩문서₩ITQ₩Picture'에서 그림 파일 '로고3.jpg'를 선택하고 [삽입]을 클릭한다.

② [그림 서식] 탭 – [조정] 그룹 – [색](🖼)에서 [투명한 색 설정](🖊)을 클릭한다.

→ 마우스 포인터가 🖊로 변경되면 연보라색 부분을 클릭하여 투명하게 만든다.

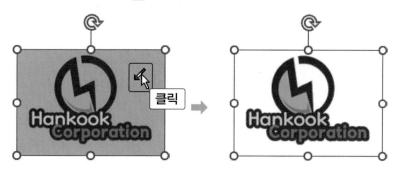

③ 그림의 크기를 조절점으로 조절하고, 문제에 제시된 위치로 그림을 이동시킨다.

슬라이드 ❷ | 목차 슬라이드   60점

(1) 출력형태와 같이 도형을 이용하여 목차를 작성한다(글꼴 : 굴림, 24pt).
(2) 도형 : 선 없음

세부조건
① 텍스트에 링크【하이퍼링크】 적용 → '슬라이드 5' ② 그림 삽입 – 「내 PC₩문서₩ITQ₩Picture₩그림4.jpg」 – 자르기 기능 이용

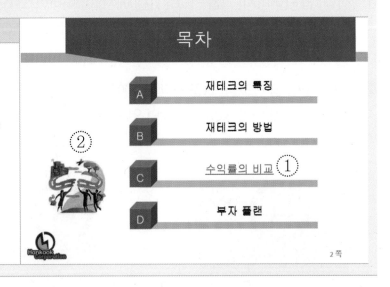

① 슬라이드 2를 선택하고 슬라이드 제목 『목차』를 입력한다.

→ '텍스트를 입력하십시오' 상자를 삭제한다.

② [삽입] 탭 – [일러스트레이션] 그룹에서 [도형](🖼) – [사각형] – [직사각형]을 선택하여 그리고 [기본 도형] – [정육면체]를 그린다.

→ [도형 서식] 탭 – [도형 스타일] 그룹에서 [도형 채우기](🖍)에 임의의 색을 설정하고 [도형 윤곽선](🖊)은 [윤곽선 없음]을 설정한다.

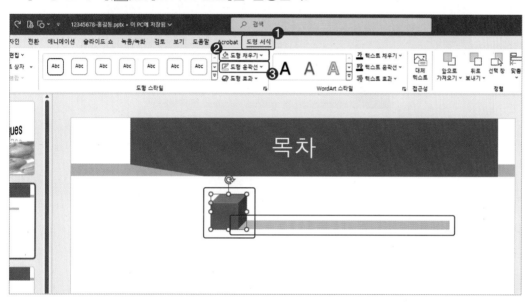

③ 목차 번호가 들어갈 도형에 『A』를 입력한다.

→ [홈] 탭 – [글꼴] 그룹에서 글꼴 '굴림', '24pt', 글꼴 색 '흰색'을 설정한다.

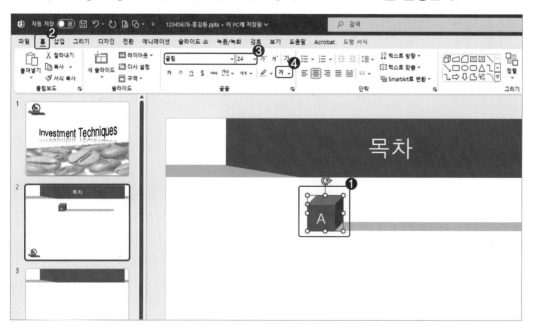

④ [삽입] 탭 – [텍스트] 그룹 – [텍스트 상자](가) – [가로 텍스트 상자 그리기]를 클릭하고 마우스 드래그하여 배치한다.

→ [홈] 탭 – [글꼴] 그룹에서 글꼴 '굴림', '24pt', 글꼴 색 '검정', [가운데 맞춤](三)을 설정한다.

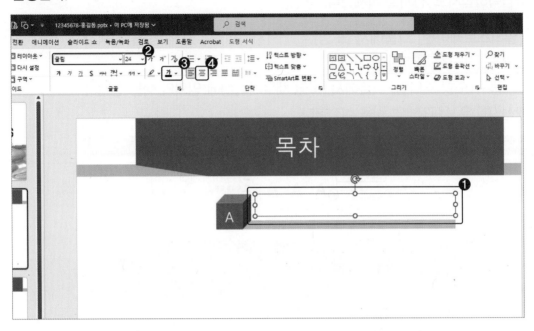

⑤ 텍스트 상자에 내용을 입력한다.

→ 마우스 드래그하여 도형들과 텍스트 상자를 모두 선택한다.

⑥ Ctrl + Shift 를 누른 채 아래로 드래그하여 복사하여 다음과 같이 배치한다.

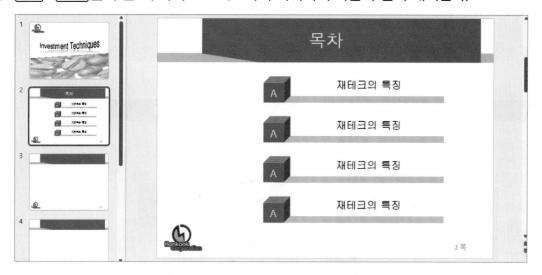

⑦ 출력형태를 참고하여 텍스트를 수정한다.

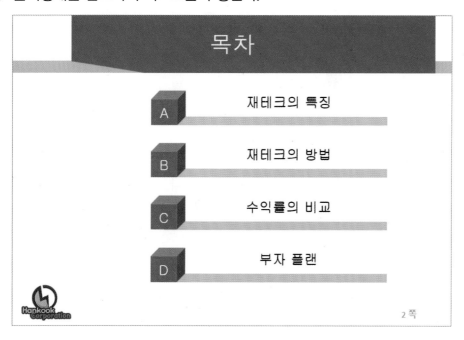

① 하이퍼링크를 지정할 텍스트를 블록 설정하고, [삽입] 탭 – [링크] 그룹 – [링크](🔗)를 클릭한다.

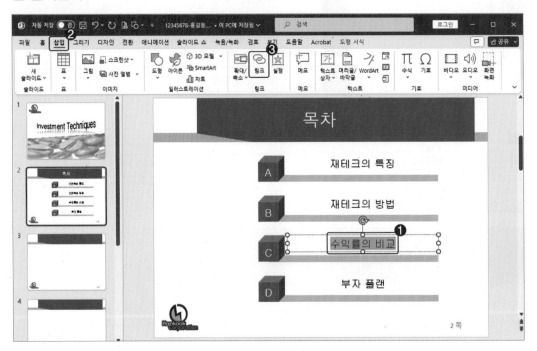

② [하이퍼링크 삽입] 대화상자가 나타나면 [현재 문서]를 클릭한다.
→ 이 문서에서 위치 선택 – '슬라이드 5'를 클릭한 후 [확인]을 클릭한다.

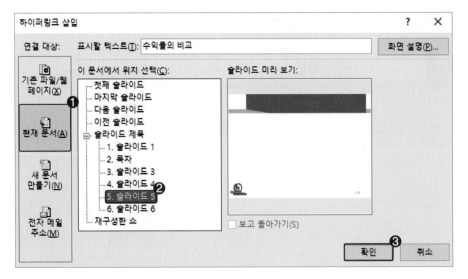

③ 하이퍼링크를 Ctrl+클릭하여 올바르게 작동하는지 확인한다.

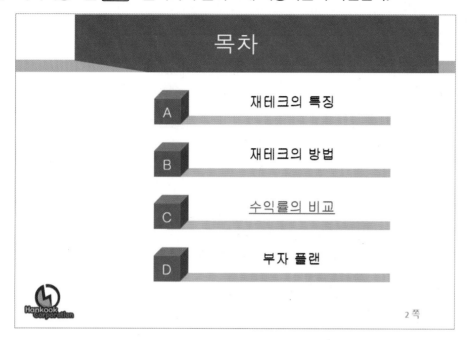

SECTION 03 그림 삽입 및 자르기

---

① [삽입] 탭 – [이미지] 그룹 – [그림](🖼)에서 [이 디바이스](🖼)를 클릭한다.
→ [그림 삽입] 대화상자가 나타나면 '내 PC₩문서₩ITQ₩Picture' 폴더에서 그림 파
일 '그림4.jpg'를 선택하고 [삽입]을 클릭한다.

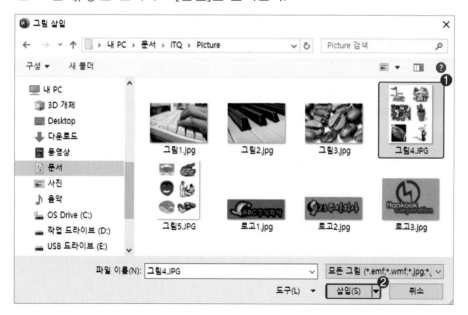

② 그림이 삽입되면 [그림 서식] 탭 – [크기] 그룹에서 [자르기]()를 클릭한다.

③ 그림의 모서리의 자르기 조절점들을 드래그하여 원하는 그림만 남겨놓고 다시 [자르기]를 클릭하여 그림을 자른다.

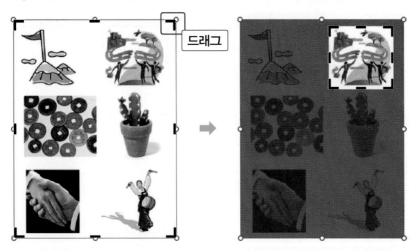

④ 그림의 크기와 위치를 조절한다.

(1) 텍스트 작성 : 글머리 기호 사용(◆, ➢)
　　◆문단(돋움, 24pt, 굵게, 줄간격 : 1.5줄), ➢문단(돋움, 20pt, 줄간격 : 1.5줄)

세부조건	
① 동영상 삽입 : – 「내 PC₩문서₩ITQ₩Picture₩동영상.wmv」 – 자동실행, 반복재생 설정	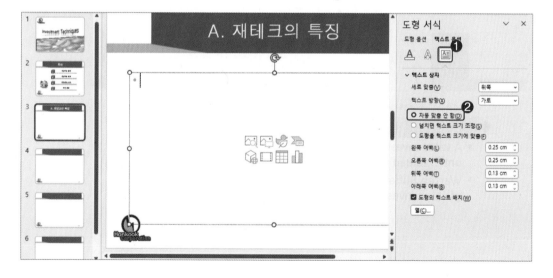

SECTION 01   텍스트 입력 및 글머리 기호 지정

① 슬라이드 3을 선택하고 슬라이드 제목 『A. 재테크의 특징』을 입력한다.

② 텍스트 상자에서 마우스 오른쪽 버튼을 클릭하여 [도형 서식] 탭을 연다.
　→ [텍스트 옵션] – [텍스트 상자] – [자동 맞춤 안 함]에 체크하고 닫는다.

③ 텍스트 상자에 첫 번째 문단의 내용을 입력하고 Enter 를 누른다.

→ Tab 을 눌러 그 다음 문단의 내용을 입력한다.

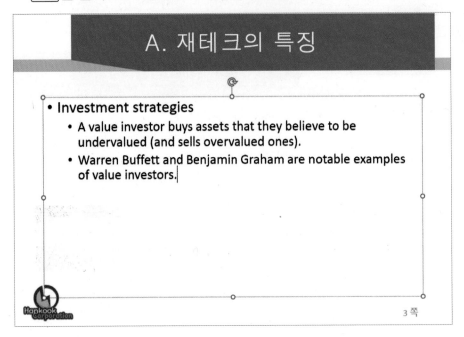

④ 『◆』이 들어갈 문단을 마우스 드래그하여 블록 설정한다.

→ [홈] 탭 - [단락] 그룹에서 [글머리 기호](▤) - [속이 찬 다이아몬드형 글머리 기호]를 선택한다.

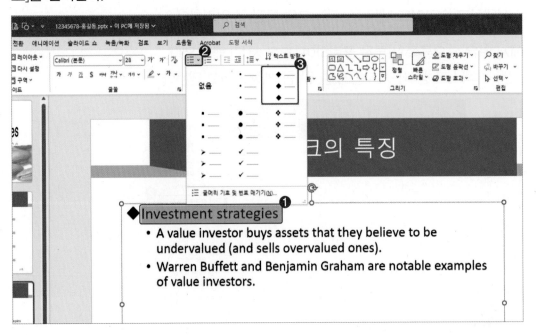

⑤ ◆ 문단이 블록 설정된 상태에서 [글꼴] 그룹의 글꼴 '돋움', '24pt', '굵게'를 설정한다.
→ [단락] 그룹에서 [줄 간격](≡) − [1.5]를 클릭한다.

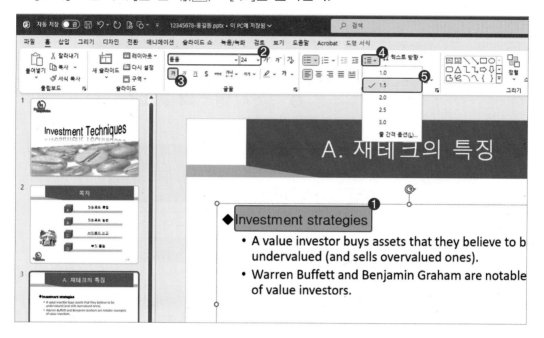

⑥ 나머지 문단을 블록 설정한다.
→ [홈] 탭 − [단락] 그룹에서 [글머리 기호](≡) − [화살표 글머리 기호]를 설정한다.

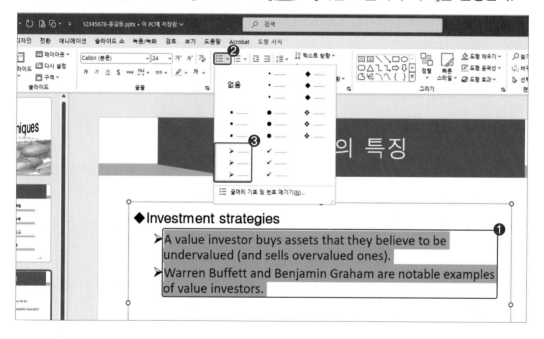

⑦ ➤ 문단이 블록 설정된 상태에서 [글꼴] 그룹의 글꼴 '돋움', '20pt'를 설정한다.
→ [단락] 그룹에서 [줄 간격](📑) – [1.5]를 클릭한 다음 텍스트 상자의 크기와 위치를 조절한다.

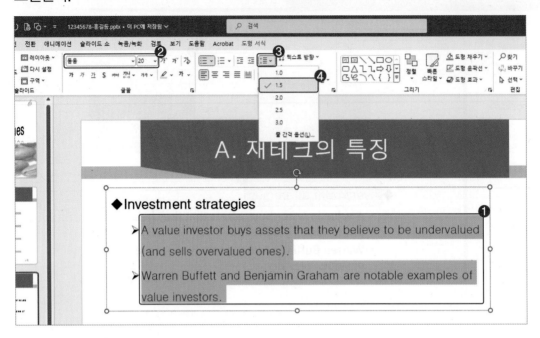

⑧ 텍스트 상자를 Ctrl + Shift 를 누른 채 아래로 드래그하여 복사한다.
→ 텍스트 상자의 내용을 수정하고 출력형태와 같이 크기와 위치를 맞춘다.

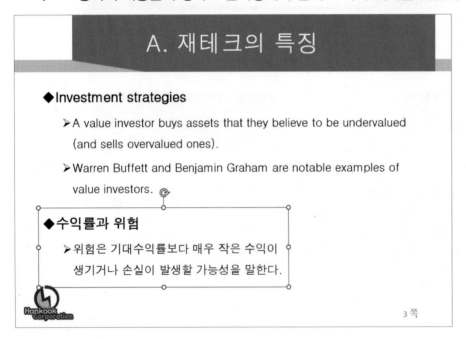

⑨ [보기] 탭 – [표시] 그룹에서 [눈금자]를 체크한다.
　　→ ◆ 문단에 해당하는 내용을 블록 설정한다.
　　→ 왼쪽 들여쓰기 표식의 뾰족한 부분을 드래그하여 텍스트의 시작 위치를 조정한다.

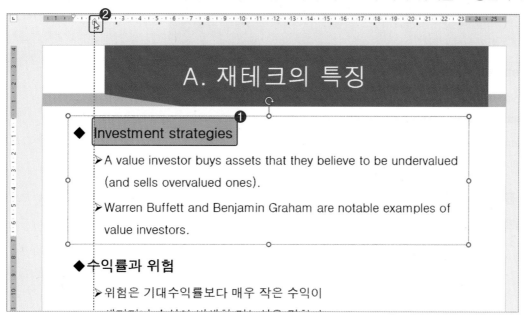

⑩ ➤ 문단도 동일한 방법으로 시작 위치를 맞춘다.

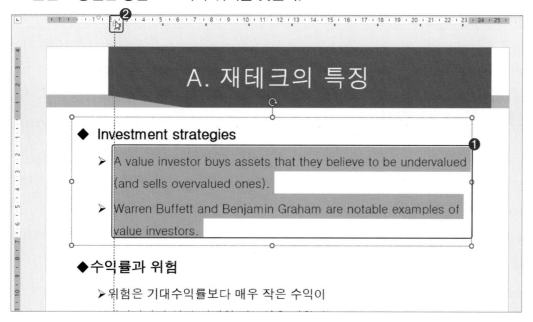

⑪ 두 번째 텍스트 상자의 문단들도 같은 방법으로 시작 위치를 맞춘다.
→ 작업을 마치면 [보기] 탭 – [표시] 그룹에서 [눈금자] 체크를 해제한다.

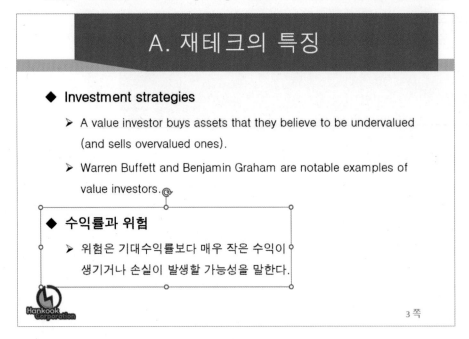

SECTION 02 동영상 삽입

① [삽입] 탭 – [미디어] 그룹에서 [비디오](▣) – [이 디바이스]를 클릭한다.
→ [비디오 삽입] 대화상자가 나타나면 '내 PC₩문서₩ITQ₩Picture' 폴더에서 '동영상.wmv'를 선택하고 [삽입]을 클릭한다.

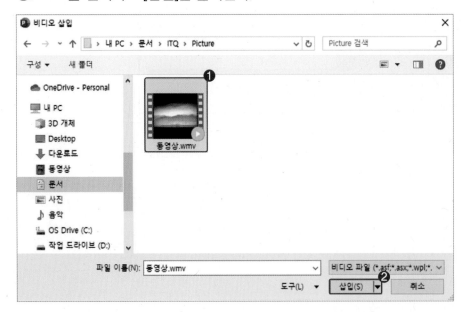

② 슬라이드에 삽입된 동영상의 크기와 위치를 조절한다.

③ [재생] 탭 – [비디오 옵션] 그룹에서 [시작](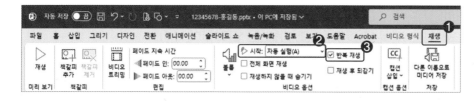) – [자동 실행]으로 선택한다.
   → [반복 재생]에 체크한다.

🅑 기적의 TIP

실제 시험에서는 슬라이드
를 완성할 때마다 [답안 전
송]을 하는 것이 좋다.
시험은 최종 전송한 파일로
제출된다.

(1) 도형과 표 작성 기능을 이용하여 슬라이드를 작성한다(글꼴 : 굴림, 18pt)

세부조건	
① 상단 도형 : 　2개 도형의 조합으로 작성 ② 좌측 도형 : 　그라데이션 효과(선형 오른쪽) ③ 표 스타일 : 　테마 스타일 1 – 강조 6	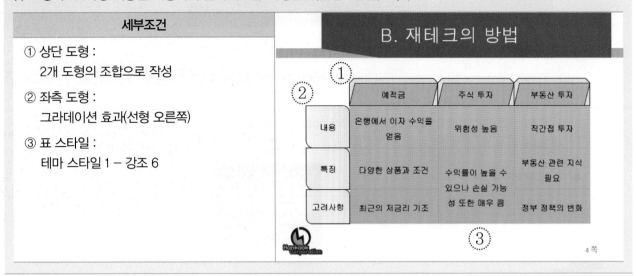

---

① 슬라이드 4를 선택하고 슬라이드 제목 『B. 재테크의 방법』을 입력한다.

② 텍스트 상자에서 [표 삽입](▦)을 클릭한다.

　→ 표 삽입 대화상자가 나타나면 열 개수 『3』, 행 개수 『3』 입력 후 [확인]을 클릭한다.

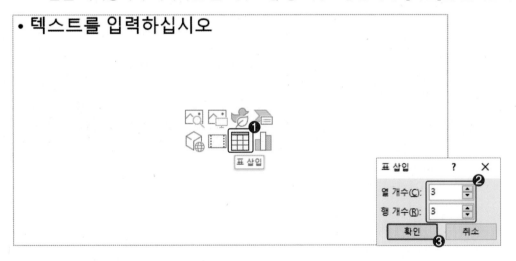

③ 표를 선택하고 [테이블 디자인] 탭 – [표 스타일 옵션] 그룹에서 [머리글 행]과 [줄무늬 행]을 선택 해제한다.

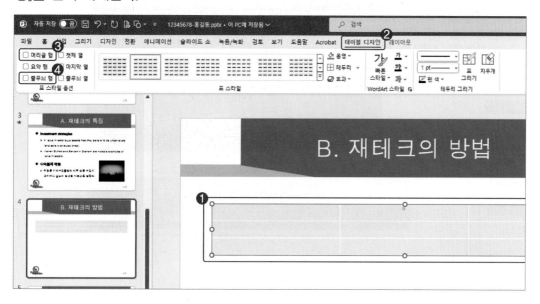

④ [테이블 디자인] 탭 – [표 스타일] 그룹에서 [빠른 스타일](▾) – [테마 스타일 1 – 강조 6]을 선택한다.

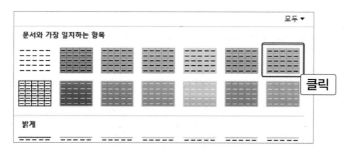

⑤ 마우스 드래그로 표 전체를 블록 설정한다.
→ [홈] 탭 – [글꼴] 그룹의 글꼴 '굴림', '18pt'를 설정한다.
→ [단락] 그룹에서 [가운데 맞춤](≡), [줄 간격](↕≡) – [1.5]를 설정한다.

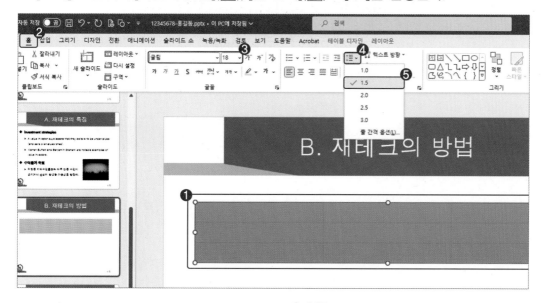

⑥ [레이아웃] 탭 – [맞춤] 그룹 – [세로 가운데 맞춤](▤)을 클릭한다.

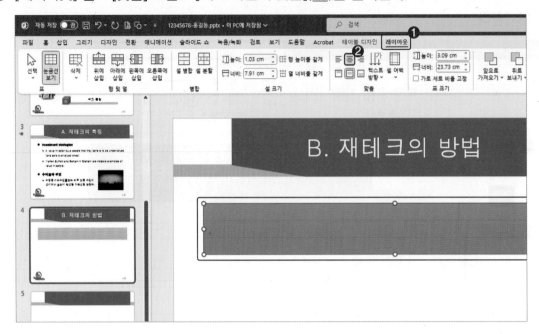

⑦ 2열의 2행과 3행을 블록 설정한다.
→ [레이아웃] 탭 – [병합] 그룹에서 [셀 병합]을 클릭한다.

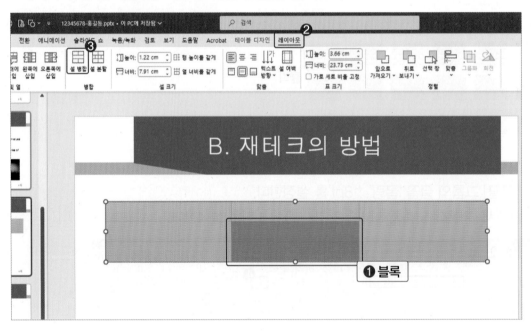

⑧ 출력형태를 참고하여 내용을 입력하고 마우스로 표의 크기와 위치를 조절한다.

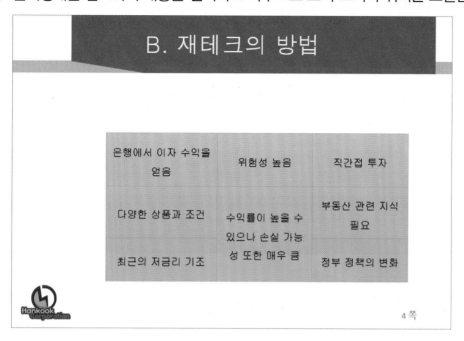

① [삽입] 탭 – [일러스트레이션] 그룹 – [도형]( )에서 [사각형: 잘린 위쪽 모서리]를 선
택하여 표 위쪽에 그린다.
→ [도형 서식] 탭 – [도형 스타일] 그룹의 [도형 채우기]( )와 [도형 윤곽선]( )을 임
의로 설정한다.

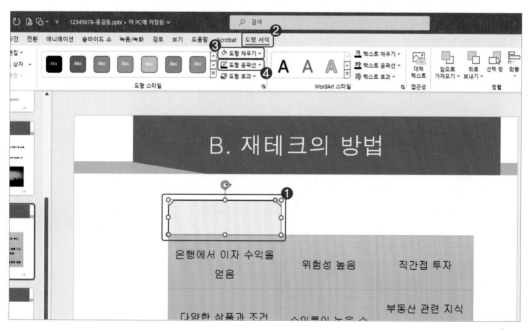

② [삽입] 탭 – [일러스트레이션] 그룹 – [도형]([image_ref])에서 [기본 도형] – [평행 사변형]을 선택하고 겹치게 그린다.
→ [도형 채우기]([image_ref])와 [도형 윤곽선]([image_ref])을 임의로 설정하고 글꼴 '굴림', '18pt'를 설정하여 텍스트를 입력한다.

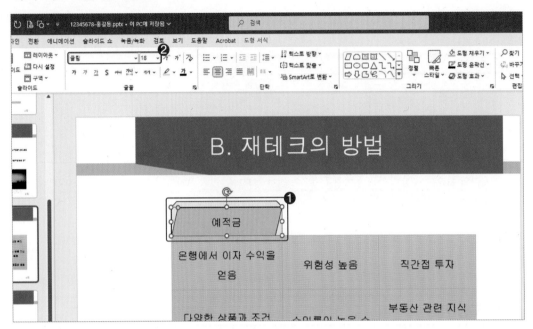

③ 도형을 모두 선택하여 Ctrl + Shift 를 누른 채 오른쪽으로 복사하고 크기와 텍스트를 수정한다.

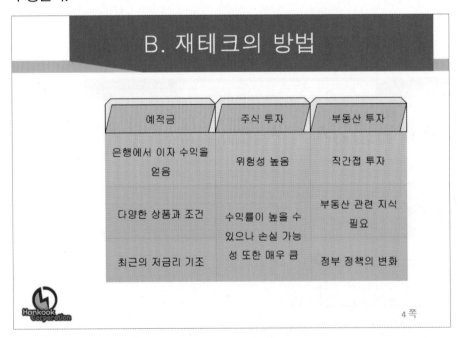

① [삽입] 탭–[일러스트레이션] 그룹–[도형](⬜)에서 [사각형: 둥근 대각선 방향 모서리]를 선택하여 표 왼쪽에 그린다.

② [도형 서식] 탭 – [정렬] 그룹에서 [회전](🔄) – [좌우 대칭]을 클릭한다.
   → [도형 채우기](🪣)와 [도형 윤곽선](✏️)을 임의로 설정한다.

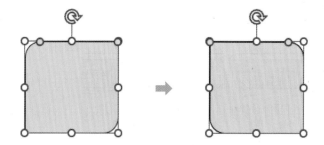

③ 다시 [도형 채우기]를 클릭하고 [그라데이션](⬜) – [선형 오른쪽]을 클릭한다.

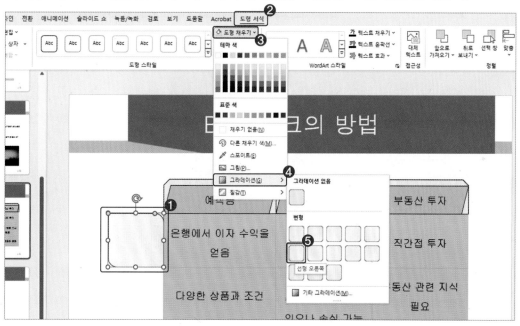

④ 도형에 [홈] 탭 – [글꼴] 그룹의 글꼴 '굴림', '18pt', 글꼴 색 '검정, 텍스트 1'을 설정하고『내용』을 입력한다.

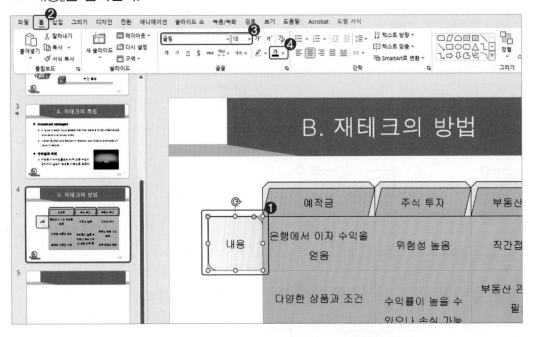

⑤ 도형을 Ctrl + Shift 를 누른 채 아래쪽으로 복사하고 크기와 텍스트를 수정한다.

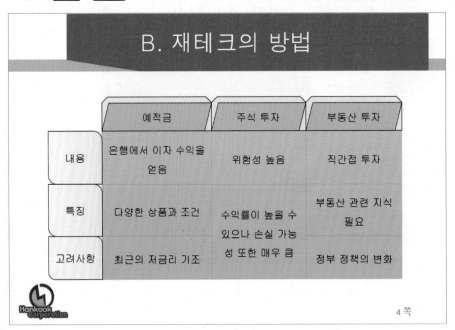

(1) 차트 작성 기능을 이용하여 슬라이드를 작성한다.
(2) 차트 : 종류(묶은 세로 막대형), 글꼴(돋움, 16pt), 외곽선

세부조건	
※ 차트설명 • 차트제목 : 궁서, 24pt, 굵게, 채우기(흰색), 　　　　　　테두리, 그림자(오프셋 아래쪽) • 차트영역 : 채우기(노랑) • 그림영역 : 채우기(흰색) • 데이터 서식 : KOSPI 계열을 표식이 있는 　　　　　　　꺾은선형으로 변경 후 보조축으 　　　　　　　로 지정 • 값 표시 : 2020년 1월의 KOSPI 계열만 ① 도형 삽입 － 스타일 : 미세 효과 － 파랑, 강조 1 － 글꼴 : 굴림, 18pt	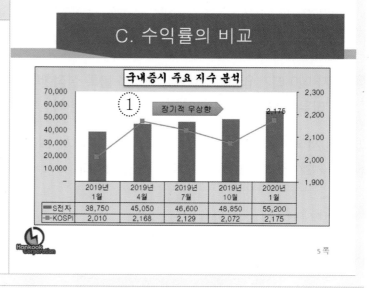

---

① 슬라이드 5를 선택하고 슬라이드 제목 『C. 수익률의 비교』를 입력한다.

② 텍스트 상자에서 [차트 삽입](▥)을 클릭하고 대화상자가 나타나면 [혼합]을 클릭한다.
　 → 계열2를 '표식이 있는 꺾은선형' 설정하고 [보조 축]에 체크한 후 [확인]을 클릭한다.

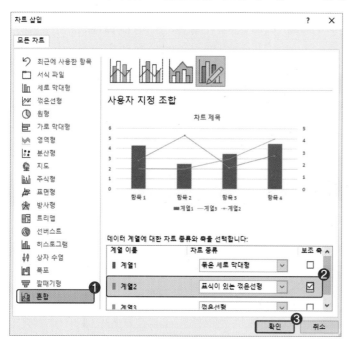

③ 데이터 시트 창이 열리면 내용을 입력한 후 데이터 범위를 지정한다.

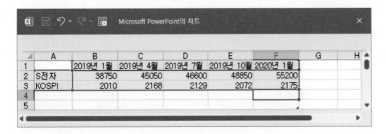

④ 숫자 데이터가 입력된 「B2:F3」 영역을 블록 설정한다.

→ 마우스 오른쪽 클릭하여 [셀 서식]을 클릭한다.

⑤ [셀 서식] 대화상자 – [표시 형식] 탭의 범주에서 '회계'를 클릭한다.

→ 기호 '없음'을 설정하고 [확인]을 클릭한다.

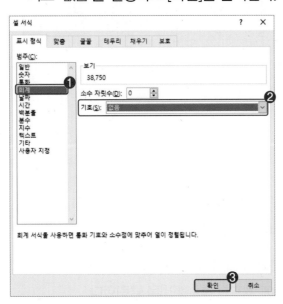

⑥ 데이터 시트를 닫고, [홈] 탭 – [글꼴] 그룹에서 글꼴 '돋움', '16pt', 글꼴 색 '검정'을 설정한다.

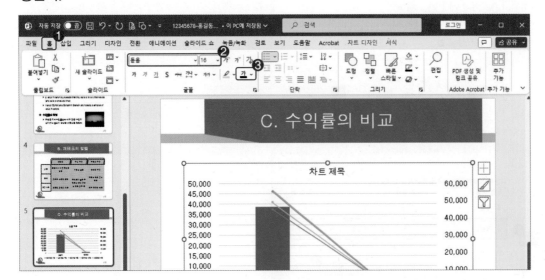

⑦ [차트 디자인] 탭 – [데이터] 그룹에서 [데이터 선택](📊)을 클릭한다.
  → [데이터 원본 선택] 대화상자가 나타나면 [행/열 전환](📊)을 클릭하고 [확인]을 클릭한다.
  → 데이터 시트를 닫는다.

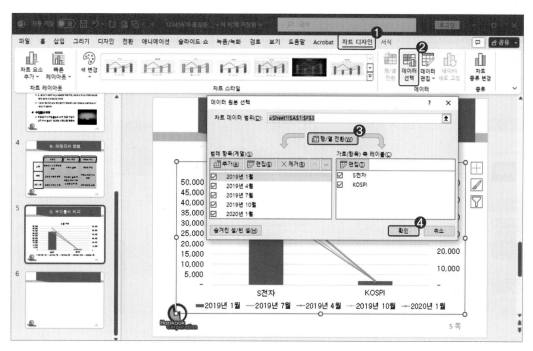

⑧ [서식] 탭 – [도형 스타일] 그룹 – [도형 윤곽선](🖌)을 클릭한다.
  → [색] – [검정], [두께] – [3/4pt]를 설정하여 외곽선을 지정해준다.

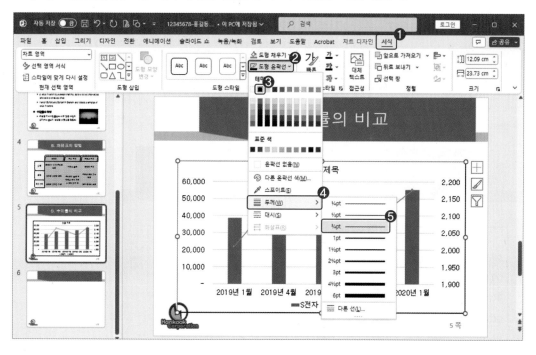

① 차트 제목 상자를 클릭하고 『국내증시 주요 지수 분석』을 입력한다.
→ [홈] 탭 – [글꼴] 그룹에서 글꼴 '궁서', '24pt', '굵게' 설정을 한다.

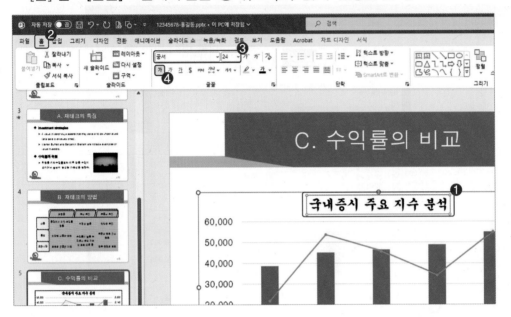

② [서식] 탭 – [도형 스타일] 그룹 – [도형 윤곽선](□)을 클릭한다.
→ [색] – [검정], [두께] – [3/4pt]를 설정한다.
→ [도형 채우기](□)를 클릭하여 '흰색'을 설정한다.

③ [도형 효과](□)를 클릭하고 [그림자] – [바깥쪽] – [오프셋: 아래쪽]으로 설정한다.

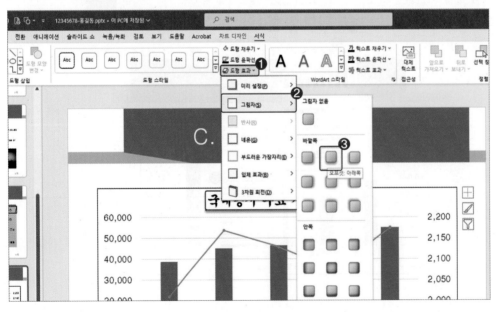

① '차트 영역'을 선택하고 [서식] 탭 – [도형 스타일] 그룹 – [도형 채우기]( )를 클릭한다.
　→ [색] – [노랑]을 설정한다.

② '그림 영역'을 선택하고 [서식] 탭 – [도형 스타일] 그룹 – [도형 채우기]( )를 클릭한다.
　→ [색] – [흰색]을 설정한다.

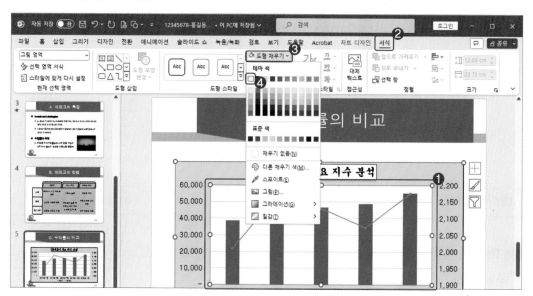

③ '차트 영역'을 선택하고 [차트 디자인] 탭 – [차트 레이아웃] 그룹 – [차트 요소 추가]
( )를 클릭한다.
　→ [데이터 테이블]( ) – [범례 표지 포함]을 클릭한다.

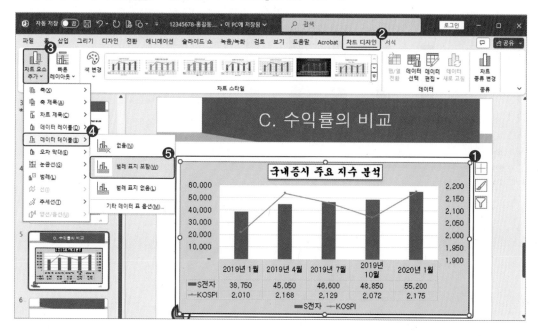

④ 차트 오른쪽 상단의 [차트 요소](⊞) 아이콘을 클릭하여 [눈금선]과 [범례]를 체크 해제한다.

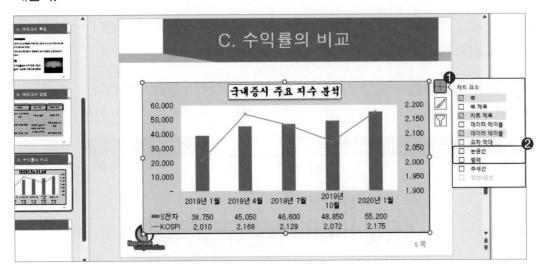

SECTION 04 데이터 서식, 값 표시

① '차트 영역'에서 마우스 오른쪽 클릭하여 [차트 영역 서식]을 클릭한다.
→ [차트 옵션]을 클릭하고 계열 "KOSPI"를 선택한다.

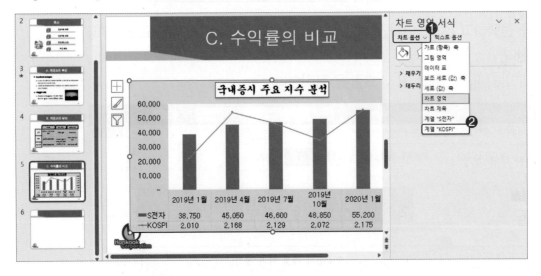

② [데이터 계열 서식] 탭에서 [표식] – [표식 옵션]을 클릭한다.
→ 기본 제공을 선택하고 형식 '네모', 크기 '10'으로 설정한다.

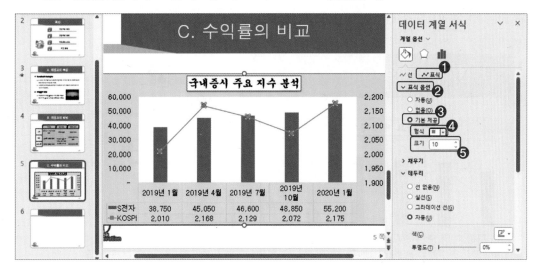

③ [계열 옵션]을 클릭하고 보조 세로 (값) 축을 선택한다.

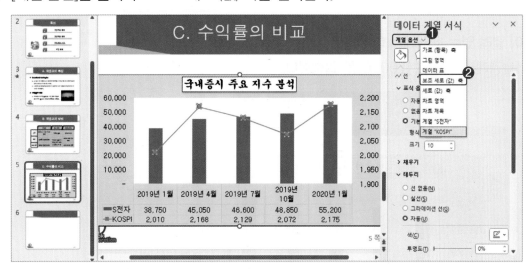

④ [축 옵션](📊)을 클릭하고 [경계] – 최소값 『1900』, 최대값 『2300』, [단위] – 기본 『100』을 입력한다.
　　→ [눈금] – 주 눈금 '바깥쪽', 보조 눈금 '없음'으로 설정한다.

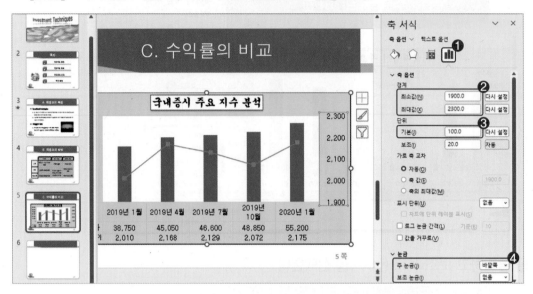

⑤ [축 서식] 탭이 열려 있는 상태에서 마우스로 '세로 (값) 축'을 클릭한다.
　　→ [축 옵션] – [경계] – 최대값 『70000』을 입력한다.

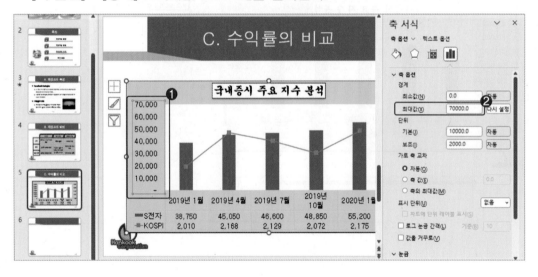

⑥ [서식] 탭 – [도형 스타일] 그룹 – [도형 윤곽선](✏️)을 설정한다.
→ '세로 (값) 축', '데이터 테이블'에 같은 방법으로 [도형 윤곽선](✏️)을 설정한다.

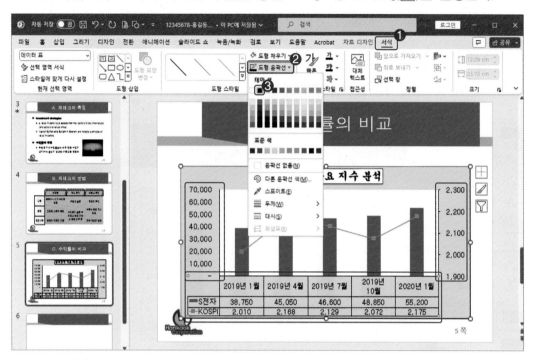

⑦ S전자 계열 차트에 마우스 오른쪽 클릭하여 [데이터 계열 서식]을 클릭한다.
→ [계열 옵션]에서 간격 너비 '150%'로 설정한다.

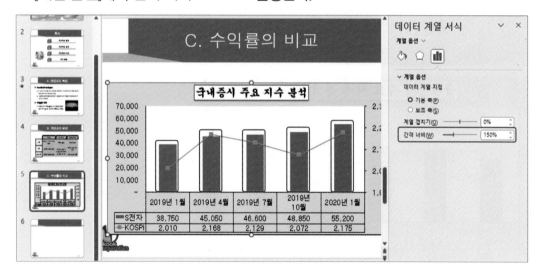

⑧ 값을 표시하기 위해 꺾은선형 차트인 KOSPI 계열에서 '2020년 1월 표식'만 마우스로 선택한다.

→ [차트 디자인] 탭의 [차트 요소 추가](▥) – [데이터 레이블] – [위쪽]을 클릭한다.

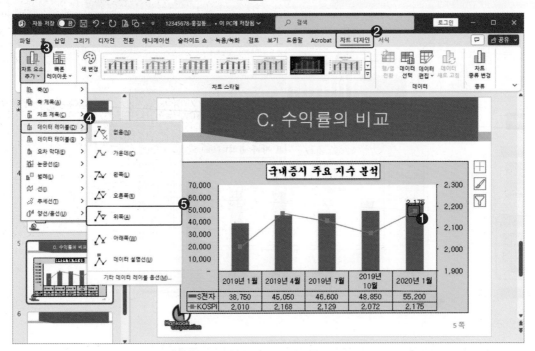

⑨ 출력형태를 참고하여 차트영역의 크기와 위치 등을 조절한다.

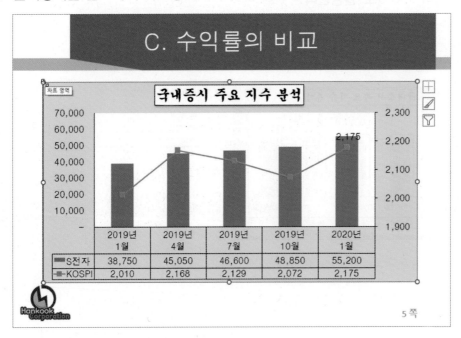

① [삽입] 탭 – [일러스트레이션] 그룹 – [도형](🔲)에서 [블록 화살표] – [화살표: 오각형]
을 클릭한다.
→ 적당한 크기로 그린 후 [도형 스타일] 그룹에서 [빠른 스타일](▾)을 클릭한다.
→ [테마 스타일]에서 '미세 효과 – 파랑, 강조 1'을 선택한다.

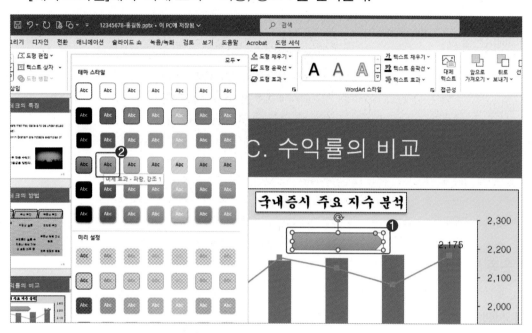

② 도형에 『장기적 우상향』을 입력한다.
→ [홈] 탭 – [글꼴] 그룹에서 글꼴 '굴림', '18pt', [단락] 그룹에서 [가운데 맞춤](≡)을
설정한다.

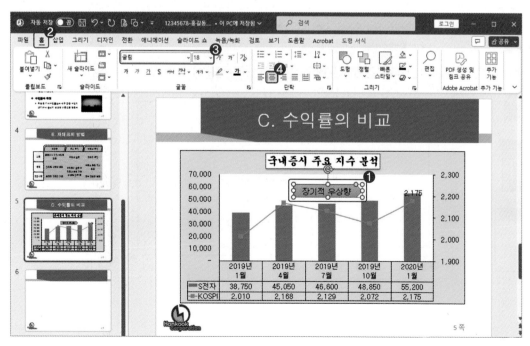

(1) 슬라이드와 같이 도형 및 스마트아트를 배치한다(글꼴 : 굴림, 18pt)
(2) 애니메이션 순서 : ① ⇒ ②

세부조건	
① 도형 및 스마트아트 편집 – 스마트아트 디자인 : 　3차원 광택 처리 – 그룹화 후 애니메이션 효과 : 　시계 방향 회전 ② 도형 및 스마트아트 편집 – 스마트아트 디자인 : 　3차원 만화 – 그룹화 후 애니메이션 효과 : 　실선 무늬(세로)	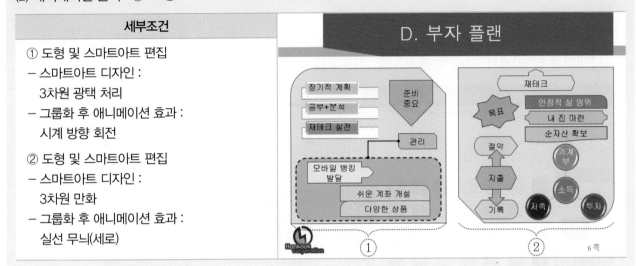

---

① 슬라이드 6을 선택하고 슬라이드 제목에 『D. 부자 플랜』을 입력한 후 '텍스트를 입력 하십시오' 상자를 삭제한다.

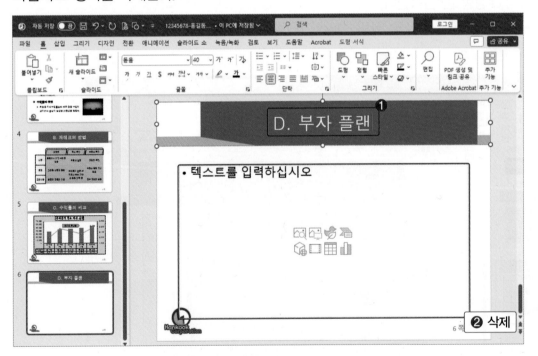

② [삽입] 탭 – [일러스트레이션] 그룹에서 [도형](🔲) – [사각형: 위쪽 모서리의 한쪽은 둥글고 다른 한쪽은 잘림]을 선택하여 도형을 그린다.

→ [도형 서식] 탭 – [도형 스타일] 그룹에서 [도형 채우기](🎨)로 임의의 색을 지정한다.

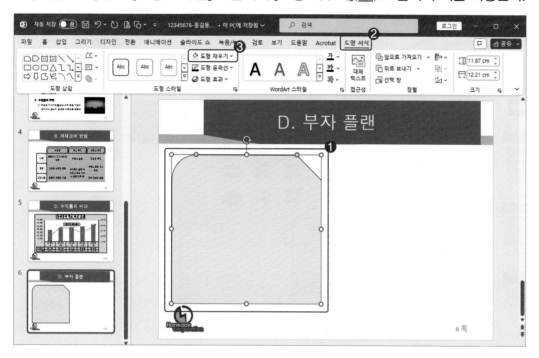

③ [삽입] 탭 – [일러스트레이션] 그룹 – [SmartArt](🖼)를 클릭한다.

→ [SmartArt 그래픽 선택] 대화상자가 나타나면 [목록형] – [세로 상자 목록형]을 선택하고 [확인]을 클릭한다.

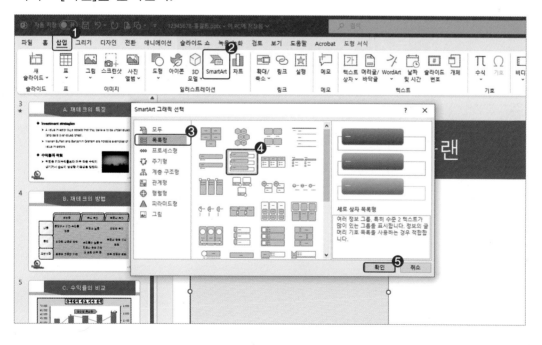

④ 크기와 위치를 조절하고 [SmartArt 디자인] 탭 – [SmartArt 스타일] 그룹 – [빠른 스타일]($\boxtimes$)을 클릭한다.
   → [3차원] – [광택 처리]를 클릭한다.

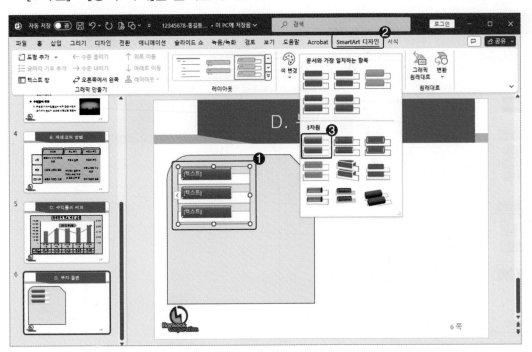

⑤ SmartArt에 [홈] 탭 – [글꼴] 그룹의 글꼴 '굴림', '18pt', '검정'을 설정하고 내용을 입력한다.
   → [서식] 탭 – [도형 채우기]를 이용하여 도형에 서로 구분되는 색을 적용한다.

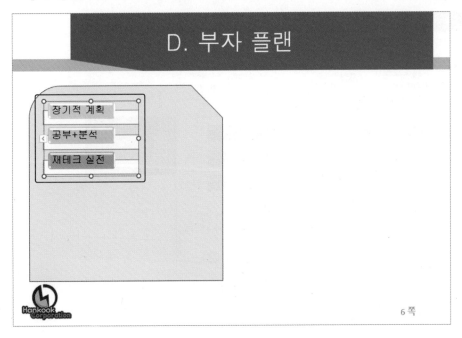

⑥ [삽입] 탭 – [일러스트레이션] 그룹에서 [도형](⬚) – [블록 화살표] – [화살표: 오각형]을 선택하여 그린다.

  → [도형 서식] 탭 – [정렬] 그룹 – [회전](⬚)에서 [오른쪽으로 90도 회전]을 클릭한다.

  → [삽입] 탭 – [텍스트] 그룹 – [텍스트 상자](⬚)를 도형 위에 배치하고 글꼴 '굴림', '18pt'로 입력한다.

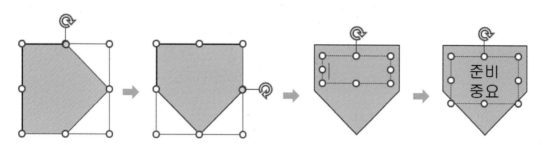

⑦ [삽입] 탭 – [일러스트레이션] 그룹에서 [도형](⬚) – [사각형: 둥근 모서리]를 선택해 그린다.

  → 도형에서 마우스 오른쪽 클릭하여 [도형 서식] 탭을 연다.

  → [선] – 대시 종류 '파선', 너비 '2pt'로 설정한다.

⑧ [삽입] 탭 – [일러스트레이션] 그룹에서 [도형](📷) – [블록 화살표] – [설명선: 오른쪽 화살표]를 선택하여 그린다.
→ '모양 조절 핸들'을 드래그하여 출력형태처럼 조절하고 글꼴 '굴림', '18pt'로 텍스트를 입력한다.

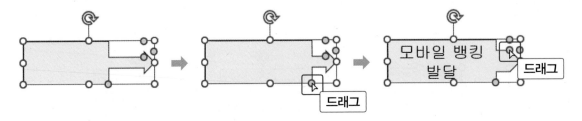

⑨ [도형](📷) – [사각형: 둥근 한쪽 모서리]를 선택하여 그린다.
→ '모양 조절 핸들'을 드래그하여 곡선을 더 크게 하고 『쉬운 계좌 개설』을 입력한다.

⑩ 도형을 [Ctrl]을 누른 채로 마우스 드래그하여 복사한다.
→ 텍스트를 『다양한 상품』으로 수정하고, [도형 서식] 탭 – [정렬] 그룹에서 [회전](📐) – [좌우 대칭]을 클릭하여 출력형태와 모양을 맞춘다.

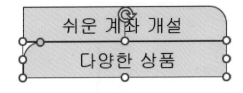

⑪ [도형](📷) – [사각형: 잘린 대각선 방향 모서리]를 선택하여 그린다.
→ 『관리』를 입력한다.

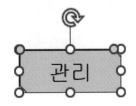

⑫ [도형](🔳) – [선] – [연결선: 꺾임]을 선택하여 연결하려는 도형에 마우스를 위치한다.
→ 연결점(⊙)이 생기면 클릭하고 연결하려는 다음 도형까지 드래그한다.

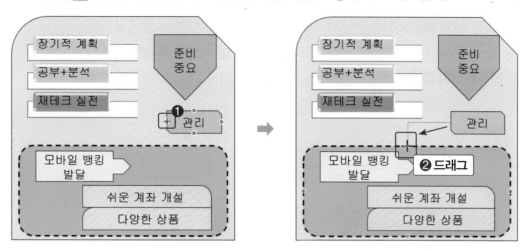

⑬ [도형 서식] 탭 – [도형 스타일] 그룹 – [도형 윤곽선](🖊)을 클릭한다.
→ 색과 두께는 출력형태와 가장 유사하게 설정하고 [화살표] – [화살표 스타일 11]을 설정한다.

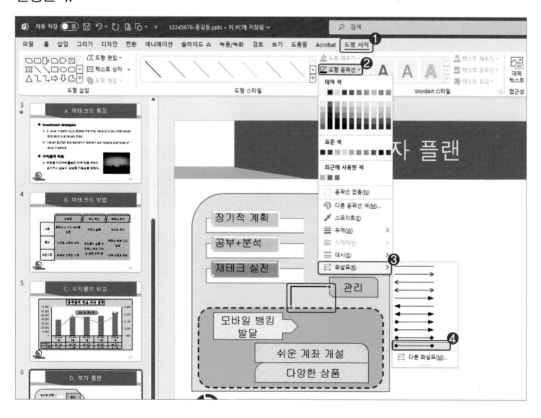

① 왼쪽 도형들 중 가장 뒤에 배치되어 있는 [사각형: 위쪽 모서리의 한쪽은 둥글고 다른 한쪽은 잘림]을 Ctrl+Shift를 누른 채 마우스 드래그하여 오른쪽으로 복사한다.
→ [도형 서식] 탭 – [정렬] 그룹 – [회전](🔄)에서 [상하 대칭]과 [좌우 대칭]을 한 번씩 클릭한다.

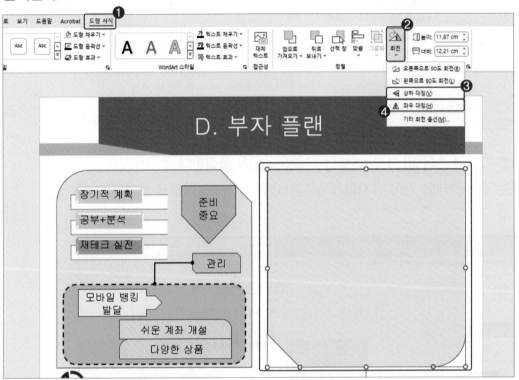

② [삽입] 탭 – [일러스트레이션] 그룹에서 [도형](🔲) – [블록 화살표] – [화살표: 왼쪽/오른쪽/위쪽]을 선택하여 그린다.
→ '모양 조절 핸들'을 드래그하여 출력형태처럼 모양을 변경하고 『재테크』를 입력한다.

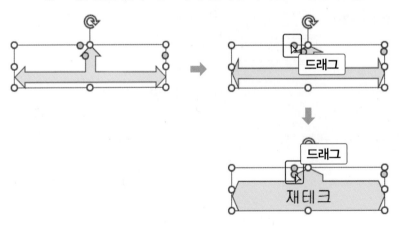

③ [도형]( ) – [별 및 현수막] – [별: 꼭짓점 8개]를 선택하여 그리고 『목표』를 입력한다.

→ '회전 핸들'을 마우스 드래그하여 출력형태처럼 왼쪽으로 회전시킨다.

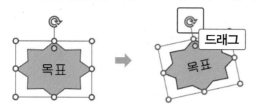

④ [도형]( ) – [사각형: 둥근 한쪽 모서리]를 선택하여 그린다.

→ '모양 조절 핸들'을 드래그하여 곡선을 더 크게 하고 『안정적 삶 영위』를 입력한다.

⑤ [도형]( ) – [기본 도형] – [배지]를 선택하여 그린다.

→ '모양 조절 핸들'을 드래그하여 곡선을 조절하고 『내 집 마련』을 입력한다.

⑥ [도형]( ) – [순서도: 문서]를 선택하여 그리고 『순자산 확보』를 입력한다.

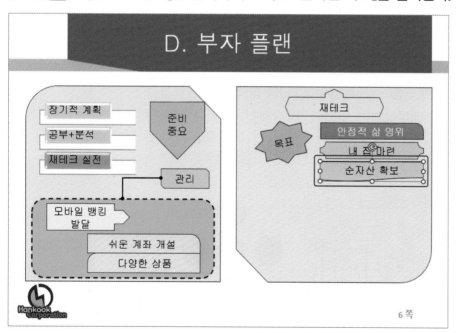

⑦ [도형](📷) – [순서도: 화면 표시]를 선택하여 그리고 『기록』을 입력한다.

→ Ctrl+드래그로 복사하고 [도형 서식] 탭 – [정렬] 그룹 – [회전](🔁)에서 [좌우 대칭]을 클릭한다.

→ 텍스트를 『절약』으로 수정한다.

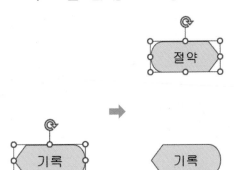

⑧ [도형](📷) – [블록 화살표] – [화살표: 위쪽/아래쪽]을 선택하여 그린다.

→ [기본 도형] – [육각형]을 위에 그리고 『지출』을 입력한다.

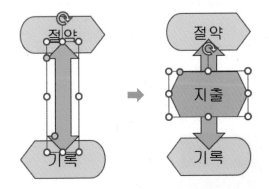

⑨ [삽입] 탭 – [일러스트레이션] 그룹 – [SmartArt](📊)를 클릭한다.

→ [SmartArt 그래픽 선택] 대화상자가 나타나면 [관계형] – [기본 방사형]을 선택하고 [확인]을 클릭한다.

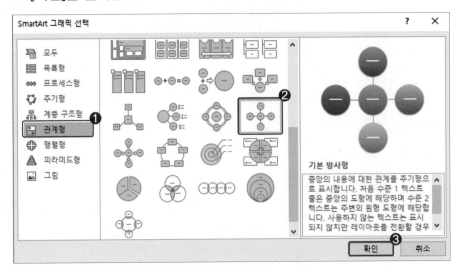

⑩ 중앙에 위치하지 않은 도형 중 하나를 삭제한다.

→ [SmartArt 디자인] 탭에서 [SmartArt 스타일] 그룹 – [색 변경](🎨)을 클릭한다.

→ [색상형] 중 도형들이 서로 구분되는 색을 선택하여 적용한다.

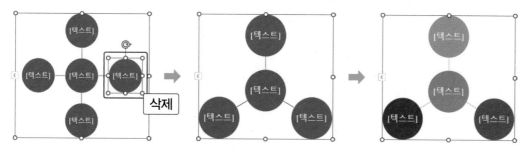

⑪ SmartArt에 글꼴 '굴림', '18pt'로 텍스트를 입력하고 크기를 조절한다.

→ [SmartArt 디자인] 탭 – [SmartArt 스타일] 그룹 – [빠른 스타일](▽)을 클릭한다.

→ [3차원] – [만화]를 클릭한다.

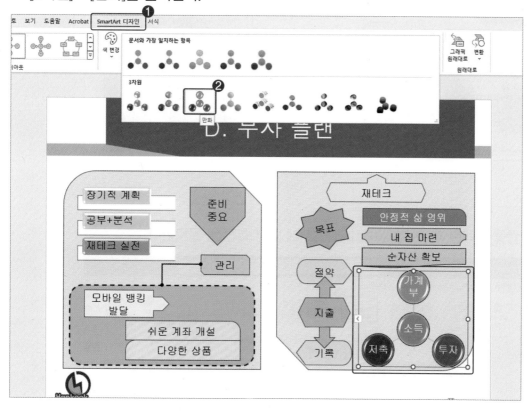

① 마우스를 드래그하여 왼쪽 도형들을 모두 선택한다.

→ 마우스 오른쪽 클릭하여 [그룹화](⊞) – [그룹]을 클릭한다.

→ 오른쪽 도형들도 같은 방법으로 그룹을 지정한다.

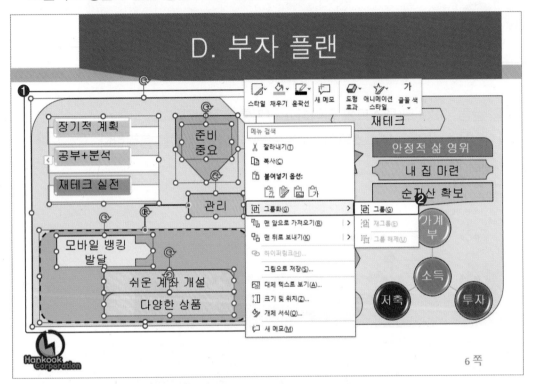

② 왼쪽 도형 그룹을 선택한 후 [애니메이션] 탭 – [시계 방향 회전]을 클릭한다.

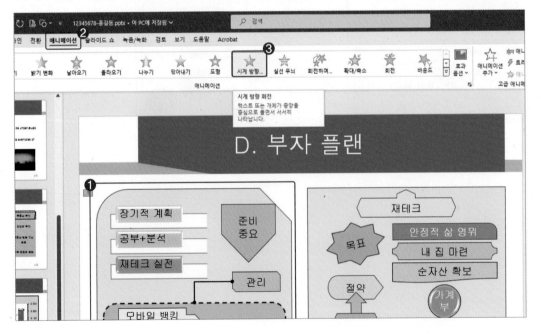

③ 오른쪽 도형 그룹을 선택한 후 [애니메이션] 탭 – [실선 무늬]를 클릭한다.

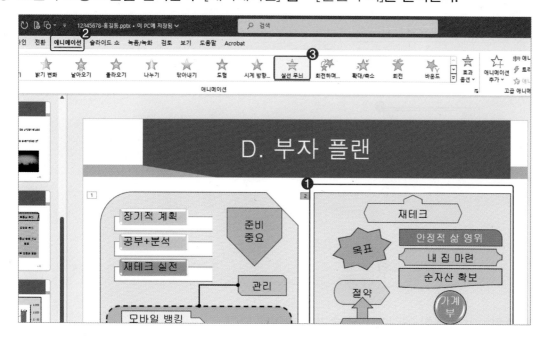

④ [애니메이션] 그룹의 오른쪽 하단에 [추가 효과 옵션 표시](□)가 활성화되면 클릭한다.

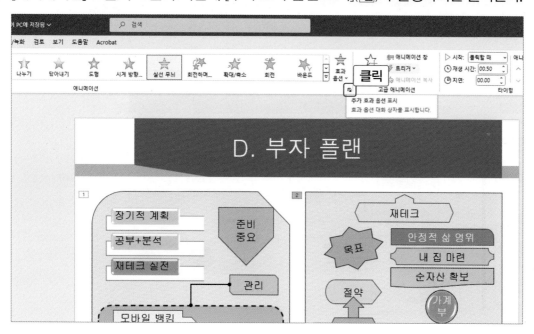

⑤ [실선 무늬] 대화상자가 나타나면 [효과] 탭에서 방향 '세로'를 설정한 후 [확인]을 클릭한다.

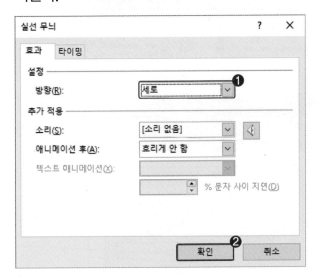

⑥ [미리 보기]를 클릭하여 적용한 애니메이션 효과를 확인해 본다.

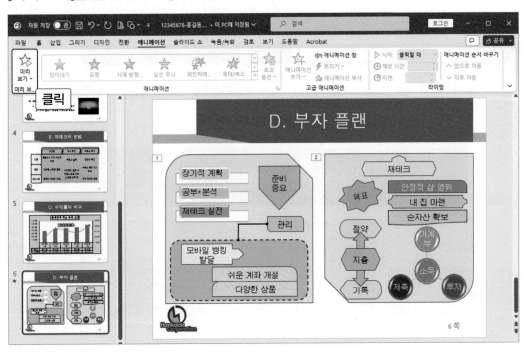

PART
03

최신 기출문제

정보기술자격(ITQ) 시험

과목	코드	문제유형	시험시간	수험번호	성명
한글파워포인트	1142	A	60분		

※ 최신 기출문제 01~10회 학습 시 답안 작성요령을 동일하게 적용하세요.

수험자 유의사항

- 수험자는 문제지를 받는 즉시 문제지와 **수험표상의 시험과목(프로그램)이 동일한지 반드시 확인**하여야 합니다.

- 파일명은 본인의 "수험번호-성명"으로 입력하여 답안폴더(내 PC₩문서₩ITQ)에 하나의 파일로 저장해야 하며, 답안문서 파일명이 "수험번호-성명"과 일치하지 않거나, 답안파일을 전송하지 않아 미제출로 처리될 경우 실격 처리합니다(예: 12345678-홍길동.pptx).

- 답안 작성을 마치면 파일을 저장하고, '답안 전송' 버튼을 선택하여 감독위원 PC로 답안을 전송하십시오. 수험생 정보와 저장한 파일명이 다를 경우 전송되지 않으므로 주의하시기 바랍니다.

- 답안 작성 중에도 **주기적으로 저장하고, '답안 전송'**하여야 문제 발생을 줄일 수 있습니다. 작업한 내용을 저장하지 않고 전송할 경우 이전에 저장된 내용이 전송되니 이점 유의하시기 바랍니다.

- 답안문서는 지정된 경로 외의 다른 보조기억장치에 저장하는 경우, 지정된 시험 시간 외에 작성된 파일을 활용할 경우, 기타 통신수단 (이메일, 메신저, 네트워크 등)을 이용하여 타인에게 전달 또는 외부 반출하는 경우는 부정 처리합니다.

- 시험 중 부주의 또는 고의로 시스템을 파손한 경우는 수험자가 변상해야 하며, 〈수험자 유의사항〉에 기재된 방법대로 이행하지 않아 생기는 불이익은 수험생 당사자의 책임임을 알려 드립니다.

- 문제의 조건은 MS오피스 2021 버전으로 설정되어 있으며 MS오피스 2016은 【 】에 표기되어 있습니다. 이와 관련하여 작성한 답안의 출력형태가 문제지와 다를 수 있습니다.

- 시험을 완료한 수험자는 답안파일이 전송되었는지 확인한 후 감독위원의 지시에 따라 문제지를 제출하고 퇴실합니다.

답안 작성요령

- 온라인 답안 작성 절차
  수험자 등록 ⇒ 시험 시작 ⇒ 답안파일 저장 ⇒ 답안 전송 ⇒ 시험 종료

- 슬라이드의 크기는 A4 Paper로 설정하여 작성합니다.

- 슬라이드의 총 개수는 6개로 구성되어 있으며 슬라이드 1부터 순서대로 작업하고 반드시 문제와 세부 조건대로 합니다.

- 별도의 지시사항이 없는 경우 출력형태를 참조하여 글꼴색은 검정 또는 흰색으로 작성하고, 기타사항은 전체적인 균형을 고려하여 작성합니다.

- 슬라이드 도형 및 개체에 출력형태와 다른 스타일(그림자, 외곽선 등)을 적용했을 경우 감점처리 됩니다.

- 슬라이드 번호를 작성합니다(슬라이드 1에는 생략).

- 2~6번 슬라이드 제목 도형과 하단 로고는 슬라이드 마스터를 이용하여 출력형태와 동일하게 작성합니다(슬라이드 1에는 생략).

- 문제와 세부조건, 세부조건 번호 ○(점선원)는 입력하지 않습니다.

- 각 개체의 위치는 오른쪽의 슬라이드와 동일하게 구성합니다.

- 그림 삽입 문제의 경우 반드시 「내 PC₩문서₩ITQ₩Picture」 폴더에서 정확한 파일을 선택하여 삽입하십시오.

- 각 슬라이드를 각각의 파일로 작업해서 저장할 경우 실격 처리됩니다.

최신 기출문제 01회

수험번호 20252001　　정답파일 PART 03 최신 기출문제\최신01회_정답.pptx

▶합격 강의

전체구성　　　　　　　　　　　　　　　　　　　　　　　60점

(1) 슬라이드 크기 및 순서 : 크기를 A4 용지로 설정하고 슬라이드 순서에 맞게 작성한다.
(2) 슬라이드 마스터 : 2~6슬라이드의 제목, 하단 로고, 슬라이드 번호는 슬라이드 마스터를 이용하여 작성한다.
 – 제목 글꼴(돋움, 40pt, 흰색), 가운데 맞춤, 도형(선 없음)
 – 하단 로고(「내 PC\문서\ITQ\Picture\로고1.jpg」, 배경(회색) 투명색으로 설정)

슬라이드 ❶　표지 디자인　　　　　　　　　　　　　40점

(1) 표지 디자인 : 도형, 워드아트 및 그림을 이용하여 작성한다.

세부조건
① 도형 편집

 – 도형에 그림 채우기 :「내 PC\문서\ITQ\
　Picture\그림1.jpg」, 투명도 50%
 – 도형 효과 : 부드러운 가장자리 5포인트
② 워드아트 삽입
 – 변환 : 삼각형, 위로【삼각형】
 – 글꼴 : 굴림, 굵게
 – 텍스트 반사 : 1/2 반사, 4pt 오프셋
③ 그림 삽입
 –「내 PC\문서\ITQ\Picture\로고1.jpg」
 – 배경(회색) 투명색으로 설정

슬라이드 ❷　목차 슬라이드　　　　　　　　　　　60점

(1) 출력형태와 같이 도형을 이용하여 목차를 작성한다(글꼴 : 돋움, 24pt).　　(2) 도형 : 선 없음

세부조건
① 텍스트에 링크【하이퍼링크】적용

→ '슬라이드 6'
② 그림 삽입
 –「내 PC\문서\ITQ\Picture\그림4.jpg」
 – 자르기 기능 이용

슬라이드 ❸ **텍스트/동영상 슬라이드** **60**점

(1) 텍스트 작성 : 글머리 기호 사용(◆, ✓)
　　◆ 문단(굴림, 24pt, 굵게, 줄간격 : 1.5줄), ✓ 문단(굴림, 20pt, 줄간격 : 1.5줄)

세부조건	1. 지속가능경영
① 동영상 삽입 : – 「내 PC₩문서₩ITQ₩Picture₩동영상.wmv」 – 자동실행, 반복재생 설정	◆ Sustainability 　✓ Sustainability is improving the quality of human life while living within the carrying capacity of supporting eco-systems ◆ 지속가능경영(ESG)의 의미 　✓ ESG는 환경(Environmental), 사회(Social), 지배구조(Governance)의 영문 첫 글자를 조합한 단어 　✓ 기업 경영에서 지속가능성을 달성하기 위한 3가지 핵심 요소

3

슬라이드 ❹ **표 슬라이드** **80**점

(1) 도형과 표 작성 기능을 이용하여 슬라이드를 작성한다(글꼴 : 굴림, 18pt).

세부조건	2. 지속가능 목표 제안
① 상단 도형 : 　2개 도형의 조합으로 작성 ② 좌측 도형 : 　그라데이션 효과(선형 아래쪽) ③ 표 스타일 : 　테마 스타일 1 – 강조 1	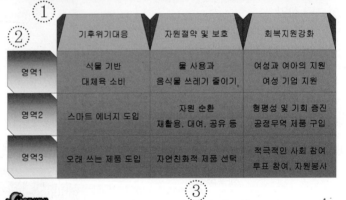

4

(1) 차트 작성 기능을 이용하여 슬라이드를 작성한다.
(2) 차트 : 종류(묶은 세로 막대형), 글꼴(돋움, 16pt), 외곽선

세부조건	

※ 차트설명
• 차트제목 : 궁서, 24pt, 굵게,
  채우기(흰색), 테두리, 그림자(오프셋 오른쪽)
• 차트영역 : 채우기(노랑)
  그림영역 : 채우기(흰색)
• 데이터 서식 : 글로벌 계열을 표식이 있는 꺾은
  선형으로 변경 후 보조축으로 지정
• 값 표시 : C금융그룹의 글로벌 계열만
 	
① 도형 삽입
– 스타일 : 미세 효과 – 파랑, 강조 1
– 글꼴 : 굴림, 18pt
	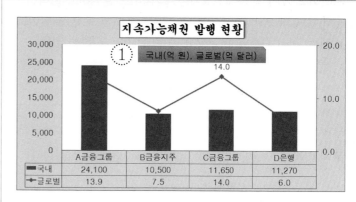

(1) 슬라이드와 같이 도형 및 스마트아트를 배치한다(글꼴 : 돋움, 18pt).
(2) 애니메이션 순서 : ① ⇒ ②

세부조건	

① 도형 및 스마트아트 편집
– 스마트아트 디자인 :
  3차원 경사,
  3차원 만화
– 그룹화 후 애니메이션 효과 :
  닦아내기(위에서)
 	
② 도형 편집
– 그룹화 후 애니메이션 효과 :
  회전
	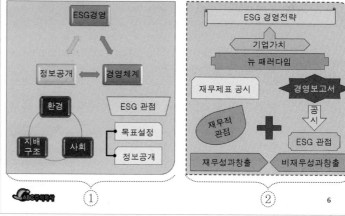

최신 기출문제 02회

수험번호 20252002   정답파일 PART 03 최신 기출문제₩최신02회_정답.pptx

▶ 합격 강의

전체구성   60점

(1) 슬라이드 크기 및 순서 : 크기를 A4 용지로 설정하고 슬라이드 순서에 맞게 작성한다.
(2) 슬라이드 마스터 : 2~6슬라이드의 제목, 하단 로고, 슬라이드 번호는 슬라이드 마스터를 이용하여 작성한다.
  – 제목 글꼴(돋움, 40pt, 흰색), 가운데 맞춤, 도형(선 없음)
  – 하단 로고(「내 PC₩문서₩ITQ₩Picture₩로고1.jpg」, 배경(회색) 투명색으로 설정)

슬라이드 ❶   표지 디자인   40점

(1) 표지 디자인 : 도형, 워드아트 및 그림을 이용하여 작성한다.

세부조건	
① 도형 편집 – 도형에 그림 채우기 : 「내 PC₩문서₩ITQ₩ Picture₩그림1.jpg」, 투명도 50% – 도형 효과 : 부드러운 가장자리 5포인트 ② 워드아트 삽입 – 변환 : 삼각형, 위로【삼각형】 – 글꼴 : 굴림, 굵게 – 텍스트 반사 : 1/2 반사, 4pt 오프셋 ③ 그림 삽입 –「내 PC₩문서₩ITQ₩Picture₩로고1.jpg」 – 배경(회색) 투명색으로 설정	

슬라이드 ❷   목차 슬라이드   60점

(1) 출력형태와 같이 도형을 이용하여 목차를 작성한다(글꼴 : 돋움, 24pt).   (2) 도형 : 선 없음

세부조건	
① 텍스트에 링크【하이퍼링크】 적용 → '슬라이드 6' ② 그림 삽입 –「내 PC₩문서₩ITQ₩Picture₩그림4.jpg」 – 자르기 기능 이용	목차 1 여행박람회 소개 2 여행작가 강연회 3 박람회 참가 현황 4 박람회 개요 및 부대행사 2

슬라이드 ③ **텍스트/동영상 슬라이드** **60**점

(1) 텍스트 작성 : 글머리 기호 사용(◆, ✓)
  ◆문단(굴림, 24pt, 굵게, 줄간격 : 1.5줄), ✓ 문단(굴림, 20pt, 줄간격 : 1.5줄)

세부조건	
① 동영상 삽입 : – 「내 PC₩문서₩ITQ₩Picture₩동영상.wmv」 – 자동실행, 반복재생 설정	**1. 여행박람회 소개** ◆ **Visitation Guide** ✓ If you do not want to join the Mode Tour membership, you can purchase an on site ticket at a discount of 10,000 won ◆ **박람회 목적** ✓ 올해의 관광 정책 및 관광도시, 주요 기관 및 여행 테마 등 소개 ✓ 국내 관광을 활성화하고 축제산업의 전문화 및 체계화를 통한 새로운 문화산업 방향 제시 3

슬라이드 ④ **표 슬라이드** **80**점

(1) 도형과 표 작성 기능을 이용하여 슬라이드를 작성한다(글꼴 : 굴림, 18pt).

세부조건	
① 상단 도형 : 2개 도형의 조합으로 작성 ② 좌측 도형 : 그라데이션 효과(선형 아래쪽) ③ 표 스타일 : 테마 스타일 1 – 강조 1	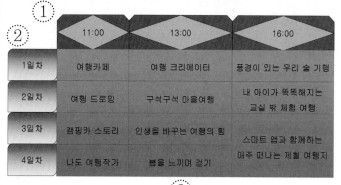

(1) 차트 작성 기능을 이용하여 슬라이드를 작성한다.
(2) 차트 : 종류(묶은 세로 막대형), 글꼴(돋움, 16pt), 외곽선

세부조건	

※ 차트설명
• 차트제목 : 궁서, 24pt, 굵게,
  채우기(흰색), 테두리, 그림자(오프셋 오른쪽)
• 차트영역 : 채우기(노랑)
  그림영역 : 채우기(흰색)
• 데이터 서식 : 부스수 계열을 표식이 있는 꺾은
  선형으로 변경 후 보조축으로 지정
• 값 표시 : 메인무대의 단체수 계열만

① 도형 삽입
 – 스타일 : 미세 효과 – 파랑, 강조 1
 – 글꼴 : 굴림, 18pt

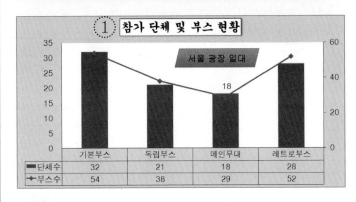

(1) 슬라이드와 같이 도형 및 스마트아트를 배치한다(글꼴 : 돋움, 18pt).
(2) 애니메이션 순서 : ① ⇒ ②

세부조건	

① 도형 및 스마트아트 편집
 – 스마트아트 디자인 :
   3차원 경사,
   3차원 만화
 – 그룹화 후 애니메이션 효과 :
   닦아내기(위에서)

② 도형 편집
 – 그룹화 후 애니메이션 효과 :
   회전

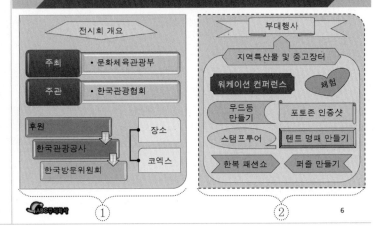

최신 기출문제 03회

수험번호 20252003   정답파일 PART 03 최신 기출문제\최신03회_정답.pptx

▶ 합격 강의

전체구성   60점

(1) 슬라이드 크기 및 순서 : 크기를 A4 용지로 설정하고 슬라이드 순서에 맞게 작성한다.
(2) 슬라이드 마스터 : 2~6슬라이드의 제목, 하단 로고, 슬라이드 번호는 슬라이드 마스터를 이용하여 작성한다.
- 제목 글꼴(궁서, 40pt, 흰색), 가운데 맞춤, 도형(선 없음)
- 하단 로고(「내 PC\문서\ITQ\Picture\로고2.jpg」, 배경(회색) 투명색으로 설정)

슬라이드 ❶   표지 디자인   40점

(1) 표지 디자인 : 도형, 워드아트 및 그림을 이용하여 작성한다.

세부조건
① 도형 편집
- 도형에 그림 채우기 : 「내 PC\문서\ITQ\Picture\그림3.jpg」, 투명도 50%
- 도형 효과 : 부드러운 가장자리 5포인트
② 워드아트 삽입
- 변환 : 중지
- 글꼴 : 돋움, 굵게
- 텍스트 반사 : 근접 반사, 터치
③ 그림 삽입
- 「내 PC\문서\ITQ\Picture\로고2.jpg」
- 배경(회색) 투명색으로 설정

슬라이드 ❷   목차 슬라이드   60점

(1) 출력형태와 같이 도형을 이용하여 목차를 작성한다(글꼴 : 굴림, 24pt).   (2) 도형 : 선 없음

세부조건
① 텍스트에 링크【하이퍼링크】적용
→ '슬라이드 4'
② 그림 삽입
- 「내 PC\문서\ITQ\Picture\그림4.jpg」
- 자르기 기능 이용

목차

 1 다문화가족 실태 조사 목적

 2 다문화가족 실태 조사 방법 ①

 3 지난 1년간 모임 참여 경험

 4 다문화가족 센터의 역할

②

2

슬라이드 ③ **텍스트/동영상 슬라이드** **60**점

(1) 텍스트 작성 : 글머리 기호 사용(◆, ✓)
　　◆ 문단(돋움, 24pt, 굵게, 줄간격 : 1.5줄), ✓ 문단(돋움, 20pt, 줄간격 : 1.5줄)

세부조건	
① 동영상 삽입 : – 「내 PC₩문서₩ITQ₩Picture₩동영상.wmv」 – 자동실행, 반복재생 설정	**1. 다문화가족 실태 조사 목적** ◆ Purpose of investigation 　✓ To understand the economic status, family relationships, and lifestyle of multicultural families 　✓ Necessary for establishing policies for multicultural families ◆ 조사 목적 　✓ 다문화가족에 대한 경제상태, 가족관계, 생활양식 등을 파악하여 다문화가족 정책수립에 필요한 기초 자료를 수집 ① 123주식회사　　　　3

슬라이드 ④ **표 슬라이드** **80**점

(1) 도형과 표 작성 기능을 이용하여 슬라이드를 작성한다(글꼴 : 굴림, 18pt).

세부조건	
① 상단 도형 : 　2개 도형의 조합으로 작성 ② 좌측 도형 : 　그라데이션 효과(선형 아래쪽) ③ 표 스타일 : 　테마 스타일 1 – 강조 3	**2. 다문화가족 실태 조사 방법** ② ①	구분	내용 | 목표 모집단 | 대한민국 거주 | 대한민국에 거주, 다문화가족지원법에서 정의하는 다문화 가구의 가구주 및 가구원 조사 모집단 | 조사모집단 | 결혼이민자 또는 한국인과 결혼한 기타 이민자(외국인) | | 귀화에 의한 국적취득자(한국인)인 다문화 대상자 | 표본추출물 | 등록자료(가족관계등록, 주민등록, 외국인등록) 123주식회사　　③　　4

슬라이드 ⑤ 　차트 슬라이드 　　　　　　　　　　　　　　　　　　　　　　　　 100점

(1) 차트 작성 기능을 이용하여 슬라이드를 작성한다.
(2) 차트 : 종류(묶은 세로 막대형), 글꼴(굴림, 16pt), 외곽선

세부조건

※ 차트설명
- 차트제목 : 궁서, 24pt, 굵게,
  채우기(흰색), 테두리, 그림자(오프셋 아래쪽)
- 차트영역 : 채우기(노랑)
  그림영역 : 채우기(흰색)
- 데이터 서식 : 비율 계열을 표식이 있는 꺾은선
  형으로 변경 후 보조축으로 지정
- 값 표시 : 모국인모임의 비율 계열만

① 도형 삽입
- 스타일 : 미세 효과 – 파랑, 강조 1
- 글꼴 : 돋움, 18pt

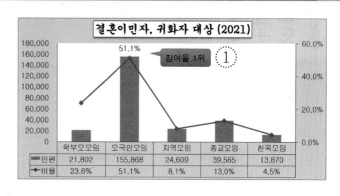

슬라이드 ⑥ 　도형 슬라이드 　　　　　　　　　　　　　　　　　　　　　　　 100점

(1) 슬라이드와 같이 도형 및 스마트아트를 배치한다(글꼴 : 돋움, 18pt).
(2) 애니메이션 순서 : ① ⇒ ②

세부조건

① 도형 및 스마트아트 편집
- 스마트아트 디자인 :
  3차원 만화,
  강한 효과
- 그룹화 후 애니메이션 효과 :
  실선 무늬(세로)

② 도형 편집
- 그룹화 후 애니메이션 효과 :
  회전

최신 기출문제 04회

수험번호 20252004　정답파일 PART 03 최신 기출문제\최신04회_정답.pptx

전체구성 60점

(1) 슬라이드 크기 및 순서 : 크기를 A4 용지로 설정하고 슬라이드 순서에 맞게 작성한다.
(2) 슬라이드 마스터 : 2~6슬라이드의 제목, 하단 로고, 슬라이드 번호는 슬라이드 마스터를 이용하여 작성한다.
　　－ 제목 글꼴(궁서, 40pt, 흰색), 가운데 맞춤, 도형(선 없음)
　　－ 하단 로고(「내 PC\문서\ITQ\Picture\로고2.jpg」, 배경(회색) 투명색으로 설정)

슬라이드 ❶ 표지 디자인 40점

(1) 표지 디자인 : 도형, 워드아트 및 그림을 이용하여 작성한다.

세부조건
① 도형 편집
－ 도형에 그림 채우기 : 「내 PC\문서\ITQ\Picture\그림3.jpg」, 투명도 50%
－ 도형 효과 : 부드러운 가장자리 5포인트
② 워드아트 삽입
－ 변환 : 중지
－ 글꼴 : 돋움, 굵게
－ 텍스트 반사 : 근접 반사, 터치
③ 그림 삽입
－ 「내 PC\문서\ITQ\Picture\로고2.jpg」
－ 배경(회색) 투명색으로 설정

슬라이드 ❷ 목차 슬라이드 60점

(1) 출력형태와 같이 도형을 이용하여 목차를 작성한다(글꼴 : 굴림, 24pt).　(2) 도형 : 선 없음

세부조건
① 텍스트에 링크【하이퍼링크】적용
→ '슬라이드 4'
② 그림 삽입
－ 「내 PC\문서\ITQ\Picture\그림4.jpg」
－ 자르기 기능 이용

목차

1　가스안전점검

2　가스안전 행동요령 ①

3　형태별 가스사고 현황

4　안전관리 및 유통체계

②

(1) 텍스트 작성 : 글머리 기호 사용(◆, ✓)
◆문단(돋움, 24pt, 굵게, 줄간격 : 1.5줄), ✓ 문단(돋움, 20pt, 줄간격 : 1.5줄)

세부조건	
① 동영상 삽입 : – 「내 PC₩문서₩ITQ₩Picture₩동영상.wmv」 – 자동실행, 반복재생 설정	**1. 가스안전점검** ◆ Quantitative Risk Assessment 　✓ QRA is a method which enables to calculate the potential 　　level of gas incident quantitatively by analyzing the facility, 　　operation, work condition of the process ◆ 가스안전점검 　✓ 가스렌지 : 가스누설여부, 퓨즈콕 설치여부, 　　호스길이(3m이내)상태 등 　✓ 보일러 연결부 가스누출여부, 고시기준 미달여부 3

(1) 도형과 표 작성 기능을 이용하여 슬라이드를 작성한다(글꼴 : 굴림, 18pt).

세부조건	
① 상단 도형 : 　2개 도형의 조합으로 작성 ② 좌측 도형 : 　그라데이션 효과(선형 아래쪽) ③ 표 스타일 : 　테마 스타일 1 – 강조 3	**2. 가스안전 행동요령**

유형		행동요령
자연 재난	홍수, 호우	체인 등으로 벽면에 견고히 고정
	한파	이불이나 옷 등으로 가스용기를 보온, 가스보일러 사용 전에 시설 점검 후 사용
사회 재난	화재	화재가 발생하면 가스용기, 밸브 및 퓨즈콕을 잠그고 대피
	건축물 붕괴	가스 중간밸브를 차단하고 건물 밖으로 대피

4

(1) 차트 작성 기능을 이용하여 슬라이드를 작성한다.
(2) 차트 : 종류(묶은 세로 막대형), 글꼴(굴림, 16pt), 외곽선

세부조건	

※ 차트설명
• 차트제목 : 궁서, 24pt, 굵게,
  채우기(흰색), 테두리, 그림자(오프셋 아래쪽)
• 차트영역 : 채우기(노랑)
  그림영역 : 채우기(흰색)
• 데이터 서식 : 누출 계열을 표식이 있는 꺾은선
  형으로 변경 후 보조축으로 지정
• 값 표시 : 2020년의 폭발 계열만
 	
① 도형 삽입
 – 스타일 : 미세 효과 – 파랑, 강조 1
 – 글꼴 : 돋움, 18pt
	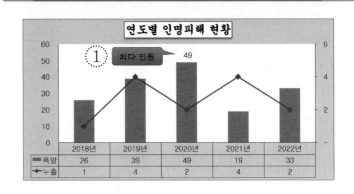

(1) 슬라이드와 같이 도형 및 스마트아트를 배치한다(글꼴 : 돋움, 18pt).
(2) 애니메이션 순서 : ① ⇒ ②

세부조건	

① 도형 및 스마트아트 편집
 – 스마트아트 디자인 :
   3차원 만화,
   3차원 벽돌
 – 그룹화 후 애니메이션 효과 :
   실선 무늬(세로)
 	
② 도형 편집
 – 그룹화 후 애니메이션 효과 :
   회전
	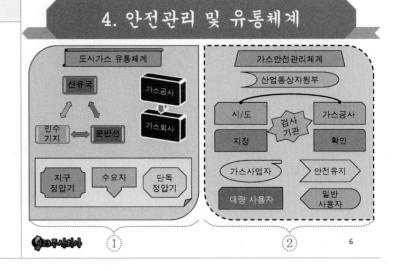

최신 기출문제 05회

수험번호 20252005 정답파일 PART 03 최신 기출문제\최신05회_정답.pptx

▶ 합격 강의

전체구성 60점

(1) 슬라이드 크기 및 순서 : 크기를 A4 용지로 설정하고 슬라이드 순서에 맞게 작성한다.
(2) 슬라이드 마스터 : 2~6슬라이드의 제목, 하단 로고, 슬라이드 번호는 슬라이드 마스터를 이용하여 작성한다.
　　– 제목 글꼴(돋움, 40pt, 흰색), 가운데 맞춤, 도형(선 없음)
　　– 하단 로고(「내 PC\문서\ITQ\Picture\로고2.jpg」, 배경(회색) 투명색으로 설정)

슬라이드 ❶ 표지 디자인 40점

(1) 표지 디자인 : 도형, 워드아트 및 그림을 이용하여 작성한다.

세부조건
① 도형 편집 – 도형에 그림 채우기 : 「내 PC\문서\ITQ\Picture\그림1.jpg」, 투명도 50% – 도형 효과 : 부드러운 가장자리 5포인트 ② 워드아트 삽입 – 변환 : 삼각형, 아래로【역삼각형】 – 글꼴 : 굴림, 굵게 – 텍스트 반사 : 전체 반사, 8pt 오프셋 ③ 그림 삽입 – 「내 PC\문서\ITQ\Picture\로고2.jpg」 – 배경(회색) 투명색으로 설정

슬라이드 ❷ 목차 슬라이드 60점

(1) 출력형태와 같이 도형을 이용하여 목차를 작성한다(글꼴 : 굴림, 24pt).　　(2) 도형 : 선 없음

세부조건
① 텍스트에 링크【하이퍼링크】 적용 → '슬라이드 5' ② 그림 삽입 – 「내 PC\문서\ITQ\Picture\그림4.jpg」 – 자르기 기능 이용

목차

A　당구 게임

B　프로대회 경기 규칙

C　테이블 포인트 위치 ①

D　샷 종류와 게임 종류

2

(1) 텍스트 작성 : 글머리 기호 사용(◆, ✓)

　　◆문단(돋움, 24pt, 굵게, 줄간격 : 1.5줄), ✓ 문단(돋움, 20pt, 줄간격 : 1.5줄)

세부조건
① 동영상 삽입 :   – 「내 PC₩문서₩ITQ₩Picture₩동영상.wmv」   – 자동실행, 반복재생 설정

A. 당구 게임

◆ Billiard game

　✓ It is a sport in which several balls are placed on a standardized table and hit with a long stick to determine the game according to the rules

◆ 당구 게임

　✓ 규격화된 테이블 위에 여러 개의 공을 놓고 긴 막대기로 쳐서 룰에 따라 승부를 가리는 스포츠

　✓ 당구공 재질은 나무, 점토, 상아를 거쳐 현재 플라스틱으로 제작

3

(1) 도형과 표 작성 기능을 이용하여 슬라이드를 작성한다(글꼴 : 굴림, 18pt).

세부조건
① 상단 도형 : 　2개 도형의 조합으로 작성   ② 좌측 도형 : 　그라데이션 효과(선형 아래쪽)   ③ 표 스타일 : 　테마 스타일 1 – 강조 5

B. 프로대회 경기 규칙

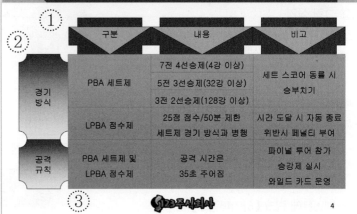

구분	내용	비고
경기 방식	7전 4선승제(4강 이상) 5전 3선승제(32강 이상) 3전 2선승제(128강 이상)	세트 스코어 동률 시 승부치기
(PBA 세트제)		
LPBA 점수제	25점 점수/50분 제한 세트제 경기 방식과 병행	시간 도달 시 자동 종료 위반시 페널티 부여
공격 규칙	PBA 세트제 및 LPBA 점수제	공격 시간은 35초 주어짐	파이널 투어 참가 승강제 실시 와일드 카드 운영

4

슬라이드 ❺　**차트 슬라이드**　　　　　　　　　　　　　　　　　　　**100**점

(1) 차트 작성 기능을 이용하여 슬라이드를 작성한다.
(2) 차트 : 종류(묶은 세로 막대형), 글꼴(돋움, 16pt), 외곽선

세부조건	
※ 차트설명 • 차트제목 : 궁서, 24pt, 굵게, 　채우기(흰색), 테두리, 그림자(오프셋 아래쪽) • 차트영역 : 채우기(노랑) 　그림영역 : 채우기(흰색) • 데이터 서식 : 근사각 계열을 표식이 있는 꺾은 　선형으로 변경 후 보조축으로 지정 • 값 표시 : 장2의 계산각 계열만 ① 도형 삽입 － 스타일 : 미세 효과 － 파랑, 강조 1 － 글꼴 : 굴림, 18pt	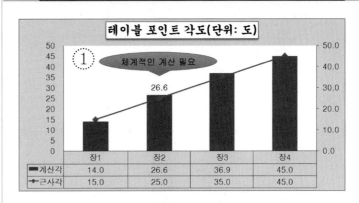

슬라이드 ❻　**도형 슬라이드**　　　　　　　　　　　　　　　　　　　**100**점

(1) 슬라이드와 같이 도형 및 스마트아트를 배치한다(글꼴 : 굴림, 18pt).
(2) 애니메이션 순서 : ① ⇒ ②

세부조건	
① 도형 및 스마트아트 편집 － 스마트아트 디자인 : 　3차원 벽돌, 　3차원 경사 － 그룹화 후 애니메이션 효과 : 　올라오기(서서히 아래로) ② 도형 편집 － 그룹화 후 애니메이션 효과 : 　밝기 변화	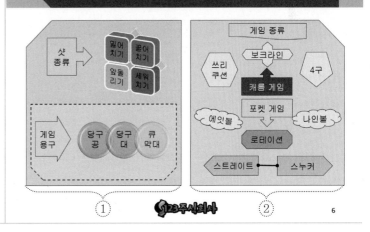

PART 04

실전 모의고사

실전 모의고사 01회

수험번호 20252011　정답파일 PART 04 실전 모의고사\실전01회_정답.pptx

▶ 합격 강의

전체구성　　　　　　　　　　　　　　　　　　　　　　　　60점

(1) 슬라이드 크기 및 순서 : 크기를 A4 용지로 설정하고 슬라이드 순서에 맞게 작성한다.
(2) 슬라이드 마스터 : 2~6슬라이드의 제목, 하단 로고, 슬라이드 번호는 슬라이드 마스터를 이용하여 작성한다.
- 제목 글꼴(돋움, 40pt, 흰색), 가운데 맞춤, 도형(선 없음)
- 하단 로고(「내 PC\문서\ITQ\Picture\로고2.jpg」, 배경(회색) 투명색으로 설정)

슬라이드 ❶　표지 디자인　　　　　　　　　　　　　　40점

(1) 표지 디자인 : 도형, 워드아트 및 그림을 이용하여 작성한다.

세부조건
① 도형 편집 – 도형에 그림 채우기 : 「내 PC\문서\ITQ\Picture\그림1.jpg」, 투명도 50% – 도형 효과 : 부드러운 가장자리 5포인트 ② 워드아트 삽입 – 변환 : 팽창 – 글꼴 : 돋움, 굵게 – 텍스트 반사 : 근접 반사, 4pt 오프셋 ③ 그림 삽입 – 「내 PC\문서\ITQ\Picture\로고2.jpg」 – 배경(회색) 투명색으로 설정

③

② Healthy Pleasure

①

슬라이드 ❷　목차 슬라이드　　　　　　　　　　　　　60점

(1) 출력형태와 같이 도형을 이용하여 목차를 작성한다(글꼴 : 굴림, 24pt).　　(2) 도형 : 선 없음

세부조건
① 텍스트에 링크【하이퍼링크】적용 → '슬라이드 4' ② 그림 삽입 – 「내 PC\문서\ITQ\Picture\그림5.jpg」 – 자르기 기능 이용

목차

②

1 헬시플레저란?

2 헬시플레저를 실천하는 방법 ①

3 디지털헬스 투자 추이

4 헬시플레저 실천맵

슬라이드 ③ **텍스트/동영상 슬라이드** `60점`

(1) 텍스트 작성 : 글머리 기호 사용(❖, ■)

❖ 문단(굴림, 24pt, 굵게, 줄간격 : 1.5줄), ■ 문단(굴림, 20pt, 줄간격 : 1.5줄)

세부조건	
① 동영상 삽입 : – 「내 PC₩문서₩ITQ₩Picture₩동영상.wmv」 – 자동실행, 반복재생 설정	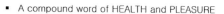

1. 헬시플레저란?

❖ Healthy Pleasure
- A compound word of HEALTH and PLEASURE
- A word that means the pleasure of health care instead of the painful past health care

❖ 헬시플레저
- 건강과 기쁨이 합쳐진 단어로 건강 관리의 즐거움을 뜻하며 과거의 고통스러운 건강 관리 대신 즐겁고 재미있게 놀이처럼 즐길 수 있는 새롭고 편리한 건강 관리 방식을 의미

3

슬라이드 ④ **표 슬라이드** `80점`

(1) 도형과 표 작성 기능을 이용하여 슬라이드를 작성한다(글꼴 : 돋움, 18pt).

세부조건	
① 상단 도형 : 　2개 도형의 조합으로 작성 ② 좌측 도형 : 　그라데이션 효과(선형 아래쪽) ③ 표 스타일 : 　테마 스타일 1 – 강조 5	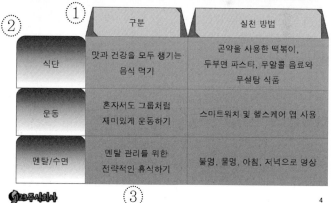

2. 헬시플레저를 실천하는 방법

구분		실천 방법
식단	맛과 건강을 모두 챙기는 음식 먹기	곤약을 사용한 떡볶이, 두부면 파스타, 무알콜 음료와 무설탕 식품
운동	혼자서도 그룹처럼 재미있게 운동하기	스마트워치 및 헬스케어 앱 사용
멘탈/수면	멘탈 관리를 위한 전략적인 휴식하기	불멍, 물멍, 아침, 저녁으로 명상

4

슬라이드 ❺ **차트 슬라이드** 100점

(1) 차트 작성 기능을 이용하여 슬라이드를 작성한다.
(2) 차트 : 종류(묶은 세로 막대형), 글꼴(돋움, 16pt), 외곽선

세부조건	

※ 차트설명
• 차트제목 : 굴림, 20pt, 굵게,
  채우기(흰색), 테두리, 그림자(오프셋 오른쪽)
• 차트영역 : 채우기(노랑)
  그림영역 : 채우기(흰색)
• 데이터 서식 : 투자금액(억 달러) 계열을 표식이
  있는 꺾은선형으로 변경 후 보조축으로 지정
• 값 표시 : 2019년의 딜 수(건) 계열만
 	
① 도형 삽입
– 스타일 : 미세 효과 – 파랑, 강조 1
– 글꼴 : 굴림, 18pt
	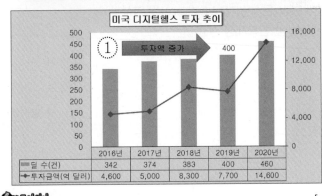

슬라이드 ❻ **도형 슬라이드** 100점

(1) 슬라이드와 같이 도형 및 스마트아트를 배치한다(글꼴 : 굴림, 18pt).
(2) 애니메이션 순서 : ① ⇒ ②

세부조건	

① 도형 및 스마트아트 편집
– 스마트아트 디자인 :
  3차원 만화,
  3차원 경사
– 그룹화 후 애니메이션 효과 :
  닦아내기(위에서)
 	
② 도형 편집
– 그룹화 후 애니메이션 효과 :
  회전
	4. 헬시플레저 실천맵

실전 모의고사 02회

수험번호 20252012 　　**정답파일** PART 04 실전 모의고사₩실전02회_정답.pptx

▶ 합격 강의

전체구성　　　　　　　　　　　　　　　　　　　　　　　　　60점

(1) 슬라이드 크기 및 순서 : 크기를 A4 용지로 설정하고 슬라이드 순서에 맞게 작성한다.
(2) 슬라이드 마스터 : 2～6슬라이드의 제목, 하단 로고, 슬라이드 번호는 슬라이드 마스터를 이용하여 작성한다.
- 제목 글꼴(돋움, 40pt, 흰색), 가운데 맞춤, 도형(선 없음)
- 하단 로고(「내 PC₩문서₩ITQ₩Picture₩로고2.jpg」, 배경(회색) 투명색으로 설정)

슬라이드 ❶　　표지 디자인　　　　　　　　　　　　　　　40점

(1) 표지 디자인 : 도형, 워드아트 및 그림을 이용하여 작성한다.

세부조건
① 도형 편집 – 도형에 그림 채우기 : 「내 PC₩문서₩ITQ₩Picture₩그림1.jpg」, 투명도 50% – 도형 효과 : 부드러운 가장자리 5포인트 ② 워드아트 삽입 – 변환 : 팽창 – 글꼴 : 돋움, 굵게 – 텍스트 반사 : 근접 반사, 4pt 오프셋 ③ 그림 삽입 – 「내 PC₩문서₩ITQ₩Picture₩로고2.jpg」 – 배경(회색) 투명색으로 설정

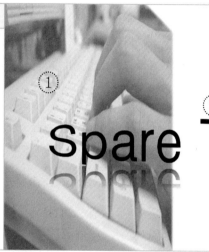

슬라이드 ❷　　목차 슬라이드　　　　　　　　　　　　　60점

(1) 출력형태와 같이 도형을 이용하여 목차를 작성한다(글꼴 : 굴림, 24pt).　　　(2) 도형 : 선 없음

세부조건
① 텍스트에 링크【하이퍼링크】 적용 → '슬라이드 4' ② 그림 삽입 – 「내 PC₩문서₩ITQ₩Picture₩그림5.jpg」 – 자르기 기능 이용

목차

1　여가 생활
2　직장인과 일반인 여가 비교 ①
3　한국인의 여가 활동
4　즐거운 여가 생활

2

슬라이드 ❸ **텍스트/동영상 슬라이드** `60점`

(1) 텍스트 작성 : 글머리 기호 사용(❖, ■)

❖문단(굴림, 24pt, 굵게, 줄간격 : 1.5줄), ■문단(굴림, 20pt, 줄간격 : 1.5줄)

세부조건
① 동영상 삽입 : – 「내 PC₩문서₩ITQ₩Picture₩동영상.wmv」 – 자동실행, 반복재생 설정

1. 여가 생활

❖ Spare Time

■ This is time spent away from business, work, job hunting, and education, as well as necessary activities such as eating and sleeping

①

❖ 여가 생활

■ 개인의 선택권이 보장되는 시간적 활동
■ 의무시간(일, 가사, 이동, 교육)과 필수시간(수면, 식사)에서 자유로운 선택적인 시간을 의미

123주식회사   3

슬라이드 ❹ **표 슬라이드** `80점`

(1) 도형과 표 작성 기능을 이용하여 슬라이드를 작성한다(글꼴 : 돋움, 18pt).

세부조건
① 상단 도형 : 2개 도형의 조합으로 작성
② 좌측 도형 : 그라데이션 효과(선형 아래쪽)
③ 표 스타일 : 테마 스타일 1 – 강조 5

2. 직장인과 일반인 여가 비교

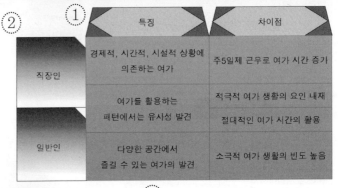

② ①

	특징	차이점
직장인	경제적, 시간적, 시설적 상황에 의존하는 여가	주5일제 근무로 여가 시간 증가
	여가를 활용하는 패턴에서는 유사성 발견	적극적 여가 생활의 요인 내재
일반인		절대적인 여가 시간의 활용
	다양한 공간에서 즐길 수 있는 여가의 발견	소극적 여가 생활의 빈도 높음

123주식회사   ③   4

(1) 차트 작성 기능을 이용하여 슬라이드를 작성한다.
(2) 차트 : 종류(묶은 세로 막대형), 글꼴(돋움, 16pt), 외곽선

세부조건

※ 차트설명
• 차트제목 : 굴림, 20pt, 굵게,
 채우기(흰색), 테두리, 그림자(오프셋 오른쪽)
• 차트영역 : 채우기(노랑)
 그림영역 : 채우기(흰색)
• 데이터 서식 : 2022년 계열을 표식이 있는 꺾은
 선형으로 변경 후 보조축으로 지정
• 값 표시 : VOD 감상의 2019년 계열만

① 도형 삽입
– 스타일 : 미세 효과 – 파랑, 강조 1
– 글꼴 : 굴림, 18pt

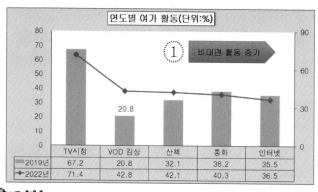

3. 한국인의 여가 활동

연도별 여가 활동(단위:%)

	TV시청	VOD 감상	산책	통화	인터넷
2019년	67.2	20.8	32.1	38.2	35.5
2022년	71.4	42.8	42.1	40.3	36.5

(1) 슬라이드와 같이 도형 및 스마트아트를 배치한다(글꼴 : 굴림, 18pt).
(2) 애니메이션 순서 : ① ⇒ ②

세부조건

① 도형 및 스마트아트 편집
– 스마트아트 디자인 :
 3차원 만화,
 3차원 경사
– 그룹화 후 애니메이션 효과 :
 닦아내기(위에서)

② 도형 편집
– 그룹화 후 애니메이션 효과 :
 회전

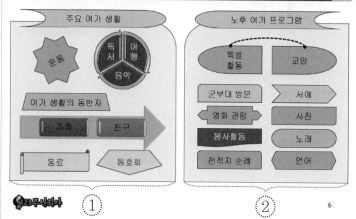

4. 즐거운 여가 생활

실전 모의고사 03회

수험번호 20252013　정답파일 PART 04 실전 모의고사₩실전03회_정답.pptx

▶ 합격 강의

전체구성　　　　　　　　　　　　　　　　　　　　　　　　　60점

(1) 슬라이드 크기 및 순서 : 크기를 A4 용지로 설정하고 슬라이드 순서에 맞게 작성한다.
(2) 슬라이드 마스터 : 2~6슬라이드의 제목, 하단 로고, 슬라이드 번호는 슬라이드 마스터를 이용하여 작성한다.
　　– 제목 글꼴(돋움, 40pt, 흰색), 가운데 맞춤, 도형(선 없음)
　　– 하단 로고(「내 PC₩문서₩ITQ₩Picture₩로고2.jpg」, 배경(회색) 투명색으로 설정)

슬라이드 ❶　　표지 디자인　　　　　　　　　　　　　　　　40점

(1) 표지 디자인 : 도형, 워드아트 및 그림을 이용하여 작성한다.

세부조건
① 도형 편집
– 도형에 그림 채우기 : 「내 PC₩문서₩ITQ₩ Picture₩그림1.jpg」, 투명도 50%
– 도형 효과 : 부드러운 가장자리 5포인트
② 워드아트 삽입
– 변환 : 기울기, 위로【위로 기울기】
– 글꼴 : 돋움, 굵게
– 텍스트 반사 : 근접 반사, 터치
③ 그림 삽입
– 「내 PC₩문서₩ITQ₩Picture₩로고2.jpg」
– 배경(회색) 투명색으로 설정

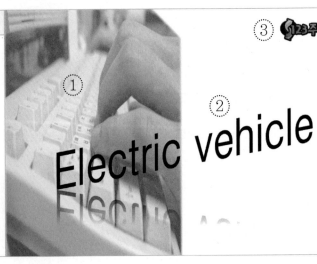

슬라이드 ❷　　목차 슬라이드　　　　　　　　　　　　　　60점

(1) 출력형태와 같이 도형을 이용하여 목차를 작성한다(글꼴 : 굴림, 24pt).　　　(2) 도형 : 선 없음

세부조건
① 텍스트에 링크【하이퍼링크】 적용
→ '슬라이드 6'
② 그림 삽입
– 「내 PC₩문서₩ITQ₩Picture₩그림5.jpg」
– 자르기 기능 이용

목차

1　전기차의 정의
2　전기차 충전 정보
3　전기차 보조금 지원액
4　전기차의 원리 ①

②

(1) 텍스트 작성 : 글머리 기호 사용(◆, ✓)
◆문단(굴림, 24pt, 굵게, 줄간격 : 1.5줄), ✓문단(굴림, 20pt, 줄간격 : 1.5줄)

세부조건
① 동영상 삽입 : – 「내 PC₩문서₩ITQ₩Picture₩동영상.wmv」 – 자동실행, 반복재생 설정

1. 전기차의 정의

◆ Electric vehicle
  ✓ An electric vehicle can be powered by a collector system, with electricity from extravehicular sources, or it can be powered autonomously by a battery

◆ 전기차의 특징
  ✓ 전기 사용, 작은 소음, 차량 구조설계 용이
  ✓ 뛰어난 제어 성능 및 유지보수성
  ✓ 엔진 소음이 작고, 폭발의 위험성이 작음

3

(1) 도형과 표 작성 기능을 이용하여 슬라이드를 작성한다(글꼴 : 돋움, 18pt).

세부조건
① 상단 도형 :   2개 도형의 조합으로 작성
② 좌측 도형 :   그라데이션 효과(선형 아래쪽)
③ 표 스타일 :   테마 스타일 1 – 강조 5

2. 전기차 충전 정보

	벽부형 충전기	스탠드형 충전기	이동형 충전기
용량	3~7kW	3~7kW	3kW(Max)
충전 시간	4~6시간	4~6시간	6~9시간
특징	분전함, 기초패드 설치 U형 볼라드, 차량스토퍼, 차량도색	충전기가 외부에 설치되어 눈과 비에 노출될 때만 캐노피 설치	220V 콘센트에 RFID태그를 부착하여 충전

4

슬라이드 ⑤ **차트 슬라이드** 100점

(1) 차트 작성 기능을 이용하여 슬라이드를 작성한다.
(2) 차트 : 종류(묶은 세로 막대형), 글꼴(돋움, 16pt), 외곽선

세부조건	
※ 차트설명 • 차트제목 : 궁서, 24pt, 굵게, 채우기(흰색), 테두리, 그림자(오프셋 왼쪽) • 차트영역 : 채우기(노랑) 그림영역 : 채우기(흰색) • 데이터 서식 : 국비+지방비 계열을 표식이 있는 꺾은선형으로 변경 후 보조축으로 지정 • 값 표시 : 2022년의 국비 계열만 ① 도형 삽입 – 스타일 : 미세 효과 – 파랑, 강조 1 – 글꼴 : 굴림, 18pt	

슬라이드 ⑥ **도형 슬라이드** 100점

(1) 슬라이드와 같이 도형 및 스마트아트를 배치한다(글꼴 : 굴림, 18pt).
(2) 애니메이션 순서 : ① ⇒ ②

세부조건	
① 도형 및 스마트아트 편집 – 스마트아트 디자인 : 3차원 만화, 3차원 벽돌 – 그룹화 후 애니메이션 효과 : 닦아내기(위에서) ② 도형 편집 – 그룹화 후 애니메이션 효과 : 바운드	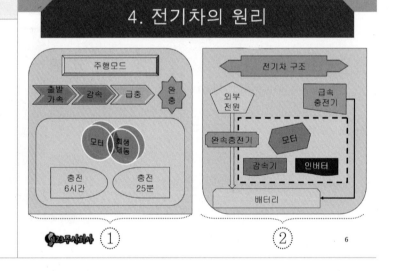

실전 모의고사 04회

수험번호 20252014　정답파일 PART 04 실전 모의고사\실전04회_정답.pptx

▶ 합격 강의

전체구성　　　　　　　　　　　　　　　　　　　　　　　　　60점

(1) 슬라이드 크기 및 순서 : 크기를 A4 용지로 설정하고 슬라이드 순서에 맞게 작성한다.
(2) 슬라이드 마스터 : 2~6슬라이드의 제목, 하단 로고, 슬라이드 번호는 슬라이드 마스터를 이용하여 작성한다.
　　– 제목 글꼴(돋움, 40pt, 흰색), 가운데 맞춤, 도형(선 없음)
　　– 하단 로고(「내 PC\문서\ITQ\Picture\로고2.jpg」, 배경(회색) 투명색으로 설정)

슬라이드 ❶　표지 디자인　　　　　　　　　　　　　　　　40점

(1) 표지 디자인 : 도형, 워드아트 및 그림을 이용하여 작성한다.

세부조건
① 도형 편집
– 도형에 그림 채우기 : 「내 PC\문서\ITQ\Picture\그림1.jpg」, 투명도 50%
– 도형 효과 : 부드러운 가장자리 5포인트
② 워드아트 삽입
– 변환 : 물결, 아래로【물결 1】
– 글꼴 : 돋움, 굵게
– 텍스트 반사 : 근접 반사, 터치
③ 그림 삽입
– 「내 PC\문서\ITQ\Picture\로고2.jpg」
– 배경(회색) 투명색으로 설정

슬라이드 ❷　목차 슬라이드　　　　　　　　　　　　　　60점

(1) 출력형태와 같이 도형을 이용하여 목차를 작성한다(글꼴 : 굴림, 24pt).　　(2) 도형 : 선 없음

세부조건
① 텍스트에 링크【하이퍼링크】 적용
→ '슬라이드 6'
② 그림 삽입
– 「내 PC\문서\ITQ\Picture\그림5.jpg」
– 자르기 기능 이용

목차

1　겨울 철새

2　철새의 먹이 및 분포지역

3　강원도 해안 철새 개체 수

4　우리나라의 철새 ①

②

(1) 텍스트 작성 : 글머리 기호 사용(➢, ❖)
  ➢문단(굴림, 24pt, 굵게, 줄간격 : 1.5줄), ❖문단(굴림, 20pt, 줄간격 : 1.5줄)

세부조건	

① 동영상 삽입 :
– 「내 PC₩문서₩ITQ₩Picture₩동영상.wmv」
– 자동실행, 반복재생 설정
	1. 겨울 철새
	
	➢ **Winter Visitor**
	  ❖ It is the seasonal journey undertaken by many species of birds
	  ❖ Bird movements include those made in response to changes in food availability, habitat, or weather
	
	➢ **겨울 철새**
	  ❖ 시베리아와 같은 북쪽지방에서 생활하다가 먹이, 환경, 날씨 등의 이유로 가을에 찾아와 월동을 하고 봄이 지나면 다른 곳으로 이동하여 번식하는 철새
	
	3

(1) 도형과 표 작성 기능을 이용하여 슬라이드를 작성한다(글꼴 : 돋움, 18pt).

세부조건	
① 상단 도형 : 2개 도형의 조합으로 작성 ② 좌측 도형 : 그라데이션 효과(선형 아래쪽) ③ 표 스타일 : 테마 스타일 1 – 강조 5	**2. 철새의 먹이 및 분포지역**

표 내용:

철새		먹이	분포지역
오리	가창오리	풀씨, 낟알, 나무열매, 물 속 곤충	시베리아 동부
오리	청둥오리	풀씨, 낟알, 나무열매, 물 속 곤충	북반구 전역
기러기	쇠기러기	수초의 줄기와 뿌리, 보리와 밀의 푸른 잎	유럽, 아시아, 북아메리카
기러기	큰기러기	옥수수, 보리와 밀의 잎과 뿌리	북극, 몽골 북부

4

(1) 차트 작성 기능을 이용하여 슬라이드를 작성한다.
(2) 차트 : 종류(묶은 세로 막대형), 글꼴(돋움, 16pt), 외곽선

세부조건	
※ 차트설명 • 차트제목 : 궁서, 24pt, 굵게, 채우기(흰색), 테두리, 그림자(오프셋 왼쪽) • 차트영역 : 채우기(노랑) 그림영역 : 채우기(흰색) • 데이터 서식 : 12월 계열을 표식이 있는 꺾은선 형으로 변경 후 보조축으로 지정 • 값 표시 : 방울새의 1월 계열만 ① 도형 삽입 – 스타일 : 미세 효과 – 파랑, 강조 1 – 글꼴 : 굴림, 18pt	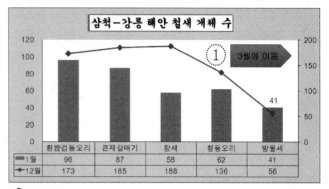

(1) 슬라이드와 같이 도형 및 스마트아트를 배치한다(글꼴 : 굴림, 18pt).
(2) 애니메이션 순서 : ① ⇒ ②

세부조건	
① 도형 및 스마트아트 편집 – 스마트아트 디자인 : 3차원 만화, 3차원 경사 – 그룹화 후 애니메이션 효과 : 닦아내기(위에서) ② 도형 편집 – 그룹화 후 애니메이션 효과 : 바운드	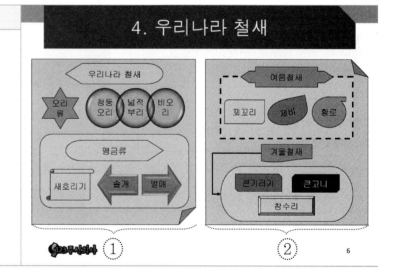

실전 모의고사 05회

수험번호 20252015   정답파일 PART 04 실전 모의고사₩실전05회_정답.pptx

전체구성
60점

(1) 슬라이드 크기 및 순서 : 크기를 A4 용지로 설정하고 슬라이드 순서에 맞게 작성한다.
(2) 슬라이드 마스터 : 2~6슬라이드의 제목, 하단 로고, 슬라이드 번호는 슬라이드 마스터를 이용하여 작성한다.
- 제목 글꼴(돋움, 40pt, 흰색), 가운데 맞춤, 도형(선 없음)
- 하단 로고(「내 PC₩문서₩ITQ₩Picture₩로고2.jpg, 배경(회색) 투명색으로 설정)

슬라이드 ❶   표지 디자인
40점

(1) 표지 디자인 : 도형, 워드아트 및 그림을 이용하여 작성한다.

세부조건
① 도형 편집
- 도형에 그림 채우기 : 「내 PC₩문서₩ITQ₩ Picture₩그림1.jpg」, 투명도 50%
- 도형 효과 : 부드러운 가장자리 5포인트
② 워드아트 삽입
- 변환 : 삼각형, 위로【삼각형】
- 글꼴 : 돋움, 굵게
- 텍스트 반사 : 근접 반사, 4pt 오프셋
③ 그림 삽입
- 「내 PC₩문서₩ITQ₩Picture₩로고2.jpg」
- 배경(회색) 투명색으로 설정

슬라이드 ❷   목차 슬라이드
60점

(1) 출력형태와 같이 도형을 이용하여 목차를 작성한다(글꼴 : 굴림, 24pt).   (2) 도형 : 선 없음

세부조건
① 텍스트에 링크【하이퍼링크】 적용
→ '슬라이드 6'
② 그림 삽입
- 「내 PC₩문서₩ITQ₩Picture₩그림4.jpg」
- 자르기 기능 이용

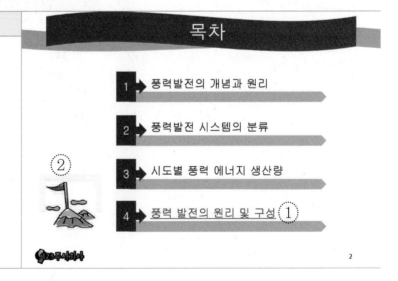

PART 04 ● 3-206 ● 실전 모의고사 05회

슬라이드 ❸ | **텍스트/동영상 슬라이드** | **60**점

(1) 텍스트 작성 : 글머리 기호 사용(❖, ✓)
　　❖문단(굴림, 24pt, 굵게, 줄간격 : 1.5줄), ✓문단(굴림, 20pt, 줄간격 : 1.5줄)

세부조건	
① 동영상 삽입 : －「내 PC₩문서₩ITQ₩Picture₩동영상.wmv」 － 자동실행, 반복재생 설정	**1.풍력발전의 개념과 원리** ❖ Wind power generation 　✓ A method of generating electricity using wind energy 　✓ Principle of converting mechanical energy generated by rotating blades into electrical energy through the generator ❖ 풍력발전 　✓ 바람의 힘을 사용하여 전기를 생산하는 시스템으로 풍차의 원리를 이용하는 경쟁력 있는 재생에너지 발전 방식 23동시회사　3

슬라이드 ❹ | **표 슬라이드** | **80**점

(1) 도형과 표 작성 기능을 이용하여 슬라이드를 작성한다(글꼴 : 돋움, 18pt).

세부조건	
① 상단 도형 : 　2개 도형의 조합으로 작성 ② 좌측 도형 : 　그라데이션 효과(선형 아래쪽) ③ 표 스타일 : 　테마 스타일 1 – 강조 1	**2. 풍력발전 시스템의 분류** 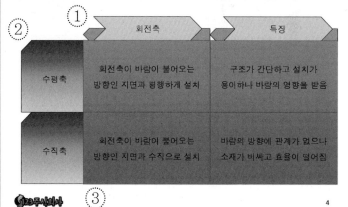

슬라이드 ⑤ **차트 슬라이드**　　　　　　　　　　　　　　　　　　　　　**100**점

(1) 차트 작성 기능을 이용하여 슬라이드를 작성한다.
(2) 차트 : 종류(묶은 세로 막대형), 글꼴(돋움, 16pt), 외곽선

세부조건	
※ 차트설명 • 차트제목 : 궁서, 24pt, 굵게, 　채우기(흰색), 테두리, 그림자(오프셋 오른쪽) • 차트영역 : 채우기(노랑) 　그림영역 : 채우기(흰색) • 데이터 서식 : 자가용 계열을 표식이 있는 꺾은 　선형으로 변경 후 보조축으로 지정 • 값 표시 : 경북의 사업용 계열만 ① 도형 삽입 – 스타일 : 미세 효과 – 파랑, 강조 1 – 글꼴 : 굴림, 18pt	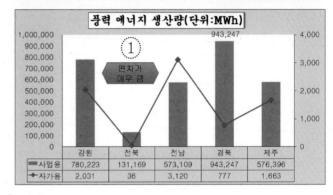

슬라이드 ⑥ **도형 슬라이드**　　　　　　　　　　　　　　　　　　　　　**100**점

(1) 슬라이드와 같이 도형 및 스마트아트를 배치한다(글꼴 : 굴림, 18pt).
(2) 애니메이션 순서 : ① ⇒ ②

세부조건	
① 도형 및 스마트아트 편집 – 스마트아트 디자인 : 　3차원 광택 처리, 　3차원 만화 – 그룹화 후 애니메이션 효과 : 　닦아내기(위에서) ② 도형 편집 – 그룹화 후 애니메이션 효과 : 　바운드	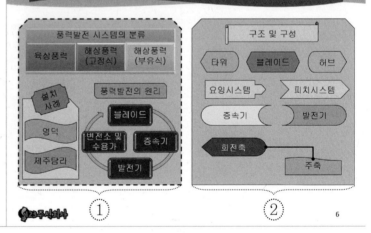